KOCHEN
LERNEN SCHRITT
FÜR SCHRITT

KOCHEN
LERNEN
SCHRITT
FÜR SCHRITT

Dorling Kindersley

DORLING KINDERSLEY

London, New York, Melbourne, München und Delhi

Cheflektorat Dawn Henderson
Lektorat Lucy Bannell
Projektleitung Sarah Ruddick
Programmleitung Mary-Clare Jerram
Art Direktion Peter Luff
Herstellungsleitung Christine Keilty, Marianne Markham
Covergestaltung Nicola Powling
Herstellung Catherine de Souza
Produktionsleitung Maria Elia
Produktionsberatung Alice Holloway
Technische Beratung Sonia Charbonnier

Dorling Kindersley India
Herstellungsleitung Romi Chakraborty
Herstellung Devika Dwarkadas
Lektorat Rukmini Kumar Chawla, Saloni Talwar
Art Direktion Sunil Sharma
Gestaltung Dheeraj Arora, Manish Chandra, Nand Kishore,
Arjinder Singh, Jagtar Singh, Pushpak Tyagi
Projektkoordination Pankaj Sharma

Für die deutsche Ausgabe
Programmleitung Monika Schlitzer
Projektbetreuung Elke Homburg
Herstellungsleitung Dorothee Whittaker
Herstellung Anna Strommer und Mareike Hutsky

Bibliografische Information der Deutschen Bibliothek:
Die Deutsche Bibliothek verzeichnet diese Publikation
in der Deutschen Nationalbibliografie;
detaillierte bibliografische Daten sind im Internet
über http://dnb.ddb.de abrufbar.

Titel der Originalausgabe COOK STEP BY STEP

Der Originaltitel erschien 2010 in Großbritannien bei
Dorling Kindersley Limited, London
Ein Unternehmen der Penguin Gruppe

Übersetzung Angelika Feilhauer, Stephanie Schauenburg
Lektorat Carmen Söntgerath

ISBN: 978-3-8310-1962-5

Besuchen Sie uns im Internet
www.dorlingkindersley.de

Inhalt

Vorwort

Früher lernte man kochen, indem man seiner Mutter über die Schulter schaute, während sie Zwiebeln hackte, Fleisch anbriet, ihre Lieblingsgewürze zum Einsatz brachte und ein leckeres Essen für die Familie zubereitete. Wir bestaunten ihre eindrucksvollen Kuchen und die Desserts für »besondere Gelegenheiten« und hofften, ihr später einmal in nichts nachzustehen.

Heute ist diese Art der Vermittlung von Kochkenntnissen leider etwas aus der Mode gekommen. Viele Mütter haben selbst nie richtig kochen gelernt und können daher auch kaum Küchenwissen weitergeben. Diese Lücke wollen wir schließen. Mit präzisen Schritt-für-Schritt-Illustrationen zu jedem Rezept führen wir Sie durch alle Stadien der Zubereitung eines Gerichts – vom Vorbereiten des Brathähnchens über das Garen im Backofen bis zum Zerlegen in Portionen.

Hier bleibt keine Frage unbeantwortet: Wie werden Pommes frites ultraknusprig? Worauf muss ich achten, damit der Hefeteig schön aufgeht? Wann ist die Vanillesauce dick genug? Und wir haben uns bemüht, für jeden einzelnen Zubereitungsschritt auch eine genaue Zeitangabe aufzunehmen, sodass praktisch nichts schiefgehen kann.

Ob Sie noch nie einen Kochlöffel in der Hand hatten oder bereits einige Erfahrung am Herd mitbringen – die hier zusammengetragenen Rezepte werden Ihnen leicht gelingen. Mehr als 300 köstliche Gerichte, von einfachen und viel geliebten Klassikern wie Pfeffersteak, Gulasch oder Apfelkuchen bis hin zu extravaganteren Gaumenfreuden wie Sushi, Lachs mit Korianderpesto oder Schokoladensoufflé. Natürlich dürfen auch selbst gemachte Nudeln und selbst gebackenes Brot nicht fehlen.

Dieses Buch bietet für jeden etwas: ob man Fleisch mag oder nicht, ob man nur wenig Zeit zum Kochen hat oder stilvoll Gäste bewirten möchte, ob man täglich seine Familie verköstigt oder nur zu ganz besonderen Gelegenheiten die Küche betritt. Zu vielen Rezepten gibt es Hinweise auf Variationsmöglichkeiten, die Ihnen als Basis für eigene Abwandlungen dienen können, sobald Sie ein bisschen Erfahrung in der Küche gesammelt haben.

Und nicht zuletzt finden Sie hier Rezepte für jede Gelegenheit. Das nächste kalte Büfett könnte ein pochierter Lachs zieren, die lieben Kleinen freuen sich vielleicht über perfekte Käsenudeln, und um Ihre Essenseinladungen müssen Sie sich keine Sorgen mehr machen, sobald Sie die marokkanische Hähnchen-Tajine und die Crème brulée mit Zimt und Orange perfekt beherrschen.

Kochen lernen ist gar nicht schwer. Am besten, Sie fangen gleich damit an!

Crostini S. 32

ZUBEREITUNG 15-20 MIN. GARZEIT 5-10 MIN.

Tapenade S. 33

ZUBEREITUNG 30-35 MIN. GARZEIT 10-15 MIN.

Zucchinisoufflés mit Käse S. 60

ZUBEREITUNG 30-35 MIN. GARZEIT 10-15 MIN.

Lauch in Vinaigrette S. 50

ZUBEREITUNG 15-20 MIN. GARZEIT 15-25 MIN.

Salat mit Kräutern und Blüten S. 82

ZUBEREITUNG 15-20 MIN. GARZEIT KEINE

Borschtsch S. 63

ZUBEREITUNG 50-55 MIN. GARZEIT 1-1¼ STD.

Baskisches Chili-Omelett S. 54

ZUBEREITUNG 20-25 MIN. GARZEIT 15-25 MIN.

Römische Artischocken S. 52

ZUBEREITUNG 25-30 MIN. GARZEIT 25-45 MIN.

Taboulé und Zaziki S. 108

ZUBEREITUNG 35–40 MIN.   GARZEIT KEINE

Birnen-Fenchel-Salat mit Walnüssen S. 109

ZUBEREITUNG 30–35 MIN.   GARZEIT KEINE

Gefüllte Weinblätter S. 68

ZUBEREITUNG 40–45 MIN.   GARZEIT 45–60 MIN

WEITERE REZEPTE:

Gado gado S. 98

ZUBEREITUNG 35–45 MIN.   GARZEIT 20–25 MIN.

Salat mit gebratenen Pilzen S. 91

ZUBEREITUNG 25–30 MIN.   GARZEIT 8–10 MIN.

Lachsfrikadellen mit Dill S. 70

  ZUBEREITUNG 35-40 MIN. GARZEIT 15-20 MIN.

Kabeljau-Miesmuschel-Suppe S. 44

  ZUBEREITUNG 45-50 MIN. GARZEIT 55-60 MIN.

Asiatischer Nudel-salat S. 112

  ZUBEREITUNG 30-35 MIN. GARZEIT 6-9 MIN.

Gefüllte Miesmuscheln
S. 229

 ZUBEREITUNG 25-30 MIN. GARZEIT 1-2 MIN.

Klare Fischbrühe mit Seebarsch S. 34

 ZUBEREITUNG 30-35 MIN. GARZEIT 25 MIN.

Salade niçoise S. 84

 ZUBEREITUNG 25-30 MIN. GARZEIT 20-25 MIN.

Jakobsmuscheln mit Kräuterkartoffeln S. 370

  ZUBEREITUNG 20-25 MIN. GARZEIT 25-30 MIN.

Involtini vom Lachs
S. 260

   ZUBEREITUNG 20-25 MIN. GARZEIT 1-2 MIN.

Blini mit Räucher-lachs S. 66

ZUBEREITUNG 25-30 MIN. GARZEIT 8-16 MIN.

Thunfischspieße mit Mangosalat S. 265

ZUBEREITUNG 20-25 MIN. GARZEIT 10-12 MIN.

Nori-maki-Sushi S. 78

ZUBEREITUNG 50-60 MIN. GARZEIT 12 MIN.

Miesmuscheln in Safransauce S. 41

ZUBEREITUNG 25-30 MIN. GARZEIT 10-12 MIN.

Thailändischer Meeres-früchtesalat S. 94

ZUBEREITUNG 30-40 MIN. GARZEIT 10-15 MIN.

WEITERE REZEPTE:

Käsewindbeutel mit Lachs S. 64

Caesar Salad S. 87

Garnelen und Zucchini mit Safran S. 92

Frühlingshafter Reissalat S. 102

Nudelsalat mit Miesmuscheln S. 116

Warmer Lachs-Orangen-Salat S. 118

Suppe mit Jakobsmuscheln S. 174

Seezungenfilets in Weinessig S. 228

Rotzungenröllchen mit Pilzfüllung S. 306

Garnelenspieße S. 58

ZUBEREITUNG 20-25 MIN. GARZEIT 4-6 MIN.

Forellenterrine S. 37

ZUBEREITUNG 20-25 MIN. GARZEIT KEINE

Hähnchenleber-Apfel-Terrine S. 51

ZUBEREITUNG 30–35 MIN. GARZEIT 12–15 MIN.

Hähnchen-Käse-Tortillas S. 72

ZUBEREITUNG 35–40 MIN. GARZEIT 3–6 MIN.

Hähnchen Pojarski S. 300

ZUBEREITUNG 35–40 MIN. GARZEIT 40–50 MIN.

Tex-Mex-Geflügel-salat S. 259

ZUBEREITUNG 20–25 MIN. GARZEIT KEINE

Hähnchen mit Muscheln S. 286

ZUBEREITUNG 30–35 MIN. GARZEIT 40–50 MIN.

Thailändische Hähnchen-spieße S. 62

ZUBEREITUNG 20–30 MIN. GARZEIT 6–8 MIN.

Gegrillte Hähnchenkeulen S. 241

ZUBEREITUNG 20–25 MIN. GARZEIT 35–40 MIN.

Hähnchenmousse mit Madeirasauce S. 42

ZUBEREITUNG 25-35 MIN.   GARZEIT 20-30 MIN.

Gefüllte Hähnchenbrust
S. 230

ZUBEREITUNG 30-40 MIN.   GARZEIT 15-20 MIN.

Salat mit glasierter
Hähnchenbrust S. 105

ZUBEREITUNG 25-30 MIN.   GARZEIT 10-15 MIN.

Hähnchen mit Zitronen-
gras S. 76

ZUBEREITUNG 45-55 MIN.   GARZEIT 10 MIN.

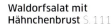

Waldorfsalat mit
Hähnchenbrust S. 111

ZUBEREITUNG 25-30 MIN.   GARZEIT 25-35 MIN.

Hähnchensalat mit
Avocado S. 119

ZUBEREITUNG 20-25 MIN.   GARZEIT 5 MIN.

Japanisches
Yosenabe S. 218

ZUBEREITUNG 40-50 MIN.   GARZEIT 5-7 MIN.

WEITERE REZEPTE:

Gratinierter Chicorée
S. 48

ZUBEREITUNG 15–20 MIN. GARZEIT 1–1¼ STD.

Vietnamesische Frühlingsrollen S. 56

ZUBEREITUNG 50–60 MIN. GARZEIT 25 MIN.

Steaksalat mit roten Zwiebeln S. 114

ZUBEREITUNG 20–30 MIN. GARZEIT 6–12 MIN.

Kalbsrouladen mit Spinatfüllung S. 362

ZUBEREITUNG 45–50 MIN. GARZEIT 30–40 MIN.

Paglia e fieno S. 374

ZUBEREITUNG 55–60 MIN. GARZEIT 15–20 MIN.

Ländliche Terrine S. 366

ZUBEREITUNG 35–40 MIN. GARZEIT 1¼–1½ STD.

Carpaccio S. 77

ZUBEREITUNG 20–25 MIN. GARZEIT KEINE

Süßsaure Spareribs S. 40

ZUBEREITUNG 15–20 MIN. GARZEIT 1½ STD.

Orientalische Teigtaschen S. 360

ZUBEREITUNG 40–45 MIN. GARZEIT 20–25 MIN.

Wirsing mit Maronen-füllung S. 350

ZUBEREITUNG 35-40 MIN. GARZEIT 50-60 MIN.

Türkische Lamm-kebabs S. 234

ZUBEREITUNG 30-35 MIN. GARZEIT 10-15 MIN.

Avocado-Grapefruit-Salat S. 97

ZUBEREITUNG 25-30 MIN. GARZEIT KEINE

Quiche Lorraine S. 372

ZUBEREITUNG 45-50 MIN. GARZEIT 30-35 MIN.

WEITERE REZEPTE:

Pizza mit Parmaschinken S. 74

Rotkohlsalat mit Speck S. 100

Warmer Spinatsalat S. 110

Schinken mit Backpflaumen S. 364

Vietnamesische Nudelsuppe S. 38

ZUBEREITUNG 1½ STD. GARZEIT 4-5 STD.

Pfannengerührtes Thai-Gemüse S. 140

 ZUBEREITUNG 30-35 MIN. GARZEIT 15-20 MIN.

Tempura S. 128

ZUBEREITUNG 45-50 MIN. GARZEIT 3-5 MIN.

Auberginenröllchen S. 144

ZUBEREITUNG 40-45 MIN. GARZEIT 50-60 MIN.

Couscous mit Gemüsespießen S. 154

ZUBEREITUNG 35-40 MIN. GARZEIT 30-35 MIN.

Kartoffelpastete mit Roquefort S. 162

 ZUBEREITUNG 35-40 MIN. GARZEIT 45-55 MIN.

Gemüse mit Aioli S. 126

ZUBEREITUNG 50-60 MIN. GARZEIT 65-70 MIN.

Sommerliche Frittata S. 133

  ZUBEREITUNG 20-25 MIN. GARZEIT 20-25 MIN.

»Buddhas Entzücken« S. 134

ZUBEREITUNG 40–50 MIN.
GARZEIT 15–20 MIN.

Paprika-Champignon-Lasagne S. 143

ZUBEREITUNG 1½ STD.
GARZEIT 35–45 MIN.

Buntes Gemüsecurry S. 148

ZUBEREITUNG 45–50 MIN.

GARZEIT 25–35 MIN.

Überbackene Mangold-crêpes S. 130

ZUBEREITUNG 1 STD.

GARZEIT 20–25 MIN.

Gefüllte Gemüse mit Walnusssauce S. 156

ZUBEREITUNG 40–45 MIN.

GARZEIT 15–20 MIN.

Mexikanische Paprika-schoten S. 138

ZUBEREITUNG 30–35 MIN.

GARZEIT 45–50 MIN.

Gebackene Polenta mit Pilzragout S. 152

ZUBEREITUNG 40–45 MIN.

GARZEIT 20–25 MIN.

WEITERE REZEPTE:

Fisherman's Pie S. 348

ZUBEREITUNG 35–45 MIN.   GARZEIT 20–30 MIN.

Heilbutt in der Papierhülle S. 236

ZUBEREITUNG 15–20 MIN.   GARZEIT 10–12 MIN.

Lachsfilet mit fünf Gewürzen S. 254

ZUBEREITUNG 30–35 MIN.   GARZEIT 20–25 MIN.

Fish and Chips S. 336

ZUBEREITUNG 45–50 MIN.   GARZEIT 20–25 MIN.

Seezunge à la bonne femme S. 376

ZUBEREITUNG 30–35 MIN   GARZEIT 25–30 MIN.

Seeteufel à l'américaine S. 302

ZUBEREITUNG 45–50 MIN.   GARZEIT 35–40 MIN.

Seeteufel mit zwei Saucen S. 294

ZUBEREITUNG 30 MIN.   GARZEIT 12–15 MIN.

Würziger Fischtopf S. 266

ZUBEREITUNG 30–35 MIN.   GARZEIT 30–35 MIN.

Gebratene Forelle mit Haselnüssen S. 271

ZUBEREITUNG 20-25 MIN. GARZEIT 10-15 MIN.

Lachs mit Koriander-pesto S. 235

ZUBEREITUNG 5-10 MIN. GARZEIT 10-15 MIN.

Cioppino mit Meeresfrüchten S. 180

ZUBEREITUNG 45-50 MIN. GARZEIT 25-30 MIN.

WEITERE REZEPTE:

Ragout vom Seeteufel S. 176

Fischfilet mit warmer Vinaigrette S. 244

Makrele im Knuspermantel S. 258

Wolfsbarsch mit Kräuterbutter S. 276

Pochierter Lachs S. 310

Bouillabaisse S. 318

Forellen mit Orangen-Senf-Glasur S. 322

Garnelenrisotto S. 363

ZUBEREITUNG 15-20 MIN. GARZEIT 25-30 MIN.

Gegrillter Thunfisch mit Salsa S. 250

ZUBEREITUNG 25-30 MIN. GARZEIT 5-7 MIN.

Geschmorte Ente mit Aprikosen S. 196

 ZUBEREITUNG 35–40 MIN. GARZEIT 1½–2 STD.

Chinesische Bratente S. 296

ZUBEREITUNG 45 MIN. GARZEIT 1¾–2 STD.

Hähnchen-Pies mit Kräuterkruste S. 214

 ZUBEREITUNG 25–35 MIN. GARZEIT 22–25 MIN.

Coq au Vin S. 278

ZUBEREITUNG 30 MIN. GARZEIT 1½–1¾ STD.

Zitronenhähnchen mit Parmesan S. 344

 ZUBEREITUNG 15–20 MIN. GARZEIT 45–55 MIN.

Southern Fried Chicken S. 248

 ZUBEREITUNG 10–15 MIN. GARZEIT 20–30 MIN.

Sichuanpfeffer-Hähnchen
S. 282

 ZUBEREITUNG 20-25 MIN. GARZEIT 40-50 MIN.

Putenkeule in Schoko-
Chili-Sauce S. 190

ZUBEREITUNG 45-50 MIN. GARZEIT 1¼-1¾ STD.

Nasi Goreng S. 334

 ZUBEREITUNG 40-45 MIN. GARZEIT 10-15 MIN.

Süßsaure Ente mit Kirschen S. 284

   ZUBEREITUNG 30-35 MIN. GARZEIT 1¼-1½ STD.

Knoblauchhähnchen
S. 324

ZUBEREITUNG 15-20 MIN. GARZEIT 1-1¼ STD.

WEITERE REZEPTE:

Hähnchen auf Jägerart S. 175

Paprikahuhn mit Klößchen S. 182

Hähnchen in Biersauce S. 184

Huhn im Topf S. 188

Stubenküken mit Wirsing S. 192

Garnelen-Laksa aus Malaysia S. 194

Brunswick Stew S. 204

Marokkanische Hähnchen-Tajine S. 275

Hähnchen mit Garnelen S. 287

Stubenküken in Weinblättern S. 292

Pochiertes Huhn mit Backpflaumen S. 298

Kräuterbrathähnchen S. 331

Pfannengerührte
Hähnchenbrust S. 242

  ZUBEREITUNG 15-20 MIN. GARZEIT 10-12 MIN.

Stubenküken mit
Pilzsauce S. 320

  ZUBEREITUNG 30-40 MIN. GARZEIT 35-40 MIN.

Lammkarree mit Petersilienkruste S. 280

ZUBEREITUNG 35-40 MIN. GARZEIT 25-30 MIN.

Malaiische gebratene Nudeln S. 256

ZUBEREITUNG 30-40 MIN. GARZEIT 8-12 MIN.

Ungarisches Rinder-gulasch S. 187

ZUBEREITUNG 25-30 MIN. GARZEIT 2½-3 STD.

Lammhachsen in Rotwein S. 222

ZUBEREITUNG 45-50 MIN. GARZEIT 2½-2¾ STD.

Provenzalisches Schmor-fleisch S. 210

ZUBEREITUNG 45-50 MIN. GARZEIT 3½-4 STD.

Indisches Lammcurry S. 202

ZUBEREITUNG 40-45 MIN. GARZEIT 1½-1¾ STD.

Minutensteak in Rotwein-sauce S. 268

ZUBEREITUNG 15-20 MIN. GARZEIT 40-50 MIN.

Kalbsschnitzel milanese S. 232

ZUBEREITUNG 20-25 MIN. GARZEIT 4-12 MIN.

Schweinefilet mit Ingwer S. 252

ZUBEREITUNG 15-20 MIN. GARZEIT 15-20 MIN.

Lammkeule mit Knoblauch S. 308

ZUBEREITUNG 15-20 MIN. GARZEIT 1¼-2 STD.

Pie mit Rindfleisch und Pilzen S. 368

ZUBEREITUNG 50-55 MIN. GARZEIT 2½-3 STD.

Indonesisches Rind-fleischcurry S. 312

ZUBEREITUNG 40-50 MIN. GARZEIT 2-2½ STD.

Pfeffersteak S. 238

ZUBEREITUNG 25-30 MIN. GARZEIT 10-15 MIN.

Mexikanischer Schweine-rücken S. 240

ZUBEREITUNG 35-40 MIN. GARZEIT 40-50 MIN.

Schweinebraten mit Orangen S. 301

ZUBEREITUNG 20-25 MIN. GARZEIT 3½-4 STD.

WEITERE REZEPTE:

Kleine Himbeersoufflés
S. 504

ZUBEREITUNG 20–25 MIN. BACKZEIT 10–12 MIN.

Schokoladensoufflés
S. 523

ZUBEREITUNG 20–25 MIN. BACKZEIT 15–18 MIN.

Karamellisierte Mangotorteletts S. 488

ZUBEREITUNG 40–45 MIN. BACKZEIT 20–25 MIN.

Amaretti-Pfirsiche
S. 498

ZUBEREITUNG 15–20 MIN. GARZEIT 1–1¼ STD.

Clafoutis S. 458

ZUBEREITUNG 20–25 MIN. BACKZEIT 30–35 MIN.

Crêpes Suzette S. 508

ZUBEREITUNG 40–50 MIN. GARZEIT 45–60 MIN.

Schoko-Birnen-Torteletts
S. 526

ZUBEREITUNG 30–35 MIN. BACKZEIT 25–30 MIN.

Englische Weihnachts-tarte S. 448

ZUBEREITUNG 40–45 MIN. BACKZEIT 40–45 MIN.

Grand-Marnier-Soufflé S.518

ZUBEREITUNG 30-35 MIN.   BACKZEIT 20-25 MIN.

Luftige Birnentorteletts S.449

ZUBEREITUNG 35-40 MIN.   BACKZEIT 30-40 MIN.

Brombeer-Apfel-Pie
S.418

ZUBEREITUNG 35-40 MIN.   BACKZEIT 50-60 MIN.

Norwegisches Omelett
S.536

ZUBEREITUNG 45-50 MIN.   BACKZEIT 35-45 MIN.

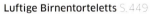

Knusprige Aprikosen-taschen S.440

ZUBEREITUNG 35-40 MIN.   BACKZEIT 12-15 MIN.

Apfel-Marzipan-Küchlein
S.510

ZUBEREITUNG 25-30 MIN.   BACKZEIT 20-30 MIN.

Tarte Tatin S.442

ZUBEREITUNG 45-50 MIN.   BACKZEIT 20-25 MIN.

WEITERE REZEPTE:

Tiramisu S. 481

ZUBEREITUNG 35-40 MIN. GARZEIT KEINE

Chocolate Decadence S. 506

Schokoladeneis S. 486

ZUBEREITUNG 15-20 MIN. GARZEIT 10-15 MIN.

ZUBEREITUNG 30-40 MIN. BACKZEIT 20 MIN.

Eisparfait aus dreierlei Schokolade S. 520

ZUBEREITUNG 35-40 MIN. GARZEIT 20-25 MIN.

Milchreis mit Rotweinpfirsichen S. 492

ZUBEREITUNG 15-20 MIN. GARZEIT 3 STD.

Aprikosen-Haselnuss-Eis S. 500

ZUBEREITUNG 2½-3 STD. GARZEIT 25-30 MIN.

Pawlowa S. 482

ZUBEREITUNG
25-30 MIN.

BACKZEIT
2-2½ STD.

Birne Helene S. 517

ZUBEREITUNG
30-35 MIN.

GARZEIT
25-35 MIN.

Mangosorbet S. 522

ZUBEREITUNG
25-30 MIN.

GARZEIT
2-3 MIN.

Windbeutel mit Schokoladensauce S. 499

ZUBEREITUNG
25-30 MIN.

BACKZEIT
25-30 MIN.

WEITERE REZEPTE:

Amerikanischer
Käsekuchen S. 493

ZUBEREITUNG
40-45 MIN.

BACKZEIT
50-60 MIN.

Crème brulée mit Zimt
und Orange S. 480

ZUBEREITUNG
15-20 MIN.

GARZEIT
30-35 MIN.

Mehrkornbrot S. 388

ZUBEREITUNG 45-50 MIN.   BACKZEIT 40-45 MIN.

Sonntagsbrötchen S. 396

ZUBEREITUNG 45-55 MIN.   BACKZEIT 15-18 MIN.

Zwiebel-Walnuss-Kranz S. 398

ZUBEREITUNG 40-45 MIN.   BACKZEIT 45-50 MIN.

Sauerteigbrot S. 384

ZUBEREITUNG 45-50 MIN.   BACKZEIT 40-45 MIN.

Sesamgrissini S. 387

ZUBEREITUNG 40-45 MIN.   BACKZEIT 15-18 MIN.

Kastenweißbrot S. 380

ZUBEREITUNG 40-50 MIN.   BACKZEIT 35-40 MIN.

Maisbrot S. 386

ZUBEREITUNG 15-20 MIN.   BACKZEIT 20-25 MIN.

Focaccia mit Rosmarin S. 392

ZUBEREITUNG 30-35 MIN.   BACKZEIT 15-20 MIN.

Roggenmischbrot S. 394

ZUBEREITUNG 35-40 MIN.   BACKZEIT 50-55 MIN.

Marmorierter Käse-
kuchen S. 472

ZUBEREITUNG 35–40 MIN. BACKZEIT 50–60 MIN.

Zitronen-Heidelbeer-Muffins S. 466

ZUBEREITUNG 20–25 MIN. BACKZEIT 15–20 MIN.

Einfacher Apfelkuchen
S. 464

ZUBEREITUNG 20–25 MIN. BACKZEIT 1¼–1½ STD.

Schokoladenbrot S. 414

ZUBEREITUNG 35–40 MIN. BACKZEIT 45–50 MIN.

Buttermilch-Scones S. 403

ZUBEREITUNG 15–20 MIN. BACKZEIT 12–15 MIN.

WEITERE REZEPTE:

Vollkornbrot S. 382

Baguette S. 390

Hefekranz mit Pestofüllung S. 400

Irisches Natronbrot S. 402

Pita S. 404

Kartoffelbrot mit Schnittlauch S. 406

Gugelhupf mit Speck und Walnüssen S. 408

Skandinavisches Weihnachtsbrot S. 412

Walnusskuchen mit Karamellguss S. 465

Schoko-Orangen-Kuchen S. 470

Kleine Brioches S. 410

ZUBEREITUNG 45–50 MIN. BACKZEIT 15–20 MIN.

Festliche Schokoladen-
torte S. 468

ZUBEREITUNG 15 MIN. BACKZEIT 30–35 MIN.

Vorspeisen und kleine Gerichte

Verführerische Appetit-
happen und Snacks

Crostini

EINE VORSPEISE mit unendlichen Variationsmöglichkeiten. Für authentische Crostini braucht man italienisches Brot, aber auch jedes andere gute Weißbrot ist geeignet. Zudem sollte man ein kräftiges kalt gepresstes Olivenöl verwenden, das es mit den übrigen Zutaten aufnehmen kann.

PERSONEN	ZUBEREITUNG	GARZEIT
8	15-20 MIN + WARTEZEIT	5-10 MIN

Zutaten

750 g reife Tomaten

1 kleines Bund Basilikum

4 Knoblauchzehen, fein gehackt

Salz und Pfeffer

4 EL bestes Olivenöl

150 g schwarze Oliven, entsteint und gehackt

4 eingelegte Sardellenfilets, gehackt

1 kleines italienisches Bauernbrot

ZUBEREITEN DES BELAGS

1 Die Tomaten auf der Unterseite mit einem kleinen Messer kreuzförmig einritzen. Je nach Reifegrad 8-15 Sek. in kochendes Wasser tauchen. In eine Schüssel mit kaltem Wasser legen, dann enthäuten und halbieren. Stielansatz und Samen entfernen, das Fleisch grob hacken.

2 Die Basilikumblätter abzupfen, einige für die Garnitur zurücklegen, die übrigen grob hacken. Gehackte Blätter in einer Schüssel mit Tomaten und Knoblauch vermischen, dann etwas Salz, Pfeffer und das Olivenöl unterrühren. Bei Zimmertemperatur zugedeckt 30-60 Min. stehen lassen.

3 Oliven und Sardellen unterrühren und die Mischung abschmecken. Salz ist vermutlich nicht nötig, da Oliven und Sardellen bereits salzig sind, aber reichlich Pfeffer, denn die Mischung sollte kräftig schmecken.

HERSTELLEN DER CROSTINI

4 Den Backofen auf 200 °C vorheizen. Das Brot in 8 Scheiben von 1 cm Dicke schneiden. Die Scheiben auf einem Backblech verteilen und im Ofen 5-10 Min. rösten, bis sie leicht gebräunt sind. Zwischendurch einmal wenden.

5 Den Belag auf die gerösteten Brotscheiben geben und grob verteilen, mit Basilikumblättern garnieren. Die Crostini auf einem Teller angerichtet warm oder bei Zimmertemperatur servieren.

Tapenade mit Gemüsesticks

IN DIESER PROVENZALISCHEN SAUCE vereinigen sich die Aromen der Mittelmeerküche. Die Zugabe von Brot ist Geschmackssache: Es macht die Sauce milder. Sie kann bis zu einer Woche im Voraus zubereitet und mit Öl bedeckt in einem gut schließenden Gefäß im Kühlschrank aufbewahrt werden.

PERSONEN	ZUBEREITUNG	GARZEIT
6-8	30-35 MIN.	10-15 MIN.

Zutaten

FÜR DIE TAPENADE

6 Scheiben trockenes Weißbrot, Kruste entfernt

4 Knoblauchzehen

200 g in Öl eingelegte schwarze Oliven, entsteint

30 g Kapern, abgetropft

6 eingelegte Sardellenfilets

125 ml Olivenöl

Zitronensaft nach Geschmack

schwarzer Pfeffer nach Geschmack

FÜR GEMÜSE UND CROÛTONS

1 rote Paprikaschote

1 grüne Paprikaschote

1 Bund Frühlingszwiebeln, geputzt

1 Salatgurke

1 Baguette

1 Bund Radieschen, geputzt

250 g Kirschtomaten

ZUBEREITEN DER TAPENADE

1 **Das Brot** in Stücke brechen, in einer Schüssel mit kaltem Wasser einweichen. 5 Min. stehen lassen, dann ausdrücken und in die Küchenmaschine geben.

2 **Knoblauch, Oliven,** Kapern und Sardellen hinzufügen und grob pürieren. Bei laufendem Motor langsam das Öl dazugeben. Mit Zitronensaft und Pfeffer würzen und die Maschine weiterlaufen lassen, bis die Tapenade die gewünschte Konsistenz hat. Sie kann fein oder stückig sein.

HERSTELLEN VON GEMÜSESTICKS UND CROÛTONS

3 **Mit einem kleinen Messer** die Stielansätze der Paprikaschoten herausschneiden. Die Schoten längs halbieren und nach Entfernen von Samen und Scheidewänden der Länge nach in Streifen schneiden.

4 **Die Frühlingszwiebeln** mit einem Teil der grünen Enden in 5 cm lange Stücke schneiden. Die Salatgurke schälen und längs halbieren. Mit einem Teelöffel die Samen herauskratzen. Die Hälften der Länge nach in 2-3 Streifen schneiden und diese in 5 cm lange Stücke.

5 **Den Backofen** auf 190 °C vorheizen. Das Baguette schräg in 5 mm dicke Scheiben schneiden. Die Scheiben auf einem Blech verteilen und 10-15 Min. im Ofen backen, bis sie knusprig sind.

6 **Die Tapenade** in eine Servierschüssel füllen oder auf Portionsschalen verteilen. Auf einem Teller zusammen mit den Gemüsestreifen, Radieschen und Kirschtomaten anrichten, das geröstete Brot separat reichen.

Klare Fischbrühe mit Wolfsbarsch

DIESE HERZHAFTE SUPPE schätzt man in Japan vor allem in der kalten Jahreszeit. Rettich verleiht ihr eine angenehme Schärfe. Eine Suppe fehlt bei fast keiner japanischen Mahlzeit und das Spektrum reicht von der klassischen leichten Misosuppe bis hin zu reichhaltigen Eintöpfen. Diese klare Suppe, die mit Fischflocken und getrocknetem Seetang zubereitet wird, sollte dampfend heiß serviert werden.

PERSONEN
4

ZUBEREITUNG
30–35 MIN.

GARZEIT
25 MIN.

Zutaten

FÜR DIE BRÜHE

10 cm Kombu (getrockneter Seetang)

5 g Bonitoflocken

1 TL japanische Sojasauce

FÜR DIE EINLAGE

½ kleine Möhre, in 8 Stücke geschnitten

Salz

2,5 cm Daikon (weißer Rettich), in 8 Spalten geschnitten

1 Wolfsbarsch (etwa 600 g), gesäubert

1 EL japanischer Reiswein

1 EL Maisstärke

1 Bio-Zitrone

125 g Spinat oder 1 kleines Bund Brunnenkresse

ZUBEREITEN DER BRÜHE

1 **In einen Topf** 1 l kaltes Wasser füllen und den Kombu hinzufügen. Das Wasser bei starker Hitze zum Kochen bringen, dann den Kombu sofort herausheben und wegwerfen. Wenn man den Kombu mitkocht, wird die Suppe bitter und trüb. Den Topf von der Kochstelle nehmen.

2 **Die Bonitoflocken** gleichmäßig auf das Wasser im Topf streuen.

3 **Die Mischung stehen lassen**, bis die Flocken auf den Boden gesunken sind. Je nach Dicke und Trockengrad der Flocken dauert dies 3–5 Min. Ein Sieb mit feuchtem Musselin auslegen (feuchter Stoff fasert nicht) und die Brühe abseihen.

ZUBEREITEN DER GEMÜSE

4 In einem kleinen Topf Wasser zum Kochen bringen. Die Möhre mit 1 Prise Salz hineingeben und 3-5 Min. köcheln lassen, bis sie weich ist. Abtropfen lassen und beiseitestellen. Den Rettich 8-10 Min. köcheln lassen, bis er gerade weich ist. Abtropfen lassen.

ZUBEREITEN VON FISCH UND ZITRONENZESTEN

5 Aus dem Wolfsbarsch quer 4 Steaks schneiden, Kopf und Schwanz wegwerfen (da sich Wolfsbarsch nicht für Fischfond eignet, kann man mit ihnen nichts anfangen). Die Fischstücke im Reiswein wenden. Die Maisstärke auf einen Teller geben und die Steaks beidseitig hineindrücken, Überschuss abschütteln. Alle Schnittflächen des Fischs müssen dünn und gleichmäßig mit Maisstärke überzogen sein.

6 In einem breiten Topf Wasser zum Kochen bringen und nach Hinzufügen der Fischsteaks wieder so weit erhitzen, dass es gerade köchelt. Kräftigeres Kochen lässt die Steaks zerfallen, sie würden übergaren und trocken werden. Die Steaks 2-3 Min. garen, bis sie gerade fest sind, dann abtropfen lassen und beiseitestellen.

7 Mit einem Sparschäler 2-3 Streifen Schale von der Zitrone abhobeln. Sollte dabei etwas von der bitteren weißen Haut abgetrennt werden, die Zestenstücke flach auf die Arbeitsfläche legen und alle Hautreste mit einem sehr scharfen Messer entfernen. Die Zesten in 12 sehr schmale Streifen, sogenannte Julienne, schneiden. Den Spinat von harten Stielen befreien und sorgfältig waschen. In einem Topf Wasser zum Kochen bringen und den Spinat darin 3 Min. garen. Abtropfen lassen, unter fließendem kaltem Wasser rasch etwas abkühlen und dann behutsam in der Hand ausdrücken, um überschüssiges Wasser zu entfernen. Grob hacken, in vier gleich große Portionen teilen, zu Bällchen formen und bis zum Servieren warm stellen.

FERTIGSTELLEN DER SUPPE

8 Die Brühe mit der Sojasauce erhitzen, bis sie köchelt. Abschmecken und nach Bedarf noch Sojasauce hinzufügen. Fisch, Möhre und Rettich auf vier vorgewärmte Suppenschalen verteilen. Behutsam die kochende Brühe darüberschöpfen und jeweils 3 Streifen Zitronenzesten hinzufügen. Jede Schale mit einem Spinatbällchen garnieren oder, falls gewünscht, mit etwas Brunnenkresse.

Pilze mit Kräuterfüllung

IM HANDUMDREHEN HERGESTELLT. Eine Füllung aus frischen Kräutern, Walnüssen und Knoblauch macht die Champignons unwiderstehlich. Die Pilze können bis zu vier Stunden im Voraus zubereitet und im Kühlschrank aufbewahrt werden.

PERSONEN	ZUBEREITUNG	GARZEIT
4	25-30 MIN.	15-20 MIN.

Zutaten

12 große Hutpilze wie Champignons
(à etwa 40 g)

100 g frische Wildpilze oder
20 g getrocknete Wildpilze

12-14 Stängel Estragon, Blätter gehackt,
sowie einige Blätter zum Garnieren

10-12 Stängel Kerbel, Blätter gehackt,
sowie einige Blätter zum Garnieren

7-10 Zweige Thymian, Blätter gehackt,
sowie einige Blätter zum Garnieren

3-4 EL frisch geriebener Parmesan

4 EL Olivenöl sowie Öl für die Form

3 Knoblauchzehen, fein gehackt

Saft von ½ Zitrone

Salz und Pfeffer

100 g Sahne

100 g Walnusskerne, grob gehackt

ZUBEREITEN VON PILZEN UND FÜLLUNG

1 **Aus den großen Pilzen** die Stiele herausziehen, die Hüte dabei intakt lassen. Die Hüte mit feuchtem Küchenpapier abwischen, die Stiele putzen. Frische Wildpilze abreiben, die Stiele putzen. Getrocknete Pilze etwa 30 Min. in heißem Wasser einweichen, abtropfen lassen und in Stücke schneiden.

2 **Die Wildpilze und die Stiele der großen Pilze** mit einem scharfen Messer oder in der Küchenmaschine fein hacken, aber nicht pürieren. Ein Viertel der gehackten Kräuter mit dem geriebenen Parmesan vermischen und beiseitestellen.

3 **Die Hälfte des Öls** in einer Pfanne erhitzen. Die gehackten Pilze mit Knoblauch, Zitronensaft, Salz und Pfeffer hineingeben. Unter Rühren 3-5 Min. garen, bis die gesamte Flüssigkeit verdampft ist. Die Sahne untermischen und weitere 1-2 Min. köcheln lassen, bis sie etwas eindickt. Walnusskerne und restliche Kräuter hinzufügen. Die Füllung von der Kochstelle nehmen und abschmecken.

FÜLLEN UND ÜBERBACKEN DER PILZE

4 **Den Backofen** auf 180 °C vorheizen. Eine ofenfeste Form mit Öl auspinseln. Die Pilzhüte salzen und pfeffern und jeweils 1–2 TL Füllung hineingeben. Die Hüte nebeneinander in die Form setzen.

5 **Jeweils etwa 1 TL** Parmesan-Kräuter-Mischung zusammen mit etwas von dem restlichen Öl auf jeden Pilz geben und die Hüte 15–20 Min. backen, bis sie sich mit einem Messer leicht einstechen lassen und die Füllung sehr heiß ist. Mit den restlichen Kräutern garniert servieren.

Forellenterrine

EIN VERHEISSUNGSVOLLER AUFTAKT für ein festliches Menü. Frisch geriebener Meerrettich verleiht der Terrine dezente Schärfe, hinzu kommt reichlich Dill. Und das Beste: Sie lässt sich wunderbar am Vortag zubereiten und im Kühlschrank aufbewahren.

PERSONEN 8-10

ZUBEREITUNG 20-25 MIN + WARTEZEIT

GARZEIT KEINE

Zutaten

2 Eier, hart gekocht	3 kleine Frühlingszwiebeln, in feine Ringe geschnitten
1 kleines Bund Dill	125 g Mayonnaise
2 Räucherforellen (à etwa 400 g)	125 g Naturjoghurt
1 EL gemahlene Gelatine	60 g Meerrettich, frisch gerieben
Öl für die Form	Saft von 1 Zitrone
	Salz und Pfeffer
	175 g Sahne
	1 Bund Brunnenkresse zum Garnieren

VORBEREITEN DER ZUTATEN

1 **Die Eier grob hacken.** Den Dill von den Stängeln zupfen und fein hacken. Die Räucherforellen mithilfe eines scharfen Messers häuten, das Fleisch behutsam von den Gräten abheben. Kopf, Gräten und Haut wegwerfen, das Fleisch vorsichtig zerteilen, dabei verbliebene Gräten entfernen.

2 **Die Gelatine in eine kleine Schale** mit 4 EL kaltem Wasser streuen und etwa 10 Min. ausquellen lassen. Eine 1,2 l fassende Terrinenform mit Öl auspinseln.

HERSTELLEN DER TERRINE

3 **In einer Schüssel** Eier, Forellenfleisch, Dill, Frühlingszwiebeln, Mayonnaise und Joghurt vermischen. Meerrettich, Zitronensaft, Salz und Pfeffer unterrühren. Die Masse abschmecken; sie sollte gut gewürzt sein.

4 **Die Sahne 3-5 Min. schlagen,** bis sich weiche Spitzen bilden. Die Gelatine in einem kleinen Topf bei schwacher Hitze auflösen, zu der Forellenmischung geben und sorgfältig unterrühren. Die Sahne sofort und rasch unterziehen. Die Masse in die Form füllen und glatt streichen. Mit Frischhaltefolie bedecken und 3-4 Std. kalt stellen, bis die Terrine fest ist.

STÜRZEN DER TERRINE

5 Mit einem kleinen Messer am Rand der Form entlangfahren. Die Form einige Sekunden in heißes Wasser tauchen, um die Terrine zu lösen, dann abtrocknen.

6 Eine Platte auf die Form setzen. Die Terrine stürzen und dann in 2 cm dicke Scheiben schneiden. Jeweils eine Scheibe auf jedem Teller anrichten und mit 1-2 Stängeln Brunnenkresse garnieren.

Vietnamesische Nudelsuppe

DIESE SUPPE voller intensiver Gewürze muss lange köcheln. Sie ist reichhaltig und kann auch als eigenständige Mahlzeit serviert werden. Für die richtige Schärfe gibt man Chilischoten hinein – je nachdem, wie scharf man es mag, mit oder ohne Samen. Werden die Samen nicht entfernt, erhält das Gericht sehr viel mehr Schärfe.

PERSONEN 4

ZUBEREITUNG 1½ STD.

GARZEIT 4–5 STD.

Zutaten

FÜR DIE BRÜHE

1,5 kg Ochsenschwanz, in Stücke gehackt

1 kg Rinderknochen, in Stücke gehackt

1 große Zwiebel, halbiert

5 cm Ingwerwurzel, in dicke Scheiben geschnitten

3 Schalotten

4 Sternanis

10 cm Zimtstange

3 Gewürznelken

FÜR EINLAGE UND GARNITUR

250 g Reisnudeln (5 mm breit)

2 Frühlingszwiebeln, geputzt

250 g Rinderfilet

4 EL Fischsauce

125 g Sojasprossen

4 Stängel Koriandergrün

1–2 scharfe rote Chilischoten, nach Belieben von den Samen befreit, in dünne Streifen geschnitten

1 Limette, in Spalten geschnitten

HERSTELLEN DER BRÜHE

1 **Ochsenschwanz und Rinderknochen** in einem großen Topf mit Wasser bedecken, zum Kochen bringen und 10 Min. köcheln lassen. In ein Sieb abgießen und unter fließendem kaltem Wasser abspülen. Den Topf auswaschen, dann Ochsenschwanz und Knochen wieder hineingeben. 3 l Wasser hinzufügen und mit aufgelegtem Deckel langsam zum Kochen bringen.

2 **In der Zwischenzeit** den Backofengrill vorheizen. Zwiebelhälften, Ingwerstücke und Schalotten ungeschält auf den Grillrost legen und 8 cm von den Heizstäben entfernt 3–5 Min. grillen, bis sie gut gebräunt sind, dann wenden und die andere Seite 3–5 Min. bräunen. Mit Sternanis, Zimtstange und Nelken in den Topf geben.

3 **Die Zutaten** zugedeckt bei schwacher Hitze 3–4 Std. köcheln lassen, bis der Ochsenschwanz weich ist, zwischendurch bei Bedarf Wasser nachfüllen, damit die Knochen bedeckt bleiben, und gelegentlich Fett abschöpfen. Den Ochsenschwanz herausnehmen und etwas abkühlen lassen, dann das Fleisch mit den Fingern von den Knochen lösen und beiseitestellen.

4 **Die Ochsenschwanzknochen** wieder in den Topf geben und noch einmal 1 Std. köcheln lassen. Ein Sieb mit einem großen angefeuchteten Stück Musselin auslegen und die Garflüssigkeit durch das Sieb in einen großen sauberen Topf gießen. Knochen, Gewürze und Gemüse wegwerfen. Das gesamte Fett abschöpfen und die Brühe abschmecken. Es sollten 2 l vorhanden sein.

VORBEREITEN DER EINLAGE

5 Die Reisnudeln in einer Schüssel mit warmem Wasser bedecken. 20 Min. oder nach Gebrauchsanweisung quellen lassen, bis sie weich sind. Die Frühlingszwiebeln schräg in Ringe schneiden. Das Filet quer zur Faser in sehr dünne Scheiben schneiden, dann gut zugedeckt kalt stellen.

FERTIGSTELLEN DER SUPPE

6 Ochsenschwanzfleisch und Fischsauce in die Brühe geben und diese zum Kochen bringen. Das Rinderfilet aus dem Kühlschrank nehmen.

7 In einem großen Topf Wasser zum Kochen bringen. Die Reisnudeln hineingeben und umrühren, damit sie nicht verkleben. Das Wasser wieder aufkochen, dann die Nudeln in ein Sieb abgießen und sorgfältig abtropfen lassen, dabei kräftig schütteln. Die Nudeln auf vier große vorgewärmte Suppenschalen verteilen, dann Sojasprossen, rohe Filetscheiben und Frühlingszwiebeln hinzugeben.

8 Vorsichtig etwas kochende Brühe und Ochsenschwanzfleisch in jede Schale schöpfen. Die Suppe sehr heiß und mit etwas Koriandergrün garniert sofort servieren. Chilischote und Limettensaft dürfen die Gäste nach Geschmack selbst dazugeben.

Süßsaure Spareribs

MIT GEKOCHTEM ODER GEBRATENEM REIS ergibt dieses Rezept ein Hauptgericht für vier Personen. Die Rippchen werden zuerst gebräunt, dann ganz langsam geköchelt, bis sie sehr weich sind, und schließlich mit einer köstlichen Sauce überzogen.

PERSONEN	ZUBEREITUNG	GARZEIT
4–6	15–20 MIN.	1½ STD.

Zutaten

4 EL dunkle Sojasauce
4 EL Apfelessig
3 EL Honig
1 EL Sesamöl
1 TL Chilipaste
4 EL trockener Sherry
4 EL neutrales Pflanzenöl
1 getrocknete rote Chilischote
1,5 kg Spareribs (Schälrippchen)

VORBEREITEN VON SAUCE UND SPARERIBS

1 In einer kleinen Schüssel Sojasauce, Apfelessig, Honig, Sesamöl, Chilipaste und Sherry sorgfältig verrühren. Die Schüssel mit Frischhaltefolie bedecken und die Sauce beiseitestellen.

2 In einem Wok das Pflanzenöl erhitzen und die Chilischote darin 1 Min. braten, bis sie dunkelbraun ist, dann 3–4 Spareribs bei starker Hitze 2–3 Min. unter Rühren rundum bräunen. Auf einen Teller heben und die übrigen Spareribs ebenso bräunen. Das Öl bis auf 2 EL aus dem Wok abgießen.

GAREN DER SPARERIBS

3 Alle Spareribs wieder in den Wok legen, vollständig mit Wasser bedecken und dieses zum Kochen bringen. Die Hitze reduzieren und die Rippchen zugedeckt etwa 1 Std. köcheln lassen, dabei gelegentlich umrühren. Sie sind gar, wenn sich das Fleisch mit der Spitze eines Messers leicht einstechen lässt.

4 Die Chilischote herausnehmen und wegwerfen. Die Sauce in den Wok gießen und unterrühren. Die Spareribs unter gelegentlichem Rühren weitere 25–30 Min. köcheln lassen, bis die Sauce eingedickt und dunkel ist und das Fleisch überzieht. Sollte sie noch zu dünn sein, die Rippchen herausnehmen und die Sauce auf die richtige Konsistenz einkochen lassen. Die Spareribs mit der Sauce überzogen auf einer vorgewärmten Platte servieren.

Miesmuscheln in Safransauce

AUS DER BRETAGNE stammt dieses interessante Gericht. Der Muschelsaft verleiht der Sauce aromatische Tiefe. Achten Sie darauf, die Muscheln nur so lange zu garen, bis sie sich öffnen, damit sie saftig und köstlich bleiben.

PERSONEN 4-6	ZUBEREITUNG 25-30 MIN.	GARZEIT 10-12 MIN.

Zutaten

3 kg Miesmuscheln

3 Schalotten, sehr fein gehackt

250 ml trockener Weißwein

1 Bouquet garni aus 5-6 Stängeln Petersilie, 2-3 Zweigen Thymian und 1 Lorbeerblatt

1 große Prise Safran

Salz und schwarzer Pfeffer

125 g Sahne

5-7 Stängel Petersilie, Blätter fein gehackt

VORBEREITEN DER MIESMUSCHELN

1 **Die Muscheln säubern:** Jede sorgfältig unter fließendem kaltem Wasser mit einer kleinen harten Bürste abschrubben, dann mit einem Messer Kalkspuren und andere Beläge entfernen.

2 **Beschädigte Muscheln** wegwerfen, ebenso Muscheln, die sich nicht schließen, wenn sie leicht auf der Arbeitsfläche aufgeklopft werden. Algen und Bärte von den Muscheln entfernen.

GAREN DER MIESMUSCHELN

3 **Schalotten, Wein, Bouquet garni,** Safran und reichlich Pfeffer in einen großen Topf mit Deckel geben, zum Kochen bringen und 2 Min. köcheln lassen. Die Muscheln hinzufügen und zugedeckt bei starker Hitze unter gelegentlichem Rühren 5-7 Min. garen. Alle noch geschlossenen Muscheln wegwerfen, die übrigen in eine vorgewärmte Schüssel heben.

4 **Die Muscheln mit Alufolie bedecken** und warm stellen. Jetzt muss die Sauce rasch zubereitet werden, damit die Muscheln möglichst prall und saftig bleiben und nichts von ihrem Aroma verloren geht.

ZUBEREITEN DER SAUCE

5 **Das Bouquet garni wegwerfen.** Den Garsud zum Kochen bringen und auf die Hälfte reduzieren. Die Sahne angießen. Die Sauce unter Rühren wieder zum Kochen bringen und köcheln lassen, bis sie nach 2-3 Min. eindickt und den Kochlöffel überzieht. Mit einem Finger über den Rücken des Löffels fahren. Es sollte eine Spur sichtbar bleiben. Petersilie sowie Salz und Pfeffer nach Geschmack unterrühren, dann die Sauce über die Muscheln gießen und sofort servieren.

Hähnchenmousse mit Madeirasauce

DIESE ZARTE, CREMIGE MOUSSE, umhüllt von feinen Zucchinischeiben, ist eine wunderbare warme Vorspeise. Wer sie lieber als leichtes Hauptgericht servieren möchte, reicht etwas Safranreis (s. S. 262) als Beilage dazu.

PERSONEN 4	**ZUBEREITUNG** 25–35 MIN.	**GARZEIT** 20–30 MIN.

Zutaten

500 g Hähnchenbrustfilet (ohne Haut und Knochen)

2 Eiweiß

Salz und Pfeffer

1 Prise frisch geriebene Muskatnuss

175 g Sahne

2 Zucchini, geputzt

Butter für die Förmchen

FÜR DIE MADEIRASAUCE

125 g Butter

2 Knoblauchzehen, fein gehackt

2 Schalotten, fein gehackt

4 EL Madeira

1 EL Sahne

ZUBEREITEN DER HÄHNCHENMOUSSE

1 **Die Hähnchenbrust in Stücke schneiden** und durch den Fleischwolf drehen oder in der Küchenmaschine zerkleinern, aber nicht zu fein.

2 **Die Eiweiße steif schlagen.** Mit einem Kochlöffel nach und nach zum Hackfleisch geben und untermischen, sodass eine homogene Masse entsteht. Mit Salz, Pfeffer und Muskat würzen.

3 **Die Sahne nach und nach unterrühren.** Die Masse etwa 15 Min. kalt stellen, damit sie fest wird, dann abschmecken. Eine kleine Portion in einer Pfanne braten und probieren, falls nötig nachwürzen.

GAREN DER ZUCCHINI

4 **Die Zucchini in sehr dünne Scheiben schneiden.** In einem Topf Salzwasser zum Kochen bringen und die Zucchinischeiben darin 1–2 Min. blanchieren. In ein Sieb abgießen, unter fließendem kaltem Wasser abspülen und auf Küchenpapier gut abtropfen lassen.

VORBEREITEN DER FÖRMCHEN

5 **Mithilfe eines aufgesetzten Förmchens** sechs Kreise aus Backpapier ausschneiden. Sechs ofenfeste Förmchen ausbuttern, in jedes einen Backpapierkreis legen und ebenfalls mit Butter bestreichen. Darauf achten, dass das Papier vollkommen bedeckt ist, damit die Zucchinischeiben nicht daran kleben bleiben. Den Backofen auf 180 °C vorheizen.

EINFÜLLEN UND GAREN DER MOUSSE

6 **Böden und Wände** der Förmchen mit einander überlappenden Zucchinischeiben bedecken.

7 **Die Fleischmasse hineinfüllen und glatt streichen.** Die Förmchen in eine hohe ofenfeste Form stellen und so viel kochendes Wasser dazugießen, dass sie mehr als zur Hälfte im Wasser stehen.

8 **Die Form mit Backpapier bedecken** und die Mousse 20–30 Min. im Backofen garen. Ein in die Mitte eingestochener Metallspieß sollte sich beim Herausziehen heiß anfühlen. Ganz wichtig: Das Wasser darf während des Garens nicht kochen.

FERTIGSTELLEN DES GERICHTS

9 Für die Sauce in einem kleinen Topf etwa 30g Butter zerlassen. Knoblauch und Schalotten darin unter Rühren 2-3 Min. anbraten, der Knoblauch darf aber nicht zu stark bräunen, weil er sonst bitter wird. Den Madeira hinzufügen, zum Kochen bringen und 2-3 Min. rühren, bis die Konsistenz sirupartig ist. Die Sahne dazugeben und einkochen lassen. Die Sauce von der Kochstelle nehmen und nach und nach die restliche Butter unterschlagen, dabei den Topf immer wieder auf den Herd stellen und herunternehmen. Die Butter soll die Sauce cremig machen, die Sauce darf aber nicht mehr kochen, weil sich sonst das Fett absetzt.

10 Mit einer Messerklinge am Rand der Förmchen entlangfahren. Die Hähnchenmousse auf vorgewärmte Teller stürzen und verrutschte Zucchinischeiben behutsam wieder an ihren Platz schieben. Mit der warmen Madeirasauce umgießen.

 VARIANTE: Kalte Hähnchenmousse mit Tomatenpüree und Minze

Besonders fruchtig: eine Sauce aus rohen Tomaten.

1 Die Mousse wie beschrieben vorbereiten und garen, dann auf Zimmertemperatur abkühlen lassen.

2 Anstelle der Madeirasauce ein Tomatenpüree zubereiten: 250g frische Tomaten enthäuten, nach Entfernen der Samen grob hacken und in der Küchenmaschine fein pürieren. Bei laufendem Motor langsam 1 EL Olivenöl hinzufügen. Das Püree nach Geschmack salzen und pfeffern.

3 Mit einer Messerklinge am Rand der Förmchen entlangfahren und die Mousse auf Portionsteller stürzen. Rundum das Tomatenpüree verteilen und gleichmäßig mit gehackter frischer Minze bestreuen.

Kabeljau-Miesmuschel-Suppe

EIN HERZHAFTES CHOWDER, wie man es in Neuengland liebt. Miesmuscheln verleihen ihm Farbe. Die Suppe kann bis einschließlich Schritt 7 vorbereitet werden. Gut zugedeckt im Kühlschrank aufbewahren und erst kurz vor dem Servieren fertigstellen.

PERSONEN 8

ZUBEREITUNG 45–50 MIN.

GARZEIT 55–60 MIN.

Zutaten

500 g Kartoffeln

1 kg Kabeljaufilet ohne Haut

1 kg Miesmuscheln

1,5 l Fischbrühe

2 Lorbeerblätter

125 ml Weißwein

175 g durchwachsener Speck, fein gewürfelt

2 Zwiebeln, fein gehackt

2 Stangen Staudensellerie, fein gehackt

1 Möhre, fein gehackt

2 TL getrockneter Thymian

60 g Mehl

250 g Sahne

Salz und Pfeffer

5–7 Stängel Dill, Blätter fein gehackt

VORBEREITEN DER ZUTATEN

1 Die Kartoffeln schälen, in 1 cm große Würfel schneiden und in eine Schüssel mit kaltem Wasser legen, damit sie sich nicht verfärben. Das Fischfilet waschen, mit Küchenpapier trocken tupfen und in 2,5 cm große Würfel schneiden. Die Miesmuscheln vorbereiten (s. S. 41).

2 Fischbrühe, Lorbeerblätter und Wein in einem großen Topf zum Kochen bringen und 10 Min. köcheln lassen, damit sich die Aromen verbinden.

3 Den Speck in einen großen Topf geben und unter gelegentlichem Rühren 3–5 Min. knusprig braten. Zwiebeln, Sellerie, Möhre und Thymian hinzufügen und unter Rühren 5–7 Min. garen.

ZUBEREITEN DER SUPPE

4 **Das Mehl** in den Topf streuen und unter Rühren 1 Min. anschwitzen.

5 **Die heiße Brühe** dazugießen, zum Kochen bringen und rühren, bis die Flüssigkeit etwas eingedickt ist.

6 **Die Kartoffeln** abtropfen lassen und in den Topf geben. Unter gelegentlichem Rühren etwa 40 Min. köcheln lassen, bis sie sehr weich sind.

7 **Den Topf** von der Kochstelle nehmen. Etwa ein Drittel der Kartoffeln mit einer Gabel an den Topfwänden zerdrücken und anschließend wieder unterrühren.

FERTIGSTELLEN DER SUPPE

8 Den Topf wieder auf den Herd setzen. Die Muscheln hineingeben und 1–2 Min. köcheln lassen, bis sie sich öffnen. Den Kabeljau unterrühren und 2–3 Min. garen, bis er sich leicht zerteilen lässt, aber nicht übergaren, weil er sonst zerfällt. Die Sahne angießen und erhitzen. Die Suppe nach Geschmack salzen und pfeffern.

9 Die Lorbeerblätter wegwerfen, ebenso alle noch geschlossenen Muscheln (was auch Ihre Gäste unbedingt tun sollten, falls sie später noch ungeöffnete Muscheln entdecken). Die Suppe in vorgewärmte Suppenschalen schöpfen, mit Dill bestreuen und sehr heiß servieren. In Neuengland, wo diese Suppe ihren Ursprung hat, reicht man dazu traditionell kleine salzige Cracker, die jeder Gast nach Belieben in seinen Teller krümelt.

 VARIANTE: Fischsuppe mit Tomaten

Tomaten und Thymian geben ihr Farbe und Geschmack des Südens.

1 Gut 1 kg Tomaten enthäuten und nach Entfernen der Samen grob hacken oder 2 Dosen Tomatenstücke à 400 g verwenden. 4 Knoblauchzehen hacken.

2 Die Suppe wie beschrieben zubereiten, aber die doppelte Menge Wein, 1 EL getrockneten Thymian und nur die Hälfte des Mehls verwenden. Zwiebeln, Sellerie, Möhre, Knoblauch sowie 1–2 EL Tomatenmark dazugeben.

3 Die Tomaten mit den Kartoffeln hinzufügen, die Kartoffeln aber nicht zerdrücken. Keine Sahne dazugeben. Die fertige Suppe mit gehacktem Thymian bestreuen und mit knusprigem Brot servieren.

Minestrone mit rotem Pesto

EIN PÜREE AUS TOMATEN, KNOBLAUCH UND BASILIKUM wird zum Schluss in diese Suppe gerührt, um ihr einen frischen Geschmack zu verleihen. Sie ist eine perfekte Vorspeise für kältere Tage. Sowohl Suppe als auch Pesto können einen Tag im Voraus zubereitet und im Kühlschrank aufbewahrt werden. Denken Sie daran, die Bohnen am Vorabend einzuweichen.

PERSONEN	ZUBEREITUNG	GARZEIT
6	45–50 MIN. + WARTEZEIT	2½ STD.

Zutaten

FÜR DIE MINESTRONE

175 g getrocknete Kidneybohnen

175 g getrocknete weiße Bohnen

Salz und Pfeffer

125 g Hörnchennudeln

175 g grüne Bohnen

250 g Möhren

375 g Kartoffeln

1 Zucchini

175 g enthülste frische Erbsen oder aufgetaute TK-Erbsen

125 g Parmesan, frisch gerieben

FÜR DAS TOMATENPESTO

1 großes Bund Basilikum

2 Tomaten, enthäutet und nach Entfernen der Samen gehackt

4 Knoblauchzehen

1 TL Salz

Pfeffer

175 ml Olivenöl

VORBEREITEN DER BOHNEN UND NUDELN

1 **Kidneybohnen** und weiße Bohnen in getrennten Schüsseln mit reichlich Wasser bedecken und über Nacht zum Einweichen stehen lassen. In ein Sieb abgießen, unter fließendem kaltem Wasser abspülen und abtropfen lassen. Die Bohnen in getrennte Töpfe geben und mit reichlich Wasser bedecken.

2 **Die Bohnen zum Kochen bringen,** 10 Min. kochen lassen und bei milder Hitze etwa 1 Std. köcheln lassen, bis sie weich sind, aber noch nicht zerfallen. Die Bohnen nach der Hälfte der Garzeit salzen und pfeffern. In ein Sieb abgießen und sorgfältig abtropfen lassen.

3 **In einem mittelgroßen Topf** Wasser zum Kochen bringen und salzen. Die Nudeln hinzufügen und unter gelegentlichem Rühren 5–7 Min. bissfest garen. In ein Sieb abgießen und mit heißem Wasser abspülen. Beiseitestellen.

ZUBEREITEN DER SUPPE

4 Die grünen Bohnen putzen und in 1 cm große Stücke schneiden. Möhren und Kartoffeln schälen, die Enden der Zucchini abschneiden. Möhren, Kartoffeln und Zucchini würfeln.

5 Die gegarten, abgetropften Trockenbohnen in einen großen Topf geben. Grüne Bohnen, Möhren, Kartoffeln, Zucchini, Erbsen, etwas Salz und Pfeffer sowie 2 l Wasser hinzufügen und zum Kochen bringen. Bei reduzierter Temperatur 1 Std. köcheln lassen, bis die Gemüse sehr weich sind.

6 Für das Pesto die Basilikumblätter mit Ausnahme von 6 Stängeln abzupfen. Basilikumblätter, Tomaten, Knoblauch, Salz und etwas Pfeffer in die Küchenmaschine geben und fein pürieren.

7 Bei laufendem Motor nach und nach das Öl hinzufügen, zwischendurch mit einem Gummispatel die Gefäßwände abstreichen. Das Pesto abschmecken.

8 Die Nudeln in die Suppe geben und diese noch einmal abschmecken. Die Suppe behutsam wieder erhitzen, aber nicht mehr kochen lassen, da Nudeln und Gemüse sonst zu weich werden. Von der Kochstelle nehmen und das Tomatenpesto unterrühren. Die Suppe in vorgewärmte Schalen schöpfen und mit Basilikumblättern garnieren, den Parmesan getrennt reichen.

 VARIANTE: Französische Gemüsesuppe mit Käsecroûtons

Einige kleine Veränderungen, und aus der Minestrone wird eine französische Gemüsesuppe. In ihrem Heimatland heißt sie Pistou, und so nennt man dort auch die würzige Basilikumpaste, mit der die Suppe auf den Tisch kommt.

1 Trockenbohnen und Nudeln garen und die Suppe wie im Hauptrezept zubereiten, aber die Erbsen weglassen. Das Tomatenpesto wie beschrieben zubereiten und beiseitestellen.

2 Den Backofen auf 180 °C vorheizen. Für die Käsecroûtons 1 kleines Baguette (etwa 175 g) in 24 Scheiben von 2 cm Dicke schneiden.

3 Die Scheiben auf einem Backblech verteilen, dünn mit Olivenöl einpinseln und gleichmäßig mit 60 g frisch geriebenem Parmesan bestreuen. Für etwa 5 Min. in den Backofen schieben.

4 Das Tomatenpesto in die heiße Suppe rühren. Die Suppe in vorgewärmte Schalen schöpfen und auf jede Portion 1 Croûton setzen. Die restlichen Brotscheiben getrennt reichen. Keinen zusätzlichen geriebenen Parmesan servieren.

Gratinierter Chicorée

EIN EINFACHES GERICHT aus Belgien, der Heimat des Chicorées. Vergessen Sie nicht, beim Vorbereiten den Strunk herauszuschneiden, damit das Gemüse gleichmäßig gart. Das Gratin eignet sich als Vorspeise oder Hauptgericht und kann bis einschließlich Schritt 6 am Vortag zubereitet werden. Anschließend sorgfältig zugedeckt im Kühlschrank aufbewahren. Das Gratin vor dem Garen auf Zimmertemperatur bringen und dann mit dem Gruyère bestreuen.

PERSONEN	ZUBEREITUNG	GARZEIT
4-8	15–20 MIN.	1–1¼ STD.

Zutaten

8 Köpfe Chicorée, geputzt

1 EL Zucker

Salz und Pfeffer

50 g Gruyère

8 Scheiben gekochter Schinken

FÜR DIE BÉCHAMELSAUCE

500 ml Milch

1 Stück Zwiebel

1 Lorbeerblatt

6 Pfefferkörner

60 g Butter sowie Butter für die Form

30 g Mehl

frisch geriebene Muskatnuss

VORGAREN DES CHICORÉES

1 Den Backofen auf 180 °C vorheizen. Eine flache ofenfeste Form mit Butter ausfetten. Den Chicorée gleichmäßig in der Form verteilen und mit Zucker, Salz und Pfeffer bestreuen. Ein Stück Alufolie mit Butter einfetten und mit der gebutterten Seite fest auf den Chicorée drücken. Das Gemüse 45–55 Min. garen, bis es gebräunt und leicht karamellisiert ist, zwischendurch ein- oder zweimal wenden. Danach sollte der Chicorée beim Einstechen mit einem Messer auch in der Mitte weich sein. Auf einen Teller heben und etwas abkühlen lassen. Die Form auswischen.

ZUBEREITEN DER BÉCHAMELSAUCE

2 In einem Topf die Milch mit Zwiebel, Lorbeerblatt und Pfefferkörnern erhitzen, aber nicht zum Kochen bringen, dann zugedeckt für 10 Min. an einen warmen Platz stellen, damit die Milch die anderen Aromen aufnehmen kann. In einem zweiten Topf die Butter bei mittlerer Hitze zerlassen. Das Mehl unterrühren und 30–60 Sek. unter ständigem Rühren anschwitzen, bis Blasen entstehen.

3 Den Topf vom Herd nehmen. Die Milch durch ein Sieb dazugießen und unterschlagen. Den Topf wieder auf die Kochstelle setzen und die Sauce ununterbrochen rühren, bis sie kocht und dick wird. Salz, Pfeffer und Muskatnuss nach Geschmack hinzufügen und die Sauce weitere 2 Min. köcheln lassen. Dabei ständig rühren, um die Hitze zu verteilen und sicherzustellen, dass nichts am Topfboden ansetzt.

FERTIGSTELLEN DES GRATINS

4 Die Backofentemperatur auf 200 °C erhöhen. Die Form wieder mit Butter einfetten. Den Gruyère reiben und beiseitestellen.

5 Eine Scheibe Schinken auf die Arbeitsfläche legen und darauf einen Kopf Chicorée. Den Schinken sorgfältig um den Chicorée wickeln. Mit den restlichen Schinkenscheiben und Chicoréeköpfen ebenso verfahren. Die Rollen mit der Nahtstelle nach unten in die Form legen.

6 **Die Béchamelsauce** gleichmäßig über die Chicorée-Schinken-Rollen schöpfen.

7 **Mit dem Käse bestreuen.** Die Form für 20–25 Min. in den Backofen schieben, bis das Gratin gebräunt ist. Das Gratin in der Form heiß servieren.

Lauch in Vinaigrette

GANZ EINFACH UND ABSOLUT KÖSTLICH. Für dieses Gericht sollte möglichst frischer Lauch verwendet werden. Man kann ihn zum Marinieren in der Vinaigrette bis zu einen Tag zugedeckt in den Kühlschrank stellen. Rechtzeitig auf Zimmertemperatur bringen, bevor man Ei und Petersilie darüberstreut. Wenn die Lauchstangen sehr dünn sind, entfällt das Zusammenbinden in Schritt 2. Sie garen dann nur 5 Minuten oder bis sie sich mit einer Messerspitze leicht einstechen lassen.

PERSONEN 4-6	ZUBEREITUNG 15-20 MIN. + WARTEZEIT	GARZEIT 15-25 MIN.

Zutaten

1 kg Lauch (6 Stangen)	175 ml neutrales Pflanzenöl
Salz und Pfeffer	2 Schalotten, fein gehackt
3 EL Weißweinessig	1 Ei
1 TL Dijonsenf	5-7 Stängel Petersilie, Blätter fein gehackt

GAREN DES LAUCHS

1 **Lauch putzen,** Wurzeln und harte grüne Enden abschneiden. Die Stangen längs aufschlitzen, das Wurzelende aber intakt lassen. Sorgfältig unter fließendem kaltem Wasser waschen, dabei die Blätter auseinanderziehen.

2 **Die Lauchstangen** an beiden Enden mit Küchengarn zu zwei Bündeln zusammenbinden. In einem breiten flachen Topf Salzwasser zum Kochen bringen. Den Lauch hineinlegen und etwa 10 Min. köcheln lassen, bis er gerade weich ist.

ZUBEREITEN DER VINAIGRETTE

3 **Essig, Senf, Salz und Pfeffer verrühren.** Nach und nach das Öl unterschlagen, sodass die Vinaigrette emulgiert und dicklich wird. Die Schalotten unterziehen und die Vinaigrette abschmecken.

ANMACHEN DES LAUCHS

4 **Prüfen, ob der Lauch weich ist.** Dazu mit der Spitze eines kleinen Messers einstechen. Die Stangen in einem Sieb abtropfen lassen, nach Entfernen des Garns trocken tupfen und schräg in 8 cm lange Stücke schneiden.

5 **Die Lauchstücke in eine Form legen** und mit der Vinaigrette beträufeln. Zugedeckt für 1 Std. in den Kühlschrank stellen, dann auf Zimmertemperatur bringen. In der Zwischenzeit das Ei hart kochen und dann pellen.

FERTIGSTELLEN DES GERICHTS

6 **Den Lauch auf Teller verteilen.** Das Ei halbieren, Eigelb vom Eiweiß trennen. Das Eiweiß hacken, das Eigelb mit einem Löffel durch ein Sieb streichen. Petersilie, Eiweiß und Eigelb über den Lauch streuen.

Hähnchenleber-Apfel-Terrine

MIT KARAMELLISIERTEN APFELRINGEN belegt, sind diese kleinen Terrinen eine stilvolle Vorspeise. Der kräftige Geschmack der Hähnchenleber und die Süße der Äpfel bilden einen angenehmen Kontrast. Durch das Flambieren mit Calvados bekommt die Terrine mehr Aromatiefe.

PERSONEN 6	**ZUBEREITUNG** 30-35 MIN. + WARTEZEIT	**GARZEIT** 12-15 MIN.

Zutaten

3 Äpfel

250 g Butter

Salz und Pfeffer

500 g Hähnchenleber, pariert

4 Schalotten, fein gewürfelt

2 Knoblauchzehen, fein gehackt

4 EL Calvados oder Cognac

2 EL Zucker

6 Scheiben Bauernbrot

6 Stängel Minze zum Servieren (nach Belieben)

VORBEREITEN DER ÄPFEL

1 Zwei Äpfel schälen, entkernen und würfeln. In einer Pfanne 2 EL Butter zerlassen und die Apfelwürfel darin mit Salz und Pfeffer unter häufigem Rühren 5-7 Min. garen, bis sie weich sind. In eine Schüssel geben.

VORBEREITEN DER LEBER

2 Weitere 2 EL Butter in der Pfanne zerlassen. Die Leber hineingeben, salzen und pfeffern und unter Rühren 2-3 Min. braten, bis sie gebräunt ist. Schalotten und Knoblauch hinzufügen und 1-2 Min. weiterrühren, bis die Schalotten weich sind. Eine Leber herausnehmen und einschneiden – sie sollte in der Mitte noch rosa sein.

3 Die Temperatur erhöhen. Den Calvados in die Pfanne gießen und zum Kochen bringen. Zurücktreten und den Alkohol mit einem Streichholz entzünden. Die Leber 20-30 Sek. beschöpfen, bis die Flammen erlöschen, dann abkühlen lassen.

HERSTELLEN DER TERRINE

4 In der Küchenmaschine die Lebermischung fast glatt pürieren. Mit dem Handrührgerät 150 g Butter cremig rühren. Lebermischung und Apfelwürfel sowie Salz und Pfeffer nach Geschmack unterziehen.

5 Sechs ofenfeste Förmchen mindestens zu zwei Dritteln mit der Mischung füllen. Die Oberfläche mit dem Rücken eines in heißes Wasser getauchten Löffels glatt streichen. Die Förmchen 2-3 Std. kalt stellen.

FERTIGSTELLEN UND SERVIEREN

6 Aus dem verbliebenen Apfel das Kerngehäuse ausstechen. Den Apfel in 6 Scheiben schneiden. Die restliche Butter in einer Pfanne zerlassen. Die Apfelscheiben hineinlegen, mit der Hälfte des Zuckers bestreuen. Wenden, mit dem restlichen Zucker bestreuen und auf jeder Seite 2-3 Min. braten, bis sie karamellisiert sind. Das Brot toasten. 1 Apfelscheibe auf jede Terrine legen, nach Belieben mit Minze garnieren und mit dem Röstbrot servieren.

Römische Artischocken

FÜR DIESE KÖSTLICHE VORSPEISE eignen sich am besten kleine junge Artischocken mit zarten Stielen. Sind im Handel nur größere Exemplare erhältlich, müssen alle faserigen Teile sorgfältig entfernt werden. Prüfen Sie beim Einkauf die Schnittflächen an den Stielen der Artischocken: Sie sollten feucht sein, anderenfalls ist das Gemüse nicht frisch.

PERSONEN
6

ZUBEREITUNG
25–30 MIN.

GARZEIT
25–45 MIN.

Zutaten

6 Artischocken

2 Zitronen, halbiert, sowie Zitronenspalten zum Garnieren

6 Knoblauchzehen, fein gehackt

1 kleines Bund glatte Petersilie, Blätter fein gehackt

8–10 Stängel Minze, Blätter fein gehackt, sowie Minze zum Garnieren

Salz und Pfeffer

125 ml Olivenöl

VORBEREITEN DER ARTISCHOCKEN

1 **Das harte Ende** des Stiels abschneiden, dabei etwa 4 cm Stiel stehen lassen. Die großen unteren Blätter mit den Fingern abbrechen. Von den übrigen Blättern etwa drei Viertel entfernen, sodass nur der essbare helle Teil an der Artischocke verbleibt.

2 **So fortfahren,** bis die kleinen weichen Blätter in der Mitte zum Vorschein kommen. Die Blätter mit einem scharfen Messer abschneiden. Alle Schnittflächen der Artischocke mit einer Zitronenhälfte abreiben, um Verfärbungen zu vermeiden.

3 **Den Stiel** der Artischocke schälen, dabei die faserige Außenschicht entfernen. Dunkelgrüne Stellen an der Basis der Artischocke ebenfalls abschneiden, um alle harten Blattreste zu entfernen.

4 **Das haarartige Heu** der Artischocke mit einem Teelöffel herauslösen und Zitronensaft aus zwei Zitronenhälften in die ausgehöhlte Mitte drücken. Den Saft mit den Fingern sorgfältig im Inneren verteilen. Die übrigen Artischocken auf die gleiche Weise vorbereiten.

FÜLLEN UND GAREN DER ARTISCHOCKEN

5 Knoblauch, Petersilie, Minze und etwas Salz in einer Schüssel vermischen. 2-3 Löffel von dieser Mischung in die Mitte jeder Artischocke
geben und fest an Boden und Wände drücken, damit möglichst viel hinein-
passt und nichts herausfällt, wenn die Artischocken kopfüber gegart werden.
2-3 EL Kräutermischung zum Bestreuen der Artischocken aufbewahren.

6 Die Artischocken mit den Stielen nach oben dicht nebeneinander in
einen passenden Topf setzen, sodass sie beim Garen nicht umfallen
können. Mit der restlichen Füllung bestreuen und mit dem Öl übergießen.
Mit Salz und Pfeffer würzen und so viel Wasser dazugießen, dass die Artischocken zur Hälfte in der Garflüssigkeit stehen, Stiele ausgenommen.

7 Das Wasser zum Kochen bringen, dann die Artischocken mit aufgelegtem
Deckel 25-45 Min. köcheln lassen, bis sie weich sind. Nach Bedarf Wasser nachgießen, sodass sie immer zur Hälfte bedeckt sind. Um zu prüfen, ob
sie gar sind, die Artischocken mit der Spitze eines Messers einstechen – sie
sollten weich sein.

8 Mit einem Schaumlöffel die Artischocken wiederum kopfüber nebeneinander in eine große vorgewärmte Schüssel setzen, dabei darauf
achten, dass möglichst wenig Garflüssigkeit aus dem Topf in die Schüssel
gelangt. Die Garflüssigkeit einkochen lassen, bis sie auf etwa 250 ml reduziert ist.

9 Die verbliebene Zitronenhälfte auspressen. Den Saft durch ein Sieb in
die Garflüssigkeit gießen. Die Sauce kosten und nach Geschmack noch
Salz, Pfeffer oder Zitronensaft hinzufügen. Die Sauce über die Artischocken
gießen und auf Zimmertemperatur abkühlen lassen. Die Zitrone für die Garnitur in Spalten schneiden.

10 Die Artischocken mit Zitronenspalten und Minzeblättern garniert
servieren. Sie schmecken warm genauso gut wie bei Zimmertemperatur. Man kann die Artischocken auch sehr gut einen Tag im Voraus
zubereiten und zugedeckt im Kühlschrank aufbewahren. Einige Zeit vor
dem Servieren aus dem Kühlschrank nehmen, damit sie wieder Zimmertemperatur annehmen.

Baskisches Chili-Omelett

WIE EINE SPANISCHE TORTILLA wird dieses Omelett auf beiden Seiten gebräunt. Sie können jede Sorte Paprika- und Chilischoten verwenden. Am besten wird das Omelett aber, wenn man verschiedene Formen, Farben und Schärfegrade kombiniert.

PERSONEN	ZUBEREITUNG	GARZEIT
2	20-25 MIN.	15-25 MIN.

Zutaten

250 g Tomaten

60 g Butter

1 Zwiebel, in dünne Ringe geschnitten

1-2 kleine rote Chilischoten, nach Entfernen der Samen fein gehackt

1 rote Paprikaschote, nach Entfernen von Stielansatz, Samen und Scheidewänden in schmale Streifen geschnitten

2 Knoblauchzehen, fein gehackt

Salz und Pfeffer

1 kleines Bund Petersilie, Blätter fein gehackt

5 Eier

ZUBEREITEN DER FÜLLUNG

1 Stielansätze der Tomaten entfernen. Unterseiten kreuzförmig einschneiden. Für 8-15 Sek. in kochendes Wasser tauchen, bis sich die Haut löst. In kaltes Wasser legen, häuten und nach Entfernen der Samen grob hacken.

2 Die Hälfte der Butter in einer Pfanne zerlassen. Zwiebel, Chili- und Paprikaschoten darin 5-8 Min. anbraten. Tomaten, Knoblauch, Salz und Pfeffer dazugeben und 5-10 Min. garen, dann die Petersilie unterrühren.

BRATEN DES OMELETTS

3 Die Eier in eine Schüssel aufschlagen, salzen und pfeffern und sorgfältig verquirlen. Die restliche Butter in einer Omelett- oder Bratpfanne zerlassen. Wenn sie nicht mehr schäumt und braun wird, die Eier hineingießen und mit einer Gabel 8-10 Sek. kräftig rühren, bis sie zu stocken beginnen.

4 Rasch, aber behutsam gegartes Ei mit der Gabel vom Rand der Pfanne zur Mitte schieben, sodass ungegartes Ei an den Rand fließen kann. Das Omelett noch etwa 30 Sek. garen, bis es teilweise gestockt ist.

5 Die Paprikamischung unter die Eier rühren. Die Hitze reduzieren und das Omelett ungestört 2-3 Min. braten, bis die Oberseite fest und die Unterseite gebräunt ist.

6 **Die Pfanne vom Herd nehmen.** Rasch einen Teller mit einem größeren Durchmesser daraufsetzen. Teller und Pfanne gut festhalten und das Omelett auf den Teller stürzen. Vorsichtig wieder in die Pfanne gleiten lassen. Die andere Seite 30–60 Sek. bräunen, bis das Ei vollständig gar ist. Das Omelett am Rand mit einem Palettmesser behutsam anheben, um den Gargrad zu prüfen. Man kann das Omelett in einer ofenfesten Pfanne zubereiten und nicht stürzen, sondern am Ende von Schritt 5 unter den vorgeheizten Grill setzen, bis die Oberseite gebräunt und die Eimasse gerade gestockt ist.

7 **Das fertige Omelett** auf einen vorgewärmten Servierteller gleiten lassen, in Spalten schneiden und heiß oder bei Zimmertemperatur servieren. Dazu nach Belieben einen knackigen grünen Salat reichen. Wer dieses Rezept einmal beherrscht, kann es ganz nach Wunsch variieren, sofern folgende Grundregeln beachtet werden: Bei Verwendung von wasserreichen Gemüsen oder Pilzen sollten diese zunächst so lange gebraten werden, bis die gesamte Flüssigkeit ausgetreten und verdampft ist, weil anderenfalls das Omelett weich wird und der Geschmack leidet. Wenn Käse verwendet werden soll, streut man ihn in der letzten Sekunde auf das Omelett und stellt die Pfanne dann kurz unter den Grill, damit er schmilzt (auch in diesem Fall muss eine ofenfeste Pfanne verwendet werden).

 VARIANTE: Bauernomelett

Ideal für ein Brunchbüfett oder als schnelles Abendessen.

1 Knoblauch, Paprikaschote, Chili und Tomaten weglassen. Zwiebel und Petersilie wie im Hauptrezept vorbereiten, dabei einige kleine Stängel Petersilie als Garnitur zurücklegen.

2 Etwa 250 g Räucherspeck in feine Streifen schneiden. 500 g Kartoffeln schälen und nach Begradigen der Seiten in 1 cm große Würfel schneiden. Den Speck in einer großen Pfanne erhitzen und bei mittlerer Temperatur unter gelegentlichem Rühren 5 Min. braten, bis das Fett ausgetreten ist. Das Fett bis auf 2 EL entfernen.

3 Zwiebel und Kartoffeln in die Pfanne geben und unter gelegentlichem Rühren 20 Min. garen, bis sie weich und goldbraun sind, dann nach Geschmack salzen und pfeffern. Das Omelett wie beschrieben zubereiten. Anstelle der Paprika-Tomaten-Füllung die Kartoffelmischung hinzufügen. Das Omelett in Spalten geschnitten und mit der restlichen Petersilie garniert heiß oder bei Zimmertemperatur servieren.

Vietnamesische Frühlingsrollen

ANDERS ALS IHRE KNUSPRIGEN VERWANDTEN werden diese Rollen nicht frittiert. Sie lassen sich leicht variieren und anstelle von Schweinefilet und Garnelen kann man auch andere Fleischsorten, Fisch oder Meeresfrüchte verwenden.

PERSONEN	ZUBEREITUNG	GARZEIT
4	50-60 MIN.	25 MIN.

Zutaten

FÜR DEN DIP

2 Knoblauchzehen, fein gehackt

1 scharfe rote Chilischote, nach Belieben von den Samen befreit, fein gehackt

2 EL Zucker

4 EL Reisweinessig

4 EL Fischsauce

2 EL Limettensaft

FÜR DIE FRÜHLINGSROLLEN

250 g Schweinefilet

8 ungeschälte rohe Garnelen (insgesamt etwa 125 g)

1 große Möhre, geschält und in feine Streifen geschnitten

1 TL Zucker

60 g dünne Reisnudeln (Vermicelli)

8 kleine Kopfsalatblätter sowie Salatblätter zum Servieren

75 g Sojasprossen

12-15 Stängel Minze

15-20 Stängel Koriandergrün

8 runde Reispapierblätter (etwa 20 cm Durchmesser)

HERSTELLEN DES DIPS

1 In einer kleinen Schüssel Knoblauch, Chilischote, Zucker, Essig sowie Fischsauce mit 4 EL Wasser und dem Limettensaft sorgfältig verrühren. Den Dip beiseitestellen, damit sich die Aromen verbinden.

ZUBEREITEN DER FÜLLUNG

2 Zwei Töpfe zur Hälfte mit Wasser füllen. Zum Kochen bringen. In einem Topf das Schweinefleisch 15-20 Min. köcheln lassen. In ein Sieb abgießen, kalt abspülen, abtropfen lassen und in 3 mm dicke Scheiben schneiden.

3 Im zweiten Topf die Garnelen 1-2 Min. köcheln lassen, bis sie rosa sind. Abgießen, kalt abspülen, abtropfen lassen, schälen und längs halbieren. Mit der Spitze eines Messers den schwarzen Darm entfernen.

4 In einer Schüssel Möhre und Zucker vermischen. In einem großen Topf Wasser zum Kochen bringen und die Nudeln darin 1-2 Min. bissfest garen. Abgießen, abtropfen lassen und in 8 cm lange Stücke schneiden.

5 Den Salat waschen. Trocken schleudern, große Blätter in 2-3 Stücke zupfen. Sojasprossen verlesen, verfärbte wegwerfen. Minze- und Korianderblätter abzupfen, einige Stängel aber für die Garnitur aufbewahren.

FERTIGSTELLEN DER FRÜHLINGSROLLEN

6 Eine flache Form etwa 1 cm hoch mit heißem Wasser füllen. 1 Reispapierblatt aus der Verpackung nehmen und für 20-25 Sek. in das Wasser legen, damit es weich wird. Herausnehmen und auf einem trockenen Küchenhandtuch ausbreiten.

7 Ein Salatblatt auf das Reispapier legen. Ein Achtel von Nudeln, Möhre, Schweinefleisch, Sojasprossen, Minzeblättern und Korianderblättern daraufgeben. Das Reispapier zur Hälfte zu einem Zylinder aufrollen, dann die Seiten über die Füllung schlagen.

8 Einige weitere **Korianderblätter** darauflegen, dann 2 Garnelenhälften. Das Reispapier bis zum Ende aufrollen und die Naht leicht andrücken. Die Rolle mit den Garnelen nach oben auf eine Platte oder einen Teller legen und mit einem angefeuchteten Küchentuch bedecken, damit sie feucht bleibt. Mit den restlichen Reisblättern und der Füllung ebenso verfahren. Die Rollen mit den aufbewahrten Kräutern bestreut servieren, den Dip in Schälchen reichen.

 VARIANTE: Vegetarische Frühlingsrollen

Bei dieser Version ersetzen Pilze und Zwiebeln das Fleisch.

1 Schweinefleisch, Garnelen und Dip entfallen. 8 getrocknete Shiitakepilze 15 Min. in 175 ml kochendem Wasser einweichen, bis sie prall und weich sind. Nudeln und Möhre wie beschrieben zubereiten. Die Pilze abtropfen lassen, 120 ml Einweichwasser aufbewahren. Die Stiele der Pilze entfernen, die Hüte in Scheiben schneiden. 1 Zwiebel in feine Scheiben schneiden.

2 Einen Wok bei mittlerer Temperatur erhitzen und 1 EL Öl hineingeben. Die Zwiebel im heißen Öl unter Rühren 2 Min. braten. Pilze und Einweichwasser hinzufügen und zugedeckt 4 Min. garen. Ohne Deckel weitergaren, bis die Flüssigkeit verdampft ist. Je 1 TL Sojasauce und Zucker sowie Salz nach Geschmack untermischen. Nach dem Abkühlen die Frühlingsrollen wie oben fertigstellen, die Garnelen durch die Pilze ersetzen.

3 Für einen Dip 1 Knoblauchzehe fein hacken. In einem kleinen Topf 2 TL Öl erhitzen und den Knoblauch darin braten, bis er duftet. 120 ml Hoisinsauce, 3 EL Wasser, 1 EL helle Sojasauce und 1 Prise Chiliflocken untermischen. Abkühlen lassen und mit 2 EL gehackten Erdnüssen bestreuen. Zu den Frühlingsrollen passt ein grüner Salat mit Möhren und Kräutern.

Garnelenspieße

MIT EINER ERDNUSSSAUCE SERVIERT, sind diese Spieße eine perfekte Vorspeise für den Sommer. Sie können auf dem Holzkohlengrill, bei schlechtem Wetter aber auch im Haus zubereitet werden und schmecken immer. Wer sie als Hauptgang servieren möchte, kombiniert die Garnelenspieße mit Gurken-Chili-Salat (s. S. 95) und gekochtem Reis.

PERSONEN	ZUBEREITUNG	GARZEIT
8	20-25 MIN. + WARTEZEIT	4-6 MIN.

Zutaten

FÜR DIE SPIESSE

125 ml neutrales Pflanzenöl sowie Öl für den Grillrost

6 EL Limettensaft

1 cm Ingwerwurzel, fein gehackt

2 große Knoblauchzehen, fein gehackt

½ TL Zucker

½ TL Chilipulver

1 kleines Bund Koriandergrün, Blätter gehackt

1 EL Sojasauce

Salz und Pfeffer

32 große rohe Garnelen (insgesamt etwa 750 g)

FÜR DIE ERDNUSSSAUCE

60 ml neutrales Pflanzenöl

1 kleine Zwiebel, fein gehackt

2 große Knoblauchzehen, fein gehackt

½ EL Chiliflocken

Saft von ½ Limette

2 TL Sojasauce

5 EL stückige Erdnusscreme

1 TL brauner Zucker

250 ml Kokosmilch

2 Acht Holzspieße 30 Min. in Wasser legen, dann jeweils 4 Garnelen daraufstecken. Die Spieße in ein flaches Gefäß legen. (Bei Verwendung von Metallspießen die Garnelen zuerst marinieren und dann auf die Spieße stecken.)

MARINIEREN DER GARNELEN

1 Öl mit Limettensaft, Ingwer und Knoblauch verrühren. Zucker, Chilipulver, gehackten Koriander, Sojasauce sowie Salz und Pfeffer sorgfältig untermischen.

3 Die Garnelen mit der Marinade übergießen, dann zugedeckt für 1-2 Std. in den Kühlschrank stellen. Zwischendurch gelegentlich wenden.

ZUBEREITEN DER SAUCE UND **GRILLEN**

4 In einem kleinen Topf das Öl erhitzen. Die Zwiebel darin unter Rühren 2–3 Min. goldbraun anbraten. Knoblauch und Chiliflocken dazugeben und weiterbraten, der Knoblauch darf aber nicht bräunen.

5 Limettensaft und Sojasauce unterrühren. Den Topf von der Kochstelle nehmen. Erdnusscreme und braunen Zucker hinzugeben. Die Mischung auf Zimmertemperatur abkühlen lassen.

6 Die Kokosmilch in der Dose glatt rühren, dann die notwendige Menge abmessen, zu der Sauce geben und sorgfältig unterrühren. Die Sauce nach Geschmack salzen und pfeffern und beiseitestellen.

7 Den Grill vorheizen und den Grillrost mit Öl einpinseln. Die Spieße auf den Rost legen und mit Marinade bestreichen, dann 5–8 cm von der Hitzequelle entfernt 2–3 Min. grillen, bis die Garnelen rosa werden, zwischendurch ein- oder zweimal mit Marinade bestreichen. Die Spieße wenden und wieder mit Marinade einpinseln, dann weitere 2–3 Min. grillen, bis auch die andere Seite rosa ist.

8 Die Spieße auf vorgewärmte Teller legen und jeweils ein Schälchen Erdnusssauce dazustellen. Auch Limettenspalten sind eine passende Zugabe – ein Spritzer Limettensaft verleiht den Garnelen eine schöne exotische Frische.

Zucchinisoufflés mit Käse

JE NACH GESCHMACK können Sie hier reifen oder milden Gouda verwenden. Die Zucchinimischung lässt sich bis einschließlich Schritt 6 bis zu drei Stunden im Voraus zubereiten. Wer anstelle von Einzelportionen lieber ein großes Soufflé zubereiten möchte, bäckt es in einer zwei Liter fassenden Form 25–30 Minuten.

PERSONEN	ZUBEREITUNG	GARZEIT
6	30–35 MIN.	25–30 MIN.

Zutaten

60 g Butter sowie Butter für die Förmchen	175 ml Milch
	20 g Mehl
2 Schalotten, fein gehackt	125 g Sahne
500 g Zucchini, geraspelt	1 Prise frisch geriebene Muskatnuss
Salz und Pfeffer	4 Eier, getrennt, sowie 2 Eiweiß
	100 g Gouda, grob gerieben

VORBEREITEN DER ZUCCHINI

1 **In einer Pfanne** die Hälfte der Butter zerlassen. Die Schalotten darin bei mittlerer Hitze etwa 2 Min. anschwitzen. Die Zucchini mit Salz und Pfeffer hinzufügen und unter Rühren 3–5 Min. garen, bis sie gerade weich sind. In einem auf eine Schüssel gesetzten Sieb gut abtropfen lassen.

HERSTELLEN DER SOUFFLÉMASSE

2 **In einem kleinen Topf** die Milch erhitzen. In einem weiteren Topf die restliche Butter zerlassen. Das Mehl hinzufügen und unter kräftigem Rühren 30–60 Sek. anschwitzen, bis die Mehlschwitze Bläschen wirft.

3 **Den Topf** von der Kochstelle nehmen. Langsam die heiße Milch hineingießen, dabei ununterbrochen mit dem Schneebesen rühren, bis die Mehlschwitze vollständig aufgelöst ist. Wieder auf die Kochstelle setzen und weiterrühren, damit sich keine Klümpchen bilden.

4 **Wenn die Sauce** kocht und eindickt, die Sahne angießen und sorgfältig unterrühren. Salz, Pfeffer und Muskat nach Geschmack hinzufügen und weitere 2 Min. köcheln lassen.

ZUBEREITEN DER SOUFFLÉS

5 Den Topf vom Herd nehmen. Die Eigelbe eins nach dem anderen in die heiße Sauce geben und jedes sorgfältig verrühren, bevor das nächste folgt.

6 Den Käse und die Zucchiniraspel unterziehen. Die Soufflémasse abschmecken – sie sollte kräftig gewürzt sein. Den Backofen auf 190 °C vorheizen. Etwas Butter zerlassen und damit sechs 350 ml fassende Soufflé-förmchen einfetten.

FERTIGSTELLEN DER SOUFFLÉS

7 Die 6 Eiweiße mit Salz steif schlagen, bis sich feste Spitzen bilden, aber nicht zu lange bearbeiten. Etwa ein Viertel des Eischnees behutsam in die warme Zucchinimasse rühren.

8 Die Masse zum restlichen Eischnee in die Schüssel geben und vorsich-tig unterheben. Die Masse in die vorbereiteten Förmchen schöpfen. 10–15 Min. backen, bis die Soufflés aufgegangen und gebräunt sind. In der Mitte sollten sie recht weich bleiben.

9 Die Soufflés sofort servieren, da sie beim Abkühlen innerhalb von Minu-ten zusammenfallen. Ermuntern Sie Ihre Gäste, mit einem kleinen Löffel direkt in die Mitte der Förmchen zu stechen.

 VARIANTE: Zwiebel-Salbei-Soufflé

Ein klassisches Duo für ein ungewöhnliches, fleischloses Sonntags-essen oder eine etwas gehaltvollere Beilage zu Schweinebraten oder Brathähnchen.

1 Zucchini, Schalotten und Käse entfallen. 8 Zwiebeln in feine Scheiben schneiden. In einem Topf 50 g Butter zerlassen. Die Zwiebeln mit Pfeffer und Salz hineingeben und mit einem Stück gebutterter Alufolie bedecken. Die Zwiebeln 15–20 Min. sanft garen, bis sie sehr weich, aber nicht gebräunt sind, dabei gelegentlich umrühren, damit sie gleichmäßig garen und nicht ansetzen. Dann ohne Alufolie unter Rühren weitergaren, bis die gesamte Flüssigkeit verdampft ist.

2 Inzwischen die Blätter von 5–7 Zweigen frischem Salbei abzupfen und möglichst fein hacken. Die Menge mag gering erscheinen, doch Salbei hat einen sehr intensiven Geschmack, und schon ein wenig zu viel kann das feine Gleichgewicht der Aromen zerstören.

3 Die Soufflémasse wie im Hauptrezept zubereiten. Zwiebeln und Salbei hineingeben und sorgfältig untermischen. Die Masse wie beschrieben fertig-stellen, in eine 2 l fassende Form füllen und für 25–30 Min. in den Backofen schieben. Darauf achten, dass die Masse in der Mitte recht weich bleibt. Soufflés sollten nie vollständig durchgebacken sein. Im Idealfall sind sie noch cremig und zergehen geradezu auf der Zunge.

Thailändische Hähnchenspieße

KOKOSMILCH UND FISCHSAUCE verleihen diesem beliebten Snack Aroma. Die Sauce kann man einen Tag im Voraus zubereiten, das Hähnchenfleisch bis zu zwölf Stunden vorher marinieren. Beides zugedeckt im Kühlschrank aufbewahren und das Fleisch erst unmittelbar vor dem Servieren grillen.

PERSONEN	ZUBEREITUNG	GARZEIT
4	20–30 MIN. + WARTEZEIT	6–8 MIN.

Zutaten

6 entbeinte Hähnchenkeulen (à etwa 160 g)

Öl für den Grillrost

FÜR DIE MARINADE

2 Knoblauchzehen, gehackt

150 ml Kokosmilch

2 TL gemahlener Koriander

1 TL gemahlener Kreuzkümmel

1 TL gemahlene Kurkuma

FÜR DIE SAUCE

8–10 Stängel Koriandergrün, Blätter gehackt, sowie einige Blätter zum Garnieren

Saft von 1 Zitrone

3 EL brauner Zucker

2 EL Fischsauce

3 EL helle Sojasauce

½ TL Chiliflocken

VORBEREITEN UND MARINIEREN DES FLEISCHS

1 **Die Hähnchenkeulen parieren** und in jeweils 6 Stücke gleicher Größe schneiden. Alle Zutaten für die Marinade in einer großen Schüssel verrühren. Das Fleisch darin zugedeckt mindestens 2 Std. kalt stellen.

ZUBEREITEN DER SAUCE

2 **In einer kleinen Schüssel** alle Zutaten für die Sauce verrühren und zugedeckt kalt stellen, damit sich die Aromen verbinden. Die Sauce vor dem Servieren wieder auf Zimmertemperatur bringen.

AUFSPIESSEN UND GAREN DES FLEISCHS

3 **Zwölf Holzspieße** 30 Min. in Wasser legen, damit sie beim Grillen nicht verbrennen. Den Grill vorheizen und den Rost dünn einölen. Die Fleischstücke auf die Spieße stecken.

4 **Die Spieße,** Hautseite oben, auf den Rost legen und etwa 8 cm von der Hitzequelle entfernt 4–5 Min. grillen, bis das Fleisch braune Flecken zeigt. Die Spieße wenden und weitere 2–3 Min. grillen, bis das Fleisch durchgegart ist. (Eventuell portionsweise grillen, damit die Spieße nicht zu dicht liegen.)

5 **Die fertigen Hähnchenspieße** auf einer vorgewärmten Servierplatte anrichten, mit Korianderblättern garnieren und mit der Sauce servieren, dazu einen Gurken-Chili-Salat (s. S. 95) reichen.

Borschtsch

DIE KLASSISCHE SUPPE Osteuropas. Bei kaltem Wetter gibt es wenig, was auf dem Esstisch aufmunternder wirken kann, als ein Teller von dieser prächtig tiefroten Suppe mit ihren herzhaften, wärmenden Zutaten.

PERSONEN 8-10	ZUBEREITUNG 50-55 MIN.	GARZEIT 1-1¼ STD.

Zutaten

6 Rote-Bete-Knollen	2 Dosen Tomatenstücke (à etwa 400 g)
Salz	2 l Hühnerbrühe oder Wasser
60 g Butter	Pfeffer
2 kleine Möhren, gehackt	1 TL Zucker
2 kleine Zwiebeln, gehackt	3-4 Stängel Dill, Blätter fein gehackt
1 kleiner Weißkohl, nach Entfernen des Strunks in Streifen geschnitten	3-4 Stängel Petersilie, Blätter fein gehackt
	Saft von 1 Zitrone
	2-3 EL Rotweinessig
	125 g Sauerrahm

VORBEREITEN DER ROTE-BETE-KNOLLEN

1 **Die Knollen putzen** und waschen. Rote Bete vor dem Garen nie schälen, weil sie sonst ausbluten. Die Knollen in einem Topf mit Salzwasser zum Kochen bringen und etwa 30 Min. garen, bis sie sich mit der Spitze eines Messers leicht einstechen lassen.

2 **Die Knollen abtropfen lassen.** Wenn sie ausreichend abgekühlt sind, die Knollen schälen und anschließend raspeln. (Dabei Gummihandschuhe tragen, damit der Saft der Knollen nicht die Hände verfärbt.)

ZUBEREITEN DES BORSCHTSCH

3 **In einem großen Topf** die Butter zerlassen. Möhren und Zwiebeln hinzufügen und unter Rühren 3-5 Min. anschwitzen. Kohl, Rote Bete, Tomaten, Brühe sowie Salz, Pfeffer und Zucker nach Geschmack dazugeben, zum Kochen bringen und 45-60 Min. köcheln lassen. Abschmecken und falls nötig mit etwas Wasser verdünnen.

4 **Unmittelbar vor dem Servieren** Kräuter, Zitronensaft, Essig sowie Salz und Pfeffer nach Geschmack unterrühren. Die Suppe in vorgewärmte Teller füllen und auf jede Portion einen Klecks Sauerrahm setzen.

Käsewindbeutel mit Lachs

DAS LUFTIGE GEBÄCK ist eine burgundische Spezialität. Die Füllung aus Spinat und Räucherlachs verleiht den Windbeuteln einen Hauch von Luxus. Lassen Sie sich nicht davon abschrecken, dass hier ein Brandteig hergestellt werden muss. Die Zubereitung ist keine Zauberei, Sie müssen nur die Anleitung genau befolgen. Wer die Kunst einmal beherrscht, wird den Teig gern für pikantes oder süßes Gebäck verwenden.

| **PERSONEN** 8 | **ZUBEREITUNG** 40-45 MIN. | **BACKZEIT** 30-35 MIN. |

Zutaten

FÜR DEN BRANDTEIG

75 g Butter, in kleine Stücke geschnitten, sowie Butter für die Bleche

1¼ TL Salz

150 g Mehl, gesiebt

4–5 Eier

125 g Gruyère, gerieben

FÜR DIE FÜLLUNG

1 kg frischer Spinat

30 g Butter

1 Zwiebel, fein gehackt

4 Knoblauchzehen, fein gehackt

1 Prise frisch geriebene Muskatnuss

Salz und Pfeffer

250 g Rahmfrischkäse

175 g Räucherlachsscheiben, in Streifen geschnitten

4 EL Milch

HERSTELLEN DES BRANDTEIGS

1 **Zwei Backbleche buttern** und den Backofen auf 190 °C vorheizen. Die Butter mit 250 ml Wasser und ¾ TL Salz in einen Topf geben und die Zutaten bis zum Siedepunkt erhitzen. Von der Kochstelle nehmen und das Mehl auf einmal kräftig unterschlagen, bis ein glatter Teig entstanden ist, der sich von den Topfwänden löst.

2 **Den Topf** wieder auf die Kochstelle setzen und den Teig bei sehr schwacher Hitze etwa 30 Sek. rühren, damit er trockener wird. Von der Kochstelle nehmen und nacheinander 3 Eier unterrühren. Wenn der Teig noch zu fest ist, ein weiteres Ei hinzugeben. Der Teig sollte glänzen und nicht zu weich sein.

3 **Die Hälfte des Käses** in den Topf geben und sorgfältig unter den Teig rühren.

4 **Mit zwei Löffeln** acht 6 cm große Windbeutel auf die Bleche setzen, dazwischen ausreichend Platz lassen, damit der Teig aufgehen kann.

GLASIEREN UND BACKEN DES TEIGS

5 Das restliche Ei mit ½ TL Salz verquirlen. Die Windbeutel mit dem Ei bestreichen und mit dem verbliebenen Käse bestreuen, dann 30–35 Min. backen, bis sie appetitlich gebräunt sind.

6 Die Windbeutel mit einem Palettmesser vorsichtig von den Blechen heben, auf ein Kuchengitter setzen und 5–10 Min. abkühlen lassen. Mit einem Brotmesser waagerecht halbieren.

FERTIGSTELLEN DER WINDBEUTEL

7 Harte Rippen und Stängel des Spinats entfernen und die Blätter gründlich waschen. In einem großen Topf Salzwasser zum Kochen bringen. Den Spinat hineingeben und 1–2 Min. blanchieren, bis er zusammenfällt. In ein Sieb abgießen, kalt abspülen und abtropfen lassen. Mit den Händen überschüssiges Wasser herausdrücken, dann den Spinat fein hacken.

8 In einer Pfanne die Butter zerlassen. Die Zwiebel hinzufügen und 3–5 Min. anschwitzen. Knoblauch, Muskat sowie Salz und Pfeffer nach Geschmack sowie den Spinat hinzufügen. Alles unter gelegentlichem Rühren etwa 5 Min. garen, bis die gesamte Flüssigkeit verdampft ist, dabei darauf achten, dass der Knoblauch nicht gebräunt wird, da er sonst einen bitteren Geschmack annimmt, der das Aroma des Gerichts beeinträchtigt.

9 Den Rahmfrischkäse hinzufügen und rühren, bis er geschmolzen und gleichmäßig verteilt ist. Die Pfanne von der Kochstelle nehmen. Räucherlachs und Milch unterrühren. Die Füllung noch 1–2 Min. erhitzen, bis sie dampfend heiß ist, dann mit Salz und Pfeffer abschmecken.

10 In jeden Windbeutel 2–3 Löffel Füllung geben, dabei auf eine gleichmäßige Verteilung der Füllung achten. Die Deckel an die Seiten der gefüllten Windbeutel lehnen und dann sofort servieren, bevor der Teig die Flüssigkeit aufnimmt und weich wird.

Blini mit Räucherlachs

DIE KLEINEN RUSSISCHEN PFANNKUCHEN verdanken ihren nussigen Geschmack dem Buchweizenmehl. Traditionell reicht man dazu frischen Sauerrahm, noch reichhaltiger werden die Blini mit zerlassener Butter.

PERSONEN	ZUBEREITUNG	GARZEIT
8	25–30 MIN.	8–16 MIN.

Zutaten

FÜR DIE BLINI

etwa 250 ml Milch

1½ TL Trockenhefe oder 10 g frische Hefe

60 g Mehl

100 g Buchweizenmehl

½ TL Salz

2 Eier

60 g Butter

2 EL Sauerrahm

FÜR DEN BELAG

2–3 EL Kapern, abgetropft

1 kleine rote Zwiebel, sehr fein gewürfelt

8 Radieschen, in dünne Scheiben geschnitten

175 g Räucherlachsscheiben

175 g Sauerrahm zum Servieren

125 g Butter zum Servieren (nach Belieben)

HERSTELLEN DES TEIGS

1 **In einem Topf** 200 ml Milch bei mittlerer Temperatur bis zum Siedepunkt erhitzen. Anschließend abkühlen lassen, bis sie nur noch lauwarm ist. Inzwischen die Hefe in eine kleine Schüssel mit 4 EL lauwarmem Wasser streuen oder krümeln und etwa 5 Min. stehen lassen, bis sie sich aufgelöst hat.

2 **Beide Mehlsorten und** Salz in eine große Schüssel sieben. Mit den Fingerspitzen in der Mitte eine Mulde formen. Hefe und lauwarme Milch hineingeben und mit einem Holzlöffel langsam rührend das Mehl in die Mitte ziehen, dann den Teig etwa 2 Min. schlagen, bis er glatt ist.

3 **Ein Küchentuch** anfeuchten und über die Schüssel legen. Den Teig an einen warmen Platz stellen und 2–3 Std. gehen lassen, bis er locker und schaumig aussieht.

VORBEREITEN DES BELAGS

4 **Große Kapern gegebenenfalls hacken.** Kapern, Zwiebelwürfel und Radieschen getrennt auf kleine Schalen verteilen und zudecken. Die Räucherlachsscheiben auf einem Servierteller anrichten und ebenfalls zudecken. Schalen und Teller in den Kühlschrank stellen, während die Blini gebacken werden.

BACKEN DER BLINI

5 **Zum Warmhalten der Blini** den Backofen auf niedriger Temperatur vorheizen. Die Eier trennen. Die Hälfte der Butter in einem kleinen Topf zerlassen, dann etwas abkühlen lassen. Die restliche Milch unter den Bliniteig rühren, dann Eigelbe, zerlassene Butter und Sauerrahm. Bei Bedarf noch etwas Milch hinzufügen.

6 In einer großen Schüssel die Eiweiße schlagen, bis sich steife Spitzen bilden. Etwa ein Viertel des Eischnees behutsam, aber gleichmäßig unter den Bliniteig rühren. Den Teig in die Schüssel mit dem restlichen Eischnee gießen und vorsichtig unterheben, bis alles gut vermischt ist.

7 Die Hälfte der restlichen Butter in einer Pfanne erhitzen. So viel Teig hineingeben, dass 8 cm große Kreise entstehen, die Pfanne aber nicht überfüllen. Die Blini 1–2 Min. garen, bis die Unterseiten leicht gebräunt sind und sich auf der Oberfläche Bläschen bilden. Wenden und die andere Seite bräunen. Die Blini überlappend auf einen ofenfesten Teller legen und im Backofen warm stellen. Die restlichen Blini backen, nach Bedarf noch etwas Butter in die Pfanne geben.

8 Zum Servieren die Butter, sofern verwendet, zerlassen. Die Blini mit Kapern, Zwiebelwürfeln, Radieschen und Räucherlachs auf einer Servierplatte anrichten, Sauerrahm und Butter in Schalen dazu reichen.

VARIANTE: Blini mit rotem und schwarzem Kaviar

Wenn das Budget es zulässt, kann man echten Kaviar verwenden, preiswerter wird es mit Seehasenrogen.

1 Den Bliniteig wie im Hauptrezept herstellen. Bei dieser Variante des Gerichts entfallen Kapern, rote Zwiebel, Radieschen und Räucherlachs.

2 Zwei Eier hart kochen, abkühlen lassen und pellen. Eigelbe und Eiweiße trennen und fein hacken. 2 Frühlingszwiebeln putzen, die grünen Teile schräg in feine Ringe schneiden.

3 Den Teig fertigstellen und die Blini wie beschrieben backen, dann mit jeweils 30 g rotem und schwarzem Kaviar (nach Geschmack auch mehr), Eigelb, Eiweiß, Frühlingszwiebelringen sowie etwas Sauerrahm servieren.

Gefüllte Weinblätter

EINE WUNDERBARE VORSPEISE aus Griechenland. Frische Weinblätter müssen zunächst gedämpft oder blanchiert werden, man bekommt Weinblätter aber auch ganzjährig in Salzlake eingelegt in Dosen oder vakuumverpackt. Alle sind geeignet.

PERSONEN 8

ZUBEREITUNG 40-45 MIN. + WARTEZEIT

GARZEIT 45-60 MIN.

Zutaten

60 g Pinienkerne

200 g Langkornreis

180 ml Olivenöl

2 Zwiebeln, gewürfelt

50 g Sultaninen

1 Bund Dill, Blätter grob gehackt, sowie Dill zum Garnieren

1 kleines Bund Minze, Blätter grob gehackt, sowie Minzeblätter zum Garnieren

Saft von 2 Zitronen

Salz und Pfeffer

40 Weinblätter in Lake

750 ml Hühnerbrühe oder Wasser

ZUBEREITEN DER FÜLLUNG

1 Den Backofen auf 190 °C vorheizen. Die Pinienkerne auf einem Blech verteilen und 5–8 Min. rösten, bis sie leicht gebräunt sind, dabei gelegentlich durchrühren. Darauf achten, dass sie nicht verbrennen.

2 In einem Topf Salzwasser zum Kochen bringen. Den Reis hinzufügen und 10–12 Min. köcheln lassen, dabei gelegentlich umrühren, damit er nicht ansetzt. In ein Sieb abgießen, unter fließendem kaltem Wasser abspülen und gründlich abtropfen lassen.

3 In einem großen Topf ein Drittel des Öls erhitzen. Die Zwiebeln darin 3–5 Min. braten, bis sie weich, aber noch nicht gebräunt sind. Reis, Pinienkerne, Sultaninen, Kräuter und ein Viertel des Zitronensafts unterrühren. Die Mischung kräftig salzen und pfeffern, da die Aromen während des Garens milder werden.

FÜLLEN DER WEINBLÄTTER

4 In einem Topf Wasser zum Kochen bringen. Die Weinblätter in eine große Schüssel legen, mit reichlich kochendem Wasser bedecken und mit einem Kochlöffel vorsichtig voneinander lösen. Etwa 15 Min. oder nach den Anweisungen auf der Packung stehen lassen, um den größten Teil des Salzes zu entfernen. Gelegentlich umrühren, damit die Blätter nicht zusammenkleben. Die Blätter in ein Sieb abgießen, unter fließendem kaltem Wasser abspülen und sorgfältig abtropfen lassen.

5 Die Weinblätter vorsichtig zwischen Lagen aus Küchenpapier schichten und trocken tupfen. Etwa 8 Blätter auf dem Boden eines großen Topfs verteilen.

6 Ein Weinblatt mit der Blattader nach oben und dem Stielende nach vorn flach auf die Arbeitsfläche legen. 1–2 Löffel Füllung in die Mitte setzen.

7 Seiten und Stielende über die Füllung schlagen. Das Blatt am Stielende beginnend zu einem ordentlichen Zylinder aufrollen. Mit den restlichen Blättern und der übrigen Füllung ebenso verfahren.

8 Die gefüllten Weinblätter dicht nebeneinander in den Topf legen und mit der Brühe übergießen. Die Hälfte des restlichen Öls und Zitronensafts hinzufügen. Die Weinblätter mit einem hitzebeständigen Teller beschweren, damit sie gleichmäßig garen, auf dem Herd zum Kochen bringen und zugedeckt bei schwacher Hitze 45-60 Min. köcheln lassen. Ab und zu prüfen, ob noch genügend Flüssigkeit vorhanden ist, und bei Bedarf ein wenig Wasser nachfüllen.

9 Mit einem Spieß oder scharfen Messer die Blätter einstechen. Sie sollten sehr weich sein und keinen Widerstand bieten. Im Topf abkühlen lassen, dann mit einem Schaumlöffel in eine Schüssel heben und mit der restlichen Garflüssigkeit beschöpfen. Zugedeckt mindestens 12 Std. kalt stellen, damit sich die Aromen entfalten können.

10 Auf einem Servierteller angerichtet die Weinblätter auf Zimmertemperatur bringen und mit dem restlichen Olivenöl und Zitronensaft beträufeln. Mit Dill- und Minzeblättchen garniert servieren.

 ## VARIANTE: Weinblätter mit Reis- und Hackfleischfüllung

Gehacktes Lammfleisch gibt Substanz und eine einfache Joghurt-Minze-Sauce ergänzt die gefüllten Weinblätter perfekt.

1 Pinienkerne, frischen Dill und Sultaninen weglassen. Wie im Hauptrezept 150 g Reis garen. Die gehackten Zwiebeln in 4 EL Olivenöl anschwitzen, bis sie weich sind. 350 g Lammhackfleisch dazugeben und unter Rühren 5-7 Min. braten, bis es nicht mehr rosa ist.

2 Die Blätter von 1 großen Bund Minze hacken. Reis, Minze, Saft von ½ Zitrone, ½ TL gemahlenen Zimt, 1 Prise frisch geriebene Muskatnuss, Salz und Pfeffer unter das Hackfleisch rühren.

3 Die Weinblätter wie beschrieben füllen, dann in Wasser statt in Brühe garen. Warm mit einer Sauce aus Naturjoghurt und gehackter Minze servieren, nach Belieben mit frischer Minze garniert.

Lachsfrikadellen mit Dill

EINE LECKERE MÖGLICHKEIT, um Reste von gegartem Fisch zu verwerten. Das würzige Maisrelish ist die perfekte Beigabe. Für dieses Rezept sind keine Kartoffeln erforderlich, die Masse wird durch Semmelbrösel aufgelockert. Das macht die Fischküchlein außen knusprig und innen schön weich. Die Kräuter können variiert werden.

PERSONEN	ZUBEREITUNG	GARZEIT
8	35–40 MIN. + WARTEZEIT	15–20 MIN.

Zutaten

FÜR DAS RELISH

500 g Maiskörner aus der Dose, abgetropft, oder TK-Mais

1 Zwiebel, fein gehackt

1 Stange Staudensellerie, fein gewürfelt

1 grüne Paprikaschote

125 ml Olivenöl

1 EL Zucker

1 TL Senfpulver

Salz und Pfeffer

75 ml Rotweinessig

FÜR DIE FRIKADELLEN

Butter für die Form

2 Zitronen

1 kg Lachsfilet

Salz und Pfeffer

etwa 175 ml Fischbrühe oder Wasser

4 Scheiben Weißbrot

1 kleines Bund Petersilie, Blätter gehackt

1 kleines Bund Dill, Blätter gehackt

4 EL Mayonnaise

2 Eier

4 EL neutrales Pflanzenöl

HERSTELLEN VON RELISH UND FRIKADELLENMASSE

1 Mais, Zwiebel und Sellerie in eine große Schüssel geben. Die Paprikaschote von Stielansatz, Samen und Scheidewänden befreien, dann in Würfel schneiden. Alle Gemüse gut vermischen.

2 Öl, Zucker und Senfpulver mit Salz und Pfeffer in eine mittelgroße Schüssel geben. Mit dem Essig verrühren, über das Gemüse gießen und sorgfältig mischen. Das Relish abschmecken und zugedeckt bei Zimmertemperatur 2–4 Std. stehen lassen, damit sich die Aromen entfalten und das Dressing das Gemüse durchdringen kann.

3 Den Backofen auf 180 °C vorheizen und eine ofenfeste Form buttern. 1 Zitrone auspressen. Den Lachs enthäuten, mit kaltem Wasser abspülen, trocken tupfen und in die Form legen. Mit Zitronensaft, Salz und Pfeffer würzen. Brühe oder Wasser angießen, sodass der Fisch halb bedeckt ist. Ein Stück Alufolie mit etwas Butter bestreichen und die Form damit verschließen. Den Lachs im heißen Ofen 15–20 Min. garen.

4 Inzwischen von den Brotscheiben die Kruste abschneiden und wegwerfen. Das Brot in die Küchenmaschine geben und zu feinen Krümeln verarbeiten.

5 Prüfen, ob der Lachs gar ist: Er sollte sich mit einer Gabel leicht zerteilen lassen. Herausnehmen und den Ofen auf die niedrigste Temperatur herunterschalten. Den Lachs abtropfen lassen, mit zwei Gabeln zerteilen und dabei alle verbliebenen Gräten entfernen. Das Fleisch in eine Schüssel geben.

6 Brotkrümel, Kräuter und Mayonnaise sowie Salz und Pfeffer sorgfältig untermischen. Die Eier verquirlen und in die Lachsmischung rühren. Die Masse abschmecken. 1 EL Öl in einer Pfanne erhitzen und ein wenig von der Masse auf beiden Seiten braten, bis sie gebräunt ist. Probieren und die restliche Masse eventuell nachwürzen.

FORMEN UND BRATEN DER FRIKADELLEN

7 Die Frikadellenmischung in 16 Portionen teilen und mit angefeuchteten Händen zu Kugeln rollen, dann zu Küchlein von etwa 1 cm Dicke flach drücken. Behutsam arbeiten, damit die Frikadellen locker bleiben.

8 In einer Pfanne das restliche Öl erhitzen. Die Frikadellen portionsweise bei mittlerer Temperatur 3–4 Min. braten, bis die Unterseite goldbraun ist. Behutsam wenden und die andere Seite ebenfalls bräunen.

9 Einen hitzebeständigen Teller mit Küchenpapier bedecken und die fertigen Frikadellen darauflegen. Die Oberseiten der Frikadellen mit Küchenpapier abtupfen, damit sie so leicht und fettarm wie möglich bleiben. Im Backofen warm stellen, während die restlichen Frikadellen zubereitet werden, wobei möglichst rasch gearbeitet werden sollte, damit die schon fertigen Frikadellen innen nicht trocken oder außen hart werden. Deshalb auch darauf achten, dass die Backofentemperatur so niedrig wie möglich ist, da starke Hitze in diesem Stadium die Qualität der Frikadellen mindert. Vor dem Servieren die zweite Zitrone in Spalten schneiden.

10 Das Maisrelish durchrühren, um die Bestandteile gleichmäßig zu verteilen, dann auf acht vorgewärmte Teller geben und jeweils zwei Frikadellen mit einer Zitronenspalte dazusetzen. Man kann auch alle Frikadellen zusammen auf einer vorgewärmten Platte servieren und Relish und Zitronenspalten in Schalen anrichten, sodass sich jeder Gast selbst bedienen kann.

VARIANTE:
Krebsfleisch-Küchlein

Mit frisch gekochtem oder konserviertem Taschenkrebs.

1 Das Maisrelish wie im Hauptrezept zubereiten, die grüne Paprikaschote jedoch durch eine rote ersetzen.

2 Anstelle des Lachsfilets 1 kg ausgelöstes Fleisch vom Taschenkrebs verwenden. Dieses sorgfältig verlesen, dabei sämtliche Schalenstücke entfernen. Sehr gründlich arbeiten, da harte Teile in der Fleischmasse das Gericht entwerten. Die Masse wie beschrieben zubereiten, in 16 Portionen teilen und zu etwa 1 cm dicken Frikadellen formen. Diese wie beschrieben braten.

3 Pro Person zwei Krebsfleisch-Küchlein mit Maisrelish anrichten. Nach Belieben mit Dillstängeln garnieren.

Hähnchen-Käse-Tortillas

WENN SIE ES GERNE SCHARF MÖGEN, sind Sie hier genau richtig. Und wenn es superscharf sein soll, streuen Sie einfach noch mehr Chiliringe drauf. Anstelle von Cheddar kann junger Gouda verwendet werden, ein kräftiger, reifer Käse ist nicht zu empfehlen.

PERSONEN	ZUBEREITUNG	GARZEIT
8	35–40 MIN.	3–6 MIN.

Zutaten

FÜR DIE TORTILLAS

500 g Tomaten, enthäutet und nach Entfernen der Samen gehackt

2 Zwiebeln, gewürfelt

Salz und Pfeffer

3 grüne Chilischoten

4 EL neutrales Pflanzenöl

4 Knoblauchzehen, fein gehackt

125 ml Hühnerbrühe oder Wasser

375 g gegartes Hähnchenfleisch ohne Knochen, in Streifen geschnitten

12 Weizentortillas (etwa 15 cm Durchmesser)

250 g milder Cheddar, gerieben

FÜR DIE GUACAMOLE

5–7 Stängel Koriandergrün, Blätter fein gehackt

1 Tomate, enthäutet und nach Entfernen der Samen fein gehackt

1 kleine Zwiebel, gehackt

1 Knoblauchzehe, gehackt

1 Avocado

2–3 Tropfen Tabasco

Saft von ½ Limette

ZUBEREITEN VON FÜLLUNG UND GUACAMOLE

1 Tomaten und ein Viertel der Zwiebelwürfel vermischen. Mit Salz und Pfeffer würzen, dann beiseitestellen. Stielansätze der Chilischoten abschneiden, Samen und Scheidewände mit einem Teelöffel entfernen. 2 Chilischoten in schmale Ringe schneiden und zum Bestreuen beiseitestellen, die restliche Chilischote würfeln.

2 In einer Pfanne 3 EL Öl erhitzen. Restliche Zwiebeln, Knoblauch und gewürfelte Chilischote darin 2–3 Min. anschwitzen. Brühe oder Wasser hinzufügen und 5–7 Min. köcheln lassen, bis fast die gesamte Flüssigkeit verdampft ist. Das Fleisch unterrühren, 1–2 Min. erhitzen, salzen und pfeffern, dann auf einem Teller beiseitestellen. Die Pfanne säubern.

3 Für die Guacamole Koriander, Tomate, Zwiebel und Knoblauch in einer Schüssel sorgfältig vermischen, was einige Zeit im Voraus geschehen kann, da die Aromen sich so besser verbinden.

4 Die Avocado halbieren und den Stein entfernen. Das Fleisch in die Schüssel schaben oder reiben und mit den anderen Zutaten verrühren. Salz und Tabasco hinzufügen.

5 Den Limettensaft unterrühren. Die Guacamole abschmecken und bis zum Servieren zugedeckt kalt stellen, damit sich die Aromen verbinden.

GAREN DER TORTILLAS

6 Den Backofen auf niedrigster Stufe vorheizen. In einer Pfanne das restliche Öl erhitzen. Eine Tortilla hineinlegen und mit 2 EL Käse bestreuen. Etwas Füllung auf die Tortilla geben und diese erhitzen, bis der Käse geschmolzen ist.

7 Mit einem Palettmesser die Tortilla in der Mitte zusammenklappen und weitere 1–2 Min. garen, bis die Unterseite goldbraun und knusprig ist.

8 **Die Tortilla wenden** und die andere Seite knusprig braten. Die Tortilla auf einen hitzebeständigen Teller legen und im Backofen warm halten, während die restlichen Tortillas zubereitet werden, nach Bedarf noch etwas Öl in die Pfanne geben. Die Tortillas halbieren. Auf jedem Teller 3 Hälften mit Guacamole, Tomatenwürfeln und Chiliringen anrichten.

 VARIANTE: Schweinefleischtortillas

Reste vom Sonntagsbraten? Hier ist eine wunderbare Möglichkeit, um sie zu verwerten.

1 Die Zutaten für die Füllung wie im Hauptrezept vorbereiten, anstelle von Hähnchen aber 500 g gegartes Schweinefleisch in 2,5 cm große Würfel schneiden. Nur 2 scharfe Chilischoten verwenden und diese würfeln. Lediglich 60 g milden Cheddar reiben. Die Blätter von 5–7 Stängeln Koriandergrün recht fein hacken und beiseitestellen.

2 Beide Zwiebeln mit Knoblauch und Chilischoten anbraten, dann das Fleisch hinzufügen und 3–5 Min. garen, bis es gebräunt ist. Weder Hühnerbrühe noch Wasser dazugeben. Die gehackten Tomaten unterrühren und die Füllung weitere 5–7 Min. garen, bis sie etwas eingedickt ist, dann nach Bedarf salzen und pfeffern. Etwas abkühlen lassen.

3 Die Guacamole entfällt. Die Tortillas wie oben garen, dabei jede mit 1–2 TL Cheddar und etwas gehacktem Koriander bestreuen, bevor sie gefüllt und zusammengeklappt wird. Die Tortillas halbieren und mit in dünne Scheiben geschnittenen roten Zwiebeln und Koriandergrün garniert servieren.

Pizza mit Parmaschinken

BEI ERWACHSENEN UND KINDERN gleichermaßen beliebt. Als Belag ebenfalls geeignet sind Salamischeiben, geriebener Parmesan, Sardellen, Oliven, Artischocken, Chilischoten und Paprika. Teig und Tomatensauce können bis zu zwölf Stunden im Voraus zubereitet und zugedeckt im Kühlschrank aufbewahrt werden.

PERSONEN 8 | ZUBEREITUNG 15-20 MIN. + TEIGRUHE | BACKZEIT 5-10 MIN.

Zutaten

FÜR DEN TEIG

1½ TL Trockenhefe oder 10 g frische Hefe

375 g Mehl (Type 550) sowie Mehl zum Bestreuen

Salz und Pfeffer

2 EL Olivenöl sowie Öl für die Schüssel

FÜR DEN BELAG

1-2 EL Olivenöl

1 kleine Zwiebel, gewürfelt

1 Knoblauchzehe, fein gehackt

600 g Tomaten, enthäutet und nach Entfernen der Samen gehackt

1½ EL Tomatenmark

1 Prise Zucker

100 g Parmaschinkenscheiben, in Streifen geschnitten

375 g Mozzarella, in dünne Scheiben geschnitten

1 kleines Bund Basilikum

HERSTELLEN DES TEIGS

1 Die Hefe in eine kleine Schale mit 2-3 EL lauwarmem Wasser streuen oder krümeln und 5 Min. stehen lassen, bis sie sich aufgelöst hat. Zwischendurch einmal umrühren. Das Mehl mit 1 TL Salz in eine große Schüssel sieben, dabei das Sieb sehr hoch halten, damit beim Herabrieseln möglichst viel Luft in das Mehl gelangt. ½ TL Pfeffer hinzufügen.

2 In der Mitte des Mehls eine Mulde formen. Die Hefemischung, 250 ml lauwarmes Wasser und das Öl hineingeben. Die Zutaten mit den Fingerspitzen vermischen, dabei die trockenen Zutaten in die Mitte schieben, bis sie gut mit der Flüssigkeit vermengt sind.

3 Wenn alle Zutaten vermischt sind, den Teig weiter mit den Händen bearbeiten, bis sich eine Kugel formen lässt. Den Teig aus der Schüssel heben und auf die dünn bemehlte Arbeitsfläche geben.

KNETEN DES TEIGS

4 Den Teig mit einem Teigschaber oder mit den Händen von außen nach innen ziehen.

5 Eine lockere Kugel formen und 5-8 Min. durchkneten, bis der Teig glatt und elastisch ist. Dabei immer wieder mit dem Handballen wegschieben und anschließend wieder zusammenklappen.

6 Eine große Schüssel dünn einölen. Den Teig in der Schüssel wenden, bis er leicht mit Öl überzogen ist. Die Schüssel mit Frischhaltefolie bedecken und den Teig etwa 1 Std. an einem warmen Platz gehen lassen, bis er sein Volumen verdoppelt hat. Man kann den Teig auch über Nacht im Kühlschrank gehen lassen.

VORBEREITEN DES BELAGS

7 In einem kleinen Topf das Olivenöl erhitzen. Zwiebel und Knoblauch darin 1–2 Min. anbraten, bis sie weich, aber noch nicht gebräunt sind. Tomaten, Tomatenmark, Salz, Pfeffer und Zucker hinzufügen. Die Sauce unter gelegentlichem Rühren 7–10 Min. einkochen.

BELEGEN UND BACKEN DER PIZZAS

8 Den Backofen auf 230 °C vorheizen und unten ein Backblech einschieben. Ein zweites Blech dünn mit Mehl bestreuen. Den Teig noch einmal kurz durchkneten und in acht gleich große Stücke teilen. Die Arbeitsfläche leicht bemehlen. Die Teigstücke zu Kugeln formen.

9 Mit einem Nudelholz jede Kugel zu einem 15 cm großen Kreis ausrollen und auf das bemehlte Blech legen. Mit den Fingerspitzen nach Belieben den Rand rundum etwa 1 cm nach innen umschlagen, damit er etwas dicker wird. Für einen dünnen Belag wie hier ist das aber nicht erforderlich.

10 Die Tomatensauce auf den Böden verteilen und mit Schinkenscheiben belegen. Den Mozzarella auf den Pizzas verteilen und auf jede Pizza 2 Basilikumblätter legen. Nochmals für 10–15 Min. zum Aufgehen an einen warmen Platz stellen.

11 So viele Pizzas, wie auf das vorgewärmte Backblech passen, vorsichtig daraufsetzen und 10–12 Min. backen, bis der Belag leicht gebräunt und der Teig knusprig ist. Die restlichen ebenso backen. Alle Pizzas mit Basilikum garniert sofort servieren.

Hähnchen mit Zitronengras

EIN KÖSTLICHES GERICHT aus Südostasien. Chili-schoten gibt es in sehr unterschiedlichen Schärfe-graden, die Sie hier ganz nach Geschmack einsetzen können. Beim Schneiden am besten Gummihand-schuhe tragen, um die Haut zu schützen.

PERSONEN	ZUBEREITUNG	GARZEIT
4	45-55 MIN. + WARTEZEIT	10 MIN.

Zutaten

FÜR DAS HÄHNCHEN

1 kg Hähnchenkeulen ohne Haut und Knochen

2 Stängel Zitronengras, nach Entfernen der harten Außenschicht fein gehackt

2 Knoblauchzehen, fein gehackt

3 EL Fischsauce

frisch gemahlener schwarzer Pfeffer

2 EL Öl

2 rote Chilischoten, nach Belieben von den Samen befreit, in dünne Streifen geschnitten

1 TL Zucker

3 Frühlingszwiebeln, schräg in Stücke geschnitten

30 g ungesalzene geröstete Erdnuss-kerne

FÜR DEN SALAT

1 kleine Salatgurke

Blätter von ½ Kopfsalat

125 g Sojasprossen

1 kleines Bund Basilikum, vorzugsweise Thaibasilikum, Blätter abgezupft

VORBEREITEN DES HÄHNCHENFLEISCHS

1 **Das Fleisch in 2,5 cm große Würfel schneiden.** In einer großen Schüssel Zitronengras, Knoblauch, 2 EL Fischsauce und Pfeffer sorgfältig verrühren. Die Fleischwürfel hinzufügen und in der Marinade wenden, dann gut zugedeckt mindestens 1 Std., maximal 24 Std. kalt stellen.

ZUBEREITEN DES SALATS

2 **Die Gurke waschen.** Mit einem Sparschäler Schalenstreifen abhobeln, sodass ein Muster entsteht. Die Gurke längs halbieren, dann in dünne Scheiben schneiden. Salatblätter, Sojasprossen, die Hälfte des Basilikums und Gurkenscheiben auf einem Teller anrichten. Zugedeckt kalt stellen.

GAREN DES FLEISCHS

3 **Einen Wok** bei hoher Temperatur erhitzen. Öl hin-einträufeln, um Boden und Wände zu überziehen. Das Öl heiß werden lassen, dann das Fleisch mit der Marinade hineingeben und unter Rühren 8-10 Min. braten, bis es durch-gegart ist.

4 **Restliche Fischsauce,** Chilischoten, Zucker und Frühlingszwiebeln hinzufügen und etwa 1 Min. unter Rühren braten, dann rasch das restliche Basilikum untermischen. Das Gericht probieren und eventuell noch Fischsauce hinzu-fügen.

5 **Fleisch und Salat getrennt servieren.** Jeder richtet dann auf seinem Tel-ler ein Bett aus Salat an, Hähnchen und Erdnüsse kommen obenauf.

Carpaccio

MAGERES RINDERFILET wird hier angefroren, damit es sich leichter in hauchdünne Scheiben schneiden lässt. Damit das Gericht gelingt, darf man beim Fleisch nicht sparen. Meiden Sie deshalb abgepackte Scheiben aus dem Supermarkt und kaufen Sie ein gutes Stück Rinderfilet beim Metzger Ihres Vertrauens.

PERSONEN	ZUBEREITUNG	GARZEIT
4	20-25 MIN. + WARTEZEIT	KEINE

Zutaten

500 g Rinderfilet	125 g Parmesan
8 eingelegte Sardellenfilets	1 kleine Zwiebel, sehr fein gewürfelt
50 g Kapern, abgetropft	Saft von 2 Zitronen
125 g Rucola	125 ml bestes Olivenöl
	frisch gemahlener schwarzer Pfeffer

VORBEREITEN VON RINDFLEISCH UND GARNITUR

1 **Das Filet fest in Alufolie wickeln.** Die Enden der Folie zusammendrehen und das Fleisch für 2½ –3 Std. in das Gefriergerät legen, bis es fest, aber noch nicht durchgefroren ist.

2 **Inzwischen die Sardellen abtropfen lassen** und auf Küchenpapier verteilen. Sollten die Kapern groß sein, diese grob hacken. Die Rucolablätter waschen und trocken schleudern, harte Stiele entfernen. Die Zutaten beiseitestellen.

ANRICHTEN DES CARPACCIOS

3 **Das Rinderfilet** aus dem Gefriergerät nehmen. Sollte es zu hart sein, um es zu schneiden, das Fleisch bei Zimmertemperatur etwas auftauen lassen. Mit einem sehr scharfen Messer hauchdünne Scheiben abschneiden. Am Filetende wird ein kleines Stück Fleisch übrig bleiben.

4 **Abgeschnittene Scheiben** sofort einander überlappend auf vier Tellern anrichten. Mit einem Sparschäler den Parmesan darüberhobeln. Sardellen, Zwiebelwürfel und Kapern auf die Teller verteilen. Das Fleisch mit Zitronensaft und Olivenöl beträufeln. Das Carpaccio bei Zimmertemperatur servieren, dazu eine Pfeffermühle auf den Tisch stellen.

Nori-maki-Sushi

IN JAPAN BEZEICHNET DER Begriff »Sushi« eine ganze Reihe von Reisgerichten. Für *nori-maki* wird eine Bambusmatte benutzt, um geröstete Algen *(nori)* um eine Füllung herum aufzurollen. Der verwendete Fisch muss makellos frisch sein.

PERSONEN	ZUBEREITUNG	GARZEIT
12	50–60 MIN.	12 MIN.

Zutaten

FÜR DEN REIS

500 g japanischer Klebreis

75 ml Reisessig

2 EL Zucker

1 TL Salz

FÜR DIE ROLLEN

4 TL Wasabipulver

20 cm Salatgurke

125 g sehr frischer roher Thunfisch, gut gekühlt

6 Blätter Nori (gerösteter Seetang)

ZUM SERVIEREN

eingelegter Ingwer

japanische Sojasauce

ZUBEREITEN DES REISES

1 Den Reis in einer Schüssel mit Wasser bedecken und rühren, bis das Wasser milchig wird, dann abtropfen lassen. Den Arbeitsschritt wiederholen, bis das Wasser fast klar bleibt. Den Reis in einem Sieb abtropfen lassen und mit 600 ml Wasser in einen Topf geben. Zugedeckt zum Kochen bringen.

2 Bei schwacher Hitze den Reis etwa 12 Min. köcheln lassen, bis er das Wasser aufgenommen hat und weich ist. Von der Kochstelle nehmen und zugedeckt etwa 30 Min. stehen lassen.

3 Inzwischen in einem kleinen Topf den Essig mit Zucker und Salz zum Kochen bringen. Rühren, bis sich der Zucker aufgelöst hat. Abkühlen lassen. Den Reis in eine Schüssel geben. Die Essigmischung darüberträufeln und mit einem befeuchteten Spatel behutsam, aber sorgfältig untermischen.

4 Den Reis durch Zufächeln und Wenden mit einem Spatel rasch auf Zimmertemperatur bringen. Nach Geschmack noch Essig, Zucker oder Salz hinzufügen. Die Schüssel mit einem feuchten Küchentuch abdecken.

VORBEREITEN DER FÜLLUNG

5 Das Wasabipulver in eine kleine Schüssel geben und mit 1 EL Wasser zu einer dicken Paste verrühren. Die Gurke halbieren und die Samen entfernen. Eine Hälfte längs in 6 Streifen schneiden und diese auf die Länge der Noriblätter kürzen. Nach Belieben die andere Hälfte als Garnitur aufbewahren. Den Thunfisch waschen und mit Küchenpapier trocken tupfen, dann in 1 cm dicke Scheiben schneiden und diese in 1 cm breite Streifen.

FERTIGSTELLEN DER ROLLEN

6 Jedes Noriblatt mit einer Schere quer halbieren. Ein Stück mit der glatten Seite nach unten auf eine Bambusmatte legen. Mit angefeuchteten Fingern etwa 90 g Reis in einer 5 mm dicken Schicht gleichmäßig auf dem Blatt verteilen, dabei am hinteren Ende einen 1 cm breiten Streifen frei lassen. In der Mitte des Reises längs eine schmale Linie Wasabi auftragen und einen Gurkenstreifen platzieren.

7 Am vorderen Rand beginnend Matte und Noriblatt zusammen anheben und über die Füllung legen. Das Noriblatt fest aufrollen, dabei die Matte zu Hilfe nehmen.

8 Ist der hintere Rand erreicht, diesen mit den Fingerspitzen leicht befeuchten. Die Matte rund um die Rolle zusammendrücken, damit ein glatter, kompakter Zylinder entsteht. Die Matte entrollen und die Gurkenrolle auf ein Brett legen. Fünf weitere Gurkenrollen herstellen.

9 Auf die gleiche Weise sechs Thunfischrollen herstellen, dabei nach Bedarf Fischstreifen aneinandersetzen.

SCHNEIDEN UND SERVIEREN

10 Ein scharfes Messer mit einem feuchten Küchenhandtuch abwischen. Jede Gurkenrolle in drei Stücke gleicher Größe schneiden, zwischendurch das Messer immer wieder anfeuchten. Nun die Stücke quer halbieren.

11 Jede Thunfischrolle quer in sechs Stücke gleicher Größe schneiden, wiederum das Messer vor jedem Schnitt anfeuchten. Dadurch entstehen sauberere Schnittkanten.

12 Die Thunfisch- und Gurkensushi mit der schöneren Seite nach oben auf zwölf Portionsteller verteilen oder auf einem großen Teller anrichten.

13 Nach Belieben jeden Teller mit eingelegtem Ingwer garnieren oder den Ingwer in einer Schale auf den Tisch stellen, damit sich jeder selbst bedienen kann. Dazu kleine Schalen mit japanischer Sojasauce zum Dippen reichen und auch nicht vergessen, Stäbchen auf dem Tisch bereitzulegen.

Salate

Frisch und leicht oder herzhaft und sättigend, als Beilage oder eigenständige Mahlzeit

Salat mit Kräutern und Blüten

PROBIEREN SIE RUHIG NUSSÖL oder einen besonderen Essig aus, um Ihre perfekte Vinaigrette herzustellen. Essbare Blüten (sie müssen unbehandelt sein) machen diesen Salat besonders dekorativ: Rosenblüten, Ringelblumen oder Kapuzinerkresse.

PERSONEN	ZUBEREITUNG	GARZEIT
8	15-20 MIN.	KEINE

Zutaten

FÜR DEN SALAT

2 Köpfe Chicorée

1 kleiner Kopf Frisée

1 Kopf Radicchio

125 g Feldsalat

125 g Rucola

1 kleines Bund Schnittlauch, möglichst mit Blüten

5-7 Stängel Basilikum, Blätter abgezupft

5-7 Stängel Estragon, Blätter abgezupft

essbare Blüten (nach Belieben), etwa Borretsch, Kapuzinerkresse, Ringelblume, Rose

FÜR DIE VINAIGRETTE

4 EL Rotweinessig

Salz und Pfeffer

2 TL Dijonsenf (nach Belieben)

175 ml bestes Olivenöl

VORBEREITEN DER BLATTSALATE

1 Den Strunk aus dem Chicorée herausschneiden und welke Blätter entfernen. Die Köpfe schräg in 1 cm breite Streifen schneiden. Die Salate putzen, waschen, trocken schleudern, dann alle Blätter in eine große Schüssel füllen.

VORBEREITEN VON KRÄUTERN UND DRESSING

2 Die Blüten des Schnittlauchs gegebenenfalls mit 5 cm Stiel abschneiden und beiseitestellen. Den restlichen Schnittlauch in 2,5 cm lange Stücke schneiden und mit Basilikum und Estragon in die Schüssel geben.

3 In einer kleinen Schüssel Essig, Salz, Pfeffer und, sofern verwendet, Senf verrühren. In einem gleichmäßigen Strahl langsam das Öl dazugießen und schlagen, bis die Vinaigrette emulgiert. Anschließend abschmecken.

FERTIGSTELLEN DES SALATS

4 Die Vinaigrette kräftig aufschlagen, über den Salat gießen und behutsam unterheben, bis die Zutaten gleichmäßig überzogen sind. Den Salat noch einmal probieren und, falls nötig, nachwürzen.

5 Schnittlauch- und andere Blüten vorsichtig verteilen. Den Salat sofort servieren, solange Blätter und Blüten noch knackig und leuchtend gefärbt sind.

Salat mit eingelegtem Ziegenkäse

EIN GLAS MIT KLEINEN ZIEGENKÄSEN, Kräutern und Chilischoten in Olivenöl ist in jeder Küche ein Blickfang. Der Ziegenkäse sollte fest, aber nicht trocken sein. Für ein optimales Ergebnis muss er eine Woche im Voraus eingelegt werden.

PERSONEN 8	ZUBEREITUNG 20-25 MIN. + WARTEZEIT	GARZEIT 5-8 MIN.

Zutaten

8 Scheiben Bauernbrot

FÜR DEN EINGELEGTEN ZIEGENKÄSE

4 kleine runde Ziegenkäse (à 60-90 g) oder 1 Ziegenkäserolle (etwa 320 g)

2 Lorbeerblätter

2-3 Zweige Thymian

2-3 Zweige Rosmarin

2-3 Stängel Oregano

2 TL schwarze Pfefferkörner

2 getrocknete rote Chilischoten

500 ml Olivenöl

FÜR DIE VINAIGRETTE

2 EL Rotweinessig

1 TL Dijonsenf

Salz und Pfeffer

5-7 Zweige Thymian, Blätter abgestreift

FÜR DEN SALAT

2 Köpfe Chicorée

1 Eichblattsalat

EINLEGEN DES KÄSES

1 Den Käse mit Lorbeerblättern, Thymian, Rosmarin, Oregano, Pfefferkörnern und Chilischoten in ein großes Glas geben und großzügig mit Öl bedecken. Das Glas verschließen und den Käse vor Verwendung mindestens eine Woche stehen lassen. Wenn eine Ziegenkäserolle verwendet wird, gibt man sie im Ganzen mit den anderen Zutaten in eine Schüssel und lässt sie mit Frischhaltefolie bedeckt 1-3 Tage durchziehen.

ZUBEREITEN DER VINAIGRETTE

2 Mit einem Schaumlöffel den Käse aus dem Öl heben und gut abtropfen lassen. Das Öl durch ein Sieb gießen. Für die Vinaigrette sind 100 ml Öl erforderlich, zudem braucht man ein wenig Öl für die Brotscheiben.

3 In einer Schüssel den Essig mit Senf, Salz und Pfeffer verrühren. Nach und nach das Öl unterschlagen, bis die Vinaigrette emulgiert und dicklich wird. Die Hälfte des Thymians unterrühren und die Vinaigrette abschmecken.

HERSTELLEN DER KÄSETOASTS

4 Den Backofen auf 200 °C vorheizen. Jeden Ziegenkäse waagerecht halbieren (eine Käserolle in 8 gleich große Stücke schneiden). Mit einem Ausstechförmchen aus jeder Brotscheibe einen Kreis ausstechen.

5 Die Brotkreise auf ein Backblech legen und mit etwas abgeseihtem Olivenöl einpinseln. 3-5 Min. backen, bis sie leicht geröstet sind. Den Grill vorheizen. Ein Stück Käse auf jeden Brotkreis setzen und 2-3 Min. gratinieren, bis der Käse goldbraun ist und Blasen wirft.

6 Die Salatblätter putzen, waschen und trocken schleudern. Mit der Vinaigrette beträufeln und mit den Käsetoasts und Thymian bestreut servieren.

Salade niçoise

FRÜHER WURDE DIESER SALAT mit Dosenthunfisch zubereitet, heute ist frischer Fisch beliebter. Der Salat stammt aus der Gegend von Nizza, Heimat des Meisterkochs Escoffier, der das Rezept mehrfach überarbeitet hat. Das Dressing kann bis zu eine Woche im Voraus zubereitet und im Kühlschrank aufbewahrt werden, Knoblauch und Kräuter aber erst vor dem Servieren hinzufügen.

PERSONEN	ZUBEREITUNG	GARZEIT
6	25–30 MIN. + WARTEZEIT	20–25 MIN.

Zutaten

FÜR DEN SALAT

1 kg Kartoffeln

Salz und Pfeffer

1 kg Thunfisch

375 g grüne Bohnen

6 Eier

500 g Tomaten

10 Sardellenfilets

125 g schwarze Oliven

FÜR DIE KRÄUTERVINAIGRETTE

125 ml Rotweinessig

2 TL Dijonsenf

3 Knoblauchzehen, fein gehackt

375 ml Olivenöl

7–10 Zweige Thymian, Blätter abgestreift

1 Bund Kerbel, Blätter gehackt

ZUBEREITEN VON KARTOFFELN UND DRESSING

1 Die Kartoffeln schälen, große Kartoffeln in 2–4 Stücke schneiden. In einen Topf mit kaltem Salzwasser geben, zum Kochen bringen und 15–20 Min. köcheln lassen, bis sie gerade weich sind.

2 Inzwischen die Vinaigrette zubereiten. In einer Schüssel den Essig mit Senf, Knoblauch, Salz und Pfeffer verrühren. Langsam das Olivenöl unterschlagen, bis die Flüssigkeit emulgiert und dicklich wird. Die Kräuter sorgfältig untermischen und die Vinaigrette abschmecken.

3 Die Kartoffeln in ein Sieb abgießen, unter fließendem warmem Wasser abspülen und gut abtropfen lassen. In Stücke schneiden und in eine große Schüssel geben. Die Vinaigrette aufschlagen, dann 75 ml abmessen und unter die warmen Kartoffeln heben. Die Kartoffeln auskühlen lassen.

VORBEREITEN DES THUNFISCHS

4 Den Thunfisch in 2,5 cm große Würfel schneiden und in eine flache Glas- oder Keramikform legen. Mit 75 ml Vinaigrette übergießen und zugedeckt 1 Std. kalt stellen, zwischendurch ab und zu wenden.

VORBEREITEN VON BOHNEN UND EIERN

5 Die Bohnen putzen. In einem Topf Salzwasser zum Kochen bringen. Die Bohnen hineingeben und 5–7 Min. bissfest garen. Abtropfen lassen und in eine Schüssel füllen. Die restliche Vinaigrette aufschlagen. 3 EL zu den Bohnen geben und unterheben.

6 Die Eier in einen Topf mit kaltem Wasser geben. Das Wasser zum Kochen bringen und die Eier 10 Min. köcheln lassen. Zum Abkühlen in eine Schüssel mit kaltem Wasser legen, dann pellen und in Viertel schneiden.

VORBEREITEN DER TOMATEN

7 In einem kleinen Topf Wasser zum Kochen bringen. Mit einem kleinen Messer die Stielansätze der Tomaten entfernen und die Früchte unten kreuzförmig einritzen.

8 Die Tomaten je nach Reifegrad 8–15 Sek. in das kochende Wasser tauchen, bis die Haut aufplatzt, dann sofort in eine Schüssel mit kaltem Wasser legen.

9 Nach dem Abkühlen die Haut der Tomaten abziehen. Die Tomaten halbieren und jede Hälfte in 4 Spalten schneiden.

FERTIGSTELLEN DES SALATS

10 Die Sardellen abtropfen lassen. Kartoffeln, Bohnen, Eier und Tomaten auf einer großen Platte oder nach Belieben auf Portionstellern hübsch anrichten. Das restliche Dressing aufschlagen und den größten Teil gleichmäßig über die Zutaten träufeln, sodass alles gut befeuchtet ist. Den Salat aber nicht zu früh anmachen, weil sonst der Essig die Tomaten weich werden lässt.

11 Den Backofengrill vorheizen und eine ofenfeste Form einölen. Den Thunfisch in die Form legen und gut salzen und pfeffern, die Marinade aufbewahren. Den Thunfisch etwa 8 cm von den Heizstäben entfernt 2 Min. garen. Wenden, mit etwas Marinade beträufeln und noch einmal etwa 2 Min. grillen, bis er außen leicht gebräunt, in der Mitte aber noch nicht ganz durchgegart ist. Es ist wichtig, dass jedes Stück in der Mitte saftig und rosa bleibt. Durch Übergaren wird der Fisch trocken und grau.

12 Gegrillten Thunfisch, Oliven und Sardellenfilets auf den übrigen Zutaten anrichten. Mit der verbliebenen Vinaigrette beträufeln, dann sofort servieren, solange der Thunfisch noch warm ist und die anderen Salatzutaten frisch und knackig sind.

Krautsalat mit cremigem Dressing

DIESES REZEPT ERGIBT EINE PARTY-PORTION.
Die Zutatenmengen können zwar auch halbiert werden, aber machen Sie sich darauf gefasst, dass selbst eine große Schüssel von diesem Salat auf dem Büfett rascher leer wird als gedacht. Hier erhält er durch Kümmel, Sauerrahm und Senfpulver Pep. Man kann ihn zwei Tage im Voraus zubereiten und zugedeckt im Kühlschrank aufbewahren.

 PERSONEN 8-10

 ZUBEREITUNG 15-20 MIN. + WARTEZEIT

 GARZEIT KEINE

Zutaten

FÜR DEN SALAT

500 g Möhren
1 Weißkohl (etwa 1,5 kg)
1 Zwiebel, fein gewürfelt

FÜR DAS DRESSING

2 EL Zucker
Salz und Pfeffer
250 g Sauerrahm
175 ml Apfelessig
2 TL Senfpulver
2 TL Kümmel
250 g Mayonnaise

VORBEREITEN DER SALATZUTATEN

1 **Die Möhren schälen und raspeln.** Für 30 Min. in eine Schüssel mit Eiswasser legen, damit sie noch knackiger werden. Sehr sorgfältig abtropfen lassen, in ein sauberes Küchentuch wickeln und schleudern, um das Wasser vollständig zu entfernen.

2 **Den Kohl putzen** und welke Blätter entfernen. Den Kopf vierteln und den Strunk entfernen. Die Blätter in eine große Schüssel hobeln, dabei dicke Rippen wegwerfen. Man kann den Kohl auch in der Küchenmaschine mit der Schneidescheibe zerkleinern.

HERSTELLEN DES DRESSINGS

3 **Zucker, Salz, Pfeffer,** Sauerrahm und Apfelessig in eine Schüssel geben. Senfpulver und Kümmel hinzufügen. Alles mit der Mayonnaise verquirlen. Das Dressing abschmecken.

4 **Zwiebel, Möhren und Kohl** in eine Schüssel geben. Mit dem Dressing übergießen und sorgfältig durchheben. Den Salat zugedeckt mindestens 4 Std. kalt stellen, damit sich die Aromen entfalten können, dann noch einmal abschmecken.

FERTIGSTELLEN DES SALATS

5 **Den Krautsalat aus dem Kühlschrank nehmen** und noch einmal durchheben, da sich das Dressing möglicherweise am Boden der Schüssel abgesetzt hat. Den Salat gekühlt servieren.

Caesar Salad

DAS GELINGEN DIESES KLASSIKERS hängt von knackigem Salat und allerbestem Parmesan ab, Sardellen sind für das Dressing unverzichtbar. Die Croûtons können am Vortag hergestellt und luftdicht verpackt aufbewahrt werden.

PERSONEN 6–8 **ZUBEREITUNG** 20–25 MIN. **GARZEIT** 2–3 MIN.

Zutaten

FÜR DIE KNOBLAUCHCROÛTONS

½ altbackenes Baguette

4 EL Olivenöl

3 Knoblauchzehen, geschält

FÜR DAS DRESSING

6 Sardellenfilets

3 Knoblauchzehen, fein gehackt

1 EL Dijonsenf

Pfeffer

Saft von 1 Zitrone

175 ml Olivenöl

FÜR DEN SALAT

1 Romanasalat (etwa 1 kg)

1 Ei

125 g Parmesan, frisch gerieben

HERSTELLEN DER KNOBLAUCHCROÛTONS

1 Das Baguette in 1 cm dicke Scheiben und diese in Würfel schneiden. Das Öl in einer großen Pfanne erhitzen. Knoblauch und Brotwürfel hineingeben und unter ständigem Rühren 2–3 Min. braten, bis die Würfel goldbraun sind. Zum Abtropfen auf Küchenpapier heben, den Knoblauch wegwerfen.

ZUBEREITEN DES DRESSINGS

2 Die Sardellenfilets in eine Salatschüssel geben und mit einer Gabel zerdrücken. Knoblauch, Senf, Pfeffer und Zitronensaft hinzufügen und verrühren.

3 Das Olivenöl nach und nach unterschlagen, bis die Flüssigkeit emulgiert und dicklich wird. Das Dressing abschmecken.

FERTIGSTELLEN DES SALATS

4 Den Romanasalat putzen, waschen und trocken schleudern. Zu dem Dressing geben und sorgfältig durchheben. Das Ei in eine kleine Schüssel schlagen, mit einer Gabel verquirlen und ebenfalls unterheben.

5 Die Hälfte der Croûtons und zwei Drittel des Parmesans untermischen. Den Salat abschmecken, aber Vorsicht beim Salz, denn Käse und Sardellen sind bereits salzig. Den Salat in der Schüssel servieren, restlichen Parmesan und verbliebene Croûtons getrennt reichen.

Paprika-Artischocken-Salat

ARTISCHOCKENHERZEN, gegrillte rote Paprikaschoten und geröstete Pinienkerne sind ein köstliches Trio. Die Käsecracker sorgen für wunderbare Würze, und wer sie einmal gegessen hat, wird sie zu allen möglichen Gerichten servieren.

PERSONEN	ZUBEREITUNG	GARZEIT
8	40–45 MIN. + WARTEZEIT	25–35 MIN.

Zutaten

FÜR DIE KÄSECRACKER

125 g Stilton, Danablu oder Roquefort, gekühlt

125 g Cambozola oder Bavaria blu, gekühlt

125 g weiche Butter

175 g Mehl

FÜR DIE VINAIGRETTE

4 EL Balsamico-Essig

2 EL Dijonsenf

Salz und Pfeffer

175 ml Olivenöl

FÜR DEN SALAT

3 rote Paprikaschoten

60 g Pinienkerne

1 Kopf Lollo rosso

1 Kopfsalat

250 g junge Spinatblätter

1 Glas Artischockenherzen in Öl (180 g), abgetropft

HERSTELLEN DES CRACKERTEIGS

1 **Beide Käsesorten** in Stücke schneiden, die Rinde wegwerfen. Käse auf Zimmertemperatur kommen lassen. Die Butter in einer Schüssel glatt rühren, dann den Käse hinzufügen.

2 **Den Käse** mit einem Kochlöffel unter die Butter rühren, bis eine cremige, glatte Masse entstanden ist.

3 **Das Mehl** hinzufügen und mit dem Kochlöffel gerade so lange rühren, bis sich der Teig zur Kugel formt.

AUSROLLEN UND GEFRIEREN DES TEIGS

4 **Ein etwa 30 x 30 cm großes Stück Backpapier** auf die Arbeitsfläche legen. Den Teig in einem gleichmäßig dicken Streifen auf das Backpapier auftragen.

5 **Das Papier fest um den Teig wickeln,** sodass eine Rolle mit etwa 4 cm Durchmesser entsteht. Die Enden des Papiers zusammendrehen. Den Teig für 1–2 Std. in das Gefriergerät legen, bis er fest ist.

ZUBEREITEN DER VINAIGRETTE

6 **Essig, Senf, Salz und Pfeffer** in einer kleinen Schüssel verrühren. Nach und nach das Olivenöl unterschlagen, bis die Vinaigrette emulgiert und dicklich wird.

GRILLEN DER PAPRIKASCHOTEN

7 Den Grill vorheizen. Die Paprikaschoten auf den Rost legen und etwa 10 cm von der Hitzequelle entfernt 10-12 Min. grillen, bis die Haut schwarz und blasig ist, zwischendurch wenden. In einen Gefrierbeutel geben und den Beutel verschließen. Die Paprikaschoten etwas abkühlen lassen.

8 Die Haut abziehen und die Schoten halbieren. Stielansatz, Scheidewände und Samen entfernen. Das Fruchtfleisch in Streifen gleicher Größe schneiden.

RÖSTEN DER PINIENKERNE

9 Die Pinienkerne ohne Fett in eine Pfanne geben und bei mittlerer Hitze rösten, bis sie goldbraun sind, dabei schütteln und im Auge behalten. damit sie nicht verbrennen. Auf einen Teller geben und beiseitestellen. Die Pinienkerne nicht in der Pfanne abkühlen lassen, da sie dort weitergaren und verbrennen können, was ihren Geschmack beeinträchtigt.

BACKEN DER KÄSECRACKER

10 Den Backofen auf 180 °C vorheizen. Von dem Teig mit einem in heißes Wasser getauchten dünnen Messer acht Scheiben von etwa 5 mm Dicke abschneiden und auf einem mit Backpapier ausgelegten Blech verteilen. Den restlichen Teig wieder einwickeln und in das Gefriergerät legen.

11 Die Cracker 6-8 Min. backen, bis sie goldbraun sind. Etwas abkühlen lassen, dann behutsam auf ein mit Küchenpapier bedecktes Kuchengitter heben. Das Backblech abkühlen lassen, weitere Teigscheiben abschneiden und wie oben fortfahren.

FERTIGSTELLEN UND SERVIEREN DES SALATS

12 Salat und Spinatblätter putzen, waschen und trocken schleudern. In eine Schüssel geben, die Paprikastreifen hinzufügen. Die Vinaigrette unterheben, den Salat mit Pinienkernen bestreuen. Die Artischockenherzen daraufsetzen. Einige Cracker an den Rand stecken, den Rest separat reichen.

Griechischer Salat

EINE KLASSISCHE KOMBINATION, für die man unbedingt sonnengereifte, aromatische Tomaten braucht. Soll der Salat gelingen, sind zudem gute schwarze Oliven nötig. Und vor allem darf man nicht an kalt gepresstem Olivenöl für das Dressing sparen.

PERSONEN
6-8

ZUBEREITUNG
25-30 MIN.
+ WARTEZEIT

GARZEIT
KEINE

Zutaten

FÜR DIE KRÄUTERVINAIGRETTE

3 EL Rotweinessig

Salz und Pfeffer

125 ml bestes Olivenöl

3-5 Stängel Minze, Blätter fein gehackt

3-5 Stängel Oregano, Blätter fein gehackt

7-10 Stängel Petersilie, Blätter fein gehackt

FÜR DEN SALAT

2 kleine Salatgurken

1 kg Tomaten

1 rote Zwiebel

2 grüne Paprikaschoten, nach Entfernen von Stielansatz, Scheidewänden und Samen gewürfelt

125 g schwarze Oliven (vorzugsweise griechische Kalamata-Oliven)

175 g Feta, gewürfelt

HERSTELLEN DER KRÄUTERVINAIGRETTE

1 Essig, Salz und Pfeffer in einer Schüssel verrühren. Langsam das Öl unterschlagen, bis die Vinaigrette emulgiert und dicklich wird. Die Kräuter unterrühren und die Vinaigrette abschmecken.

VORBEREITEN DER GURKEN

2 Die Gurken schälen und der Länge nach halbieren. Mit einem Teelöffel die Samen herauskratzen und wegwerfen.

3 Die Hälften der Länge nach in 2-3 Streifen schneiden und diese in 1 cm große Stücke.

VORBEREITEN DER ANDEREN GEMÜSE

4 Mit der Spitze eines kleinen Messers die Stielansätze der Tomaten entfernen und die Tomaten in Achtel schneiden. Die Zwiebel schälen und in sehr dünne Scheiben schneiden. Die Scheiben mit den Fingern behutsam in Ringe teilen.

FERTIGSTELLEN DES SALATS

5 Gurken, Tomaten, Zwiebel und Paprikaschoten in eine große Schüssel geben. Das Dressing aufschlagen, darübergießen und unterheben. Oliven und Feta behutsam untermischen. Den Salat abschmecken. In Griechenland lässt man die Oliven ganz, man kann sie aber auch entsteinen. Den Salat vor dem Servieren etwa 30 Min. stehen lassen, damit sich die Aromen entfalten.

Salat mit gebratenen Pilzen

WILDPILZE SIND EINE DELIKATESSE und ganz einfach zuzubereiten. Aber wer sie nicht selbst sammelt, muss mitunter tief in die Tasche greifen. Deshalb kann man bei diesem Salat die Hälfte der Pilzmenge durch Zuchtchampignons ersetzen.

PERSONEN	ZUBEREITUNG	GARZEIT
4	25–30 MIN.	8–10 MIN.

Zutaten

FÜR DIE VINAIGRETTE

2 EL Rotweinessig

½ TL Dijonsenf

Salz und Pfeffer

3 EL neutrales Pflanzenöl

3 EL Walnussöl

FÜR DEN SALAT

375 g gemischte Wildpilze wie Pfifferlinge, Herbsttrompeten oder Steinpilze

30–50 g Butter

2 Schalotten, fein gewürfelt

1 kleines Bund Petersilie, Blätter gehackt

1 kleiner Kopf Frisée

1 kleiner Kopf Radicchio

75 g Rucola

HERSTELLEN DER VINAIGRETTE

1 In einer Schüssel Essig, Senf, Salz und Pfeffer verrühren. Nach und nach Pflanzenöl und Walnussöl unterschlagen, bis die Mischung emulgiert und dicklich wird. Die Vinaigrette abschmecken.

VORBEREITEN DER PILZE

2 Die Pilze mit feuchtem Küchenpapier abwischen. Die Stiele kürzen und beschädigte Stellen entfernen.

3 Die Pilze auf ein Schneidebrett legen und grob hacken.

GAREN DER PILZE/FERTIGSTELLEN DES SALATS

4 In einer Pfanne die Butter erhitzen, bis sie schäumt. Die Schalotten darin unter gelegentlichem Rühren 2–3 Min. anschwitzen. Die Pilze, Salz und Pfeffer hinzufügen und unter Rühren 5–7 Min. garen, bis die gesamte Flüssigkeit verdampft ist. Petersilie unterrühren und abschmecken.

5 Frisée, Radicchio und Rucola putzen, waschen und trocken schleudern. Die Vinaigrette kräftig aufschlagen, über die Salatblätter gießen und alles gut durchheben. Den Salat abschmecken, auf vier Teller verteilen und die Pilze darauf anrichten. Den Salat sofort servieren, solange die Salatblätter knackig und die Pilze noch warm sind.

Garnelen und Zucchini mit Safran

KRUSTENTIERE UND SAFRAN passen perfekt zusammen, und das ist beileibe keine neue Entdeckung. Tatsächlich funktioniert die Kombination so wunderbar, dass in Italien schon vor etwa 600 Jahren ein ganz ähnliches Rezept aufgeschrieben wurde.

PERSONEN
6

ZUBEREITUNG
30–35 MIN.
+ WARTEZEIT

GARZEIT
6–10 MIN.

Zutaten

1 große Prise Safranfäden	Salz und Pfeffer
3 Zitronen	250 ml Olivenöl sowie Öl für den Grillrost
6 Knoblauchzehen, grob gehackt	4 EL Kapern, abgetropft
4 EL Weißweinessig	500 g Zucchini, halbiert und in Scheiben geschnitten
	18 ungeschälte rohe Riesengarnelen

HERSTELLEN DER MARINADE UND MARINIEREN DER ZUCCHINI

1 **Den Safran in einer Schüssel** mit 2 EL heißem Wasser übergießen und 5 Min. stehen lassen, dann den Saft von 2 Zitronen, Knoblauch, Essig, Salz, Pfeffer, Öl und Kapern unterrühren, dabei die Kapern leicht zerdrücken. Die Zucchini in eine flache Glas- oder Keramikform legen, mit zwei Dritteln der Marinade übergießen, durchheben und zugedeckt 3–4 Std. kalt stellen. Die verbliebene Zitrone in Spalten schneiden und beiseitestellen.

VORBEREITEN DER GARNELEN

2 **Eine Garnele** mit dem Rücken nach unten auf ein Brett legen, in der Mitte aufschneiden und aufklappen, den Schwanzfächer aber intakt lassen. Mit den anderen Garnelen ebenso verfahren.

3 **Den dunklen Darm** am Rücken jeder Garnele herausziehen und wegwerfen. Die Garnelen unter fließendem kaltem Wasser waschen, auf Küchenpapier legen und trocken tupfen.

4 **Die Garnelen** in eine Glas- oder Keramikform legen, mit der restlichen Marinade übergießen und durchheben. Zugedeckt 3–4 Std. in den Kühl- schrank stellen.

GAREN DER ZUCCHINI UND GARNELEN

5 **Eine Pfanne erhitzen.** Die Zucchini mit Marinade hineingeben und unter Rühren 3–5 Min. garen, bis sie weich sind, aber noch etwas Biss haben. Inzwischen den Grill vorheizen und den Grillrost einölen. Die Garnelen aus der Marinade heben und mit der Schale nach unten auf den Rost legen. Mit ein wenig Marinade und den Kapern beschöpfen, etwas Marinade zurückbehalten, um die Garnelen während des Grillens zu bestreichen.

6 **Die Garnelen etwa 5 cm von der Hitzequelle entfernt** 3–4 Min. grillen, bis sie rosa sind und kräftig brutzeln, zwischendurch ein- oder zweimal mit Marinade einpinseln, damit sie möglichst feucht und saftig bleiben. Die Garnelen nicht übergaren, weil sie sonst trocken werden.

7 **Die warmen Zucchini** in die Mitte von sechs vorgewärmten Tellern häufen, mit etwas Marinade beträufeln und so verteilen, dass sie ein hübsches Bett für die Garnelen bilden. Die heißen Garnelen darauf anrichten und das Gericht mit Zitronenspalten servieren.

 VARIANTE: Marinierte Garnelen und Pilze

Eine schnelle und unkomplizierte Vorspeise.

1 Die Marinade wie im Hauptrezept zubereiten, den Safran aber weglassen. Die ungeschälten Garnelen wie beschrieben aufschneiden und nach Entfernen des Darms mit einem Drittel der Marinade übergießen.

2 Anstelle der Zucchini 375 g Champignons verwenden. Die Hüte mit einem feuchten Tuch abreiben, die Stiele kürzen. Große Pilze vierteln. In einem Topf Salzwasser zum Kochen bringen. Die Pilze hinzufügen und 5–7 Min. köcheln lassen. In ein Sieb abgießen, dann in die restliche Marinade geben, durchheben, zudecken und 3–4 Std. in den Kühlschrank stellen.

3 Die Pilze mit einem Schaumlöffel aus der Marinade heben und auf sechs Teller verteilen, die Marinade weggießen. Die Garnelen wie beschrieben grillen, auf die Teller setzen und sofort servieren.

Thailändischer Meeresfrüchtesalat

EIN TYPISCHES BEISPIEL für die leichten und erfrischenden Gerichte der Thai-Küche. Serviert man den Salat sofort, sind seine Aromen mild, lässt man ihn über Nacht durchziehen, intensiviert sich der Geschmack von Chili und Zitronengras.

PERSONEN
4

ZUBEREITUNG
30-40 MIN.

GARZEIT
10-15 MIN.

Zutaten

FÜR DEN SALAT

250 g kleine Kalmare, gesäubert

250 g große Jakobsmuscheln, gesäubert

Salz

250 g geschälte, rohe große Garnelen

250 g grätenfreies, festes weißes Fischfilet

kleine Kopfsalatblätter zum Servieren

FÜR DAS LIMETTENDRESSING

4 Kaffirlimettenblätter oder abgeriebene Schale von 1 Bio-Limette

2 Knoblauchzehen, fein gehackt

1 grüne Chilischote, nach Belieben von den Samen befreit, fein gehackt

1 Stängel Zitronengras, nach Entfernen der harten Außenschicht angedrückt und in dünne Scheiben geschnitten

Saft von 3 großen Limetten

4 EL Fischsauce

2 EL Zucker

VORBEREITEN DER MEERESFRÜCHTE

1 Die Kalmarkörper in 1 cm breite Ringe schneiden, große Fangarme in 2-3 Stücke. Die Muscheln waagerecht halbieren. Eine große Platte mit Küchenpapier auslegen. In einen Topf 5 cm hoch Wasser füllen und Salz dazugeben. Das Wasser zum Kochen bringen und nach Reduzieren der Hitze den Kalmar darin etwa 2 Min. köcheln lassen, bis er nicht mehr glasig ist. Auf dem Küchenpapier abtropfen lassen. Den Fisch ebenso garen.

2 Die Garnelen in das köchelnde Wasser geben und 1-2 Min. garen, bis sie gerade rosa werden. Herausnehmen und auf dem Küchenpapier abtropfen lassen. Mit den Jakobsmuscheln ebenso verfahren.

ZUBEREITEN DES DRESSINGS UND SALATS

3 Harte Mittelrippen der Limettenblätter entfernen. Die Blätter sehr fein hacken, dann mit Knoblauch, Chilischote, Zitronengras, Limettensaft, Fischsauce und Zucker in eine kleine Schüssel geben. Rühren, bis sich der Zucker aufgelöst hat.

4 Kalmare, Muscheln und Garnelen in eine große Schüssel geben. Mit dem Dressing übergießen und durchheben. Den Fisch enthäuten und behutsam unter den Salat heben, sodass er in große Stücke zerfällt. Den Salat abschmecken, falls nötig noch Limettensaft oder Fischsauce hinzufügen.

5 Auf Portionstellern ein Bett aus Salatblättern anrichten und die angemachten Meeresfrüchte darauf verteilen.

Gurken-Chili-Salat

KÖSTLICH ZU GEGRILLTEN SPEISEN. Je länger der Salat durchziehen kann, desto intensiver schmeckt er. Man sollte den Aromen aber wenigstens eine Stunde geben, um sich zu entfalten. Dieses Gericht wird ganz schnell einen Stammplatz auf Ihrem Speisezettel erobern, vor allem als Beilage zu reichhaltigen Fleischgerichten.

PERSONEN	ZUBEREITUNG	GARZEIT
4	15–20 MIN. + WARTEZEIT	KEINE

Zutaten

125 g Zucker

½ TL Salz

125 ml Reisessig

1 Salatgurke

1 scharfe rote Chilischote

HERSTELLEN DER MARINADE UND VORBEREITEN DER GURKE

1 In einen kleinen Topf 125 ml Wasser geben, dann Zucker und Salz hinzufügen. Bei mittlerer Temperatur erhitzen und rühren, bis sich der Zucker aufgelöst hat, dann zum Kochen bringen. Von der Kochstelle nehmen, den Essig unterrühren und die Mischung abkühlen lassen.

2 **Die Gurke schälen** und längs halbieren. Mit einem Teelöffel die Samen herauskratzen. Die Hälften in dünne Scheiben schneiden.

VORBEREITEN DER CHILISCHOTE

3 Gummihandschuhe anziehen. Die Chilischote der Länge nach halbieren, dann Stielansatz, Scheidewände und Samen entfernen. Das Fruchtfleisch quer in sehr dünne Streifen schneiden.

ZUBEREITEN DES SALATS

4 In einer Schüssel Gurke, Chilischote und Essigmischung vermengen. Den Salat zugedeckt bis zu 4 Std. kalt stellen, mindestens aber 1 Std. Kurz vor dem Servieren mit Salz, Zucker und Essig abschmecken.

Melonen-Minze-Salat

EINE SCHÜSSEL VOLLER BUNTER KUGELN heitert sommerliche Tafelrunden auf. Bei einem Picknick ist dieser Salat eine ideale Beilage zu kaltem Braten. Man kann ihn bis zu sechs Stunden im Voraus zubereiten. Zugedeckt kalt stellen und erst unmittelbar vor dem Servieren anmachen.

PERSONEN 6	**ZUBEREITUNG** 15-20 MIN. + WARTEZEIT	**GARZEIT** KEINE

Zutaten

FÜR DEN SALAT

2 kleine Melonen mit orangefarbenem oder gelbem Fleisch, etwa Cantaloupe, (à etwa 750 g)

1 mittelgroße grünfleischige Melone, etwa eine Ogenmelone (etwa 1,5 kg)

375 g Kirschtomaten

1 Bund Minze

FÜR DAS PORTWEINDRESSING

75 ml Portwein

Saft von 2 Zitronen

2 EL Honig

Salz und Pfeffer

VORBEREITEN DER MELONEN

1 **Die Melonen halbieren.** Die Samen mit einem Löffel herauskratzen und wegwerfen.

2 **Mit einem Kugelausstecher** Bällchen aus den Melonen ausstechen und in eine große Schüssel geben.

VORBEREITEN DER ANDEREN SALATZUTATEN

3 **Die Kirschtomaten** ganz kurz in einen Topf mit kochendem Wasser tauchen, bis ihre Haut aufplatzt, dann in eine Schüssel mit kaltem Wasser heben. Abkühlen lassen und die Haut abziehen. Die Tomaten zu den Melonenkugeln geben.

4 **Die Minzeblätter von den Stielen zupfen,** einige Stängel zum Garnieren zurückbehalten. Die Minzeblätter auf ein Brett legen, grob hacken und zu Melone und Tomaten geben.

FERTIGSTELLEN DES SALATS

5 **Den Portwein in eine Schüssel geben.** Zitronensaft, Honig, Salz und Pfeffer hinzufügen. Das Dressing abschmecken, über den Salat gießen und behutsam unterheben. Den Salat nochmals abschmecken, dann zugedeckt für etwa 1 Std. in den Kühlschrank stellen, damit sich die Aromen entfalten können. Den Salat mit den aufbewahrten Minzeblättern garniert in den ausgehöhlten Melonenschalen oder in Salatschälchen servieren.

Avocado-Grapefruit-Salat

EINEN WUNDERBAREN DREIKLANG von Aromen lassen hier süßlicher Parmaschinken, bitterer Rucola und säuerliche Grapefruits entstehen. Denken Sie daran, die Avocadoscheiben sorgfältig mit Zitrussaft – in diesem Fall Grapefruitsaft – einzupinseln, damit sie sich nicht verfärben.

PERSONEN 4 | ZUBEREITUNG 25–30 MIN | GARZEIT KEINE

Zutaten

FÜR DIE MOHNVINAIGRETTE

½ kleine Zwiebel

3 EL Rotweinessig

1 EL Honig

½ TL Senfpulver

¼ TL gemahlener Ingwer

Salz und Pfeffer

150 ml neutrales Pflanzenöl

1 EL Mohnsamen

FÜR DEN SALAT

4 Bio-Grapefruits

125 g Parmaschinken (in Scheiben)

2 Avocados

175 g Rucola

HERSTELLEN DER VINAIGRETTE

1 **Die Zwiebel in eine Schüssel reiben.** Mit Essig, Honig, Senfpulver, Ingwer, Salz und Pfeffer verrühren. Nach und nach das Öl unterschlagen, bis die Vinaigrette emulgiert und dicklich wird, dann den Mohn dazugeben. Die Vinaigrette abschmecken.

VORBEREITEN DER GRAPEFRUITS

2 **Mit einem Sparschäler** von einer halben Grapefruit dünn die äußere Schale abhobeln und diese in sehr schmale Streifen schneiden. Einen kleinen Topf halb mit Wasser füllen und dieses zum Kochen bringen. Die Zesten darin 2 Min. köcheln lassen, dann zum Abtropfen beiseitestellen.

3 **Oberes und unteres Ende** der Grapefruits abschneiden, dann der Rundung der Früchte folgend die Schale entfernen. Die Früchte nacheinander über eine Schüssel halten. Entlang der Trennhäutchen die Segmente herausschneiden und in die Schüssel fallen lassen, dann zugedeckt kalt stellen.

VORBEREITEN DER ANDEREN SALATZUTATEN

4 **Den Parmaschinken** in 2,5 cm breite Streifen schneiden, dabei Fett entfernen und wegwerfen. Die Avocados waagerecht bis zum Stein einschneiden und die Hälften gegeneinander drehen, um sie zu trennen. Mit einem Messer die Steine herauslösen und wegwerfen.

5 **Die Avocados schälen** und längs in Scheiben schneiden. Die Scheiben rundum sorgfältig mit dem beim Filetieren der Grapefruits ausgetretenen Saft einpinseln, damit sie sich nicht verfärben.

FERTIGSTELLEN DES SALATS

6 **Das Dressing aufschlagen** und ein Drittel mit den Rucolablättern vermischen. Abschmecken und auf vier Teller verteilen. Grapefruitfilets, Parmaschinken und Avocadoscheiben darauf anrichten. Den Salat mit der restlichen Vinaigrette beträufeln und mit Grapefruitzesten bestreuen.

Gado gado

FÜR DIESE INDONESISCHE SPEZIALITÄT eignen sich verschiedenste Gemüse. Hier werden Produkte der kühleren Jahreszeit zu einem Wintersalat kombiniert. Die Gemüse können am Vortag blanchiert werden. Anschließend zugedeckt im Kühlschrank aufbewahren. Die Erdnusssauce kann sowohl süß als auch salzig zubereitet werden.

PERSONEN	ZUBEREITUNG	GARZEIT
8	35-45 MIN.	20-25 MIN.

Zutaten

FÜR DEN SALAT

1 kleiner Blumenkohl, in Röschen geteilt

Salz und Pfeffer

500 g Möhren, in 5 cm lange Stifte geschnitten

375 g Sojasprossen

300 g Tofu

3 Eier

1 EL neutrales Pflanzenöl

1 EL neutrales Pflanzenöl

500 g Salatgurke, in 5 cm lange Stifte geschnitten

FÜR DIE ERDNUSSSAUCE

125 ml neutrales Pflanzenöl

250 g ungesalzene Erdnusskerne

1 Zwiebel, fein gehackt

3 Knoblauchzehen, fein gehackt

½ TL Chiliflocken

1 EL Sojasauce

Saft von 1 Limette

2 TL brauner Zucker

200 ml Kokosmilch

VORBEREITEN VON GEMÜSE UND TOFU

1 **Große Blumenkohlröschen halbieren.** In einem großen Topf Salzwasser zum Kochen bringen und die Röschen darin 5-7 Min. garen, bis sie gerade weich sind. In einem Sieb abtropfen lassen.

2 **Die Möhren in einen Topf** mit kaltem Salzwasser geben, zum Kochen bringen und 3-5 Min. köcheln lassen. Abtropfen lassen.

3 **Die Sojasprossen** 1 Min. in kochendem Wasser blanchieren. Abtropfen lassen. Den abgetropften Tofu in 1 cm große Würfel schneiden.

HERSTELLEN DES OMELETTS

4 **Die Eier verquirlen,** dann salzen und pfeffern. Das Öl in einer Pfanne erhitzen. Die Eier darin gleichmäßig verteilt bei mittlerer Hitze 2 Min. garen, bis die Ränder des Omeletts leicht gebräunt sind.

5 **Das Omelett wenden** und noch einmal etwa 30 Sek. garen, bis es vollständig gestockt ist. Auf einem Brett etwas abkühlen lassen, dann locker aufrollen und quer in Streifen schneiden.

ZUBEREITEN DER ERDNUSSSAUCE

6 **In einer Pfanne** die Hälfte des Öls erhitzen. Die Erdnüsse hineingeben und unter Rühren 3-5 Min. bräunen. In der Küchenmaschine grob pürieren.

7 **Das restliche Öl** in der Pfanne erhitzen und die Zwiebel darin unter Rühren 2-3 Min. braten, bis sie leicht gebräunt ist. Knoblauch und Chiliflocken dazugeben und goldbraun anbraten. Sojasauce und Limettensaft hinzufügen. Die Pfanne von der Kochstelle nehmen, dann Zucker und Erdnüsse unterrühren.

8 Nach und nach die Kokosmilch angießen und rühren, bis die Sauce cremig ist, dann abschmecken. Die Sojasprossen auf einer Servierplatte oder Portionstellern verteilen. Möhren, Gurke, Tofu und Blumenkohl darauf anrichten. Mit den Omelettrollen garniert servieren, die Erdnusssauce in einer kleinen Schüssel reichen.

VARIANTE: Vogelnestsalat mit Erdnusssauce

Knackiger Rotkohl und grüne Bohnen verleihen dieser Abwandlung des Gado gado Konsistenz und Farbe.

1 Blumenkohl, Möhren, Gurke, Omelett und Tofu entfallen. 500 g Kartoffeln schälen, in Stücke gleicher Größe schneiden, in einen Topf mit gut gesalzenem Wasser geben und zugedeckt zum Kochen bringen. Etwa 15 Min. garen, bis sie weich sind. Abtropfen lassen und in 1 cm große Würfel schneiden. Die Erdnusssauce wie beschrieben zubereiten.

2 375 g grüne Bohnen putzen und in 2,5 cm große Stücke schneiden. In kochendem Wasser 5 Min. bissfest garen, dann sorgfältig abtropfen lassen. Einen halben Kopf Rotkohl halbieren und den Strunk entfernen. Die Viertel mit einer Schnittfläche nach unten auf ein Brett legen und in schmale Streifen schneiden, dabei dicke Rippen entfernen.

3 Den Kohl 1 Min. in kochendem Salzwasser blanchieren. Abtropfen lassen und noch heiß mit 4 EL Rotweinessig vermischen. Die Sojasprossen wie im Hauptrezept zubereiten und nestförmig auf acht Tellern anrichten. Den Rotkohl daraufgeben. Die grünen Bohnen in die Mitte setzen, mit den Kartoffeln abschließen. Jeweils einen Löffel Erdnusssauce auf die Kartoffeln setzen, die restliche Sauce separat reichen.

Rotkohlsalat mit Speck

EIN WINTERLICHER SALAT. Die Menge reicht als Vorspeise für sechs oder als leichte Mahlzeit für vier Personen. Interessante Kontraste in Farbe, Konsistenz und Geschmack verdankt der Salat unter anderem Speck und Roquefort. Nach einer Portion davon fühlt man sich gleich gesünder und vitaler.

PERSONEN 4-6

ZUBEREITUNG 20-25 MIN. + WARTEZEIT

GARZEIT 5 MIN.

Zutaten

FÜR DIE VINAIGRETTE

4 EL Rotweinessig

1 EL Dijonsenf

Salz und Pfeffer

175 ml Olivenöl

FÜR DEN SALAT

½ Rotkohl (etwa 750 g), nach Entfernen des Strunks in schmale Streifen geschnitten

4 EL Rotweinessig

250 g durchwachsener Speck, gewürfelt

1 kleiner Romanasalat

100 g Roquefort, zerkrümelt

HERSTELLEN DER VINAIGRETTE

1 Essig, Senf und Salz in einer Schüssel verrühren, dann Pfeffer dazugeben. Nach und nach das Öl unterschlagen, bis die Vinaigrette emulgiert und dicklich wird. Das Dressing abschmecken.

VORBEREITEN DES ROTKOHLS

2 Die Rotkohlstreifen in eine große Schüssel füllen. Den Essig in einem kleinen Topf aufkochen, dann über den Kohl gießen und unterheben. 2 l kochendes Wasser dazugeben und den Kohl 3-4 Min. beiseitestellen. Sorgfältig abtropfen lassen und zurück in die Schüssel füllen.

3 So viel Vinaigrette unter den Rotkohl heben, dass er gut befeuchtet ist. Probieren und nach Geschmack noch Essig hinzufügen. Zudecken und 1-2 Std. durchziehen lassen.

ZUBEREITEN DES SALATS

4 Die Speckwürfel etwa 10 Min. vor dem Servieren in einer Pfanne unter gelegentlichem Rühren 3-5 Min. braten, bis sie kross sind und das Fett ausgebraten ist. Den Pfanneninhalt über den Rotkohl geben, einige Speckwürfel aber als Garnitur zurückbehalten.

5 Den Romanasalat putzen, waschen und trocken schleudern. Die Blätter in Streifen schneiden. Auf 4-6 Tellern ein Bett aus Romanasalat anrichten und mit dem restlichen Dressing beträufeln. Den Rotkohl darauf verteilen. Mit dem zerkrümelten Blauschimmelkäse und den aufbewahrten Speckwürfeln bestreuen, dann sofort servieren.

Möhrensalat und Selleriesalat

DIESES SIMPLE DUO findet man im Herbst auf der Speisekarte französischer Bistros. Beide Salate können bereits am Vortag zubereitet und dann abgedeckt im Kühlschrank aufbewahrt werden. Dadurch entfalten sich die Aromen besser. Anstelle von Rosinen kommen für den Möhrensalat auch gehackte Walnüsse oder Äpfel infrage.

PERSONEN	ZUBEREITUNG	GARZEIT
6	25–30 MIN. + WARTEZEIT	1–2 MIN.

Zutaten

FÜR DEN MÖHRENSALAT

3 EL Apfelessig

1 TL Zucker

Salz und Pfeffer

75 ml mildes Olivenöl

500 g Möhren, geraspelt

100 g Rosinen

FÜR DEN SELLERIESALAT

1 Knollensellerie (etwa 750 g)

175 g Mayonnaise

2 EL Dijonsenf

ZUBEREITEN VON MÖHRENSALAT UND DRESSING

1 Essig mit Zucker, Salz und Pfeffer verrühren. Das Öl langsam unterschlagen, sodass die Vinaigrette emulgiert und dicklich wird, dann abschmecken. Zuerst die Möhren, dann die Rosinen unterheben und den Salat noch einmal abschmecken. Zudecken und mindestens 1 Std. kalt stellen.

VORBEREITEN DES SELLERIES

2 Die Sellerieknolle auf ein Brett legen und die Schale abschneiden. Die Knolle zunächst in dünne Scheiben, dann in schmale Stifte gleicher Größe schneiden.

3 Die Selleriestifte in einen Topf mit kaltem Salzwasser geben, zum Kochen bringen und 1–2 Min. bissfest garen. In ein Sieb abgießen und abtropfen lassen.

FERTIGSTELLEN DES SALATS

4 Mayonnaise, Salz, Pfeffer und Senf in einer großen Schüssel verrühren. Das Dressing abschmecken. Die Selleriestifte hinzufügen und unterheben. Den Salat noch einmal abschmecken, dann zugedeckt mindestens 1 Std. kalt stellen. Selleriesalat und Möhrensalat in getrennten Schüsseln anrichten.

Frühlingshafter Reissalat

SPARGEL UND RÄUCHERLACHS gehen hier mit dem Estragondressing eine perfekte Verbindung ein. Wenn der Spargel jung und zart ist, müssen die Stangen vor dem Garen nicht geschält werden. Sie können den Salat einen Tag im Voraus zubereiten und zugedeckt im Kühlschrank aufbewahren. Vor dem Servieren muss er aber wieder auf Zimmertemperatur gebracht und mit einer Gabel aufgelockert werden.

PERSONEN 4-6	ZUBEREITUNG 20-25 MIN. + WARTEZEIT	GARZEIT 15-20 MIN.

	250 g grüner Spargel
	3 Stangen Staudensellerie
	250 g Räucherlachs (in Scheiben)

Zutaten

FÜR DEN SALAT

Salz und Pfeffer

1 Bio-Zitrone

200 g Basmatireis

FÜR DIE VINAIGRETTE

3 EL Estragonessig

2 TL Dijonsenf

175 ml neutrales Pflanzenöl

ZUBEREITEN VON REIS UND VINAIGRETTE

1 **In einem großen Topf** Salzwasser zum Kochen bringen. Den Saft von ½ Zitrone zusammen mit der ausgepressten Zitronenhälfte hineingeben, um das Wasser zu aromatisieren. Den Reis hinzufügen und das Wasser wieder zum Kochen bringen. Den Reis 10–12 Min. köcheln lassen, bis er gerade weich ist, dabei ab und zu umrühren, damit er nicht verklebt oder am Topfboden ansetzt.

2 **In der Zwischenzeit** die Vinaigrette zubereiten. Essig, Salz, Pfeffer und Senf in eine kleine Schüssel geben und sorgfältig verrühren. Das Öl langsam in einem dünnen Strahl hinzugießen und unterschlagen, sodass die Vinaigrette emulgiert und dicklich wird. Abschmecken und beiseitestellen. Das Dressing kann im Voraus zubereitet und in einem verschlossenen Glas bis zu eine Woche im Kühlschrank aufbewahrt werden. Vor der Verwendung gut schütteln.

3 **Den fertigen Reis in ein Sieb abgießen,** die Zitronenhälfte wegwerfen. Den Reis unter fließendem kaltem Wasser abspülen, um die Stärke zu entfernen, und sorgfältig abtropfen lassen. Das Abspülen ist wichtig, weil andernfalls im kalten Zustand die Körner durch vorhandene Stärke verkleben, der Reis soll jedoch locker sein. In eine große Schüssel füllen. Die verbliebene Zitronenhälfte auspressen und den Saft beiseitestellen.

VORBEREITEN DES SPARGELS

4 **Mit einem Sparschäler** das untere Drittel der Spargelstangen schälen und holzige Enden abschneiden. Die Stangen mit Küchengarn zu zwei Bündeln gleicher Größe zusammenbinden.

5 **In einem großen Topf** Salzwasser zum Kochen bringen. Den Spargel hineingeben und 5–7 Min. köcheln lassen, bis er gerade weich ist und sich mit der Spitze eines kleinen Messers leicht einstechen lässt.

6 **Den Spargel abtropfen lassen** und das Garn entfernen. Etwa 5 cm lange Spitzen abschneiden und beiseitestellen, die restlichen Stangen in 1 cm große Stücke schneiden.

FERTIGSTELLEN DES SALATS

7 Die Fäden der Selleriestangen mit einem Sparschäler entfernen, dann die Stangen recht fein würfeln. Den Räucherlachs in 1 cm breite Streifen schneiden.

8 Die Vinaigrette kräftig aufschlagen, bis auf 1–2 EL über den Reis gießen und sorgfältig unterheben. Den Reis mit einer Gabel auflockern, um die Körner zu trennen. Spargel, Sellerie, Räucherlachs und den restlichen Zitronensaft dazugeben.

9 Den Salat durchheben und abschmecken, dann zudecken und mindestens 1 Std. in den Kühlschrank stellen, damit die Aromen verschmelzen können. Vor dem Servieren den Salat wieder auf Zimmertemperatur kommen lassen. Den Salat in Schalen anrichten. Die Spargelspitzen mit dem restlichen Dressing einpinseln, gleichmäßig verteilen und den Salat servieren.

 VARIANTE: Reissalat mit Räucherforelle und Erbsen

Leuchtend grüne Erbsen und rote Tomaten sorgen für Farbe.

1 Räucherlachs und Spargel entfallen. Reis und Vinaigrette wie beschrieben zubereiten. 125 g enthülste frische Erbsen oder TK-Erbsen in köchelndem Wasser 3–5 Min. garen, bis sie gerade weich sind. Abtropfen lassen.

2 Mit einem kleinen Messer die Haut von 2 Räucherforellen (à etwa 250 g) abziehen. Die Filets abheben, die Gräten wegwerfen. Das Fleisch zerteilen, dabei alle kleinen Gräten entfernen.

3 375 g Kirschtomaten halbieren. Den Salat wie im Hauptrezept zusammenstellen und abschmecken, dann in eine breite, flache Schüssel füllen und mit den Tomatenhälften anrichten.

Fruchtiger Wildreissalat

DIESER SALAT WIRD SOGAR BESSER, wenn er einige Stunden gestanden hat, und daher eignet er sich ideal für jede Art von Büfett. Man kann ihn einen Tag im Voraus zubereiten und abgedeckt kalt stellen. Vor dem Servieren auf Zimmertemperatur kommen lassen, dann die Putenbrust hinzufügen.

PERSONEN 8	ZUBEREITUNG 30–35 MIN. + WARTEZEIT	GARZEIT ¾–1¼ STD.

Zutaten

FÜR DEN SALAT

Salz und Pfeffer

375 g Wildreis

60 g Pekannusskerne

375 g geräucherte Putenbrust, in Scheiben geschnitten

FÜR DAS CRANBERRYDRESSING

175 g Cranberrys

50 g Zucker

1 Bio-Orange

4 EL Apfelessig

2 Schalotten, sehr fein gehackt

125 ml neutrales Pflanzenöl

VORBEREITEN VON REIS, BEEREN UND NÜSSEN

1 **In einem großen Topf** 1,5 l Wasser mit 1 TL Salz zum Kochen bringen. Den Reis hinzugeben, umrühren und zugedeckt etwa 1 Std. köcheln lassen, bis er weich ist. Zum Abtropfen in ein Sieb abgießen. Den abgekühlten Reis in eine große Schüssel füllen.

2 **Den Backofen auf 190 °C vorheizen.** Die Cranberrys in einer ofenfesten Form verteilen, mit dem Zucker bestreuen und für 10–15 Min. in den Backofen schieben, bis sie aufplatzen. In der Form abkühlen lassen.

3 **Die Pekannüsse auf einem Blech** verteilt 5–8 Min. goldbraun rösten, zwischendurch ab und zu wenden. Die Nüsse grob hacken.

VORBEREITEN DER ORANGENSCHALE

4 **Mit einem Sparschäler** die äußere Schale von der Orange abhobeln und in sehr schmale Streifen schneiden.

5 **In einem kleinen Topf** Wasser zum Kochen bringen. Die Schalenstreifen hineingeben und 2 Min. blanchieren. Abtropfen lassen, fein hacken und beiseitestellen. Die Orange auspressen und den Saft in eine Schüssel gießen.

ZUBEREITEN VON DRESSING UND SALAT

6 **Essig, Schalotten, Salz und Pfeffer** mit dem Orangensaft verrühren. Das Öl nach und nach unterschlagen, sodass das Dressing emulgiert und dicklich wird, dann abschmecken. Die Cranberrys ohne Saft untermischen.

7 **Die Putenbrust enthäuten.** Pekannüsse, Orangenschale und zwei Drittel des Dressings zum Reis geben und unterheben. Den Salat 1 Std. stehen lassen, damit die Aromen verschmelzen können, dann abschmecken. Zum Servieren den Salat auf einer Platte anrichten. Die Putenbrust darauf anrichten und mit dem restlichen Cranberrydressing beträufeln.

Salat mit glasierter Hähnchenbrust

FRISCHER INGWER verleiht diesem Salat eine asiatische Note. Achten Sie beim Kauf von Ingwer darauf, dass die Wurzel nicht verschrumpelt aussieht und die Bruchstelle noch feucht ist. Sollten Sie keinen Reiswein für die Marinade bekommen, verwenden Sie stattdessen trockenen Sherry.

PERSONEN	ZUBEREITUNG	GARZEIT
4	25–30 MIN. + WARTEZEIT	10–15 MIN.

Zutaten

FÜR DEN SALAT

750 g Hähnchenbrustfilets

125 g Sojasprossen

100 g Babymaiskolben

Öl für den Grillrost

1 Romanasalat, Blätter in Streifen geschnitten

FÜR MARINADE UND DRESSING

1 cm Ingwerwurzel, fein gehackt

1 Knoblauchzehe, fein gehackt

40 g brauner Zucker

2 EL Dijonsenf

3 EL Reiswein

3 EL Sesamöl

Salz und Pfeffer

4 EL Sojasauce

125 ml neutrales Pflanzenöl

MARINIEREN DER HÄHNCHENBRUST

1 Die Hähnchenbrustfilets auf der Oberseite einritzen und in eine flache Glas- oder Keramikform legen.

2 Ingwer, Knoblauch, braunen Zucker, Senf, je 1 EL Reiswein und Sesamöl sowie Pfeffer in einer Schüssel mit der Sojasauce verrühren. 4 EL Marinade zurückstellen, den Rest über die Hähnchenbrust gießen. Das Fleisch zugedeckt 1–2 Std. kalt stellen, zwischendurch mehrmals wenden.

ZUBEREITEN VON DRESSING UND SOJASPROSSEN

3 Restlichen Reiswein und übriges Sesamöl in die zurückgestellte Marinade rühren. Das Öl nach und nach unterschlagen, sodass das Dressing emulgiert und eindickt. Abschmecken und beiseitestellen. Die Sojasprossen in einer Schüssel mit reichlich kochendem Wasser überbrühen und 1 Min. stehen lassen. In ein Sieb abgießen, kalt abspülen und abtropfen lassen. Maiskolben längs halbieren.

FERTIGSTELLEN VON HÄHNCHENBRUST UND SALAT

4 Den Grill vorheizen und den Grillrost einölen. Die Hähnchenbrust auf den Rost legen, mit der Marinade bestreichen und etwa 8 cm von der Hitzequelle entfernt 5–7 Min. gut bräunen, zwischendurch einpinseln.

5 Die Hähnchenbrust wenden, wieder mit Marinade einpinseln und weitere 5–7 Min. grillen, bis sie gut gebräunt und durchgegart ist und glänzt. Schräg in dünne Scheiben schneiden.

6 Romanasalat putzen, waschen, trocken schleudern und in Streifen schneiden. In einer Schüssel mit Sojasprossen und Maiskolben vermischen. Mit dem Dressing übergießen und durchheben. Den Salat abschmecken und anrichten. Die Hähnchenbrust darauf verteilen, noch warm servieren.

Mexikanischer Bohnensalat

SCHRILLE FARBEN IN DER SCHÜSSEL, dazu ein Chilidressing. Das ist Tex-Mex-Küche wie aus dem Bilderbuch. Noch dramatischer sieht der Salat mit schwarzen Bohnen aus. Keine Angst vor den Chilischoten, die Bohnen nehmen einen großen Teil der Schärfe auf. Ziehen Sie beim Vorbereiten der Chilis Gummihandschuhe an, um Ihre Haut zu schützen.

PERSONEN
6–8

ZUBEREITUNG
25–30 MIN.
+ WARTEZEIT

GARZEIT
4–6 MIN.

Zutaten

FÜR DIE CHILIVINAIGRETTE

1 kleines Bund Koriandergrün

125 ml Apfelessig

½ TL gemahlener Kreuzkümmel

Salz und Pfeffer

3 grüne Chilischoten

125 ml neutrales Pflanzenöl sowie Öl für das Blech

FÜR DEN SALAT

4 Maiskolben oder 300 g Dosenmais, abgetropft, oder TK-Mais, aufgetaut und abgespült

je 1 rote, grüne und gelbe Paprikaschote, von Stielansatz, Samen und Scheidewänden befreit

750 g Tomaten

2 Dosen Kidneybohnen (à 400 g), abgespült

6 Maistortillas

¼ TL Cayennepfeffer

HERSTELLEN DER CHILIVINAIGRETTE

1 **Die Korianderblätter** von den Stängeln zupfen und fein hacken. Essig mit Kreuzkümmel, Salz und Pfeffer verrühren.

2 **Die Chilischoten** der Länge nach halbieren, dann Stielansätze, Scheidewände und Samen entfernen. Die Chilischoten fein würfeln und unter das Dressing rühren.

3 **Das Öl** langsam unterschlagen, sodass die Vinaigrette emulgiert und dicklich wird. Etwas Koriandergrün als Garnitur beiseitestellen, den Rest unter das Dressing rühren. Die Vinaigrette abschmecken.

ZUBEREITEN VON GEMÜSEN UND SALAT

4 **Bei Verwendung frischer Maiskolben** Hüllblätter und Fäden entfernen. In einem großen Topf Wasser zum Kochen bringen und den Mais im sprudelnden Wasser 5–7 Min. garen.

5 **Einen Maiskolben testen:** Er ist gar, wenn sich die Körner mit einer Messerspitze leicht herausdrücken lassen. Den Mais abtropfen und abkühlen lassen, dann die Körner abschneiden. Paprikaschoten würfeln.

6 Stielansätze der Tomaten entfernen. Die Tomaten unten kreuzförmig einritzen und in kochendes Wasser legen, bis die Haut aufplatzt. In kaltes Wasser heben, enthäuten und nach Entfernen der Samen grob hacken.

7 In einer großen Schüssel Kidneybohnen, Mais, Tomaten, Paprikaschoten und Chilivinaigrette behutsam durchheben. Den Salat abschmecken und zugedeckt für mindestens 1 Std. in den Kühlschrank stellen.

FERTIGSTELLEN DES SALATS

8 Kurz vor dem Servieren den Backofengrill vorheizen und ein Blech einölen. Die Tortillas mit Öl einpinseln, mit Salz und Cayennepfeffer würzen und in Dreiecke schneiden.

9 Die Dreiecke auf das Blech legen und 10 cm von der Hitzequelle entfernt 4–6 Min. grillen, bis sie goldbraun und knusprig sind, dabei gelegentlich wenden, damit sie gleichmäßig bräunen.

10 Den Salat auf sechs bis acht tiefe Teller verteilen und mit Tortilladreiecken garnieren, dann mit dem aufbewahrten Koriandergrün bestreuen. Den Salat gekühlt oder bei Zimmertemperatur servieren.

VARIANTE: Salat von Kidneybohnen, Mais und Zwiebeln

Mit knusprigen Käsetortillas.

1 Die Paprikaschoten weglassen. Mais, Tomaten und Chilivinaigrette wie im Hauptrezept vorbereiten und 1 große, süßliche, rote Zwiebel würfeln. 2 Frühlingszwiebeln putzen und in feine Ringe schneiden, dabei auch einen Teil der grünen Enden verwenden.

2 Den Salat wie beschrieben zusammenstellen und zugedeckt mindestens 1 Std. kalt stellen. In der Zwischenzeit den Backofengrill vorheizen. 100 g jungen Gouda reiben. 6 Maistortillas auf einem geölten Backblech verteilen und 2–3 Min. grillen, bis sie knusprig sind.

3 Die Tortillas mit Käse, Cayennepfeffer und Salz bestreuen und weitere 1–2 Min. grillen, bis der Käse geschmolzen ist. Dabei sorgfältig darauf achten, dass sie nicht verbrennen, weil sie sonst bitter werden. Jede Tortilla in 6 Dreiecke schneiden. Den Salat auf einer Servierplatte anrichten und mit dem Koriander garnieren, die knusprigen Tortillaecken separat reichen.

Taboulé und Zaziki

KLEINE VORSPEISEN WIE DIESE dürfen im gesamten Nahen Osten bei keiner Mahlzeit fehlen. Taboulé basiert auf Bulgur und Kräutern, die kühle Joghurtspeise enthält Gurkenwürfel. Warmes Pitabrot ist eine passende Begleitung dazu.

PERSONEN 6-8	**ZUBEREITUNG** 35-40 MIN. + WARTEZEIT	**GARZEIT** KEINE

Zutaten

200 g Bulgur

1 Salatgurke, nach Entfernen der Samen gewürfelt

Salz und Pfeffer

500 g Tomaten, enthäutet und nach Entfernen der Samen gehackt

3 Frühlingszwiebeln, gehackt

1 Bund Petersilie, Blätter gehackt

Saft von 3 Zitronen

125 ml Olivenöl

2 Bund Minze, Blätter gehackt

3 Knoblauchzehen, fein gehackt

½ TL gemahlener Koriander

¼ TL gemahlener Kreuzkümmel

500 g Naturjoghurt

ZUM SERVIEREN

125 g schwarze Oliven

6-8 Pitabrote (s. S. 404-405)

VORBEREITEN DER ZUTATEN

1 Den Bulgur in eine große Schüssel geben und großzügig mit kaltem Wasser bedecken. 30 Min. quellen lassen, dann zum Abtropfen in ein Sieb geben und mit der Hand gründlich ausdrücken.

2 Gurkenwürfel in ein Sieb geben. Salz darüberstreuen und umrühren. Die Gurke 15-20 Min. stehen lassen, dann unter fließendem kaltem Wasser abspülen. Abtropfen lassen.

ZUBEREITEN VON TABOULÉ UND ZAZIKI

3 Für das Taboulé in einer großen Schüssel Bulgur, Tomaten, Frühlingszwiebeln, Petersilie, Zitronensaft, Olivenöl, zwei Drittel der Minze sowie reichlich Salz und Pfeffer vermischen. Den Salat abschmecken und mindestens 2 Std. kalt stellen.

4 Für das Zaziki die Gurke in eine Schüssel geben. Knoblauch, restliche Minze, Koriander, Kreuzkümmel, Salz und Pfeffer hinzufügen. Joghurt unterrühren. Die Sauce abschmecken und mindestens 2 Std. im Kühlschrank ruhen lassen, damit sich die Aromen verbinden.

5 Taboulé und Zaziki aus dem Kühlschrank nehmen und auf Zimmertemperatur kommen lassen. Inzwischen die Pitabrote 3-5 Min. im Backofen erwärmen, dann in Streifen schneiden. Salat und Zaziki in getrennten Schüsseln anrichten und mit dem warmen Brot und Oliven servieren.

Birnen-Fenchel-Salat mit Walnüssen

DAS GORGONZOLADRESSING bildet einen schönen Kontrast zu den süßen Birnen und der Anisnote des Fenchels. Dieser Salat darf erst in letzter Minute fertiggestellt werden, damit Birnen und Walnüsse frisch und knackig bleiben.

PERSONEN	ZUBEREITUNG	GARZEIT
6	30-35 MIN.	KEINE

Zutaten

FÜR DEN SALAT

60 g Walnusskerne

1 große Fenchelknolle

3 reife Birnen

1 Zitrone

FÜR DAS DRESSING

125 g Gorgonzola

4 EL Rotweinessig

Salz und Pfeffer

75 ml Olivenöl

RÖSTEN DER NÜSSE/HERSTELLEN DES DRESSINGS

1 Den Backofen auf 180 °C vorheizen. Die Walnusskerne auf einem Backblech verteilen und 5-8 Min. rösten, bis sie gebräunt sind. Dabei ab und zu durchrühren, damit sie gleichmäßig rösten.

2 Die Rinde vom Käse abschneiden. Den Gorgonzola mit den Fingern oder mit einer Gabel zerkrümeln. Zwei Drittel des Käses mit Essig, Salz und Pfeffer in eine Schüssel geben und alles gut vermischen.

3 Das Öl langsam unterschlagen, sodass das Dressing emulgiert. Den restlichen Käse unterrühren, einige größere Stücke sollten intakt bleiben. Das Dressing abschmecken und zugedeckt in den Kühlschrank stellen.

VORBEREITEN DES FENCHELS

4 Stiele, Wurzelscheibe und harte Stellen an der Knolle entfernen. Vorhandenes Fenchelgrün als Garnitur aufbewahren. Die Fenchelknolle der Länge nach halbieren.

5 Die Fenchelhälften mit den Schnittseiten nach unten auf ein Brett legen und längs in Scheiben schneiden.

ZUBEREITEN VON BIRNEN UND SALAT

6 Die Birnen schälen, halbieren und das Kerngehäuse entfernen, dann die Hälften längs in dünne Scheiben schneiden. Die Zitrone auspressen und die Birnenscheiben in dem Saft wenden.

7 Birnen- und Fenchelscheiben auf Portionstellern anrichten und mit dem Dressing übergießen. Jede Portion mit einigen Walnusskernen bestreuen und mit dem Fenchelgrün garnieren.

Warmer Spinatsalat

EIN DRESSING MIT ROTWEINESSIG und Speck gibt diesem warmen Spinatsalat Pep. Salate dieser Art haben in der französischen Schlemmermetropole Lyon Tradition. Dort serviert man sie gern mit einem pochierten Ei, das sich beim Zerteilen mit dem Dressing vermischt.

PERSONEN	ZUBEREITUNG	GARZEIT
6	30-35 MIN.	20-25 MIN.

Zutaten

FÜR DAS RÖSTBROT

½ Baguette

3 EL Olivenöl

1 Knoblauchzehe

FÜR DEN SALAT

2 Eier

500 g junge Spinatblätter

250 g durchwachsener Speck, gewürfelt

75 ml Rotweinessig

HERSTELLEN DES RÖSTBROTS

1 **Den Backofen auf 200 °C vorheizen.** Das Baguette in 5 mm dicke Scheiben schneiden. Die Scheiben beidseitig mit Öl einpinseln und auf ein Backblech legen. 7–10 Min. rösten, bis sie knusprig und goldbraun sind, zwischendurch einmal wenden.

2 **Die Knoblauchzehe halbieren.** Mit der Schnittfläche die Brotscheiben auf einer Seite einreiben.

VORBEREITEN DER SALATZUTATEN

3 **Die Eier hart kochen** und pellen. Die Spinatblätter waschen, trocken schleudern, eventuell in Stücke zupfen und in eine Schüssel geben. Eigelbe und Eiweiße behutsam von einander trennen. Eiweiße hacken, Eigelbe in ein auf eine Schüssel gesetztes Sieb geben und mit dem Rücken eines Löffels durch das Sieb streichen.

FERTIGSTELLEN DES SALATS

4 **Eine Pfanne erhitzen.** Den Speck hineingeben und unter Rühren 3–5 Min. braten, bis er kross und das Fett ausgelassen ist. Zu dem Spinat geben und 30 Sek. kräftig unterheben, bis der Spinat etwas zusammengefallen ist.

5 **Den Essig in die Pfanne gießen,** zum Kochen bringen und unter Rühren etwa 1 Min. um ein Drittel einkochen lassen. Über Spinat und Speck gießen und sorgfältig unterheben.

6 **Den Salat auf Teller verteilen.** Jede Portion gleichmäßig mit Eiweiß und Eigelb bestreuen, dann sofort mit dem Röstbrot servieren.

Waldorfsalat mit Hähnchenbrust

EIN VIEL GELIEBTER KLASSIKER, modernisiert mit einem leichten Joghurtdressing. In diesem Salat lässt sich auch übrig gebliebenes Brathähnchen verwerten. Man kann ihn bis zu sechs Stunden im Voraus zubereiten und zugedeckt kalt stellen, vor dem Servieren muss er aber wieder auf Zimmertemperatur gebracht werden.

PERSONEN	ZUBEREITUNG	GARZEIT
6	25-30 MIN. + WARTEZEIT	25-35 MIN.

Zutaten

FÜR DIE GARFLÜSSIGKEIT

4 Stangen Staudensellerie mit Blättern

1 Zwiebel, geviertelt

1 Möhre, gewürfelt

10-12 schwarze Pfefferkörner

1 Bouquet garni aus 5-6 Stängeln Petersilie, 2-3 Zweigen Thymian und 1 Lorbeerblatt

FÜR DEN SALAT

4 Hähnchenbrustfilets (à etwa 200 g)

125 g Walnusskerne

500 g knackige säuerliche Äpfel

Saft von 1 Zitrone

175 g Naturjoghurt

175 g Mayonnaise

Salz und Pfeffer

POCHIEREN DER HÄHNCHENBRUST

1 **Enden und Blätter** vom Sellerie abschneiden (die Stangen aufbewahren) und mit Zwiebel, Möhre, Pfefferkörnern, Bouquet garni und Salz in einen breiten flachen Topf geben. Mit 1 l Wasser aufgießen. Zum Kochen bringen und 10-15 Min. köcheln lassen. Die Hähnchenbrust hineinlegen und 10-12 Min. sanft garen, bis beim Einstechen der dicksten Stelle klarer Saft austritt, zwischendurch einmal wenden.

2 **Vom Herd nehmen.** Das Fleisch 10-15 Min. in der Garflüssigkeit abkühlen und dann auf Küchenpapier abtropfen lassen. Mit den Fingern in etwa 5 cm lange Stücke teilen. So bleibt das Fleisch saftiger, als wenn man es schneidet.

ZUBEREITEN DES SALATS

3 **Den Backofen auf 180 °C vorheizen.** Die Walnusskerne auf einem Blech verteilen und 5-8 Min. rösten, dabei gelegentlich durchrühren, um sie gleichmäßig zu bräunen. Selleriestangen putzen und in Scheiben schneiden.

4 **Die Äpfel halbieren,** entkernen und würfeln, dann in einer großen Schüssel in dem Zitronensaft wenden. Hähnchenbrust, Sellerie, Joghurt, Mayonnaise, zwei Drittel der Walnusskerne sowie Salz und Pfeffer hinzufügen und sorgfältig unterheben. Den Salat noch einmal abschmecken und abgedeckt 1 Std. kalt stellen. Die restlichen Nusskerne grob hacken. Den Salat auf Portionsschalen verteilen und mit den gehackten Walnusskernen bestreuen.

Asiatischer Nudelsalat

DAS FANTASTISCH WÜRZIGE DRESSING enthält Ingwer und Chili. Veganer können anstelle von Garnelen Tofu verwenden. Allen anderen schmeckt der Salat sicher auch mit gegartem Hähnchenfleisch, kaltem Schweinebraten oder Schinken sehr gut. In diesem Fall empfiehlt es sich, das Gericht schon am Vortag zuzubereiten, da sich dann die Aromen besser entfalten können.

PERSONEN 6	**ZUBEREITUNG** 30–35 MIN. + WARTEZEIT	**GARZEIT** 6–9 MIN.

Zutaten

FÜR DAS DRESSING

2 cm Ingwerwurzel

2 grüne Chilischoten

2 Knoblauchzehen

2 TL Zucker

Salz und Pfeffer

4 EL Reisessig

125 ml Sojasauce

4 EL neutrales Pflanzenöl

2 EL Sesamöl

FÜR DEN SALAT

250 g dünne Eiernudeln

175 g Zuckerschoten

4 Frühlingszwiebeln

75 g ungesalzene geröstete Erdnusskerne

1 kleines Bund Koriandergrün

375 g gegarte und geschälte Garnelen

HERSTELLEN DES DRESSINGS/**GAREN** DER NUDELN

1 **Mit einem kleinen Messer** den Ingwer schälen. Den Ingwer quer zur Faser in Scheiben schneiden. Die Scheiben mit der Seite des Messers zerdrücken und anschließend fein hacken.

2 **Die Chilischoten** nach Entfernen von Stielansatz und Samen würfeln. Die Knoblauchzehen mit der flachen Klinge eines großen Messers andrücken, schälen und fein hacken. Ingwer, Chili, Knoblauch, Zucker, Pfeffer, Essig und Sojasauce in eine Schüssel geben. Das gesamte Öl langsam unterschlagen, bis die Sauce emulgiert und dicklich wird. Abschmecken.

3 **In einem großen Topf** reichlich Wasser mit etwas Salz zum Kochen bringen. Die Nudeln hineingeben und 4–6 Min. oder nach den Anweisungen auf der Verpackung bissfest garen, dabei ab und zu umrühren, damit sie nicht verkleben.

4 **Die Nudeln** in ein Sieb abgießen, mit heißem Wasser abspülen und sorgfältig abtropfen lassen.

ANMACHEN DER NUDELN UND VORBEREITEN DER SALATZUTATEN

5 Die Nudeln in eine große Schüssel geben. Das Dressing aufschlagen, über die warmen Nudeln gießen und sorgfältig unterheben. Mindestens 1 Std. ruhen lassen, damit sich die Aromen entfalten können.

6 Die Zuckerschoten putzen und dabei auch die Fäden an den Rändern abziehen. Die Schoten 2–3 Min. in kochendem Salzwasser bissfest garen. In ein Sieb abgießen, mit kaltem Wasser abspülen, abtropfen lassen und schräg in 2–3 Stücke schneiden.

7 Die Frühlingszwiebeln putzen und mit einem Teil des Grüns schräg in schmale Ringe schneiden. Die Erdnüsse grob hacken. Die Korianderblätter von den Stängeln zupfen, auf ein Schneidebrett häufen und grob hacken.

8 Zuckerschoten, Frühlingszwiebeln, zwei Drittel von Erdnüssen und Koriandergrün sowie alle Garnelen zu den Nudeln geben. Den Salat gut durchheben und abschmecken – Salz ist vielleicht nicht nötig, da die Sojasauce bereits salzig ist. Den Salat auf einer Servierplatte anrichten und mit restlichen Erdnüssen und verbliebenem Koriander garnieren.

 VARIANTE: Thailändischer Nudelsalat

Eine gute Resteverwertung für Schweinebraten.

1 Bei der Zubereitung des Dressings Ingwer und Reisessig weglassen. Knoblauch und frische Chilischoten hacken. 1 Stängel Zitronengras grob hacken und 1 Limette auspressen. Sojasauce, Limettensaft, Knoblauch, Chili, Zitronensaft, Zucker und Pfeffer gut verrühren. Das Öl langsam unterschlagen. Das Dressing abschmecken.

2 Die Nudeln wie im Hauptrezept garen, abtropfen lassen und mit dem Dressing vermischen. Garnelen und Zuckerschoten weglassen. 250 g gegartes Schweinefleisch in schmale Streifen schneiden. Erdnüsse und Koriandergrün hacken. 7–10 Stängel Basilikum grob hacken. 250 g Wasserkastanien aus der Dose abtropfen lassen, dann in Scheiben schneiden.

3 Die Nudeln mit Schweinefleisch, Wasserkastanien, Frühlingszwiebeln, den gehackten Erdnüssen und den Kräutern vermischen. Den Salat zugedeckt mindestens 1 Std. ruhen lassen, dann auf sechs Teller verteilen. Nach Belieben jede Portion mit etwas Basilikum garnieren.

Steaksalat mit roten Zwiebeln

SELBST STRIKTE SALATVERWEIGERER werden hier gerne zugreifen. Die perfekte Beilage dazu ist ein schönes, knuspriges Baguette. Das Marinieren in Olivenöl macht das Fleisch nicht nur zart, es verleiht ihm auch ein wunderbares Aroma.

PERSONEN	ZUBEREITUNG	GARZEIT
4	20–30 MIN. + WARTEZEIT	6–12 MIN.

Zutaten

600 g Hüftsteak (am Stück)

250 ml neutrales Pflanzenöl

3 EL Worcestersauce

1 Spritzer Tabasco

Salz und Pfeffer

2 Knoblauchzehen, gehackt

500 g rote Zwiebeln, in 1 cm dicke Scheiben geschnitten

100 g Champignons, geputzt und in dünne Scheiben geschnitten

1 Lollo rosso

VORBEREITEN VON MARINADE UND STEAK

1 **Das Fleisch** von Fett und Sehnen befreien, dann mit der Spitze eines Messers auf beiden Seiten gitterförmig einritzen. In eine flache Glas- oder Keramikform legen.

2 **In einer Schüssel** das Öl mit Worcestersauce, Tabasco, Salz und Pfeffer verquirlen. 125 ml beiseitestellen. Die restliche Marinade mit dem Knoblauch verrühren und über das Fleisch gießen. Zugedeckt für mindestens 3 Std. in den Kühlschrank stellen, am besten bis zu 12 Std., damit das Fleisch sehr zart wird. Zwischendurch mehrmals wenden.

VORBEREITEN DER GEMÜSE

3 **Durch jede Zwiebelscheibe** quer einen Zahnstocher stecken, damit sie beim Garen nicht zerfällt. Die Pilze sorgfältig in der Hälfte der restlichen Marinade wenden, sodass sie vollkommen damit überzogen sind.

4 **Untere Enden der Salatblätter abdrehen** und wegwerfen. Die Blätter 15–30 Min. in reichlich kaltes Wasser legen, dann trocken schleudern. In breite Streifen schneiden und in eine große Schüssel füllen.

GRILLEN VON STEAK UND ZWIEBELN

5 **Den Grill vorheizen.** Das Fleisch auf den Rost legen. Die Zwiebelscheiben rundum verteilen und mit Marinade einpinseln. Das Fleisch 8 cm von der Hitzequelle entfernt 3–4 Min. (blutig) oder 5–6 Min. (medium) grillen, dann wenden und noch einmal ebenso lange grillen.

6 **Einen Fingertest machen:** Fühlt es sich weich an, ist das Steak blutig, bei etwas mehr Widerstand medium. Salat und Pilze auf Teller verteilen.

FERTIGSTELLEN DES SALATS

7 **Das Steak schräg in dünne Scheiben schneiden** und auf Salat und Champignons anrichten. Die Zahnstocher aus den Zwiebelscheiben ziehen. Die Ringe trennen und auf den einzelnen Portionen verteilen.

Kartoffelsalat

EIN PIKANTES KÜMMELDRESSING mit Sauerrahm lässt ihn geradezu leicht erscheinen. Der Salat ist dank Schinkenstreifen reichhaltig genug, um für sich allein zu überzeugen, er passt aber auch gut zu Braten und gegrilltem Fleisch.

PERSONEN 6-8	**ZUBEREITUNG** 25-30 MIN. + WARTEZEIT	**GARZEIT** 15-20 MIN.

Zutaten

FÜR DEN SALAT

1,5 kg rotschalige neue Kartoffeln

Salz und Pfeffer

150 g Räucherschinken in dünnen Scheiben

7–10 Stängel Petersilie, Blätter gehackt

FÜR DAS DRESSING

1 kleine rote Zwiebel, sehr fein gehackt

3 EL Rotweinessig

3 EL Sauerrahm

2 EL scharfer Senf

2 TL Kümmel

250 ml neutrales Pflanzenöl

GAREN DER KARTOFFELN

1 Die Kartoffeln unter fließendem kaltem Wasser abbürsten, aber nicht schälen, größere in 2–4 Stücke schneiden. Die Kartoffeln in einen großen Topf mit reichlich kaltem Salzwasser geben. Zugedeckt zum Kochen bringen und 15–20 Min. köcheln lassen, bis sie gerade weich sind. Abtropfen lassen.

ZUBEREITEN VON DRESSING UND SALAT

2 **Die Zwiebel** mit Essig, Sauerrahm, Senf, Salz, Pfeffer und Kümmel in eine Schüssel geben und kurz vermischen, dann nach und nach das Öl unterschlagen, sodass das Dressing emulgiert und dicklich wird. Das Dressing abschmecken und beiseitestellen.

3 **Die Kartoffeln noch warm** in 1 cm dicke Scheiben schneiden und in eine große Schüssel geben. Das Dressing aufschlagen, über die warmen Kartoffeln gießen und behutsam, aber sorgfältig unterheben. Die Kartoffeln abkühlen lassen.

4 **Den Schinken von Fett befreien,** in 1 cm breite Streifen schneiden und zu den Kartoffeln geben. Mit drei Vierteln der Petersilie unterheben. Den Salat abschmecken und zugedeckt mindestens 1 Std. kalt stellen.

5 **Den Salat auf einer Platte,** auf Portionstellern oder in flachen Schalen anrichten, mit der restlichen Petersilie bestreuen und bei Zimmertemperatur servieren.

Nudelsalat mit Miesmuscheln

DIE SPIRALNUDELN nehmen das zitronige Dressing optimal auf, aber auch Muschel- oder Hörnchennudeln sind gut geeignet. Der Salat kann einen Tag im Voraus zubereitet werden. Zugedeckt im Kühlschrank aufbewahren.

PERSONEN 4-6	ZUBEREITUNG 30-35 MIN.	GARZEIT 8-10 MIN.

	2 Zitronen
	Salz und Pfeffer
	175 ml Olivenöl

Zutaten

FÜR DIE VINAIGRETTE

4 Schalotten

3 Knoblauchzehen

1 Bund Estragon

1 Bund Petersilie

FÜR DEN SALAT

1 kg Miesmuscheln

175 ml trockener Weißwein

250 g Spiralnudeln

3 Frühlingszwiebeln, in Scheiben geschnitten

HERSTELLEN DER VINAIGRETTE

1 Die Schalotten würfeln. Den Knoblauch schälen und fein hacken. Estragon- und Petersilienblätter abzupfen und fein hacken.

2 Die Zitronen auspressen. Die Früchte dazu zunächst mit der flachen Hand auf der Arbeitsfläche kräftig hin und her rollen, da so die Saftausbeute größer ist. Es werden etwa 75 ml Saft benötigt.

3 Zitronensaft mit der Hälfte der Schalotten, Knoblauch, Salz und Pfeffer verrühren. Das Öl langsam unterschlagen, sodass das Dressing emulgiert und dicklich wird. Die Kräuter dazugeben. Das Dressing abschmecken.

VORBEREITEN UND GAREN DER MUSCHELN

4 Mit einem kleinen Messer Kalkspuren von den Muscheln abkratzen und Algen wie auch die Bärte entfernen. Die Muscheln unter fließendem kaltem Wasser waschen, beschädigte Muscheln und alle, die sich beim Aufklopfen nicht öffnen, wegwerfen.

5 Wein, restliche Schalotten und reichlich Pfeffer in einen Topf geben, aufkochen und 2 Min. köcheln lassen. Die Muscheln hinzufügen und bei starker Hitze 4-5 Min. garen, bis sie sich öffnen, dabei ab und zu umrühren.

6 Die Muscheln in eine Schüssel geben, den Garsud weggießen. Alle Muscheln wegwerfen, die sich nicht geöffnet haben.

7 Mit den Fingern die Muscheln aus den Schalen lösen, 4-6 Muscheln in ihren Schalen beiseitestellen. Den gummiartigen Ring von den ausgelösten Muscheln entfernen und die Muscheln in eine große Schüssel geben.

ANMACHEN DER MUSCHELN/GAREN DER NUDELN

8 Die Kräutervinaigrette aufschlagen und über die ausgelösten Miesmuscheln gießen.

9 Behutsam rühren, bis alle Muscheln gut mit Dressing überzogen sind. Die Muscheln zugedeckt kalt stellen, während die Nudeln gegart werden.

10 In einem großen Topf Wasser zum Kochen bringen und ½ TL Salz hinzufügen. Die Nudeln dazugeben und 8-10 Min. oder nach den Anweisungen auf der Verpackung bissfest garen, dabei ab und zu umrühren, damit sie nicht verkleben. In ein Sieb abgießen, mit kaltem Wasser abspülen und abtropfen lassen.

11 **Die Nudeln** in die Schüssel mit Muscheln und Dressing füllen. Frühlingszwiebeln, Salz und Pfeffer sorgfältig unterheben. Den Salat abschmecken, auf vier bzw. sechs Tellern anrichten und mit jeweils einer der zurückgestellten Muscheln garnieren, nach Belieben auch mit Zitronenschnitzen und frischem Estragon.

 VARIANTE: Nudel-Jakobsmuschel-Salat

Nicht ganz preiswert, aber sehr edel!

1 Miesmuscheln und Wein weglassen. Knoblauch, 2 Schalotten, Estragon und Petersilie wie im Hauptrezept hacken. 1 Bund Schnittlauch in Röllchen schneiden. Mit der Hälfte des Knoblauchs, 1 Zitrone und 125 ml Olivenöl wie beschrieben ein Dressing zubereiten. Kräuter und 3 EL Crème fraîche unterrühren. Das Dressing abschmecken.

2 500 g Jakobsmuscheln vorbereiten, große waagerecht halbieren. In einer Pfanne 1 EL Olivenöl erhitzen. Die Muscheln mit dem restlichen Knoblauch sowie etwas Salz und Pfeffer darin auf jeder Seite 1–2 Min. braten.

3 250 g Spinatnudeln garen, die Frühlingszwiebeln in Ringe schneiden. Die Nudeln abtropfen lassen und mit Frühlingszwiebeln, Muscheln und Dressing vermischen. Den Salat abschmecken und bei Zimmertemperatur servieren.

Warmer Lachs-Orangen-Salat

DAS LEICHTE BETT AUS FELDSALAT bildet ein schönes Gegengewicht zu dem Lachs und dem leckeren Dressing mit einem Spritzer Grand Marnier. Erfrischende Orangenfilets und geröstete Haselnüsse sorgen für Geschmacksexplosionen und Konsistenz-kontraste. Wenn kein Sherryessig zur Hand ist, verwenden Sie stattdessen am besten einen guten Weißweinessig.

PERSONEN	ZUBEREITUNG	GARZEIT
6	35–40 MIN.	6–12 MIN.

Zutaten

FÜR DAS DRESSING

4 Orangen

60 g enthäutete Haselnusskerne

Salz und Pfeffer

2 EL Sherryessig

1 EL Grand Marnier

2 EL Crème fraîche

125 ml Haselnussöl

FÜR DEN SALAT

500 g Lachsfilet

1 EL neutrales Pflanzenöl

250 g Feldsalat

HERSTELLEN DES DRESSINGS

1 **Den Backofen auf 180 °C vorheizen.** Die Orangen schälen und filetieren, aus den zurückbleibenden Trennhäuten über einer Schüssel den Saft herausdrücken. Benötigt werden 5 EL. Die Haselnusskerne auf einem Backblech verteilen und 5–10 Min. rösten, bis sie leicht gebräunt sind, dabei ab und zu durchrühren. Die Nusskerne abkühlen lassen und grob hacken.

2 **In einer Schüssel 3 EL Orangensaft** mit Salz, Pfeffer, Essig, Grand Marnier und Crème fraîche verrühren. Das Haselnussöl bis auf 2 EL langsam unterschlagen, sodass das Dressing emulgiert und dicklich wird. Die Haselnusskerne unterrühren und das Dressing abschmecken.

VORBEREITEN DES LACHSES

3 **Mit einem scharfen Messer** das Lachsfilet parieren. Verbliebene Gräten mit einer Pinzette herausziehen.

4 **Mit einer Hand** den Fisch festhalten und mit einem Filetiermesser 12 Scheiben von etwa 5 mm Dicke so abschneiden, dass die Haut zurückbleibt.

GAREN DES LACHSES

5 **Den Lachs salzen und pfeffern.** In einer Pfanne das Pflanzenöl erhitzen und den Lachs darin auf jeder Seite 1–2 Min. braten, bis er leicht gebräunt ist. Mit 2 EL Orangensaft und restlichem Haselnussöl einpinseln.

6 **Den Feldsalat mit Orangenfilets** und der Hälfte des Dressings vermischen. Den Salat auf sechs Tellern anrichten und je 2 Scheiben warmen Lachs daraufsetzen, mit dem verbliebenen Dressing beträufeln.

Hähnchensalat mit Avocado

IN KALIFORNIEN HEISST ER COBB SALAD. Ein wunderbares Hauptgericht, das durch die Kombination von zartem Fleisch mit Avocado und Roquefort, knusprigen Speckstückchen sowie knackigem Romanasalat besticht.

PERSONEN	ZUBEREITUNG	GARZEIT
4-6	20-25 MIN.	5 MIN.

Zutaten

FÜR DEN SALAT

1 ganzes gegartes Hähnchen (etwa 1,2 kg) oder 500 g gegartes Hähnchenfleisch, in Scheiben geschnitten

6 Scheiben durchwachsener Speck

2 Avocados

Saft von 1 Zitrone

1 Schalotte, fein gehackt

500 g Romanasalat oder Romanasalatherzen, in Streifen geschnitten

2 große Tomaten, nach Entfernen des Stielansatzes in Scheiben geschnitten

100 g Roquefort oder anderer Blauschimmelkäse, zerkrümelt

FÜR DIE VINAIGRETTE

4 EL Rotweinessig

2 TL Dijonsenf

½ TL Salz

¼ TL Pfeffer

175 ml neutrales Pflanzenöl

3 Stängel Estragon, Blätter fein gehackt

VORBEREITEN DES HÄHNCHENS

1 Bei Verwendung eines ganzen Hähnchens das Fleisch von den Knochen lösen und in dünne Scheiben schneiden, Haut und Knorpel wegwerfen.

HERSTELLEN DER VINAIGRETTE

2 **In einer kleinen Schüssel** Essig mit Senf, Salz und Pfeffer verrühren. Das Öl langsam und gleichmäßig dazugeben und unterschlagen, sodass das Dressing emulgiert und dicklich wird.

3 **Den Estragon** unterrühren und das Dressing abschmecken.

BRATEN DES SPECKS

4 **In einer kleinen Pfanne** die Speckscheiben braten, bis sie goldbraun und kross sind und das Fett ausgebraten ist. Mit einem Schaumlöffel auf Küchenpapier heben und abtropfen lassen.

VORBEREITEN DER AVOCADOS

5 **Die Avocados längs halbieren** und entsteinen, dann schälen und in dünne Scheiben schneiden. Die Scheiben in dem Zitronensaft wenden.

FERTIGSTELLEN DES SALATS

6 **Fleisch, Schalotte und Salatstreifen** mit etwas Dressing vermischen, mit den anderen Zutaten anrichten, das restliche Dressing darüberträufeln.

Kochen ohne Fleisch

Köstliche Rezepte für
Vegetarier und alle,
die öfter mal auf Fleisch
verzichten möchten

Gemüse nach griechischer Art

DIESE PIKANTEN GEMÜSE kann man bis zu zwei Tage im Voraus zubereiten und im Kühlschrank durchziehen lassen. Sie eignen sich als Vorspeise oder als Beilage zu einem reichhaltigen Hauptgericht. Je nach Jahreszeit können auch andere Gemüse verwendet werden.

PERSONEN 6-8 | ZUBEREITUNG 25-30 MIN. | GARZEIT 25-30 MIN.

Zutaten

FÜR DIE GARFLÜSSIGKEIT

15 g Koriandersamen

1 EL schwarze Pfefferkörner

4 Lorbeerblätter

5-7 Zweige Thymian

3-4 Stängel Petersilie

2 EL Tomatenmark

750 ml Gemüsebrühe oder Wasser

Saft von 1 Zitrone

4 EL trockener Weißwein

FÜR DAS GEMÜSE

24 Perlzwiebeln

4 EL neutrales Pflanzenöl

4 EL Olivenöl

500 g kleine Champignons, geputzt

1 Dose Tomaten (etwa 400 g)

Salz und Pfeffer

500 g Fenchelknolle, in Scheiben geschnitten

50 g Rosinen

VORBEREITEN DER ZUTATEN

1 Koriandersamen, Pfefferkörner, Lorbeerblätter, Thymian und Petersilie vermischen und jeweils die Hälfte in ein kleines Stück Musselin binden.

2 Für die Garflüssigkeit das Tomatenmark mit der Hälfte der Gemüsebrühe, dem Zitronensaft und dem Weißwein verrühren.

3 In einer Schüssel die Perlzwiebeln mit heißem Wasser bedecken und 2 Min. stehen lassen. Zum Abtropfen in ein Sieb abgießen. Die Perlzwiebeln schälen, dabei die Wurzelscheibe nicht ganz entfernen.

GAREN DER ZWIEBELN UND CHAMPIGNONS

4 Die Hälfte von Pflanzenöl und Olivenöl in einem Topf erhitzen. Die Hälfte der Perlzwiebeln hinzufügen und etwa 3 Min. braten, bis sie leicht gebräunt sind. Pilze, ein Gewürzsäckchen und die Tomaten dazugeben.

5 Die Hälfte der Garflüssigkeit angießen – die Zwiebeln sollten fast bedeckt sein. Den Topfinhalt salzen und bei hoher Temperatur kräftig zum Kochen bringen. Unter gelegentlichem Rühren 25-30 Min. garen, bis sich die Zwiebeln mit einem Messer einstechen lassen, zwischendurch verdampfte Flüssigkeit ersetzen.

GAREN VON ZWIEBELN UND FENCHEL

6 In einem zweiten Topf das restliche Öl erhitzen und die übrigen Zwiebeln darin leicht bräunen. Zweites Gewürzsäckchen, Garflüssigkeit und Salz hinzufügen. Den Fenchel hineingeben und rasch zum Kochen bringen.

7 Den Fenchel 10-12 Min. kochen lassen, dann die Rosinen unterrühren. Fenchel und Zwiebeln weitere 15-20 Min. garen, bis sie weich sind. Aus beiden Töpfen das Gewürzsäckchen entfernen und die Gemüse abschmecken.

Eingelegte Gemüse

DIESE MISCHUNG AUS FRISCHEN GEMÜSEN in einem goldgelben Kurkumasud passt gut zu asiatischen Speisen. Mit ihrer Knackigkeit und dem angenehm süßsauren Geschmack beleben sie insbesondere Currys oder pfannengerührte Gerichte.

PERSONEN	ZUBEREITUNG	GARZEIT
0 10	1½–2½ STD. + WARTEZEIT	10 MIN.

Zutaten

FÜR DAS GEMÜSE

1 Salatgurke

3 große Möhren

½ kleiner Blumenkohl, in Röschen geteilt

30 grüne Bohnen, geputzt

250 g Weißkohl, nach Entfernen des Strunks in schmale Streifen geschnitten

50 g geröstete Erdnusskerne

FÜR DEN EINLEGESUD

6 geröstete Macadamianusskerne

2 Knoblauchzehen, fein gehackt

6 Schalotten, gewürfelt

4 cm Ingwerwurzel, fein gehackt

2 scharfe rote Chilischoten, nach Belieben von den Samen befreit, gehackt

1½ TL gemahlene Kurkuma

4 EL neutrales Pflanzenöl

100 g Zucker

1 TL Salz

125 ml Reisessig

VORBEREITEN UND BLANCHIEREN DER GEMÜSE

1 **Die Gurke schälen,** längs halbieren und nach Entfernen der Samen in 5 mm dicke Streifen schneiden, diese wiederum in 5 cm lange Stifte. Die Möhren ebenfalls in Stifte schneiden, große Blumenkohlröschen halbieren.

2 **Einen Wok 5 cm hoch mit Wasser füllen** und dieses zum Kochen bringen. Möhren, Blumenkohl und Bohnen darin 2–3 Min. köcheln lassen, dann Gurke und Kohl dazugeben und 1 Min. garen. In einem Sieb abtropfen lassen.

HERSTELLEN DES EINLEGESUDS

3 **Die Macadamianusskerne** fein hacken. (In Asien verwendet man die dort heimischen Lichtnüsse, die in Geschmack und Konsistenz sehr ähnlich sind.)

4 **In einem Mörser** Nusskerne, Knoblauch, Schalotten, Ingwer und Chili zerstoßen, dabei die Zutaten nacheinander hineingeben und jeweils vor Zugabe der nächsten sorgfältig zerkleinern. Man kann die Zutaten auch in der Küchenmaschine pürieren. Zum Schluss Kurkuma unterrühren.

EINLEGEN DER GEMÜSE

5 **Einen Wok bei mittlerer Temperatur erhitzen.** Boden und Wände mit dem Öl überziehen. Wenn das Öl heiß ist, die Nusspaste in den Wok geben und 3–5 Min. rühren, bis die Gewürze aromatisch duften.

6 **Zucker, Salz und Essig unterrühren.** Die Flüssigkeit zum Kochen bringen und vom Herd nehmen. Gemüse unterrühren, alles in eine Schüssel füllen und zugedeckt etwa 1 Std. bei Zimmertemperatur ruhen lassen oder mindestens 2 Std. im Kühlschrank. Erdnusskerne grob hacken und darüberstreuen.

Tomatennudeln mit Artischocken

SELBST GEMACHTE NUDELN sind immer ein besonderer Genuss. Sie können bis zu 48 Stunden im Voraus zubereitet werden, anschließend bewahrt man sie locker zugedeckt im Kühlschrank auf. Hier finden sich die Nudeln mit Artischocken und Walnüssen zu einem famosen Trio zusammen.

PERSONEN
4–6

ZUBEREITUNG
50–60 MIN.
+ WARTEZEIT

GARZEIT
3–4 MIN.

Zutaten

FÜR DEN NUDELTEIG

300 g Mehl (Type 550) sowie Mehl zum Bestreuen

3 Eier, verquirlt

1 EL neutrales Pflanzenöl

1 TL Salz

2½ EL Tomatenmark

FÜR DIE SAUCE

6 große Artischockenherzen aus dem Glas oder TK-Artischockenherzen

5 EL bestes Olivenöl

2 Schalotten, fein gehackt

4 Knoblauchzehen, fein gehackt

3 EL trockener Weißwein

Salz und Pfeffer

1 kleines Bund Petersilie, Blätter gehackt

50 g Walnusskerne, grob gehackt

60 g Parmesan, frisch gerieben

HERSTELLEN DER NUDELN

1 **Das Mehl** auf die Arbeitsfläche sieben. Mit den Fingern in der Mitte eine Mulde formen.

2 **Eier, Öl, Salz und Tomatenmark** dazugeben. Nach und nach das Mehl untermischen, sodass ein fester Teig entsteht. Den Teig zu einer Kugel formen und 5–10 Min. kneten, bis er elastisch ist.

3 **Den Teig** in drei oder vier Stücke schneiden und diese durch die Nudelmaschine drehen, zuletzt auf zweitkleinster Stufe und mit dem Aufsatz für breite Bandnudeln. Die Nudeln behutsam in etwas Mehl wenden, zu Nestern aufrollen und 1–2 Std. auf einem bemehlten Küchentuch trocknen lassen.

ZUBEREITEN DER SAUCE

4 **Die Artischockenherzen in dicke Scheiben schneiden.** Das Öl in einer Pfanne erhitzen. Schalotten und Knoblauch darin etwa 1 Min. sanft anbraten, bis sie weich, aber noch nicht gebräunt sind. Die Artischocken mit dem Weißwein hinzufügen und 2–3 Min. köcheln lassen, dabei nur behutsam rühren, damit sie nicht zerfallen. Die Artischocken abschmecken.

FERTIGSTELLEN DES GERICHTS

5 Einen großen Topf mit Wasser füllen. Das Wasser zum Kochen bringen und 1 EL Salz hinzufügen. Die Nudeln hineingeben und 2–3 Min. köcheln lassen, dabei umrühren, damit sie nicht verkleben. Wenn die Nudeln al dente sind, in einem Sieb abtropfen lassen. Zu den Artischocken geben und bei mäßiger Hitze unterheben, bis sie mit Öl überzogen und wieder heiß sind.

6 Die Nudeln in einer vorgewärmten Servierschüssel anrichten und gleichmäßig mit Petersilie, Walnusskerne und dem größten Teil des Parmesans bestreuen. Den restlichen Käse separat reichen.

VARIANTE: Tomatennudeln mit Topinambur und Walnüssen

Hier kommt ein unterschätztes Gemüse zu neuen Ehren.

1 Die Bandnudeln wie im Hauptrezept zubereiten.

2 Die Artischockenherzen durch 500 g Topinambur ersetzen. Topinambur schälen und 15–20 Min. köcheln lassen, bis das Gemüse weich ist.

3 Topinambur nach dem Abtropfen in Scheiben schneiden und wie für die Artischocken beschrieben in Wein köcheln lassen. Das Gericht fertigstellen.

Gemüse mit Aioli

EIN GANZ EINFACHES GERICHT, das in Südfrankreich größte Popularität genießt. In Marseille serviert man es traditionell am Aschermittwoch, dann gehören auch ein Stück Fisch und gekochte Schnecken mit auf die Platte. Da für das Gelingen die Qualität der Gemüse entscheidend ist, sollte nur ganz frische Ware in den Topf kommen. Im Zweifelsfall die aufgeführten Sorten durch andere ersetzen. Achten Sie darauf, dass die Eier nicht zu lange kochen, damit die Eigelbe keine unschönen grauen Ränder bekommen.

PERSONEN	ZUBEREITUNG	GARZEIT
8	50–60 MIN	30–35 MIN.

Zutaten

FÜR DIE EIER UND DAS GEMÜSE

8 Eier

8 Artischocken

Saft von 1 Zitrone

500 g kleine Möhren

4 Fenchelknollen

500 g neue Kartoffeln

500 g grüner Spargel

FÜR DAS KRÄUTERAIOLI

4 Knoblauchzehen oder mehr nach Geschmack

Salz und Pfeffer

je 5–7 Stängel Estragon und Petersilie

2 große Eigelb

2 TL Dijonsenf

250 ml bestes Olivenöl

250 ml neutrales Pflanzenöl

Zitronensaft nach Geschmack

GAREN DER EIER UND HERSTELLEN DES AIOLI

1 **Die Eier in einen Topf mit kaltem Wasser legen.** Das Wasser zum Kochen bringen und die Eier 8 Min. garen. Kalt abschrecken, um den Garprozess zu beenden, pellen und in kaltes Wasser legen.

2 **Den Knoblauch mit 1 TL Salz im Mörser zerstoßen.** Die Blätter der Kräuter von den Stängeln zupfen und ebenfalls im Mörser zerkleinern, die Paste muss aber nicht vollkommen glatt sein. In einer kleinen Schüssel Eigelbe und Senf verrühren.

3 **Unter ständigem Rühren** sehr langsam einen Teil beider Öle hinzufügen, bis die Mischung emulgiert. Das restliche Öl in einem dünnen gleichmäßigen Strahl dazugeben und unterschlagen, bis eine dicke Mayonnaise entstanden ist. Knoblauch, Kräuter sowie Zitronensaft, Salz und Pfeffer nach Geschmack unterrühren. Die Mayonnaise bis zur Verwendung kalt stellen.

ZUBEREITEN DER ARTISCHOCKEN

4 **Die Artischockenherzen** wie auf S. 52 beschrieben vorbereiten, dann halbieren und mit Zitronensaft einreiben, damit sie sich nicht verfärben.

5 **In einem großen Topf** Wasser zum Kochen bringen und Salz hinzufügen. Die Artischocken hineingeben, mit einem hitzebeständigen Teller beschweren und etwa 15–20 Min. köcheln lassen, bis sie weich sind.

6 In einem Sieb abtropfen und abkühlen lassen, dann mit einem Löffel das Heu aus den Artischocken entfernen.

7 Das Grün der Möhren auf etwa 5 mm kürzen. Die Möhren dünn schälen und in einen Topf mit kaltem Salzwasser geben. Das Wasser zum Kochen bringen und die Möhren 8-10 Min. köcheln lassen, bis sie gerade weich sind. In ein Sieb abgießen und abtropfen lassen.

ZUBEREITEN DER RESTLICHEN GEMÜSE

8 Den Fenchel putzen, dabei Stiele, trockene Wurzelscheiben und harte Außenschichten entfernen. Die Knollen längs vierteln. In einem Topf Wasser zum Kochen bringen und Salz hinzufügen. Den Fenchel hineingeben und 12-15 Min. köcheln lassen, bis er gerade weich ist. Abtropfen lassen.

9 Die Kartoffeln bürsten, größere halbieren. In einen Topf mit kaltem Salzwasser legen, zum Kochen bringen und 15-20 Min. köcheln lassen, bis sie gerade weich sind. Abtropfen lassen.

10 Mit einem Gemüseschäler den unteren Teil der Spargelstangen schälen und holzige Enden abschneiden. Jeweils 5-7 Stangen mit Küchengarn zusammenbinden. In einem flachen Topf Wasser zum Kochen bringen und Salz hinzufügen. Den Spargel darin 5-6 Min. garen, bis er gerade weich ist. Abtropfen lassen.

11 Die Eier abtropfen lassen, trocken tupfen und halbieren, mit den Gemüsen auf einer großen Servierplatte anrichten und bei Zimmertemperatur servieren. Das Aioli dazu reichen.

Tempura

KNUSPRIG FRITTIERTES GEMÜSE mit einem leichten Dip. Was heute als typisch japanisch gilt, wurde ursprünglich von portugiesischen Missionaren ins Land gebracht, die in siedendem Öl ihre Fastenspeisen garten. Tempura muss knusprig sein und darf nicht zu viel Fett aufsaugen. Deshalb stets darauf achten, dass das Öl vor dem Ausbacken die richtige Temperatur hat (am besten mit einem Thermometer kontrollieren).

PERSONEN 6–8	ZUBEREITUNG 45–50 MIN.	GARZEIT 3–5 MIN.

Zutaten

FÜR DIE GEMÜSE

1 Brokkoli

2 Zucchini

125 g Zuckerschoten

8 Frühlingszwiebeln

2 Süßkartoffeln (à etwa 150 g)

250 g Shiitakepilze

125 g Wasserkastanien aus der Dose

Pflanzenöl zum Frittieren

60 g Mehl

FÜR DEN DIP

60 g Daikon (weißer Rettich)

2,5 cm Ingwerwurzel

125 ml Sake (japanischer Reiswein)

125 ml helle Sojasauce

FÜR DEN TEIG

2 Eier

300 g Mehl

VORBEREITEN DER GEMÜSE

1 Die Brokkoliröschen von dem dicken Stiel abtrennen (den Stiel wegwerfen). Große Röschen halbieren. Die Zucchini putzen und schräg in 5 mm dicke Scheiben schneiden. Die Zuckerschoten putzen, dabei auch die Fäden entfernen.

2 Die Frühlingszwiebeln putzen und in 8 cm lange Stücke schneiden, dabei die dünnen dunkelgrünen Enden und verfärbte Außenblätter wegwerfen. Die Süßkartoffeln schälen und alle Augen herausschneiden, dann die Knollen längs halbieren und waagerecht in 5 mm dicke Scheiben schneiden. Die Scheiben dürfen auf keinen Fall dicker sein, da sie sonst beim Frittieren nicht gar werden.

3 Die Shiitakepilze mit feuchtem Küchenpapier abwischen. Holzige Stiele abschneiden und wegwerfen. Große Pilze der Länge nach halbieren. Die Wasserkastanien in ein Sieb abgießen, abspülen, abtropfen lassen und in dicke Scheiben schneiden.

HERSTELLEN VON DIP UND TEIG

4 Den Rettich schälen und raspeln. Den Ingwer schälen und in Scheiben schneiden, die Scheiben mit der flachen Klinge eines Messers andrücken, dann sehr fein hacken.

5 Sake und Sojasauce verrühren. Rettich und Ingwer dazugeben und die Mischung beiseitestellen.

6 Die Eier in einer großen Schüssel verquirlen und 600 ml kaltes Wasser unterrühren.

7 Das Mehl sieben, zu der Eimasse geben und kurz unterrühren, bis die Zutaten gerade vermischt sind. Der Teig sollte noch etwas klumpig aussehen.

AUSBACKEN DER GEMÜSE

8 Das Öl in einer Fritteuse erhitzen, bis es so heiß ist, dass ein Brotwürfel darin innerhalb von 30 Sek. bräunt. Das Thermometer sollte 190 °C anzeigen. Den Backofen auf niedriger Temperatur vorheizen.

9 Den Teig in ein großes flaches Gefäß geben, das Mehl zum Wenden in eine zweite flache Form. Die Brokkoliröschen im Mehl wenden, sodass sie dünn und gleichmäßig überzogen sind.

10 Die Röschen in den Teig tauchen und vollkommen darin einhüllen, dann mit einer Gabel herausheben und überschüssigen Teig abtropfen lassen. Die Röschen behutsam in das heiße Öl gleiten lassen, die Fritteuse aber nicht überfüllen.

11 Die Stücke etwa 3–5 Min. frittieren, bis sie knusprig sind, zwischendurch einmal wenden. Mit einem Schaumlöffel auf ein mit mehreren Lagen Küchenpapier bedecktes Blech legen und im Ofen warm stellen.

12 Die anderen Gemüse ebenfalls in Mehl wenden, mit Teig überziehen, frittieren und auf dem Backblech im Ofen warm stellen. Die frittierten Gemüse auf einer Servierplatte anrichten. Den Dip in einem Topf erwärmen, bis er gerade heiß ist, dann abschmecken. Den Dip in kleinen Schalen zu dem Tempura reichen.

Überbackene Mangoldcrêpes

UNTER DER LECKEREN KRUSTE verbergen sich ganz zarte, gefüllte Eierkuchen. Sie sollten so dünn wie möglich ausgebacken werden, damit das Gericht nicht zu schwer wird. Den Mangold kann man durch andere Blattgemüse ersetzen, etwa Blattspinat oder Pak Choi.

PERSONEN	ZUBEREITUNG	GARZEIT
6	1 STD. + TEIGRUHE	20-25 MIN.

Zutaten

FÜR DEN TEIG

125 g Mehl

½ TL Salz

3 Eier

250 ml Milch

3-4 EL neutrales Pflanzenöl

FÜR DIE FÜLLUNG

750 g Mangold

30 g Butter sowie Butter für die Form

2 Knoblauchzehen, fein gehackt

3 Schalotten, fein gehackt

100 g Ziegenweichkäse

125 g Feta

Salz und Pfeffer

1 Prise frisch geriebene Muskatnuss

FÜR DIE SAUCE

250 ml Milch

30 g Butter

2 EL Mehl

125 g Sahne

1 Prise frisch geriebene Muskatnuss

30 g Gruyère, grob gerieben

HERSTELLEN DER CRÊPES

1 **Mehl und Salz** in eine Schüssel sieben und in der Mitte eine Mulde formen. Die aufgeschlagenen Eier in die Mulde geben und kurz untermischen. Die Hälfte der Milch angießen und das Mehl in die Mitte ziehen, sodass ein Teig entsteht. Die Hälfte der restlichen Milch unterrühren. Den Teig zugedeckt 30-60 Min. ruhen lassen. Die übrige Milch unterrühren – der Teig sollte die Konsistenz von flüssiger Sahne haben.

2 **Etwa 1 EL Öl** in einer Pfanne erhitzen, bis es sehr heiß ist. Überschüssiges Öl weggießen. Eine kleine Kelle Teig in die Pfanne gießen und diese schwenken, um den Teig gleichmäßig zu verteilen. Die Crêpe 1-2 Min. garen, bis die Oberseite fest und die Unterseite gebräunt ist. Mithilfe eines Palettmessers wenden und weitere 30-60 Sek. backen.

3 **Die Crêpe** auf einen Teller gleiten lassen. Den restlichen Teig zu weiteren Crêpes verarbeiten, es sollten insgesamt zwölf vorhanden sein. Dabei nach Bedarf noch Öl in die Pfanne geben. Die fertigen Crêpes auf dem Teller aufeinanderstapeln, damit sie feucht und warm bleiben.

VORBEREITEN DES MANGOLDS

4 **Den Mangold putzen** und sorgfältig waschen. Die grünen Blätter von den Stielen trennen. Fäden an den Außenseiten der Stiele entfernen.

5 **Die Stiele in 1 cm breite Streifen** schneiden. In einem großen Topf Salzwasser zum Kochen bringen. Die Mangoldstiele und -blätter getrennt jeweils 2-3 Min. blanchieren, bis sie weich sind. Getrennt abtropfen lassen und hacken.

ZUBEREITEN DER FÜLLUNG

6 **In einer großen Pfanne die Butter** erhitzen. Knoblauch und Schalotten hineingeben und anschwitzen. Als Nächstes die Mangoldstiele hinzufügen und 3-5 Min. anbraten. Dann die Mangoldblätter dazugeben und unter Rühren 2-3 Min. garen, bis die gesamte Flüssigkeit verdampft ist. Die Pfanne von der Kochstelle nehmen.

7 Den Ziegenkäse in die Mangoldmischung krümeln, anschließend den Feta. Die Füllung mit Salz, Pfeffer und Muskatnuss abschmecken, dann beiseitestellen.

FÜLLEN UND ÜBERBACKEN DER CRÊPES

8 Den Backofen auf 180°C vorheizen. Eine flache ofenfeste Form ausbuttern. Für die Sauce die Milch in einem Topf erhitzen. In einem zweiten Topf bei mittlerer Hitze die Butter zerlassen. Das Mehl unter die zerlassene Butter rühren und 30-60 Sek. anschwitzen, bis sich Bläschen bilden.

9 Vom Herd nehmen und etwas abkühlen lassen, dann die heiße Milch unterrühren. Den Topf wieder auf den Herd setzen und rühren, bis die Sauce kocht und dick wird. Die Sahne einrühren. Salz, Pfeffer und Muskat hinzufügen. Die Sauce 2 Min. köcheln lassen, dann warm stellen.

10 Auf die hellere Seite einer Crêpe zwei Löffel Füllung setzen. Die Crêpe aufrollen und in die Form legen. Mit den übrigen Crêpes ebenso verfahren. Mit der Sauce übergießen und mit Gruyère bestreuen. 20-25 Min. im Backofen gratinieren.

VARIANTE: Gratinierte Crêpes mit Pilzen und Kräutern

Superlecker – als Vorspeise wie als Hauptgericht.

1 Die Crêpes wie beschrieben zubereiten. 250g Shiitakepilze mit feuchtem Küchenpapier abreiben und die Stiele entfernen, große Pilze halbieren. Die Pilze in 1cm dicke Scheiben schneiden. 250g kleine Champignons putzen, Stiele bündig mit den Hüten abschneiden. Die Hüte in Scheiben schneiden.

2 In einer Pfanne die Butter zerlassen. Knoblauch, Schalotten und Pilze darin etwa 5 Min. unter ständigem Rühren garen, bis die Flüssigkeit verdampft ist. Einige Pilze als Garnitur beiseitestellen. Die Blätter von mehreren Stängeln Petersilie und Estragon sowie etwas Schnittlauch hacken.

3 Die Sauce wie angegeben zubereiten, die Sahne aber erst später zugeben. Die Kräuter unterrühren. Die Hälfte der Sauce mit den Pilzen vermischen und auf die Crêpes verteilen. Aufrollen, dabei die Seiten einschlagen. In eine ofenfeste Form legen. Die verbliebene Sauce mit der Sahne verrühren, über die Crêpes gießen. Überbacken und mit den restlichen Pilzen anrichten.

Fusilli mit Pesto

SELBST GEMACHTES PESTO schmeckt Klassen besser als alles, was man unter diesem Namen fertig kaufen kann. Ein Glas Pesto im Kühlschrank ist immer nützlich. Wer keine Küchenmaschine besitzt, kann das Pesto im Mörser herstellen. Dazu braucht man allerdings außer Kraft auch etwas Geduld.

PERSONEN 6-8	**ZUBEREITUNG** 10-15 MIN.	**GARZEIT** 8-10 MIN.

Zutaten

60 g Basilikum

6 Knoblauchzehen

50 g Pinienkerne

125 g Parmesan, frisch gerieben

175 ml Olivenöl

Salz und Pfeffer

500 g Fusilli (Spiralnudeln)

Kirschtomaten zum Servieren (nach Belieben)

HERSTELLEN DES PESTOS

1 **Die Basilikumblätter** von den Stängeln zupfen und mit dem geschälten Knoblauch, Pinienkernen, Parmesan und etwa 3 EL Olivenöl in die Küchenmaschine geben.

2 **Die Zutaten** glatt pürieren und zwischendurch von den Wänden abstreichen. Bei laufendem Motor langsam das restliche Öl durch den Einfüllschacht gießen, bis alles verbraucht ist. Das Pesto abschmecken.

GAREN DER NUDELN

3 **Einen großen Topf mit kaltem Wasser füllen.** Das Wasser zum Kochen bringen und 1 EL Salz hinzufügen. Die Nudeln hineingeben und 8-10 Min. oder nach den Anweisungen auf der Packung garen, bis sie bissfest sind, dabei ab und zu umrühren. In ein Sieb abgießen, sorgfältig abtropfen lassen und überschüssiges Wasser herausschütteln.

FERTIGSTELLEN DES GERICHTS

4 **Das Pesto in eine Schüssel geben.** Die Nudeln hinzufügen und mit zwei Löffeln oder großen Gabeln durchheben, bis sie gleichmäßig mit Pesto überzogen sind. Auf Tellern anrichten und, falls gewünscht, mit Kirschtomaten garnieren. Heiß oder warm servieren.

Sommerliche Frittata

WÄHREND DIE EIER in diesem italienischen Omelett langsam stocken, können Sie schon ganz entspannt ein Glas Wein genießen. Man kann für die Füllung beliebige Gemüse verwenden und bis zu 24 Stunden im Voraus garen. Die Frittata aber erst unmittelbar vor dem Servieren braten.

PERSONEN 3-4	ZUBEREITUNG 20-25 MIN.	GARZEIT 20-25 MIN.

Zutaten

6 Eier

Salz und Pfeffer

15-30 g Butter

FÜR DIE RATATOUILLE

1 kleine Aubergine

1 Zucchini

4 EL Olivenöl

1 grüne Paprikaschote, nach Entfernen von Stielansatz, Scheidewänden und Samen in Streifen geschnitten

1 Zwiebel, in schmale Ringe geschnitten

250 g Tomaten, enthäutet und nach Entfernen der Samen gehackt, oder 1 Dose Tomatenstücke (etwa 200 g)

2 Knoblauchzehen, fein gehackt

5-7 Zweige Thymian, Blätter gehackt, sowie Thymian zum Garnieren

½ TL gemahlener Koriander

1 Bouquet garni aus 10-12 Stängeln Petersilie, 4-5 Zweigen Thymian und 2 Lorbeerblättern

ZUBEREITEN DER RATATOUILLE

1 Die Aubergine putzen und in 1 cm große Stücke schneiden, die Zucchini in 1 cm dicke Scheiben. Aubergine und Zucchini auf ein Backblech legen und großzügig mit Salz bestreuen. 30 Min. stehen lassen, dann in einem Sieb abspülen und mit Küchenpapier trocken tupfen.

2 Etwa die Hälfte des Öls in einer Schmorpfanne erhitzen. Die Aubergine darin 3-5 Min. unter Rühren braten, bis sie gebräunt ist. Mit einem Schaumlöffel in eine Schüssel heben. Mit der Zucchini ebenso verfahren.

3 Die Paprikaschote mit etwas Öl in die Pfanne geben und unter Rühren garen, bis sie weich ist. In die Schüssel heben. Nochmals 1 EL Öl in der Pfanne erhitzen und die Zwiebel darin 2-3 Min. leicht bräunen.

4 Aubergine, Zucchini und Paprika mit Tomaten, Knoblauch, Salz, Pfeffer, Thymian, Koriander und Bouquet garni in die Pfanne geben und durchrühren, dann zugedeckt 10-15 Min. garen. Das Bouquet garni herausnehmen und wegwerfen, die Ratatouille abkühlen lassen.

GAREN DER FRITTATA

5 Die Eier in einer Schüssel sorgfältig verquirlen. Die Ratatouille unterrühren und die Mischung mit Salz und Pfeffer abschmecken.

6 Die Pfanne auswischen. Die Butter darin bei mittlerer Hitze zerlassen, bis sie schäumt, dann die Eimischung dazugeben. Die Hitze reduzieren und die Frittata zugedeckt 20-25 Min. sehr langsam garen, bis die Mitte fest und die Unterseite gestockt und leicht gebräunt ist.

7 Die Frittata auf einen großen vorgewärmten Teller stürzen und mit Thymian garnieren. Vor dem Servieren in Spalten schneiden.

»Buddhas Entzücken«

FÜR DIE ZUTATEN bedarf es eines Besuchs im Asialaden, aber der Weg lohnt sich. Die vegetarische Küche Chinas entstand in buddhistischen Klöstern. Da die Mönche dort kein Fleisch essen, wird für dieses typische Gericht Tofu verwendet.

PERSONEN 4	**ZUBEREITUNG** 40–50 MIN. + WARTEZEIT	**GARZEIT** 15–20 MIN.

Zutaten

30 g getrocknete Shiitakepilze	2 EL Zitronensaft
50 g getrocknete Lilienblüten	6 große frische Wasserkastanien
15 g getrocknete Mu-Err-Pilze	3 EL Reiswein
50 g Glasnudeln	3 EL helle Sojasauce
175 g Babymaiskolben	2 EL Sesamöl aus gerösteten Samen
250 g Zuckerschoten	2 EL Maisstärke
250 g Lotuswurzel	250 g fester Tofu
	4 EL Erdnussöl
	3 Knoblauchzehen, fein gehackt

VORBEREITEN VON GEMÜSE UND NUDELN

1 Shiitakepilze, Lilienblüten, Mu-Err-Pilze und Glasnudeln in getrennte Schüsseln füllen, mit warmem Wasser bedecken und etwa 30 Min. quellen lassen.

2 **Den Babymais putzen** und schräg halbieren. Die Enden der Zuckerschoten abschneiden und dabei vorhandene Fäden entfernen.

3 **Mit einem Küchenbeil** oder einem schweren Kochmesser die Schale von der Lotuswurzel abschneiden und die Wurzel quer in 1 cm dicke Scheiben schneiden. Die Scheiben mit dem Zitronensaft in eine Schüssel mit kaltem Wasser geben, um Verfärbungen zu vermeiden.

VORBEREITEN DER RESTLICHEN ZUTATEN

4 Die Wasserkastanien mit einem kleinen Messer nacheinander schälen und sofort in eine Schüssel mit kaltem Wasser legen. Einzeln herausnehmen, in Scheiben schneiden und wieder in das Wasser legen.

5 Lilienblüten und Mu-Err-Pilze in ein Sieb abgießen und sorgfältig abspülen. Abtropfen lassen und ausdrücken, dann harte Enden abschneiden. Große Pilze in 5 cm große Stücke teilen.

6 Die Glasnudeln abtropfen lassen und in 12 cm lange Stücke schneiden. Die Shiitakepilze abtropfen lassen, das Einweichwasser auffangen. Die harten Stiele entfernen, die Hüte in Scheiben schneiden.

7 Ein Sieb mit Küchenpapier auslegen und auf einen Messbecher setzen. 175 ml Einweichwasser in den Becher füllen, das restliche Einweichwasser weggießen.

8 In einer Schüssel Einweichwasser, Reiswein, Sojasauce, Sesamöl und die Hälfte der Maisstärke verrühren, bis sich die Maisstärke aufgelöst hat und die Mischung glatt und klumpenfrei ist.

SCHNEIDEN UND **BRATEN** DES TOFUS

9 Den Tofu auf ein Brett legen und zweimal diagonal durchschneiden, sodass 4 Dreiecke entstehen. Jedes Stück noch einmal halbieren, um 8 Dreiecke zu erhalten. Den Tofu mit Küchenpapier trocken tupfen.

10 Die restliche Maisstärke auf einen Teller geben. Den Tofu darin wenden und gleichmäßig mit Stärke überziehen. Einen Wok bei hoher Temperatur erhitzen, bis er sehr heiß ist.

11 Boden und Wände mit Erdnussöl überziehen. Das Öl sehr heiß werden lassen, dann den Tofu 6–8 Min. braten, bis er goldbraun ist, zwischendurch wenden. Auf einem Teller warm stellen.

GAREN DER GEMÜSE

12 Lotuswurzel und Wasserkastanien abtropfen lassen, mit dem Mais in den Wok geben und bei mittlerer Hitze 3–4 Min. unter Rühren braten, bis der Lotus weich wird. Zuckerschoten und Knoblauch hinzufügen und etwa 1 Min. unter Rühren garen, der Knoblauch darf aber nicht verbrennen.

13 Lilienblüten sowie beide Pilzsorten dazugeben und etwa 1 Min. unter Rühren garen. Die Maisstärkemischung noch einmal durchrühren und in den Wok gießen. Den Wokinhalt zum Kochen bringen und etwa 1–2 Min. rühren, bis die Sauce dick wird. Die Nudeln dazugeben und rühren, bis sie vollständig erhitzt sind. Das Gericht abschmecken und nach Bedarf noch Reiswein oder Sojasauce hinzufügen.

14 Gemüse und Nudeln in einer vorgewärmten Servierschüssel oder in Portionsschalen anrichten und vorsichtig die gebratenen Tofudreiecke auf die knackigen Gemüse setzen.

Gefüllte Artischocken

EIN MEDITERRANER GENUSS, der jede Mühe wert ist. Die Artischocken werden mit Schinken, Weißwein und Thymian gegart, eine Zubereitungsart, die in Frankreich *à la barigoule* heißt. Dazu schmeckt eine fruchtige Paprikasauce.

PERSONEN	ZUBEREITUNG	GARZEIT
4	90 MIN.	40–50 MIN.

Zutaten

FÜR DIE ARTISCHOCKEN

4 Artischocken (à etwa 350 g)

½ Zitrone

Salz und Pfeffer

250 ml Weißwein

FÜR DIE FÜLLUNG

4 Scheiben Weißbrot

50 g Butter

3 kleine Zwiebeln, fein gehackt

6 Knoblauchzehen, fein gehackt

250 g Champignons, fein gehackt

250 g Parmaschinken, in feine Streifen geschnitten

2 Sardellenfilets, fein gehackt

175 g schwarze Oliven, fein gehackt

2–3 Zweige Thymian, Blätter abgestreift

1 Prise gemahlenes Piment

FÜR DIE PAPRIKASAUCE

750 g rote Paprikaschoten

2 EL Olivenöl

1 Dose Tomatenstücke (etwa 400 g)

1 Knoblauchzehe, gehackt

2 Frühlingszwiebeln, gehackt

1 kleines Bund Basilikum, Blätter gehackt

VORBEREITEN DER ARTISCHOCKEN

1 Stiele der Artischocken abbrechen, sodass grobe Fasern mit den Stielen entfernt werden. Die Basis begradigen und Schnittflächen mit der Zitronenhälfte einreiben, um Verfärbungen zu vermeiden. Von den äußeren Blättern die Spitzen abschneiden.

2 Von jeder Artischocke oben etwa 2 cm abschneiden. Alle Schnittflächen mit der Zitrone einreiben. In einem großen Topf Wasser zum Kochen bringen und Salz hinzufügen. Die Artischocken hineinlegen, mit einem hitzebeständigen Teller beschweren und 25–30 Min. köcheln lassen, bis sie fast weich sind und ein Blatt sich leicht herausziehen lässt.

3 Die Artischocken mit einem Schaumlöffel aus dem Topf heben und auf einem auf ein Backblech gesetzten Kuchengitter umgekehrt abtropfen lassen. Wenn sie genügend abgekühlt sind, die inneren Blätter mit den Fingern herauslösen.

4 Mit einem Teelöffel das Heu aus den Artischocken kratzen, um Platz für die Füllung zu schaffen.

ZUBEREITEN DER FÜLLUNG

5 Die Brotrinde abschneiden und wegwerfen. Das Brot in der Küchenmaschine zerkleinern. In einer Pfanne die Butter zerlassen. Zwiebeln und Knoblauch darin unter Rühren anschwitzen.

6 Pilze, Parmaschinken, Sardellen und Oliven unterrühren. Die Pfanne vom Herd nehmen. Brot, Thymian und Piment sorgfältig unterrühren. Die Mischung nach Geschmack pfeffern.

FÜLLEN UND FERTIG GAREN DER ARTISCHOCKEN

7 Den Backofen auf 180°C vorheizen. Die Füllung auf die Artischocken verteilen. Die Blätter mit jeweils einem Stück Küchengarn zusammenbinden. Die Artischocken in einen Schmortopf setzen und den Wein angießen.

8 Den Inhalt des Topfes bei hoher Temperatur zum Kochen bringen und den Wein etwa 5 Min. auf die Hälfte einkochen lassen. So viel Wasser dazugießen, dass die Artischocken halb im Wasser stehen, dann salzen und pfeffern. Den Topfinhalt wieder zum Kochen bringen.

9 Die Artischocken mit aufgelegtem Deckel je nach Größe für 40–50 Min. in den Backofen schieben, bis sich ein Blatt in der Mitte leicht herausziehen lässt. Zwischendurch ab und zu mit der Garflüssigkeit beschöpfen.

HERSTELLEN DER SAUCE

10 Den Grill vorheizen. Die Paprikaschoten auf einem Rost etwa 10 cm von der Hitzequelle entfernt grillen, bis die Haut schwarz ist und Blasen wirft. In einem verschlossenen Gefrierbeutel abkühlen lassen. Die Haut abziehen, dann Samen und Scheidewände entfernen. Das Fleisch in Stücke schneiden.

11 In einer Pfanne das Olivenöl erhitzen. Paprika, Tomaten, Knoblauch, Frühlingszwiebeln und Basilikum darin unter gelegentlichem Rühren 15–20 Min. köcheln lassen, bis die Mischung eingedickt ist. In die Küchenmaschine geben und grob pürieren. Die Sauce abschmecken.

12 Die Artischocken aus dem Schmortopf heben, das Küchengarn entfernen. Die Artischocken auf Portionsteller verteilen. Mit etwas Sauce umgießen, die restliche Sauce getrennt reichen.

Mexikanische Paprikaschoten

FÜR DIESES GERICHT, das man in Mexiko *chiles rellenos* nennt, werden traditionell große milde Poblano-Chilischoten verwendet. Wer sie bekommt, sollte sie nehmen. Ein ausgezeichneter Ersatz sind in diesem Fall aber grüne Paprikaschoten.

PERSONEN	ZUBEREITUNG	GARZEIT
4	30-35 MIN. + WARTEZEIT	45-50 MIN.

Zutaten

FÜR DIE PAPRIKASCHOTEN

8 große grüne Paprikaschoten

2 Zwiebeln

2 EL neutrales Pflanzenöl sowie Öl für die Form

500 g junger Gouda

2 TL getrockneter Oregano

Salz und Pfeffer

FÜR DIE TOMATENSALSA

1 kleines Bund Koriandergrün, Blätter fein gehackt

500 g Tomaten, enthäutet und nach Entfernen der Samen fein gehackt

2 Knoblauchzehen, fein gehackt

2 große Zwiebeln, fein gehackt

2 grüne Chilischoten, nach Entfernen der Samen fein gehackt

Saft von 1 Zitrone

1 TL Tabasco

FÜR DIE SAUCE

3 Eier

125 ml Milch

½ TL getrockneter Oregano

VORBEREITEN UND FÜLLEN DER PAPRIKA

1 **Den Grill vorheizen.** Die Paprikaschoten auf einem Rost etwa 10 cm von der Hitzequelle entfernt 10-12 Min. grillen, bis die Haut schwarz ist und Blasen wirft. Zwischendurch ein- oder zweimal wenden. In Gefrierbeutel abkühlen lassen.

2 **Die Haut abziehen.** Die Paprikaschoten unter fließendem kaltem Wasser abspülen und mit Küchenpapier trocken tupfen. Die Stielansätze vorsichtig herausschneiden, Scheidewände und Samen der Schoten mithilfe eines Teelöffels entfernen.

3 **Die Zwiebeln hacken.** Das Öl in einer Pfanne erhitzen und die Zwiebeln darin unter Rühren braten, bis sie weich, aber noch nicht gebräunt sind. Abkühlen lassen. Den Käse reiben und in eine Schüssel geben. Oregano, Salz, Pfeffer und Zwiebeln hinzufügen und sorgfältig untermischen. Die Füllung abschmecken.

4 **Eine ofenfeste Form** einölen. Die Füllung in die Paprikaschoten geben. Die Schoten nebeneinander in die Form legen. Sie sollten dicht an dicht liegen.

ZUBEREITEN DER SALSA

5 Etwas Koriandergrün beiseitestellen. Die Tomaten mit Knoblauch, Zwiebeln, Chilischoten, Zitronensaft, restlichem Koriander, Tabasco sowie Salz nach Geschmack vermischen und mindestens 30 Min. durchziehen lassen.

BACKEN DER PAPRIKASCHOTEN

6 Den Backofen auf 180 °C vorheizen. Für die Sauce Eier, Milch, Oregano, Salz und Pfeffer verquirlen und um die Paprikaschoten gießen. Die Form für 45–50 Min. in den Backofen schieben.

7 Das aufbewahrte Koriandergrün gleichmäßig auf die Salsa streuen. Zum Servieren einen Löffel Salsa auf jede Paprikaschote geben, die restliche Salsa in einer Schale reichen.

 VARIANTE: Rote Paprikaschoten mit Käse-Mais-Füllung

Schmecken nicht nur gut, sondern sehen auch klasse aus.

1 In einem großen Topf mit kochendem Wasser 2 Maiskolben 15–20 Min. garen, bis sich die Körner mit der Spitze eines Messers leicht herauslösen lassen. Die Kolben abtropfen lassen und die Körner abschneiden.

2 Die Tomatensalsa wie im Hauptrezept zubereiten. 8 rote Paprikaschoten wie beschrieben vorbereiten. Die Käsefüllung herstellen und den Mais unterrühren.

3 Die Paprikaschoten füllen und jeweils 2 Stück aufrecht in ein ofenfestes Portionsförmchen setzen. Die Sauce dazugießen und die Paprikaschoten wie beschrieben im Backofen garen.

Pfannengerührtes Thai-Gemüse

FAST JEDES KNACKIGE GEMÜSE ist zum Pfannenrühren geeignet. Dabei bleibt die Konsistenz fest und die Farbe leuchtend. Beim Pfannenrühren gibt es eigentlich nur eine feste Regel: Alle Zutaten müssen fertig geputzt und zerkleinert bereitliegen, da das Garen sehr schnell geht und im letzten Augenblick vor dem Servieren erfolgt.

PERSONEN 4	**ZUBEREITUNG** 30–35 MIN.	**GARZEIT** 15–20 MIN.

Zutaten

300 g Basmatireis

Salz

Butter für die Form

30 g getrocknete asiatische Pilze

60 g enthäutete Erdnusskerne

175 g Sojasprossen

1 Stängel Zitronengras

3 EL Fischsauce

2 EL Austernsauce

1 TL Maisstärke

1 TL Zucker

3 EL neutrales Pflanzenöl

2 Knoblauchzehen, fein gehackt

2 getrocknete rote Chilischoten

1 Blumenkohl, in Röschen geteilt

1 rote Paprikaschote, nach Entfernen von Stielansatz, Scheidewänden und Samen in Streifen geschnitten

500 g Pak Choi, geputzt und in Streifen geschnitten

175 g Zuckerschoten, geputzt

3–5 Stängel Basilikum, Blätter abgezupft

KOCHEN DES REISES

1 Den Reis in kochendem Salzwasser 10–12 Min. garen, bis er gerade weich ist. In ein Sieb abgießen, unter fließendem kaltem Wasser abspülen, um die Stärke abzuwaschen, und gut abtropfen lassen. Eine ofenfeste Form und Alufolie zum Abdecken der Form buttern.

VORBEREITEN DER GEMÜSE

2 Den Backofen auf 190 °C vorheizen. Die Pilze in eine Schüssel geben, mit warmem Wasser bedecken und etwa 30 Min. quellen lassen. Dann in ein Sieb abgießen und in Scheiben schneiden.

3 Die Erdnüsse auf ein Backblech streuen und 5–7 Min. im Ofen rösten, bis sie gebräunt sind, dann grob hacken. Die Ofentemperatur möglichst weit herunterschalten. Die Sojasprossen in einem Sieb abspülen. Das Zitronengras putzen, längs halbieren und hacken.

4 Den Reis in der gebutterten Form gleichmäßig verteilen, mit einer Gabel vorsichtig auflockern. Die Form mit der gebutterten Alufolie abdecken. Den Reis im Backofen warm stellen, während das Gemüse zubereitet wird.

PFANNENRÜHREN DER GEMÜSE

5 **Fischsauce, Austernsauce,** Maisstärke, Zucker und Zitronengras in einer kleinen Schüssel verrühren.

6 **In einem Wok das Öl erhitzen.** Knoblauch und Chilischoten hinzufügen und 30 Sek. unter Rühren braten, bis sie aromatisch duften. Blumenkohl, Paprikaschote, Sojasprossen und Pak Choi dazugeben und unter ständigem Rühren 3 Min. garen. Pilze und Zuckerschoten hinzufügen und ebenfalls 3 Min. unter Rühren garen.

7 Basilikumblätter und Saucenmischung hinzufügen und noch 2 Min. weiterrühren. Abschmecken und nach Bedarf noch Fischsauce, Austernsauce oder Zucker dazugeben. Die Chilischoten herausnehmen und wegwerfen. Den Reis auf vorgewärmten Tellern anrichten. Gemüse und Sauce verteilen und jede Portion mit Erdnüssen bestreuen.

 VARIANTE: Pfannengerührte chinesische Gemüse

Am besten mit gekochten chinesischen Nudeln servieren.

1 Pilze, Pak Choi und Bohnenkeimlinge wie beschrieben vorbereiten; Blumenkohl, Zuckerschoten, Paprikaschote und Erdnüsse weglassen. 50 g Mandelblättchen 3–5 Min. im Backofen rösten, aber genau im Auge behalten, da sie sehr rasch verbrennen.

2 Die Röschen von 1 Kopf Brokkoli abschneiden. 60 g Bambussprossen aus der Dose abtropfen lassen und 60 g Babymaiskolben waschen. Grüne Teile von 2 Frühlingszwiebeln in Ringe schneiden. Für die Sauce 3 EL Reiswein, 2 EL Sojasauce, 2 TL Sesamöl, 1 TL Maisstärke und 1 Prise Zucker verrühren.

3 Das Öl in einem Wok erhitzen. Brokkoli und Pak Choi hinzufügen und unter Rühren 2–3 Min. braten. Pilze und Babymaiskolben dazugeben und 2 Min. unter Rühren braten. Sojasaucenmischung, Bambussprossen, Sojasprossen und Frühlingszwiebeln hinzufügen und 2 Min. unter Rühren garen. Die Sauce sollte etwas eindicken. Die Gemüse weiterhin sorgfältig wenden, damit alle gleichmäßig garen. Das Gericht nach Bedarf mit mehr Reiswein, Sojasauce, Sesamöl oder Zucker abschmecken und mit den gerösteten Mandelblättchen bestreut servieren.

Kartoffelgratin

EINFACH EIN WUNDERBARES GERICHT, für das sich mehligkochende Kartoffeln am besten eignen, etwa die Sorten Ackersegen oder Bintje. Die Kartoffelscheiben werden zuerst in Milch gegart, damit der süßliche Geschmack erhalten bleibt, und anschließend mit Sahne überbacken. Das Gratin kann bis auf den letzten Garschritt im Backofen einen Tag im Voraus zubereitet werden. Anschließend zugedeckt im Kühlschrank aufbewahren.

PERSONEN 6-8	ZUBEREITUNG 30-40 MIN.	GARZEIT 20-25 MIN.

Zutaten

750 g Kartoffeln

600 ml Milch

frisch geriebene Muskatnuss

Salz und Pfeffer

300 g Sahne

1 Knoblauchzehe

zerlassene Butter für die Form

50 g Gruyère, grob gerieben

VORBEREITEN DER KARTOFFELN

1 Die Kartoffeln schälen und mit einem Gemüsehobel oder Messer in 3 mm dicke Scheiben schneiden. Mit einem nassen Küchentuch bedecken, damit sie sich nicht verfärben, aber nicht in Wasser legen, da sonst die Stärke entfernt wird, die dem Gratin seine cremige Konsistenz verleiht.

VORGAREN DER KARTOFFELN

2 Die Milch in einem Topf zum Kochen bringen, dabei ab und zu umrühren, damit sie nicht anbrennt. Etwas Muskatnuss, Salz und Pfeffer hinzufügen. Die Kartoffeln in den Topf geben und unter gelegentlichem Rühren 10-15 Min. garen, bis sie gerade weich sind.

3 Die Kartoffeln in ein Sieb abgießen. Die Milch kann nach Belieben aufgefangen und für ein anderes Gericht, etwa eine Suppe, aufbewahrt werden.

FERTIGSTELLEN UND BACKEN DES GRATINS

4 Die Kartoffeln wieder in den Topf geben. Die Sahne hinzufügen und die Kartoffeln unter gelegentlichem Rühren 10-15 Min. köcheln lassen, bis sie sehr weich sind, dann abschmecken. Den Backofen auf 190 °C vorheizen.

5 Den Knoblauch schälen und halbieren. Mit den Schnittflächen Boden und Wände einer 1,5 l fassenden ofenfesten Form einreiben, dann die Form mit zerlassener Butter auspinseln.

6 Die Kartoffeln mit der Sahne in die Form geben und mit dem Käse bestreuen. Für 20-25 Min. in den Backofen schieben, bis das Gratin goldbraun ist. Ein kleines Messer hineinstechen – es sollte beim Herausziehen heiß sein. Das Gratin in der Form heiß servieren.

Paprika-Champignon-Lasagne

DIE MENGEN BEI DIESEM GERICHT lassen sich problemlos verdoppeln oder verdreifachen, falls man es auf Vorrat einfrieren möchte. Man kann es zudem bis zu zwei Tage im Voraus in die Form schichten und dann im Kühlschrank aufbewahren.

PERSONEN 8	ZUBEREITUNG 1½ STD.	GARZEIT 35-45 MIN.

Zutaten

FÜR DIE TOMATENSAUCE

2 Dosen Tomaten (à 400 g)

6 Knoblauchzehen, fein gehackt

1 Bund Basilikum, Blätter gehackt

7-10 Stängel Oregano, Blätter gehackt

1 Bund glatte Petersilie, Blätter gehackt

Salz und Pfeffer

FÜR DIE LASAGNE

4 rote Paprikaschoten

4 grüne Paprikaschoten

2 EL Olivenöl

750 g Champignons, in dünne Scheiben geschnitten

1 kg Ricotta

1 Prise frisch geriebene Muskatnuss

375 g Lasagneblätter

Öl für die Form

175 g Parmesan, frisch gerieben

ZUBEREITEN DER SAUCE

1 Die Tomaten, die Hälfte des Knoblauchs und zwei Drittel der Kräuter mit Salz und Pfeffer in einen Topf geben und bei mittlerer Hitze unter gelegentlichem Rühren 25-35 Min. einkochen lassen, dann pürieren.

VORBEREITEN VON GEMÜSE UND NUDELN

2 Den Grill vorheizen. Die Paprikaschoten 10 cm von der Hitzequelle entfernt rösten, bis die Haut schwarz wird, zwischendurch wenden. In einem Gefrierbeutel abkühlen lassen, dann enthäuten. Halbieren und nach Entfernen von Stielansätzen und Samen in 1 cm breite Streifen schneiden.

3 In einer Pfanne das Öl erhitzen. Pilze und restlichen Knoblauch darin unter Rühren 10-12 Min. braten, bis die gesamte Flüssigkeit verdampft ist. In einer Schüssel Ricotta, restliche Kräuter, Muskatnuss, Salz und Pfeffer sorgfältig vermischen.

4 In einem großen Topf Salzwasser zum Kochen bringen. Die Lasagneblätter portionsweise hineingeben und 8-10 Min. oder nach Packungsanweisung garen, bis sie weich sind. Auf einem Küchentuch ausbreiten.

FERTIGSTELLEN DER LASAGNE

5 Den Backofen auf 180 °C vorheizen. Eine ofenfeste Form mit Öl auspinseln. 3-4 EL Tomatensauce in der Form verteilen und mit einer Schicht sich leicht überlappender Lasagneblätter bedecken.

6 Je ein Viertel des Ricottas, der Pilze und der Paprikaschoten darauf verteilen. Mit Tomatensauce beschöpfen und mit Parmesan bestreuen. Noch vier weitere Schichten herstellen und mit Lasagneblätter abschließen. Mit restlicher Sauce und Parmesan bedecken. Die Lasagne 35-45 Min. im Ofen goldbraun backen.

Auberginenröllchen

VERWENDEN SIE DICKE AUBERGINEN, damit Sie große Scheiben bekommen, in die Sie reichlich Käsefüllung geben können. Die Röllchen können zwei Tage im Voraus zubereitet werden. Zugedeckt kalt stellen und 20 Minuten im Ofen wieder erhitzen.

PERSONEN 4–6	**ZUBEREITUNG** 55–60 MIN + WARTEZEIT	**GARZEIT** 20–25 MIN

Zutaten

FÜR DIE AUBERGINEN

4 Auberginen (à etwa 350 g)

Salz und Pfeffer

4 EL Olivenöl

250 g Mozzarella

250 g Ricotta

1 Bund Basilikum, Blätter abgezupft, sowie Basilikumblätter zum Garnieren

30 g Parmesan, frisch gerieben

FÜR DIE SAUCE

75 ml Olivenöl

3 Zwiebeln, fein gehackt

5 Knoblauchzehen, fein gehackt

50 g Tomatenmark

1 Bouquet garni aus 5–6 Stängeln Petersilie, 2–3 Zweigen Thymian, 1 Lorbeerblatt

3 Dosen Tomatenstücke (à etwa 400 g)

Zucker

VORBEREITEN DER AUBERGINEN

1 Auberginen putzen und längs in 1 cm dicke Scheiben schneiden. Nebeneinander auf eine Platte legen, von beiden Seiten großzügig mit Salz bestreuen und 30 Min. stehen lassen. Den Backofen auf 190 °C vorheizen.

2 Die Auberginenscheiben unter kaltem Wasser abspülen und auf Küchenpapier trocknen lassen. Auf einer Seite mit Öl einpinseln und mit der eingeölten Seite auf ein Backblech legen. Nun die andere Seite mit Öl einpinseln.

3 Die Auberginenscheiben im Ofen etwa 20 Min. backen, bis sie weich und leicht gebräunt sind, zwischendurch einmal wenden. Nicht zu lange garen, da sie sonst zu weich werden.

ZUBEREITEN DER SAUCE

4 In einer Pfanne das Öl erhitzen. Die Zwiebeln bei mittlerer Temperatur 3–4 Min. anschwitzen, dabei gelegentlich umrühren. Knoblauch, Tomatenmark, Bouquet garni, Tomaten, 1 Prise Zucker sowie Salz und Pfeffer hinzufügen und zugedeckt bei schwacher Hitze etwa 10 Min. köcheln lassen.

5 Den Deckel abnehmen und die Tomatensauce noch etwa 15 Min. unter gelegentlichem Rühren einkochen. Das Bouquet garni herausnehmen und wegwerfen, die Sauce abschmecken.

FÜLLEN DER RÖLLCHEN

6 Auf dem Boden einer etwa 22 x 32 cm großen ofenfesten Form ein Drittel der Tomatensauce verteilen. Den Mozzarella in 1 cm große Stäbchen schneiden.

7 Eine Auberginenscheibe mit 1 EL Ricotta bestreichen. Ein Basilikumblatt auf ein Ende legen, ein Mozzarellastäbchen daraufsetzen, mit Pfeffer bestreuen. Die Auberginenscheibe aufrollen.

8 **Mit den restlichen Zutaten** weitere
Auberginenröllchen herstellen. In die Form
legen, mit der verbliebenen Tomatensauce
übergießen, mit Parmesan bestreuen. Die Form
für 20–25 Min. in den Backofen schieben, bis die
Röllchen sehr heiß sind. Auf vorgewärmten Tellern
servieren.

 VARIANTE: Auberginen-Mille-Feuilles

Auberginenscheiben, cremige Tomatensauce und geschmolzener
Käse, zu kleinen Türmen aufgeschichtet.

1 Die Auberginen putzen und in 1 cm dicke Scheiben schneiden. Es sollten
36 Scheiben vorhanden sein. Die Scheiben auf einer großen Platte verteilen, mit Salz bestreuen und 25 Min. stehen lassen, dann wie im Hauptrezept
fortfahren. Die Tomatensauce wie beschrieben zubereiten, aber 5 Min. länger
garen, damit sie dicker wird. Abkühlen lassen, bis sie nur noch lauwarm ist.
300 g Mozzarella in 24 Scheiben von etwa 5 mm Stärke schneiden.

2 Den Ricotta mit der Hälfte der Tomatensauce verrühren und abschmecken. 6 Basilikumstängel als Garnitur zurücklegen, von den restlichen die
Blätter abzupfen. Ein Backblech einölen. 1 große Auberginenscheibe mit der
Käsemasse bestreichen, darauf 1 Scheibe Mozzarella und 2 Basilikumblätter
legen, darauf wiederum 1 kleinere Auberginenscheibe. Diesen Arbeitsschritt
wiederholen, die kleinste Auberginenscheibe liegt oben.

3 Den Stapel mit einem Zahnstocher zusammenstecken und auf das Back-
blech heben. Mit den übrigen Zutaten ebenso verfahren. Die Mille-feuilles im
vorgeheizten Ofen etwa 12 Min. backen, bis der Mozzarella geschmolzen ist.
Die restliche Tomatensauce erhitzen und auf vorgewärmte Teller verteilen.
Die Mille-Feuilles daraufsetzen und nach Entfernen der Zahnstocher mit
Basilikum garnieren.

Zucchiniauflauf

IN DER PROVENCE NENNT MAN einen solchen Gemüseauflauf, dem Eier und manchmal auch Reis Bindung geben, *tian,* und so heißt auch die Terrakottaform, in der er zubereitet wird. Versuchen Sie für dieses Rezept kleine Zucchini zu bekommen, denn sie haben meist ein intensiveres Aroma als große Exemplare. Die Zubereitung eignet sich auch für andere Gemüse und ergibt stets ein sättigendes vegetarisches Hauptgericht. Wer Fleisch mag, kann den Auflauf zu Lamm oder Geflügel servieren.

PERSONEN 4-6

ZUBEREITUNG 30-35 MIN.

GARZEIT 20-30 MIN.

Zutaten

90 ml Olivenöl sowie Öl für die Form

1 kg Zucchini, in 5 mm dicke Scheiben geschnitten

Salz und Pfeffer

60 g Basmatireis

2 Zwiebeln, in dünne Scheiben geschnitten

3 Knoblauchzehen, fein gehackt

5-7 Stängel glatte Petersilie, Blätter fein gehackt

60 g Parmesan, frisch gerieben

3 Eier

VORBEREITEN DER ZUCCHINI

1 In einer großen Pfanne ein Drittel des Öls erhitzen. Die Zucchini darin portionsweise mit Salz und Pfeffer unter gelegentlichem Rühren bei mittlerer Temperatur 10-15 Min. garen, bis sie weich und gleichmäßig gebräunt sind. Die Scheiben zum Abkühlen auf einer großen Platte verteilen.

VORBEREITEN DER RESTLICHEN ZUTATEN

2 In einem Topf Salzwasser zum Kochen bringen. Den Reis hinzufügen und das Wasser wieder zum Kochen bringen. Den Reis 10-12 Min. köcheln lassen, bis er gerade weich ist, zwischendurch gelegentlich umrühren, damit er nicht am Topfboden ansetzt. In ein Sieb abgießen, mit kaltem Wasser abspülen, um einen Teil der Stärke zu entfernen, und gut abtropfen lassen. Den Reis 8-10 Min. abkühlen lassen, dann mit einer Gabel auflockern.

3 Die Hälfte des restlichen Öls in der Pfanne erhitzen. Zwiebeln und Knoblauch darin unter gelegentlichem Rühren bei mittlerer Hitze 3-5 Min. anschwitzen, bis sie weich, aber noch nicht gebräunt sind.

FERTIGSTELLEN DES AUFLAUFS

4 Den Backofen auf 180 °C vorheizen. Eine 1,5 l fassende ofenfeste Form mit Öl auspinseln. Die abgekühlten Zucchini grob hacken.

5 In einer großen Schüssel Zucchini, Zwiebelmischung, Petersilie, Reis und Parmesan verrühren und die Masse abschmecken. Die Eier in eine Schüssel aufschlagen und verquirlen, dann mit einem Kochlöffel unter die Gemüsemischung rühren.

6 **Die Zucchinimasse in der Form verteilen** und mit dem restlichen Öl beträufeln. Den Auflauf für 10–15 Min. in den Backofen schieben, bis das Ei gestockt ist. Die Temperatur auf 200 °C erhöhen und den Auflauf weitere 10–15 Min. backen, bis er gebräunt ist. Heiß oder mit Zimmertemperatur in der Form servieren.

 VARIANTE: Spinat-Champignon-Auflauf

Eine leckere Alternative, wenn es keine Zucchini gibt.

1 Zucchini, Reis und Petersilie entfallen. Von 2 Scheiben Weißbrot die Rinde abschneiden und das Brot in der Küchenmaschine fein zerkleinern. In einem großen Topf mit Salzwasser 1 kg Spinat 1–2 Min. blanchieren, bis er zusammengefallen ist. Abtropfen und etwas abkühlen lassen, dann mit den Händen überschüssiges Wasser herausdrücken. Den Spinat grob hacken. 375 g Champignons mit feuchtem Küchenpapier abwischen. Die Stiele bündig mit den Hüten abschneiden und wegwerfen, die Hüte in dünne gleichmäßige Scheiben schneiden.

2 In einer großen Pfanne 2 EL Öl erhitzen. Zwiebeln und Knoblauch darin wie beschrieben anschwitzen. Die Pilze hinzufügen und 5 Min. braten. Spinat sowie Salz und Pfeffer dazugeben und unter gelegentlichem Rühren garen, bis die gesamte Flüssigkeit ausgetreten und verdampft ist, was etwa 5 Min. dauern sollte. Es darf keine Flüssigkeit mehr vorhanden sein, weil der Auflauf sonst wässrig wird. Abkühlen lassen, den Parmesan unterrühren und die Mischung abschmecken. Die Form mit Öl ausstreichen.

3 Die Eier verquirlen und sorgfältig unter die Gemüsemischung rühren. Die Masse in die vorbereitete Form füllen, mit den Bröseln bestreuen und mit 2 EL Öl beträufeln, dann wie oben backen.

Buntes Gemüsecurry

ZU DIESEM GERICHT PASST EIN RAITA aus Joghurt, gewürfelter Gurke, Salz und einer Prise Kreuzkümmel. Hier werden sehr viele Gewürze verwendet, doch jedes ist für die Harmonie des Geschmacks wichtig. Wer es leichter mag, kann einen Teil der Kokosmilch durch Wasser ersetzen.

PERSONEN 6–8	ZUBEREITUNG 45–50 MIN.	GARZEIT 25–35 MIN.

Zutaten

400 g Basmatireis

Salz

FÜR DIE GEWÜRZMISCHUNG

6 getrocknete rote Chilischoten

12 Kardamomkapseln

3 EL Koriandersamen

1 EL Kreuzkümmelsamen

½ TL Senfkörner

je 2 TL Bockshornkleesamen, gemahlene Kurkuma und gemahlener Ingwer

FÜR DIE GEMÜSE

je 4 Zwiebeln, Kartoffeln und Möhren

1 Blumenkohl

500 g grüne Bohnen

75 ml neutrales Pflanzenöl

1 Zimtstange

6 Gewürznelken

3 Knoblauchzehen, fein gehackt

4 große Tomaten, enthäutet, die Samen entfernt

250 g enthülste frische Erbsen oder aufgetaute TK-Erbsen

2 Dosen Kokosmilch (à 400 g)

HERSTELLEN DER GEWÜRZMISCHUNG

1 Die Chilischoten aufbrechen und die Samen entfernen. Die Kardamomkapseln im Mörser zerstoßen und die Schalen entfernen.

2 Chilischoten, Koriandersamen und Kreuzkümmelsamen in einer kleinen Pfanne bei mittlerer Temperatur etwa 2 Min. rösten, bis sie gebräunt sind und intensiv duften, dabei ständig rühren, damit nichts anbrennt. Beiseitestellen.

3 Die gerösteten Gewürze zu dem Kardamom in den Mörser geben, dann Senfkörner und Bockshornkleesamen hinzufügen. Alles zu einem feinen Pulver zerstoßen. Kurkuma und Ingwer sorgfältig untermischen.

VORBEREITEN DER GEMÜSE

4 Die Zwiebeln schälen und hacken, die Kartoffeln schälen, in 1 cm große Würfel schneiden und in eine Schüssel mit Wasser legen. Die Möhren in 1 cm dicke Scheiben schneiden. Den Blumenkohl in kleine Röschen teilen. Die Bohnen putzen und in 5 cm lange Stücke schneiden.

ZUBEREITEN DES CURRYS

5 Das Öl in einem Topf erhitzen. Zimtstange und Nelken darin 30–60 Sek. anrösten, bis sie duften. Zwiebeln und Knoblauch dazugeben und unter Rühren rasch und gleichmäßig anbraten, bis sie Farbe annehmen.

6 Die Gewürzmischung dazugeben und bei schwacher Hitze 2–3 Min. weiterrühren. Die Kartoffeln abtropfen lassen und mit Möhren, Blumenkohl, Bohnen, Tomaten, Erbsen sowie Salz nach Geschmack in den Topf geben und 3–5 Min. rühren, bis alles mit Gewürzen überzogen ist.

7 Die Kokosmilch unterrühren. Einen Deckel auflegen und das Curry 15-20 Min. köcheln lassen, bis die Gemüse weich und die Sauce dick und cremig sind. Nelken und Zimtstange entfernen. Das Gericht abschmecken.

GAREN DES REISES

8 In einer Schüssel den Reis mit kaltem Wasser bedecken und 2-3 Min. quellen lassen, dabei ab und zu umrühren. In ein Sieb abgießen, mit kaltem Wasser abspülen und gut abtropfen lassen.

9 Den Reis mit 650 ml Wasser und 1 Prise Salz in einen Topf geben, zum Kochen bringen und zugedeckt 10-12 Min. köcheln lassen, bis er gerade weich ist. Vom Herd nehmen und zugedeckt mindestens 5 Min. stehen lassen, dann behutsam auflockern. Das Gericht auf vorgewärmten Tellern servieren.

 VARIANTE: Winterliches Gemüsecurry

Auch mit Wintergemüse schmeckt das Curry fantastisch.

1 Gewürzmischung, Zwiebeln, Knoblauch, Kartoffeln, Möhren und Blumenkohl wie beschrieben vorbereiten; Bohnen, Tomaten und Erbsen weglassen. Von 500 g Kürbis Schale und Samen entfernen, das Fleisch würfeln.

2 Drei Speiserüben putzen, schälen und würfeln. 250 g Rosenkohl putzen. Zwiebeln und Knoblauch zusammen mit der Gewürzmischung anschwitzen. Die vorbereiteten Gemüse hinzufügen und das Curry wie oben 15-20 Min. köcheln lassen.

3 Den Reis in einer großen flachen Servierschüssel anrichten und das Gemüsecurry daraufgeben. Das Gericht heiß servieren.

Kürbiseintopf

EINE HERZHAFTE MAHLZEIT und eine Attraktion, die alle Blicke auf sich zieht, wenn man die Suppe in einem ausgehöhlten Kürbis anrichtet. Auf diese Weise serviert, wird der Eintopf Ihren Gästen bestimmt die Sprache verschlagen.

PERSONEN	ZUBEREITUNG	GARZEIT
8	50–60 MIN.	2½–3 STD.

Zutaten

1 Kürbis (etwa 5 kg)

1 Sellerieknolle (etwa 750 g)

Saft von ½ Zitrone

500 g Tomaten

125 g Butter

3 Stangen Lauch, in 2,5 cm große Stücke geschnitten

2 Knoblauchzehen, fein gehackt

30 g Mehl

500 ml Gemüse- oder Hühnerbrühe

Salz und Pfeffer

Cayennepfeffer

2 Stangen Staudensellerie, in 1 cm große Stücke geschnitten

500 g Speiserüben, in 2,5 cm große Würfel geschnitten

1 Butternusskürbis (etwa 750 g), in 2 cm große Würfel geschnitten

1 Zucchini, in 2,5 cm große Würfel geschnitten

3–5 Zweige Thymian, Blätter abgestreift

VORBEREITEN DER KÜRBISSCHALE

1 **Den Backofen** auf 170 °C vorheizen. Den Kürbis rund um den Stielansatz schräg einschneiden und einen runden »Deckel« abheben. Den Deckel beiseitelegen.

2 **Mit den Händen** die Samen mit allen faserigen Teilen herausziehen und wegwerfen. Den Kürbis in eine ofenfeste Form setzen und mit kochendem Wasser füllen. Den Deckel wieder auflegen und den Kürbis 1½–2 Std. im Ofen backen, bis das Fleisch gerade weich ist.

3 **Das Wasser herausschöpfen** und weggießen. Mit einem großen Löffel das Fleisch herausschaben, dabei eine etwa 1 cm dicke Wand stehen lassen. Die Kürbisschale beiseitestellen. Das Fleisch in der Küchenmaschine pürieren.

VORBEREITEN VON SELLERIE UND TOMATEN

4 Mit einem scharfen Messer die Sellerieknolle schälen, dabei aber mit der Schale nicht zu viel Fleisch entfernen und vorsichtig arbeiten, da die Schale hart ist und das Messer leicht abrutscht. Das Fleisch in 2,5 cm große Würfel schneiden. Die Würfel zusammen mit dem Zitronensaft in eine große Schüssel mit Wasser geben, um Verfärbungen zu vermeiden.

5 Die Stielansätze der Tomaten entfernen und die Früchte unten kreuz- förmig einritzen. In kochendes Wasser legen, bis die Haut aufplatzt, dann in eine Schüssel mit kaltem Wasser heben. Die Tomaten enthäuten, halbieren und nach Entfernen der Samen vierteln. Ersatzweise eine Dose Tomaten- stücke (400 g) verwenden. Sollten die Tomaten nicht gerade Saison haben und absolut reif sein, sind Dosentomaten meist die bessere Wahl.

ZUBEREITEN DES EINTOPFS

6 In einem Topf die Butter erhitzen. Lauch und Knoblauch darin bei schwa- cher Hitze unter gelegentlichem Rühren 3–5 Min. anschwitzen. Das Mehl hinzufügen und 1–2 Min. rühren, bis sich Bläschen bilden.

7 Brühe und Kürbispüree unterrühren. Knollensellerie abtropfen lassen und mit Salz, Pfeffer und Cayennepfeffer nach Geschmack dazugeben, alles zum Kochen bringen und 20 Min. köcheln lassen. Staudensellerie und Rüben hinzufügen, weitere 20 Min. köcheln lassen.

8 Butternusskürbis, Zucchini, Tomaten und Thymian in den Topf geben und 10 Min. mitgaren. Das Gericht abschmecken. Die Kürbisschale auf eine große stabile Servierplatte setzen und den heißen Eintopf hineinschöpfen. Für die Gäste vorgewärmte Suppenschalen bereitstellen.

Gebackene Polenta mit Pilzragout

MIT FEINER POLENTA, aromatischen Pilzen und schmelzendem Käse ein echter Seelentröster für kalte Tage, der auch den Körper wärmt. Das Gericht kann bis Schritt 5 vorbereitet und dann im Kühlschrank aufbewahrt werden, um es am nächsten Tag fertigzustellen.

PERSONEN 6	**ZUBEREITUNG** 40-45 MIN. + WARTEZEIT	**GARZEIT** 20-25 MIN.

Zutaten

FÜR DIE POLENTA

1 EL Salz

375 g Polenta

FÜR DAS PILZRAGOUT

250 g frische Wildpilze

375 g kleine Champignons

3 EL Olivenöl sowie Öl für die Form

3 Knoblauchzehen, fein gehackt

5-7 Zweige Thymian oder Rosmarin, Blätter abgezupft

125 ml trockener Weißwein

250 ml Gemüsebrühe oder Wasser

4 EL Sahne

Salz und Pfeffer

250 g Fontina, in Scheiben geschnitten

ZUBEREITEN DER POLENTA

1 Ein Backblech mit Wasser befeuchten. In einem Topf 1,5 l Wasser zum Kochen bringen und das Salz dazugeben. Bei mittlerer Hitze langsam und gleichmäßig die Polenta einrieseln lassen und kräftig rühren.

2 Die Polenta nach Anweisung auf der Packung unter Rühren garen, bis sie sich vom Topfrand löst. Sie sollte weich und glatt sein. Die Polenta gleichmäßig auf dem Blech verstreichen und 1 Std. abkühlen lassen.

ZUBEREITEN DES PILZRAGOUTS

3 Alle Pilze mit feuchtem Küchenpapier abreiben und die Stielenden abschneiden. Die Wildpilze in Scheiben schneiden, die Champignons je nach Größe halbieren oder vierteln.

4 In einer Pfanne das Öl erhitzen. Pilze, Knoblauch und Thymian darin unter Rühren 5-7 Min. garen, bis die Pilze weich sind und die Flüssigkeit verdampft ist. Den Wein dazugeben und 2-3 Min. köcheln lassen.

5 Die Brühe angießen und auf die Hälfte einkochen lassen. Die Sahne dazugeben. Das Ragout garen, bis es eindickt, dann abschmecken.

FERTIGSTELLEN DES GERICHTS

6 Den Backofen auf 220 °C vorheizen. Eine etwa 23 x 33 cm große ofenfeste Form mit Öl auspinseln. Die Polenta in etwa 5 x 5 cm große Quadrate schneiden, die Reste anderweitig verwenden. Die Hälfte der Rechtecke nebeneinander in die Form legen.

7 Die Hälfte des Pilzragouts auf den Rechtecken verteilen, dann die Hälfte des Käses. Wieder eine Schicht Polenta, Pilze und Käse folgen lassen. Das Gericht für 20-25 Min. in den Backofen schieben, bis der Käse geschmolzen ist, dann sehr heiß servieren.

Perfekte Käsenudeln

WILDPILZE UND CHAMPIGNONS machen aus diesem einfachen Gericht eine echte Köstlichkeit. Außerhalb der Saison kann man aber auch ausschließlich Zuchtchampignons verwenden. Als Beilage ist nichts als ein Tomatensalat erforderlich.

PERSONEN	ZUBEREITUNG	GARZEIT
6	30–35 MIN	25–30 MIN

Zutaten

FÜR DIE NUDELN

15 g Butter

3 Schalotten, fein gehackt

3 Knoblauchzehen, fein gehackt

je 125 g Wildpilze und Champignons, in Scheiben geschnitten

Salz und Pfeffer

375 g Penne (kurze Röhrennudeln)

ZUM ÜBERBACKEN

2 Scheiben Weißbrot

1 kleines Bund Schnittlauch, in Röllchen geschnitten

250 g mittelalter Gouda, gerieben

1 l Milch

1 Zwiebelscheibe

6 schwarze Pfefferkörner

1 Lorbeerblatt

30 g Butter

2 EL Mehl

frisch geriebene Muskatnuss

Butter für die Form

VORBEREITEN DER PILZE

1 In einer Pfanne die Butter zerlassen. Die Schalotten darin 1 Min. anschwitzen, bis sie weich sind. Knoblauch, Pilze, Salz und Pfeffer hinzufügen und unter Rühren 3–5 Min. garen, bis die Flüssigkeit verdampft ist.

VORBEREITEN DER KRUSTE

2 Das Brot entrinden und in der Küchenmaschine grob zerkleinern. Mit einem Viertel des Schnittlauchs und 30 g Käse vermischen, dann beiseitestellen.

ZUBEREITEN DER SAUCE

3 In einem Topf die Milch mit Zwiebelscheibe, Pfefferkörnern und Lorbeerblatt erhitzen. Vom Herd nehmen. In einem zweiten Topf die Butter zerlassen und das Mehl unterrühren. Durch ein Sieb zwei Drittel der Milch hineingießen. Die Mischung unter Rühren wieder zum Kochen bringen.

4 Etwas Muskatnuss sowie großzügig Salz und Pfeffer hinzufügen. Die Sauce 2 Min. köcheln lassen, dann vom Herd nehmen und den restlichen Käse hinzufügen. Nach und nach die restliche Milch unterrühren. Die Sauce abschmecken.

FERTIGSTELLEN DES GERICHTS

5 Den Backofen auf 180 °C vorheizen. In einem großen Topf Wasser zum Kochen bringen und 1 EL Salz dazugeben. Die Nudeln darin 5–7 Min. garen, dann abtropfen lassen. Eine ofenfeste 2-l-Form ausbuttern. Nudeln, Sauce, Pilze und restlichen Schnittlauch vermischen, in die Form füllen, mit den Bröseln bestreuen und 25–30 Min. backen, bis der Auflauf goldbraun ist.

Couscous mit Gemüsespießen

COUSCOUS, DER KÖRNIGE HARTWEIZENGRIESS, ist in Nordafrika ein Grundnahrungsmittel. Traditionell dämpft man ihn in einem speziellen Topf mit Siebeinsatz über einer aromatischen Brühe, in der Gemüse und manchmal auch Fleisch oder Fisch gart. Wir verwenden hier Instant-Couscous, der nur mit heißem Wasser übergossen werden muss. Sollten Sie *ras-el-hanout*, eine marokkanische Gewürzmischung, zur Hand haben, fügen Sie dem Gemüseragout zusammen mit Ingwer und Kurkuma einen Teelöffel davon hinzu. Sie benötigen zudem 16 Holzspieße.

PERSONEN
8

ZUBEREITUNG
35–40 MIN.
+ WARTEZEIT

GARZEIT
30–35 MIN.

Zutaten

FÜR DAS GEMÜSERAGOUT

1 große Prise Safranfäden

2 kg gemischtes Gemüse: 2 Stangen Lauch, 2 Zucchini, 2 Möhren, 2 Speiserüben, 1 Zwiebel, 3 Tomaten

2 EL Olivenöl

2 l Hühnerbrühe

1 Dose Kichererbsen (400 g)

1 Bouquet garni (s. S. 144)

je 1 TL gemahlener Ingwer, gemahlene Kurkuma und Paprikapulver

Salz und Pfeffer

FÜR DIE GEMÜSESPIESSE

2 Zucchini

2 rote Paprikaschoten

250 g Champignons

5–6 kleine Zwiebeln (etwa 375 g)

1 kleines Bund Koriandergrün, Blätter fein gehackt

4–6 Zweige Thymian, Blätter abgestreift

125 ml Olivenöl

250 g Kirschtomaten

1 TL gemahlener Kreuzkümmel

Harissa (Gewürzpaste; nach Belieben)

FÜR DAS COUSCOUS

500 g Instant-Couscous

50 g Butter

ZUBEREITEN DES GEMÜSERAGOUTS

1 In einer kleinen Schüssel den Safran mit 3–4 EL heißem Wasser übergießen und ziehen lassen, während die Gemüse vorbereitet werden. Den Lauch gründlich waschen und in Streifen schneiden, Zucchini, Möhren und Speiserüben in Scheiben schneiden. Die Zwiebel würfeln.

2 Die Tomaten enthäuten und nach Entfernen der Samen grob hacken. In einem großen Topf das Öl erhitzen und die Zwiebel darin unter Rühren 2–3 Min. anschwitzen. Die Tomaten dazugeben und etwa 5 Min. garen, bis die Mischung eindickt.

3 Hühnerbrühe, Zucchini, Möhren, Speiserüben, Lauch, Kichererbsen und Bouquet garni hineingeben. Ingwer, Kurkuma, Paprikapulver, den Safran mit Einweichwasser, Salz und Pfeffer zufügen.

4 Den Topfinhalt zum Kochen bringen und 15–20 Min. köcheln lassen, bis sich die Gemüse mit einer Messerspitze leicht einstechen lassen. Das Bouquet garni wegwerfen. Das Ragout abschmecken und beiseitestellen.

HERSTELLEN DER SPIESSE

5 Die Zucchini putzen, längs vierteln und in Stücke schneiden. Die Paprikaschoten von Stielansatz, Scheidewänden und Samen befreien, in große Quadrate schneiden. Kleine Pilze ganz lassen, große halbieren oder vierteln.

6 Die Zwiebeln vierteln, dabei die Wurzelscheibe nicht ganz entfernen, damit sie nicht auseinanderfallen. 1–2 EL Kräuter beiseitestellen, den Rest in einer kleinen Schüssel mit dem Olivenöl verrühren.

7 Pilze, Zucchini, Paprikaschoten, Zwiebeln und Tomaten in eine große Schüssel geben und mit dem Kräuteröl übergießen. Durchheben und bei Zimmertemperatur 1–2 Std. durchziehen lassen. In der Zwischenzeit 16 Holzspieße wässern.

ZUBEREITEN VON SPIESSEN UND COUSCOUS

8 Den Backofengrill vorheizen. Die Gemüsestücke abwechselnd auf die Spieße stecken und mit dem Kräuteröl einpinseln. Die Spieße auf ein Backblech legen und unter dem vorgeheizten Grill etwa 5 Min. garen, bis sie gebräunt sind. Wenden und noch einmal etwa 5 Min. grillen, bis die Gemüsestücke gebräunt und weich sind.

9 **Während die Spieße** gegrillt werden, den Couscous zubereiten: In eine große Schüssel geben, mit 500 ml kochendem Wasser übergießen und rasch mit einer Gabel durchrühren, dann etwa 5 Min. quellen lassen. Da die erforderliche Wassermenge je nach Art des Couscous variieren kann, bitte die Anweisungen auf der Verpackung beachten.

10 **Butter, Salz und Pfeffer** zum Couscous geben. Den Couscous mit einer Gabel durchrühren, um ihn aufzulockern und die Butter unterzumischen, dann abschmecken. Das Gemüseragout wieder erhitzen und in Servierschalen schöpfen. Den Couscous auf vorgewärmte Teller häufen. Die Gemüsespieße mit Salz, Pfeffer und Kreuzkümmel bestreuen, auf dem Couscous anrichten und, falls gewünscht, mit Harissa servieren.

Gefüllte Gemüse mit Walnusssauce

DER BULGUR IN DER FÜLLUNG kann durch Buchweizen oder anderes Getreide ersetzt werden, das dann aber vorgegart werden muss. Die leckere Walnusssauce, die hier dazu gereicht wird, passt ebenso gut zu gekochtem oder gegrilltem Gemüse.

PERSONEN	ZUBEREITUNG	GARZEIT
4	40-45 MIN. + WARTEZEIT	15-20 MIN.

Zutaten

FÜR DIE GEMÜSE

4 große Tomaten

Salz und Pfeffer

4 rote oder andere milde Zwiebeln

2 große Zucchini

250 g Bulgur

3 EL Olivenöl sowie Öl für die Form

2 Stangen Staudensellerie, geputzt und in dünne Scheiben geschnitten

4 Knoblauchzehen, fein gehackt

125 g frische Shiitakepilze oder kleine Champignons, gehackt

4-6 Stängel Estragon, Blätter gehackt

4-6 Stängel Petersilie, Blätter gehackt

FÜR DIE WALNUSS-KNOBLAUCH-SAUCE

4-6 Stängel Petersilie, Blätter abgezupft

4 Knoblauchzehen, gehackt

75 g Walnusskerne

250 ml Walnussöl

VORBEREITEN DER GEMÜSE

1 **Von den Tomaten** den Stielansatz entfernen und oben eine Scheibe abschneiden. Samen und so viel Fruchtfleisch herauslösen, dass eine 1 cm dicke Wand stehen bleibt. Samen und Fleisch trennen, das Fleisch für die Füllung aufbewahren. Die Tomaten innen salzen und pfeffern und umgekehrt für 30 Min. auf Küchenpapier setzen.

2 **Die Zwiebeln schälen.** Oben eine flache Scheibe abschneiden, ebenso vom Wurzelende, damit die Zwiebeln gerade stehen. In einen Topf setzen und mit Wasser bedecken. Salz hinzufügen, den Deckel auflegen und das Wasser zum Kochen bringen. Die Zwiebeln 10-15 Min. köcheln lassen, bis sie fast weich sind, dann auf Küchenpapier abtropfen lassen. Aushöhlen, dabei eine 1 cm dicke Wand stehen lassen. Das Innere hacken und für die Füllung aufbewahren.

3 **Die Zucchini putzen** und längs halbieren. In einem Topf Wasser zum Kochen bringen und Salz dazugeben. Die Zucchini darin 3-5 Min. köcheln lassen. In ein Sieb abgießen und mit kaltem Wasser abspülen. Die Samen entfernen, dabei eine 1 cm dicke Wand aus Fruchtfleisch stehen lassen.

HERSTELLEN DER FÜLLUNG

4 **In einer großen Schüssel** den Bulgur mit 750 ml kochendem Wasser übergießen und zugedeckt 30 Min. quellen lassen. Überschüssiges Wasser abgießen. Zwiebelherzen und Tomatenfruchtfleisch hacken.

5 **Das Öl in einer Pfanne erhitzen.** Sellerie, Knoblauch und gehackte Zwiebeln darin unter Rühren 2-3 Min. anbraten, ohne sie zu bräunen. Die Pilze mit Salz und Pfeffer dazugeben und etwa 5 Min. garen, bis die Flüssigkeit verdampft ist. Das gehackte Tomatenfleisch unterrühren und etwa 2 Min. garen, bis die Flüssigkeit verdampft ist. Die Kräuter dazugeben. Die Gemüse unter den Bulgur mischen und die Füllung abschmecken.

FÜLLEN UND BACKEN DER GEMÜSE

6 Den Backofen auf 190 °C vorheizen. Eine große ofenfeste Form mit Öl ausstreichen. Die Füllung in Zwiebeln, Zucchini und Tomaten geben. Übrige Füllung in der Form verteilen. Die Gemüse daraufsetzen und mit eingeölter Alufolie bedeckt 15–20 Min. backen, bis sie weich sind.

ZUBEREITEN DER SAUCE

7 Petersilie, Knoblauch und Walnusskerne mit 2 EL kaltem Wasser in der Küchenmaschine pürieren, dann salzen und pfeffern. Bei laufendem Motor langsam das Walnussöl dazugeben. Die Sauce abschmecken.

8 Auf vier vorgewärmten Tellern jeweils 1 Tomate, 1 Zwiebel und 1 Zucchinihälfte anrichten, falls gewünscht mit etwas zusätzlicher Füllung. Mit der Walnusssauce servieren.

 VARIANTE: Gemüsetrio mit Möhren-Reis-Füllung

Geraspelte Möhren sorgen hier für fröhliche Farbtupfer.

1 Die Gemüse wie beschrieben vorbereiten. 250 g weißen Langkornreis in kochendem Wasser 10–12 Min. oder nach den Anweisungen auf der Verpackung fast weich garen. In ein Sieb abgießen und unter fließendem kaltem Wasser abspülen, um einen Teil der Stärke zu entfernen.

2 Zwei Möhren schälen und raspeln. Die Füllung wie im Hauptrezept zubereiten, aber statt Bulgur den Reis verwenden und die Möhren direkt vor dem Füllen der Gemüse unterrühren.

3 Die Gemüse füllen und backen. Mit frischem Estragon garniert servieren, die Walnusssauce dazu reichen.

Brokkoli-Champignon-Quiche

DER BROKKOLI sollte feste Stiele mit feuchten Schnittstellen haben, denn nur dann ist er wirklich frisch. Wenn im zeitigen Frühjahr junger violetter Brokkoli bei Ihrem Gemüsehändler auftaucht, greifen Sie zu: Er hat nicht nur eine kräftigere Farbe, er schmeckt auch intensiver. Auch die Pilze sollten ein gutes Aroma haben. Besonders geeignet sind hier braune Zuchtchampignons oder die großen flachen Riesenchampignons.

PERSONEN
6–8

ZUBEREITUNG
45–50 MIN.
+ TEIGRUHE

BACKZEIT
50–55 MIN.

Zutaten

FÜR DEN TEIG

200 g Mehl sowie Mehl zum Bestreuen

1 Eigelb

½ TL Salz

100 g weiche Butter sowie Butter für die Form

FÜR DIE FÜLLUNG

500 g Brokkoli

Salz und Pfeffer

30 g Butter

175 g Champignons, in Scheiben geschnitten

2 Knoblauchzehen, fein gehackt

FÜR DIE EIMASSE

3 Eier sowie 2 Eigelb

375 ml Milch

250 g Sahne

60 g Parmesan, frisch gerieben

1 Prise frisch geriebene Muskatnuss

HERSTELLEN DES TEIGS

1 **Das Mehl auf die Arbeitsfläche sieben** und in der Mitte eine Mulde formen. Eigelb, Salz und 3 EL Wasser hineingeben. Wer vergessen hat, die Butter rechtzeitig aus dem Kühlschrank zu nehmen, kann sie zwischen zwei Lagen Backpapier mit einem Nudelholz oder Fleischklopfer bearbeiten, damit sie weicher wird. Dann ebenfalls in die Mulde geben.

2 **Mit den Fingern** das Mehl mit den anderen Zutaten vermischen, bis grobe Krümel entstanden sind. Den Teig zu einer Kugel zusammendrücken und mit etwas Wasser besprenkeln, falls er zu trocken ist.

3 **Die Arbeitsfläche dünn bemehlen.** Den Teig daraufsetzen und 1–2 Min. kneten, bis er glatt ist und sich gut von der Arbeitsfläche löst. Den Teig zu einer Kugel formen, in Frischhaltefolie wickeln und etwa 30 Min. im Kühlschrank ruhen lassen.

AUSLEGEN DER FORM

4 **Den Backofen** auf 220 °C vorheizen. Eine 25 cm große Quicheform ausbuttern. Die Arbeitsfläche dünn bemehlen. Den Teig zu einem 30 cm großen Kreis ausrollen und in die Form legen. Den Teigrand behutsam anheben und den Teig sorgfältig in die Form drücken.

5 **Mit dem Nudelholz** über den Formrand rollen, um überschüssigen Teig abzutrennen.

6 **Mit Daumen und Zeigefinger** den Teig von unten nach oben an den Rand drücken, sodass er etwas über die Form hinaussteht. Den Boden mit einer Gabel einstechen, um zu verhindern, dass beim Backen Luftblasen entstehen, dann mindestens 15 Min. kalt stellen, bis er fest ist.

BLINDBACKEN DES BODENS

7 Den Boden mit doppelt gelegter Alufolie abdecken und diese gut an den unteren Rand der Form drücken. Die Folie so begradigen, dass sie etwa 4 cm über den oberen Rand der Form hinaussteht. Eine gleichmäßige Schicht getrockneter Hülsenfrüchte oder spezielle Backgewichte aus Metall oder Keramik auf der Folie verteilen, damit sich der Teig beim Backen nicht wölbt.

8 Den Teig backen, bis er fest ist und der Rand goldbraun wird, was vermutlich etwa 15 Min. dauert. Nach 10 Min. sollte aber die Folie etwas angehoben werden, um zu prüfen, wie weit der Boden schon gebacken ist. Ist er fertig, Folie und Hülsenfrüchte entfernen und die Ofentemperatur auf 190 °C reduzieren. Den Boden weiterbacken, bis er überall leicht gebräunt ist, was vermutlich etwa 5 Min. dauert, nach 3 Min. sollte aber nachgesehen werden. Nach Bedarf die Form drehen, falls der Boden unregelmäßig bräunt.

GAREN VON BROKKOLI UND CHAMPIGNONS UND FERTIGSTELLEN DER QUICHE

9 Die Brokkoliröschen vom Stiel trennen, den Stiel der Länge nach in Stifte schneiden. In einem Topf Salzwasser zum Kochen bringen. Den Brokkoli darin etwa 3–5 Min. garen. In ein Sieb abgießen und gut abtropfen lassen.

10 In einer Pfanne die Butter zerlassen. Pilze und Knoblauch darin braten, bis die Pilze ihre Flüssigkeit abgegeben haben und diese vollständig verdampft ist.

11 Eier, Eigelbe, Milch, Sahne, Käse, Salz, Pfeffer und Muskat verquirlen. Pilze und Brokkoli auf dem vorgebackenen Boden verteilen. Fast bis zum Rand mit Eimasse auffüllen. Die Quiche 30–35 Min. backen, bis sie gebräunt und die Eimasse gestockt ist. Die Quiche warm oder bei Zimmertemperatur servieren.

Polenta mit Gemüseragout

EINE VEGETARISCHE MAHLZEIT, bei der niemand das Fleisch vermissen wird. Das Gemüseragout kann man gut am Vortag zubereiten und dann kalt stellen, weil sich so die Aromen besser entfalten und der Geschmack intensiviert wird. Polenta ist ein echter Seelentröster und eine interessante Alternative zu Kartoffeln oder Reis. Besonders lecker schmeckt sie mit etwas Butter zubereitet. Nach dem Garen kann Polenta mit Käse und Kräutern weiter verfeinert werden – lassen Sie Ihrer Fantasie freien Lauf.

PERSONEN 6–8	**ZUBEREITUNG** 40 MIN.	**GARZEIT** 50 MIN.

Zutaten

FÜR DIE POLENTA

1 EL Salz

450 g Polenta

50 g Butter

FÜR DAS GEMÜSERAGOUT

2 Auberginen

2 Zucchini

Salz und Pfeffer

1 Dose Tomaten (400 g)

1 Bund Basilikum

4 EL Olivenöl

3 Zwiebeln, in Scheiben geschnitten

4 Knoblauchzehen, fein gehackt

je 1 rote, gelbe und grüne Paprikaschote, nach Entfernen von Stielansatz, Samen und Scheidewänden in Streifen geschnitten

ZUBEREITEN DER POLENTA

1 In einem großen schweren Topf 2 l Wasser zum Kochen bringen und das Salz dazugeben. Bei mittlerer Hitze langsam die Polenta hineinrieseln lassen und dabei ununterbrochen mit dem Schneebesen kräftig rühren, damit sich keine Klümpchen bilden. Die Polenta sollte während des gesamten Garprozesses vollkommen glatt sein.

2 Die Polenta nach Packungsanweisung garen, bis sie dick wird und sich vom Topfrand löst, häufig umrühren. Bei Instantpolenta dauert das nur wenige Minuten, konventionelle Polenta braucht etwa eine Dreiviertelstunde. In der Zwischenzeit das Gemüseragout zubereiten.

3 Die Polenta probieren. Sie sollte nicht mehr nach rohem Mais schmecken. Anderenfalls weitere 5 Min. garen und nochmals probieren. Die fertige Polenta zugedeckt warm stellen, während das Gemüseragout fertig gegart wird.

VORBEREITEN DER AUBERGINEN UND ZUCCHINI

4 Die Stielansätze der Auberginen entfernen und die Früchte in 2,5 cm große Stücke schneiden. Die Zucchini putzen, der Länge nach halbieren und in 1 cm dicke Scheiben schneiden, diese halbieren.

5 Auberginen und Zucchini getrennt auf einer großen Platte verteilen und mit Salz bestreuen. Etwa 30 Min. stehen lassen, damit sich die Bitterstoffe lösen.

6 Auberginen und Zucchini getrennt unter fließendem kaltem Wasser abspülen und mit Küchenpapier trocken tupfen.

GAREN DES GEMÜSERAGOUTS

7 Die Dosentomaten abtropfen lassen und hacken, den Saft auffangen. 6–8 Stängel Basilikum für die Garnitur zurücklegen, von den übrigen die Blätter abzupfen und grob hacken.

8 Das Öl in einem Topf erhitzen. Zwiebeln und Knoblauch hinzufügen und unter Rühren 3–5 Min. anschwitzen. Unbedingt darauf achten, dass der Knoblauch nicht braun wird, da sonst der Geschmack des Gerichts leidet. Paprikastreifen und Auberginenstücke unterrühren und unter ständigem Rühren 2–3 Min. garen.

9 Die Zucchini hinzufügen und alles unter häufigem Rühren etwa 7–10 Min. weitergaren, bis sich alle Gemüse mit einer Messerspitze leicht einstechen lassen. Falls die Pfanne trocken wird, noch etwas Öl hinzufügen. Tomaten, aufgefangenen Tomatensaft sowie reichlich Salz und Pfeffer unterrühren. Das Gemüse schmeckt kräftig gewürzt am besten. Das Ragout unter gelegentlichem Rühren noch 12–15 Min. köcheln lassen, bis es dicklich geworden ist.

FERTIGSTELLEN DER POLENTA

10 Die Butter sorgfältig unter die Polenta rühren. Polenta und Gemüseragout auf vorgewärmten Tellern anrichten und mit dem aufbewahrten Basilikum garnieren.

Kartoffelpastete mit Roquefort

EINE ENTFERNTE VERWANDTE der bekannten griechischen Spinattorte *spanakopita,* aber anstelle von Spinat verwenden wir hier Kartoffeln. Man kann die Pastete gut vorbereiten und muss sie später dann nur noch goldgelb und knusprig backen. Ungebacken gut mit Frischhaltefolie bedeckt, hält sie sich im Kühlschrank bis zu zwei Tage.

PERSONEN	ZUBEREITUNG	BACKZEIT
6	35–40 MIN.	45–55 MIN.

Zutaten

1 kg Kartoffeln, in sehr dünne Scheiben geschnitten

125 g Roquefort oder anderer Blauschimmelkäse

175 g Butter

500 g Filoteig

4 Schalotten, fein gewürfelt

je 4–5 Stängel Petersilie, Estragon und Kerbel, Blätter fein gehackt

Salz und Pfeffer

3–4 EL Sauerrahm

VORBEREITEN DER FÜLLUNG

1 In einem Topf Wasser zum Kochen bringen. Die Kartoffeln hineingeben und 5 Min. garen, dann abtropfen lassen. Den Käse zerkrümeln.

SCHNEIDEN DES FILOTEIGS

2 **Den Backofen auf** 180 °C vorheizen. Die Butter in einem Topf zerlassen. Eine 28 cm große runde Backform dünn ausbuttern. Ein feuchtes Küchentuch auf der Arbeitsfläche ausbreiten und die Filoteigplatten darauf auslegen.

3 **Die Form daraufsetzen** und im Abstand von 7,5 cm einen Kreis aus dem Teig ausschneiden. Mit einem zweiten feuchten Küchentuch abdecken.

4 **Eine Teigplatte auf ein drittes feuchtes Küchentuch legen,** mit Butter bepinseln und in die Form drücken. Mit einer zweiten Platte ebenso verfahren, dabei die Form um 90° drehen. So die Hälfte des Teigs verbrauchen.

5 **Die Hälfte der Kartoffeln in der Form verteilen** und die Hälfte von Käse, Schalotten und Kräutern sowie Salz und Pfeffer darüberstreuen. Mit den restlichen Zutaten ebenso verfahren, dann den Sauerrahm darübergeben.

6 **Die restlichen Teigplatten buttern** und auf die Füllung legen. Die Teigränder zusammendrücken und unterschlagen oder abschneiden. In die Mitte ein 8 cm großes Loch schneiden. Die Pastete 45–55 Min. backen, bis sie goldbraun ist. In Stücke geschnitten mit einem Blattsalat servieren.

Spaghetti primavera

PRIMAVERA HEISST FRÜHLING, und dieses Nudel-rezept nutzt die ersten, besonders zarten Gemüse der Saison. Neben Erbsen und Möhren können hier auch die ersten Spargelspitzen, kleine Fenchelknol-len oder ganz junge Dicke Bohnen ihren Auftritt haben. Ein wunderbar leichtes Gericht für die ersten schönen Tage des Jahres.

PERSONEN
4

ZUBEREITUNG
45–50 MIN.

GARZEIT
10–12 MIN.

Zutaten

2 Zucchini, in 1 cm große Würfel geschnitten

Salz und Pfeffer

2 Möhren, in 1 cm große Würfel geschnitten

200 g enthülste frische Erbsen

400 g Spaghetti

50 g Butter

175 g Mascarpone

30 g Parmesan, frisch gerieben

ZUBEREITEN VON GEMÜSEN UND NUDELN

1 In einem Topf Wasser mit Salz zum Kochen bringen. Die Zucchini hinein-geben und 2–3 Min. garen, bis sie sich mit einer Messerspitze leicht ein-stechen lassen. In ein Sieb abgießen und auf Küchenpapier abtropfen lassen. Auf trockenes Küchenpapier legen, damit sie später nicht die Spaghettisauce verwässern.

2 Die Möhren mit Salz in einen Topf geben, mit kaltem Wasser bedecken, zum Kochen bringen und 5 Min. köcheln lassen, bis sie gerade weich sind. In ein Sieb abgießen und mit kaltem Wasser abspülen. In einem sau-beren Topf Salzwasser zum Kochen bringen und die Erbsen darin 3–8 Min. köcheln lassen, bis sie weich sind. In ein Sieb abgießen und mit kaltem Wasser abspülen. Die Gemüse müssen getrennt gegart werden, da sie unter-schiedliche Garzeiten haben.

3 In einem großen Topf 4 l Wasser zum Kochen bringen und 1 EL Salz hin-zufügen. Das mag viel erscheinen, aber Nudelwasser muss immer sehr salzig sein. Die Spaghetti hinzufügen und 10–12 Min. oder nach Packungs-anweisung garen, bis sie al dente sind, zwischendurch immer wieder rühren, damit sie nicht verkleben. In einem Sieb sorgfältig abtropfen lassen.

FERTIGSTELLEN DES GERICHTS

4 In der Zwischenzeit die Butter in einem großen Topf erhitzen. Zucchini, Möhren und Erbsen hinzufügen und 1 Min. erhitzen.

5 Den Mascarpone sorgfältig unter-rühren und schmel-zen lassen. Den Topf von der Kochstelle nehmen. Die Spaghetti hineingeben und unter-heben. Den Parmesan dazugeben und ebenfalls unterheben. Das Gericht auf vorgewärmten Tel-lern mit Pfeffer bestreut servieren.

Zwiebel-Roquefort-Quiche

DAS GEHEIMNIS DIESES GERICHTS liegt darin, dass die Zwiebeln beim Garen butterweich werden. Überdies sollte die Eimasse nicht fest gestockt, sondern noch ein wenig weich sein, wenn die Quiche aus dem Backofen kommt.

PERSONEN	ZUBEREITUNG	BACKZEIT
6-8	40-50 MIN. + TEIGRUHE	50-55 MIN.

Zutaten

FÜR DEN TEIG

200 g Mehl sowie Mehl zum Bestreuen

1 Eigelb

½ TL Salz

100 g Butter sowie Butter für die Form

FÜR DEN BELAG

2-3 Zweige Thymian

500 g Zwiebeln

30 g Butter

Salz und Pfeffer

1 Ei

1 Eigelb

125 ml Milch

1 Prise frisch geriebene Muskatnuss

4 EL Sahne

175 g Roquefort

HERSTELLEN DES TEIGS

1 **Das Mehl auf die Arbeitsfläche sieben** und in der Mitte mit den Fingern eine Mulde formen. Eigelb, Salz und 3 EL Wasser hineingeben.

2 **Die Butter in Stückchen teilen** und ebenfalls in die Mulde geben. Alle Zutaten grob vermischen.

3 **Mit den Fingerspitzen** rasch zu groben Krümeln verarbeiten. Den Teig zu einer Kugel zusammendrücken.

4 **Die Arbeitsfläche dünn bemehlen,** dann den Teig mit dem Handballen 1-2 Min. kneten, bis er glatt ist und sich in einem Stück von der Arbeitsfläche löst. Den Teig zu einer Kugel formen und in Frischhaltefolie eingewickelt etwa 30 Min. kalt stellen.

AUSLEGEN DER FORM

5 **Eine 25 cm große Quicheform ausbuttern.** Die Arbeitsfläche dünn bemehlen. Den Teig zu einem 30 cm großen Kreis ausrollen, um das Nudelholz wickeln und so in die Form legen, dass die Ränder überhängen.

6 **Den Teigrand behutsam anheben** und in die Form drücken. Mit dem Nudelholz über die obere Kante der Form rollen, um überschüssigen Teig abzutrennen.

7 **Mit Daumen und Zeigefingern** den Teig am Rand der Form nach oben drücken, sodass er ganz leicht übersteht. Den Boden mit einer Gabel einstechen und den Teig noch einmal mindestens 15 Min. kalt stellen.

BLINDBACKEN DES TEIGS

8 **Den Backofen auf 220 °C vorheizen.** Eine doppelte Lage Alufolie auf den Teigboden legen. Die Folie so zurechtschneiden, dass sie etwa 4 cm über den oberen Rand der Form hinaussteht.

9 **Die Folie mit getrockneten Hülsenfrüchten oder Backgewichten bedecken,** um den Teig zu beschweren. Etwa 15 Min. backen.

10 **Alufolie und Hülsenfrüchte entfernen.** Die Temperatur auf 190 °C reduzieren und den Boden weitere 5-8 Min. backen, bis er leicht gebräunt ist. Aus dem Backofen nehmen.

ZUBEREITEN DES BELAGS

11 **Die Thymianblätter** von den Stängeln abstreifen. Die Zwiebeln in Scheiben schneiden. Die Butter in einem Topf zerlassen. Zwiebeln, Thymian sowie Salz und Pfeffer dazugeben. Mit einem Stück Alufolie abdecken. Die Zwiebeln zugedeckt unter gelegentlichem Rühren 20–30 Min. sanft garen, bis sie sehr weich, aber noch nicht gebräunt sind.

12 **In der Zwischenzeit** die Eimasse zubereiten: Ei, Eigelb, Milch, Salz, Pfeffer und Muskat in einer Schüssel mit der Sahne verquirlen.

13 **Den Käse** in den Topf mit den Zwiebeln krümeln und rühren, bis er geschmolzen ist. Die Mischung etwas abkühlen lassen, dann mit dem Rücken eines Löffels gleichmäßig auf dem Quicheboden verteilen. Die Form auf ein Blech stellen, fast bis zum Rand Eimasse hineinfüllen und vorsichtig mit einer Gabel untermischen.

BACKEN UND SERVIEREN DER QUICHE

14 **Die Quiche im heißen Ofen 30–35 Min. backen,** bis sie leicht gebräunt und die Eimasse gestockt ist. Die Quiche dabei im Auge behalten, ohne aber die Backofentür zu öffnen. Nicht zu lange garen, da die Eimasse sonst trocken und zu fest wird. Sie sollte sich noch bewegen, wenn die Form sanft gerüttelt wird. Die Quiche etwas abkühlen lassen, dann aus der Form nehmen.

15 **Die Quiche auf eine Servierplatte setzen.** In Stücke geschnitten warm oder bei Zimmertemperatur servieren (aber nie kalt aus dem Kühlschrank, da sie dann eine harte, unangenehme Konsistenz hat). Reichen Sie dazu nach Belieben einen erfrischenden kleinen Salat aus Chicorée, Brunnenkresse und Tomaten, der einen interessanten Kontrast zu der cremigen Füllung bildet.

Überbackene Auberginen

EIN ITALIENISCHER KLASSIKER, herzhaft und so reichhaltig, dass niemand hungrig den Tisch verlässt. Mit diesem Gericht kann man auch Menschen begeistern, die sonst keine großen Freunde pflanzlicher Kost sind, denn die leckeren Schichten aus Käse, Tomatensauce und Gemüse überzeugen selbst hartnäckige Verweigerer.

PERSONEN	ZUBEREITUNG	GARZEIT
8	45–50 MIN. + WARTEZEIT	40–50 MIN.

Zutaten

4 Auberginen

Salz und Pfeffer

175 ml Olivenöl

1 Bund Basilikum, Blätter in Streifen geschnitten

125 g Parmesan, frisch gerieben

500 g Mozzarella, gewürfelt

FÜR DIE TOMATENSAUCE

2,5 kg Tomaten

3 Zwiebeln, fein gehackt

5 Knoblauchzehen, fein gehackt

5–7 Stängel Oregano, Blätter grob gehackt

3 EL Tomatenmark

1 Prise Zucker

1 Bouquet garni aus 5–6 Stängeln Petersilie, 2–3 Zweigen Thymian und 1 Lorbeerblatt

ZUBEREITEN VON AUBERGINEN UND SAUCE

1 Die Auberginen putzen und quer in 1 cm dicke Scheiben schneiden. Die Scheiben auf einem Backblech auslegen, mit Salz bestreuen und 30 Min. stehen lassen, um sie zu entwässern und Bitterstoffe zu lösen.

2 Die Stielansätze der Tomaten entfernen. Die Früchte unten kreuzförmig einritzen und für 8–15 Sek. in kochendes Wasser tauchen, bis die Haut aufplatzt, dann in kaltes Wasser legen. Die Haut abziehen. Die Tomaten halbieren und nach Entfernen der Samen grob hacken.

3 In einem Topf 3 EL Öl erhitzen und die Zwiebeln darin bei mittlerer Temperatur unter gelegentlichem Rühren 3–4 Min. anschwitzen. Tomaten, Knoblauch, Oregano, Tomatenmark, Salz, Pfeffer, Zucker und Bouquet garni hinzugeben.

4 Die Sauce zugedeckt bei sehr schwacher Hitze 15 Min. köcheln lassen, dann ohne Deckel unter gelegentlichem Rühren noch etwa 15 Min. garen, bis sie eindickt. Das Bouquet garni entfernen. Die Sauce abschmecken.

5 Die Auberginenscheiben in einem Sieb unter fließendem kaltem Wasser sorgfältig abspülen, um das Salz zu entfernen, und auf Küchenpapier gut abtropfen lassen. Den Backofen auf 180 °C vorheizen.

FERTIGSTELLEN DES AUFLAUFS

6 **Zwei Backbleche einölen.** Die Auberginenscheiben darauflegen, mit Öl einpinseln und etwa 20–25 Min. im Backofen garen, bis sie gerade weich sind, zwischendurch einmal wenden und wieder mit Öl einpinseln.

7 **In einer ofenfesten Form** etwa ein Viertel der Tomatensauce verteilen. Ein Drittel der Auberginenscheiben leicht überlappend darauflegen. Mit etwa einem Drittel des Basilikums und jeweils einem Viertel von Parmesan und Mozzarella bestreuen.

8 Sauce, Auberginen, Basilikum und Käse weiter in die Form füllen, bis drei Schichten entstanden sind. Zum Schluss die restliche Tomatensauce sowie verbliebenen Mozzarella und Parmesan verteilen. Den Auflauf 20–25 Min. im Ofen backen. Vor dem Servieren 15 Min. ruhen lassen.

 VARIANTE: Gratin von mediterranen Gemüsen

Inspiriert von einem traditionellen provenzalischen Rezept.

1 Tomaten und Mozzarella entfallen. 1 kg kleine Auberginen und etwa 750 g große Zucchini putzen und in Scheiben schneiden. Wie oben salzen und abspülen. 6 große Zwiebeln in dünne Scheiben schneiden. In einer Pfanne 2 EL Olivenöl erhitzen. Die Zwiebeln mit Salz und Pfeffer hineingeben und mit Alufolie abgedeckt unter gelegentlichem Rühren bei schwacher Hitze 20 Min. garen, bis sie weich sind und gerade braun werden.

2 Etwa 1,5 kg Tomaten enthäuten und nach Entfernen der Samen hacken. Die Blätter von 1 Bund Thymian abstreifen. Aus den Tomaten und drei Vierteln der Thymianblätter wie beschrieben eine Sauce kochen; es sollte etwa 10 Min. länger dauern, bis die Sauce dicklich ist.

3 Acht 15 cm große ofenfeste Formen mit Öl auspinseln. Etwa 120 ml Tomatensauce zurückstellen, den Rest auf die Förmchen verteilen. Auberginen und Zucchini abwechselnd spiralförmig einschichten. Auf jede Portion 1 TL Olivenöl, Thymian, Salz und Pfeffer geben. Die Gratins etwa 15 Min. backen. In die Mitte jeder Portion einen Löffel der zurückgestellten Tomatensauce streichen und 1 TL Öl sowie 1 EL Parmesan darübergeben. Die Förmchen noch einmal für etwa 10 Min. in den Backofen schieben, bis das Gemüse der Spitze eines Messers keinen Widerstand mehr bietet.

Flämische Gemüsequiche

EIN BUTTRIGER HEFETEIG bildet den leckeren Boden für diese Gemüsetorte, die eine feine Alternative zu Pizza ist. Keine Angst vor Hefeteig – die Herstellung ist ganz einfach. Man kann ihn sogar wunderbar am Vortag kneten und dann mit Frischhaltefolie bedeckt ganz langsam im Kühlschrank gehen lassen.

PERSONEN	ZUBEREITUNG	BACKZEIT
8	50-55 MIN. + TEIGRUHE	40-45 MIN.

Zutaten

FÜR DEN TEIG

10 g frische Hefe oder 1½ TL Trockenhefe

250 g Mehl (Type 550) sowie Mehl zum Bestreuen

1 TL Salz

3 Eier

125 g weiche Butter sowie zerlassene Butter zum Einfetten

FÜR DIE FÜLLUNG

500 g Champignons

4 Möhren

2 Speiserüben

100 g Butter

Salz und Pfeffer

8-10 Frühlingszwiebeln, in feine Ringe geschnitten

4 Eier

250 g Sahne

¼ TL frisch geriebene Muskatnuss

HERSTELLEN DES TEIGS

1 Die Hefe in eine kleine Schüssel mit 4 EL lauwarmem Wasser krümeln oder streuen und 5 Min. stehen lassen. Mehl und Salz auf die Arbeitsfläche sieben. In der Mitte eine Mulde formen und Hefe und Eier hineingeben.

2 Mit den Fingerspitzen die Zutaten in der Mulde sorgfältig vermischen. Das Mehl – eventuell mit einem Teigschaber – in die Mitte ziehen und mit den Fingerspitzen in die anderen Zutaten einarbeiten, um einen glatten Teig herzustellen. Sollte er sehr klebrig sein, noch etwas Mehl hinzufügen.

3 Den Teig auf der bemehlten Arbeitsfläche kneten, dabei hochheben und wieder auf die Arbeitsfläche schlagen, bis er elastisch ist, was etwa 10 Min. dauern sollte. Nach Bedarf zusätzliches Mehl einarbeiten. Der Teig sollte klebrig sein, sich aber leicht von der Arbeitsfläche lösen.

4 Die Butter einarbeiten, dann den Teig 3-5 Min. kneten, bis er wieder glatt ist. Zu einer Kugel formen. Eine Schüssel mit zerlassener Butter ausstreichen und den Teig darin wenden. Die Schüssel mit Frischhaltefolie bedecken und den Teig zum Aufgehen für etwa 1 Std. an einen warmen Platz oder über Nacht im Kühlschrank gehen lassen.

ZUBEREITEN DER GEMÜSE

5 Die Pilze mit feuchtem Küchenpapier abreiben und die Stiele bündig mit den Hüten abschneiden. Die Hüte, Stielansatz nach unten, auf ein Brett setzen und in sehr schmale Streifen schneiden.

6 Möhren und Speiserüben schälen, dann ebenfalls in feine Streifen schneiden. In einem Topf die Butter zerlassen. Die Möhrenstreifen hinzufügen und etwa 5 Min. sanft garen, dabei gelegentlich umrühren. Pilze und Speiserüben sowie Salz und Pfeffer hinzufügen.

7 Ein Stück gebutterte Alufolie auf die Gemüse drücken und diese mit aufgelegtem Deckel unter gelegentlichem Rühren etwa 10 Min. garen – sie sollten gedämpft werden, ohne zu bräunen. Von der Kochstelle nehmen, die Frühlingszwiebeln hinzufügen und die Mischung abschmecken.

AUSLEGEN DER FORM

8 Eine 30 cm große Quicheform ausbuttern. Den Hefeteig kurz durchkneten, dann auf der dünn bemehlten Arbeitsfläche zu einem Kreis ausrollen, der 8 cm größer als die Form ist. Den Teig um das Nudelholz wickeln und in die Form gleiten lassen.

9 Den überstehenden Teig behutsam anheben und mit der anderen Hand sorgfältig an den Boden und Rand der Form drücken. Mit dem Nudelholz über den Formrand rollen, um überschüssigen Teig abzutrennen. Mit Daumen und Zeigefinger den Teig von unten gleichmäßig nach oben drücken, sodass er leicht über die Form hinaussteht.

FÜLLEN UND BACKEN DER QUICHE

10 Den Backofen auf 200 °C vorheizen. Die Gemüsemischung gleichmäßig auf dem Teigboden verteilen. Eier, Sahne, Salz, Pfeffer und Muskat sorgfältig verquirlen und die Mischung über die Gemüse in der Form gießen.

11 Überstehenden Teigrand vorsichtig auf die Füllung drücken. Den Kuchen an einem warmen Platz gehen lassen, bis der Teig aufgegangen ist, was 20-30 Min. dauert, an einem kühlen Tag vielleicht etwas länger. Die Quiche 40-45 Min. backen, bis der Rand gut gebräunt ist. Die Füllung muss gestockt sein, sollte beim Einstechen mit einem Messer aber noch weich wirken. Sollte die Oberfläche vor Ende der Garzeit zu braun werden, locker mit einem Stück Alufolie bedecken. Die Quiche warm oder bei Zimmertemperatur servieren.

Paprikapizza

DAMIT DER TEIG WÜRZIG SCHMECKT, wird er hier mit schwarzem Pfeffer zubereitet. Die Paprikaschoten sollten kräftig gefärbt und fest sein. Anstelle von Cayennepfeffer kann man auch in dünne Scheiben geschnittene Chilischoten verwenden, die man kurz vor Ende der Backzeit auf die Pizza streut.

PERSONEN	ZUBEREITUNG	BACKZEIT
4	1¼ STD. + TEIGRUHE	20–25 MIN.

Zutaten

FÜR DEN TEIG

1½ TL Trockenhefe oder 10 g frische Hefe

375 g Mehl (Type 550) sowie Mehl zum Bestreuen

½ TL Pfeffer

Salz

2 EL Olivenöl sowie Öl für die Schüssel

FÜR DEN BELAG

4 EL Olivenöl

2 Zwiebeln, in dünne Scheiben geschnitten

2 rote Paprikaschoten

je 1 grüne und 1 gelbe Paprikaschote

3 Knoblauchzehen, fein gehackt

1 kleines Bund Kräuter wie Rosmarin, Basilikum und/oder Petersilie, Blätter sehr fein gehackt

Cayennepfeffer

175 g Mozzarella

HERSTELLEN DES TEIGS

1 **Die Hefe in 4 EL lauwarmes Wasser streuen** oder krümeln und 5 Min. stehen lassen, bis sie sich aufgelöst hat.

2 **Das Mehl auf die Arbeitsfläche häufen,** dann Pfeffer und ¼ TL Salz hinzufügen. In der Mitte eine Mulde formen und Hefe, 250 ml lauwarmes Wasser sowie 2 EL Olivenöl hineingeben. Die Zutaten in der Mulde mit den Fingerspitzen kurz verrühren.

3 **Das Mehl mit den anderen Zutaten vermischen.** Kneten, bis der Teig elastisch ist, dann zu einer Kugel formen. In eine eingeölte Schüssel legen, mit Frischhaltefolie bedecken und an einem warmen Ort 1 Std. gehen lassen.

VORBEREITEN DES BELAGS

4 **In einer Pfanne 1 EL Öl erhitzen.** Die Zwiebeln darin unter Rühren 2–3 Min. leicht anbraten. In einer Schüssel beiseitestellen.

5 **Die Paprikaschoten von Stielansatz,** Samen und Scheidewänden befreien, dann in Streifen schneiden. Das restliche Öl in die Pfanne geben, Knoblauch, die Hälfte der Kräuter, Salz und Cayennepfeffer zugeben und unter Rühren 7–10 Min. anschwitzen, dann kräftig abschmecken und abkühlen lassen. Den Mozzarella in Scheiben schneiden.

ZUSAMMENSTELLEN DER PIZZA

6 **Den Backofen** auf 230 °C vorheizen. Ein Backblech auf unterer Schiene in den Ofen schieben. Ein zweites Blech dünn mit Mehl bestreuen.

7 **Den Teig** kurz durchkneten, dann zu einer Kugel formen. Die Arbeitsfläche dünn bemehlen. Den Teig zu einem Kreis ausrollen, bis der Fladen etwa 1 cm dick ist.

8 **Den Teigfladen** auf das bemehlte Backblech heben und, falls gewünscht, außen etwas nach oben drücken, sodass ein leicht erhöhter Rand entsteht.

BACKEN DER PIZZA

 Zuerst die Zwiebeln und dann die Paprikastreifen gleichmäßig auf dem Boden verteilen, dabei rundum einen 2 cm breiten Rand lassen, der beim Backen goldbraun wird. In der Pfanne verbliebenes Öl über die Paprikaschoten träufeln und die Mozzarellascheiben gleichmäßig verteilen. Die Pizza für 10-15 Min. an einem warmen Platz stellen, bis der Teig an den Rändern gut aufgegangen ist. Nicht länger stehen lassen, da die Pizza möglichst rasch gebacken am besten schmeckt.

10 Mit einer ruckartigen Bewegung die Pizza auf das heiße Blech im Backofen gleiten lassen. Die Pizza backen, bis der Teig rundum gebräunt und der Käse geschmolzen ist. Die Garzeit sollte 20-25 Min. betragen, kann aber je nach Backofen leicht variieren. Die fertige Pizza herausnehmen, gleichmäßig mit den restlichen Kräutern bestreuen und zum Servieren in große Stücke schneiden.

VARIANTE: Paprika-Mozzarella-Calzone

Dieses Rezept ergibt vier Pizzataschen.

1 Den Pizzateig wie im Hauptrezept herstellen. Den Belag wie beschrieben zubereiten. Zwiebeln und Paprikaschoten vermischen. Den Teig in vier Stücke teilen und jedes Stück zu einem etwa 1 cm dicken Quadrat ausrollen.

2 Auf jedem Quadrat diagonal die Mitte markieren. Die Paprikamischung auf eine Hälfte geben, dabei einen 2,5 cm breiten Rand frei lassen. Den Mozzarella darauflegen. Die Teigränder mit Wasser bestreichen und die freie Hälfte über die Füllung falten, sodass Dreiecke entstehen.

3 Die Ränder gut zusammendrücken. Die Dreiecke auf ein bemehltes Backblech legen und 30 Min. gehen lassen. 1 Ei mit ½ TL Salz verquirlen und die Taschen damit bestreichen. Die Taschen 15-20 Min. backen, bis sie goldbraun sind, dann mit etwas Olivenöl einpinseln und servieren.

Alles aus einem Topf

Mahlzeiten, die fast von allein garen

Suppe mit Jakobsmuscheln

EIN KLASSISCH AMERIKANISCHES CHOWDER.
Ein Gericht für besondere Gelegenheiten, das die Süße von Muscheln und Mais mit salzigem Speck verbindet. Dazu werden traditionell *oyster crackers* serviert, kleine Cracker, die man in einer Schale reicht, damit jeder Gast sie selbst in seine Suppe bröseln kann.

PERSONEN	ZUBEREITUNG	GARZEIT
6-8	25-30 MIN.	25-30 MIN.

Zutaten

4 Maiskolben

750 g kleine Jakobsmuscheln, ausgelöst

500 g neue Kartoffeln

250 g durchwachsener Speck, in Streifen geschnitten

2 Zwiebeln, in Scheiben geschnitten

1 Lorbeerblatt

Salz und Pfeffer

750 ml Fischbrühe

250 g Sahne

500 ml Milch

Paprikapulver

VORBEREITEN DER ZUTATEN

1 **Maiskolben auf ein Schneidebrett stellen.** Die Körner von oben nach unten abschneiden und in eine Schüssel geben. Über der Schüssel mit dem Messerrücken Reste von den Kolben abschaben.

2 **Das Muschelfleisch** gegebenenfalls von der festen weißen Haut befreien. Die Kartoffeln schälen und je nach Größe halbieren oder in Viertel schneiden.

ANBRATEN VON SPECK UND ZWIEBELN

3 **Einen großen Topf erhitzen.** Den Speck darin 3-5 Min. unter Rühren braten, bis das Fett ausgetreten ist. Speckstücke mit einem Schaumlöffel auf einen mit Küchenpapier ausgelegten Teller heben.

4 **Die Temperatur reduzieren.** Die Zwiebeln im Topf unter häufigem Rühren 3-5 Min. anschwitzen, bis sie weich und glasig sind. Mit einem Schaumlöffel auf den Teller heben. Das Fett aus dem Topf abgießen.

FERTIGSTELLEN DER SUPPE

5 **Die Kartoffeln** mit Lorbeerblatt, Salz und Pfeffer in den Topf geben. Die Brühe dazugießen, zum Kochen bringen und 7-10 Min. köcheln lassen, bis sich die Kartoffeln beim Einstechen mit einem Messer etwas weicher anfühlen.

6 **Den größten Teil** von Speck und Zwiebeln in den Topf geben. Den Mais hinzufügen, Sahne und Milch angießen. 7-10 Min. köcheln lassen, bis die Kartoffeln weich sind. Die Muscheln dazugeben. Alles wieder zum Kochen bringen, dann das Lorbeerblatt entfernen. Die Suppe in Schalen mit Paprikapulver sowie restlichen Zwiebeln und Speck bestreut servieren.

Hähnchen auf Jägerart

DIE ITALIENISCHE ART Wildgeflügel, aber auch Hähnchen zuzubereiten. In Italien heißt es dann *alla cacciatora*. Der Rosmarin kann nach Belieben durch Salbei ersetzt werden. Die ungewöhnliche Beilage besteht aus geschmortem Endiviensalat. Das Hähnchen kann zwei Tage im Voraus zubereitet werden. In der Sauce kalt stellen.

PERSONEN	ZUBEREITUNG	GARZEIT
4	20–25 MIN.	45–60 MIN.

Zutaten

1 Hähnchen (etwa 1,5 kg), in 8 Teile zerlegt

Salz und Pfeffer

4 EL Olivenöl

1 Zwiebel, gewürfelt

4 Knoblauchzehen, fein gehackt

1 Zweig Rosmarin

1 Lorbeerblatt

4 EL trockener Weißwein

125 ml Hühnerbrühe

1 Kopf Endiviensalat (etwa 750 g)

GAREN DES HÄHNCHENS

1 **Die Hähnchenteile** rundum salzen und pfeffern. In einer Schmorpfanne bei mittlerer Temperatur die Hälfte des Öls erhitzen. Ober- und Unterschenkel mit der Hautseite nach unten hineinlegen und etwa 5 Min. anbraten, bis sie braun werden. Die Bruststücke hinzufügen und 10–15 Min. braten, bis sie Farbe angenommen haben. Die Teile wenden und auf der anderen Seite bräunen.

2 **Die Zwiebel** und die Hälfte des Knoblauchs auf den Topfboden geben und etwa 10 Min. behutsam braten, bis sie weich und goldbraun sind. Rosmarin, Lorbeerblatt, Wein, Brühe, Salz und Pfeffer dazugeben. Umrühren, einen Deckel auflegen und das Fleisch 15–20 Min. schmoren.

SCHMOREN DER ENDIVIE

3 **In der Zwischenzeit** die Wurzelscheibe von der Endivie abschneiden. Harte Außenblätter entfernen. Den Rest waschen, dann senkrecht durch das Herz in 8 Stücke schneiden. In einer Pfanne das übrige Öl erhitzen. Die Endivie mit restlichem Knoblauch, 4 EL Wasser sowie Salz und Pfeffer hinzufügen, aufkochen und zugedeckt 10–20 Min. köcheln lassen, dabei ab und zu wenden. Mit einem Messer nahe des Herzens prüfen, ob sie weich ist. Die Flüssigkeit sollte verdampft und die Endivie dünn mit Öl überzogen sein.

4 **Die Hähnchenteile** aus dem Topf nehmen und auf vorgewärmten Tellern anrichten. Lorbeerblatt und Rosmarin aus der Sauce entfernen und die Sauce, falls nötig, mit Salz und Pfeffer abschmecken.

5 **Die Endivie** neben dem Fleisch anrichten, dabei große Blätter um die kleineren legen, sodass ordentliche Päckchen entstehen. Die Sauce über die Hähnchenteile schöpfen. Als Beilage knuspriges Brot reichen.

Ragout vom Seeteufel

DAS FESTE FLEISCH des Seeteufels wird hier in Weißwein gegart. Die Sauce erhält durch mit Mehl verknetete Butter, sogenannte *beurre manié*, eine samtige Konsistenz. Das Gericht kann bis einschließlich Schritt 4 am Vortag zubereitet werden.

PERSONEN	ZUBEREITUNG	GARZEIT
6	45–50 MIN.	25–30 MIN.

Zutaten

FÜR DAS RAGOUT

750 g Seeteufelfilet, enthäutet

Salz und Pfeffer

2 Stangen Lauch

500 g kleine Zucchini

75 g weiche Butter

2 Schalotten, gewürfelt

2 Knoblauchzehen, fein gehackt

250 g Champignons, geputzt und geviertelt

3–5 Zweige Thymian, Blätter abgezupft

1 Lorbeerblatt

250 ml trockener Weißwein

500 ml Fischbrühe

3 EL Mehl

1 kleines Bund Petersilie, Blätter gehackt

FÜR DAS RÖSTBROT

6 Scheiben Weißbrot

50 g Butter

3 EL neutrales Pflanzenöl

VORBEREITEN VON FISCH UND GEMÜSE

1 Den Seeteufel nach Bedarf parieren, dann waschen und mit Küchenpapier trocken tupfen. Den Fisch schräg in 1 cm dicke Scheiben schneiden, anschließend salzen und pfeffern.

2 Den Lauch putzen, längs halbieren und quer in 1 cm breite Streifen schneiden. Sorgfältig unter fließendem kaltem Wasser abspülen, um Schmutz oder Erde zu entfernen. Gut abtropfen lassen.

3 Die Zucchini putzen. In 5 cm große Stücke schneiden und diese der Länge nach vierteln.

HERSTELLEN VON GEMÜSEFOND UND RÖSTBROT

4 30 g Butter zerlassen. Schalotten, Knoblauch und Lauch 3–5 Min. anschwitzen. Pilze, Thymian, Lorbeerblatt, Wein und Brühe hinzufügen und 10–15 Min. köcheln lassen. Zucchini dazugeben und 8–10 Min. garen.

5 Das Brot entrinden und in Dreiecke schneiden. Butter und Öl in einer Pfanne erhitzen. Das Brot darin portionsweise auf jeder Seite 1 Min. braten, bis es goldbraun ist. Auf Küchenpapier abtropfen lassen.

GAREN DES FISCHS UND BINDEN DER SAUCE

6 Den Seeteufel in den Gemüsefond geben und nach Bedarf etwas Wasser zugießen, sodass er knapp bedeckt ist. Behutsam umrühren. Bei zu kräftigem Rühren kann der Fisch zerfallen.

7 Den Deckel auflegen. Den Topfinhalt wieder zum Kochen bringen und 3–5 Min. köcheln lassen, bis sich der Fisch mit einer Gabel leicht einstechen lässt.

8 Restliche Butter und Mehl mit einer Gabel verkneten, in die Garflüssigkeit rühren und 2 Min. köcheln lassen.

9 Das Lorbeerblatt entfernen. Die Hälfte der Petersilie unterrühren und das Ragout abschmecken. In eine vorgewärmte Terrine geben, mit der restlichen Petersilie bestreuen und mit dem Röstbrot servieren.

 VARIANTE: Seeteufelragout mit Rotwein

Ungewöhnlich und voller intensiver Aromen.

1 Knoblauch, Lauch, Petersilie, Thymian, Zucchini und Weißwein entfallen. Seeteufel, Schalotten und Pilze wie beschrieben vorbereiten, ebenso das Röstbrot. Die Schalotten 1 Min. in Butter anschwitzen, bis sie weich sind. 500 ml Rotwein dazugeben und auf die Hälfte einkochen lassen.

2 In der Zwischenzeit 250 g Perlzwiebeln schälen. In einer Pfanne 30 g Butter zerlassen und die Zwiebeln darin 5-8 Min. goldbraun anbraten. Die Pilze hinzufügen und 3-5 Min. garen, bis die Flüssigkeit verdampft ist und die Pilze weich sind.

3 Etwa 500 ml Fischbrühe und 1 Lorbeerblatt in den Topf geben. Den Seeteufel hinzufügen und zugedeckt 3-5 Min. köcheln lassen, bis er gar ist. Zwiebeln und Pilze unterrühren und die Sauce wie beschrieben binden.

Paella

EINE MAHLZEIT FÜR VIELE GÄSTE. Dieses spanische Reisgericht mit Safran, Hähnchenfleisch, Garnelen, Miesmuscheln und Chorizo hat seinen Namen nach der *paellera,* der Henkelpfanne, in der es traditionell auf offenem Feuer zubereitet wird. Da sie in den wenigsten Küchen vorhanden sein dürfte, verwendet man als Ersatz einfach eine möglichst breite Pfanne. Wichtig ist, die Zutaten in einer relativ dünnen Schicht zu verteilen.

PERSONEN	ZUBEREITUNG	GARZEIT
8-10	1 STD.	40-45 MIN.

Zutaten

2 große Prisen Safranfäden

500 g ungeschälte rohe Riesengarnelen

1 kg Miesmuscheln

750 g Hähnchenkeulen (nach Belieben mit Knochen), in Stücke geteilt

Salz und Pfeffer

4 EL Olivenöl

250 g Chorizo, in 1 cm dicke Scheiben geschnitten

2 große Zwiebeln, gewürfelt

2 rote Paprikaschoten, nach Entfernen von Stielansatz, Samen und Scheidewänden in Streifen geschnitten

750 g Paellareis oder anderer Rundkornreis

3 Knoblauchzehen, fein gehackt

2 Dosen Tomatenstücke (à 400 g)

375 g grüne Bohnen, in 1 cm große Stücke geschnitten

1-2 EL gehackte Petersilie

VORBEREITEN DER ZUTATEN

1 In ein Schälchen 3-4 EL kochendes Wasser geben und den Safran hineinstreuen. Den Safran mindestens 15 Min. ziehen lassen, damit er seine herrliche orangegelbe Farbe und sein Aroma abgibt und die Paella später intensiv aromatisiert.

2 Die Garnelen nicht schälen, aber die Beine abbrechen und wegwerfen. Das mittlere Segment der Schwanzflosse sehr vorsichtig herausziehen, sodass der schwarze Darm mit entfernt wird (er ist mit der Schwanzflosse verbunden). Die Garnelen unter fließendem kaltem Wasser abspülen und sorgfältig trocken tupfen. Garnelen nie in Wasser legen, da sie sich vollsaugen, wodurch ihre Konsistenz leidet.

3 Die Muscheln unter fließendem kaltem Wasser mit einer harten Bürste schrubben und mit einem kleinen Messer Kalkreste abkratzen. Algen und Bärte von den Muscheln entfernen. Alle Muscheln wegwerfen, deren Schalen beschädigt sind oder die sich beim Aufklopfen auf die Küchenspüle nicht öffnen.

GAREN DER PAELLA

4 **Die Hähnchenstücke würzen.** Das Öl in einer 30-35 cm breiten Pfanne erhitzen und das Fleisch darin 10-12 Min. bräunen, dabei einmal wenden. Mit einem Schaumlöffel auf einen Teller heben. Nun die Chorizo auf jeder Seite 1-2 Min. bräunen. Ebenfalls auf den Teller heben.

5 **Zwiebeln und Paprikaschoten** in die Pfanne geben und unter gelegentlichem Rühren 5-7 Min. braten, bis sie weich sind. Den Reis untermischen und 2-3 Min. rühren, bis er das Öl und all die anderen Aromen aufgenommen hat.

6 **1,5 l Wasser, Knoblauch,** den Safran mit Einweichwasser sowie reichlich Salz und Pfeffer unterrühren. Die Hähnchenstücke in den Reis drücken. Die Chorizoscheiben verteilen, dann Tomaten, Bohnen, Garnelen und Muscheln. Die Flüssigkeit zum Kochen bringen.

7 Die Paella unbedeckt 25-30 Min. köcheln lassen, bis der Reis die gesamte
Flüssigkeit absorbiert hat und weich ist. Er sollte aber noch etwas Biss
behalten. Nicht umrühren, weil der Reis sonst klebrig wird. Falls der Reis nicht
weich genug ist, noch etwas Wasser hinzufügen und die Paella einige Minuten
länger köcheln lassen. Von der Kochstelle nehmen und noch ungeöffnete
Muscheln wegwerfen. Die Paella mit einem Küchentuch bedecken und 5 Min.
stehen lassen, dann mit der Petersilie bestreuen und servieren.

 VARIANTE: Meeresfrüchte-Paella

Das Hähnchen wird durch zarten Tintenfisch ersetzt.

1 Grüne Bohnen und Hähnchen weglassen. Safran, Zwiebeln, Knoblauch,
Tomaten und Chorizo wie im Hauptrezept vorbereiten, die roten Paprikaschoten durch grüne Paprikaschoten und die Miesmuscheln durch die gleiche
Menge Herz- oder Venusmuscheln ersetzen. Die Garnelen aufschneiden und
flach drücken, den schwarzen Darm entfernen.

2 375 g gesäuberten Kalmar waschen und sorgfältig abtropfen lassen. Die
Fangarme abtrennen. Kleine Arme ganz lassen, große in 2-3 Stücke schneiden. Die Körper in 1 cm breite Ringe schneiden.

3 Chorizo, Zwiebeln, Paprikaschoten und Reis wie beschrieben garen. Das
Wasser dazugießen. Die Chorizo auf den Reis legen, dann Garnelen, Tomaten,
Kalmare, 125 g enthülste frische Erbsen oder TK-Erbsen und schließlich die
Muscheln. Die Paella wie im Hauptrezept garen und servieren.

Cioppino mit Meeresfrüchten

EIN GRANDIOSES GERICHT, das italienische Einwanderer im 19. Jahrhundert in San Francisco erfunden haben. Bereiten Sie es mit Sorgfalt zu, denn Krebse, Miesmuscheln und Jakobsmuscheln nehmen es übel, wenn man sie zu lange gart.

PERSONEN
4

ZUBEREITUNG
45–50 MIN.

GARZEIT
25–30 MIN.

Zutaten

4 EL Olivenöl

2 große Zwiebeln, gewürfelt

1 EL Tomatenmark

3 Dosen Tomatenstücke (à 400 g)

3 Knoblauchzehen, fein gehackt

1 Prise Cayennepfeffer

Salz und Pfeffer

1 Bouquet garni aus 5–6 Stängeln Petersilie, 2–3 Zweigen Thymian und 1 Lorbeerblatt

500 ml trockener Weißwein

2 gegarte Taschenkrebse (à etwa 750 g)

750 g Miesmuscheln

500 g weißfleischiges Fischfilet, enthäutet

250 g ausgelöste kleine Jakobsmuscheln

1 kleines Bund Petersilie, Blätter fein gehackt

HERSTELLEN DER TOMATENBRÜHE

1 **In einem Topf** das Öl erhitzen. Die Zwiebeln darin 3–5 Min. anschwitzen, bis sie weich und glasig sind. Tomatenmark, Tomaten, Knoblauch, Cayennepfeffer, Salz, Pfeffer und Bouquet garni hinzufügen.

2 **Den Weißwein angießen.** Die Brühe zugedeckt etwa 20 Min. köcheln lassen, zwischendurch ab und zu umrühren. Die Mischung sollte etwas eindicken und aromatisch duften.

VORBEREITEN DER TASCHENKREBSE

3 **Die Taschenkrebse** auf den Rücken legen. Die Beine herausdrehen und beiseitestellen. Den Körper festhalten und die Scheren am unteren Gelenk abdrehen.

4 **Mit einer Hummerschere** oder dem Rücken eines schweren Messers die Krebsscheren anknacken, die Schale aber nicht entfernen. Große Beine ebenfalls knacken, kleine Beine wegwerfen oder für die Herstellung von Fond verwenden.

5 **Den Körper öffnen:** Die Schwanzplatte auf der Unterseite des Panzers anheben, mit einer Drehbewegung entfernen und wegwerfen. Mit den Händen den Panzer aufbrechen.

6 **Das Innere** behutsam aus dem Panzer herausziehen. Weiches braunes Fleisch im Panzer herausschaben und in einer Schüssel beiseitestellen. Die hellen Kiemen entfernen. Die knochenartige Substanz auseinanderbrechen und das Fleisch herauskratzen. Ebenfalls in die Schüssel geben und beiseitestellen.

VORBEREITEN VON MUSCHELN UND FISCH

7 **Die Miesmuscheln** mit einer kleinen harten Bürste unter fließendem kaltem Wasser sorgfältig säubern. Muscheln wegwerfen, die eine beschädigte Schale haben oder sich beim Aufklopfen auf die Spüle nicht schließen. Mit einem kleinen Messer alle Kalkreste abkratzen. Mit den Fingern Algen und Bärte von den Schalen entfernen.

8 **Das Fischfilet** unter fließendem kaltem Wasser waschen und trocken tupfen, dann in 5 cm große Stücke schneiden. Falls nötig von den Jakobsmuscheln die feste weiße Haut entfernen (meist wird sie aber bereits vor dem Verkauf abgetrennt). Auch darauf achten, dass der schwarze oder bräunliche Rand entfernt wurde. Wenn nicht, diesen abziehen und wegwerfen.

GAREN DES CIOPPINO

9 **Das Bouquet garni** aus der Brühe entfernen und die Brühe probieren. Sie sollte pfeffrig schmecken. Die Fischstücke nebeneinander in einen Topf legen. Die Jakobsmuscheln daraufsetzen, dann Krebsfleisch, Scheren und Beine sowie die Miesmuscheln dazwischen verteilen.

10 **Die Tomatenbrühe darüberschöpfen.** Nach Bedarf etwas Wasser angießen, damit alle Zutaten knapp bedeckt sind. Zugedeckt zum Kochen bringen und 3–5 Min. köcheln lassen, bis sich die Miesmuscheln geöffnet haben und der Fisch sich mit einer Gabel leicht zerteilen lässt.

11 **Ungeöffnete Muscheln wegwerfen.** Das Gericht abschmecken und in vorgewärmten Schalen mit jeweils einer Krebsschere und mit Petersilie bestreut sofort servieren. Als Beilage knuspriges Weißbrot reichen.

Paprikahuhn mit Klößchen

GUTES UNGARISCHES PAPRIKAPULVER ist bei diesem Gericht das A und O. Kümmelklößchen schmecken zu Huhn köstlich und fördern zudem die Bekömmlichkeit. Eine ideale Beilage sind knackig gedämpfte grüne Bohnen oder Zuckerschoten. Das Gericht kann am Vortag zubereitet und dann zugedeckt im Kühlschrank aufbewahrt werden. Den Sauerrahm aber erst vor dem Servieren hinzufügen und die Klößchen frisch zubereiten. Da dieses Gericht ohnehin sehr würzig ist, kann die Hühnerbrühe nach Belieben durch Wasser ersetzt werden.

PERSONEN 4-6   ZUBEREITUNG 40-45 MIN.   GARZEIT 35-40 MIN.

Zutaten

FÜR DIE KLÖSSCHEN

100 g Mehl

¼ TL Backpulver

½ TL Salz

2 TL Kümmelsamen

2 Eier

FÜR DAS HÄHNCHEN

1 Hähnchen (1,6 kg), in 8 Teile zerlegt

Salz und Pfeffer

2 EL neutrales Pflanzenöl

1 große Zwiebel, gewürfelt

2 Knoblauchzehen, fein gehackt

2 EL Paprikapulver, nach Belieben auch mehr

1 EL Mehl

1 Dose Tomatenstücke (400 g)

500 ml Hühnerbrühe

125 g Sauerrahm

VORBEREITEN DER KLÖSSCHEN

1 Mehl, Backpulver und Salz in eine große Schüssel sieben, dabei das Sieb sehr hoch halten, damit beim Herabrieseln möglichst viel Luft unter das Mehl gelangt. Den Kümmel sorgfältig untermischen, um ihn gleichmäßig im Mehl zu verteilen. In die Mitte der Mehlmischung mit den Händen eine Vertiefung drücken.

2 In einer kleinen Schüssel die Eier verquirlen. Zusammen mit etwa 120 ml Wasser in die Mulde im Mehl geben. Nach und nach das Mehl von außen in die flüssigen Zutaten ziehen und rühren, bis alles gut vermischt ist. Falls der Teig zu trocken erscheint, noch Wasser hinzufügen. Er sollte feucht, aber nicht weich und klebrig sein. Die Schüssel mit Frischhaltefolie bedecken und in den Kühlschrank stellen.

GAREN DES HÄHNCHENS

3 Den Backofen auf 180 °C vorheizen. Die Hähnchenteile salzen und pfeffern. Das Öl in einem Schmortopf auf dem Herd erhitzen. Die Hähnchenteile, je nach Größe des Topfes portionsweise, mit der Hautseite nach unten hineinlegen und etwa 5 Min. anbräunen.

4 Die Teile wenden und die andere Seite bräunen. Auf einen Teller heben und beiseitestellen. Die Zwiebel in den Topf geben und bei mittlerer Hitze unter gelegentlichem Rühren 2-3 Min. anschwitzen. Den Knoblauch hinzufügen und weitere 3-5 Min. garen.

5 Das Paprikapulver untermischen. Unter gelegentlichem Rühren etwa 5 Min. sanft garen. Das Mehl untermischen, dann Tomaten, Brühe, Salz und Pfeffer dazugeben und zum Kochen bringen. Die Hähnchenstücke wieder in den Topf legen und zugedeckt für 35-40 Min. in den heißen Backofen schieben.

GAREN DER KLÖSSCHEN

6 In einem flachen Topf reichlich Wasser mit Salz zum Kochen bringen. Zwei kleine Löffel in das kochende Wasser tauchen und mit ihnen aus dem Kloßteig 2 cm große Kugeln formen. Die Klößchen in das kochende Wasser geben, aber portionsweise garen, um den Topf nicht zu überfüllen.

7 Die Klößchen zugedeckt 7–10 Min. köcheln lassen, bis sie fest und durchgegart sind. Mit einem Schaumlöffel auf einen mit Küchenpapier ausgelegten Teller heben.

FERTIGSTELLEN UND SERVIEREN DES GERICHTS

8 Die Hähnchenteile auf eine Platte heben und warm stellen. Die Sauce mit dem Sauerrahm verrühren und abschmecken. Die Klößchen in den Topf geben und in der Sauce wenden. Zugedeckt noch einmal etwa 2 Min. ganz sanft garen.

9 Das Fleisch auf vorgewärmten Tellern anrichten und mit der Paprikasauce überziehen, dann die Klößchen gleichmäßig auf alle Portionen verteilen.

Hähnchen in Biersauce

JE DUNKLER DAS BIER, desto kräftiger der Geschmack. Als Beilage empfiehlt sich Kartoffelpüree, und nach dem passenden Getränk dazu muss man auch nicht lange suchen. Wird das Gericht bis einschließlich Schritt 8 am Vortag zubereitet und anschließend kalt gestellt, lässt sich das Fett besser abschöpfen, und die Aromen verschmelzen harmonischer. Vor dem Servieren auf Zimmertemperatur bringen und auf dem Herd wieder erhitzen.

PERSONEN 4-6	ZUBEREITUNG 25-30 MIN.	GARZEIT 50-55 MIN.

Zutaten

1 Hähnchen (etwa 1,6 kg)

Salz und Pfeffer

30 g Butter

2 EL neutrales Pflanzenöl

750 g Zwiebeln, in dünne Scheiben geschnitten

30 g Mehl

3-4 EL Cognac

500 g Champignons, geviertelt

1 Bouquet garni aus 5-6 Stängeln Petersilie, 2-3 Zweigen Thymian und 1 Lorbeerblatt

2 TL Wacholderbeeren, leicht angedrückt

750 ml Bier

4 EL Sahne

1 kleines Bund Petersilie, Blätter fein gehackt

ZERLEGEN DES HÄHNCHENS

1 Mit einem scharfen Messer die Haut zwischen Keule und Rumpf einschneiden. Die Keule ruckartig nach außen biegen, bis die Gelenkkugel herausspringt. Das Gelenk vollständig durchtrennen. Mit der zweiten Keule ebenso verfahren.

2 **Das Fleisch** rechts und links entlang des Brustbeins einritzen, um es zu lösen, dann den Brustkorb durchschneiden. Das Hähnchen umdrehen und an einer Seite des Rückgrats entlangschneiden. Jetzt ist das Hähnchen halbiert.

3 **Rückgrat** und Rippen in einem Stück von der Brusthälfte abtrennen, mit der sie noch verbunden sind. Die Flügel nicht entfernen.

4 **Jede Brust** schräg halbieren, sodass sich an einem Teil der Flügel befindet. Die Keulen im Gelenk zwischen Ober- und Unterschenkel teilen. Knochensplitter entfernen.

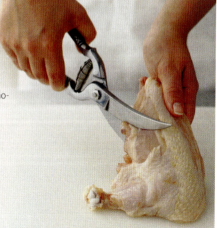

GAREN DES GERICHTS

5 Die Hähnchenteile würzen. Butter und Öl in einem Schmortopf erhitzen, bis sie schäumen. Die Hähnchenteile mit der Haut nach unten hineinlegen und etwa 5 Min. bräunen. Wenden und die andere Seite ebenfalls bräunen. Mit einem Schaumlöffel auf einen Teller heben.

6 Die Zwiebeln unter gelegentlichem Rühren 10–15 Min. anbraten. Das Mehl einstreuen und 1–2 Min. rühren, bis es gerade hellbraun ist. Die Hähnchenteile nebeneinander auf den Zwiebeln verteilen.

7 Den Cognac angießen. Zurücktreten und den Alkohol mit einem Streich-holz entzünden. Das Fleisch mit dem Cognac beschöpfen, bis die Flam-men nach etwa 20–30 Sek. erlöschen.

8 Pilze, Bouquet garni und Wacholderbeeren hinzufügen. Das Bier angießen. Die Flüssigkeit zum Kochen bringen, einen Deckel auflegen und das Fleisch 40–50 Min. bei milder Hitze garen.

9 Das Bouquet garni entfernen. Mit einem großen Löffel Fett abschöpfen. Die Sahne unterrühren. Falls nötig wieder erwärmen, abschmecken und mit der Petersilie bestreut servieren.

 VARIANTE: Hähnchen in Cognacsauce

Auch nichts für Antialkoholiker: Hier wird zwar das Bier durch Hühnerbrühe ersetzt, aber dafür reichlich Cognac verwendet.

1 Champignons, Zwiebeln, Bier, Wacholderbeeren, Sahne und Petersilie ent-fallen. 500 g Perlzwiebeln in einer Schüssel mit kochendem Wasser übergie-ßen und 2 Min. stehen lassen, dann schälen.

2 Das Hähnchen wie im Hauptrezept beschrieben zerlegen, anbraten, dann beiseitestellen. Die Zwiebeln in den Schmortopf geben und unter Rühren 5–7 Min. goldbraun braten. In eine Schüssel füllen. Das Mehl in den Topf streuen und 1–2 Min. rühren, um es mit dem Bratensaft zu vermischen. Die Hähnchenteile wieder in den Topf legen. Auf mittlere Temperatur herauf-schalten und weiterrühren, damit das Mehl nicht verbrennt.

3 250 ml Cognac dazugeben und zum Kochen bringen. Zurücktreten, den Alkohol entzünden und das Hähnchen beschöpfen, bis die Flammen erlöschen. 250 ml Hühnerbrühe, Zwiebeln, Bouquet garni, Salz und Pfeffer hinzufügen und wie im Hauptrezept fertiggaren. Das Bouquet garni heraus-nehmen und wegwerfen. Das Gericht entfetten und abschmecken.

Provenzalisches Kaninchen

EIN FABELHAFTES GERICHT mit Tomaten, die ganz langsam im Backofen gegart werden. Kräuter der Provence gehören zu den wenigen getrockneten Kräutern, deren Kauf sich lohnt. Die Mischung enthält Thymian, Rosmarin und Bohnenkraut, verliert wie alle getrockneten Kräuter aber rasch an Aroma.

PERSONEN	**ZUBEREITUNG**	**GARZEIT**
4	35–40 MIN.	3–3½ STD.

Zutaten

FÜR DAS KANINCHEN

2 Schalotten, gehackt

250 ml trockener Weißwein

4 EL Olivenöl

2 EL Kräuter der Provence

1 Kaninchen (etwa 1,5 kg), in 8 Teile zerlegt

1 EL Mehl

250 ml Hühnerbrühe

5–7 Zweige Thymian

FÜR DIE TOMATEN

1 EL Olivenöl sowie Öl für den Grillrost

6 Eiertomaten (etwa 500 g)

Salz und Pfeffer

MARINIEREN DES KANINCHENS

1 **In einer flachen Schale** aus Glas oder Porzellan, in der die Kaninchenteile nebeneinander Platz haben, Schalotten, Weißwein, die Hälfte des Öls und Kräuter der Provence vermischen.

2 **Die Kaninchenteile sorgfältig in der Marinade wenden** und zugedeckt 2–3 Std. kalt stellen. In der Zwischenzeit die Tomaten garen.

TROCKNEN DER TOMATEN

3 **Den Backofen** auf 130 °C vorheizen. Einen Grillrost mit Öl einpinseln. Stielansätze der Tomaten entfernen. Die Tomaten längs in 3 Stücke schneiden. Mit Öl, Salz und Pfeffer in eine Schüssel geben und sorgfältig durchheben.

4 **Die Tomatenscheiben** auf dem Grillrost verteilen und 2–2½ Std. backen, bis sie leicht schrumpelig sind. Auf einen Teller legen. Die Ofentemperatur auf 190 °C erhöhen.

FERTIGSTELLEN DES GERICHTS

5 **Kaninchen aus der Marinade nehmen**, die Marinade aufbewahren. Das Fleisch salzen und pfeffern. In einem Schmortopf die Hälfte des restlichen Öls erhitzen und die Hälfte der Fleischstücke darin 5 Min. anbraten. Auf einen Teller heben. Mit dem restlichen Fleisch ebenso verfahren.

6 **Alle Kaninchenteile in den Topf legen**, mit dem Mehl bestreuen und 2–3 Min. garen, dann Marinade und Brühe unterrühren. Zugedeckt 50–55 Min. im Ofen garen, bis das Fleisch sehr weich ist. Die Tomaten während der letzten 10 Min. im Backofen wieder erhitzen. Das Kaninchen mit abgestreiften Thymianblättchen und Tomaten servieren.

Ungarisches Rindergulasch

PAPRIKA EDELSÜSS ODER ROSENSCHARF – das ist bei diesem Rezept reine Geschmackssache. In Ungarn heißt ein solches Gulasch übrigens *paprikás*. Das Gericht kann bis zu zwei Tage im Voraus zubereitet und im Kühlschrank aufbewahrt werden. Aufgewärmt schmeckt es noch mal so gut.

PERSONEN	ZUBEREITUNG	GARZEIT
4	25–30 MIN.	2–2½ STD.

Zutaten

FÜR DAS GULASCH

1 EL neutrales Pflanzenöl

60 g durchwachsener Speck, gewürfelt

750 g Zwiebeln, gehackt

2 EL Paprikapulver

750 g Rinderschmorfleisch, in 4 cm große Würfel geschnitten

2 Knoblauchzehen, fein gehackt

½ TL Kümmelsamen

2 Tomaten, nach Entfernen von Stielansatz und Samen gehackt

2 grüne Paprikaschoten, nach Entfernen von Stielansatz, Samen und Scheidewänden in Streifen geschnitten

Salz und Pfeffer

125 g Sauerrahm (nach Belieben)

FÜR DIE KLÖSSCHEN

1 Ei

50 g Mehl

GAREN DES GULASCHS

1 In einem Schmortopf das Öl erhitzen. Den Speck darin unter Rühren 3–5 Min. braten, bis er leicht gebräunt und das Fett ausgetreten ist. Die Zwiebeln unterrühren. Die Zutaten mit einem Stück Alufolie bedecken und den Deckel auflegen. Die Zwiebeln bei schwacher Hitze unter gelegentlichem Rühren 20–25 Min. garen, bis sie sehr weich sind.

2 Den Backofen auf 180 °C vorheizen. Das Paprikapulver in den Topf rühren und 2 Min. anschwitzen, es darf aber nicht verbrennen. Fleisch, Knoblauch, Kümmel sowie 500 ml Wasser unterrühren. Den Topfinhalt zum Kochen bringen, umrühren und zugedeckt für 1–1½ Std. in den Backofen schieben.

FERTIGSTELLEN DES GULASCHS

3 Tomaten und Paprikaschoten unterrühren. Das Gulasch abschmecken und zugedeckt weitere 30–45 Min. schmoren, bis das Fleisch sehr weich und die Garflüssigkeit eingedickt ist. Eventuell nachwürzen.

ZUBEREITEN UND GAREN DER KLÖSSCHEN

4 In einer kleinen Schüssel das Ei verquirlen. Das Mehl mit 1 Prise Salz in eine andere Schüssel geben und das Ei unterrühren.

5 Das Gulasch auf den Herd stellen und zum Kochen bringen. Mit zwei Teelöffeln Klößchen von der Mehlmasse abstechen, in das Gulasch geben und 5–7 Min. köcheln lassen, bis sie gar sind.

6 Gulasch und Klößchen in vorgewärmte tiefe Teller schöpfen und nach Belieben auf jede Portion einen Klecks Sauerrahm setzen.

Huhn im Topf

EIN GEMÜTLICHES SONNTAGSESSEN für die ganze Familie. Das Huhn gart in aller Ruhe und mit viel Gemüse. Dazu gibt es eine pikante *sauce gribiche*, die auch wunderbar zu Fisch, Meeresfrüchten oder Sülze passt.

PERSONEN 4–6	**ZUBEREITUNG** 1 STD.	**GARZEIT** 1¼–1½ STD.

Zutaten

FÜR DAS HUHN

1 großes Huhn (etwa 2 kg)

Salz und Pfeffer

1 Zwiebel

1 Gewürznelke

1 Bouquet garni aus 5–6 Stängeln Petersilie, 2–3 Zweigen Thymian und 1 Lorbeerblatt

4 l Hühnerbrühe

1 kg Lauch

375 g Möhren

375 g Speiserüben

60 g Fadennudeln

FÜR DIE SAUCE GRIBICHE

2 Eier

Saft von ½ Zitrone

1 TL Dijonsenf

2 EL trockener Weißwein

250 ml neutrales Pflanzenöl

1 EL Kapern, abgetropft und fein gehackt

3 Gewürzgurken, fein gehackt

5–7 Stängel Petersilie, Blätter fein gehackt

1 kleines Bund Schnittlauch, in Röllchen geschnitten

GAREN DES HUHNS

1 **Das Huhn dressieren** (s. S. 344) und würzen. Die Zwiebel schälen und die Nelke hineinstecken. Das Huhn mit Bouquet garni und Zwiebel in einen Topf geben. So viel Brühe angießen, dass es zu etwa zwei Dritteln darin liegt. Zum Kochen bringen und zugedeckt 45 Min. köcheln lassen.

2 **Den Lauch putzen,** dabei Wurzeln und harte grüne Enden entfernen. Längs aufschlitzen, unter fließendem kaltem Wasser gut waschen und in 8 cm lange Stücke schneiden. Auf ein großes Stück Musselin legen. Den Stoff über dem Lauch zusammennehmen und mit Küchengarn zusammenbinden.

3 **Die Möhren putzen** und in 8 cm lange Stücke schneiden. Die Rüben schälen, in 2,5 cm große Würfel schneiden. Beide Gemüse getrennt ebenfalls in Musselin binden.

4 **Die Gemüsebündel** zu dem Huhn geben und weitere Brühe hinzufügen, bis sie bedeckt sind. Den Deckel auflegen und alles weitere 25–30 Min. köcheln lassen, bis Fleisch und Gemüse gar sind.

ZUBEREITEN DER SAUCE GRIBICHE

5 **Die Eier** 10 Min. kochen, abschrecken und abkühlen lassen, dann pellen. Eigelbe und Eiweiße behutsam trennen. Die Eiweiße zuerst in Streifen schneiden, dann fein hacken.

6 **Die Eigelbe** in ein auf eine Schüssel gesetztes kleines Sieb geben und mit dem Rücken eines Löffels durchstreichen. Am Sieb haftendes Eigelb abschaben.

7 **Den Zitronensaft** mit Senf, Salz, Pfeffer und Weißwein zu dem Eigelb geben und untermischen. Nach und nach unter ständigem Schlagen das Öl dazugießen. Eiweiß, Kapern, Gewürzgurken und Kräuter untermischen. Die Sauce abschmecken.

FERTIGSTELLEN DES GERICHTS

8 Das Huhn auf ein Schneidebrett setzen und das Küchengarn entfernen. Zum Tranchieren die Haut zwischen Keule und Rumpf durchtrennen. Das Huhn auf die Seite legen und das ovale dunkle Fleisch am Rückenknochen auslösen, damit es mit der Keule verbunden bleibt. Die Keule kräftig drehen, sodass das Gelenk herausspringt, dann die Keule abtrennen.

9 Ober- und Unterschenkel im Gelenk durchschneiden. Die zweite Keule ebenfalls abtrennen und teilen. Über einem Flügelgelenk waagerecht bis zum Brustbein schneiden, damit die Brust in Scheiben aufgeschnitten werden kann. Den Flügel abtrennen. Mit dem zweiten Flügel ebenso verfahren.

10 Das Brustfleisch parallel zum Brustkorb in Scheiben schneiden. Die Fleischteile auf eine ofenfeste Platte legen, mit Alufolie bedecken und bei niedriger Temperatur im Ofen warm stellen. Die Gemüse mit einem Schaumlöffel aus der Brühe heben und im Musselin warm stellen.

11 Die Brühe in einen Topf abseihen, zum Kochen bringen und 10-20 Min. köcheln lassen. Mit einem großen Löffel möglichst viel Fett abschöpfen und die Brühe abschmecken. Die Nudeln in die kochende Brühe geben und 3-5 Min. oder nach den Anweisungen auf der Verpackung garen, bis sie weich sind.

12 In der Zwischenzeit das Garn der Gemüsebündel lösen, den Stoff abnehmen. Die Gemüse zu den Fleischstücken geben und behutsam untermischen. Alle Zutaten gleichmäßig auf der Platte verteilen und bis zum Servieren warm stellen.

13 Fleisch und Gemüse wieder in die Brühe geben. Den Topf von der Kochstelle nehmen. Vorsichtig durchrühren, dann Fleisch und Gemüse in vorgewärmte Teller schöpfen, dabei darauf achten, das alle Zutaten gleichmäßig verteilt werden. Das Gericht servieren, die Sauce gribiche separat reichen.

Putenkeule in Schoko-Chili-Sauce

DIE FABELHAFTE SAUCE heißt in Mexiko *mole* und besteht aus dunkler Schokolade und scharfen Gewürzen. Die Kombination mag zunächst fremdartig erscheinen, schmeckt aber wirklich wunderbar. Lassen Sie sich von der relativ langen Zutatenliste nicht abschrecken – vieles werden Sie ohnehin vorrätig haben. Das Wichtigste ist eine dunkle Schokolade von bester Qualität.

PERSONEN	ZUBEREITUNG	GARZEIT
8	45–50 MIN.	1¼–1¾ STD.

Zutaten

1,5 kg Putenkeule ohne Knochen

Salz und Pfeffer

4 EL neutrales Pflanzenöl

1 Stange Staudensellerie, grob gehackt

2 Zwiebeln, geviertelt

4 Knoblauchzehen

1 EL schwarze Pfefferkörner

1 Möhre, grob gehackt

FÜR DIE SAUCE

50 g Schokolade mit 70 % Kakaoanteil

1 Scheibe altbackenes Weißbrot

1 altbackene Maistortilla

1 Dose Tomatenstücke (400 g)

175 g blanchierte, enthäutete Mandelkerne

75 g Rosinen

30 g Chilipulver

je 1 TL gemahlene Nelken, gemahlener Koriander und Kreuzkümmel

¼ TL gemahlene Anissamen

2 TL gemahlener Zimt

30 g Sesam

GAREN DES FLEISCHS

1 **Das Fleisch würzen.** In einem Schmortopf die Hälfte des Öls erhitzen. Das Fleisch mit der Haut nach unten hineinlegen und 10–15 Min. gut anbraten, zwischendurch ab und zu wenden.

2 **Sellerie, 4 Zwiebelviertel,** 1 Knoblauchzehe, Pfefferkörner, Möhre sowie 1 l Wasser hinzufügen. Zum Kochen bringen und zugedeckt 45–60 Min. köcheln lassen, bis sich das Fleisch beim Einstechen sehr weich anfühlt.

VORBEREITEN DER CHILIPASTE

3 **Die Schokolade in Stücke brechen.** Brot und Tortilla zerzupfen. Tomaten mit restlicher Zwiebel, übrigem Knoblauch, Brot, Tortilla, Mandeln, Rosinen, Chilipulver, Nelken, Koriander, Kreuzkümmel, Anis, Zimt und der Hälfte des Sesams in der Küchenmaschine zu einer glatten Paste verarbeiten.

FERTIGSTELLEN DES GERICHTS

4 **Den Schmortopf** von der Kochstelle nehmen. Das Fleisch auf einen Teller heben und etwas abkühlen lassen. Die Garflüssigkeit in eine Schüssel abseihen, die Gemüse wegwerfen. Haut und Fett vom Putenfleisch entfernen, das Fleisch mit den Fingern in mundgerechte Stücke teilen.

5 **Das restliche Öl** im Schmortopf erhitzen. Die Chilipaste dazugeben und etwa 5 Min. mit einem Holzlöffel ständig rühren, bis sie dick und dunkel ist. Die Schokolade hinzufügen und etwa 5 Min. weiterrühren, bis sie geschmolzen ist.

6 **Die Garflüssigkeit dazugießen.** Die Sauce salzen, umrühren und 25–30 Min. köcheln lassen, bis sie dick wird. In der Zwischenzeit den restlichen Sesam 2–3 Min. ohne Fett in einer Pfanne rösten, bis er leicht gebräunt ist. Das Putenfleisch wieder in den Topf legen und weitere 10–15 Min. köcheln lassen, bis die Sauce einen Löffelrücken überzieht. Das Gericht abschmecken, in tiefen Tellern anrichten und mit dem gerösteten Sesam bestreut servieren. Als Beilage Reis reichen.

 VARIANTE: Scharfes Schweinefleisch

Eine raffinierte Variante des mexikanischen Gerichts mit Koteletts und Sauerrahm.

1 Putenkeule, Staudensellerie, Möhren und schwarze Pfefferkörner entfallen. 1 Zwiebel schälen und vierteln, 3 Knoblauchzehen schälen. Die Chilipaste wie beschrieben zubereiten. Die Paste garen, dabei die Garflüssigkeit des Putenfleischs durch 1 l Wasser ersetzen. Die Sauce köcheln lassen, bis sie eingedickt ist, was etwa 25–30 Min. dauert. Danach sollte sie einen Löffelrücken überziehen.

2 Überschüssiges Fett von 8 Schweinekoteletts (à etwa 175 g) entfernen. Die Koteletts auf beiden Seiten salzen und pfeffern. In einer großen Pfanne 2 EL Öl erhitzen und die Koteletts bei hoher Temperatur auf jeder Seite 1–2 Min. braten. Die Koteletts in die heiße Sauce legen und zugedeckt 1–1¼ Std. sanft garen, bis sie sich mit der Spitze eines Messers leicht einstechen lassen.

3 Den Sesam wie beschrieben rösten. Die Sauce probieren und gegebenenfalls nachwürzen. Fleisch und Sauce auf acht vorgewärmte Teller verteilen oder auf einer vorgewärmten Platte anrichten. Mit dem gerösteten Sesam bestreuen und auf jede Portion 1 EL Sauerrahm setzen. Als Beilage reichlich frisch gekochten Reis servieren.

Stubenküken mit Wirsing

ZARTES GEFLÜGEL in einem Bett aus Wirsing, dazu süße Pflaumen. Das Gericht kann am Vortag zubereitet und dann zugedeckt im Kühlschrank aufbewahrt werden. Die Stubenküken wieder erhitzen, kurz vor dem Servieren die restlichen Pflaumen dazugeben.

PERSONEN	ZUBEREITUNG	GARZEIT
6	35–40 MIN.	1¼–1½ STD.

Zutaten

6 Stubenküken (à etwa 500 g)

Salz und Pfeffer

1,5 kg Wirsing, nach Entfernen des Strunks grob gehackt

1 Zwiebel

1 Gewürznelke

2 EL neutrales Pflanzenöl

250 g durchwachsener Speck, in dünne Streifen geschnitten

750 g violette Pflaumen, halbiert und entsteint

1 Bouquet garni aus 5–6 Stängeln Petersilie, 2–3 Zweigen Thymian und 1 Lorbeerblatt

250 ml trockener Weißwein

500 ml Hühnerbrühe oder Wasser

2 TL Pfeilwurzmehl

DRESSIEREN DER STUBENKÜKEN

1 **Die Stubenküken** innen salzen und pfeffern. Ein Küken mit der Brust nach unten auf die Arbeitsfläche legen und festhalten. Die Halshaut umschlagen und die Flügelenden darüberklappen.

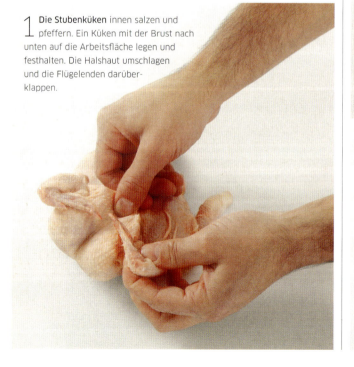

2 **Das Stubenküken umdrehen.** Ein Stück Küchengarn unter dem Bürzel nach oben führen und über den Keulenenden verknoten. Die Garnenden entlang der Keulen Richtung Flügel führen und um die Flügel schlingen.

3 **Das Stubenküken** wieder auf die Brust drehen und das Garn fest um den Körper binden. Die Enden zu den Innenseiten der Flügel führen.

4 **Die Flügelknochen** über der Halsöffnung zusammenbinden, sodass sie fest am Körper anliegen. Mit den übrigen Stubenküken ebenso verfahren. Beiseitestellen.

BLANCHIEREN DES WIRSINGS

5 In einem großen Topf Salzwasser zum Kochen bringen. Den Wirsing hineingeben, aufkochen und 2 Min. köcheln lassen, bis er weich ist. In einem Sieb sorgfältig abtropfen lassen.

ZUSAMMENSTELLEN UND GAREN DES GERICHTS

6 Den Backofen auf 180 °C vorheizen. Die Zwiebel schälen und die Gewürznelke hineinstecken. Das Öl in einem Schmortopf erhitzen. Die Stubenküken salzen und pfeffern und rundum 5–10 Min. bräunen. Auf einen Teller heben. Die Temperatur reduzieren.

7 Den Speck unter Rühren 3–5 Min. im Schmortopf anbraten. Das ausgetretene Fett bis auf 2 EL abgießen. Die Hälfte des Wirsings gleichmäßig im Topf verteilen. Stubenküken und zwei Drittel der Pflaumen hinzufügen.

8 Zwiebel und Bouquet garni dazugeben. Den restlichen Wirsing auf den Stubenküken verteilen, dann Wein und Brühe angießen. Den Topf zugedeckt für 45–55 Min. in den Backofen schieben, bis die Stubenküken gar sind und beim Einstechen in die Keulen klarer Saft austritt.

9 Zwiebel und Bouquet garni wegwerfen. Die Stubenküken auf ein Schneidebrett heben und das Garn entfernen. Das Gemüse abschmecken und mit einem Schaumlöffel in ein vorgewärmtes großes Serviergefäß heben. Die Stubenküken auf dem Wirsing anrichten, mit Alufolie bedecken und warm stellen.

FERTIGSTELLEN DES GERICHTS

10 Die restlichen Pflaumen in die Garflüssigkeit geben und 5–8 Min. köcheln lassen, bis sie gerade weich sind. Mit einem Schaumlöffel herausheben und um die Stubenküken herum anrichten.

11 Die Garflüssigkeit noch 5–10 Min. einkochen lassen, bis sie auf etwa die Hälfte reduziert und sehr aromatisch ist. Das Pfeilwurzmehl mit 1 EL Wasser glatt rühren. So viel Paste in die Garflüssigkeit rühren, dass diese einen Löffelrücken dünn überzieht. Die Sauce probieren und gegebenenfalls nachwürzen.

12 Ein wenig Sauce auf jedes Stubenküken schöpfen, den Rest in eine vorgewärmte Sauciere füllen, damit sich die Gäste selbst bedienen können.

Garnelen-Laksa aus Malaysia

NUDELN UND TOFU gehören unbedingt dazu, gewürzt wird dieses leichte Essen mit reichlich Chili und viel frischem Ingwer. Wenn es vegetarisch sein soll, kann man das Fleisch durch asiatische Trocken- pilze ersetzen.

PERSONEN	ZUBEREITUNG	GARZEIT
6	35–40 MIN.,	30–35 MIN.

Zutaten

750 g Hähnchenbrustfilet

Salz und Pfeffer

500 g rohe Garnelen

3 getrocknete rote Chilischoten, nach Belieben auch mehr

6 Schalotten, grob gehackt

3 Knoblauchzehen, geschält

1½ TL gemahlene Kurkuma

1 EL gemahlener Koriander

5 cm Ingwerwurzel, geschält, in Scheiben geschnitten und zerdrückt

250 g Tofu

125 g dünne Reisnudeln

2 EL neutrales Pflanzenöl

250 g Sojasprossen

400 ml Kokosmilch

1 kleines Bund Frühlingszwiebeln, in dicke Ringe geschnitten

POCHIEREN DER HÄHNCHENBRUST

1 **In einem Topf** 750 ml Wasser zum Kochen bringen. Das Fleisch mit Salz und Pfeffer hinzufügen und 12–15 Min. köcheln lassen, bis klarer Saft austritt, wenn es an der dicksten Stelle eingestochen wird.

2 **Die Hähnchenbrust** mit einem Schaumlöffel auf ein Schneide- brett heben. Die Garflüssigkeit auf- bewahren.

3 **Nach dem Abkühlen** jede Brust der Länge nach halbieren und dann quer in 2,5 cm große Stücke schneiden.

VORBEREITEN DER ANDEREN ZUTATEN

4 Jede Garnele entlang des Rückens einschneiden und mit einer Messerspitze den schwarzen Darm entfernen.

5 Die getrockneten Chilischoten in eine Schüssel geben und mit heißem
Wasser bedecken. 5 Min. quellen lassen. Nach dem Abtropfen halbieren,
dann Samen und Scheidewände herausschaben.

6 In der Küchenmaschine Schalotten, Knoblauch, Chilischoten, Kurkuma,
Koriander und Ingwer zu einer glatten Paste verarbeiten. Sollte die
Mischung sehr dick sein, 2–3 EL Pochierflüssigkeit vom Fleisch dazugeben.

7 In einem Sieb den Tofu abtropfen lassen und vorsichtig in 1 cm große
Würfel schneiden, die Flüssigkeit weggießen.

8 In einem großen Topf Salzwasser zum Kochen bringen. Die Nudeln
hineingeben und von der Kochstelle nehmen. 3–5 Min. quellen lassen,
bis sie weich sind, aber noch Biss haben. Ab und zu umrühren, damit sie
nicht verkleben. Abtropfen lassen.

FERTIGSTELLEN DES GERICHTS

9 In einem Wok das Öl erhitzen. Die Gewürzpaste hinzufügen und unter
Rühren 1–2 Min. sanft garen, bis sie duftet. Das Fleisch in den Wok
geben und 1–2 Min. unter ständigem Rühren braten, um es mit den Aromazutaten zu überziehen. Die aufbewahrte Garflüssigkeit unterrühren und
20–25 Min. köcheln lassen, bis eine dicke Sauce entstanden ist.

10 Die Garnelen in den Wok geben und unter gelegentlichem Rühren
garen, bis sie gerade rosa werden. Das sollte nicht länger als 3–5 Min.
dauern – man darf sie nicht übergaren, weil sie sonst trocken werden. Tofu,
Sojasprossen und Nudeln hinzufügen und die Kokosmilch unterrühren.
Alles zusammen noch etwa 5 Min. bei milder Hitze garen, damit die Aromen
verschmelzen. Die Hälfte der Frühlingszwiebeln unterrühren. Das Gericht
probieren und nach Bedarf noch Salz und Pfeffer hinzufügen. Auf sechs vorgewärmte Schalen verteilen und mit den restlichen Frühlingszwiebeln bestreut
servieren.

Geschmorte Ente mit Aprikosen

ENTENFLEISCH HARMONIERT GUT mit süßen Aromen. Hier gibt es gleich drei davon: Aprikosen, Rübchen und süßen Madeira in der Sauce. Dieses Gericht eignet sich perfekt für ein Essen mit Gästen. Nicht nur, weil es etwas ganz Besonderes ist, es kann auch in aller Ruhe am Vortag zubereitet werden. Vor dem Servieren erhitzt man es behutsam wieder auf dem Herd. Wer die Ente nicht selbst zerlegen will, bittet seinen Geflügelhändler darum. Als Beilage eignen sich Bandnudeln.

PERSONEN	**ZUBEREITUNG**	**GARZEIT**
4	35–40 MIN.	1½–2 STD.

Zutaten

1 Ente (etwa 1,8 kg)
12–16 Perlzwiebeln
500 g Speiserüben
Salz und Pfeffer
1 EL neutrales Pflanzenöl
20 g Butter

2 EL Mehl
175 ml trockener Weißwein
500 ml Hühnerbrühe
1 Bouquet garni aus 5–6 Stängeln Petersilie, 2–3 Zweigen Thymian und 1 Lorbeerblatt
2 Schalotten, fein gehackt
1 TL Zucker
175 g entsteinte Trockenaprikosen
4 EL Madeira

ZERLEGEN DER ENTE

1 **Zu viel Fett und Haut** von der Ente entfernen. Mit einem dünnen scharfen Messer die Haut zwischen Rumpf und einer Keule einschneiden. Die Keule ruckartig nach außen drehen, damit das Gelenk herausspringt. Die Keule vom Rumpf abtrennen. Mit der anderen Keule ebenso verfahren.

2 **Die Keulen** im Gelenk zwischen Ober- und Unterschenkel teilen, dabei kann man sich am weißen Fett auf der Unterseite orientieren.

3 **Dicht an beiden Seiten** des Brustbeins entlangschneiden, um Haut und Fleisch vom Knochen zu lösen. Mit der Geflügelschere oder einem scharfen Messer den Brustkorb der Länge nach halbieren.

4 **Die Ente umdrehen.** Rippen und Rückgrat in einem Stück von der Brust trennen, sodass die Bruststücke mit den Flügeln zurückbleiben. Rückgrat und Rippen wegwerfen oder für einen Fond verwenden. Jede Brusthälfte schräg halbieren, sodass an einem Stück der Flügel sitzt. Knochensplitter entfernen.

VORBEREITEN DER GEMÜSE

5 Die Perlzwiebeln in einer Schüssel mit kochendem Wasser übergießen und 2 Min. stehen lassen. Schälen, aber die Wurzelscheibe intakt lassen.

6 Die Enden der Rüben abschneiden. Die Rüben mit einem Sparschäler schälen. Kleine Rüben vierteln, größere achteln. Nach Belieben mit einem kleinen Messer die Kanten rund schneiden.

GAREN DES GERICHTS

7 Den Backofen aus 180 °C vorheizen. Die Ententeile salzen und pfeffern. Öl und Butter in einem Schmortopf erhitzen. Die Ententeile mit der Haut nach unten bei schwacher Hitze 20-25 Min. gut bräunen. Wenden und die andere Seite etwa 5 Min. anbraten. Herausnehmen.

8 Das Fett bis auf 2-3 EL in eine Pfanne abgießen. Den Schmortopf wieder auf den Herd setzen. Das Mehl hineinstreuen und unter Rühren 1-2 Min. anrösten, bis es leicht gebräunt, aber noch nicht zu dunkel ist.

9 Weißwein, Brühe, Bouquet garni, Salz, Pfeffer und Schalotten in den Topf geben und zum Kochen bringen. Die Ententeile wieder hineinlegen und zugedeckt für 40-45 Min. in den Backofen schieben.

10 In der Zwischenzeit das Entenfett in der Pfanne bei mittlerer Temperatur erhitzen. Zwiebeln, Rüben, Zucker, Salz und Pfeffer hinzufügen. Die Gemüse 5-7 Min. garen, bis sie gleichmäßig gebräunt sind und karamellisieren, dabei die Pfanne ab und zu rütteln. Die Zwiebeln dürfen dabei nicht zu dunkel werden, da sonst der Geschmack des Gerichts leiden kann.

11 Den Schmortopf aus dem Ofen nehmen. Zwiebeln, Rüben und Aprikosen hineingeben. Falls die Sauce sehr dick ist und die Zutaten nicht bedeckt sind, noch etwas Brühe oder Wasser hinzufügen. Den Topf zugedeckt für weitere 20-25 Min. in den Backofen schieben, bis Fleisch und Gemüse weich sind.

12 Mit einem großen, flachen Löffel Fett von der Oberfläche abschöpfen. Madeira unterrühren. Das Gericht auf dem Herd kurz aufkochen und abschmecken. Auf vorgewärmten Tellern servieren. Dazu passen Bandnudeln.

Cassoulet

VOR ALLEM AN KALTEN TAGEN wird dieser wärmende Eintopf rund um den Esstisch Begeisterungsstürme hervorrufen. Das Rezept stammt aus dem französischen Südwesten, wo traditionell viele Enten gemästet werden. Anstelle einer frischen Ente kann man auch fertiges Entenconfit verwenden.

PERSONEN	ZUBEREITUNG	GARZEIT
8	50-55 MIN. + MARINIEREN	1¾-2¼ STD.

Zutaten

FÜR DAS ENTENFLEISCH

1 Ente (etwa 1,8 kg), in 8 Teile zerlegt

1 TL schwarze Pfefferkörner

3-5 Zweige Thymian

3 Lorbeerblätter

3 EL Meersalzflocken

1 EL neutrales Pflanzenöl

1 EL Butter

FÜR DAS CASSOULET

250 g durchwachsener Speck, in feine Streifen geschnitten

750 g entbeinte Lammschulter, in 5 cm große Würfel geschnitten

375 g grobe Bratwurst

375 g Zwiebeln, gehackt

2 Dosen Tomatenstücke (à 400 g)

175 ml trockener Weißwein

1,5 l Hühnerbrühe

4 Knoblauchzehen, fein gehackt

1 Bouquet garni aus 5-6 Stängeln Petersilie, 3 Zweigen Thymian und 1 Lorbeerblatt

1 EL Tomatenmark

Salz und Pfeffer

375 g Würstchen mit Knoblauch

4 Dosen weiße Bohnen (à 400 g)

60 g Semmelbrösel

GAREN DES ENTENFLEISCHS

1 Die Ententeile von überschüssigem Fett befreien. Die Pfefferkörner in einen Gefrierbeutel geben und mit einem Nudelholz zerdrücken. Die Thymianblätter von den Stängeln streifen. Die Lorbeerblätter zerbröseln. Pfeffer, Thymian und Lorbeerblätter in einer Schüssel vermischen.

2 Die Ententeile mit den Meersalzflocken einreiben und in eine Glas- oder Keramikschüssel legen. Mit der Pfeffermischung bestreuen und mit Frischhaltefolie bedeckt für 8-12 Std. in den Kühlschrank stellen. Anschließend mit kaltem Wasser abspülen und mit Küchenpapier trocken tupfen.

3 Öl und Butter in einem Schmortopf erhitzen. Die Ententeile mit der Hautseite nach unten hineinlegen. Bei niedriger Temperatur 20-25 Min. bräunen, bis das Fett ausgetreten ist. Wenden und die andere Seite etwa 5 Min. anbraten. Beiseitestellen. Das Fett bis auf 2 EL aus dem Topf abgießen und wegwerfen.

GAREN VON LAMM UND GEMÜSE

4 Den Backofen auf 190 °C vorheizen. Den Schmortopf mit dem restlichen Entenfett erhitzen. Den Speck hineingeben und unter Rühren 3-5 Min. braten, bis das Fett ausgetreten ist. Speck mit einem Schaumlöffel in eine Schüssel heben.

5 Das Lammfleisch würzen. Portionsweise in dem Topf bei starker Hitze 3-5 Min. anbraten, bis es rundum gebräunt ist. In die Schüssel geben. Die Bratwürste ebenfalls bräunen. Auf einen Teller heben. Das Fett bis auf 2 EL abgießen. Die Zwiebeln darin 3-5 Min. anschwitzen, bis sie weich sind.

6 Lammfleisch, Speck und Ente in den Topf geben. Tomaten, Weißwein sowie zwei Drittel der Brühe hinzufügen und rühren, um den Bratensatz zu lösen. Knoblauch, Bouquet garni, Tomatenmark, Salz und Pfeffer untermischen. Den Topfinhalt auf dem Herd zum Kochen bringen, Schaum abschöpfen. Zugedeckt 1-1¼ Std. im Backofen garen.

7 **In der Zwischenzeit** die Knoblauchwürstchen in einem Topf mit Wasser bedecken und bis zum Siedepunkt erhitzen. 20–25 Min. ziehen lassen, bis sich ein in eine Wurst gestochener Metallspieß warm anfühlt. Die Würste nicht kochen, weil sie sonst platzen. Abtropfen lassen, dann die Pelle abziehen und die Würste in 2 cm dicke Scheiben schneiden.

FERTIGSTELLEN DES CASSOULETS

8 **Die Bohnen in ein Sieb** abgießen. Unter kaltem Wasser abspülen und sorgfältig abtropfen lassen. Beide Wurstsorten und die Bohnen in den Schmortopf geben. Durchrühren und auf dem Herd zum Kochen bringen. Das Cassoulet sollte sehr feucht, aber nicht suppenartig sein. Falls nötig noch Brühe oder Wasser hinzufügen. Das Bouquet garni herausnehmen und das Gericht abschmecken.

9 **Die Semmelbrösel** gleichmäßig auf die Oberfläche streuen und das Cassoulet im Backofen noch einmal ohne Deckel 20–25 Min. überbacken, bis sich eine knusprige, goldbraune Kruste gebildet hat und das Fleisch sehr zart ist.

10 **Das Cassoulet** im Topf auf den Tisch bringen und auf jeden Teller Lammfleisch, Ente und Wurst geben.

Rinderbraten in Rotwein

EIN SONNTAGSBRATEN aus Norditalien, wo man ihn gern mit cremiger Polenta serviert. Für die Zubereitung eignen sich am besten einfachere Weine wie Barbera oder Dolcetto, aber wenn Sie eine Flasche Barolo dafür opfern wollen, spricht auch nichts dagegen. Zum Kochen sollte man immer nur Wein verwenden, den man auch trinken würde, denn schlechten Wein schmeckt man heraus.

PERSONEN	ZUBEREITUNG	GARZEIT
6	15–20 MIN.	4–4½ STD.

Zutaten

1,8 kg Rinderbraten

2 EL Olivenöl

1 kleine Zwiebel, gehackt

1 kleine Möhre, in 5 mm große Würfel geschnitten

1 Stange Staudensellerie, gewürfelt

500 ml trockener Rotwein

1 EL Tomatenmark

500 ml Rinderbrühe

2–3 Zweige Thymian

Salz und Pfeffer

VORBEREITEN DES FLEISCHS

1 **Den Backofen** auf 150 °C vorheizen. Mit einem scharfen Messer das Fleisch von Fett und Sehnen befreien, mit Küchengarn in Form binden. In einem Schmortopf das Öl erhitzen und das Fleisch darin rundum anbraten. Auf einen Teller heben und beiseitestellen. Zwiebel, Möhre und Sellerie unter Rühren 3–5 Min. anschwitzen.

2 **Mit dem Rotwein ablöschen** und rühren, um den Bratensatz zu lösen, dann zum Kochen bringen. Das Tomatenmark unterrühren und das Fleisch wieder in den Topf legen. Bis zur halben Höhe des Bratens Brühe angießen. Mit Thymian, Salz und Pfeffer würzen. Die Flüssigkeit zum Kochen bringen. Den Deckel fest auflegen.

SCHMOREN DES RINDFLEISCHS

3 **Das Rindfleisch** 4–4½ Std. im Backofen garen, bis es sehr zart ist, zwischendurch drei- oder viermal wenden. Nach Bedarf etwas Brühe oder Wasser nachfüllen. Darauf achten, dass die Flüssigkeit köchelt, aber nicht kocht, damit das Fleisch nicht zu rasch gart und trocken wird.

FERTIGSTELLEN DES GERICHTS

4 **Das Fleisch auf ein Schneidebrett heben** und mit Alufolie abgedeckt warm stellen. Die Garflüssigkeit auf etwa 250 ml einkochen lassen. Den Thymian herausnehmen und wegwerfen, die Sauce abschmecken.

5 **Das Fleisch in Scheiben schneiden.** Die Scheiben auf vorgewärmten Tellern anrichten. Etwas Rotweinsauce darüberschöpfen, den Rest in einer Sauciere reichen.

Lammkoteletts aus dem Ofen

DIESES GERICHT wird einer der Mätressen Ludwigs XIV. zugeschrieben, die sich damit wohl die Gunst des französischen Königs erhalten wollte. Man darf vermuten, dass der Plan aufging. Und die saftigen Koteletts, zwischen Schichten aus Kartoffeln und Zwiebeln im Backofen gegart, werden sicher auch bei Ihren Gästen großen Anklang finden.

PERSONEN	ZUBEREITUNG	GARZEIT
6	25-30 MIN.	2 STD.

Zutaten

6 Lammkoteletts (à etwa 150 g und etwa 2,5 cm dick)

Salz und Pfeffer

1 EL neutrales Pflanzenöl sowie Öl für die Form

500 g Zwiebeln, in dünne Scheiben geschnitten

1 kg mehligkochende Kartoffeln

1 kleines Bund Thymian, Blätter abgestreift, sowie Thymian zum Garnieren

3 Knoblauchzehen, fein gehackt

1 l Hühner- oder Rinderbrühe

VORBEREITEN DER ZUTATEN

1 **Die Lammkoteletts parieren,** dann salzen und pfeffern. In einer großen Pfanne das Öl erhitzen. Die Koteletts darin bei hoher Temperatur auf beiden Seiten 1-2 Min. bräunen. Auf einem Teller beiseitestellen.

2 **Die Zwiebeln in die Pfanne geben** und bei mittlerer Hitze unter Rühren 3-5 Min. anschwitzen, bis sie weich und glasig sind. Die Pfanne von der Kochstelle nehmen.

3 **Die Kartoffeln schälen,** in sehr dünne Scheiben schneiden und in einer großen Schüssel mit Zwiebeln, Thymian, Salz und Pfeffer vermischen.

ZUSAMMENSTELLEN UND BACKEN DES GERICHTS

4 **Den Backofen** auf 180 °C vorheizen. Eine etwa 23 x 32 cm große ofenfeste Form mit Öl auspinseln. Die Hälfte der Kartoffelmischung in der Form verteilen und den Knoblauch darüberstreuen.

5 **Die Koteletts** darauflegen. Mit der restlichen Kartoffelmischung bedecken, dabei die Scheiben in ordentlichen Reihen arrangieren. So viel Brühe dazugießen, dass die Kartoffeln gerade bedeckt sind. Die Form für etwa 2 Std. in den Backofen schieben, bis Fleisch und Kartoffeln sehr weich sind.

6 Koteletts, Kartoffeln und Zwiebeln auf sechs vorgewärmte Teller verteilen. Mit etwas Garflüssigkeit beschöpfen und mit Thymian bestreuen.

Indisches Lammcurry

DAS FRISCHE MANGORELISH ist eine schöne Beilage, aber kein Muss. Traditionell wird dieses Curry mit drei verschiedenen Linsensorten und reichlich Gemüse zubereitet. Diese Version ist einfacher, aber nicht weniger schmackhaft. Das Curry kann zwei Tage im Voraus gegart und dann zugedeckt im Kühlschrank aufbewahrt werden.

PERSONEN	ZUBEREITUNG	GARZEIT
6	40–45 MIN.	1½–1¾ STD.

Zutaten

FÜR DAS CURRY

1 große Aubergine

Salz und Pfeffer

2 cm Ingwerwurzel

4 EL neutrales Pflanzenöl

750 g entbeinte Lammschulter, in 2,5 cm große Würfel geschnitten

1 große Zwiebel, fein gehackt

5 Knoblauchzehen, fein gehackt

je 2 TL gemahlener Kreuzkümmel, Koriander und gemahlene Kurkuma

1 Prise Cayennepfeffer

1 EL Mehl

175 g grüne Linsen

1 kleiner Blumenkohl, in Röschen geteilt

FÜR DAS MANGORELISH

1 getrocknete rote Chilischote

1 große Mango (etwa 500 g)

7–10 Stängel Koriandergrün, Blätter fein gehackt

5 mm Ingwerwurzel, fein gehackt

VORBEREITEN VON AUBERGINE UND INGWER

1 Die Aubergine putzen und in 2,5 cm große Würfel schneiden. In ein Sieb geben. Großzügig mit Salz bestreuen und etwa 30 Min. stehen lassen, damit sie Wasser zieht und Bitterstoffe abgibt. Unter fließendem kaltem Wasser abspülen, gut abtropfen lassen und trocken tupfen.

2 Mit einem kleinen Messer den Ingwer schälen. Den Ingwer quer zur Faser in Scheiben schneiden. Die Scheiben mit der Messerklinge zerdrücken und anschließend fein hacken.

GAREN DES CURRYS

3 In einem Schmortopf zwei Drittel des Öls erhitzen. Einen Teil der Lammwürfel hineingeben und salzen und pfeffern. Bei starker Hitze unter Rühren 3–5 Min. anbraten, bis sie rundum gebräunt sind. In eine Schüssel heben und beiseitestellen. Mit dem restlichen Fleisch ebenso verfahren.

4 Das restliche Öl in den Topf geben. Die Aubergine hinzufügen und unter gelegentlichem Rühren 5–7 Min. etwas Farbe annehmen lassen. Mit einem Schaumlöffel in eine zweite Schüssel heben.

5 Die Zwiebel in den Topf geben und unter gelegentlichem Rühren 7–10 Min. goldbraun braten. Knoblauch und Ingwer hinzufügen und 2–3 Min. anschwitzen, bis sie weich sind und duften.

6 Die Gewürze dazugeben und 1–2 Min. weiterrühren. Das Fleisch mit dem ausgetretenen Saft wieder in den Topf geben. Das Mehl hineinstreuen und unter Rühren etwa 1 Min. anschwitzen.

7 1 l Wasser angießen und zum Kochen bringen. Das Fleisch bei reduzierter Hitze und aufgelegtem Deckel 30 Min. köcheln lassen, dabei ab und zu umrühren. Die Linsen untermischen und 15 Min. mitgaren.

8 Aubergine, Blumenkohl und 500 ml Wasser unterrühren. Alle Zutaten unter häufigem Rühren weitere 50–60 Min. köcheln lassen, bis sie vollkommen weich sind. Nach Bedarf mehr Wasser hinzufügen. In der Zwischenzeit das Mangorelish zubereiten.

ZUBEREITEN DES MANGORELISHS

9 Die Chilischote in eine kleine Schüssel geben und mit heißem Wasser bedecken. 5 Min. quellen und dann abtropfen lassen. Längs halbieren und nach Entfernen von Samen und Scheidewänden sehr fein hacken. Die Mango längs in drei Scheiben schneiden, dabei das Messer dicht am Stein entlangführen.

10 Mit einem kleinen Messer das Fruchtfleisch der Mango in Abständen von 5 mm gitterförmig bis zur Schale einschneiden. Die Schale mit dem Daumen von unten hochdrücken, sodass das Fruchtfleisch igelartig nach außen gekehrt wird.

11 **Die Mangowürfel** über einer Schüssel von der Schale abschneiden. Mangowürfel, Chilischote, Koriander, Salz, Pfeffer und Ingwer in einer kleinen Schüssel sorgfältig vermischen. Das Relish abschmecken, zudecken und 30 Min. kalt stellen, dann zu dem Curry servieren.

VARIANTE: Hähnchencurry

Die Gewürze passen auch zu Hähnchen, Kichererbsen und Gemüse.

1 Lammfleisch, Blumenkohl und Linsen entfallen. Die Aubergine wie im Hauptrezept vorbereiten. Ein Hähnchen in 8 Teile zerlegen, salzen und pfeffern. Das Öl erhitzen und die Hähnchenteile mit der Haut nach unten 5–7 Min. bräunen. Wenden und die andere Seite bräunen. Herausnehmen.

2 Die Aubergine wie beschrieben anbraten. 1 Dose Kichererbsen (400 g) abtropfen lassen. Das Curry wie im Hauptrezept garen, dabei 1 Dose Tomatenstücke (400 g) und 1 l Wasser hinzufügen. Die Hähnchenteile wieder in den Topf legen und zugedeckt 20 Min. köcheln lassen.

3 Aubergine und Kichererbsen dazugeben. Das Curry weitere 15–20 Min. garen, bis das Fleisch sich beim Einstechen weich anfühlt. Das Gericht abschmecken und mit Gurken-Raita und Fladenbrot servieren.

Brunswick Stew

BRUNSWICK COUNTY IN NORTH CAROLINA erhebt ebenso Anspruch auf das amerikanische Traditionsgericht wie das gleichnamige County in Virginia. Das Stew enthält typische Zutaten aus den Südstaaten wie Bohnen, Mais und Chilischoten. In der Kolonialzeit hat man es mit Eichhörnchen zubereitet. Tiefgekühlt ist es drei Monate haltbar.

PERSONEN	ZUBEREITUNG	GARZEIT
4-6	25-35 MIN.	2-2½ STD.

Zutaten

1 Hähnchen (etwa 1,5 kg), in 6 Teile zerlegt

500 g Schweinshachse

1 EL brauner Zucker

1 Bouquet garni aus 5-6 Stängeln Petersilie, 2-3 Zweigen Thymian und 1 Lorbeerblatt

1 Zwiebel, gehackt

3 Stangen Staudensellerie, in dünne Scheiben geschnitten

1 Dose Tomatenstücke (400 g)

200 g frische Maiskörner, aufgetauter TK-Mais oder Mais aus der Dose

375 g Kartoffeln

1 EL Chiliflocken

250 g enthülste frische Dicke Bohnen oder aufgetaute TK-Bohnen, enthäutet

Salz und Pfeffer

2 **Das Fleisch** zugedeckt etwa 1 Std. köcheln lassen, bis das Hähnchen weich ist.

GAREN VON HÄHNCHEN UND HACHSE

1 **Hähnchenteile** und Hachse in einen Schmortopf geben und mit Wasser bedecken. Zucker und Bouquet garni hinzufügen und alles zum Kochen bringen. Mit einem Schaumlöffel aufsteigenden Schaum entfernen.

3 **Den Topf** von der Kochstelle nehmen. Die Hähnchenteile mit einem Schaumlöffel herausheben und beiseitestellen.

FERTIGSTELLEN DES STEWS

4 **Die Garflüssigkeit** im Topf wieder zum Kochen bringen. Zwiebel, Sellerie und Tomaten hinzufügen und unter häufigem Rühren 20-30 Min. köcheln lassen. Darauf achten, dass die Garflüssigkeit nur sanft wallt. Den Mais dazugeben und 10 Min. köcheln lassen. In der Zwischenzeit die Kartoffeln schälen, in Stücke schneiden und in einen Topf mit Salzwasser legen. Zum Kochen bringen und zugedeckt 15-20 Min. köcheln lassen, bis sie weich sind. Abtropfen lassen und mit einem Kartoffelstampfer fein zerdrücken.

5 **Die pürierten Kartoffeln,** Chiliflocken, Bohnen, Salz und Pfeffer in das Stew rühren. Die Hähnchenteile wieder in den Schmortopf legen und alles unter häufigem Rühren noch etwa 15 Min. garen, bis Fleisch und Gemüse sehr weich sind.

6 **Die Hachse herausheben.** Mit Messer und Gabel das Fleisch von den Knochen lösen, Haut und Fett wegwerfen. Das Fleisch in Stücke schneiden und wieder in den Topf geben. Die Sauce sollte sämig sein, falls sie aber zu sehr eingedickt ist (was von den Kartoffeln abhängt), kann man sie mit etwas Wasser verdünnen. Das Bouquet garni entfernen und das Gericht abschmecken.

 ## VARIANTE: Hähnchen mit Kidneybohnen und Knoblauchwurst

Die Bohnen müssen einweichen – also rechtzeitig beginnen.

1 In einer Schüssel 500 g getrocknete Kidneybohnen 10 cm hoch mit kaltem Wasser bedecken und über Nacht (mindestens 6 Std.) einweichen. Abtropfen lassen und in einen Topf geben. Eine mit einer Gewürznelke gespickte Zwiebel und 1 Bouquet garni dazugeben. Mit frischem Wasser bedecken, zum Kochen bringen und mindestens 5 Min. kochen lassen. Die Hitze reduzieren. Die Bohnen 25 Min. garen, dann salzen und weitere 45 Min. köcheln lassen.

2 Die Bohnen in einem Sieb abtropfen lassen, Bouquet garni und Zwiebel wegwerfen. 375 g Knoblauchwurst enthäuten und in dicke Scheiben schneiden.

3 Das Hähnchen wie im Hauptrezept beschrieben vorbereiten und garen. Dicke Bohnen und Mais weglassen. Kidneybohnen mit Zwiebel, Tomaten und Sellerie in den Schmortopf geben und etwa 30 Min. köcheln lassen, bis die Bohnen fast weich sind. Das Stew wie beschrieben mit den Kartoffeln andicken und die Hähnchenteile zusammen mit der Knoblauchwurst wieder in den Topf geben.

Schweinefleisch mit Muscheln

DIE KOMBINATION von Fleisch mit Muscheln oder anderen Meeresfrüchten erfreut sich vor allem auf der Iberischen Halbinsel größter Beliebtheit. Ein großzügiger Spritzer Zitronensaft, bei Tisch hinzugefügt, gehört unbedingt dazu. Bis einschließlich Schritt 4 kann das Gericht zwei Tage im Voraus zubereitet werden. Im Kühlschrank aufbewahren, dann behutsam wieder erhitzen, und kurz vor dem Servieren die Muscheln garen.

PERSONEN 6-8	ZUBEREITUNG 30-35 MIN. + WARTEZEIT	GARZEIT 2 STD.

Zutaten

FÜR DIE MARINADE

375 ml trockener Weißwein

2 Knoblauchzehen, fein gehackt

1 Lorbeerblatt, zerbröselt

1½ EL Paprikapulver

Salz und Pfeffer

3 EL Olivenöl

FÜR DEN EINTOPF

1,5 kg ausgelöster Schweinerücken, in 2,5 cm große Würfel geschnitten

1 kg Herz- oder Venusmuscheln

1 große Zwiebel, in dünne Scheiben geschnitten

2 Knoblauchzehen, fein gehackt

1 Dose Tomaten (400 g)

1 EL Tomatenmark

1 Spritzer Tabasco

1 Bund Petersilie, Blätter gehackt

1 Zitrone, in Spalten geschnitten, zum Servieren

MARINIEREN DES SCHWEINEFLEISCHS

1 **Den Wein** in einem großen Glas- oder Keramikgefäß mit Knoblauch, Lorbeer, Paprikapulver, reichlich Pfeffer sowie 1 EL Öl sorgfältig verrühren. Das Schweinefleisch hinzufügen und gut mit der Marinade vermischen. Zugedeckt für 24 Std. in den Kühlschrank stellen, zwischendurch ab und zu durchrühren, um alle Fleischwürfel gleichmäßig mit Marinade zu überziehen.

VORBEREITEN DER MUSCHELN

2 **Die Muscheln** unter fließendem kaltem Wasser mit einer harten Bürste schrubben, um Schmutz, Sand und Algen zu entfernen. Muscheln, die zerbrochene Schalen haben oder sich beim Aufklopfen auf die Spüle nicht fest schließen, wegwerfen. Wie bei allen Schalentieren im Zweifelsfall auf eine Muschel verzichten, denn es lohnt sich nicht, das Risiko einer Lebensmittelvergiftung einzugehen.

FERTIGSTELLEN DES GERICHTS

3 **Den Backofen** auf 180 °C vorheizen. Das Fleisch mit einem Schaumlöffel aus der Marinade heben und mit Küchenpapier trocken tupfen. Das restliche Öl in einem Schmortopf erhitzen. Das Fleisch portionsweise hineingeben und rundum gut anbraten. In eine Schüssel heben.

4 **Die Temperatur reduzieren.** Zwiebel und Knoblauch in den Topf geben und zugedeckt 20-25 Min. sanft garen, bis die Zwiebel sehr weich und gebräunt ist. Tomaten, Tomatenmark, Tabasco und Fleisch hinzufügen Die Marinade unterrühren. Den Deckel auflegen und das Fleisch für 1½-1¾ Std. im Backofen garen, bis es weich ist. Falls zu viel Flüssigkeit verdampft, etwas Wein nachgießen.

5 **Die Muscheln** auf dem Fleisch verteilen, den Deckel wieder auflegen und das Gericht weitere 15–20 Min. im Backofen garen, bis sich die Muscheln geöffnet haben. Geschlossene Muscheln wegwerfen. Das Gericht in einer vorgewärmten Schüssel anrichten und mit der Petersilie bestreuen. Die Zitronenspalten separat reichen.

 VARIANTE: Chilenisches Schweinefleisch

Wenn es schnell gehen muss, Bohnen aus der Dose verwenden.

1 Marinade und Muscheln entfallen. 375 g getrocknete Kidneybohnen in einer Schüssel mit Wasser bedecken und über Nacht einweichen. In ein Sieb abgießen und abspülen. Die Bohnen in einen Topf geben, mit frischem Wasser bedecken und 10 Min. kochen lassen. Die Hitze reduzieren. Die Bohnen zugedeckt 1 Std. köcheln lassen, bis sie fast weich sind. In ein Sieb abgießen.

2 In der Zwischenzeit Knoblauch und Zwiebel wie beschrieben vorbereiten. Von 1 scharfen grünen Chilischote und 2 grünen Paprikaschoten Stielansätze, Samen und Scheidewände entfernen. Jeweils 500 g Yamswurzeln und Süßkartoffeln schälen und in 2,5 cm große Würfel schneiden. Die Blätter von einigen Stängeln Petersilie, Koriandergrün und Oregano hacken. Das Schweinefleisch wie im Hauptrezept anbraten, dann Zwiebeln und Knoblauch garen. Das Fleisch wieder in den Topf geben. Tomaten, Tomatenmark, Kräuter und 500 ml Wasser hinzufügen. Den Deckel auflegen und das Fleisch 1¼–1½ Std. garen. Gemüse und Bohnen dazugeben und 750 ml Wasser angießen.

3 Unter gelegentlichem Rühren 40–45 Min. garen, bis das Gemüse weich ist. Den Topf auf den Herd setzen. 2 EL Rotweinessig unterrühren und das Gericht ohne Deckel weitere 5 Min. köcheln lassen, dann abschmecken (nach Belieben noch Kräuter oder Salz und Pfeffer dazugeben). In vorgewärmten Schalen servieren, dazu Reis oder Weizentortillas reichen.

Lammragout

DAS WUNDERBARE AROMA des Lammfleischs harmoniert perfekt mit zartem jungem Gemüse und neuen Kartöffelchen. Das Fleisch wird geschmort, bis es praktisch zerfällt, während das Gemüse erst ganz zum Schluss dazukommt.

PERSONEN	ZUBEREITUNG	GARZEIT
6	45–50 MIN.	2–2¼ STD.

Zutaten

500 g kleine Zwiebeln

2 EL Pflanzenöl

750 g entbeinte Lammschulter, in 3–4 cm große Würfel geschnitten

Salz und Pfeffer

2 EL Mehl

1 EL Tomatenmark

2 Knoblauchzehen, fein gehackt

1 Bouquet garni aus 5–6 Stängeln Petersilie, 2–3 Zweigen Thymian und 1 Lorbeerblatt

etwa 500 ml Hühner- oder Lammbrühe

375 g Tomaten

250 g kleine junge Möhren

250 g kleine Speiserüben

250 g grüne Bohnen

750 g kleine, neue Kartoffeln

150 g frische Erbsen oder TK-Erbsen (nach Belieben)

4–5 Stängel Petersilie, Blätter fein gehackt

VORBEREITEN DER ZWIEBELN

1 Die Zwiebeln in einer Schüssel mit kochendem Wasser übergießen und 2 Min. stehen lassen, dann schälen. Das Öl in einem Schmortopf erhitzen und die Zwiebeln darin 5–7 Min. goldbraun anbraten. Herausnehmen.

GAREN DES LAMMFLEISCHS

2 Das Fleisch salzen und pfeffern und portionsweise bei starker Hitze unter gelegentlichem Rühren 3–5 Min. anbraten, bis es gleichmäßig gebräunt ist. Fertige Stücke mit einem Schaumlöffel in eine Schüssel heben.

3 Das gesamte Fleisch wieder in den Topf geben und mit dem Mehl bestreuen. Durchrühren und bei mittlerer Hitze unter gelegentlichem Rühren 2–3 Min. anschwitzen.

4 Die Temperatur reduzieren, dann Tomatenmark, Knoblauch und Bouquet garni in den Topf geben. Knapp mit Brühe bedecken, umrühren und zum Kochen bringen. Zugedeckt etwa 1 Std. köcheln lassen.

VORBEREITEN DER GEMÜSE

5 Den Stielansatz der Tomaten entfernen und die Früchte unten kreuzförmig einritzen. In kochendes Wasser tauchen (8–15 Sek.), bis die Haut aufplatzt. Dann sofort in kaltes Wasser legen. Nach dem Abkühlen enthäuten, halbieren und nach Entfernen der Samen grob hacken.

6 Die Möhren dünn schälen, von dem Grün, sofern vorhanden, ein klein wenig stehen lassen. Die Speiserüben schälen und, je nach Größe, vierteln oder in Spalten teilen. Kanten nach Belieben mit einem kleinen Messer abrunden.

7 Die Bohnen putzen und in 2,5 cm große Stücke schneiden. Die Kartoffeln schälen und in eine Schüssel mit kaltem Wasser legen, damit sie sich nicht verfärben.

FERTIGSTELLEN DES LAMMRAGOUTS

8 Mit einem Schaumlöffel das Fleisch in eine große Schüssel heben. Mit einem breiten flachen Löffel das Fett von der Garflüssigkeit abschöpfen. Die Sauce durch ein Sieb zu dem Fleisch gießen und beides wieder in den Topf geben. Das Fleisch probieren und eventuell nachwürzen.

9 Die Kartoffeln abtropfen lassen und mit Speiserüben, Zwiebeln, Tomaten und Möhren in den Schmortopf geben. So viel Brühe dazugießen, dass Fleisch und Gemüse fast bedeckt sind. Den Deckel auflegen und das Ragout 20–25 Min. köcheln lassen, bis die Kartoffeln weich sind.

10 Erbsen, sofern verwendet, und Bohnen dazugeben und köcheln lassen, bis sie gerade weich sind. Darauf achten, dass die Gemüse nicht länger als notwendig garen, damit sie knackig bleiben und ihre leuchtende Farbe bewahren. Das Gericht probieren und falls nötig nachwürzen. Die Sauce sollte glänzen und leicht eingedickt sein. Fleisch und Gemüse auf vorgewärmten Tellern anrichten, mit Sauce beschöpfen und mit der Petersilie bestreut servieren.

VARIANTE: Lammratatouille

Auch mediterrane Gemüse passen wunderbar zum Lamm.

1 Zwiebeln, Tomatenmark, Bouquet garni, Möhren, Speiserüben, grüne Bohnen, Kartoffeln, Petersilie und Erbsen entfallen. Das Fleisch in Olivenöl wie beschrieben anbraten und nach Zugabe der Brühe 1¼ Std. köcheln lassen.

2 1 Aubergine putzen und in 2,5 cm große Würfel schneiden. In einem Sieb mit Salz bestreuen und 30 Min. stehen lassen. 3 Knoblauchzehen hacken. 500 g Tomaten enthäuten und nach Entfernen der Samen hacken. 1 grüne und 1 rote Paprikaschote putzen und in Streifen schneiden. 1 große Zwiebel in dünne Scheiben schneiden. Die Aubergine abspülen und trocken tupfen.

3 In einer Pfanne 3 EL Olivenöl erhitzen. Zwiebel und Knoblauch darin 3–5 Min. anschwitzen. Die Paprikaschoten untermischen und 2–3 Min. garen. Die Aubergine dazugeben und 7–10 Min. rühren, bis sie gerade weich ist. Das Gemüse und 125 ml Hühner- oder Lammbrühe zum Fleisch geben und zugedeckt noch 15 Min. garen, dann ohne Deckel weitere 20 Min.

Provenzalisches Schmorfleisch

DER TIEFE, INTENSIVE GESCHMACK des *bœuf en daube* aus Südfrankreich ist fast nicht zu toppen. Das Fleisch wird mit mediterranen Aromen mariniert – Orange, Rotwein, Kräuter – und dann ganz langsam mit reichlich schwarzen Oliven geschmort. Mit dem Marinieren wird ein bis zwei Tage vor der Zubereitung begonnen. In diesem Rezept kann die Hälfte des Specks durch gepökelten Schweinebauch ersetzt werden.

PERSONEN	ZUBEREITUNG	GARZEIT
6–8	45–50 MIN. + WARTEZEIT	3½–4 STD.

Zutaten

FÜR DIE MARINADE

1 Bio-Orange

2 Knoblauchzehen, fein gehackt

2 Lorbeerblätter

je 3–4 Zweige Rosmarin und Thymian

3–4 Stängel Petersilie

10 Pfefferkörner

500 ml Rotwein

2 EL Olivenöl

FÜR DAS SCHMORFLEISCH

1 kg Rindfleisch zum Schmoren, in 4 cm große Würfel geschnitten

500 g durchwachsener Speck, in 5 mm dicke Streifen geschnitten

1 Dose Tomaten (400 g)

2 Zwiebeln, in Scheiben geschnitten

2 Möhren, in Scheiben geschnitten

175 g Champignons, in Scheiben geschnitten

200 g entsteinte schwarze Oliven

250 ml Rinderbrühe oder Wasser

Salz und Pfeffer

50 g Butter

3 EL Mehl

MARINIEREN DES RINDFLEISCHS

1 Die Orangenschale in breiten, dünnen Streifen abhobeln. Zusammen mit Knoblauch, Lorbeerblättern, Rosmarin, Thymian, Petersilie, Pfeffer sowie dem Rotwein in einem Glas- oder Keramikgefäß verrühren. Das Fleisch dazugeben, mit dem Öl beträufeln und abgedeckt 24–48 Std. kalt stellen. Die Fleischstücke gelegentlich wenden.

VORBEREITEN DES SPECKS

2 Den Speck in einem Topf mit Wasser zum Kochen bringen und 5 Min. garen. In ein Sieb abgießen und mit kaltem Wasser abspülen. Auf diese Weise wird ein Teil des Salzes entfernt.

GAREN DES GERICHTS

3 Den Backofen auf 150 °C vorheizen. Das Fleisch aus der Marinade nehmen, auf einen mit Küchenpapier bedeckten großen Teller legen und trocken tupfen. Beiseitestellen. Die Marinade abseihen. Die Flüssigkeit aufbewahren, die Aromazutaten in ein Stück Musselin binden.

4 Die Speckstreifen auf dem Boden eines Schmortopfs verteilen und mit dem Fleisch bedecken. Tomaten und Zwiebeln daraufschichten, dann Möhren, Pilze und Oliven. Marinade und Brühe angießen. Das Gericht pfeffern und das Gewürzsäckchen hinzufügen.

5 Auf dem Herd zum Kochen bringen. Den Topf mit aufgelegtem Deckel in den vorgeheizten Backofen schieben. Das Gericht 3½–4 Std. garen, dabei ab und zu umrühren. Das Fleisch ist fertig, wenn es sich zwischen den Fingern zerdrücken lässt. Sollte während des Garens zu viel Flüssigkeit verdampfen, etwas Wasser hinzufügen.

FERTIGSTELLEN DES GERICHTS

6 Eine *beurre manié* herstellen: Mit einer Gabel die Butter auf einem kleinen Teller zerdrücken, bis sie glatt und weich ist. Das Mehl unterkneten, bis beides gut verbunden ist. Mit einer solchen Mehlbutter kann man jedes kräftige Schmorgericht andicken, dessen Sauce zu dünn ist. Für leichtere Saucen ist die Methode nicht geeignet. Man reduziert sie besser durch Einkochen bei starker Hitze.

7 Den Schmortopf auf den Herd setzen. Mit einem Schaumlöffel das Gewürzsäckchen herausheben und wegwerfen. Die *beurre manié* in kleinen Portionen in die Garflüssigkeit rühren, bis die Stücke schmelzen und die Sauce eindickt. Diesen Arbeitsschritt langsam ausführen, damit das Mehl gegart wird und seinen rohen Geschmack verliert. Die Sauce noch 2 Min. köcheln lassen, dann abschmecken. Das Gericht in vorgewärmten tiefen Tellern oder Schalen servieren, nach Belieben mit frischem Rosmarin garniert.

 VARIANTE: Provenzalischer Lammtopf mit grünen Oliven

Eine leckere Alternative zum Rindfleisch.

1 Etwa 1 kg entbeinte Lammschulter mit einem scharfen Messer in große Würfel schneiden und wie beschrieben 24–48 Std. marinieren.

2 Speck und Gemüse wie im Hauptrezept vorbereiten, die schwarzen Oliven durch grüne ersetzen. Den Eintopf wie beschrieben garen.

3 Die *beurre manié* zubereiten und das Gericht fertigstellen. Nach Belieben jede Portion mit gehacktem Thymian bestreuen. Das Gericht kann bis zu zwei Tage im Voraus zubereitet und dann zugedeckt im Kühlschrank aufbewahrt werden. Vor dem Servieren auf Zimmertemperatur bringen und auf dem Herd wieder sorgfältig erhitzen.

Rindfleisch mit Graupen und Pilzen

GERSTE IST EIN GETREIDE, das lange Zeit in Vergessenheit geraten war. Heute erlebt es ein wohlverdientes Comeback. Vor allem in Form von Graupen verleiht die Gerste Eintöpfen Substanz und ein erdiges Aroma. Für besondere Anlässe kann man hier Steinpilze oder Pfifferlinge verwenden.

PERSONEN 6-8	**ZUBEREITUNG** 30-35 MIN.	**GARZEIT** 2¼-2½ STD.

Zutaten

3 EL neutrales Pflanzenöl

1,5 kg Rindfleisch zum Schmoren, in 5 cm große Würfel geschnitten

625 g Zwiebeln, in dünne Scheiben geschnitten

Salz und Pfeffer

1 Bouquet garni aus 5-6 Stängeln Petersilie, 2-3 Zweigen Thymian, 1 Lorbeerblatt

1 l Rinderbrühe

375 g Möhren, in Scheiben geschnitten

4 Stangen Staudensellerie, in Scheiben geschnitten

200 g Perlgraupen

500 g Champignons, in Scheiben geschnitten

2-3 Stängel Petersilie, Blätter fein gehackt (nach Belieben)

VORBEREITEN DER ZUTATEN

1 Den Backofen auf 180 °C vorheizen. Das Öl in einem Schmortopf auf dem Herd erhitzen. Die Hälfte des Fleischs darin scharf anbraten (es sollte beim Hineinlegen zischen). In eine Schüssel heben. Das restliche Fleisch ebenfalls anbraten und beiseitestellen.

2 Die Zwiebeln mit etwas Salz und Pfeffer bei mittlerer Hitze unter Rühren 5-7 Min. garen, bis sie leicht gebräunt sind. Das Fleisch mit Bouquet garni, Salz und Pfeffer wieder dazugeben. Die Brühe angießen.

GAREN DES GERICHTS

3 Den Deckel auflegen und den Schmortopf in den Backofen schieben. Das Fleisch unter gelegentlichem Rühren etwa 1½ Std. garen, dann Möhren, Sellerie und Graupen hinzufügen. Nach Bedarf Brühe oder Wasser ergänzen, damit der Topfinhalt feucht bleibt.

4 Die Zutaten noch einmal 40-45 Min. garen, bis Fleisch und Gemüse beim Einstechen sehr weich sind. Die Graupen sollten aber noch etwas Biss haben. Etwa 10 Min. vor Ende der Garzeit die Pilze unterrühren.

5 Das Bouquet garni wegwerfen und das Gericht abschmecken. In vorgewärmten Portionsschalen servieren, nach Belieben mit Petersilie bestreut. Dazu knuspriges Brot reichen.

Helles Kalbsragout

DAMIT DIE SAUCE WEISS BLEIBT, darf beim Garen dieses französischen Klassikers keine Zutat gebräunt werden. Besonders fein wird das Gericht, wenn man einen Teil der Kalbsschulter durch Kalbsbrust ersetzt. Traditionell reicht man als Beilage Reis, gedämpfte Kartoffeln schmecken aber auch köstlich.

PERSONEN	ZUBEREITUNG	GARZEIT
6	45–50 MIN.	1½–2¼ STD.

Zutaten

FÜR DAS RAGOUT

1,5 kg entbeinte Kalbsschulter, in 5 cm große Würfel geschnitten

1 Zwiebel

1 Gewürznelke

1 Bouquet garni aus 5–6 Stängeln Petersilie, 2–3 Zweigen Thymian und 1 Lorbeerblatt

Salz und weißer Pfeffer

etwa 1,5 l Hühnerbrühe oder Wasser

500 g Perlzwiebeln

1 große Fenchelknolle, in dünne Scheiben geschnitten, Grün aufbewahrt

500 g kleine Möhren, geschält

FÜR DIE SAUCE

50 g Butter

30 g Mehl

Saft von ½ Zitrone

frisch geriebene Muskatnuss

2 Eigelb

125 g Sahne

GAREN DES KALBFLEISCHS

1 Das Fleisch in einem Topf mit kaltem Wasser bedecken. Zum Kochen bringen und bei reduzierter Hitze 5 Min. köcheln lassen, Schaum abschöpfen. Das Fleisch in ein Sieb abgießen, mit kaltem Wasser abspülen und abtropfen lassen. Die Zwiebel schälen und mit der Gewürznelke spicken.

2 Das Fleisch in einen Schmortopf füllen. Zwiebel, Bouquet garni, Salz, weißen Pfeffer und Brühe oder Wasser dazugeben. Das Fleisch zugedeckt zum Kochen bringen und etwa 1 Std. köcheln lassen, bis es fast weich ist, zwischendurch ab und zu Schaum abschöpfen.

FERTIGSTELLEN DES RAGOUTS

3 Die Perlzwiebeln in einer Schüssel mit heißem Wasser bedecken und 2 Min. stehen lassen. Nach dem Abtropfen schälen. Zwiebel und Bouquet garni aus dem Topf nehmen. Perlzwiebeln, Fenchel, Möhren und nach Bedarf noch Brühe oder Wasser angießen, sodass alle Zutaten bedeckt sind. 20–30 Min. köcheln lassen, bis Fleisch und Gemüse weich sind.

HERSTELLEN DER SAUCE

4 Fleisch und Gemüse herausnehmen. Die Flüssigkeit in einen Topf abseihen und 10–20 Min. auf die Hälfte einkochen lassen. Die Butter im Schmortopf zerlassen. Das Mehl zugeben und 30–60 Sek. rühren, bis sich Bläschen bilden. Etwas abkühlen lassen und den Garsud unterschlagen. Unter ständigem Rühren 3–5 Min. wieder erhitzen, bis die Sauce eindickt. 10–15 Min. köcheln lassen, bis sie einen Löffelrücken überzieht.

5 Fleisch und Gemüse in die Sauce geben. Das Ragout mit Zitronensaft, Salz, weißem Pfeffer und Muskat abschmecken. Dann 7–10 Min. sanft erhitzen, damit sich die Aromen verbinden. In einer Schüssel Eigelbe und Sahne verquirlen und einige Löffel heiße Sauce hineinrühren. Die Mischung in das Ragout rühren und 1–2 Min. behutsam erwärmen, bis das Eigelb bindet, aber nicht mehr kocht. Das Ragout mit etwas Fenchelgrün bestreut sofort servieren.

Hähnchen-Pies mit Kräuterkruste

EIN LECKERES GERICHT mit einer knusprigen Teigkruste, die alle weiteren Beilagen überflüssig macht. Die Füllung für die Pies kann am Vortag zubereitet und dann zugedeckt im Kühlschrank aufbewahrt werden. Vor dem Auflegen der Kruste bringt man sie auf Zimmertemperatur. Der Teig sollte erst kurz vor dem Backen zubereitet werden. Für das Rezept sind ofenfeste Portionsförmchen erforderlich.

PERSONEN 4-6	**ZUBEREITUNG** 25-35 MIN.	**GARZEIT** 22-25 MIN.

Zutaten

FÜR DIE HÄHNCHENFÜLLUNG

1 l Hühnerbrühe

3 Möhren, in Scheiben geschnitten

750 g Kartoffeln, gewürfelt

3 Stangen Staudensellerie, in dünne Scheiben geschnitten

175 g Erbsen

500 g gegartes Hähnchenbrustfilet

60 g Butter

1 Zwiebel, gehackt

30 g Mehl

175 g Sahne

1 Prise frisch geriebene Muskatnuss

Salz und Pfeffer

1 kleines Bund Petersilie, Blätter gehackt

1 Ei

FÜR DIE KRÄUTERKRUSTE

250 g Mehl

1 EL Backpulver

1 TL Salz

60 g Butter

1 kleines Bund Petersilie, Blätter gehackt

etwa 150 ml Milch

ZUBEREITEN DER FÜLLUNG

1 In einem großen Topf die Brühe zum Kochen bringen. Möhren, Kartoffeln und Sellerie hinzufügen und 3 Min. köcheln lassen. Die Erbsen dazugeben und noch etwa 5 Min. köcheln lassen, bis alle Gemüse weich sind.

2 Die Gemüse in ein Sieb abgießen, die Brühe auffangen. Das Fleisch in Streifen schneiden und mit dem Gemüse in eine Schüssel geben.

3 Die Butter bei mäßiger Hitze in einem kleinen Topf zerlassen. Die Zwiebel darin 3-5 Min. anschwitzen, bis sie weich, aber nicht gebräunt ist. Das Mehl einstreuen und unter Rühren 1-2 Min. anschwitzen.

4 Mit 500 ml Brühe aufgießen. Die Sauce umrühren, bis sie zu kochen beginnt und dick wird. 2 Min. köcheln lassen, dann Sahne, Muskat sowie Salz und Pfeffer nach Geschmack hinzufügen. Die Sauce über Fleisch und Gemüse gießen. Die Petersilie hinzufügen und behutsam untermischen.

HERSTELLEN DES KRÄUTERDECKELS

5 **Das Mehl** mit Backpulver und Salz in eine große Schüssel sieben und in der Mitte eine Mulde formen. Die Butter hinzufügen und mit zwei Messern in kleine Stücke hacken.

6 **Die Mischung** zwischen den Fingerspitzen reiben, bis feine Krümel entstehen, dabei hochheben, um Luft unterzumischen. Die Petersilie hinzufügen. In der Mitte eine Mulde formen. Die Milch hineingießen und mit einem Messer alles durchhacken, sodass grobe Krümel entstehen. Nach Bedarf noch etwas Milch hinzufügen.

7 **Den Teig** mit den Fingern bearbeiten, bis er zusammenhält. Auf die bemehlte Arbeitsfläche setzen und kurz durchkneten, bis er glatt ist. Auf 1 cm Dicke flach klopfen. Mit einem Ausstecher oder Glas etwa 8 cm große Kreise ausstechen. Teigreste wieder flach klopfen und weitere Kreise ausstechen, sodass sechs Stück vorhanden sind.

BACKEN DER PIES

8 Den Backofen auf 220 °C vorheizen. Die Füllung in sechs ofenfeste Förmchen geben, dabei Fleisch und Gemüse gleichmäßig verteilen. Jeweils einen Teigkreis auf jedes Förmchen legen (am besten nicht direkt in die Mitte, damit ein Teil der Füllung sichtbar bleibt). In einer kleinen Schüssel das Ei mit 1 Prise Salz verquirlen und die Kruste damit bestreichen.

9 Die Pies im vorgeheizten Ofen 15 Min. backen. Die Temperatur auf 180 °C reduzieren und die Pies weiterbacken, bis die Kruste goldbraun und die Füllung dampfend heiß ist. Das dauert 7–10 Min., man sollte die Pies aber im Auge behalten. Die Temperatur darf nicht zu hoch sein, damit alles vollständig erhitzt wird. Falls die Oberfläche zu sehr bräunt, deckt man sie locker mit einem Stück Alufolie ab.

 VARIANTE: Große Schüsselpastete

Die Teigdeckel geben der Pastete ein hübsches Aussehen.

1 Die Füllung genau wie im Hauptrezept zubereiten. Dann statt in Portionsförmchen entweder in eine mittelgroße Souffléform oder eine flache Auflaufform füllen.

2 Den Teig für die Kruste ohne Petersilie und stattdessen mit gehacktem Salbei, Thymian oder Estragon zubereiten. Aus der Teigplatte mit einer 6 cm großen Ausstechform 8 Kreise ausstechen.

3 Die Kreise gleichmäßig auf der Fleischmischung verteilen und mit verquirltem Ei bestreichen. Die Pastete 15 Min. bei 220 °C backen, anschließend 20–25 Min. bei 180 °C. Die Sauce sollte Blasen werfen und die Füllung dampfend heiß sein.

Toskanisches Schmorfleisch

ITALIENISCHE KÜCHE, einfach und gut. Chianti ist der Wein der Toskana, man kann hier jedoch jeden guten körperreichen Rotwein verwenden. Als Beilage wird mit Salbei aromatisierte *fettunta* – Brotscheiben mit Olivenöl – gereicht, unmittelbar vor dem Servieren frisch geröstet. Das Fleisch sollte man im Voraus zubereiten, damit sich die Aromen entfalten können. Im Kühlschrank aufbewahren.

PERSONEN	ZUBEREITUNG	GARZEIT
6	35–40 MIN. + WARTEZEIT	2–2½ STD.

Zutaten

5–6 Zweige Salbei	1 Dose Tomatenstücke (400 g)
2 EL frisch gemahlener schwarzer Pfeffer	2 Lorbeerblätter
300 ml Olivenöl	Salz
1,5 kg Rindfleisch zum Schmoren, in 5 cm große Würfel geschnitten	250 ml Rinderbrühe
125 g Pancetta, fein gewürfelt (ersatzweise durchwachsener Speck)	500 ml Rotwein
1 große Zwiebel, gewürfelt	500 g helles italienisches Brot, etwa Ciabatta
6 Knoblauchzehen	

VORBEREITEN VON SALBEIÖL UND RINDFLEISCH

1 Die Blätter von 2 Salbeizweigen hacken und in eine kleine Schüssel geben (nicht mehr Salbei verwenden, da sein kräftiger Geschmack ein Gericht leicht dominiert). In einer großen Schüssel die Hälfte des Pfeffers und das Öl bis auf 3 EL vermischen. Ein Viertel der Mischung in die Schüssel mit dem Salbei geben und für die *fettunta* beiseitestellen. Die Pfeffermenge mag groß erscheinen, dennoch sollten Sie hier mutig sein, denn Sie werden feststellen, dass der Geschmack des Pfeffers durch Marinieren und Schmoren milder wird und dem Fleisch dann eine unglaubliche Aromatiefe verleiht.

2 Das Fleisch in die Schüssel mit der Pfeffer-Öl-Mischung geben und durchheben, bis jeder Würfel gut mit Marinade überzogen ist. Mit Frischhaltefolie bedecken und 8–12 Std. kalt stellen, zwischendurch das Fleisch ab und zu durchheben. Da dieser Arbeitsschritt nicht abgekürzt werden darf, sollte man ihn am Vortag ausführen. Die lange Marinierzeit ist notwendig, damit das Fleisch die Aromen des Pfeffers aufnehmen kann. Zudem bekommt das Fleisch durch das Öl eine wunderbar zarte Konsistenz.

SCHMOREN DES RINDFLEISCHS

3 Die restlichen Salbeiblätter hacken. Das Fleisch mit einem Schaumlöffel aus der Marinade und auf einen mit Küchenpapier bedeckten Teller heben, dann abtupfen. Die Hälfte des restlichen Öls bei hoher Temperatur in einem großen Topf erhitzen. Die Hälfte des Fleischs hineingeben und rundum 3–5 Min. gut anbraten.

4 Das Fleisch mit einem Schaumlöffel in eine Schüssel heben. Das verbliebene Öl in den Topf geben und die restlichen Fleischwürfel anbraten. Auf mittlere Hitze reduzieren. Pancetta dazugeben und unter gelegentlichem Rühren 2–3 Min. garen, bis das Fett ausgebraten ist.

5 Die Zwiebel dazugeben und unter Rühren 3–5 Min. garen, bis sie weich ist. Das Fleisch mit 5 fein gehackten Knoblauchzehen, Tomaten, Lorbeer, Salbei, restlichem Pfeffer, Salz, Brühe und Wein hinzufügen. Gut durchrühren, zugedeckt bei milder Hitze 1¾–2 Std. garen, zwischendurch gelegentlich umrühren.

6 **Während des Garens** nach Bedarf noch Wasser oder Brühe ergänzen. Das Fleisch ist fertig, wenn es sich zwischen den Fingern zerdrücken lässt. Die Lorbeerblätter wegwerfen und das Gericht abschmecken. Sollte die Sauce zu dünn sein, die Temperatur erhöhen und die Flüssigkeit ohne Deckel einkochen lassen.

ZUBEREITEN DER SALBEI-FETTUNTA

7 **In der Zwischenzeit** den Backofen auf 190 °C vorheizen. Das Brot in 1 cm dicke Scheiben schneiden. Große Scheiben halbieren. Die Scheiben auf ein Backblech legen, dabei genügend Abstand lassen, damit sie rösten und nicht dämpfen. Auf beiden Seiten großzügig mit dem Salbeiöl einpinseln und gleichmäßig mit Salz bestreuen.

8 **Das Brot im Ofen backen,** bis es gebraunt ist, was etwa 7–10 Min. dauern sollte. Zwischendurch einmal wenden, damit beide Seiten gleichmäßig rösten. Die restliche Knoblauchzehe halbieren. Die Brotscheiben mit den Schnittflächen des Knoblauchs einreiben und auf ein Kuchengitter legen. Die getoastete Oberfläche des Brots wirkt wie eine Reibe, sodass fast die gesamte Zehe im Brot verschwinden wird. Die Knoblauchreste wegwerfen. Das Rindfleisch in einer vorgewärmten Servierschüssel anrichten, die köstlich knusprige *fettunta* dazu reichen.

Japanisches Yosenabe

EIN FONDUETOPF MIT RECHAUD leistet hier gute Dienste. Im Norden Japans, wo man Speisen häufig am Tisch gart, kommt ein Keramiktopf zum Einsatz, der *nabe* genannt wird. Die Basis für das Gericht ist Dashi, die klassische japanische Brühe aus Fischflocken und getrocknetem Seetang. Anstelle von Reiswein kann man trockenen Sherry verwenden.

PERSONEN	ZUBEREITUNG	GARZEIT
4	40-50 MIN. + WARTEZEIT	5-7 MIN.

Zutaten

FÜR DEN DIP

Saft von 1 Zitrone

4 EL süßer japanischer Reiswein

2,5 cm Kombu (getrockneter Seetang)

1 EL Bonitoflocken

75 ml japanische Sojasauce

FÜR DIE BRÜHE

10 cm Kombu

1 TL Bonitoflocken

2 EL japanische Sojasauce

2 EL süßer japanischer Reiswein

Salz

FÜR DIE SUPPE

250 g frische Shirataki-Nudeln oder 60 g getrocknete Glasnudeln

250 g fester Tofu, gewürfelt

1 Möhre, in dünne Scheiben geschnitten

½ Chinakohl, in Streifen geschnitten

4 Frühlingszwiebeln, in 5 cm große Stücke geschnitten

4 frische Shiitakepilze, in Scheiben geschnitten

2 Hähnchenbrustfilets

8 Venusmuscheln

4 große Austern

HERSTELLEN VON DIP UND BRÜHE

1 **Für den Dip** Zitronensaft mit Reiswein, Kombu, Bonitoflocken und Sojasauce in einer Schüssel verrühren. Bei Zimmertemperatur mindestens 1 Std., höchstens aber 24 Std. stehen lassen.

2 **Für die Brühe** 1 l kaltes Wasser in einen großen Topf geben und den Kombu hinzufügen. Zum Kochen bringen, dann sofort den Kombu entfernen und wegwerfen. Den Topf von der Kochstelle nehmen.

3 **Die Bonitoflocken** gleichmäßig auf das Wasser streuen. Die Brühe 3-5 Min. stehen lassen, bis die Flocken zu Boden gesunken sind (die Zeitdauer hängt von Dicke und Trocknungsgrad der Flocken ab). Ein Sieb mit angefeuchtetem Musselin auslegen.

4 **Die Brühe durch das Sieb** in den Topf gießen, in dem die Mahlzeit serviert werden soll. Sojasauce und Reiswein hinzufügen. Umrühren, probieren und nach Bedarf noch Salz hinzufügen.

VORBEREITEN DER ZUTATEN

5 **In einem großen Topf** Wasser zum Kochen bringen. Die Nudeln hineingeben und unter gelegentlichem Rühren 1 Min. kochen, sie sollten aber noch Biss haben. Glasnudeln, falls verwendet, 30 Min. in warmem Wasser einweichen, dann abtropfen lassen und in 12 cm lange Stücke schneiden.

6 **Tofu, Gemüse und Nudeln** auf einer großen Platte anrichten und gut zugedeckt kalt stellen. Die Hähnchenbrust längs halbieren und in 2,5 cm große Stücke schneiden. Zugedeckt kalt stellen.

ÖFFNEN VON MUSCHELN UND AUSTERN

7 **Die Muscheln** waschen und bürsten. In einem Küchentuch mit Daumen und Zeigefinger am Scharnier festhalten und die Schneide eines Austernmessers zwischen die Schalenhälften drücken. Das Messer drehen, um die Muschel zu öffnen. Den Muskel von oberer und unterer Schalenhälfte lösen, die obere Hälfte wegwerfen.

8 **Die Austern** waschen und bürsten. Eine Auster in einem gefalteten Küchenhandtuch festhalten. Das Austernmesser in die andere Hand nehmen und die Spitze neben dem Scharnier zwischen die Schalenhälften schieben. Das Messer drehen, um die Auster zu öffnen. Den Muskel von der oberen Schale lösen und die leere Schalenhälfte wegwerfen.

FERTIGSTELLEN DES GERICHTS

9 Mit der Schneide des Austernmessers den Muskel von der unteren Schalenhälfte ablösen. Mit den restlichen Austern ebenso verfahren. Die Hähnchenbrust in einer Schüssel anrichten, die Muscheln in den unteren Schalenhälften auf einer Servierplatte verteilen.

10 Ein Sieb mit Musselin auslegen. Den Dip in einen Messbecher abseihen und dann auf vier Schälchen verteilen. Den feuerfesten Topf auf den Rechaud setzen. Die Brühe hineingießen und bei mittlerer Temperatur langsam zum Kochen bringen.

11 Wenn die Brühe köchelt, Hähnchenfleisch und Möhre hineingeben. Die Zutaten 2-3 Min. köcheln lassen, bis das Fleisch gar ist und die Möhrenscheiben fast weich sind.

12 Jeweils die Hälfte von Tofu, Gemüsen und Nudeln hinzufügen und 2-3 Min. garen, bis die Gemüse weich sind. Austern und Muscheln ohne Schalen dazugeben und garen, bis sich die Ränder der Austern kräuseln.

13 Die Zutaten mit Stäbchen aus dem Topf heben und vor dem Verzehr in den Dip tauchen. Wenn der Topf leer ist, die restlichen Zutaten hineingeben und ebenfalls garen. Wenn alles verzehrt ist, noch vorhandene Brühe in die Schalen schöpfen und servieren.

Bœuf Bourguignon

AUS GUTEM GRUND genießen nur wenige französische Speisen größere Popularität als dieses Traditionsgericht aus dem Burgund. Kaufen Sie dafür gut abgehangenes Rindfleisch beim Metzger Ihres Vertrauens. Und verwenden Sie einen nicht zu kräftigen Rotwein wie Pinot noir. Das Gericht kann drei Tage im Voraus zubereitet werden, wodurch sich seine Aromen noch besser entwickeln.

PERSONEN 6-8	**ZUBEREITUNG** 25-30 MIN.	**GARZEIT** 3½-4 STD.

Zutaten

1 Zwiebel

2 Gewürznelken

1,5 kg Rindfleisch zum Schmoren

3 EL Olivenöl

1 Möhre, geviertelt

1 Bouquet garni aus 5-6 Stängeln Petersilie, 2-3 Zweigen Thymian und 1 Lorbeerblatt

250 ml Rotwein

Salz und Pfeffer

etwa 250 ml Rinderbrühe

16-20 Perlzwiebeln

250 g durchwachsener Speck, in 5 mm breite Streifen geschnitten

250 g Champignons, in Scheiben geschnitten

Thymian zum Garnieren (nach Belieben)

GAREN DES RINDFLEISCHS

1 **Den Backofen** auf 160 °C vorheizen. Die Zwiebel schälen und die Gewürznelken hineinstecken. Das Rindfleisch im Abstand von 2,5 cm mit Küchengarn in Form binden.

2 **In einem Schmortopf** 2 EL Öl sehr heiß werden lassen. Das Fleisch hineinlegen und rundum gut anbräunen. Den Topf von der Kochstelle nehmen und überschüssiges Fett abgießen.

3 **Das Fleisch** wieder in den Topf legen. Zwiebel mit Nelken, Möhre, Bouquet garni, Rotwein, Salz (nicht zu viel, da der Speck salzig ist) und Pfeffer dazugeben. Den Deckel auflegen und den Topf für 30 Min. in den Backofen schieben.

4 **Die Brühe dazugießen** und unterrühren. Das Fleisch weitere 3 Std. schmoren, dabei drei- oder viermal wenden und Brühe oder Wasser nachfüllen, falls zu viel Flüssigkeit verdampft.

VORBEREITEN DER GARNITUR

5 Die Perlzwiebeln in einer Schüssel mit heißem Wasser bedecken und 2 Min. stehen lassen, damit sich die Schale lost. Abtropfen lassen und schälen. Das restliche Öl in einer Pfanne erhitzen.

6 Den Speck hinzufügen und 3–5 Min. braten, bis er gebräunt und das Fett ausgetreten ist. In eine Schüssel heben. Die Perlzwiebeln in die Pfanne geben und unter gelegentlichem Rühren 3–5 Min. garen, bis sie leicht gebräunt sind. Mit einem Schaumlöffel zum Speck heben.

7 Die Pilze in die Pfanne geben und unter gelegentlichem Rühren 2–3 Min. garen, bis sie weich sind und die Flüssigkeit verdampft ist. In die Schüssel mit Speck und Zwiebeln heben.

FERTIGSTELLEN DES GERICHTS

8 Das Fleisch aus dem Topf nehmen. Die Garflüssigkeit durch ein Sieb gießen, die Aromazutaten wegwerfen. Sollte die Flüssigkeit zu dünn sein, im Schmortopf auf die gewünschte Konsistenz einkochen lassen. Das Fleisch wieder in den Topf legen. Speck, Perlzwiebeln und Pilze hinzufügen. Alles zugedeckt noch etwa 30 Min. schmoren.

9 Den Braten auf ein Schneidebrett heben. Die Garflüssigkeit entfetten, probieren und falls nötig nachwürzen. Das Küchengarn vom Fleisch entfernen. Das Fleisch in 12 dicke Scheiben schneiden.

10 Die Fleischscheiben auf vorgewärmten Tellern anrichten. Etwas Garnitur und Garflüssigkeit dazugeben, den Rest getrennt reichen. Nach Belieben jeden Teller mit frischem Thymian dekorieren.

Lammhachsen in Rotweinsauce

PERFEKT FÜR EINEN KALTEN TAG. Mit diesem Gericht muss mindestens einen Tag im Voraus begonnen werden, damit das Fleisch durchziehen kann. Man kann gleich die doppelte Portion zubereiten und einen Teil einfrieren. Über Nacht im Kühlschrank auftauen und auf dem Herd erhitzen.

PERSONEN	ZUBEREITUNG	GARZEIT
6	45–50 MIN. + WARTEZEIT	2½–2¼ STD.

Zutaten

FÜR DIE MARINADE

2 TL schwarze Pfefferkörner

2 TL Wacholderbeeren

4 Schalotten, grob gehackt

2 Knoblauchzehen, grob gehackt

2 Zwiebeln, geviertelt

2 Möhren, in Scheiben geschnitten

1 Bouquet garni aus 5–6 Stängeln Petersilie, 2–3 Zweigen Thymian und 1 Lorbeerblatt

2 EL Rotweinessig

750 ml trockener Rotwein

FÜR DAS LAMM

6 Lammhachsen (à etwa 300 g)

3 EL neutrales Pflanzenöl

30 g Mehl

etwa 750 ml Rinderbrühe

Salz und Pfeffer

30 g Butter

500 g Knollensellerie, in 1 cm große Würfel geschnitten

250 g Champignons, geviertelt

3 EL rotes Johannisbeergelee

1 Bund Brunnenkresse zum Garnieren (nach Belieben)

MARINIEREN DES FLEISCHS

1 Pfefferkörner und Wacholderbeeren in einem Gefrierbeutel vermischen. Die Öffnung des Beutels zuhalten und die Gewürze mit einem Nudelholz zerdrücken. Man kann die Gewürze auch im Mörser zerstoßen. Sie müssen nicht fein gemahlen werden, hier ist eine grobe Konsistenz erwünscht.

2 In einem Topf Pfefferkörner, Wacholderbeeren, Schalotten, Knoblauch, Zwiebeln, Möhren, Bouquet garni und Essig vermischen. Den Rotwein dazugießen. Die Flüssigkeit zum Kochen bringen und etwa 2 Min. köcheln lassen, damit sich die Aromen entfalten. Die Marinade in einer flachen Schüssel rasch vollständig erkalten lassen.

3 Fett und Sehnen von den Lammhachsen entfernen. Das Fleisch in die Marinade legen und wenden, um alle Stücke gut zu überziehen. Darauf achten, dass die Marinade kalt ist, damit das Fleisch nicht verdirbt. Zugedeckt für 1–2 Tage in den Kühlschrank stellen. Zwischendurch die Lammhachsen ab und zu wenden.

ANBRATEN UND GAREN DES FLEISCHS

4 Den Backofen auf 180 °C vorheizen. Die Lammhachsen auf einen mit Küchenpapier bedeckten Teller legen und trocken tupfen. Das Bouquet garni aufbewahren. Das Gemüse in ein Sieb abgießen, die Marinade auffangen. Die Hälfte des Öls in einem Schmortopf erhitzen. Drei Lammhachsen darin bei starker Hitze 3–5 Min. rundum bräunen.

5 Die angebratenen Hachsen in eine Schüssel heben. Das restliche Öl erhitzen und das restliche Fleisch anbraten. Herausheben. Das Gemüse aus der Marinade in den Topf geben und unter häufigem Rühren 5–7 Min. anbräunen. Mit dem Mehl bestäuben und 3–5 Min. weiterrühren, bis es gut verteilt ist.

6 Die Marinade unterrühren und den Bratensatz vom Boden abschaben. Die Lammhachsen mit Fleischsaft, Bouquet garni, Brühe, Salz und Pfeffer hinzufügen. Zugedeckt im Backofen 2–2¼ Std. garen, bis das Fleisch weich ist, zwischendurch ab und zu wenden. Sollte zu viel Flüssigkeit verdampfen, etwas Brühe oder Wasser nachfüllen.

GAREN VON SELLERIE UND CHAMPIGNONS

7 In einer Pfanne die Butter zerlassen. Den Sellerie mit etwas Salz und Pfeffer hinzufügen und unter gelegentlichem Rühren 8–10 Min. braten, bis er weich ist. In eine Schüssel heben. Die Pilze in der Pfanne 3–5 Min. garen, bis die Flüssigkeit verdampft ist. Zum Sellerie geben.

8 Die Lammhachsen auf einen Teller heben und warm stellen. Die Sauce durch ein Sieb in einen großen Topf gießen. Einen Teil der Schalotten und Möhrenscheiben herausnehmen und beiseitestellen. Das restliche Gemüse mit einer Kelle gut ausdrücken, dann wegwerfen.

FERTIGSTELLEN DER SAUCE

9 Das Johannisbeergelee und reichlich Pfeffer in die Sauce rühren. Die Sauce zum Kochen bringen und 20–30 Min. auf die Hälfte reduzieren.

10 Pilze, Sellerie, Möhren und Schalotten in die Sauce geben, abschmecken. Die Lammhachsen 5–10 Min. in der Sauce erhitzen. Auf vorgewärmte Teller verteilen, nach Belieben mit Brunnenkresse garnieren.

 VARIANTE: Rehschulter mit Birnen

Eine zeitlose Kombination, herrlich vollmundig und süß.

1 Die Marinade wie beschrieben zubereiten. Anstelle von Lammhachsen 1,5 kg Rehschulter parieren und in gleichmäßige, 4 cm große Würfel schneiden. Fleisch und Gemüse wie im Hauptrezept marinieren, anbraten und garen, bis das Fleisch weich ist, was 1¼–1½ Std. dauern sollte.

2 In der Zwischenzeit 4 feste, reife Birnen schälen und nach Entfernen des Kerngehäuses die Hälften in drei Spalten schneiden. In Zitronensaft wenden, damit sie sich nicht verfärben. Das Fleisch aus der Sauce heben und warm stellen. Die Sauce durch ein Sieb in einen Topf gießen und das Johannisbeergelee sowie reichlich Pfeffer unterrühren.

3 Die Birnen hinzufügen. Die Sauce wieder zum Kochen bringen und die Birnen 6–8 Min. köcheln lassen, bis sie weich sind, dann herausnehmen. Die Sauce noch einmal 5–10 Min. köcheln lassen, bis sie etwas reduziert ist. Fleisch und Birnen wieder hineingeben. Das Gericht noch einmal erhitzen, bis es gerade kocht, dann in eine vorgewärmte Terrine füllen.

Kartoffelauflauf mit Hackfleisch

DIE LUXUSVERSION eines populären Gerichts, das der französischen Hausfrau ursprünglich dazu diente, die Reste vom Sonntagsbraten zu verwerten. Wer das tun will, fügt diesen in Schritt 3 etwa 10 Min. vor Ende der Garzeit hinzu.

PERSONEN 6	ZUBEREITUNG 45-50 MIN.	GARZEIT 35-40 MIN.

Zutaten

FÜR DAS RINDFLEISCH

4 Knoblauchzehen

75 ml Olivenöl sowie Öl für die Form

1 große Zwiebel, gewürfelt

1 kg Hackfleisch vom Rind

Salz und Pfeffer

1 Dose Tomatenstücke (400 g)

250 ml Rinderbrühe

125 ml trockener Weißwein

FÜR DAS KARTOFFELPÜREE

1 kg Kartoffeln

1 Bund Basilikum

1 Bund Petersilie

250 ml Milch

Öl für die Form

ANBRATEN DES HACKFLEISCHS

1 **Die Knoblauchzehen schälen.** 2 Zehen fein hacken. Ein Drittel des Öls in einer Pfanne erhitzen. Die Zwiebel hinzufügen und unter Rühren 3-5 Min. anschwitzen, bis sie weich, aber noch nicht gebräunt ist.

2 **Gehackten Knoblauch,** Hackfleisch, Salz und Pfeffer hinzufügen. Die Hitze reduzieren und alles unter gelegentlichem Rühren 10-12 Min. anbraten, bis das Fleisch Farbe annimmt.

3 **Tomaten, Brühe und Wein unterrühren.** Bei schwacher Hitze unter gelegentlichem Rühren 25-30 Min. köcheln lassen, bis die Flüssigkeit weitgehend verdampft ist.

ZUBEREITEN DES KARTOFFELPÜREES

4 **Die Kartoffeln schälen** und je nach Größe in 2-3 Stücke schneiden. Mit reichlich kaltem Wasser in einen Topf geben und Salz hinzufügen. Zugedeckt zum Kochen bringen und 15-20 Min. köcheln lassen, bis sie weich sind.

5 **In der Zwischenzeit Basi-** likum- und Petersilien- blätter von den Stängeln zupfen. Die Blätter mit den restlichen Knoblauchzehen und dem verbliebenen Öl in der Küchenmaschine pürieren, zwischendurch ab und zu die Gefäß- wände abstreichen.

6 **Die Kartoffeln** abgießen und zerstampfen. Das Kräuterpüree hinzufügen. In einem zweiten Topf die Milch erhitzen.

7 **Die Milch** bei mil- der Hitze nach und nach unter die Kartoffeln schlagen und 2-3 Min. rühren, bis alle Zutaten gut vermischt sind. Das Püree salzen und pfeffern.

FERTIGSTELLEN DES AUFLAUFS

8 Den Backofen auf 190 °C vorheizen. Eine große flache, ofenfeste Form mit Öl auspinseln. Das Fleisch abschmecken und mit der verbliebenen Garflüssigkeit in die Form füllen. Das Kartoffelpüree darauf gleichmäßig bis zu den Rändern so verteilen, dass das Fleisch ganz bedeckt ist. Die Oberfläche mit dem Rücken eines Löffels glatt streichen.

9 Mit der Spitze eines Löffels oder den Zinken einer Gabel ein Muster in das Kartoffelpüree drücken. Zwischendurch, falls nötig, Gabel oder Löffel in eine Schüssel mit heißem Wasser tauchen, damit das Kartoffelpüree nicht haften bleibt.

10 Die Form in den Ofen schieben. Den Auflauf 35–40 Min. backen, bis er goldbraun ist und ein für 30 Sek. in die Mitte eingestochener Metallspieß sich nach dem Herausziehen heiß anfühlt. Den Auflauf auf vorgewärmten Tellern anrichten und servieren.

 VARIANTE: Shepherd's Pie

Das britische Pendant hat ebenfalls eine große Fangemeinde.

1 Rindfleisch, Wein, Knoblauch, Basilikum, Petersilie, Olivenöl und Tomaten entfallen. 2 Möhren in 5 mm große Würfel schneiden. In einer großen Pfanne 1 EL Pflanzenöl erhitzen. Möhren und Zwiebel darin 3–5 Min. anbraten, bis sie weich sind. Die Temperatur reduzieren.

2 1 kg Lammhackfleisch anbräunen. 250 ml Rinderbrühe oder Wasser mit je 1 Zweig Thymian und Rosmarin hinzufügen. Wie beschrieben köcheln lassen. Die Kräuter entfernen und das Fleisch abschmecken. In der Zwischenzeit 1 kg Kartoffeln garen. Abtropfen lassen, zerstampfen und mit 50 g Butter verrühren. Die heiße Milch unterschlagen und das Püree abschmecken.

3 6 ofenfeste Förmchen mit zerlassener Butter auspinseln und das Fleisch hineingeben. Das Kartoffelpüree darauf verteilen und mit einer Gabel ein Muster hineindrücken. Wie beschrieben im Backofen goldbraun backen.

After-Work-Küche

Einfache Gerichte, im Handumdrehen zubereitet

Seezungenfilets in Weinessig

DER FISCH WIRD BEREITS am Vorabend gebraten und eingelegt. Dieses italienische Rezept stammt aus der Zeit vor der Erfindung von Haushaltskühlschränken, als man Lebensmittel häufig mit Essig konservierte. Für eine mildere Marinade die Hälfte des Essigs durch Wein ersetzen.

PERSONEN	ZUBEREITUNG	GARZEIT
4–6	30–35 MIN. + WARTEZEIT	6–8 MIN.

Zutaten

FÜR DIE SEEZUNGENFILETS

100 ml Olivenöl

1 große Zwiebel, in dünne Scheiben geschnitten

Salz und Pfeffer

250 ml Rotweinessig

FÜR DEN SALAT

Saft von ½ Orange

3 EL Olivenöl

250 g Rucola

50 g Rosinen

500 g Seezungenfilets

30 g Mehl

30 g Pinienkerne

VORBEREITEN DER MARINADE

1 In einer Pfanne ein Drittel des Öls erhitzen. Die Zwiebel mit Salz und Pfeffer darin zugedeckt 15 Min. garen. Bei stärkerer Hitze ohne Deckel karamellisieren. Essig und Rosinen hinzufügen und 2 Min. kochen lassen.

GAREN DER SEEZUNGEN

2 Den Fisch waschen und trocken tupfen, dann quer in 5 cm große Stücke schneiden. Das Mehl auf einen großen Teller geben und würzen. Die Fischstücke portionsweise darin wenden und auf einen zweiten Teller legen.

3 Das restliche Öl erhitzen und den Fisch bei mittlerer Temperatur 1–2 Min. bräunen. Wenden und weitere 1–2 Min. braten, bis sich der Fisch leicht zerteilen lässt. Auf Küchenpapier abtropfen und vollständig abkühlen lassen.

MARINIEREN DES FISCHS

4 **Die Fischstücke** in einer Glas- oder Keramikform verteilen und mit der Essigmischung bedecken.

5 **Die Pinienkerne** darüberstreuen. Die Form gut zudecken und für 12–24 Std. in den Kühlschrank stellen. 1 Std. vor dem Servieren herausnehmen.

ZUBEREITEN DES SALATS

6 Orangensaft, Salz und Pfeffer in einer Schüssel vermischen. Langsam das Öl unterschlagen, bis die Vinaigrette emulgiert. Abschmecken und die Rucolablätter untermischen. Den Fisch mit seiner Marinade darauf anrichten.

Gefüllte Miesmuscheln

LEICHT UND LECKER, perfekt für ein romantisches Abendessen – aber so gut, dass man sie eigentlich viel öfter auf dem Teller haben möchte. Für die Füllung können Sie auch gegrillte Paprikaschoten aus dem Glas verwenden, sorgfältig abgetropft.

PERSONEN 4

ZUBEREITUNG 25-30 MIN.

GARZEIT 1-2 MIN.

Zutaten

1 kleines Bund glatte Petersilie

1 große rote Paprikaschote

2 Scheiben Weißbrot

2 Knoblauchzehen, geschält

2 EL Olivenöl

Salz und Pfeffer

24 große Miesmuscheln (etwa 750 g)

250 ml trockener Weißwein

Zitronenspalten zum Servieren

HERSTELLEN DER FÜLLUNG

1 Einige Petersilienstängel als Garnitur beiseitelegen. Von den übrigen die Blätter abzupfen, die Stängel aufbewahren.

2 Den Backofengrill vorheizen. Die Paprikaschoten 10 cm von der Hitzequelle entfernt grillen, bis sie rundum schwarz sind, dabei wenden. In einem verschlossenen Gefrierbeutel abkühlen lassen, dann häuten und nach Entfernen von Stielansatz, Samen und Scheidewänden in Streifen schneiden.

3 Das Brot entrinden, würfeln und in der Küchenmaschine zu feinen Bröseln verarbeiten. Petersilienblätter, Knoblauch, Öl und Paprika hinzufügen und grob pürieren. Die Füllung salzen und pfeffern.

VORBEREITEN DER MUSCHELN

4 Die Muscheln säubern (s. S. 41). Muscheln, die kaputt sind oder sich beim Aufklopfen nicht öffnen, wegwerfen. Den Wein mit den Petersilienstängeln in einem Topf 2 Min. köcheln lassen. Die Muscheln hinzufügen.

5 Die Muscheln bei starker Hitze zugedeckt 2-3 Min. garen, bis sie sich öffnen. In eine Schüssel heben. Geschlossene Muscheln wegwerfen.

FÜLLEN DER MUSCHELN

6 Den Backofengrill vorheizen. Die oberen Schalenhälften der Muscheln entfernen, ebenso den gummiartigen Ring um das Muschelfleisch.

7 In jede Muschel etwas Füllung geben. Die Muscheln in eine ofenfeste Form setzen und 1-2 Min. grillen, bis sie sehr heiß sind. Mit gehackter Petersilie bestreuen, die Zitronenspalten dazu reichen.

Gefüllte Hähnchenbrust

DIE GRÜNE FÜLLUNG lässt beim Aufschneiden ein Spiralmuster entstehen. Wenn man das Gericht am Vorabend zubereitet und anschließend kalt stellt, muss es am nächsten Tag nur noch zehn Minuten in köchelndem Wasser erhitzt werden, sodass es im Handumdrehen auf dem Teller liegt.

PERSONEN 4   **ZUBEREITUNG** 30-40 MIN.   **GARZEIT** 15-20 MIN.

Zutaten

FÜR DIE HÄHNCHENBRUST

4 Hähnchenbrustfilets (à etwa 200 g)

125 g Ziegenfrischkäse

2-3 EL Sahne (falls nötig)

1 kleines Bund Basilikum, Blätter fein gehackt

1 kleines Bund Petersilie, Blätter fein gehackt

3 Zweige Thymian, Blätter abgestreift

Saft von ½ Zitrone

Salz und Pfeffer

FÜR DIE SAUCE

3 Schalotten, fein gehackt

250 ml trockener Weißwein

125 g Butter

1 EL Tomatenmark

VORBEREITEN DER HÄHNCHENBRUST

1 Jede Hähnchenbrust der Länge nach zu drei Vierteln einschneiden und aufklappen. Zwischen zwei angefeuchteten Stücken Backpapier mit einem Nudelholz behutsam klopfen, bis sie gleichmäßig dick ist.

HERSTELLEN DER FÜLLUNG

2 In einer Schüssel den Käse mit einer Gabel oder von Hand zerkrümeln, vorhandene Rinde wegwerfen. Sollte er zu trocken sein, etwas Sahne dazugeben. Kräuter und Zitronensaft hinzufügen. Die Mischung abschmecken.

FÜLLEN DER HÄHNCHENBRUST

3 Von einer Hähnchenbrust das obere Stück Backpapier entfernen. Mit einem Palettmesser ein Viertel der Käse-Kräuter-Füllung gleichmäßig darauf verteilen. Das Fleisch von dem unteren Papier lösen.

4 Die Hähnchenbrust an einer Längsseite beginnend fest aufrollen.

5 Die Ränder seitlich einschlagen, damit die Füllung nicht herauslaufen kann. Mit den übrigen Filets ebenso verfahren.

GAREN DER FLEISCHROLLEN

6 Für jede Fleischrolle ein großes Stück hitzebeständige Frischhaltefolie oder Alufolie zurechtschneiden und auf die Arbeitsfläche legen. Die Rollen auf die Stücke setzen und fest in die Folie einwickeln. Die Enden sorgfältig zusammendrehen.

7 Einen breiten Topf halb mit Wasser füllen und dieses zum Kochen bringen. Die Päckchen mit einem Schaumlöffel hineinheben und etwa 15 Min. köcheln lassen, bis sich ein in die Mitte eingestochener Metallspieß beim Herausziehen heiß anfühlt. Die Hähnchenrollen in der Folie in einem Topf mit heißem (nicht kochendem) Wasser warm halten.

ZUBEREITEN DER SAUCE

8 **In einem Topf** Schalotten, Wein und je 1 Prise Salz und Pfeffer sirupartig einkochen lassen. Von der Kochstelle nehmen und nacheinander jeweils einige kleine Stücke Butter unterschlagen, zwischendurch den Topf immer wieder kurz auf die Kochstelle setzen, aber die Mischung nicht mehr zum Kochen bringen. Die Butter soll die Sauce cremig machen.

9 **Das Tomatenmark** sowie Salz und Pfeffer nach Geschmack unterschlagen. Zum Warmhalten die Sauce auf einen zweiten Topf mit warmem, aber nicht heißem Wasser setzen und gelegentlich umrühren, aber nicht länger als 30 Min. stehen lassen.

FERTIGSTELLEN DES GERICHTS

10 **Die Hähnchenrollen** mit einem Schaumlöffel aus dem heißen Wasser heben und auf Küchenpapier vorsichtig auswickeln. Schräg in etwa 1 cm dicke Scheiben schneiden. Die Sauce auf vorgewärmte Portionsteller schöpfen. Die Hähnchenbrustscheiben darauf anrichten und servieren.

 VARIANTE: Italienische Hähnchenbrust

Mit Parmaschinken und cremig schmelzendem Fontina.

1 Die Hähnchenbrust wie beschrieben vorbereiten und klopfen. 4 große oder 8 kleine Scheiben Parmaschinken passend zurechtschneiden. Den Schinken gleichmäßig auf dem Fleisch verteilen, sodass später jeder Bissen etwas von beidem enthält.

2 125 g Fontina in dünne Scheiben schneiden, die Rinde wegwerfen. Den Käse auf eine Längsseite der Brustfilets legen. Fontina schmilzt wunderbar, was aber bedeutet, dass man das Fleisch sehr sorgfältig aufrollen muss, damit er beim Garen nicht herausläuft. Die Hähnchenbrust wie im Hauptrezept aufrollen, in Folie wickeln und gar ziehen lassen.

3 Bei der Zubereitung der Sauce das Tomatenmark weglassen. Die Sauce durch ein Sieb auf Teller gießen. Die aufgeschnittene Hähnchenbrust daraufsetzen. Mit den Schalotten aus der Sauce und gedämpften kleinen Zucchiniwürfeln garnieren und servieren.

Kalbsschnitzel milanese

FÜR EINE KNUSPRIGE KRUSTE muss man die Schnitzel portionsweise in die Pfanne geben und ihnen viel Platz lassen. Liegen sie zu dicht beieinander, werden sie gedämpft statt gebraten, und dann sind sie kein Genuss.

PERSONEN 6

ZUBEREITUNG 20-25 MIN.

GARZEIT 4-12 MIN.

Zutaten

FÜR DIE SCHNITZEL

6 Kalbsschnitzel (à etwa 70 g)

30 g Mehl

Salz und Pfeffer

2 Eier

60 g Semmelbrösel

60 g Parmesan, frisch gerieben

30 g Butter

2 EL Olivenöl

1 Zitrone, in Scheiben geschnitten

FÜR DAS PAPRIKAGEMÜSE

je 1 kleine grüne und rote Paprikaschote

2 EL Olivenöl

1 Knoblauchzehe, fein gehackt

7-10 Stängel Oregano, Blätter fein gehackt, sowie Oreganoblättchen zum Garnieren

VORBEREITEN DER SCHNITZEL

1 **Das Fleisch klopfen:** Dazu legt man die Schnitzel zwischen zwei Stücke Backpapier oder in einen Gefrierbeutel und klopft sie mit einem Nudelholz sanft flach, bis sie nur noch 3 mm dick sind.

PANIEREN DER SCHNITZEL

2 **Das Mehl** salzen und pfeffern und auf ein Stück Backpapier sieben.

3 **Die Eier** in einem flachen Gefäß verquirlen. Semmelbrösel und Parmesan in einer kleinen Schüssel vermischen und auf einem zweiten Stück Backpapier verteilen.

4 **Die Schnitzel** nacheinander in dem gewürzten Mehl wenden.

5 **Jedes Schnitzel** mit zwei Gabeln in das Ei heben und beide Seiten gut mit Ei überziehen. Zum Schluss die Schnitzel sorgfältig mit der Semmelbröselmischung panieren. Auf einem Teller unbedeckt kalt stellen, während die Paprikaschoten zubereitet werden.

ZUBEREITEN DER PAPRIKASCHOTEN

6 **Die Paprikaschoten** von Stielansatz, Samen und Scheidewänden befreien, dann in Streifen schneiden. In einer Pfanne das Öl erhitzen. Knoblauch und Paprikaschoten mit Salz und Pfeffer hinzufügen und unter gelegentlichem Rühren 7–10 Min. garen. Oregano unterrühren, warm stellen.

BRATEN DER SCHNITZEL UND SERVIEREN

7 **Die Hälfte der Butter** und 1 EL Öl in einer großen Pfanne erhitzen oder die gesamte Menge Butter und Öl auf zwei Pfannen verteilen. Wenn die Butter schäumt, 2–3 Schnitzel in die Pfanne legen und bei mittlerer Hitze 1–2 Min. braten, bis sie goldbraun sind. Sie dürfen sich nicht berühren. Sollte die Panade zu dunkel werden, die Temperatur reduzieren.

8 **Die Schnitzel wenden** und auf der anderen Seite ebenfalls 1–2 Min. braten, bis sie schön gebräunt und durchgebraten sind. Zur Probe ein Schnitzel mit einem scharfen Messer einschneiden (später mit der anderen Seite nach oben servieren). Die gegarten Schnitzel auf einen mit Küchenpapier bedeckten Teller heben und kurz abtropfen lassen. Bei Verwendung nur einer Pfanne die fertigen Schnitzel warm stellen, während die restlichen auf die gleiche Weise zubereitet werden.

9 **Die Schnitzel** auf vorgewärmte Portionsteller verteilen. Jedes mit einigen Zitronenscheiben und Oreganoblättchen garnieren. Daneben die Paprikastreifen anrichten. Vor dem Verzehr großzügig Zitronensaft über die Schnitzel träufeln – diese Kombination schmeckt einfach wunderbar.

Türkische Lammkebabs

SAFTIGE HACKRÖLLCHEN auf einem Bett aus Taboulé (s. S. 108). Dieses Abendessen ist blitzschnell fertig. Man kann die Kebabs sogar schon morgens zubereiten und bis zum Abend kalt stellen. Das Aroma wird nur besser.

PERSONEN
6

ZUBEREITUNG
30-35 MIN.

GARZEIT
10-15 MIN.

Zutaten

FÜR DIE JOGHURTSAUCE

1 Salatgurke

1 TL Salz

500 g Naturjoghurt (10 % Fett)

1 Knoblauchzehe, fein gehackt

FÜR DIE KEBABS

1 große Zwiebel

1 kg Hackfleisch vom Lamm

2 TL gemahlener Kreuzkümmel

Salz und Pfeffer

3 Knoblauchzehen, fein gehackt

3-5 Stängel Minze, Blätter fein gehackt, sowie Minze zum Garnieren

3-5 Stängel Petersilie, Blätter fein gehackt

Olivenöl zum Bestreichen

HERSTELLEN DER SAUCE

1 **Die Gurke waschen** und nach Entfernen der Enden ungeschält in eine große Schüssel raspeln. Das Salz unterrühren. Die geraspelte Gurke in ein Sieb geben und 10 Min. zum Abtropfen beiseitestellen.

2 **Den Joghurt** in eine große Schüssel geben. Mit der Hand weiteres Wasser aus den Gurkenraspeln herausdrücken. Die Gurke zum Joghurt geben. Knoblauch und Salz nach Geschmack unterrühren. Die Sauce zugedeckt kalt stellen.

VORBEREITEN DER KEBABS

3 **Die Zwiebel in Stücke schneiden** und in der Küchenmaschine fein hacken. In einer großen Schüssel mit dem Hackfleisch vermischen. Kreuzkümmel, Salz, Pfeffer, Knoblauch und Kräuter hinzufügen. Die Masse abschmecken. Einen Löffel abnehmen und braten. Probieren und die Fleischmasse falls nötig nachwürzen. Sechs Holzspieße in Wasser legen.

GRILLEN DER KEBABS

4 **Den Grill vorheizen.** Den Rost 5 cm von der Hitzequelle entfernt einsetzen. Die Hände befeuchten und die Fleischmasse in 12 Portionen teilen. Jede zu einer Rolle mit 2,5 cm Durchmesser formen.

5 **Den Grillrost einölen.** Das Fleisch auf die Spieße stecken, nachformen und auf den Rost legen. Mit Olivenöl einpinseln und 5-7 Min. grillen, bis die Kebabs schön gebräunt sind.

6 **Die Kebabs wenden** und auf der anderen Seite grillen. Innen sollten sie saftig bleiben. Auf einem Bett aus Taboulé mit Minzeblättern garniert servieren, dazu die Joghurtsauce reichen.

Lachs mit Korianderpesto

ES IST GAR NICHT SO LEICHT, gebratene Fischfilets außen knusprig und innen schön saftig zu bekommen. Wir zeigen Ihnen, wie es geht. Selbst gemachtes Pesto im Kühlschrank ist immer nützlich. Es hält sich einige Tage, wenn es durch eine dünne Schicht Öl auf der Oberfläche vor Luft geschützt wird. Und es lässt sich auch sehr gut einfrieren.

PERSONEN
4

ZUBEREITUNG
5-10 MIN.

GARZEIT
10-15 MIN.

Zutaten

4 Lachsfilets mit Haut (à etwa 175 g)

3 EL neutrales Pflanzenöl

1 Zitrone

2 TL Meersalz

Koriandergrün zum Servieren

FÜR DAS PESTO

1 großes Bund Koriandergrün, Blätter abgezupft

2-3 Knoblauchzehen

2 EL Pinienkerne

etwa 75 ml Olivenöl

30 g Parmesan, frisch gerieben

Salz und Pfeffer

HERSTELLEN DES PESTOS

1 Korianderblätter mit geschältem Knoblauch, Pinienkernen, 2 EL Olivenöl und Parmesan in der Küchenmaschine pürieren. Bei laufendem Motor das restliche Öl in einem feinen Strahl langsam hinzugießen, bis das Pesto die gewünschte Konsistenz hat. Abschmecken und in eine Schüssel füllen.

VORBEREITEN DES LACHSFILETS

2 Mit einer Pinzette vorhandene Gräten herausziehen. Die Filets parieren und nach Begradigen der Ränder unter fließendem kaltem Wasser abspülen und mit Küchenpapier trocken tupfen. Die Hautseite jedes Filets mit etwas Pflanzenöl einpinseln.

GAREN DES FISCHS

3 In einer Pfanne das restliche Öl erhitzen. Die Lachsfilets mit der Hautseite nach unten hineinlegen.

4 Bei mittlerer Hitze braten, bis die Haut knusprig ist. Auf hohe Temperatur heraufschalten. Die Filets wenden und die andere Seite sehr rasch bräunen. Der Fisch sollte auf Fingerdruck noch leicht nachgeben. Die Zitrone in Spalten schneiden. Den Lachs auf vorgewärmten Tellern anrichten, mit Meersalz bestreuen und etwas Pesto daraufgeben. Mit Zitronenspalten und Korianderblättern servieren.

Heilbutt in der Papierhülle

BEIM ÖFFNEN DER PAPIERHÜLLE wird jeder den herrlichen Duft des Gerichts genießen, von dem auf dem Weg vom Ofen zum Tisch nichts verloren gehen kann. Die verwendeten Aromazutaten kommen ursprünglich aus China, die Garmethode hingegen aus Frankreich. Eine ausgezeichnete Beilage sind Nudeln und pfannengerührtes knackiges Gemüse.

PERSONEN	ZUBEREITUNG	GARZEIT
4	15–20 MIN.	10–12 MIN.

Zutaten

125 g Zuckerschoten, geputzt

30 g fermentierte schwarze Bohnen oder 2 EL Schwarze-Bohnen-Sauce

4 Knoblauchzehen, fein gehackt

2,5 cm Ingwerwurzel, fein gehackt

3 EL helle Sojasauce

2 EL trockener Sherry

½ EL Zucker

1 EL Sesamöl

2 EL neutrales Pflanzenöl

1 Ei

½ TL Salz

4 Heilbuttfilets oder -steaks ohne Haut (à etwa 175 g)

4 Frühlingszwiebeln, in dünne Ringe geschnitten

VORBEREITEN VON ZUCKERSCHOTEN UND CHINESISCHER WÜRZMISCHUNG

1 Einen Topf halb mit Salzwasser füllen und dieses zum Kochen bringen. Die Zuckerschoten hineingeben. 1–2 Min. köcheln und anschließend in ein Sieb abgießen. Die fermentierten schwarzen Bohnen in kaltem Wasser waschen und abtropfen lassen, dann drei Viertel der Bohnen grob hacken.

2 In einer Schüssel Knoblauch, Ingwer, ganze und gehackte Bohnen oder Bohnensauce, Sojasauce, Sherry, Zucker und Sesamöl sorgfältig verrühren, dann beiseitestellen.

VORBEREITEN DER PAPIERHÜLLEN

3 Ein Stück Backpapier (etwa 30 x 35 cm groß) in der Mitte falten. Am Falz beginnend ein halbes Herz aufzeichnen. Um ein auf das Papier gelegtes Fischfilet sollte ein 8 cm breiter Papierrand frei sein.

4 Die Form mit einer Schere ausschneiden und drei weitere Papierherzen herstellen. Die Herzen auffalten und mit Pflanzenöl einpinseln, dabei außen einen etwa 2,5 cm breiten Rand lassen.

5 In einer kleinen Schüssel das Ei mit ½ TL Salz verquirlen und gleichmäßig auf den Rand der Papierherzen auftragen.

FÜLLEN DER PAPIERHÜLLEN

6 Den Backofen auf 200 °C vorheizen. Die Fischfilets waschen und mit Küchenpapier trocken tupfen. Auf einer Seite jedes Herzens ein Viertel der Zuckerschoten verteilen und jeweils 1 Heilbuttfilet darauflegen.

7 Auf jedes Filet ein Viertel der Würzmischung geben und ein Viertel der Frühlingszwiebeln darüberstreuen. Die andere Papierhälfte über den Fisch falten und die Papierränder doppelt umschlagen, um die Päckchen fest zu verschließen.

8 **Die Enden** der Papierhüllen zusammendrehen, damit beim Garen keine Flüssigkeit herauslaufen kann. Die Päckchen auf ein Backblech legen und für 10–12 Min. in den heißen Ofen schieben, bis sie aufgebläht und braun sind. Auf vorgewärmte Teller heben und servieren, sodass jeder Gast sein Päckchen selbst öffnen kann.

 VARIANTE: Thai-Heilbutt in der Papierhülle

Gewürzt mit Chilischoten und Limette.

1 Zuckerschoten und chinesische Würzmischung werden nicht benötigt. 25 g Shiitakepilze in einer Schüssel mit warmem Wasser 30 Min. quellen lassen, bis sie weich sind. Abtropfen lassen, große Pilze in Scheiben schneiden. Ingwer und 2 Knoblauchzehen fein hacken. 2 Frühlingszwiebeln in Ringe schneiden. 1 grüne Chilischote sehr fein hacken (für einen milderen Geschmack die Samen entfernen). Die Blätter von 5 Stängeln Basilikum abzupfen. 1 Limette schälen und in Scheiben schneiden. Eine zweite Limette auspressen.

2 Pilze, gehackten Knoblauch, 1 EL Sojasauce, 1 TL Zucker und 120 ml Wasser in einen kleinen Topf geben und 5–7 Min. kochen lassen, bis die Flüssigkeit gerade verdampft ist, der Knoblauch darf jedoch nicht in dem heißen Zucker verbrennen. Ingwer, Chilischote, Basilikumblätter, 2 EL Fischsauce (Nam pla, in vielen Supermärkten erhältlich) und Limettensaft unterrühren.

3 Papierhüllen und Fisch wie im Hauptrezept vorbereiten. Die Fischfilets auf das Papier legen. Die Pilzmischung gleichmäßig darauf verteilen und die Frühlingszwiebeln darüberstreuen. Eine Limettenscheibe darauflegen und alles gut mit Pfeffer würzen. Die Päckchen verschließen und wie beschrieben garen. Als Beilage eignen sich dünne Bandnudeln, unter die in Streifen geschnittenes Basilikum und gewürfelte Champignons gemischt werden.

Pfeffersteak

JE LÄNGER DAS FLEISCH IM PFEFFER LIEGT,
desto besser und intensiver wird sein Aroma. Marinieren Sie es daher schon morgens, bevor Sie das Haus verlassen. Dazu gibt es frisch gemachte Pommes frites. Sie schmecken viel besser als tiefgekühlte, vor allem, wenn sie wie hier perfekt zweimal frittiert werden. Der kleine Aufwand ist die Mühe mehr als wert.

PERSONEN	ZUBEREITUNG	GARZEIT
4	25-30 MIN.	10-15 MIN.

Zutaten

1 kg Sirloinsteak (5 cm dick)

3 EL schwarze Pfefferkörner

1 kg festkochende Kartoffeln

Pflanzenöl zum Frittieren

30 g Butter

Salz

FÜR DIE SAUCE

125 ml Weinbrand

125 g Sahne

Brunnenkresse zum Garnieren (nach Belieben)

EINLEGEN DES STEAKS

1 **Das Steak parieren.** Mit einem kleinen Messer die äußere Fettschicht im Abstand von 4 cm schräg einschneiden, damit das Steak sich beim Garen nicht zusammenzieht. Dann das Fleisch in 4 Portionen teilen.

2 **Die Pfefferkörner** in einen Gefrierbeutel geben und mit einem Nudelholz zerdrücken.

3 **Die Steaks** in ein flaches Gefäß legen und den geschroteten Pfeffer fest auf beide Seiten drücken. Die Steaks zudecken und beiseitestellen. In der Zwischenzeit die Kartoffeln vorbereiten.

VORBEREITEN DER KARTOFFELN

4 **Die Kartoffeln schälen.** Die Seiten der Kartoffeln begradigen. Die Kartoffeln in 1 cm dicke Stäbchen schneiden. Die Stäbchen in eine Schüssel mit kaltem Wasser legen und 30 Min. stehen lassen, um die Stärke zu entfernen.

5 **Das Öl in der Fritteuse auf 180 °C erhitzen.** Die Temperatur ist erreicht, wenn ein Brotwürfel nach 1 Min. goldbraun ist.

6 **Die Kartoffeln** in ein Sieb abgießen und abtropfen lassen. Mit Küchenpapier trocken tupfen, damit beim Frittieren das Öl nicht spritzt. Den Frittierkorb in das heiße Öl tauchen, um das Anhaften der Pommes frites zu verhindern. Den Frittierkorb herausheben und ein Drittel der Kartoffelstäbchen hineingeben. Behutsam in das heiße Öl tauchen.

7 **Die Kartoffelstäbchen frittieren,** bis sie sich beim Einstechen weich anfühlen und gerade zu bräunen beginnen, was 7-9 Min. dauern sollte. Den Korb herausheben und die Pommes frites 1-2 Min. über der Fritteuse abtropfen lassen. Auf einen großen Teller geben. Mit den restlichen Kartoffeln ebenso verfahren.

GAREN DER STEAKS UND POMMES FRITES

8 Das Öl in der Fritteuse auf 190°C erhitzen. Es ist heiß genug, wenn ein Brotwürfel darin in etwa 30 Sek. goldbraun wird.

9 In einer großen Pfanne 1 EL Pflanzenöl und die Butter erhitzen. Ist ein milderer Geschmack gewünscht, den Pfeffer vom Fleisch abschaben, andernfalls nicht entfernen. Die Steaks salzen, in die Pfanne legen und bei starker Hitze 2-3 Min. braten, bis sie gebräunt sind.

10 Die Steaks wenden und auf der anderen Seite braten. Je nach Dicke sind sie nach 2-3 Min. blutig, nach 4-6 Min. medium. Um eine Garprobe durchzuführen, mit dem Finger auf ein Steak drücken: Fühlt es sich weich an, ist es blutig, fühlt es sich fest an, ist es durchgebraten. Die Steaks herausnehmen und mit Alufolie bedecken. Das Fett aus der Pfanne abgießen.

11 Ein Drittel der Pommes frites wieder in den Frittierkorb geben. In das heiße Öl tauchen und noch einmal 1-2 Min. frittieren, bis sie goldbraun und knusprig sind. Auf Küchenpapier abtropfen lassen. Mit den restlichen Pommes frites ebenso verfahren.

ZUBEREITEN DER SAUCE

12 Die Steaks wieder in die Pfanne legen. Den Weinbrand dazugießen und zum Kochen bringen. Zurücktreten und den Weinbrand am Rand der Pfanne mit einem Streichholz entzünden. Die Steaks mit einem langstieligen Löffel etwa 20-30 Sek. beschöpfen, bis die Flammen erlöschen.

13 Die Steaks auf einem Schneidebrett mit Folie bedeckt ruhen lassen, damit sich der Fleischsaft verteilt. Die Sahne in die Pfanne gießen und köcheln lassen, dabei rühren, um den Bratensatz zu lösen. Die Sauce abschmecken und falls nötig nachwürzen. Die Steaks entweder ganz lassen oder in Scheiben von etwa 2,5 cm Dicke schneiden.

14 Das Fleisch auf vorgewärmte Teller verteilen und mit etwas Sauce übergießen. Die restliche Sauce separat reichen. Die Pommes frites mit Salz bestreuen und neben den Steaks anrichten. Das Gericht servieren, nach Belieben mit einem Stängel Brunnenkresse garniert.

Mexikanischer Schweinerücken

LEGEN SIE SCHON AM MORGEN das Fleisch für das Abendessen ein. Die Spezialsauce sorgt dafür, dass es wie vom Holzkohlegrill schmeckt, selbst wenn das Wetter wieder einmal nicht mitspielt.

PERSONEN	ZUBEREITUNG	GARZEIT
6	35-40 MIN. + WARTEZEIT	10-15 MIN.

Zutaten

FÜR DIE SALSA

375 g Tomaten

1 große Zwiebel, gewürfelt

1 Knoblauchzehe, fein gehackt

3-4 Stängel Koriandergrün, Blätter fein gehackt

1 grüne Chilischote, nach Belieben von den Samen befreit, fein gehackt

1 gelbe oder rote Paprikaschote, nach Entfernen von Stielansatz, Samen und Scheidewänden gewürfelt

Saft von 1 Zitrone

Tabasco

Salz

FÜR DIE GRILLSAUCE

3 EL neutrales Pflanzenöl

1 große Zwiebel, gewürfelt

3 Knoblauchzehen, fein gehackt

1 grüne Chilischote, nach Belieben von den Samen befreit, fein gehackt

1 EL Koriandersamen

2 Dosen Tomatenstücke (à 400 g)

Saft von 4 Limetten

4 EL Rotweinessig

125 ml dunkler Rübensirup

FÜR DEN SCHWEINERÜCKEN

1 kg ausgelöster Schweinerücken

3 reife Avocados

Saft von 1 Zitrone

3 Maistortillas

75 ml neutrales Pflanzenöl

ZUBEREITEN DER SALSA

1 Die Stielansätze der Tomaten entfernen und die Früchte unten kreuzförmig einritzen. Für 8-15 Sek. in kochendes Wasser tauchen, dann in kaltes Wasser legen. Enthäuten, halbieren und nach Entfernen der Samen hacken.

2 Zwiebel, Knoblauch, Koriander, Chilischote, Tomaten, Paprikaschote und Zitronensaft in einer großen Schüssel vermischen. Tabasco und Salz nach Geschmack hinzufügen und die Salsa zugedeckt kalt stellen.

ZUBEREITEN DER GRILLSAUCE

3 In einem Topf das Öl erhitzen. Zwiebel, Knoblauch und Chilischote hinzufügen und 3-4 Min. unter Rühren anschwitzen, bis sie weich, aber noch nicht gebräunt sind. Koriandersamen, Tomaten und Limettensaft dazugeben. Den Topfinhalt unter Rühren etwa 15 Min. köcheln lassen. Den Essig angießen und einkochen, bis die Sauce dicklich wird.

4 Den Sirup unterrühren. Die Sauce weitere 1-2 Min. köcheln lassen, dann salzen und etwas abkühlen lassen. In der Küchenmaschine pürieren und beiseitestellen, bis sie vollständig erkaltet ist. Das Fleisch in Scheiben schneiden, mit der Sauce übergießen und zugedeckt mindestens 2 Std. kalt stellen.

GRILLEN DES SCHWEINERÜCKENS

5 Den Grill vorheizen. Die Avocados in Scheiben schneiden und mit Zitronensaft einpinseln. Die Tortillas in Streifen schneiden. In einer Pfanne das Öl erhitzen. Die Tortillas darin knusprig braten, zwischendurch einmal wenden. Auf Küchenpapier heben und warm stellen.

6 Den Grillrost mit Öl einpinseln. Das Fleisch aus der Sauce heben, abtropfen lassen und auf den Grillrost legen. Etwa 5 cm von der Hitzequelle entfernt 5-7 Min. grillen. Wenden, mit Sauce einpinseln und garen, bis es außen gut gebräunt und innen nicht mehr rosa ist. Mit etwas Salsa, einigen Tortillastreifen und Avocadoscheiben auf vorgewärmten Tellern anrichten.

Gegrillte Hähnchenkeulen

DIESE HÄHNCHENKEULEN eignen sich auch sehr gut für die Zubereitung auf dem Holzkohlengrill. Sie werden mit warmem Kartoffelsalat serviert. Für Kartoffelsalat stets festkochende Sorten verwenden, die nicht so leicht zerfallen.

PERSONEN	ZUBEREITUNG	GARZEIT
4	35–40 MIN.	20–25 MIN.

Zutaten

FÜR DIE WÜRZMISCHUNG

125 g Butter

2 EL Mangochutney

2 EL Tomatenmark oder Ketchup

2 EL Worcestersauce

1 TL frisch geriebene Muskatnuss

½ TL Sardellenpaste

Salz und Pfeffer

Cayennepfeffer oder Tabasco

FÜR DEN KARTOFFELSALAT

2 EL Rotweinessig

½ TL Dijonsenf

6 EL neutrales Pflanzenöl

750 g kleine neue Kartoffeln

einige Stängel Petersilie, Blätter fein gehackt

einige Halme Schnittlauch, in Röllchen geschnitten

FÜR DAS FLEISCH

Öl für den Grillrost

8 Hähnchenunterschenkel

HERSTELLEN DER WÜRZMISCHUNG

1 In einem kleinen Topf die Butter zerlassen. Große Fruchtstücke im Chutney hacken. Das Chutney mit den restlichen Zutaten und 1 Prise Cayennepfeffer oder 1 Spritzer Tabasco sowie der zerlassenen Butter in einer kleinen Schüssel gut vermischen, dann abschmecken.

ZUBEREITEN DES KARTOFFELSALATS

2 Essig, Senf, Öl sowie je 1 Prise Salz und Pfeffer in einer Schüssel verquirlen. Die Kartoffeln abbürsten und in einem Topf mit Salzwasser zum Kochen bringen. Zugedeckt 15–20 Min. köcheln lassen, bis sie weich sind.

3 Gut abtropfen lassen, halbieren und in eine große Schüssel geben. Noch warm mit dem Dressing übergießen. Die Kräuter hinzufügen. Den Salat behutsam durchheben und zugedeckt warm stellen.

VORBEREITEN UND GRILLEN DES FLEISCHS

4 **Den Grill vorheizen.** Den Grillrost auf die Grillwanne setzen und mit Öl einpinseln. Die Haut von den Hähnchenkeulen abziehen. Die Oberseite mit einer Messerspitze mehrmals einritzen. Etwas Würzmischung auf jedes Stück geben und in die Schlitze im Fleisch drücken.

5 **Das Fleisch** auf dem Rost verteilen und 8–10 cm von der Hitzequelle entfernt auf jeder Seite 10–12 Min. grillen, bis es gut gebräunt und gar ist. Zwischendurch einmal wenden und häufig mit der restlichen Würzmischung und vorhandenem Bratensaft bestreichen. Zusammen mit dem warmen Kartoffelsalat auf Tellern anrichten.

Pfannengerührte Hähnchenbrust

HIER SIND ENDLOSE VARIANTEN MÖGLICH, die Zutaten müssen nur frisch und fein geschnitten sein. Alles sollte vor der Zubereitung bereitliegen, da der Garprozess nicht unterbrochen werden darf. Ein richtig präparierter Wok aus nicht rostfreiem Metall wird nach Gebrauch nicht abgewaschen, sondern nur mit Küchenpapier ausgewischt und danach dünn mit geschmacksneutralem Pflanzenöl eingerieben.

PERSONEN	ZUBEREITUNG	GARZEIT
4	15–20 MIN. + WARTEZEIT	10–12 MIN.

Zutaten

30 g getrocknete Shiitakepilze oder getrocknete Wildpilze

50 g Mandelblättchen

1 Zwiebel

4 Stangen Staudensellerie

500 g Brokkoli

2 Hähnchenbrustfilets (à etwa 200 g)

4 EL neutrales Pflanzenöl

1 TL Sesamöl

FÜR DIE MARINADE

4 EL Sojasauce

4 EL Reiswein oder trockener Sherry

2 TL Maisstärke

VORBEREITEN DER GEMÜSE UND MANDELN

1 Die Pilze in eine Schüssel geben, mit 250 ml warmem Wasser bedecken und 30 Min. quellen lassen.

2 Den Backofen auf 190 °C vorheizen. Die Mandelblättchen auf einem Blech verteilen und 6–8 Min. rösten, bis sie leicht gebräunt sind.

3 Die Zwiebel längs halbieren. Jede Hälfte in 4–5 Spalten schneiden. Den Staudensellerie putzen und schräg in 1 cm dicke Scheiben schneiden. Den Brokkoli in sehr kleine Röschen teilen.

4 Die Pilze abtropfen lassen, das Einweichwasser aufbewahren. Holzige Stiele entfernen, die Hüte in Scheiben schneiden. Das Einweichwasser durch ein mit Küchenpapier ausgelegtes Sieb abseihen.

MARINIEREN DER HÄHNCHENBRUST

5 Die Hähnchenbrust schräg in dünne Scheiben schneiden (jede Brust in 10–15 Stücke). In einer Schüssel Sojasauce, Reiswein und Maisstärke verrühren, bis die Stärke sich aufgelöst hat. Die Hähnchenbrust hinzufügen, durchheben und für etwa 15 Min. beiseitestellen.

GAREN DES GERICHTS

6 In einem Wok die Hälfte des Pflanzenöls erhitzen. Zwiebel und Sellerie hinzufügen und bei hoher Temperatur unter Rühren 1–2 Min. garen, bis sie weich werden. Den Brokkoli dazugeben und 2–3 Min. rühren. Die Pilze hinzufügen und 2 Min. garen.

7 Die Gemüse aus dem Wok in eine Schüssel geben und warm stellen. Den Wok mit Küchenpapier auswischen. Das restliche Pflanzenöl in den Wok gießen und erhitzen.

8 Die Hähnchenbrust abtropfen lassen, die Marinade aufbewahren. Das Fleisch in den Wok geben und bei starker Hitze unter Rühren 2–3 Min. garen. Die Gemüse wieder in den Wok geben und 4 EL Einweichwasser von den Pilzen hinzufügen.

9 **Die Marinade** in den Wok gießen und 2 Min. rühren. Das Sesamöl untermischen und das Gericht abschmecken. Mit den Mandeln bestreut in Portions-schalen servieren. Als Beilage passen Nudeln.

 ## VARIANTE: Pfannengerührte süßsaure Hähnchenbrust

Ganz typisch, mit feiner Säure und süßer Ananas.

1 Die Hähnchenbrust wie beschrieben vorbereiten. Für die Marinade nur 1 EL Reiswein verwenden und stattdessen 1 EL Weinessig und 1 EL Zucker hinzufügen, damit die Sauce des Gerichts süßsaurer wird.

2 Brokkoli und Shiitakepilze weglassen und durch 4 Ringe Ananas in Frucht-saft (nicht Sirup) aus der Dose ersetzen. Die Ringe in kleine Stücke schnei-den. Beliebige Gemüse der eigenen Wahl hinzufügen. Gut geeignet für dieses Rezept sind 1 rote und 1 gelbe in Streifen geschnittene Paprikaschote und 120 g quer halbierte Zuckerschoten.

3 Das Gericht wie im Hauptrezept fertigstellen. Anstelle des Einweichwassers von den Pilzen 4 EL Ananassaft aus der Dose hinzufügen, um dem Gericht noch mehr Süße zu verleihen. Vor dem Servieren nach Belieben mit Sesam bestreuen. Dazu gehört frisch gekochter Reis.

Fischfilet mit warmer Vinaigrette

SIEHT SCHWIERIGER AUS als es ist. Hier wurde der Fisch nach dem Garen vorsichtig wieder entflochten, um ihn zu häuten. Wenn Sie Ihre Gäste beeindrucken wollen, sollten Sie darauf verzichten und die Zöpfe im Ganzen servieren. Die warme Kräutervinaigrette harmoniert hervorragend mit dem Fisch, der über einer aromatischen Brühe gedämpft wird. Insgesamt ein leichtes Gericht, zu dem am besten einige knackig gegarte Zuckerschoten passen.

PERSONEN	ZUBEREITUNG	GARZEIT
6	35-40 MIN.	8-10 MIN.

Zutaten

FÜR DIE BRÜHE

1 Bouquet garni aus 5-6 Stängeln Petersilie, 2-3 Zweigen Thymian und 1 Lorbeerblatt

6 Pfefferkörner

2 Gewürznelken

1 Möhre, geviertelt

1 Zwiebel, geviertelt

FÜR DEN FISCH

400 g Steinbeißerfilet mit Haut

400 g Rotzungenfilet mit Haut

400 g Makrelenfilet mit Haut

Salz und Pfeffer

FÜR DIE WARME VINAIGRETTE

125 ml Rotweinessig

2 TL Dijonsenf

2 Schalotten, sehr fein gehackt

75 ml Olivenöl

etwa 150 ml neutrales Pflanzenöl

5-7 Stängel Estragon, Blätter fein gehackt, sowie Estragon zum Garnieren

7-10 Stängel Petersilie oder Kerbel, Blätter fein gehackt, sowie Petersilie oder Kerbel zum Garnieren

HERSTELLEN DER BRÜHE

1 In einem Topf, auf den ein großer Dämpfaufsatz passt, 1 l Wasser, Bouquet garni, Pfefferkörner, Gewürznelken, Möhre und Zwiebel geben. Zum Kochen bringen und 20-30 Min. köcheln lassen.

VORBEREITEN DES FISCHS

2 Die Filets abspülen und mit Küchenpapier trocken tupfen. Gräten entfernen und die Filets auf etwa die gleiche Länge schneiden, dann in etwa 2 cm breite Streifen. Von jeder Fischsorte sind 6 Streifen erforderlich.

FLECHTEN UND DÄMPFEN DES FISCHS

3 Jeweils 1 Streifen Steinbeißer, Rotzunge und Makrele zu einem Zopf flechten. Mit dem restlichen Fisch ebenso verfahren. Die Zöpfe in den Dämpfaufsatz legen und mit Salz und Pfeffer bestreuen.

4 Den Dämpfaufsatz auf die köchelnde Brühe setzen. Unter dem Aufsatz müssen sich mindestens 5 cm Brühe befinden - wenn nicht, kochendes Wasser auffüllen.

5 Den Fisch zugedeckt 8-10 Min. dämpfen, bis er sich mit einer Gabel leicht zerteilen lässt.

HERSTELLEN DER VINAIGRETTE

6 In einem kleinen Topf Essig, Senf und Schalotten verquirlen. Zuerst das Olivenöl und dann das neutrale Pflanzenöl in einem gleichmäßigen Strahl hinzufügen und schlagen, bis die Vinaigrette emulgiert und dicklich wird. Möglicherweise ist nicht das gesamte Öl erforderlich. Kein weiteres Öl mehr hinzufügen, nachdem die Vinaigrette die gewünschte Konsistenz erreicht hat.

7 Die Vinaigrette unter ständigem Schlagen behutsam erwärmen. Von der Kochstelle nehmen. Kräuter sowie Salz und Pfeffer nach Geschmack unterrühren. Die Vinaigrette auf sechs vorgewärmte Teller träufeln und die Fischzöpfe daraufsetzen (oder für eine zwanglosere Präsentation entflechten). Mit den Kräutern garnieren und sofort servieren.

 VARIANTE: Panaché von gedämpften Fischen mit warmer Sherryvinaigrette

Ein *panaché* ist eine Mischung. Probieren Sie die Zubereitung auch mit Lachs, Seezunge oder Scholle.

1 Die Brühe wie im Hauptrezept zubereiten. Die Fischfilets waschen und trocken tupfen, dann in gleich große Rauten schneiden. Je nach Dicke 5–7 Min. dampfen, eventuell portionsweise.

2 In der Zwischenzeit wie beschrieben die warme Vinaigrette zubereiten, dabei den Rotweinessig durch Sherryessig und das Olivenöl durch Walnussöl ersetzen. Die Kräuter weglassen.

3 Den Fisch mit der Haut nach oben auf vorgewärmten Tellern anrichten. Mit etwas Sherryvinaigrette beträufeln, den Rest separat reichen.

Russisches Rinderfilet

INSPIRIERT VOM BERÜHMTEN Bœuf Stroganoff. Wenn es das Budget erfordert, kann man anstelle von Rinderfilet auch Sirloinsteak verwenden. In diesem Fall die Scheiben jedoch sehr dünn schneiden, damit das Fleisch zart wird. Bereiten Sie das Essen auf den Punkt zu. Aufwärmen ist nicht empfehlenswert, weil die Sahne gerinnen und das Fleisch trocken werden kann.

PERSONEN 4	**ZUBEREITUNG** 15–20 MIN.	**GARZEIT** 20–25 MIN.

Zutaten

750 g Rinderfilet

30 g Butter

2 EL neutrales Pflanzenöl

Salz und Pfeffer

2 Zwiebeln, in Scheiben geschnitten

250 g Champignons, in Scheiben geschnitten

1 EL Mehl

125 ml Rinderbrühe oder Wasser

2–3 TL Dijonsenf

125 g Sauerrahm

4 Stängel Estragon, Blätter gehackt

ZUBEREITEN DES RINDERFILETS

1 Das Rinderfilet parieren, dann in 1 cm dicke Scheiben schneiden. Die Scheiben in 1 cm breite und etwa 8 cm lange Streifen teilen.

2 In einer Pfanne jeweils die Hälfte von Butter und Öl erhitzen, bis die Butter bräunt. Die Hälfte der Filetstreifen hineingeben, salzen und pfeffern und bei sehr hoher Temperatur unter Rühren 2–3 Min. braten, bis sie gut gebräunt, innen aber noch roh sind. Herausnehmen und nach Bedarf mehr Butter in die Pfanne geben. Das restliche Fleisch ebenfalls anbräunen.

ANBRATEN VON ZWIEBELN UND PILZEN

3 In einem Topf restliche Butter und übriges Öl erhitzen. Die Zwiebeln hineingeben, in Ringe trennen und bei mittlerer Hitze unter gelegentlichem Rühren 5–7 Min. anbraten, bis sie weich sind und etwas Farbe angenommen haben. Mit einem Schaumlöffel in eine Schüssel heben.

4 Die Pilze in den Topf geben und 4–5 Min. garen, bis die Flüssigkeit verdampft ist. Das Mehl unterrühren und 1 Min. anschwitzen. Mit der Brühe ablöschen und zum Kochen bringen. Rühren, bis die Sauce bindet.

FERTIGSTELLEN DES GERICHTS

5 Die Zwiebeln wieder in den Topf geben, salzen und pfeffern und 2 Min. köcheln lassen. Den Senf unterrühren und behutsam erhitzen, aber nicht kochen, weil die Sauce sonst bitter wird. Das Fleisch mit dem ausgetretenen Saft in den Topf geben und 2–3 Min. behutsam, aber sorgfältig erhitzen. Nicht übergaren, weil es sonst trocken wird.

6 Den Sauerrahm unterrühren und etwa 1 Min. erwärmen, aber nicht zu heiß werden lassen, weil er sonst gerinnen kann. Das Gericht abschmecken und mit dem Estragon bestreut sofort servieren. Dazu frische Nudeln reichen.

Indonesische Hähnchenspieße

ASIATISCHES STREETFOOD. In Indonesien liebt man die Spießchen als Snack, doch mit einem Reispilaw und knackigem Salat wird daraus ein leichtes Hauptgericht. Die Spieße bereits morgens marinieren, um sie am Abend zu servieren.

PERSONEN	ZUBEREITUNG	GARZEIT
6	15–20 MIN. + WARTEZEIT	8–10 MIN.

Zutaten

1,5 kg Hähnchenbrustfilets

Öl für den Grillrost

FÜR DIE MARINADE

3 Schalotten, fein gehackt

2 Knoblauchzehen, fein gehackt

½ TL Chilipulver

2 TL gemahlener Koriander

2 TL gemahlener Ingwer

3 EL Sojasauce

2 EL Branntweinessig

2 EL Pflanzenöl

FÜR DIE ERDNUSSSAUCE

1½ EL neutrales Pflanzenöl

175 g ungeröstete Erdnusskerne, enthäutet

½ Zwiebel, in Scheiben geschnitten

1 Knoblauchzehe, grob gehackt

½ TL Chiliflocken

2 TL gemahlener Ingwer

1 TL brauner Zucker

1½ EL Zitronensaft

Salz und Pfeffer

VORBEREITEN UND MARINIEREN DES FLEISCHS

1 **Die Hähnchenbrust** parieren. Das kleine Filet von jeder Brust abtrennen und mit einem scharfen Messer längs halbieren. Die Brüste selbst schräg in 7 schmale Streifen von der Länge der Filets schneiden.

2 **Alle Marinadenzutaten** in eine große Schüssel geben und mit einem Löffel vermischen. Das Fleisch hinzufügen und sorgfältig mit der Marinade überziehen. Die Schüssel mit Klarsichtfolie bedecken und für 3–12 Std. in den Kühlschrank stellen. 18 Holzspieße 30 Min. wässern.

ZUBEREITEN DER ERDNUSSSAUCE

3 **In einem Topf das Öl erhitzen.** Die Erdnüsse hineingeben und 3–5 Min. rühren, bis sie gebräunt sind. In die Küchenmaschine geben. Zwiebel, Knoblauch, Chiliflocken, Ingwer, Zucker und Zitronensaft hinzufügen.

4 **Die Zutaten sehr glatt pürieren,** nach Bedarf zwischendurch von den Wänden abstreichen. Etwa 375 ml heißes Wasser untermischen, sodass eine recht flüssige Sauce entsteht. In einem Topf unter ständigem Rühren zum Kochen bringen und 2 Min. köcheln lassen, dann abschmecken. Warm stellen.

HERSTELLEN UND GAREN DER SPIESSE

5 **Den Grill vorheizen.** Jeweils 3 Fleischstreifen ziehharmonikaartig auf einen Spieß stecken und dabei leicht drehen. Den Grillrost mit Öl einpinseln und die Fleischspieße darauf verteilen.

6 **Die Fleischspieße** etwa 5–7 cm von der Hitzequelle entfernt 2–3 Min. grillen, bis sie gebräunt sind. Wenden und die andere Seite grillen. Die Spieße mit der warmen Erdnusssauce auf Tellern anrichten. Als Beilage empfiehlt sich ein Reispilaw (s. S. 302–303).

Southern Fried Chicken

DAS HÄHNCHEN AM VORABEND EINLEGEN. Die Milch lässt das Fleisch weißer werden. Die traditionelle Beilage zu diesem amerikanischen Südstaatenklassiker ist Kartoffelpüree, bestreut mit Petersilie oder Schnittlauch. Die Sauce ist authentisch, aber vielleicht nicht jedermanns Geschmack. Im Zweifelsfall lässt man sie einfach weg oder ersetzt sie beispielsweise durch Sauce gribiche (s. S. 188–189). Das knusprig gebratene Geflügel schmeckt auch kalt serviert köstlich, etwa mit einem Kartoffelsalat oder knackigem grünen Salat.

PERSONEN
4

ZUBEREITUNG
10–15 MIN.
+ WARTEZEIT

GARZEIT
20–30 MIN.

Zutaten

FÜR DAS HÄHNCHEN

1 Hähnchen (1,5 kg), in 8 Teile zerlegt

500 ml Milch

etwa 250 ml neutrales Pflanzenöl

60 g Mehl

2 TL Pfeffer

1 Zitrone

FÜR DIE SAUCE

2 EL Mehl

375 ml Milch

Salz und Pfeffer

VORBEREITEN DES HÄHNCHENS

1 **Die Hähnchenteile in eine Schüssel geben** und mit Milch übergießen. Mit Klarsichtfolie bedeckt 8–12 Std. kalt stellen. Dann mit einem Schaumlöffel in ein sauberes Gefäß heben. Die Milch weggießen.

2 **In eine Pfanne 2 cm hoch Öl gießen.** Bei mittlerer Temperatur erhitzen, bis ein Küchenthermometer 180 °C anzeigt. Ein Würfel frisches Brot bräunt bei dieser Temperatur innerhalb von 1 Min.

3 **In einem flachen Gefäß** Mehl und Pfeffer vermischen. Die Hähnchenteile darin wenden und den Überschuss mit den Händen abklopfen, sodass die Teile gleichmäßig mit Mehl überzogen sind.

BRATEN DER HÄHNCHENTEILE

4 **Die Hähnchenteile mit der Hautseite** nach unten vorsichtig in die Pfanne legen (Achtung, das Öl kann spritzen). 3–5 Min. braten, bis sie gebräunt sind.

5 **Die Teile wenden.** Die Gartemperatur auf schwache Hitze reduzieren.

6 **Das Fleisch** weitere 20–25 Min. braten, bis es gebräunt ist und sich beim Einstechen weich anfühlt. Teile, die bereits gar sind, herausheben, mit Küchenpapier trocken tupfen und warm stellen, aber unbedeckt lassen, weil sonst die Kruste weich wird.

ZUBEREITEN DER SAUCE

7 **Das Fett bis auf etwa 2 EL aus der Pfanne abgießen.** Wenn es sorgfältig abgeseiht und im Kühlschrank aufbewahrt wird, kann es zum Braten von Hähnchen wiederverwendet werden, aber nicht öfter als zweimal. Das Mehl in das restliche Fett in der Pfanne streuen und mit einem Kochlöffel 2–3 Min. rühren, bis es gebräunt ist. Diesen Arbeitsschritt in Ruhe ausführen, da der Geschmack von ungegartem Mehl die Sauce verderben würde.

8 **Die Milch unterschlagen** und köcheln lassen, bis die Sauce eindickt, was nicht länger als etwa 2 Min. dauern sollte. Die Sauce mit Salz und Pfeffer abschmecken und durch ein Sieb in eine Sauciere gießen.

9 **Die Zitrone in Spalten schneiden.** Die Hähnchenteile mit Zitronenspalten auf einer Servierplatte anrichten. Ein Spritzer Zitronensaft peppt dieses Gericht wirklich auf und nimmt dem gebratenen Hähnchen seine Schwere. Als Beilage eignet sich am besten frischer grüner Salat.

 VARIANTE: Hähnchen mit Speck

Speck sorgt hier für geschmackliche Fülle, die Sauce wird mit etwas Tabasco aufgepeppt.

1 Die Hähnchenteile wie beschrieben in Milch einlegen. Das Pflanzenöl zum Braten weglassen und stattdessen 8–12 Scheiben durchwachsenen Speck braten, bis sie knusprig sind und das gesamte Fett ausgetreten ist. Den Speck herausnehmen, auf Küchenpapier abtropfen lassen und warm stellen.

2 Die Hähnchenteile wie im Hauptrezept in Mehl wenden und in dem ausgelassenen Speckfett braten. Auf Küchenpapier abtropfen lassen, überschüssiges Fett sorgfältig abtupfen. Die Sauce zubereiten und beim Abschmecken 1 Spritzer Tabasco hinzufügen.

3 Den Speck zerbröseln und vor dem Servieren über die Hähnchenteile streuen. Diese Variante des Gerichts schmeckt besonders gut mit typisch amerikanischem Maisbrot (s. S. 386).

Gegrillter Thunfisch mit Salsa

LEGEN SIE DEN FISCH in die Marinade, wenn Sie nach Hause kommen, um ihn dann nach einem entspannenden Bad und einem Glas Wein zuzubereiten. Die spritzige Marinade ergänzt den fettreichen Fisch ebenso perfekt wie die frische Salsa. Achten Sie bei Thunfisch stets darauf, dass er außen gut gebräunt wird, in der Mitte aber feucht und rosa bleibt. Trockener, zu lange gegarter Thunfisch schmeckt einfach nicht.

PERSONEN 4	**ZUBEREITUNG** 25–30 MIN. + WARTEZEIT	**GARZEIT** 5–7 MIN.

Zutaten

FÜR DIE MARINADE

2–3 Zweige Thymian

2 EL neutrales Pflanzenöl

½ Zitrone

FÜR THUNFISCH UND SALSA

4 Thunfischsteaks (à etwa 250 g)

Salz und Pfeffer

4 Tomaten

1 rote Paprikaschote

1 Zwiebel

1 Bund Koriandergrün

200 g Mais aus der Dose, abgetropft

2 Limetten

3–4 EL neutrales Pflanzenöl

MARINIEREN DES THUNFISCHS

1 **Die Thymianblätter** über einem flachen Glas- oder Keramikgefäß von den Zweigen streifen. Das Öl hinzufügen.

2 **Die Zitronenhälfte** auspressen. Den Saft ebenfalls in das Gefäß geben.

3 **Die Thunfischsteaks** waschen und trocken tupfen, dann salzen und pfeffern. In die Marinade legen und darin wenden. Zugedeckt 1 Std. kalt stellen, zwischendurch ab und zu wenden. In der Zwischenzeit die Salsa zubereiten.

ZUBEREITEN DER SALSA

4 **Die Stielansätze der Tomaten** entfernen und die Früchte unten kreuzförmig einritzen. In einen Topf mit kochendem Wasser legen, bis die Haut aufplatzt, dann in eine Schüssel mit kaltem Wasser heben. Die Tomaten enthäuten, halbieren und nach Entfernen der Samen grob hacken.

5 **Die Paprikaschote** nach Entfernen von Stielansatz, Samen und Scheidewänden würfeln. Die Zwiebel hacken. Einige Korianderblätter beiseitestellen, die anderen fein hacken. Tomaten, Mais, Koriander, Zwiebel, Paprika, Saft von 1 Limette sowie Salz und Pfeffer in einer Schüssel vermischen.

GRILLEN DES THUNFISCHS

6 **Eine Grillpfanne erhitzen,** mit Öl auspinseln und den Thunfisch hineinlegen. Die Steaks mit Marinade bestreichen und 2–3 Min. garen, bis sie
sich leicht vom Boden der Pfanne lösen. Mit einer Küchenzange wenden und
mit der restlichen Marinade einpinseln. Weitere 2–3 Min. grillen. Der Thunfisch sollte in der Mitte noch rosa und glasig sein, wenn er mit einem Messer
zerteilt wird. Zudem sollten die Steaks noch etwas nachgeben, wenn man mit
der Küchenzange behutsam daraufdrückt. Sorgfältig darauf achten, dass der
Fisch nicht zu lange gart.

7 **Die verbliebene Limette in Spalten schneiden.** Die Thunfischsteaks auf
vier vorgewärmten Tellern anrichten. Die Salsa in einer Schüssel reichen,
sodass sich jeder am Tisch selbst bedienen kann. Die Limettenschnitze rund
um die Steaks verteilen und die Teller mit den restlichen Korianderblättern
garnieren.

VARIANTE: Gegrillter Schwertfisch
mit Fenchel und getrockneten Tomaten

Hier wird Fenchel mit Anisbranntwein aromatisiert.

1 4 Schwertfischsteaks (à etwa 250 g) wie beschrieben marinieren. 3 Fenchelknollen in Scheiben schneiden. In einem Topf 60 g Butter zerlassen.
Fenchel, Salz und Pfeffer dazugeben. Mit gebutterter Alufolie bedecken.

2 Den Fenchel mit aufgelegtem Deckel bei schwacher Hitze 40–45 Min.
garen, bis er sehr weich ist. 60 g sonnengetrocknete Tomaten abtropfen
lassen, grob hacken und mit 1–2 EL Anisbranntwein (wie Pernod) unter den
Fenchel mischen. Das Gemüse noch etwa 10 Min. garen, dann abschmecken.

3 Den Schwertfisch wie im Hauptrezept grillen und auf vorgewärmte Teller
heben, mit dem Fenchelgemüse anrichten. Die Salsa entfällt.

Schweinefilet mit Ingwer

DAS SCHWEINEFILET sollte vor der Zubereitung ein bis zwei Stunden mariniert werden. Falls Sie süßen japanischen Reiswein *(mirin)* bekommen, den es in großen Supermärkten und Asialäden gibt, können Sie Sherry und Zucker durch einen Esslöffel Mirin ersetzen. Ein gutes Essen für Werktage, da es blitzschnell auf dem Teller liegt.

PERSONEN 6	**ZUBEREITUNG** 15-20 MIN. + WARTEZEIT	**GARZEIT** 15-20 MIN.

Zutaten

1 kg Schweinefilet
2,5 cm Ingwerwurzel, grob gehackt
125 ml Sake (japanischer Reiswein)
4 EL Sojasauce

1 EL süßer Sherry
1 TL Zucker
60 g getrocknete asiatische Pilze
10 Frühlingszwiebeln
3-4 EL neutrales Pflanzenöl
Glasnudeln zum Servieren (nach Belieben)

VORBEREITEN UND MARINIEREN DES FILETS

1 Das Schweinefilet parieren und schräg in gleichmäßige, dünne Scheiben schneiden. In einer Glasschüssel Ingwer, Sake, Sojasauce, Sherry und Zucker vermischen. Das Fleisch hineingeben und sorgfältig durchheben. Abgedeckt für 1-2 Std. in den Kühlschrank stellen.

VORBEREITEN DER RESTLICHEN ZUTATEN

2 Die Pilze in eine Schüssel geben und mit warmem Wasser bedecken. Etwa 30 Min. quellen und anschließend abtropfen lassen. Die Frühlingszwiebeln putzen und schräg in 4 cm lange Stücke schneiden.

GAREN DES GERICHTS

3 In einer Pfanne 1 EL Öl erhitzen. Pilze und Frühlingszwiebeln hineingeben und bei mittlerer Temperatur unter häufigem Rühren 2-3 Min. braten. In eine große Schüssel füllen. Das Fleisch in einem Sieb abtropfen lassen, die Marinade auffangen.

4 Wieder 1 EL Öl in der Pfanne erhitzen. Ein Viertel des Fleischs hineingeben und bei sehr hoher Temperatur unter ständigem Rühren 2-3 Min. braten, bis es leicht gebräunt ist. In die Schüssel mit Pilzen und Frühlingszwiebeln heben. Das restliche Fleisch portionsweise garen, nach Bedarf noch Öl hinzufügen.

FERTIGSTELLEN UND SERVIEREN DES GERICHTS

5 Die Marinade in die Pfanne gießen. Pilze, Frühlingszwiebeln und Fleisch hineingeben und 1-2 Min. köcheln lassen, bis das Fleisch gerade heiß ist. Nicht zu lange garen, weil es sonst trocken wird. Das Gericht abschmecken.

6 Nach Belieben mit Sake, Sojasauce, Sherry und Zucker abschmecken. Auf vorgewärmten Tellern servieren. Dazu passen Glasnudeln.

Saltimbocca alla romana

SALTIMBOCCA bedeutet wörtlich übersetzt »Spring in den Mund«. Die feinen Schnitzelchen sind ganz geschwind gebraten und können bis einschließlich Schritt 2 sogar bereits am Morgen vorbereitet werden. Die Schnitzel zwischen Lagen aus Backpapier gut eingepackt im Kühlschrank aufbewahren, um sie dann abends rasch zubereiten zu können.

PERSONEN	ZUBEREITUNG	GARZEIT
4	20–25 MIN.	10–12 MIN.

Zutaten

4 Kalbsschnitzel (à etwa 125 g)

4 große, dünne Scheiben Parmaschinken oder anderer luftgetrockneter Schinken

12 Salbeiblätter sowie Salbeiblätter zum Garnieren

60 g Butter

75 ml Weißwein

Salz und Pfeffer

VORBEREITEN DER SALTIMBOCCA

1 **Ein Kalbsschnitzel** zwischen zwei Stücke Backpapier legen und mit einem Nudelholz flach klopfen, bis es nur noch 3 mm dick ist. Das Papier abziehen. Das Fleisch in 3 Stücke schneiden. Von 1 Scheibe Parmaschinken das Fett entfernen. Die Schinkenscheibe ebenfalls in 3 Stücke schneiden.

2 **Ein Salbeiblatt** auf jedes Fleischstück legen und mit einem Stück Schinken bedecken. Ein Stück Backpapier über Fleisch und Schinken legen und behutsam daraufklopfen, um den Schinken an das Fleisch zu drücken. Vorsichtig das Papier abziehen. Mit den übrigen Schnitzeln ebenso verfahren.

GAREN DER SALTIMBOCCA

3 **Die Butter in einer Pfanne erhitzen.** Einige Fleischstücke hineinlegen und bei mittlerer Temperatur etwa 2 Min. bräunen. Achtung, Kalbsschnitzel garen sehr rasch und werden bei Übergaren trocken. Wenden und die andere Seite 1–2 Min. bräunen. Auf einen Teller heben und warm stellen. Die restlichen Schnitzel ebenso braten.

4 **Den Wein in die Pfanne geben** und zum Kochen bringen, dabei rühren, um den Bratensatz zu lösen. Die Sauce abschmecken. (Salz ist möglicherweise nicht nötig, da der Parmaschinken recht salzig ist.)

5 **Mit einem Palettmesser** die Saltimbocca auf eine vorgewärmte Platte oder Portionsteller heben, mit der Sauce übergießen und nach Belieben mit einigen gehackten Salbeiblättern garnieren.

Lachsfilet mit fünf Gewürzen

DAS ANISARTIGE AROMA VON FENCHEL passt ausgezeichnet zum Lachs. Eine Alternative zum chinesischen Fünf-Gewürze-Pulver wären hier indische Aromen. So oder so ist das Gericht wie geschaffen, um nach einem stressigen Arbeitstag Entspannung in der Küche zu finden: Beim Schnippeln von Gemüse, vielleicht bei einem schönen Glas Wein, verfliegt der Frust ganz schnell.

PERSONEN	**ZUBEREITUNG**	**GARZEIT**
4	30-35 MIN.	20-25 MIN.

Zutaten

FÜR GEMÜSE UND FISCH

375 g Möhren

750 g Zucchini

750 g Lauch

60 g Butter

Salz und Pfeffer

4 Lachsfilets ohne Haut (à etwa 175 g)

2 EL trockener Weißwein

Zitronenschnitze zum Servieren (nach Belieben)

FÜR DIE GEWÜRZMISCHUNG

1 EL chinesisches Fünf-Gewürze-Pulver

1 EL gemahlene Fenchelsamen

1 Prise Cayennepfeffer

VORBEREITEN DER GEMÜSE

1 Die Möhren putzen und schälen. In 8 cm lange Stücke schneiden und die Seiten begradigen. Jedes Stück längs in dünne Scheiben schneiden. Die Scheiben übereinanderlegen und längs in schmale Streifen schneiden.

2 Die Zucchini putzen und in 8 cm lange Stücke schneiden. Die Schale mit etwa 3 mm Fruchtfleisch abschneiden.

3 Die Schalenstücke längs in schmale Streifen schneiden. Die weichen inneren Teile der Zucchini wegwerfen. Den Lauch putzen, dabei Wurzeln und harte grüne Blattenden entfernen. Den Lauch in 8 cm lange Stücke schneiden und diese längs halbieren. Etwas auffächern und längs in schmale Streifen schneiden. In einem Sieb sorgfältig abspülen.

4 In einer Schmorpfanne die Hälfte der Butter zerlassen. Möhren, Lauch, Salz und Pfeffer hinzufügen. Mit einem Stück gebutterter Alufolie bedecken und den Deckel auflegen. Das Gemüse behutsam etwa 10 Min. garen, ab und zu umrühren. Die Zucchini dazugeben und weitere 8-10 Min. zugedeckt garen. Dann die Gemüsestreifen in eine ofenfeste Form füllen.

VORBEREITEN DES LACHSES

5 Den Backofen auf 200 °C vorheizen. Den Lachs waschen und mit Küchen-papier trocken tupfen. Fünf-Gewürze-Pulver, Fenchelsamen, Cayenne-pfeffer und 1 Prise Salz vermischen und auf ein Stück Backpapier streuen. Die Lachsfilets sorgfältig darin wenden.

GAREN DES GERICHTS

6 In einer Pfanne die restliche Butter erhitzen. Den Lachs darin bei hoher Temperatur auf jeder Seite 1-2 Min. garen, zum Umdrehen ein Palett-messer verwenden. Den Fisch in eine ofenfeste Form heben.

7 Die Filets mit etwas Weißwein beträufeln. Gemüse und Lachs für 20-25 Min. in den Ofen schieben. Das Gericht ist fertig, wenn sich der Lachs mit einer Gabel leicht zerteilen lässt.

8 Die Gemüsestreifen auf vorgewärmte Portionsteller häufen und jeweils 1 Lachsfilet daraufsetzen. Das Gericht nach Belieben mit Zitronenschnit-zen garnieren.

VARIANTE: Lachsfilet auf einem Champignon-Lauch-Bett

Hier wird auf den Gewürzmantel verzichtet, damit das rosa Lachs-fleisch sichtbar bleibt.

1 Zucchini, Möhren und Gewürzmischung weglassen. Den Lauch wie im Hauptrezept in Streifen schneiden. 375 g Champignons abreiben. Die Stiele bündig mit den Hüten abschneiden. Die Hüte in dünne Scheiben schneiden und diese aufeinandergelegt in sehr schmale Streifen.

2 Den Lauch wie beschrieben garen. Die Champignons hinzufügen und ohne Deckel garen, bis die gesamte Flüssigkeit verdampft ist (die Pilze ziehen viel Wasser, das verkochen muss, damit das Gericht nicht wässrig wird), was 5-8 Min. dauern sollte.

3 Die Gemüsestreifen in ofenfeste Portionsförmchen heben. Den Lachs waschen, dann salzen und pfeffern. Jeweils 1 Stück in jede Form legen, mit etwas Weißwein beträufeln und wie im Hauptrezept beschrieben im Back-ofen garen.

Malaiische gebratene Nudeln

DIE KÜCHEN DES MALAIISCHEN ARCHIPELS verbinden vielfältige Einflüsse. Traditionell wird dieses Gericht mit frischen Reisnudeln zubereitet, aber auch mit getrockneten Nudeln gelingt es. Wenn Sie rasch ein Abendessen mit exotischem Charme zubereiten möchten, sind Sie hier genau richtig. Noch schneller ist es fertig, wenn Sie die Zutaten schon morgens hacken und dann getrennt gut verpacken und in den Kühlschrank stellen.

PERSONEN
4

ZUBEREITUNG
30–40 MIN.

GARZEIT
8–12 MIN.

Zutaten

250 g dicke Reisnudeln

3 chinesische Schweinswürste oder 175 g Räucherschinken

250 g große rohe Garnelen, geschält, Schwanzflossen intakt

3 Eier

4 EL neutrales Pflanzenöl

3 kleine Zwiebeln, in feine Ringe geschnitten

3–4 rote Chilischoten, nach Belieben von den Samen befreit, fein gehackt

2 Knoblauchzehen, fein gehackt

125 g Sojasprossen

3 EL Sojasauce

4 EL Hühnerbrühe

2 Frühlingszwiebeln, schräg in Stücke geschnitten

EINWEICHEN DER REISNUDELN

1 **Die Reisnudeln in eine Schüssel geben** und mit reichlich warmem Wasser bedecken. Etwa 30 Min. oder nach den Anweisungen auf der Verpackung quellen lassen, bis sie weich sind, dabei häufig umrühren. In der Zwischenzeit die restlichen Zutaten vorbereiten. Die weichen Nudeln zum Abtropfen in ein Sieb abgießen, gut schütteln und mit einer Gabel auflockern. Beiseitestellen.

VORBEREITEN DER ANDEREN ZUTATEN

2 **Die Wurst schräg in dünne Scheiben schneiden** (den Räucherschinken in etwa 3 cm lange Streifen). Den Darm der Garnelen entfernen. Dazu die Garnelen am Rücken mit einem sehr scharfen Messer einschneiden, dann die dunklen Därme mit der Messerspitze herausheben und wegwerfen. Dies ist bei der Vorbereitung von Garnelen immer sehr wichtig, da der Darm unangenehm schmeckt. Die Garnelen und die anderen vorbereiteten Zutaten getrennt in kleinen Schüsseln in Reichweite des Herdes stellen, damit sie griffbereit sind, wenn mit dem Garen begonnen wird. Das Pfannenrühren muss rasch und ohne Unterbrechung erfolgen. Denken Sie immer daran, wenn Sie ein pfannengerührtes Gericht zubereiten, denn bei ein wenig Vorbereitung ist die Garzeit kürzer und das Gericht wird knackiger und leckerer.

ZUBEREITEN DES GERICHTS

3 **In einer Schüssel die Eier** verquirlen. Einen Wok bei mittlerer Temperatur erhitzen. 1 EL Öl hineingeben, um Boden und Wände zu überziehen. Wenn das Öl heiß ist, die Eier hinzufügen und rühren, bis sie gestockt sind, was 1–2 Min. dauern sollte. In eine Schüssel füllen.

4 **Die Temperatur erhöhen.** Das restliche Öl in den Wok geben. Wenn es heiß ist, die Zwiebeln hinzufügen und unter Rühren 3–4 Min. braten, bis sie braun werden. Chilischoten, Knoblauch und Wurst dazugeben und etwa 30 Sek. unter Rühren braten, bis alles aromatisch duftet.

5 **Die Garnelen** hinzufügen und 1–1½ Min. unter Rühren braten, bis sie rosa werden. Auf starke Hitze heraufschalten. Sojasprossen, Reisnudeln, Sojasauce und Hühnerbrühe dazugeben und alles zusammen noch 2–3 Min. garen.

6 **Das Rührei** zu den anderen Zutaten geben und 1 Min. rühren, bis es heiß und untergemischt ist. Das Gericht probieren und nach Geschmack noch Sojasauce hinzufügen. Auf vorgewärmten Tellern anrichten, mit den Frühlingszwiebeln bestreuen und sofort servieren.

Makrele im Knuspermantel

EIN SCHOTTISCHES LIEBLINGSESSEN. Ganz authentisch (und besonders aromatisch) wird das Gericht, wenn man das Öl durch Schweineschmalz ersetzt. Die Senfsauce bildet einen angenehmen Kontrast zu dem fettreichen Fisch. Die Makrele mit ihrem hohen Gehalt an Omega-3-Fettsäuren ist übrigens ein ganz besonders gesunder Fisch. Und Haferflocken gelten als Cholesterinsenker.

PERSONEN	ZUBEREITUNG	GARZEIT
6	15–20 MIN.	8–12 MIN.

Zutaten

FÜR DEN FISCH

6 große Makrelenfilets

Salz und Pfeffer

75 ml neutrales Pflanzenöl

Zitronenspalten und Brunnenkresse zum Servieren

FÜR DIE PANADE

2 Eier

30 g Mehl

175 g Haferflocken

FÜR DIE SENFSAUCE

60 g Butter

2 EL Mehl

Saft von ½ Zitrone

1 EL Dijonsenf

VORBEREITEN VON FISCH UND PANADE

1 **Die Makrelenfilets waschen** und trocken tupfen. Die Eier in einer Schüssel verquirlen. Das Mehl auf Backpapier sieben. Auf einem zweiten Stück Backpapier mit den Fingern Haferflocken, Salz und Pfeffer vermischen.

PANIEREN DES FISCHS

2 **Die Makrelenfilets** sorgfältig im Mehl wenden, um sie gleichmäßig zu überziehen.

3 **Die Filets** in das Ei tauchen, dann in den Haferflocken wenden. Auf einem Teller beiseitestellen.

ZUBEREITEN DER SAUCE

4 **Ein Drittel der Butter zerlassen.** Das Mehl dazugeben und rühren, bis sich Bläschen bilden. 300 ml kochendes Wasser angießen und die Sauce eindicken lassen. 1 Minute weiterrühren, von der Kochstelle nehmen, restliche Butter unterschlagen. Mit Zitronensaft, Senf, Salz und Pfeffer würzen.

BRATEN DER MAKRELENFILETS

5 **Ein Backblech mit Küchenpapier bedecken.** In einer großen Pfanne das Öl erhitzen. 3 Filets darin auf jeder Seite 2–3 Min. goldbraun und knusprig braten. Auf das Blech heben und warm stellen, während die übrigen Filets gebraten werden. Mit Zitronenspalten, Brunnenkresse und Sauce servieren.

Tex-Mex-Geflügelsalat

EINE KOMPLETTE MAHLZEIT, als Ergänzung passen gut Tortillachips. Ideal für einen warmen Sommerabend auf dem Balkon nach einem harten Tag. Frische Aromen heben die Stimmung, und da der Salat mit gegartem Hähnchen zubereitet wird, liegt er ruck, zuck auf dem Teller.

PERSONEN	ZUBEREITUNG	GARZEIT
4-6	20-25 MIN.	KEINE

Zutaten

FÜR DAS DRESSING

4 EL Rotweinessig

2 TL Dijonsenf

½ TL Salz

¼ TL Pfeffer

175 ml neutrales Pflanzenöl

3 Stängel Estragon, Blätter fein gehackt

FÜR DEN SALAT

500 g gegartes Hähnchenfleisch ohne Haut und Knochen, in Scheiben geschnitten

1 Schalotte, fein gehackt

500 g Romanasalat oder Romanasalatherzen, in Streifen geschnitten

2 große Tomaten, in Achtel geschnitten

175 g abgetropfter Mais aus der Dose

1 rote Paprikaschote, nach Entfernen von Stielansatz, Samen und Scheidewänden gewürfelt

1-2 Chilischoten, nach Belieben von den Samen befreit, fein gehackt

VORBEREITEN VON DRESSING UND SALAT

1 **Essig, Senf,** Salz und Pfeffer in einer kleinen Schüssel verquirlen. Das Öl in einem dünnen Strahl dazugießen, dabei ständig schlagen, bis das Dressing emulgiert und dicklich wird.

2 **Den Estragon** unterrühren. In einer großen Schüssel Hähnchenfleisch und Schalotte mit 3-4 EL Dressing vermischen. Die Salatstreifen in eine zweite große Schüssel geben und 3-4 EL Dressing unterheben.

FERTIGSTELLEN DES SALATS

3 **Die Salatstreifen** auf Portionsteller verteilen. Das Fleisch darauf anrichten. Die Tomatenachtel rundherum verteilen und die Maiskörner darübergeben.

4 **Die Paprikawürfel auf das Fleisch** streuen und den Salat mit dem restlichen Dressing beträufeln. Mit einer Gabel die Chilischoten verteilen, dann servieren.

Involtini vom Lachs

DIE BELIEBTEN ITALIENISCHEN KALBSRÖLLCHEN haben hier Pate gestanden. Frischer Lachs wird zunächst in Olivenöl und Kräutern mariniert (morgens vor Verlassen der Hauses) und dann mit Räucherlachs aufgerollt und sanft gegart.

PERSONEN	ZUBEREITUNG	GARZEIT
4-6	20-25 MIN. +WARTEZEIT	1-2 MIN.

Zutaten

FÜR DIE INVOLTINI

1 kg Lachsfilet mit Haut

250 g Räucherlachs in Scheiben

5-7 Stängel Basilikum, Blätter abgezupft

50 g Butter

Salz und Pfeffer

FÜR DIE MARINADE

Saft von ½ Zitrone

175 ml Olivenöl

3-4 Zweige Thymian, Blätter abgestreift

2 Lorbeerblätter

FÜR DIE TOMATEN-BASILIKUM-GARNITUR

650 g Tomaten

1 kleines Bund Basilikum, Blätter abgezupft

2 EL Olivenöl

1 Prise Zucker

2 Zitronensaft und Öl in ein flaches Gefäß gießen. Die Thymianblätter sowie etwas Pfeffer hinzufügen. Die Lorbeerblätter mit den Fingern hineinbröseln.

VORBEREITEN UND MARINIEREN DES FISCHS

1 Den Lachs waschen und mit Küchenpapier trocken tupfen. Restliche Gräten mit einer Pinzette herausziehen. Mit einem Filetiermesser schräg in 12 möglichst dünne Scheiben schneiden, sodass die Haut zurückbleibt. Dabei vom Kopf- in Richtung Schwanzende arbeiten.

3 Die Lachsscheiben in die Schale legen. Zugedeckt 1 Std. im Kühlschrank marinieren.

HERSTELLEN DER TOMATEN-BASILIKUM-GARNITUR

4 **Die Stielansätze der Tomaten** entfernen. Die Früchte unten kreuzförmig einritzen. 8–15 Sek. in kochendes Wasser tauchen. In kaltes Wasser heben. Enthäuten, halbieren und nach Entfernen der Samen hacken.

5 **Die Basilikumblätter** von den Stängeln zupfen und grob hacken. Tomaten, Öl, Basilikum, Salz, Pfeffer sowie Zucker nach Geschmack vermischen und bei Zimmertemperatur 30–60 Min. durchziehen lassen.

AUFROLLEN UND GAREN DER INVOLTINI

6 **Die Lachsscheiben** aus der Marinade heben und mit Küchenpapier abtupfen. Den Räucherlachs in Stücke von der Größe der frischen Lachsscheiben schneiden.

7 **Ein Stück Räucherlachs** auf eine Scheibe frischen Lachs legen. Auf die Mitte des Räucherlachses ein Basilikumblatt drücken. Die Zutaten an der längeren Seite beginnend wie eine Biskuitrolle langsam und vorsichtig aufrollen und dann mit einem Zahnstocher zusammenstecken. Mit den übrigen Zutaten ebenso verfahren.

8 **In einer Pfanne** die Butter erhitzen. Die Lachsröllchen portionsweise hineinlegen, dabei ausreichend Platz lassen. Bei hoher Temperatur 1–2 Min. garen und dabei wenden, bis sie rundum leicht gebräunt sind. Den Garprozess genau beobachten, da Lachs seine wunderbare Saftigkeit verliert, wenn er zu lange gegart wird.

9 **Die fertigen Involtini herausnehmen** und warm stellen, während die restlichen zubereitet werden. Die Zahnstocher entfernen. Die Lachsröllchen auf vorgewärmten Tellern anrichten und mit der Tomaten-Basilikum-Garnitur servieren.

Reissalat mit Huhn

EIN CURRYDRESSING mit Hüttenkäse und Aprikose verleiht ihm Raffinesse, Safranreis bildet die Basis für den Salat. Dressing, Safranreis, Tomaten und Vinaigrette können am Vortag zubereitet und dann getrennt im Kühlschrank aufbewahrt werden, sodass der Salat ultraschnell angerichtet ist.

PERSONEN	ZUBEREITUNG	GARZEIT
4	25–35 MIN.	20–30 MIN.

Zutaten

FÜR DEN SAFRANREIS

1 große Prise Safran

Salz

300 g Langkornreis

3 Stangen Staudensellerie, in dünne Scheiben geschnitten

FÜR DAS CURRYDRESSING

100 ml neutrales Pflanzenöl

1 kleine Zwiebel, fein gehackt

1 EL Currypulver

4 EL Tomatensaft

4 EL Rotweinessig

2 TL Aprikosenkonfitüre

2 EL Zitronensaft

250 g Hüttenkäse

Pfeffer

FÜR HÄHNCHEN UND VINAIGRETTE

1 ganzes gegartes Hähnchen (1,8 kg)

3 EL Zitronensaft

125 ml neutrales Pflanzenöl

500 g Kirschtomaten

½ TL Paprikapulver

ZUBEREITEN DES SAFRANREISES

1 Safran und etwas Salz mit 600 ml Wasser in einen großen Topf geben, zum Kochen bringen und 2 Min. köcheln lassen. Den Reis hineingeben wieder aufkochen, dann zugedeckt 15–20 Min. köcheln lassen, bis er weich ist. 5–10 Min. abkühlen lassen, abschmecken und beiseitestellen.

ZUBEREITEN DES CURRYDRESSINGS

2 In einem kleinen Topf 1 EL Öl bei mittlerer Temperatur erhitzen. Die Zwiebel darin unter gelegentlichem Rühren etwa 2 Min. anschwitzen. Das Currypulver dazugeben und noch 2 Min. weiterrühren.

3 Tomatensaft und Essig hinzufügen und auf die Hälfte einköcheln lassen. Die Aprikosenkonfitüre unterrühren. Die Mischung abkühlen lassen, dann in der Küchenmaschine glatt pürieren. Zitronensaft und Hüttenkäse untermischen. Bei laufendem Motor das restliche Öl dazugeben. Das Dressing abschmecken.

ZUBEREITEN DES HÄHNCHENS

4 Zwischen Keule und Rumpf die Haut einschneiden. Die Keule ruckartig nach draußen drehen, damit das Gelenk herausspringt. Die Keule abtrennen. Mit der anderen Keule ebenso verfahren. Das Messer an einer Seite des Brustbeins entlangführen. Mit Messer und Fingern das Brustfleisch lockern und in einem Stück ablösen. Mit der zweiten Brusthälfte ebenso verfahren.

5 Mit den Fingern Gabelbein und an ihm hängendes Fleisch herausziehen. Das restliche Fleisch von der Karkasse lösen. Die Haut von der Brust entfernen und wegwerfen. Das Fleisch mit den Fingern zerzupfen und in eine Schüssel geben.

6 Mit Fingern und Messerspitze das Fleisch von den Keulen lösen. Sehnen und Haut entfernen. Das Fleisch mit den Fingern zerzupfen und in die Schüssel geben. Es sollten etwa 500 g Fleisch vorhanden sein.

FERTIGSTELLEN DES REISSALATS

7 Den Staudensellerie behutsam unter den abgekühlten Safranreis rühren, um ihn durch ein knackiges Element zu ergänzen. Die Mischung in eine Schüssel füllen. Für die Vinaigrette Zitronensaft, Salz und Pfeffer in einer kleinen Schüssel verrühren. Das Öl in einem dünnen Strahl unterschlagen, bis die Vinaigrette emulgiert und dicklich wird. Drei Viertel der Vinaigrette zum Reis geben und behutsam, aber sorgfältig unterheben.

8 Die Kirschtomaten vorsichtig mit der restlichen Vinaigrette vermischen. In einer zweiten Schüssel die Hälfte des Currydressings unter das Hähnchenfleisch heben. Den Safranreis in die Mitte einer Platte häufen und das Fleisch gleichmäßig darauf verteilen. Mit Paprikapulver bestäuben und mit den Kirschtomaten garnieren. Das restliche Currydressing separat in einer Schale reichen.

 VARIANTE: Hähnchen mit Estragondressing und Reis

Eine klassische Kombination.

1 Das Hähnchen wie im Hauptrezept vorbereiten, das Fleisch jedoch nicht zerzupfen, sondern in Scheiben schneiden. Den Reissalat wie beschrieben zubereiten, aber den Safran weglassen.

2 Das Currydressing durch dieses Dressing ersetzen: 250 g Hüttenkäse in der Küchenmaschine oder im Mixer mit 1 EL Estragonessig glatt pürieren. Von 1 Bund Estragon einige Blätter beiseitestellen, den Rest hacken und unterrühren, dann Salz und Pfeffer nach Geschmack hinzufügen.

3 Reis und Hähnchenfleisch auf Portionstellern anrichten und mit Estragonblättern garnieren.

Kalbsleber mit Zwiebeln

GANZ WICHTIG: zarte Leber vom Kalb muss es sein, keine Rinderleber. Die Zwiebeln am Vorabend zubereiten, denn sie sollen schön karamellisieren, und das erfordert ein wenig Geduld. Aber während sie garen, können Sie sich bei einem Glas Wein entspannen oder mit der Familie plaudern.

PERSONEN	ZUBEREITUNG	GARZEIT
6	15-20 MIN.	35-40 MIN.

Zutaten

FÜR LEBER UND ZWIEBELN

90 ml Olivenöl

1 kg Zwiebeln, in Scheiben geschnitten

Salz und Pfeffer

750 g Kalbsleber

FÜR DAS KARTOFFELPÜREE

600 g Kartoffeln

100 ml Milch

60 g Butter

GAREN DER ZWIEBELN

1 **In einer Pfanne** zwei Drittel des Öls erhitzen. Die Zwiebeln mit etwas Salz und Pfeffer hinzufügen und mit Alufolie bedecken. Bei niedriger Temperatur unter gelegentlichem Rühren 25-30 Min. garen, bis sie sehr weich sind.

2 **Die Folie entfernen.** Die Temperatur erhöhen. Die Zwiebeln unter ständigem Rühren 5-7 Min. braten, bis sie goldbraun und karamellisiert sind. Mit einem Schaumlöffel in eine Schüssel heben.

ZUBEREITEN DES KARTOFFELPÜREES

3 **In der Zwischenzeit** die Kartoffeln schälen und in Stücke schneiden. In einen Topf mit Salzwasser geben und zugedeckt zum Kochen bringen. Die Kartoffeln 15-20 Min. köcheln lassen, bis sie weich sind. Abgießen und mit dem Kartoffelstampfer zerdrücken.

4 **In einem kleinen Topf** die Milch erhitzen. Butter, Salz und Pfeffer unterrühren. Die heiße Milch langsam unter die Kartoffeln schlagen, bis ein lockeres Püree entstanden ist. Abschmecken und warm stellen.

ZUBEREITEN DER LEBER

5 **Die Leber** in etwa 5 mm dicke Scheiben schneiden, dann salzen und pfeffern. Das restliche Öl bei hoher Temperatur in der Pfanne erhitzen. Die Hälfte der Leber darin auf jeder Seite 45-60 Sek. braten. Sie sollte gebräunt, in der Mitte aber noch rosa sein. Warm stellen und die restliche Leber garen.

6 **Die Zwiebeln** mit der gesamten Leber wieder in die Pfanne geben und bei hoher Temperatur unter Rühren 30-60 Sek. stark erhitzen. Abschmecken, dann sofort mit dem Kartoffelpüree servieren.

Thunfischspieße mit Mangosalat

EINE LIMETTENMARINADE ergänzt diese Spieße perfekt. Das Gericht lässt sich blitzschnell zubereiten und steckt voller Vitamine, die Sie durch den nächsten Tag bringen. Dagegen ist es frei von all den unerwünschten Zusätzen, über die man sich bei Fertiggerichten ärgert.

PERSONEN
8

ZUBEREITUNG
20-25 MIN.
+ WARTEZEIT

GARZEIT
10-12 MIN.

Zutaten

FÜR DIE SPIESSE

1,25 kg Thunfischfilet oder -steak ohne Haut

500 g Kirschtomaten

neutrales Pflanzenöl

250 g magerer Speck in Scheiben

FÜR DIE MARINADE

Saft von 2 Limetten

2 EL Olivenöl

Tabasco

Salz und Pfeffer

FÜR DEN MANGOSALAT

1 reife Mango

Saft von 1 Limette

¼ TL Dijonsenf

75 ml neutrales Pflanzenöl

250 g junge Spinatblätter

VORBEREITEN UND MARINIEREN DES FISCHS

1 **Den Thunfisch** waschen und mit Küchenpapier trocken tupfen. In 4 cm große Würfel schneiden. Für die Marinade in einer Glas- oder Keramikschüssel Limettensaft, Öl, 1 Spritzer Tabasco sowie etwas Salz und Pfeffer verquirlen.

2 **Den Thunfisch** hineingeben und durchheben, bis alle Stücke gut mit Marinade überzogen sind. Zugedeckt 30-60 Min. marinieren. Falls es in der Küche warm ist, den Fisch in den Kühlschrank stellen.

ZUBEREITEN VON SALAT UND DRESSING

3 **Die Mango schälen** und in Scheiben schneiden. In einer kleinen Schüssel Limettensaft, Senf, Salz und Pfeffer verrühren. Langsam das Öl unterschlagen, sodass das Dressing emulgiert. Abschmecken.

ZUSAMMENSTELLEN UND GRILLEN DER SPIESSE

4 **Die Kirschtomaten** waschen. Den Grill vorheizen. 16 Holzspieße in eine Schale mit Wasser legen oder Metallspieße mit Öl einpinseln.

5 **Um jeden Fischwürfel** ein Stück Speck wickeln. Fisch und Tomaten abwechselnd auf die Spieße stecken.

6 **Die Spieße** auf dem Grillrost etwa 8 cm von der Hitzequelle entfernt grillen, bis der Speck knusprig ist. Wenden und die andere Seite garen. Der Fisch sollte nicht durchgegart werden, weil er sonst trocken wird.

7 **Den größten Teil des Dressings** zum Spinat geben und unterheben. Den Spinat auf Tellern anrichten. Die Mangoscheiben darauflegen und mit dem restlichen Dressing beträufeln. Den Salat mit den Thunfischspießen sofort servieren.

Würziger Fischtopf

KÖSTLICH MIT KNUSPRIGEM FLADENBROT oder duftendem gedämpftem Basmatireis. Sollte Seeteufel nicht zu bekommen sein, kann dieses Gericht ebenso gut mit Meeräsche, Katzenhai oder Rotem Schnapper zubereitet werden. Ein wohltuendes Essen für einen kalten Winterabend.

PERSONEN	ZUBEREITUNG	GARZEIT
6	30–35 MIN.	30–35 MIN.

Zutaten

FÜR DIE SAUCE

1 Apfel

30 g Butter

1 Zwiebel, fein gehackt

1 TL gemahlener Kreuzkümmel

1 TL gemahlener Koriander

½ TL gemahlener Ingwer

½ TL gemahlene Gewürznelken

¼ TL Cayennepfeffer oder ½ TL zerstoßene getrocknete Chilischoten

1½ EL Maisstärke

200 ml Kokosmilch

150 ml Fischbrühe

FÜR DEN FISCH

1 kg Seeteufelfilet, enthäutet

4 EL neutrales Pflanzenöl

2 Zwiebeln, in Scheiben geschnitten

2 EL Paprikapulver

300 ml Fischbrühe

2 Dosen Tomatenstücke (à 400 g)

6 Knoblauchzehen, fein gehackt

4 Lorbeerblätter

je 2 Stangen Staudensellerie und 2 Möhren, in feine Scheiben geschnitten

Salz und Pfeffer

HERSTELLEN DER SAUCE

1 **Den Apfel schälen** und nach Entfernen des Kerngehäuses in 1 cm große Würfel schneiden. In einem Topf die Butter zerlassen. Zwiebel und Apfel darin 3–5 Min. anschwitzen, bis sie weich, aber noch nicht gebräunt sind.

2 **Kreuzkümmel, Koriander, Ingwer,** Gewürznelken und Cayennepfeffer hinzufügen und bei schwacher Hitze 2–3 Min. rühren. In einer kleinen Schüssel die Maisstärke mit 2–3 EL Kokosmilch glatt rühren.

3 **Restliche Kokosmilch und die Brühe** in den Topf geben und zum Kochen bringen. Die Maisstärke unterrühren – die Sauce wird sofort eindicken. Von der Kochstelle nehmen, abschmecken und beiseitestellen.

VORBEREITEN DES SEETEUFELS

4 **Den Seeteufel parieren,** waschen und mit Küchenpapier trocken tupfen. In 2,5 cm große Würfel schneiden.

GAREN DES FISCHTOPFS

5 **In einem Schmortopf** das Öl erhitzen. Die Zwiebeln hineingeben und 3–5 Min. anschwitzen, bis sie weich, aber noch nicht gebräunt sind. Das Paprikapulver hinzufügen und etwa 1 Min. rühren, um es gleichmäßig mit den Zwiebeln zu vermischen.

6 **Brühe, Tomaten,** Knoblauch, Lorbeerblätter, Sellerie, Möhren sowie Salz und Pfeffer dazugeben. Zum Kochen bringen und bei reduzierter Temperatur 15–20 Min. köcheln lassen, bis die Flüssigkeit um ein Drittel eingekocht ist.

7 **Die Sauce** sorgfältig unterrühren. Den Topfinhalt wieder zum Kochen bringen. Den Fisch dazugeben und zugedeckt 12–15 Min. köcheln lassen, bis er sich leicht zerteilen lässt, zwischendurch umrühren. Lorbeerblätter entfernen. Das Gericht abschmecken und in vorgewärmten Schalen servieren.

VARIANTE: Würziger Fischtopf mit bunten Paprikaschoten

Paprikastreifen verleihen diesem Gericht Biss.

1 Die Sauce wie im Hauptrezept zubereiten, aber den Apfel weglassen. Die Gemüse zubereiten, Möhren und Stangensellerie jedoch durch Paprikaschoten ersetzen, deren Süße durch eine leicht bittere Note ergänzt wird.

2 Jeweils 1 grüne, 1 rote und 1 gelbe Paprikaschote (oder eine beliebige Kombination von Farben) verwenden. Die Schoten halbieren, dann Stielansätze, Samen und Scheidewände entfernen. Die Paprikahälften mit der Schnittseite nach unten auf ein Schneidebrett legen und mit dem Handballen flach drücken. Die Hälften der Länge nach in gleichmäßige Streifen mittlerer Breite schneiden. Anstelle des Seeteufels die gleiche Menge Schellfischfilet vorbereiten und in 2,5 cm große Würfel schneiden.

3 Das Gericht wie beschrieben zubereiten, dabei die Paprikaschoten zusammen mit den Tomaten hinzufügen. (Achtung: Da die Paprikaschoten vielleicht einige Minuten länger brauchen, um weich zu werden, diese zuerst probieren, bevor der Fisch dazugegeben wird). Den Fisch in die Sauce geben und wie im Hauptrezept ganz sanft köcheln lassen. Etwas Schnittlauch in Röllchen schneiden und über das Gericht streuen, dann servieren.

Minutensteak mit Rotweinsauce

OHNE SCHALOTTEN UND KNOBLAUCH ist dieses Gericht in nur 15–20 Minuten fertig. Aber wer etwas Zeit hat, sollte auf die köstlichen Beigaben nicht verzichten. Das wichtigste Küchenutensil bei der Zubereitung eines guten Steaks ist eine gusseiserne Pfanne. Sie gewährleistet eine optimale Verteilung der Hitze. Rinderfilet ist zart, sodass die Steaks nicht geklopft werden müssen. Ganz Eilige servieren das Steak mit knusprigem Baguette, alle anderen ziehen vielleicht Pommes frites in Erwägung.

PERSONEN	ZUBEREITUNG	GARZEIT
4	15–20 MIN.	30–35 MIN.

Zutaten

1 große Knoblauchknolle

5 EL neutrales Pflanzenöl

Salz und Pfeffer

10 kleine Schalotten

750 g Rinderfilet

250 ml Rotwein

2–3 Stängel Thymian, Blätter abgestreift

1 Bund Petersilie, Blätter fein gehackt

30 g Butter

GAREN VON KNOBLAUCH UND SCHALOTTEN

1 **Den Backofen auf 160 °C vorheizen.** Zum Trennen der Knoblauchzehen mit dem Handballen fest auf die Knolle drücken. Die Knoblauchzehen voneinander lösen, Wurzelscheibe und lose Schalenstücke wegwerfen (die Zehen müssen aber nicht geschält werden).

2 **Die Knoblauchzehen mit 2 EL Öl** in eine kleine ofenfeste Form geben und mit Salz und Pfeffer bestreuen. Umrühren, um die Zehen gleichmäßig mit Öl und Gewürzen zu überziehen.

3 **Wurzelscheiben und lose Schale** von den Schalotten entfernen, die Schalotten aber nicht schälen. 2 Schalotten für die Sauce beiseitelegen. Die anderen in eine zweite ofenfeste Form geben und wiederum mit 2 EL Öl, Salz und Pfeffer sorgfältig vermischen, sodass sie gleichmäßig überzogen sind (nicht mit Öl überzogene Schalotten- oder Knoblauchschale kann im Backofen verbrennen, was den Geschmack des fertigen Gerichts beeinträchtigt).

4 **Knoblauch und Schalotten** im oberen Drittel des Backofens garen, den Knoblauch 30–35 Min. und die Schalotten 25–30 Min., bis sie weich sind. Zwischendurch ab und zu durchrühren. In der Zwischenzeit die Schalotten für die Sauce fein hacken.

VORBEREITEN UND BRATEN DER STEAKS

5 **Das Rinderfilet** parieren. Am dickeren Ende beginnend in 1 cm dicke Scheiben schneiden, am dünneren Ende die Steaks etwas dicker lassen. Insgesamt sollten 8 Steaks vorhanden sein.

6 **Die dickeren Steaks** mit der Klinge eines Messers etwa in Größe der anderen Steaks flach drücken. Alle Steaks auf einen Teller legen und auf beiden Seiten salzen und pfeffern.

7 **In einer schweren Pfanne** etwa 1 EL Öl erhitzen. 4 Steaks bei mittlerer Hitze 1–2 Min. braten, bis sie gut gebräunt sind. Wenden und noch einmal 1–2 Min. braten. Die Steaks sind medium, wenn sie auf Fingerdruck leicht nachgeben, und durchgebraten, wenn sie sich fest anfühlen. Warm stellen und die übrigen Steaks braten.

FERTIGSTELLEN DES GERICHTS

8 **Die gehackten Schalotten in die Pfanne geben.** Unter Rühren 1–2 Min. anschwitzen, bis sie weich, aber noch nicht gebräunt sind. Wein und Thymianblättchen hinzufügen und zum Kochen bringen, dabei rühren, um den Bratensatz zu lösen. Die Sauce 3–5 Min. einkochen lassen, um das Aroma zu konzentrieren, aber rasch arbeiten, da die Steaks nach dem Garen möglichst schnell verzehrt werden sollten. Den größten Teil der Petersilie unterrühren und die Sauce abschmecken. Die Pfanne von der Kochstelle nehmen. Die Butter hineingeben und unterschlagen.

9 **Die Steaks auf Tellern anrichten** und mit der restlichen Petersilie bestreuen. Knoblauch und Schalotten rund um die Steaks verteilen. Sie schmecken herrlich, wenn man ihr süßes, weiches Fleisch aus der Schale auf ein Stück knuspriges Baguette drückt. Als Beilage passen außerdem gut gesalzene Pommes frites (s. S. 238–239) und ein frischer Salat.

 VARIANTE: Minutensteak mit Senfsauce

Die pikante Sauce enthält Weißwein, Dijonsenf und Sahne.

1 Schalotten und Knoblauch weglassen. 20–24 Perlzwiebeln in einer Schüssel mit heißem Wasser bedecken und für 2 Min. beiseitestellen. Abtropfen lassen und schälen, aber die Wurzelscheibe nicht ganz entfernen. Wie die Schalotten garen, nach der Hälfte der Zeit mit 1 EL Zucker bestreuen.

2 Die Steaks wie beschrieben braten. Im Bratfett die Schalotten anschwitzen. 250 ml trockenen Weißwein dazugeben und auf die Hälfte reduzieren. Von der Kochstelle nehmen, dann 1 EL Dijonsenf und 2–3 EL Sahne unterrühren. Die Sauce abschmecken.

3 Die Steaks auf Teller verteilen und mit Sauce beträufeln. Die Zwiebeln daneben anrichten. Das Gericht, falls gewünscht, mit Petersilie bestreut und mit Stampfkartoffeln servieren.

Hähnchen in Koriandersauce

EIN GERICHT AUS DEM NAHEN OSTEN. Marinieren Sie das Hähnchen bereits am Morgen. Der Joghurt hat hier zwei Funktionen: Zum einen macht er das Fleisch zart, zum anderen dickt er die Sauce an. Dieses Gericht kann heiß oder bei Zimmertemperatur serviert werden.

PERSONEN	ZUBEREITUNG	GARZEIT
4	20–25 MIN. + WARTEZEIT	15–20 MIN.

Zutaten

FÜR DAS HÄHNCHEN

8 Hähnchenkeulen, im Gelenk geteilt

250 g Naturjoghurt

Salz und Pfeffer

Öl für den Grillrost

FÜR DIE KORIANDERSAUCE

2 EL neutrales Pflanzenöl

1 Zwiebel, gehackt

2 EL gemahlener Koriander

2 Knoblauchzehen, fein gehackt

250 g Naturjoghurt

einige Stängel Koriandergrün, Blätter abgezupft

125 g Sauerrahm

VORBEREITEN DER HÄHNCHENKEULEN

1 **Die Fleischstücke** in eine große Schüssel legen. Mit dem Joghurt übergießen und nach Geschmack salzen und pfeffern. Das Fleisch sorgfältig im Joghurt wenden, dann zugedeckt 3–8 Std. kalt stellen, aber nicht länger, weil das Fleisch sonst schwammig wird.

2 **Den Grill vorheizen.** Den Grillrost einölen. Die Fleischstücke aus der Schüssel nehmen. Den Joghurt abschaben und wegwerfen. Die Keulen mit Küchenpapier abtupfen und auf den Grillrost legen.

GRILLEN DER HÄHNCHENKEULEN

3 **Die Keulen etwa 8 cm** von der Hitzequelle entfernt 8–10 Min. grillen, bis sie sehr gut gebräunt sind. Wenden und noch einmal 7–10 Min. kräftig bräunen, bis beim Einstechen klarer Saft austritt. In der Zwischenzeit die Sauce zubereiten.

HERSTELLEN DER KORIANDERSAUCE

4 **In einem Topf** das Öl erhitzen. Die Zwiebel darin braten, bis sie weich ist und braun wird. Gemahlenen Koriander und Knoblauch hinzufügen und 2–3 Min. rühren. Die Mischung zusammen mit dem Joghurt in die Küchenmaschine geben und pürieren. Zum Schluss das Koriandergrün hinzufügen.

5 **Die Sauce** zurück in den Topf gießen. Den Sauerrahm hinzufügen. Die Sauce abschmecken und unter ständigem Rühren erhitzen, aber nicht kochen lassen, weil sie sonst gerinnt. Noch einmal abschmecken. Das Fleisch auf vorgewärmten Tellern anrichten, rundum die Sauce verteilen und mit Korianderblättchen garnieren.

Gebratene Forelle mit Haselnüssen

DIE KNUSPRIGE GARNITUR bildet einen schönen Kontrast zu dem weichen Fleisch des Fischs. Anstelle von Haselnüssen kann man auch Mandelblättchen verwenden. Für diese Zubereitung eignen sich tiefgekühlte Forellen genauso gut wie frische. Empfehlenswerte Beilage: in etwas Butter geschwenkte Salzkartoffeln.

PERSONEN
4

ZUBEREITUNG
20-25 MIN.

GARZEIT
10-15 MIN.

Zutaten

4 Forellen (à etwa 300 g), ausgenommen und geschuppt

60 g Haselnusskerne

2 Bio-Zitronen

20-30 g Mehl

Salz und Pfeffer

125 g Butter

5-7 Stängel Petersilie, Blätter gehackt

VORBEREITEN DER FORELLEN

1 **Die Flossen der Forellen entfernen**, die Schwänze stutzen. Die Fische innen und außen waschen und mit Küchenpapier trocken tupfen.

2 **Den Backofen auf 180 °C vorheizen.** Die Haselnusskerne auf einem Blech verteilen und 8-10 Min. rösten, bis sie gebräunt sind. Noch heiß in einem Küchentuch abreiben, um die Häute zu entfernen. Beiseitestellen.

3 **Von 1 Zitrone die Enden abschneiden.** Die Frucht halbieren und in dünne Scheiben schneiden. Die andere Zitrone sorgfältig schälen und in dünne Scheiben schneiden. Alle Kerne aus den Früchten entfernen.

BRATEN DER FORELLEN

4 **Das Mehl** auf einen großen Teller geben, dann salzen und pfeffern. Die Fische sorgfältig im Mehl wenden und gleichmäßig damit überziehen. In einer großen Pfanne die Hälfte der Butter erhitzen, bis sie schäumt. 2 Forellen hineinlegen und bei mittlerer Hitze 2-3 Min. bräunen.

5 **Wenden** und bei schwacher Hitze weitere 3-5 Min. braten. Die Forellen sind gar, wenn sie gebräunt sind und sich das Fleisch leicht mit einer Gabel zerteilen lässt. Warm stellen und die übrigen Forellen in der restlichen Butter braten.

FERTIGSTELLEN DES GERICHTS

6 **Die Haselnüsse in die Pfanne geben** und bei mittlerer Hitze 3-4 Min. rühren, bis sie goldbraun sind. Den größten Teil der Petersilie untermischen. Die Fische auf vorgewärmten Tellern mit den Haselnüssen bestreuen, mit den Zitronenscheiben und der restlichen Petersilie servieren.

Kochen für Gäste

Rezepte für besondere Gelegenheiten

Lamm-Korma

AROMATISCH UND LUXURIÖS. Ein Korma ist ein mildes indisches Curry. Noch mehr Aroma entwickelt es, wenn Sie es bis zu drei Tage im Voraus zubereiten und im Kühlschrank aufbewahren. Zum Aufwärmen die Sauce mit etwas Wasser verdünnen.

PERSONEN
4–6

ZUBEREITUNG
25–30 MIN.

GARZEIT
2½–3 STD.

Zutaten

FÜR DIE GEWÜRZMISCHUNG

5 Kardamomkapseln

2 getrocknete rote Chilischoten

1 Zimtstange

5 Gewürznelken

7 schwarze Pfefferkörner

2 TL gemahlener Kreuzkümmel

1 TL gemahlene Muskatblüte (Macis)

1 TL Paprikapulver

FÜR DAS KORMA

125 ml neutrales Pflanzenöl

6 Zwiebeln, in Scheiben geschnitten

2–3 cm Ingwerwurzel, fein gehackt

2 Knoblauchzehen, fein gehackt

1,5 kg ausgelöste Lammschulter, in 2–3 cm große Würfel geschnitten

250 g Naturjoghurt

250 g Sahne

Salz

3–5 Stängel Koriandergrün, Blätter gehackt

HERSTELLEN DER GEWÜRZMISCHUNG

1 **Die Kardamomkapseln** mit einer Messerklinge zerdrücken, die Samen mit der Messerspitze auslösen. Die Samen der Chilischoten ebenfalls mit der Messerspitze entfernen.

2 **Die Zimtstange** mit einem Nudelholz zerstoßen. Chilischoten, Kardamomsamen, Zimt, Nelken und Pfefferkörner im Mörser so fein wie möglich zerkleinern. Danach Kreuzkümmel, Muskatblüte und Paprika untermischen.

ZUBEREITEN DES KORMA

3 **Das Öl in einem Schmortopf erhitzen.** Die Zwiebeln darin auf sehr kleiner Flamme unter gelegentlichem Rühren 20 Min. garen, bis sie weich und goldbraun geworden sind. Ingwer und Knoblauch unterrühren und 2 Min. anbraten, bis beides aromatisch duftet.

4 **Die Gewürzmischung dazugeben** und 1–2 Min. unter ständigem Rühren anbraten. Dann das Fleisch etwa 5 Min. anbraten und in den Gewürzen wenden, sodass es möglichst viel Aroma annimmt.

5 **Jeweils die Hälfte von Joghurt und Sahne** sowie etwas Salz unterrühren. Die Sauce bis zum Siedepunkt erhitzen, dann das Korma auf kleinster Temperaturstufe 2–2½ Std. schwach köcheln lassen, bis das Fleisch so mürbe ist, dass man es mit den Fingern zerteilen kann. Gelegentlich umrühren und, falls nötig, etwas Wasser angießen.

6 **Den restlichen Joghurt** und die übrige Sahne unterrühren. Das Korma abschmecken und nochmals erhitzen, dann auf vorgewärmten Tellern anrichten. Den gehackten Koriander darüberstreuen und mit Reis servieren.

Marokkanische Hähnchen-Tajine

DIE TAJINE IST EIN TONTOPF mit spitz zulaufendem Deckel. Auch die darin zubereiteten Gerichte heißen Tajine – doch sie gelingen ebenso in einem Schmor- oder Römertopf. Statt einem ganzen Hähnchen kann man auch küchenfertige Hähnchenteile verwenden. Keulen eignen sich am besten für das langsame Schmoren. Richtig marokkanisch schmeckt die Tajine mit Couscous (s. S. 154).

PERSONEN	ZUBEREITUNG	GARZEIT
4	10 · 15 MIN.	1½ STD.

Zutaten

1 Hähnchen (etwa 1,5 kg)	1 Dose Tomatenstücke (400 g)
1 große Prise Safran	2 EL Honig
6 Zwiebeln	2 TL gemahlener Zimt
75 g getrocknete Aprikosen	1 TL gemahlener Ingwer
	einige Petersilienstängel, Blätter gehackt
	Salz und Pfeffer
	125 ml Olivenöl

ZERLEGEN DES HÄHNCHENS

1 **Mit einem Messer** die Haut zwischen Rumpf und Keule einschneiden. Die Keule nach außen drehen, dann das Gelenk durchtrennen und die Keule ablösen. Mit der zweiten Keule ebenso verfahren.

2 **Beiderseits dicht am Brustknochen entlangschneiden,** um das Fleisch zu lösen, dann den Brustkorb mit der Geflügelschere durchtrennen.

3 **Das Hähnchen auf die Brust legen** und nun Rückgrat und Rippen in einem Stück von der Brust abtrennen, die Flügel bleiben dabei an der Brust. Nun sind die beiden Hälften der Brust sauber getrennt.

VORBEREITEN DER ZUTATEN

4 **Den Safran in ein Schälchen geben,** mit 3-4 EL kochendem Wasser beträufeln und ziehen lassen. 4 Zwiebeln in feine Streifen schneiden, die übrigen hacken. Die Aprikosen in Stücke schneiden.

GAREN DES HÄHNCHENS

5 **Den Backofen** auf 180 °C vorheizen. Das Fleisch in das Kochgeschirr legen. Zuerst mit Zwiebelstreifen, dann mit Tomatenwürfeln bedecken. Die gehackten Zwiebeln mit Safran und dessen Einweichflüssigkeit, Aprikosen, Honig, Zimt, Ingwer, Petersilie, Salz, Pfeffer und Öl vermengen. Diese Gewürzmischung gleichmäßig auf der Oberfläche verteilen.

6 **Einen ofenfesten Deckel auflegen** und die Tajine etwa 1½ Std. im vorgeheizten Ofen schmoren, bis das Fleisch sich beim Einstechen zart anfühlt. Abschmecken und entweder direkt im Kochgeschirr auf den Tisch bringen oder auf vorgewärmten Tellern in einem Bett aus Couscous anrichten.

Wolfsbarsch mit Kräuterbutter

MIT DIESEM REZEPT BEEINDRUCKEN SIE Ihre Gäste bestimmt. Die würzige, mit Olivenöl verfeinerte Kräuterbutter passt auch zu vielen anderen Fischen, zum Beispiel zu Lachsforelle oder Meerbrasse. Sie umhüllt den ganzen Fisch oder die Filets beim Braten und schützt sie so vor dem Austrocknen. Dennoch sollten Sie immer darauf achten, den Fisch nicht zu lange zu garen, denn sonst zerfällt er.

PERSONEN	**ZUBEREITUNG**	**GARZEIT**
4	40-45 MIN.	30-40 MIN.

Zutaten

FÜR DIE KRÄUTERBUTTER

1 Bund Brunnenkresse

8 Spinatblätter

10-12 Stängel Petersilie, Blätter abgezupft

10-12 Stängel Kerbel, Blätter abgezupft

1 Zitrone

1 Knoblauchzehe

2 Sardellenfilets

2 TL Kapern, abgetropft

1 kleine Essiggurke

75 g Butter, gewürfelt

3 EL Olivenöl

1 TL Dijonsenf

FÜR DEN FISCH

1 ganzer Wolfsbarsch (etwa 2 kg), geputzt und geschuppt

3-5 Zweige Thymian

30 g Butter, in Flöckchen

125 ml trockener Weißwein

Salz und Pfeffer

HERSTELLEN DER KRÄUTERBUTTER

1 Die Hälfte der Brunnenkresse zum Garnieren beiseitelegen. Den Rest zusammen mit Spinat, Petersilie und Kerbel in kräftig gesalzenem Wasser 1-2 Min. blanchieren, dann in einem Sieb abtropfen lassen.

2 Mit kaltem Wasser abschrecken, bis die Kräuter kühl genug zum Anfassen sind. Nochmals gründlich abtropfen lassen, dann mit den Händen ausdrücken.

3 Die Zitrone längs halbieren. Eine Hälfte mit der Schnittfläche auf das Schneidebrett legen und in sechs bis acht schmale Scheiben schneiden, die beiden Endstücke wegwerfen. Die andere Hälfte auspressen.

4 Knoblauch, Sardellen, Kapern und Gurke in der Küchenmaschine gleichmäßig zerkleinern. Die Butter Stück für Stück dazugeben und alles zu einer glatten Masse verarbeiten. Anschließend die blanchierten Kräuter untermischen.

5 Das Olivenöl bei weiterhin eingeschalteter Maschine in einem dünnen Strahl in die Kräuterbutter laufen lassen. Zum Schluss Zitronensaft, Senf, Salz und Pfeffer dazugeben und nochmals kurz mixen. Abschmecken und in eine Schale umfüllen.

ZUBEREITEN DES WOLFSBARSCHS

6 Den Backofen auf 190 °C vorheizen. Die Flossen des Wolfsbarschs mit einer Schere abschneiden. Den Fisch innen und außen gründlich unter fließendem kaltem Wasser waschen, anschließend mit Küchenpapier trocken tupfen.

7 Beide Seiten des Fischs drei- bis viermal diagonal einschneiden. Die Schnitte sollten gut 1 cm tief sein. Den Fisch in eine ofenfeste Form legen und in jeden Schnitt 1 Zitronenscheibe und 1 Thymianzweig stecken.

8 Butterflöckchen auf dem Fisch verteilen. Weißwein, Salz und Pfeffer darübergeben. Im vorgeheizten Ofen etwa 30 Min. garen, dabei gelegentlich mit dem Bratensaft bestreichen. Für die Garprobe mit einer Gabel hineinstechen: Das Fleisch sollte sich blättrig zerteilen lassen und innen nicht mehr glasig sein. Den Kopf abtrennen, den Fisch mit der Kräuterbutter servieren.

 VARIANTE: Wolfsbarsch mit Beurre blanc

Beurre blanc ist die klassische französische Buttersauce zu Fisch.

1 Zwei geputzte und geschuppte Wolfsbarsche (je etwa 1 kg) wie im Hauptrezept beschrieben garen, dabei den Thymian durch die gleiche Menge Estragon ersetzen. Die Garzeit beträgt etwa 25 Min., man sollte den Fisch keinesfalls zu lange garen. Die Kräuterbutter entfällt.

2 In der Zwischenzeit 2 Schalotten würfeln und in einem kleinen, schweren Topf mit je 3 EL Weißweinessig und trockenem Weißwein zum Kochen bringen. Im Laufe von 3–5 Min. die Flüssigkeit auf etwa 1 EL einkochen. 1 EL Crème fraîche unterrühren, erneut zum Kochen bringen und die Flüssigkeit wiederum auf 1 EL einkochen.

3 125 g kalte Butter in kleine, gleichmäßige Stücke schneiden. Nacheinander jeweils nur ein Stück Butter zu den Schalotten geben und so lange schlagen, bis es geschmolzen ist. Mit der Zeit emulgiert die Sauce und wird sämig. Von den Fischen die Filets abheben und auf vorgewärmten Tellern anrichten. Die Beurre blanc abschmecken und zum Fisch servieren.

Coq au vin

DIESER FRANZÖSISCHE KLASSIKER wurde früher in der Regel mit einem nicht mehr ganz jungen Hahn zubereitet. Heutzutage verwendet man vorzugsweise eine Poularde. Mit einem Rhône-Wein wird die Sauce dunkel und würzig, Loire-Wein schmeckt fruchtiger und Burgunder ergibt eine besonders vollmundige Sauce. Bitte mindestens zwölf Stunden zum Marinieren einplanen!

PERSONEN	ZUBEREITUNG	GARZEIT
4–6	30 MIN. + WARTEZEIT	1½–1¾ STD.

Zutaten

FÜR DIE ROTWEINMARINADE

1 Zwiebel, in feine Scheiben geschnitten

1 Stange Staudensellerie, in feine Scheiben geschnitten

1 Möhre, in feine Scheiben geschnitten

1 Knoblauchzehe

6 schwarze Pfefferkörner

375 ml Rotwein

2 EL Olivenöl

FÜR DAS SCHMORGERICHT

1 ganzes Hähnchen (etwa 2 kg)

20 g Butter

2 EL neutrales Pflanzenöl

125 g durchwachsener Speck, gewürfelt

18–20 Perlzwiebeln

250 g Champignons, geviertelt

2 EL Mehl

500 ml Hühnerbrühe oder Wasser

1 Knoblauchzehe, fein gehackt

2 Schalotten, fein gehackt

1 Bouquet garni (Kräutersträußchen)

Salz und Pfeffer

ZERLEGEN UND MARINIEREN DES HÄHNCHENS

1 Zwiebel, Sellerie, Möhre, Knoblauch und Pfefferkörner in einem Topf mit dem Rotwein übergießen und zum Kochen bringen. Etwa 5 Min. köcheln lassen, bis sich die Aromen verbunden haben, dann vollständig abkühlen lassen. Am schnellsten geht das in einer flachen, großen Schale.

2 Das Hähnchen in acht Teile zerlegen (s. S. 184; die Keulen im Gelenk halbieren). Sie können auch Hähnchenteile verwenden, allerdings keine ausgelöste Brust: Für dieses Rezept brauchen Sie möglichst dunkles Fleisch am Knochen, denn das ausgelöste helle Filet zerfällt entweder beim Schmoren, oder es wird zäh und trocken. Sämtliche Teile des Hähnchens in einer Schüssel mit der abgekühlten Rotweinmarinade übergießen, dann mit Olivenöl beträufeln. Die Schüssel sorgfältig mit Frischhaltefolie abdecken und das Fleisch 12–18 Std. im Kühlschrank marinieren. Von Zeit zu Zeit in der Marinade wenden, sodass alle Fleischteile gleichmäßig mariniert werden.

ANBRATEN DER FLEISCHSTÜCKE

3 Die Fleischstücke aus der Marinade heben und sorgfältig mit Küchenpapier trocken tupfen. Die Marinade durch ein Sieb in eine Schüssel gießen, sowohl die Flüssigkeit als auch das Gemüse aufheben und beiseitestellen.

4 Butter und Öl in einem Schmortopf erhitzen, bis die Butter schäumt. Den Speck darin auslassen und bräunen, dann mit einem Schaumlöffel herausnehmen und beiseitestellen.

5 Die Fleischstücke mit der Haut nach unten in den Schmortopf legen und etwa 10 Min. anbraten, bis sie schön gebräunt sind. Dann wenden, von der anderen Seite bräunen und anschließend herausnehmen.

ZUBEREITEN VON ZWIEBELN UND PILZEN

6 Die Perlzwiebeln in einer Schüssel mit heißem Wasser übergießen.
2 Min. ziehen lassen, dann abgießen und schälen. Anschließend im
heißen Fett des Schmortopfs anbraten, bis sie leicht gebräunt sind. Herausnehmen und beiseitestellen, dann die Pilze ebenfalls 2-3 Min. anbraten, bis
sie leicht gebräunt sind. Herausnehmen und beiseitestellen.

SCHMOREN UND FERTIGSTELLEN

7 Das Fett aus dem Schmortopf bis auf 2 EL abschöpfen. Das Gemüse
aus der Marinade dazugeben und auf kleinster Flamme etwa 5 Min.
anschwitzen. Mit Mehl bestreuen und unter Rühren 2-3 Min. bräunen.

8 Die abgeseihte Rotweinmarinade unterrühren, Brühe, Knoblauch, Schalotten, Bouquet garni, Salz und Pfeffer dazugeben. Kräftig umrühren und
zum Kochen bringen. Die Fleischstücke hineingeben, den Deckel auflegen
und das Gericht auf kleiner Flamme 45-60 Min. köcheln lassen, bis das
Fleisch gar ist.

9 Die Fleischstücke herausnehmen und warm halten, während die Sauce
fertiggestellt wird: Den Inhalt des Schmortopfs zunächst in eine Schüssel
füllen. Einige ansehnliche Möhrenscheiben herausnehmen und beiseitelegen.
Den Schmortopf ausreiben, dann die Perlzwiebeln hineingeben. Die Schmor-
flüssigkeit durch ein Sieb zu den Zwiebeln in den Topf streichen, dabei die
Rückstände im Sieb kräftig ausdrücken.

10 Auf kleiner Flamme 5-10 Min. köcheln lassen, bis die Silberzwiebeln
fast gar sind. Die Pilze und die beiseitegelegten Möhrenscheiben
dazugeben und nochmals 2-3 Min. köcheln, bis die Sauce etwas andickt und
einen Löffelrücken leicht überzieht. Wenn Sie mit dem Finger über den Löffel
streichen, sollte eine deutliche Spur zurückbleiben. Die Sauce probieren und,
falls nötig, noch einmal abschmecken.

11 Die Fleischstücke und den Speck dazugeben und 3-4 Min. in der
Sauce erhitzen. Fleisch und Sauce auf vorgewärmten Speise- oder
Suppentellern anrichten. Als Beilage gedämpfte kleine Kartoffeln oder in
Butter und Öl gebratene Kartoffelschnitze servieren. Außerdem gehört unbe-
dingt auch frisches Baguette dazu, mit dem man die köstliche Weinsauce
auftunken kann.

Lammkarree mit Petersilienkruste

GOLDBRAUNE SEMMELBRÖSEL geben diesem Leckerbissen ein knuspriges Finish. Lammkarree ist teuer, da darf man bei der Zubereitung keine Fehler machen. Medium (also rosa gegart) ist es wunderbar saftig und sein Eigengeschmack tritt deutlich hervor. Wählen Sie beim Einkauf kleinere Karrees mit feiner Fettschicht und dunklem Fleisch. Achten Sie darauf, dass der Metzger das verbindende Rückgrat abgetrennt hat, denn das schafft man unmöglich ohne Schlachterbeil.

PERSONEN	ZUBEREITUNG	GARZEIT
4-6	35-40 MIN.	25-30 MIN.

Zutaten

FÜR DAS LAMM

2 Lammkarrees (à etwa 750 g)

2 Knoblauchzehen

2 EL Olivenöl

Salz und Pfeffer

4 Scheiben trockenes Weißbrot, Kruste entfernt

50 g Butter

1 kleines Bund Petersilie, Blätter gehackt

FÜR DIE SAUCE

125 ml Weißwein

250 ml Lamm-, Rinder- oder Hühnerbrühe

PARIEREN DES LAMMKARREES

1 **Ein Karree mit den Rippen nach oben** auf ein Schneidebrett legen. Mit einem scharfen Messer die unter den Rippen liegenden Sehnen sowie den kleinen halbmondförmigen Knorpel abschneiden.

2 **Einen kleinen Schnitt** unter der dünnen Haut anbringen, die die Fettschicht bedeckt. Nun kann man die Haut abziehen, falls nötig mithilfe eines sauberen Küchentuchs. Fett und Fleisch etwa 5 cm vom Ende der Knochen entfernt im rechten Winkel zu den Rippen durchstechen.

3 **Das Karree wenden,** über den Rand des Bretts legen und auch auf dieser Seite 5 cm vom Ende der Knochen entfernt einstechen.

4 **Haut und Fleisch** oberhalb der Schnitte mit einem spitzen Messer auslösen. Dabei die Haut sorgfältig von den Knochen kratzen, sie wird beim Braten sehr unansehnlich. Das zweite Karree ebenso vorbereiten.

BRATEN DES LAMMKARREES

5 Den Backofen auf 230 °C vorheizen. Die Knoblauchzehen schälen, dann in je 4–5 Streifen schneiden. Das Fleisch mit einer Messerspitze mehrfach einstechen und mit dem Knoblauch spicken.

6 Das Fleisch mit den Rippen nach unten in einen Bräter legen. Die Knochenenden in Alufolie wickeln, damit sie nicht verkohlen. Das Fleisch mit dem Öl beträufeln und mit Salz und Pfeffer bestreuen. Im vorgeheizten Ofen 25–30 Min. braten, zwischendurch ein- oder zweimal mit Bratensaft begießen. Beim Braten zieht sich das Fleisch etwas zusammen.

7 Garprobe: Ein 30 Sek. lang ins Fleisch gesteckter Metallspieß sollte sich beim Herausziehen warm anfühlen. Das entspricht beim Fleischthermometer 60 °C und steht für rosa gegartes Fleisch.

ZUBEREITEN DER KRUSTE

8 Das Brot in der Küchenmaschine fein zerkleinern. Die Butter in einer Pfanne zerlassen. Die Brösel darin unter Rühren 2–3 Min. braten, bis sie goldbraun sind, dann die Petersilie unterrühren. Mit Salz und Pfeffer würzen.

ZUBEREITEN DER SAUCE

9 Das Fleisch aus dem Bräter nehmen. Die Alufolie von den Knochen abnehmen, dann die Karrees in größere Folienstücke einschlagen und ruhen lassen. Dadurch fließt der Bratensaft gleichmäßig zurück ins Fleisch und macht es saftiger. Den Backofengrill vorheizen.

10 Das Fett aus dem Bräter abgießen. Die Bratrückstände mit dem Weißwein loskochen. Die Brühe angießen und 5–7 Min. einkochen lassen. Die Sauce abschmecken, durch ein Sieb gießen und bis zum Servieren warm halten. (Für eine gebundene Sauce 1–2 TL Speisestärke in etwas kaltem Wasser auflösen und unter Rühren kurz in der Sauce aufkochen.)

FERTIGSTELLEN UND SERVIEREN

11 Die Semmelbröselmischung auf die Oberseiten der Karrees drücken und den Bratensaft aus der Folie darübertraufeln. 1–2 Min. unter den vorgeheizten Backofengrill stellen, bis die Kruste gebräunt, aber nicht zu dunkel ist. Herausnehmen, aufschneiden und mit der Sauce servieren.

Sichuanpfeffer-Hähnchen

SCHARF UND AROMATISCH – ein wenig erinnert dieses Rezept an das französische Pfeffersteak (s. S. 238), doch der chinesische Sichuanpfeffer hat einen ganz eigenen Charakter. Statt alle anderen Aromen zu überlagern, kitzelt seine Schärfe den Gaumen auf angenehme Art.

PERSONEN 4	**ZUBEREITUNG** 20-25 MIN.	**GARZEIT** 40-50 MIN.

Zutaten

30 g Sichuanpfeffer

1 Hähnchen (etwa 1,5 kg) in 6 Teile zerlegt (s. S. 184)

1 Zwiebel

1 EL neutrales Pflanzenöl

15 g Butter

250 ml Hühnerbrühe

125 g Crème fraîche

Frühlingszwiebeln zum Garnieren

WÜRZEN DER FLEISCHTEILE

1 Die Sichuanpfefferkörner in einer kleinen Pfanne ohne Fett bei milder Hitze 3-5 Min. schwenken, bis sie duften. Danach in einem Plastikbeutel mit einem Nudelholz oder mit Mörser und Stößel zerkleinern. Das Fleisch im Pfeffer wenden und den Pfeffer gleichmäßig andrücken.

HACKEN DER ZWIEBEL

2 Die Zwiebel schälen, dabei den Wurzelansatz intakt lassen, er hält sie zusammen. Die Zwiebel halbieren und zunächst einige Male waagerecht einschneiden. Dabei zum Wurzelansatz hin schneiden, aber nicht durch ihn hindurch.

3 Die Zwiebelhälften der Länge nach in feine Streifen schneiden, aber auch hier wieder nur bis zum Wurzelansatz und nicht durch ihn hindurch. Die Fingerspitzen liegen leicht eingezogen auf der Zwiebel, die Fingerknöchel führen die Klinge.

4 Nun quer durch die Zwiebel schneiden, sodass sie in feine Würfel zerfällt. Auch hier schützen Sie Ihre Finger, indem Sie die Spitzen einziehen.

ZUBEREITEN DES FLEISCHS

5 Öl und Butter in einer großen Schmorpfanne bei mittlerer Temperatur erhitzen, bis die Butter schäumt. Zuerst die Hähnchenkeulen auf der Hautseite etwa 5 Min. anbraten, bis sie braun werden. Die Brustteile dazugeben und weitere 10–15 Min. sanft braten, bis alles schön gebräunt ist. Dann wenden und wiederum gleichmäßig bräunen.

6 Das Fleisch an den Rand schieben und die Zwiebel unter Rühren etwa 3 Min. anschwitzen, bis sie weich, aber nicht gebräunt ist. Die Hälfte der Brühe angießen und alles zugedeckt 15–25 Min. köcheln lassen.

7 Für die Garprobe das Fleisch mit einem Spieß oder einem Messer einstechen. Der austretende Saft sollte klar sein. Falls einige Stücke früher gar sind als andere, herausnehmen und warm halten.

FERTIGSTELLEN DER SAUCE

8 Das Fleisch aus der Pfanne nehmen und locker mit Alufolie abgedeckt im schwach geheizten Backofen warm halten. Die restliche Brühe in die Schmorpfanne gießen und bei höchster Temperatur unter ständigem Rühren die Bratrückstände loskochen. Einkochen, bis die Flüssigkeit schön glänzt.

9 Die Crème fraîche dazugeben. Dabei die Schmorpfanne sanft schwenken, sodass sich die Crème fraîche gut mit der übrigen Flüssigkeit vermischt. Unter Rühren nochmals 1–2 Min. köcheln lassen, bis die Sauce etwas eindickt. Abschmecken, dann die Fleischstücke wieder dazugeben und 1–2 Min. in der Sauce erhitzen. Mit einer Mischung aus Wildreis und weißem Reis servieren und mit sehr fein geschnittenen Frühlingszwiebeln garnieren.

Süßsaure Ente mit Kirschen

SAUERKIRSCHEN GIBT ES IM LIMOUSIN, in Zentralfrankreich, in Hülle und Fülle. Von dort stammt auch dieses Rezept: Würziges Entenfleisch in einer wundervollen Sauce aus Karamell, Rotweinessig und saftigen Sauerkirschen.

PERSONEN 2-3 ZUBEREITUNG 30–35 MIN. GARZEIT 1¼–1½ STD.

Zutaten

1 Ente (knapp 2 kg)

Salz und Pfeffer

1 EL neutrales Pflanzenöl

60 g Zucker

75 ml Rotweinessig

375 ml Hühnerbrühe

375 g Sauerkirschen, entsteint

Petersilie zum Garnieren (nach Belieben)

DRESSIEREN DER ENTE

1 **Die Ente außen und innen abspülen** und mit Küchenpapier trocken tupfen. Lose Fettstücke abziehen, das Gabelbein entfernen. Die Ente innen und außen mit Salz und Pfeffer würzen.

2 **Die Ente auf den Rücken legen.** Die Keulen nach hinten herunterdrücken und an den Rumpf pressen. Eine Dressiernadel mit Küchengarn am Kniegelenk hinein- und durch den Vogel hindurchstechen, sodass sie am anderen Kniegelenk wieder herauskommt.

3 **Die Ente umdrehen.** Haut über die Halsöffnung ziehen und die Flügelenden darüberlegen. Die Nadel durch einen Flügel, die Halshaut und das Rückgrat stechen. Durch den zweiten Flügel wieder nach außen führen.

4 **Den Vogel auf die Seite legen** und die beiden Enden des Dressierfadens zusammenziehen und fest verknoten. Danach die Ente wieder auf den Rücken legen, den Bürzel in die Bauchhöhle stecken, etwas Haut darüberziehen und mit Nadel und Faden befestigen.

5 **Den Faden um eine der Keulen wickeln,** auf der Brustseite vorbei zur anderen Keule führen. Die Enden verknoten.

BRATEN DER ENTE

6 **Den Backofen auf 220 °C vorheizen.** Das Öl in einem Bräter erhitzen. Die Ente auf der Seite liegend 15 Min. anbraten, dann auf die andere Seite legen und nochmals 15 Min. braten.

7 **Fett aus dem Bräter abschöpfen.** Die Haut der Ente ringsum einstechen. Die Ofentemperatur auf 190 °C senken. Die Ente auf die Brust legen, 15 Min. braten, wieder überschüssiges Fett aus dem Bräter löffeln.

8 **Zum Schluss nochmals 15–20 Min.** auf dem Rücken liegend braten, bis beim Einstechen klarer Bratensaft aus dem Fleisch austritt. Die Ente auf einer vorgewärmten Platte mit Alufolie abgedeckt warm halten.

ZUBEREITEN DER SAUCE

9 **Den Zucker mit 75 ml Wasser** in einem kleinen, schweren Topf langsam erhitzen. Gelegentlich umrühren, bis sich der Zucker aufgelöst hat. Die Temperatur erhöhen und ohne umzurühren kochen, bis der Sirup Farbe annimmt. Bei reduzierter Temperatur zu einem dunklen Karamell kochen, dann vom Herd nehmen.

10 **Sobald der Karamell** keine Blasen mehr wirft, mit dem Essig ablöschen. 3–5 Min. schwach köcheln lassen, dabei gelegentlich umrühren, bis sich der Karamell aufgelöst hat und die Mischung auf die Hälfte eingekocht ist. Den Essigkaramell vom Herd nehmen und etwas abkühlen lassen.

11 **Den Essigkaramell mit** der Brühe verrühren und erhitzen.

12 **Die Kirschen** hineingeben und 3–5 Min. köcheln lassen, bis sie knapp gar sind. Mit einem Schaum-löffel herausnehmen und in eine Schüssel geben.

FERTIGSTELLEN UND SERVIEREN

13 **Das Fett aus dem Bräter abschöpfen.** Die Karamellsauce hineingießen und unter Rühren die Bratrückstände loskochen. Weiterköcheln lassen, bis die Flüssigkeit auf die Hälfte reduziert ist.

14 **Durch ein Sieb in einen Topf abgießen,** dazu die Hälfte der Kirschen mit einem Holzlöffel durch das Sieb streichen. Die übrigen Kirschen ganz dazugeben, die Sauce nochmals aufkochen und abschmecken.

15 **Die Dressierfäden entfernen,** die Ente tranchieren und auf vorge-wärmten Tellern anrichten. Etwas Kirschsauce darüberlöffeln und nach Belieben mit Petersilie garnieren, dann sofort servieren. Die restliche Sauce separat reichen.

Hähnchen mit Muscheln

UNGEWÖHNLICH, ABER LECKER ist diese Kombination, die Sie vielleicht von der Paella (s. S. 178) her kennen. Das Hähnchen lässt sich bis einschließlich Schritt 2 vorbereiten und in der Weinsauce im Kühlschrank aufbewahren. Gut zugedeckt hält es sich bis zu zwei Tage. Dann geht es ganz schnell, wenn die Gäste kommen.

PERSONEN	ZUBEREITUNG	GARZEIT
4	30–35 MIN.	40–50 MIN.

Zutaten

1 Hähnchen (etwa 1,5 kg), in 6 Teile zerlegt (s. S. 184)

30 g Mehl

Salz und Pfeffer

1 EL neutrales Pflanzenöl

15 g Butter

4 EL trockener Weißwein

375 g grüne Bohnen, geputzt

18–24 Miesmuscheln, geputzt (s. S. 41)

125 ml Hühnerbrühe

1 kleines Bund Schnittlauch, in 1 cm lange Stücke geschnitten

ANBRATEN DES HÄHNCHENS

1 **Das Fleisch** in mit Salz und Pfeffer gewürztem Mehl wenden, danach etwas abklopfen. Öl und Butter in einer Schmorpfanne bei mittlerer Temperatur erhitzen. Die Keulen auf der Hautseite etwa 5 Min. anbraten. Die Bruststücke dazugeben und weitere 10–15 Min. braten, bis alles kräftig gebräunt ist. Wenden und die Rückseiten ebenfalls bräunen.

2 **Mit dem Wein ablöschen.** Den Deckel auflegen und das Fleisch 10–20 Min. köcheln lassen, bis es knapp gar ist: Es sollte sich leicht von einer hineingestochenen Gabel lösen. Fertig gegarte Teile herausnehmen und warm halten.

ZUBEREITEN DER BOHNEN

3 In einem großen Topf Salzwasser zum Kochen bringen. Die Bohnen darin etwa 5 Min. bissfest garen, ganz feine Bohnen brauchen nur etwa 3 Min.

4 In ein Sieb abgießen und mit kaltem Wasser abschrecken, danach gründlich abtropfen lassen.

FERTIGSTELLEN UND SERVIEREN

5 **Die Muscheln** auf die Hähnchenteile in die Schmorpfanne legen und bei aufgelegtem Deckel etwa 5 Min. garen, bis sich die Muscheln geöffnet haben. Geschlossene Muscheln heraussuchen und wegwerfen.

6 **Fleisch und Muscheln** in eine Schüssel umfüllen. Mit Alufolie bedeckt warm halten. Die Hühnerbrühe in die Schmorpfanne gießen und unter Rühren einkochen lassen, bis die Sauce die gewünschte Konsistenz hat.

7 **Fleisch, Muscheln und Bohnen** zusammen mit dem Schnittlauch zurück in die Schmorpfanne geben und 2–3 Min. sanft erhitzen. Abschmecken und mit etwas Sauce auf vorgewärmten Tellern anrichten.

Hähnchen mit Garnelen

EIN TRADITIONELLES REZEPT aus dem Burgund stand hier Pate, allerdings verwenden wir Garnelen statt der sehr selten gewordenen heimischen Flusskrebse. Der feine Marc de Bourgogne macht dieses kleine Manko mehr als wett – doch Sie können sich ohne Weiteres auch mit Weinbrand behelfen.

PERSONEN	ZUBEREITUNG	GARZEIT
4-6	25-30 MIN.	45-55 MIN.

Zutaten

30 g Butter

2 EL neutrales Pflanzenöl

375 g große rohe Garnelen, geschält, Darmfäden sorgfältig entfernt

1 Hähnchen (knapp 2 kg), in 8 Teile zerlegt (s. S. 184)

Salz und Pfeffer

1 Zwiebel, fein gehackt

2 Schalotten, fein gehackt

2 Knoblauchzehen, fein gehackt

3 EL Marc de Bourgogne, ersatzweise Weinbrand

200 g gehackte Dosentomaten

1 EL Tomatenmark

1 Bouquet garni aus 5-6 Stängeln Petersilie, 2-3 Zweigen Thymian, 1 Lorbeerblatt

4 EL trockener Weißwein

125 ml Hühnerbrühe

4-6 Stängel Petersilie, Blätter fein gehackt

ZUBEREITEN VON HÄHNCHEN UND GARNELEN

1 **Butter und Öl** in einer großen Schmorpfanne erhitzen. Die Garnelen darin bei hoher Temperatur 2-3 Min. kräftig anbraten, bis sie rosa werden und nicht mehr transparent sind. Mit einem Schaumlöffel herausheben und beiseitestellen.

2 **Die Hähnchenteile würzen** und mit der Haut nach unten in die Pfanne legen. Bei mittlerer Temperatur 8-10 Min. kräftig bräunen. Wenden und auf der anderen Seite 3-5 Min. anbraten.

3 **Zwiebel, Schalotten und Knoblauch dazugeben** und auf den Boden der Pfanne schieben. Bei geschlossenem Deckel auf kleiner Flamme 10 Min. mitbraten, ohne dass sie braun werden, gelegentlich umrühren.

FERTIGSTELLEN DER SAUCE

4 **Mit Marc de Bourgogne ablöschen.** Den Alkohol zum Kochen bringen und vorsichtig mit einem Streichholz entzünden. Die Pfanne schwenken, bis die Flamme erlischt. Tomaten, Tomatenmark, Bouquet garni, Wein, Brühe, Salz und Pfeffer dazugeben. Alles gut verrühren und zum Kochen bringen.

5 **Einen Deckel auflegen,** unter gelegentlichem Rühren 10-15 Min. köcheln lassen, bis Fleisch und Gemüse gar sind. Das Fleisch herausnehmen und mit Alufolie abdecken. Die Sauce weitere 8-10 Min. einkochen. Fleisch und Garnelen darin 1-2 Min. aufwärmen. Bouquet garni herausnehmen. Fleisch und Garnelen auf vorgewärmten Tellern anrichten, mit Sauce begießen und mit Petersilie bestreuen.

Gegrillte Lammkeule

DANK SCHMETTERLINGSSCHNITT ist diese Lammkeule in einem Viertel der sonst üblichen Zeit gar.
Die Technik ist ziemlich simpel, zumal sie hier
Schritt für Schritt gezeigt wird. Sie wird Ihnen während der Grillsaison gute Dienste leisten, denn eine
marinierte Lammkeule ist schon etwas ganz anderes
als Steaks und Würstchen.

PERSONEN
6-8

ZUBEREITUNG
40 MIN.
+ WARTEZEIT

GARZEIT
20-30 MIN.

3-4 Zweige Rosmarin, Blätter gehackt

3-4 Zweige Thymian, Blätter gehackt

Salz und Pfeffer

100 ml Rotwein

Zutaten

1 Lammkeule (gut 2 kg)

2 EL Olivenöl

4 Knoblauchzehen, fein gehackt

AUSLÖSEN UND SCHMETTERLINGSSCHNITT

1 Die Haut und den Großteil des Fetts ablösen.
Um den Beckenknochen herumschneiden, das
Gelenk freilegen und die dort ansetzenden Sehnen
durchtrennen. Den Beckenknochen herausnehmen. Das Ende des Oberschenkel-
knochens greifen. Auch hier alle
umgebenden Sehnen durchtrennen. Mit dem Messer dem
Knochen folgen und
das Fleisch mit
kleinen
scha-
benden
Schnit-
ten ablösen.

2 Die Sehnen am Kniegelenk durchtrennen. Nun
kann man den Oberschenkelknochen herauslösen, indem man mit einem spitzen
Messer vorsichtig am Knochen ent-
langfährt, die Enden des Knochens
vom Fleisch schneidet, das Fleisch
abschabt, die Sehnen anhebt und
durchtrennt und
dann den Kno-
chen mit einer
Drehbewegung
herauszieht.

3 Ein scharfes Messer in den entstandenen Hohlraum
einführen. Die Klinge waagerecht nach außen
führen und eine Seite der Keule aufschneiden.

4 Nun kann man die Keule aufklappen wie die
Flügel eines Schmetterlings. Von der Mitte
aus einen Schnitt durch den dicken Muskel
führen, sodass man das
Fleisch ganz flach aus-
breiten kann.

MARINIEREN UND GRILLEN

5 Grillrost und Fleisch mit Öl einpinseln. Die Oberseite der Keule mit jeweils der Hälfte von Knoblauch und Kräutern einreiben. 1 Std. bei Zimmertemperatur oder bis zu 4 Std. im Kühlschrank marinieren.

6 Den Backofengrill gut vorheizen. Das Fleisch mit Salz und Pfeffer bestreuen. Eine ofenfeste Form unter den Rost stellen und die marinierte Seite in 7–8 cm Abstand zur Hitzequelle etwa 10–15 Min. grillen, bis das Fleisch schön braun geworden ist, dann wenden.

7 Die andere Seite ebenfalls mit Knoblauch, Kräutern, Salz und Pfeffer bestreuen und 10–15 Min. grillen, bis ein für 30 Sek. in die dickste Stelle gestochener Metallspieß beim Herausziehen warm ist. Das Fleisch locker mit Alufolie bedeckt 5 Min. ruhen lassen.

ZUBEREITEN DER SAUCE

8 Den Rotwein zu dem Bratensaft in der ofenfesten Form geben. Unter Rühren auf dem Herd erhitzen und die Bratrückstände loskochen. Das Fleisch diagonal in dicke Scheiben schneiden, auf vorgewärmten Tellern anrichten, mit der Sauce beträufeln und mit neuen Kartoffeln servieren.

 VARIANTE: Gegrillte Schweinelende

Hier gibt Dijonsenf dem Fleisch zusätzliche Würze.

1 Ein etwa 1,5 kg schweres, ausgelöstes Lendenstück schmetterlingsförmig aufschneiden: Das Fleischstück mit der Fettseite nach unten flach auf ein Schneidebrett legen. Waagerecht fast vollständig durchschneiden und aufklappen wie ein Buch.

2 Das Fleisch zu einem flachen Rechteck ausbreiten und mit Backpapier bedecken. Mit einem Nudelholz oder Fleischklopfer bearbeiten, bis es gleichmäßig dick ist. Mit 2 EL Dijonsenf bestreichen und 4 EL Öl darüberträufeln. Die doppelte Menge an Knoblauch und Kräutern vorbereiten wie im Hauptrezept. Die Hälfte der Menge auf der Oberseite verteilen und wie beschrieben marinieren.

3 Mit 13 cm Abstand zur Hitzequelle 12–15 Min. grillen, dann wenden und mit den übrigen Kräutern und Knoblauch bestreuen. Nochmals 12–15 Min. grillen, bis ein für 30 Sek. in die dickste Stelle eingestochener Metallspieß beim Herausziehen warm ist. Das an der dicksten Stelle eingeschnittene Fleisch sollte nicht mehr rosa sein. Die Sauce wie beschrieben zubereiten, dabei den Rotwein durch Weißwein ersetzen und 2 EL Dijonsenf dazugeben.

Gefülltes Rinderfilet

EIN EDLES GERICHT für besondere Anlässe: Die *duxelles,* eine würzige Füllung aus Champignons, Petersilie, Knoblauch und Speck, ist ein Klassiker der feinen französischen Küche. Die Bratensauce mit Madeira hat einen leicht süßlichen Geschmack und passt wunderbar zu dem zarten Rinderfilet. Achten Sie beim Fleischkauf auf gute Qualität.

PERSONEN 8-10

ZUBEREITUNG 50-55 MIN. + WARTEZEIT

GARZEIT 1-1¼ STD.

Saft von ½ Zitrone	
1 EL Speisestärke	
125 ml Madeira	
1 Bund Brunnenkresse	

Zutaten

FÜR BRATEN UND SAUCE

1,6 kg Rinderfilet am Stück

Salz und Pfeffer

2 EL neutrales Pflanzenöl

750 ml Rinderbrühe

8-10 große Champignons, Stiele abgeschnitten

30 g Butter sowie Butter zum Einfetten

FÜR DIE DUXELLES

2 Schalotten

125 g durchwachsener Speck in dünnen Scheiben

3 Knoblauchzehen

500 g Champignons

1 Bund Petersilie, Blätter fein gehackt

VORBEREITEN UND ANBRATEN DES FLEISCHS

1 **Den Backofen auf 230°C vorheizen.** Ein Stück Küchengarn der Länge nach um das Fleisch binden. Danach mehrere Stücke Garn im Abstand von 2-3 cm quer herumbinden.

2 **Das Fleisch mit Salz und Pfeffer würzen.** Das Öl in einem Bräter auf dem Herd stark erhitzen. Das Fleisch darin rundum kräftig anbraten, dann den Bräter in den vorgeheizten Ofen stellen.

3 **Im Ofen braten:** 12-15 Min. für blutig, 18-20 Min. für rosa gebratenes Fleisch. Garprobe: Ein 30 Sek. lang in die Mitte des Bratens gesteckter Metallspieß fühlt sich nach dem Herausziehen bei einem blutigen Braten höchstens lauwarm (Fleischthermometer 52°C), bei einem rosa gebratenen richtig warm an (Fleischthermometer 60°C).

4 **Das Fleisch etwas abkühlen lassen,** dann mindestens 2 Std. im Kühlschrank kalt stellen. Das Fett aus dem Bräter abgießen, die Hälfte der Brühe hineingeben, auf dem Herd erhitzen und unter Rühren die Bratrückstände loskochen. Durch ein Sieb zur restlichen Brühe gießen.

ZUBEREITEN DER DUXELLES

5 **Die Schalotten schälen** und vierteln. Die Speckscheiben in 2-3 cm große Stücke schneiden. Den Knoblauch schälen. Schalotten, Knoblauch und Speck in der Küchenmaschine fein zerkleinern und in eine Pfanne geben.

6 **Die Champignons** mit feuchtem Küchenpapier abreiben. Die Stiele abschneiden, die Hüte vierteln und in der Küchenmaschine sehr fein hacken.

7 **Schalotten, Knoblauch** und Speck 2-3 Min. anbraten, bis die Mischung Farbe annimmt. Champignons, Salz und Pfeffer dazugeben und alles zusammen bei hoher Temperatur 10-15 Min. garen, bis die Flüssigkeit aus den Pilzen vollständig verdampft ist, dabei gelegentlich umrühren. Mit der Petersilie vermengen, abschmecken und kalt stellen.

FÜLLEN UND WEITERBRATEN

8 **Den Backofen auf 220°C vorheizen**. Das Küchengarn von dem kalten Braten lösen. Das Fleisch in 1 cm dicke Scheiben schneiden, aber nicht vollständig durchtrennen. Der Braten bleibt an der Unterseite verbunden.

9 **Den Braten auf ein großes Stück feste Alufolie legen.** Mit einem Palett-messer je 1–2 EL Füllung zwischen die Scheiben streichen. Anschließend das Fleisch wieder in seine ursprüngliche Form bringen.

10 **Das Fleisch fest und gleichmäßig** in die Alufolie wickeln. Die beiden Enden zu Griffen zusammenknüllen. Auf einem Backblech in den Ofen schieben. Die Garzeit beträgt 15–20 Min. für blutig, 20–25 Min. für rosa gebratenes Fleisch. Garprobe: Ein für 30 Sek. in die Mitte des Bratens einge-stochener Metallspieß fühlt sich nach dem Herausziehen bei einem blutigen Braten höchstens lauwarm (Fleischthermometer 52°C), bei einem rosa gebra-tenen richtig warm an (Fleischthermometer 60°C).

ZUBEREITEN VON CHAMPIGNONS UND SAUCE

11 **Champignons mit Butter, Zitronensaft,** Salz und Pfeffer in eine Pfanne geben und zur Hälfte mit Wasser auffüllen. Ein Blatt Backpapier zwei-mal diagonal zu einem Dreieck falten. Weitere ein- bis zweimal zu einem schmalen Dreieck falten. Die Spitze über die Mitte der Pfanne halten, den hinteren so Teil abschneiden, dass das Papier aufgefaltet in die Pfanne passt.

12 **Das Backpapier mit Butter einfetten** und mit der gebutterten Seite auf die Champignons legen. Etwa 15–20 Min. dünsten, bis die Pilze gar sind, dabei gelegentlich rütteln, damit sie nicht am Pfannenboden ansetzen. Mit einem Schaumlöffel herausheben und warm halten.

13 **Restliche Brühe mit der Garflüssigkeit der Champignons** in einem Topf zum Kochen bringen und auf die Hälfte reduzieren. In einer kleinen Schüssel die Speisestärke mit 2 EL Madeira verrühren.

14 **Die aufgelöste Stärke** mit dem Schneebesen in die kochende Brühe rühren, darauf achten, dass sich keine Klümpchen bilden. Den rest-lichen Madeira dazugeben. Ein Ende der den Braten umgebenden Folienver-packung aufschneiden. Vorsichtig den Bratensaft aus der Folie in die Sauce gießen und unterrühren. Die Sauce abschmecken und bei milder Hitze warm halten.

AUFSCHNEIDEN UND SERVIEREN

15 **Den Braten aufschneiden,** indem die bereits zum Füllen gemachten Schnitte weitergeführt werden. Das Fleisch auf einer vorgewärmten Platte oder einzelnen Tellern anrichten. Die gedünsteten Champignons rings-herum verteilen und mit der frischen Brunnenkresse garnieren. Die Madeira-sauce getrennt servieren.

Stubenküken in Weinblättern

AUSSER DEM GEFLÜGEL SELBST kommt hier alles aus dem Weinberg, die Blätter zum Einhüllen ebenso wie der passende Weißwein für die Sauce. Stubenküken sind ideal für ein Essen mit Gästen, denn jedes ergibt eine üppige Portion und vermittelt ein Gefühl von Großzügigkeit und Fülle. Die mit Piment und Estragon gewürzte Füllung ist geschmacklich die perfekte Ergänzung zum Fleisch – ein echtes Lieblingsrezept!

PERSONEN	ZUBEREITUNG	GARZEIT
4	45–50 MIN.	60–80 MIN.

Zutaten

FÜR DIE FÜLLUNG

4 Scheiben Weißbrot, Kruste entfernt

1 Hühnerleber

2 Scheiben durchwachsener Speck

1 Schalotte, gehackt

1 EL Weinbrand

3–5 Stängel Estragon, Blätter fein gehackt

3–5 Stängel Petersilie, Blätter fein gehackt

1 Prise gemahlener Piment

FÜR DIE STUBENKÜKEN

4 Stubenküken (à etwa 500 g)

8–12 eingelegte Weinblätter

4 Scheiben durchwachsener Speck

2 EL neutrales Pflanzenöl

1 EL Weinbrand

250 ml trockener Weißwein

250 ml Hühnerbrühe

Salz und Pfeffer

ZUBEREITEN DER FÜLLUNG

1 **Die Weißbrotscheiben grob zerpflücken,** dann in der Küchenmaschine fein zerkleinern. Mit einem scharfen Messer die Hühnerleber sorgfältig putzen, anschließend grob hacken.

2 **Den Speck fein würfeln** und in einer kleinen Pfanne etwa 3–5 Min. anbraten, bis das Fett ausgelassen und der Speck knusprig ist. Mit einem Schaumlöffel herausheben und in eine Schüssel geben.

3 **Die Schalotte** im Fett der Speckwürfel 2–3 Min. anschwitzen. Die Hühnerleber dazugeben, mit etwas Pfeffer würzen und unter Rühren 1–2 Min. braten. Mit dem Weinbrand ablöschen, 1 Min. köcheln lassen.

4 **Den Inhalt der Pfanne zum Speck in die Schüssel geben.** Mit dem Brot, Kräutern und Piment vermengen und abschmecken. Je nachdem, wie salzig der Speck ist, brauchen Sie nur wenig oder kein Salz.

FÜLLEN UND UMWICKELN DER STUBENKÜKEN

5 **Die Stubenküken** innen und außen waschen, mit Küchenpapier abtupfen und mit Salz und Pfeffer einreiben. Ein Viertel der Füllung in jedes Küken löffeln.

6 **Die Weinblätter** unter fließendem kaltem Wasser abspülen und in einem Sieb abtropfen lassen. Anschließend vorsichtig zwischen mehreren Lagen Küchenpapier trocken tupfen.

7 Je 2 oder 3 Weinblätter um die Brust der Stubenküken wickeln. Darüber je 1 Scheibe Speck legen. Mit Küchengarn sorgfältig zusammenbinden.

BRATEN UND SERVIEREN

8 Den Backofen auf 180 °C vorheizen. Das Öl in einen großen Schmortopf geben und auf dem Herd erhitzen. Die Stubenküken darin 5–10 Min. rundum anbräunen. Den Topf mit einem ofenfesten Deckel verschließen und in den Ofen schieben. Etwa 45–55 Min. braten, bis ein für 30 Sek. in die Füllung gestochener Metallspieß sich beim Herausziehen heiß anfühlt und der austretende Bratensaft klar ist. Sollten noch rötliche Spuren darin sein, weitere 5 Min. braten und erneut eine Garprobe machen.

9 Die Stubenküken auf eine vorgewärmte Platte legen. Nach Belieben das Küchengarn entfernen, man kann die Küken jedoch auch mit dem Garn servieren, das sieht etwas rustikaler aus. Mit Alufolie abgedeckt warm halten. Das Fett aus dem Schmortopf löffeln, Weinbrand und Weißwein hineingießen.

10 Auf dem Herd erhitzen und unter ständigem Rühren etwa 5–7 Min. lebhaft kochen, bis die Flüssigkeit zur Hälfte eingekocht ist. Die Brühe angießen und weitere 5–7 Min. wiederum auf die Hälfte reduzieren. Durch ein Sieb in eine Sauciere gießen und abschmecken.

11 Die Stubenküken auf vorgewärmten Tellern anrichten und mit der Sauce begießen. Jeder Gast entfernt nun gegebenenfalls selbst das Küchengarn sowie die Weinblätter. Sie werden nicht mitgegessen, ihre Funktion besteht nur darin, dem Fleisch beim Braten ihren feinen Geschmack zu verleihen und die Brust vor dem Austrocknen zu schützen.

Seeteufel mit zwei Saucen

EINE KNOBLAUCH- UND EINE CHILISAUCE unterstreichen das Aroma dieses festfleischigen Fischs. Die Filets werden im Ganzen gebraten. Aufgeschnitten offenbaren sie dann ihr makellos weißes Inneres. Katzenhai ist eine günstige Alternative.

PERSONEN	ZUBEREITUNG	GARZEIT
6	30 MIN. + WARTEZEIT	12–15 MIN.

Zutaten

FÜR DEN SEETEUFEL

6 gehäutete Seeteufelfilets (à etwa 250 g)

2 EL Olivenöl

5–7 Stängel Oregano, Blätter gehackt

5–7 Zweige Thymian, Blätter abgezupft

Salz und Pfeffer

FÜR DIE SAUCEN

50 g Butter

3 EL Mehl

8 Knoblauchzehen, geschält (nach Geschmack auch mehr)

4 Eier, hart gekocht und halbiert

125 ml Olivenöl

6–9 Stängel Petersilie, Blätter abgezupft

2 rote Chilischoten

2 TL Tomatenmark

Cayennepfeffer (nach Belieben)

Kirschtomaten zum Garnieren

MARINIEREN DES FISCHS

1 Die Fischfilets unter fließendem kaltem Wasser abspülen und mit Küchenpapier trocken tupfen. In einer Schale gründlich mit Öl, Kräutern, Salz und Pfeffer vermengen. Zugedeckt 2 Std. im Kühlschrank ruhen lassen.

ZUBEREITEN DER SAUCEN

2 Die Butter in einem Topf zerlassen. Das Mehl unterrühren und etwa 1 Min. anschwitzen. Vom Herd nehmen und mit dem Schneebesen 250 ml kochendes Wasser unterrühren. Die Sauce wird sofort binden. Zurück auf den Herd stellen und unter ständigem Rühren mit dem Schneebesen noch 1 Min. köcheln lassen.

3 In die Küchenmaschine umfüllen. Knoblauch, hart gekochte Eigelbe, Salz und Pfeffer dazugeben und glatt pürieren. Bei laufendem Gerät langsam das Öl hineingießen, sodass die Sauce dick und cremig wird. Abschmecken und die Hälfte der Sauce in eine Schale umfüllen.

4 Die Petersilie zur restlichen Sauce in die Küchenmaschine geben und kurz pürieren. In eine zweite Schale füllen und bis zum Servieren kalt stellen.

5 Das Mixgefäß ausspülen. 1 Chilischote aufschneiden, die Samen entfernen, die Schote hacken und in die Küchenmaschine geben. Tomatenmark und die beiseitegestellte Grundsauce dazugeben. Alles glatt pürieren, nach Belieben mit Cayennepfeffer würzen und abgedeckt kalt stellen. Die zweite Chilischote aufschneiden, nach Entfernen der Samen in feine Streifen schneiden.

GAREN DES FISCHS

6 Den Backofen auf 230 °C vorheizen. Ein Backblech mit Alufolie auslegen. Die Seeteufelfilets mit ausreichend Abstand zueinander darauflegen. Mit der Marinade beträufeln.

7 Den Fisch 12-15 Min. im heißen Ofen braten, zwischendurch mit dem Bratensaft auf der Folie bestreichen. Der Fisch ist gar, wenn er äußerlich schön gebräunt ist und sich sein Fleisch beim Einstechen mit einer Gabel blättrig teilt.

8 Die Filets auf vorgewärmten Tellern anrichten. Daneben je einen Klecks von den beiden Saucen setzen. Die restliche Sauce in zwei Schälchen füllen und dazu servieren.

9 Mit den Chilistreifen garnieren, dazu passen im Ofen gebackene Kirsch-tomaten.

 VARIANTE: Gegrillte Seeteufelsteaks mit Knoblauch- und Chilisauce

Die Grillpfanne verleiht den Steaks appetitliche Streifen.

1 Die Seeteufelfilets abspülen und trocken tupfen, dann mit einem scharfen Messer zum Schwanz hin diagonal in 1 cm dicke Scheiben schneiden.

2 Die Scheiben wie beschrieben marinieren, dabei die doppelte Menge Kräuter verwenden. In der Zwischenzeit die Saucen zubereiten, die zweite Chilischote aber weglassen. Den Fisch in einer sehr heißen Grillpfanne 2 Min. auf jeder Seite garen. Alternativ mit 7-8 cm Abstand zur Hitzequelle im Backofen oder über Holzkohle 4 Min. grillen, ohne ihn zu wenden.

3 Knoblauch- und Chilisauce auf vorgewärmte Teller geben, die Fischsteaks rundherum anrichten, mit Kräutern garnieren.

Chinesische Bratente

DIE AUFWENDIGE PEKING-ENTE ist weltweit ein Inbegriff der chinesischen Küche. Für eine echte Peking-Ente braucht man eine speziell gemästete chinesische Entenrasse, einen Lehmofen und Feuerholz von Jujube-Sträuchern. In Zubereitung und Würze jedoch kommt unser Rezept dem Original ziemlich nahe.

PERSONEN	**ZUBEREITUNG**	**GARZEIT**
4	45 MIN. + WARTEZEIT	1¾–2 STD.

Zutaten

FÜR DIE ENTE

1 Ente (etwa 2,3 kg)

1 EL Malzzucker oder Honig

FÜR DIE WÜRZMISCHUNG

1 TL Sichuanpfefferkörner

2 EL gelbe oder schwarze Bohnenpaste

1 EL chinesischer Reiswein oder trockener Sherry

2 TL Zucker

½ TL Fünf-Gewürze-Pulver

2 EL helle Sojasauce

1 TL Öl

3 Knoblauchzehen, fein gehackt

2–3 cm Ingwerwurzel, fein gehackt

4 Frühlingszwiebeln, in Ringe geschnitten

1 kleines Bund Koriandergrün, Blätter abgezupft

Frühlingszwiebeln und Koriandergrün zum Garnieren

VORBEREITEN UND TROCKNEN DER ENTE

1 **Die Ente innen und außen** gründlich mit kaltem Wasser abspülen und mit Küchenpapier trocken tupfen. Loses Fett aus der Bauchhöhle abziehen und wegwerfen. Um den Hals ein Stück Küchengarn wickeln und gut verknoten.

2 **Einen großen Wok** zur Hälfte mit Wasser füllen. Das Wasser zum Kochen bringen. Die Ente an der Schnur festhalten und ins kochende Wasser tauchen. Mit einer Kelle 1 Min. lang kochendes Wasser über die Brust schöpfen, bis sich die Haut spannt. Mit Küchenpapier trocken tupfen.

3 **Die Ente** in einem kühlen Raum (10–13 °C) mit guter Belüftung aufhängen, darunter ein Gefäß aufstellen. Die Zeit zum vollständigen Trocknen der Haut hängt vom Wetter ab. Rechnen Sie mit etwa 2 Std. Alternativ können Sie die Ente unbedeckt auch über Nacht im Kühlschrank trocknen.

ZUBEREITUNG DER WÜRZMISCHUNG

4 **Den Wok bei mittlerer Temperatur erhitzen.** Die Sichuanpfefferkörner darin unter Rühren 1–2 Min. rösten, bis sie leicht rauchen. Im Mörser grob zerstoßen.

5 **Den Sichuanpfeffer in einer Schüssel** mit Bohnenpaste, Reiswein, Zucker, Fünf-Gewürze-Pulver und Sojasauce verrühren.

6 **Den Wok wieder bei mittlerer Temperatur gründlich erhitzen.** Boden und Wände mit dem Öl beträufeln und weiter erhitzen, bis das Öl sehr heiß ist. Knoblauch, Ingwer und Frühlingszwiebeln darin etwa 30 Sek. anbraten, bis sie duften.

7 **Saucenmischung und Koriander dazugeben.** Kurz aufkochen, dann bei milder Hitze etwa 1 Min. köcheln lassen. In einer Schüssel auf Raumtemperatur abkühlen lassen.

WÜRZEN UND BRATEN

8 **Etwa 45 Min. vor dem Braten der Ente** einen langen Holzspieß in kaltes Wasser legen. Den Ofen rechtzeitig auf 200 °C vorheizen.

9 **Die Würzmischung in die Bauchhöhle der Ente löffeln.** Die Haut über die Öffnung der Bauchhöhle ziehen. Den Spieß zwei- bis dreimal von oben her durch beide Hautschichten und anschließend durch den Bürzel stechen. Küchengarn um den Bürzel schlingen und über den Spieß ziehen, sodass der Bürzel hochgezogen wird und die Bauchhöhle sorgfältig verschlossen ist. Die Ente mit der Brust nach oben auf einen Bratrost mit darunterliegendem Bräter legen. 15 Min. braten.

10 **Malzzucker oder Honig** mit 4 EL kochendem Wasser verrühren, bis sich der Zucker vollständig aufgelöst hat. Die Ente aus dem Ofen nehmen und rundum großzügig damit einstreichen.

11 **Die Ofentemperatur auf 180 °C senken.** Die Ente weitere 1½–1¾ Std. braten und alle 15 Min. mit der Zuckerlösung glasieren, bis sie dunkelbraun ist und sich das Fleisch der Keulen weich anfühlt.

12 **Die Ente auf ein Schneidebrett legen** und 15 Min. ruhen lassen, dann vorsichtig Küchengarn und Spieß entfernen. Ein Sieb auf eine Schüssel stellen und die Würzmischung aus der Bauchhöhle hineingießen. Das Fett abschöpfen, die Flüssigkeit beiseitestellen.

13 **Die Ente tranchieren** und mit dem Küchenbeil in 2–3 cm große Stücke hacken. Traditionell wird das Fleisch so auf einer vorgewärmten Platte angerichtet, dass die Form an eine Ente erinnert. Die Flüssigkeit aus der Bauchhöhle darübergießen, mit Frühlingszwiebeln und Koriander garnieren und sofort servieren. Typische Beilagen sind Gurkenstücke, Pflaumensauce und hauchdünne chinesische Pfannkuchen.

Pochiertes Huhn mit Backpflaumen

DER ÜBERLIEFERUNG NACH entstand dieses Gericht im Zusammenhang mit der in Nordengland früher üblichen *wakes week,* während derer die Fabriken schlossen und die Arbeiter sich vergnügten. Damit es so richtig nach dem leichten, süßen Leben der Festwoche schmeckt, brauchen Sie hochwertige, fruchtig-süße Backpflaumen und ein Huhn, das während des langen, sanften Garens immer zarter wird.

PERSONEN	ZUBEREITUNG	GARZEIT
4	30 MIN. + WARTEZEIT	1¼–1½ STD.

Zutaten

FÜR DIE FÜLLUNG

250 g große, entsteinte Backpflaumen

125 g Butter

1 kleine Zwiebel, fein gehackt

10 Scheiben Weißbrot

1 Bund Petersilie, Blätter fein gehackt

1 Zitrone, Schale abgerieben, Saft ausgepresst

125 ml Hühnerbrühe

FÜR DAS HUHN

1 Suppenhuhn (knapp 2 kg), möglichst mit Leber

2 Möhren, geviertelt

1 Bouquet garni aus 5–6 Stängeln Petersilie, 2–3 Zweigen Thymian, 1 Lorbeerblatt

2 Knoblauchzehen

1 TL schwarze Pfefferkörner

1 Zwiebel

2 Gewürznelken

300 ml halbtrockener Weißwein

1,5 l Hühnerbrühe oder Wasser

Salz und Pfeffer

FÜR DIE SAUCE

75 g Butter

50 g Mehl

175 g Sahne

Zitronensaft zum Abschmecken

ZUBEREITEN DER FÜLLUNG

1 Die Backpflaumen in einer Schüssel mit heißem Wasser überbrühen. Etwa 1 Std. einweichen, dann abgießen. Die 8–12 festesten Pflaumen beiseitelegen, den Rest hacken.

2 Die Hälfte der Butter zerlassen, die Zwiebel darin 2–3 Min. anschwitzen, bis sie weich, aber nicht gebräunt ist. Sofern die Hühnerleber verwendet wird, alle Häutchen entfernen, den Rest hacken, zu der Zwiebel geben und 1–2 Min. anbraten.

3 Das Brot zerpflücken, dann in der Küchenmaschine fein zerkleinern. Die restliche Butter in einem kleinen Topf zerlassen. Gehackte Backpflaumen, Brot, Petersilie und Zitronenschale in einer Schüssel mit Zwiebel und Leber vermengen. Brühe, Zitronensaft und zerlassene Butter unterrühren und die Füllung abschmecken.

POCHIEREN DES HUHNS

4 Das Huhn mit Möhren, Bouquet garni, Knoblauch und Pfefferkörner in einen großen Topf legen. Die Zwiebel mit den Gewürznelken spicken und dazugeben. Den Weißwein angießen und mit Brühe oder Wasser auffüllen, sodass die Flüssigkeit oberhalb der Keulen steht.

5 Zum Kochen bringen, den Schaum abschöpfen, dann das Huhn bei milder Hitze 1¼–1½ Std. im geschlossenen Topf gar ziehen lassen. Gelegentlich den Schaum abschöpfen, nach der Hälfte der Zeit das Huhn wenden. Sobald die Keulen weich sind und beim Hineinstechen klare Flüssigkeit austritt, ist das Huhn gar. Herausnehmen und in Alufolie gewickelt warm halten. Die Kochflüssigkeit aufbewahren.

GAREN DER PFLAUMEN

6 Den Backofen auf 190 °C vorheizen. Etwas Füllung in die ganzen Pflaumen geben, den Rest in eine gebutterte Auflaufform streichen. Die Pflaumen darauf verteilen. Mit Alufolie bedeckt 30–40 Min. backen.

ZUBEREITEN DER SAUCE

7 Das Fett von der Garflüssigkeit abschöpfen, die Flüssigkeit auf die Hälfte einkochen. Durch ein Sieb in einen Messbecher gießen. Es werden etwa 750 ml benötigt. Falls nötig mit Brühe oder Wasser auffüllen. Suppengemüse und Bouquet garni wegwerfen.

8 **Die Butter zerlassen,** das Mehl mit einem Schneebesen einrühren und unter ständigem Rühren 1–2 Min. anschwitzen, bis es schäumt, es soll aber nicht bräunen.

9 **Die eingekochte Garflüssigkeit** dazugeben und unentwegt rühren, bis die Sauce kocht und bindet. Mit der Sahne verquirlen und weitere 2 Min. köcheln lassen. Vom Herd nehmen und mit Zitronensaft, Salz und Pfeffer abschmecken. Das Huhn tranchieren und auf vorgewärmten Tellern anrichten. Mit der Sauce begießen und Pflaumen mit Füllung dazugeben. Restliche Sauce und Füllung separat servieren.

Hähnchen Pojarski

SO ZART IST DIESES KNUSPERSTÜCK, dass ein russischer Wirt es dem Zaren Nikolaus I. angeblich als Kalbskotelett unterjubelte. Wenn Sie es lieber etwas leichter mögen, verzichten Sie einfach auf das Frittieren (Schritt 4). Gut für Ihre Planung: Bis Schritt 3 kann man alles am Vortag vorbereiten.

PERSONEN 4	ZUBEREITUNG 35-40 MIN. + WARTEZEIT	GARZEIT 40-50 MIN.

Zutaten

FÜR DAS HÄHNCHEN

6 altbackene Milchbrötchen

125 ml Milch

400 g Hähnchenbrustfilets

3 EL Sahne

frisch geriebene Muskatnuss

Salz und Pfeffer

30 g Mehl

1 Ei

Pflanzenöl zum Frittieren

FÜR DIE SAUCE

1 EL neutrales Pflanzenöl

1 kleine Zwiebel, gehackt

125 g Champignons, in Scheiben geschnitten

1 Dose Tomatenstücke (400 g)

1 EL Tomatenmark

1 Knoblauchzehe, fein gehackt

1 Bouquet garni aus 5-6 Stängeln Petersilie, 2-3 Zweigen Thymian, 1 Lorbeerblatt

1 Prise Zucker

ZUBEREITEN DES FLEISCHTEIGS

1 **Vier Brötchen würfeln** und beiseitestellen. Die beiden anderen grob zerkleinern und in einer Schüssel 5 Min. in der Milch einweichen. Danach vorsichtig ausdrücken und beiseitestellen.

2 **Das Fleisch in kleinere Stücke schneiden.** Zusammen mit den eingeweichten Brötchen durch die feine Scheibe des Fleischwolfs drehen. Die Sahne unterrühren, mit Muskat, Salz und Pfeffer würzen. Zum Abschmecken einen Klecks Fleischteig in einer Pfanne anbraten und probieren, falls nötig den Teig mit Salz und Pfeffer nachwürzen.

FORMEN UND FRITTIEREN

3 **Den Fleischteig mit feuchten Händen** zu vier Küchlein formen. Etwas flach drücken, im Mehl wenden und den Überschuss abklopfen. Das Ei verquirlen und die Küchlein damit einpinseln. In den Brotwürfeln wenden, gut andrücken, sodass die Küchlein rundum bedeckt sind. Unbedeckt 30 Min. kalt stellen.

4 **Den Backofen auf 190 °C vorheizen.** In einer Fritteuse das Öl auf 180 °C erhitzen. (Probe: Ein Brotwürfel sollte darin innerhalb von 1 Min. goldbraun werden.) Je nach Größe jeweils ein bis zwei Pojarski ins heiße Fett geben und 2-3 Min. goldbraun frittieren. Herausnehmen und auf ein Backblech setzen, während die Übrigen frittiert werden.

FERTIG GAREN UND ZUBEREITEN DER SAUCE

5 **Pojarski im vorgeheizten Ofen 25-30 Min. backen,** bis ein für 30 Sek. in die Mitte gestochener Metallspieß beim Herausziehen heiß ist. Sollte die Kruste im Ofen zu schnell braun werden, locker mit Alufolie bedecken.

6 **Das Öl in einer Pfanne erhitzen.** Zwiebel und Champignons darin 2-3 Min. anbraten. Tomaten, Tomatenmark, Knoblauch, Bouquet garni, Salz, Pfeffer und Zucker zugeben und 8-10 Min. kochen, bis die Sauce schön sämig ist, gelegentlich umrühren. Mit den Pojarski servieren.

Schweinebraten mit Orangen

DIESE ART DER ZUBEREITUNG eignet sich auch für einen Schinken oder Kasseler (in beiden Fällen reicht eine Stunde Bratzeit). Das Ergebnis ist so lecker, dass Sie sogar für eine Handvoll Gäste ruhig einen großen Braten machen sollten – die kalten Reste schmecken am nächsten Tag fast noch besser.

PERSONEN 8-10	**ZUBEREITUNG** 20-25 MIN.	**GARZEIT** 3½-4 STD.

Zutaten

FÜR DEN BRATEN

4,5 kg Schweinekeule (mit Schwarte, ohne Knochen)

8 Bio-Orangen

1 EL Dijonsenf

180 g brauner Zucker

etwa 20 Gewürznelken

FÜR DIE SAUCE

4 EL Grand Marnier

½ TL frisch geriebene Muskatnuss

½ TL gemahlene Gewürznelken

BRATEN DES FLEISCHS

1 Den Backofen auf 180 °C vorheizen. Das Fleisch mit Küchenpapier abtupfen und in einen Bräter setzen. 6 Orangen halbieren und auspressen. Es werden etwa 500 ml Saft benötigt.

2 Etwas Orangensaft über das Fleisch gießen, den Bräter in den Ofen schieben. Den Braten in den kommenden 3-3½ Std. alle 30 Min. mit weiterem Saft begießen. Restliche Orangen in Scheiben schneiden, eventuell halbieren.

3 Für die Garprobe einen Metallspieß 30 Sek. lang in die Mitte des Bratens stechen. Beim Herausziehen sollte er warm sein, ein Fleischthermometer sollte 77 °C anzeigen.

GLASIEREN DES BRATENS

4 Den Braten aus dem Ofen nehmen und etwas abkühlen lassen. Die Ofentemperatur auf 200 °C erhöhen. Mit einem spitzen Messer unter die Haut fahren und die Schwarte abschneiden.

5 Senf und Zucker verrühren, das Fleisch damit bestreichen. Die Orangenscheiben überlappend darauflegen. Jede Scheibe mit einer Gewürznelke feststecken. Das Fleisch weitere 30-45 Min. braten, dabei alle 10 Min. mit Bratensaft beträufeln. Den fertigen Braten auf eine vorgewärmte Platte legen und mit Alufolie bedeckt warm halten.

ZUBEREITEN DER SAUCE

6 Den Grand Marnier in den Bräter gießen. Auf dem Herd unter Rühren die Bratenrückstände loskochen. Die Sauce mit Muskat und Nelke würzen, abschmecken und durch ein Sieb in eine Sauciere gießen.

7 Das Fleisch aufschneiden und auf vorgewärmten Tellern mit den Orangenscheiben anrichten. Die Sauce dazu servieren.

Seeteufel à l'américaine

SEINEM FESTEN, HUMMERARTIGEN FLEISCH verdankt der Seeteufel seine große Beliebtheit. Mit der gehaltvollen Sauce aus Tomaten, Knoblauch und Cognac wird daraus genau der richtige Leckerbissen, um Freunde zu verwöhnen.

PERSONEN 4-6	ZUBEREITUNG 45–50 MIN.	GARZEIT 35–40 MIN.

Zutaten

1,5 kg Seeteufel am Stück

2 Zwiebeln, gehackt

125 ml Weißwein oder Saft von ½ Zitrone

1 TL Pfefferkörner

3–5 Stängel Petersilie

30 g Mehl

Salz und Pfeffer

2 EL Olivenöl

125 g Butter

FÜR DIE SAUCE

3–4 Stängel Estragon

1 Möhre, 1 cm groß gewürfelt

2 Knoblauchzehen, fein gehackt

1 Dose Tomatenstücke (400 g)

150 ml Weißwein

3 EL Cognac

1 Prise Cayennepfeffer (nach Belieben)

1 Bouquet garni aus 5–6 Stängeln Petersilie, 2–3 Zweigen Thymian, 1 Lorbeerblatt

4 EL Crème fraîche

1 EL Tomatenmark

1 Prise Zucker (nach Belieben)

FÜR DEN PILAW

2 EL neutrales Pflanzenöl

1 Zwiebel, gehackt

300 g Langkornreis

FILETIEREN DES SEETEUFELS

1 Falls noch nicht geschehen, den Fisch zunächst häuten: Mit einem Filetiermesser die dunkle Haut vom Kopf her lösen und zum Schwanz hin abziehen.

2 Das dünne Häutchen, das den Fisch nun bedeckt, ebenfalls mit dem Filetiermesser lösen und abziehen. Auf einer Seite an der Mittelgräte entlang schneidend das erste Filet auslösen. Auf der anderen Seite ebenso verfahren. Die Filets unter fließendem kaltem Wasser abspülen und mit Küchenpapier trocken tupfen.

3 Mit einem scharfen, schweren Messer Mittelgräte und Schwanz für den Saucenfond zerkleinern.

4 Die Filets in 1 cm dicke Scheiben schneiden und mit der Messerklinge etwas flach drücken.

KOCHEN DES FONDS, VORBEREITEN DER SAUCE

5 Die Hälfte der gehackten Zwiebeln mit Fischschwanz und Mittelgräte, Wein, Pfefferkörnern, Petersilie sowie 500 ml Wasser in einen Topf füllen. Langsam zum Kochen bringen und ohne Deckel 20 Min. sanft köcheln lassen. Fischfond sollte grundsätzlich nicht länger kochen, er wird sonst bitter. Durch ein Sieb in eine Schüssel gießen. Es werden etwa 500 ml Fischfond benötigt.

6 Die Estragonblätter von den Stängeln zupfen. Grob hacken und zum Garnieren beiseitelegen, die Stängel für die Sauce reservieren.

ZUBEREITEN DES PILAWS

7 Das Öl in einem schweren Topf erhitzen. Die Zwiebel darin unter Rühren 1–2 Min. anschwitzen, bis sie weich, aber nicht braun ist. Den Reis dazugeben und ebenfalls unter Rühren 2–3 Min. anbraten, bis er das Öl aufgenommen hat und glasig wird.

8 600 ml Wasser angießen, den Reis mit Salz und Pfeffer würzen und zum Kochen bringen. Einen Deckel auflegen und den Reis bei milder Hitze etwa 20 Min. köcheln lassen, bis er die gesamte Flüssigkeit aufgenommen hat und gar ist. Im geschlossenen Topf weitere 10 Min. ruhen lassen, dann mit einer Gabel auflockern.

ZUBEREITEN VON FISCH UND SAUCE

9 In der Zwischenzeit das Mehl auf einen Teller geben und würzen. Die Fischstücke darin wenden. Das Öl und ein Viertel der Butter in einer Pfanne erhitzen. Den Fisch portionsweise 2–3 Min. darin anbraten, dabei einmal wenden, anschließend herausnehmen.

10 Möhre, Knoblauch und den Rest der gehackten Zwiebeln in der Pfanne 3–5 Min. anschwitzen. Dabei kräftig rühren, um das eingebrannte Mehl vom Pfannenboden zu lösen.

11 Tomaten, Wein, Cognac, Estragonstängel, Salz, Pfeffer sowie nach Belieben eine Prise Cayennepfeffer dazugeben. Das Bouquet garni am Pfannengriff festbinden und den Fischfond angießen. 15–20 Min. sanft köcheln lassen, bis die Sauce etwas dickflüssiger geworden ist.

12 Durch ein Sieb in einen großen Topf streichen, dabei so viel Flüssigkeit wie möglich aus dem Gemüse drücken. Weitere 5–10 Min. einkochen lassen. Crème fraîche und Tomatenmark unterrühren. Die Sauce abschmecken, zu viel Säure mit einer Prise Zucker abmildern.

13 Den Fisch in die Sauce geben und 5–10 Min. sanft darin köcheln lassen, bis er knapp gar ist. Vom Herd nehmen und die restliche Butter in kleinen Stücken zur Sauce geben, dabei die Pfanne schwenken, bis die Butter geschmolzen ist. Den Seeteufel auf vorgewärmten Tellern anrichten, mit Estragon garnieren und den Pilaw als Beilage dazu servieren.

Mu-Shu-Schweinefleisch

PFANNENGERÜHRTES SCHWEINEFLEISCH, Omelettstreifen und Pilze, in hauchdünne Teigblätter gewickelt: Diese nordchinesische Köstlichkeit verdankt ihren Namen angeblich einem Strauch, der duftende gelbe und weiße Blüten treibt – eine typisch chinesische Umschreibung für das Omelett.

PERSONEN
4

ZUBEREITUNG
35-45 MIN.
+ WARTEZEIT

GARZEIT
15-20 MIN.

Zutaten

FÜR DIE TEIGBLÄTTER

250 g Mehl sowie Mehl zum Bestreuen

1 EL Sesamöl aus gerösteten Samen

4 EL Hoisinsauce

FÜR DIE FÜLLUNG

50 g getrocknete chinesische Pilze

250 g Schweinefilet

2 TL Speisestärke

2 EL helle Sojasauce

2 EL chinesischer Reiswein, ersatzweise trockener Sherry

2 TL Sesamöl aus gerösteten Samen

3 Eier

3 EL neutrales Pflanzenöl

30 g Bambussprossen

2 Frühlingszwiebeln, in 5 cm lange Stücke geschnitten

HERSTELLEN DES TEIGS

1 **Das Mehl in eine Schüssel sieben,** in die Mitte eine Vertiefung drücken. Langsam 175 ml kochendes Wasser hineingießen und dabei kräftig schlagen, bis sich Mehl und Wasser gut verbunden haben.

2 **Abkühlen lassen, bis man den Teig anfassen kann.** Zu einer Kugel zusammendrücken und auf einer leicht bemehlten Arbeitsfläche etwa 5 Min. kneten. Falls nötig mehr Mehl zugeben, bis der Teig glatt und elastisch ist. Mit einem sauberen Küchentuch bedeckt 30 Min. ruhen lassen.

VORBEREITEN DER FÜLLUNG

3 **Die Pilze mit 250 ml warmem Wasser übergießen** und 30 Min. einweichen. Das Fleisch sorgfältig von Fett befreien, dann quer in 5 mm dicke Scheiben und diese in 3 mm breite Streifen schneiden.

4 **Die Pilze in ein Sieb abgießen,** die Flüssigkeit auffangen. Holzige Stiele der Pilze entfernen, die Hüte in Streifen schneiden. Ein Sieb mit Küchenpapier auslegen, die Einweichflüssigkeit durch dieses Sieb in einen Messbecher gießen und 125 ml abmessen.

5 **Die Stärke im Einweichwasser der Pilze verquirlen,** bis keine Klümpchen mehr zu sehen sind, dann Sojasauce, Reiswein und Sesamöl unterrühren. Die Eier in einer kleinen Schüssel verquirlen.

ZUBEREITEN DER TEIGBLÄTTER

6 **Den Teig auf einer leicht bemehlten Arbeitsfläche** zu einer etwa 30 cm langen Rolle formen. Ein Küchenbeil oder großes Messer mit Mehl bestäuben und die Rolle in zwölf gleich große Stücke schneiden. Mit einem feuchten Küchentuch vor dem Austrocknen schützen.

7 **Jedes Teigstück zu einer Kugel rollen.** Die Kugeln nacheinander zu Scheiben mit 7-8 cm Durchmesser flach drücken und gleich wieder mit einem feuchten Tuch bedecken. Eine Seite jedes Teigstücks mit Sesamöl einpinseln, dann jeweils die eingefetteten Seiten von zwei Teigstücken zusammendrücken. Jedes der so entstandenen sechs Teigstücke auf einer bemehlten Arbeitsfläche zu einem Kreis von 17-18 cm Durchmesser ausrollen.

8 Einen Wok stark erhitzen. Ein Teigblatt etwa 1 Min. darin braten, bis es Blasen wirft und aufgeht. Wenden und erneut etwa 30 Sek. braten, dabei etwas andrücken, sodass die Unterseite braune Flecken bekommt. Herausnehmen und die beiden Teigstücke wieder trennen, sodass zwei hauchdünne, jeweils von einer Seite gebratene Teigblätter entstehen. Die fertigen Blätter auf einem Teller aufstapeln und mit einem feuchten Tuch bedeckt warm halten.

PFANNENRÜHREN UND SERVIEREN

9 Den Wok bei mittlerer Temperatur erhitzen. 1 EL Öl darin schwenken, bis es heiß ist. Die verquirlten Eier dazugeben und erneut den Wok schwenken, sodass sich ein dünnes Omelett bildet.

10 Vorsichtig wenden, sobald das Omelett in der Mitte gestockt und an den Rändern kross ist. Die Rückseite 15-30 Sek. braten, bis sie leicht gebräunt ist. Das Omelett auf ein Schneidebrett gleiten und etwas abkühlen lassen, dann locker aufrollen und in 5 mm breite Streifen schneiden.

11 Den Wok nun stark erhitzen. Das restliche Öl darin verteilen und das Schweinefleisch 2-3 Min. pfannenrühren, bis es nicht mehr rosa ist.

12 Pilze und Bambussprossen dazugeben und ebenfalls kurz pfannenrühren. Die Stärkemischung durchrühren und darübergießen.

13 Etwa 2 Min. pfannenrühren, bis das Gemüse heiß ist und die Sauce bindet. Frühlingszwiebeln und Omelett dazugeben. Abschmecken, falls nötig mit etwas Sojasauce nachwürzen und nochmals 1 Min. pfannenrühren. Füllung und Teigblätter getrennt auf vorgewärmtem Serviergeschirr anrichten, die Hoisinsauce in ein Schälchen füllen, sodass sich jeder seine Portion selbst mit Sauce bestreichen, füllen und aufrollen kann.

Rotzungenröllchen mit Pilzfüllung

TURBAN VON DER SEEZUNGE heißt der herrlich altmodische Klassiker, der hier wiederbelebt und an den heutigen Geschmack angepasst wurde. Die Füllung aus frischen Pilzen kann man gut am Vortag zubereiten, die Fischfilets werden dann kurz vor dem Essen nur noch gefüllt und gegart. Die Wahl der Pilze bleibt Ihnen (beziehungsweise Ihrem Budget) überlassen, aber zumindest ein Anteil Wildpilze sollte dabei sein, denn sie steuern ein kräftig erdiges Aroma bei.

PERSONEN
4

ZUBEREITUNG
40–45 MIN.
+ WARTEZEIT

GARZEIT
25–30 MIN.

Zutaten

FÜR DIE WILDPILZMOUSSE

30 g Butter sowie Butter zum Einfetten

150 g Wildpilze, geputzt und in Scheiben geschnitten

Salz und Pfeffer

1 ganzes Ei und 1 Eigelb

1 EL Madeira

2–3 Stängel Koriander, Blätter gehackt

125 g Crème fraîche

FÜR FISCH UND SAUCE

6 Rotzungenfilets (à etwa 100 g)

125 ml Weißwein

125 g Butter, gekühlt

3–5 Stängel Koriander, Blätter fein gehackt, sowie Koriandergrün zum Garnieren

ZUBEREITEN DER WILDPILZMOUSSE

1 **Die Butter in einer Pfanne erhitzen.** Die Pilze dazugeben, mit Salz und Pfeffer würzen und unter ständigem Rühren anbraten, bis die in ihnen enthaltene Flüssigkeit ausgetreten und vollständig verdampft ist. Das dauert mindestens 3–5 Min. und sollte auf keinen Fall abgekürzt werden, da die Mousse sonst wässrig wird. Vom Herd nehmen und etwas abkühlen lassen.

2 **Die Pilze in der Küchenmaschine pürieren.** Bei laufendem Gerät zunächst das ganze Ei und das Eigelb dazugeben, anschließend den Madeira, zum Schluss den Koriander.

3 **Abschmecken, in eine Schüssel füllen** und etwa 1 Std. kalt stellen. Die Crème fraîche unterheben und den Backofen auf 190 °C vorheizen. Eine Souffléform buttern.

4 **Die gekühlte Pilzmasse in die Souffléform streichen.** Die Form in einen Bräter stellen und den Bräter mit so viel Wasser füllen, dass die Souffléform zur Hälfte im Wasser steht. 20–25 Min. backen, bis die Oberfläche der Pilzmasse fest geworden ist. Die Ofentemperatur auf 180 °C senken.

ZUBEREITEN DER FISCHRÖLLCHEN

5 **Die Rotzungenfilets waschen** und sorgfältig mit Küchenpapier trocken tupfen. Jedes Filet längs halbieren und zu einem 7–8 cm großen Ring formen, dabei kommt die Seite mit der Haut nach innen und das Schwanzende nach außen. Mit Zahnstochern feststecken. Eine flache Auflaufform buttern, die Fischröllchen darin verteilen.

6 **Das obere Ende eines Spritzbeutels** wie einen Kragen über eine Hand stülpen. Die Pilzmousse hineinlöffeln. Den Beutel oben zusammendrehen und die Mousse so in die einzelnen Fischröllchen spritzen, dass sie vollständig gefüllt sind.

7 **Den Weißwein** vorsichtig um die Fischröllchen herumgießen. Ein Stück Alufolie mit Butter einfetten und die Form damit bedecken. 15–20 Min. im Ofen backen, bis der Fisch weiß und die Mousse fest geworden ist. Die Zahnstocher entfernen, die Fischröllchen warm halten, die Garflüssigkeit in eine Pfanne gießen.

ZUBEREITEN DER KORIANDERSAUCE

8 Die gekühlte Butter würfeln. Den Weinsud in der Pfanne erhitzen und auf etwa 2 EL einkochen. Die Pfanne vom Herd nehmen und die gekühlte Butter nach und nach mit dem Schneebesen unterschlagen. Mit jedem Stück Butter sollte die Sauce etwas dicker werden. Daher ist es wichtig, ständig weiterzuschlagen, sonst kann die Emulsion zerfallen. Falls die Sauce zu kalt werden sollte, bei milder Hitze kurz erwärmen.

9 Das Koriandergrün unterrühren und die Sauce mit Salz und Pfeffer, eventuell auch mit Wein oder einem kleinen Schuss Madeira abschmecken, allerdings sollte der Alkohol kurz in einem separaten Topf gekocht werden, bevor man ihn mit dem Schneebesen unter die Sauce schlägt. Die Fischröllchen auf vorgewärmten Tellern anrichten. Die Koriandersauce über und um die Röllchen herum gießen. Nach Belieben mit etwas fein gehacktem Koriandergrün garnieren.

 VARIANTE: Schollenröllchen mit Spinatmousse

Gefüllt mit frischem Spinat, dazu Tomaten-Butter-Sauce.

1 750 g frischen, geputzten Blattspinat in reichlich kochendem Salzwasser 1 Min. blanchieren, dann abgießen, mit kaltem Wasser abschrecken und gründlich ausdrücken.

2 Die Mousse wie angegeben zubereiten, dabei die Pilze durch den Spinat ersetzen und den Madeira weglassen. Mit Salz, Pfeffer und gemahlenem Koriander abschmecken. Statt der Rotzunge werden 6 Schollenfilets wie beschrieben vorbereitet und aufgerollt.

3 Den Fisch wie im Hauptrezept füllen und braten. Bei der Zubereitung der Sauce das Koriandergrün weglassen und stattdessen nach der Butter 1 EL Tomatenmark unterrühren.

Lammkeule mit Knoblauch

KNOBLAUCH UND SCHALOTTEN werden durch die lange Garzeit wunderbar süß und weich. Beim Essen kann man den cremigen Knoblauch über das Fleisch oder auf ein Stück knuspriges Weißbrot streichen. Sparen Sie gerade bei so schlichten Rezepten wie diesem nicht am Fleisch: Es spielt die Hauptrolle und da zählt die Qualität besonders.

PERSONEN 8	**ZUBEREITUNG** 15–20 MIN.	**GARZEIT** 1¼–2 STD.

Zutaten

1 Lammkeule (knapp 2,5 kg)
2 Knoblauchknollen
500 g Schalotten

5–7 Zweige Thymian
2 EL Olivenöl
Salz und Pfeffer
125 ml trockener Weißwein
250 ml Hühner- oder Rinderbrühe

VORBEREITEN DER ZUTATEN

1 **Den Backofen auf 230 °C vorheizen.** Von der Lammkeule das Fett bis auf eine dünne Schicht abschneiden. Die Knoblauchknollen mit dem Handballen kurz und kräftig andrücken, sodass sich die Zehen voneinander lösen. Lose Schalenstücke entfernen, die Zehen voneinander trennen.

2 **Mit einem kleinen Messer** Wurzelansatz und Spitzen der Schalotten abschneiden, die Schalotten nicht schälen. Die Blättchen von der Hälfte der Thymianzweige abstreifen, die übrigen zum Garnieren zurücklegen.

BRATEN DER LAMMKEULE

3 **Die Lammkeule in einen Bräter legen,** mit dem Öl beträufeln. Thymian, Salz und Pfeffer darüberstreuen. Im vorgeheizten Ofen 10–15 Min. braten, bis das Fleisch gebräunt ist.

4 **Die Ofentemperatur auf 180 °C** senken. Knoblauch und Schalotten zusammen mit 125 ml Wasser in den Bräter geben und verteilen.

5 **Unter regelmäßigem Begießen** die Lammkeule 1–1¼ Std. (blutig) oder 1¼–1½ Std. (rosa) braten. Falls nötig noch etwas Wasser dazugeben Die Keule aus dem Bräter nehmen, mit Alufolie bedeckt warm halten und 10–15 Min. ruhen lassen. Knoblauch und Schalotten ebenfalls herausnehmen und warm halten.

6 Das Fett aus dem Bräter abschöpfen. Den Wein hineingießen und auf dem Herd zum Kochen bringen. Unter Rühren die Bratrückstände loskochen und 3–5 Min. köcheln lassen. Die Brühe unterrühren und 2–3 Min. einkochen lassen, dann abschmecken.

Das Fleisch aufschneiden, mit Thymian bestreuen, mit Knoblauch und Schalotten anrichten, mit der Sauce servieren.

🍲 VARIANTE: Lammkeule mit Kartoffeln

Zu Zeiten, als noch nicht jeder französische Haushalt einen Backofen hatte, brachte man dieses Gericht zum Bäcker.

1 Schalotten, Wasser und Wein weglassen. 4 Knoblauchzehen schälen, davon 2 fein hacken, die anderen in Streifen schneiden und die Keule damit spicken. 500 g Zwiebeln und 1 kg Kartoffeln in Scheiben schneiden. Die Thymianblätter von den Zweigen streifen und mit den Kartoffeln vermengen.

2 In einer Pfanne 2 EL Öl erhitzen, Zwiebeln und Knoblauch darin anbraten, danach mit Salz, Pfeffer und 1 Prise Muskat unter die Kartoffeln mengen. Den Backofen auf 230 °C vorheizen. Das Fleisch wie beschrieben anbraten, dann herausnehmen. Die Kartoffeln im Bräter verteilen, 500 ml Rinderbrühe dazugießen, die Keule darauflegen. Bei 180 °C wie beschrieben braten.

3 Falls nötig, das Fleisch schon herausnehmen und warm halten, während die Kartoffeln noch weitergaren. Die Keule aufschneiden und mit Kartoffeln und Bratensaft servieren.

Pochierter Lachs

DAS SANFTE GAREN IN EINEM AROMATISCHEN SUD ist die beste Art, einen ganzen Lachs zu-zubereiten: Er bekommt viel Geschmack und bleibt schön saftig. So eignet er sich auch gut als Herzstück eines kalten Büffets. Für die Sauce kann man verschiedene Kräuter verwenden: Brunnen-kresse, wie hier vorgeschlagen, aber auch Estragon, Petersilie, Dill oder Kerbel. Experimentieren Sie einfach mit dem Saucenrezept und finden Sie heraus, wie sie Ihnen am besten schmeckt – ganz leicht mit Joghurt, reichhaltiger mit Mayonnaise oder fein säuerlich mit Sauerrahm?

PERSONEN
4–6

ZUBEREITUNG
25–30 MIN.

GARZEIT
15–20 MIN.

Zutaten

FÜR DIE GARFLÜSSIGKEIT

1 Zwiebel, in Scheiben geschnitten

1 Möhre, in Scheiben geschnitten

6 Pfefferkörner

250 ml trockener Weißwein

1 Bouquet garni aus 5–6 Stängeln Petersilie, 2–3 Zweigen Thymian und 1 Lorbeerblatt

FÜR DEN FISCH

1 Lachs (knapp 2 kg), ausgenommen geputzt und geschuppt

Salz und Pfeffer

Brunnenkresse und Zitronenschnitze zum Garnieren

FÜR DIE KRESSESAUCE

250 g Sahne

250 g Naturjoghurt

1 Bund Brunnenkresse, Blätter gehackt

Tabascosauce

1 Zitrone

ZUBEREITEN DER GARFLÜSSIGKEIT

1 Alle Zutaten mit 1,5 l Wasser und 1 TL Salz in einen Fischtopf oder einen für den Lachs ausreichend großen Bräter geben und auf dem Herd erhit-zen. 20 Min. köcheln, dann abkühlen lassen.

ZUBEREITEN DES LACHSES

2 Mit einem Filetiermesser so vorsichtig wie möglich das Fleisch im Inne-ren der Bauchhöhle von den Gräten lösen, dabei nacheinander von den Seiten her zur Mittelgräte hin arbeiten, ohne die Haut zu durchschneiden. Das ist nicht ganz einfach, arbeiten Sie jedoch so sauber wie möglich.

3 Mit einer Schere die Mittelgräte hinter dem Kopf und am Schwanz durchtrennen und möglichst im Ganzen herausziehen, nicht wegwerfen. Alle nun in der Bauchhöhle noch sichtbaren Gräten mit einer Pinzette entfer-nen. Mit den Fingern am Fleisch entlangfahren und restliche Gräten heraus-ziehen. Wenn keine Gräten mehr zu finden sind, den Fisch innen und außen abspülen und mit Küchenpapier trocken tupfen.

4 Die beiseitegelegte Mittelgräte zur Garflüssigkeit geben. Die Bauchhöhle des Fischs mit Salz und Pfeffer einreiben. Ein Stück Alufolie zuschnei-den, das einmal zusammengefaltet etwas länger ist als der Fisch. Den Lachs darauflegen und in den Fischtopf oder Bräter absenken, sodass er vollständig von Flüssigkeit umgeben ist. Falls nötig, etwas Wasser nachfüllen.

5 Fischtopf oder Bräter verschließen. Die Garflüssigkeit langsam erhitzen, bis sie nach etwa 15 Min. schwach köchelt. Ab diesem Zeitpunkt noch 1 Min. köcheln lassen, dann den Lachs im Sud abkühlen lassen.

ZUBEREITEN DER SAUCE

6 Die Sahne steif schlagen. In einer zweiten Schüssel den Joghurt ebenfalls aufschlagen, die Schlagsahne unterheben. Brunnenkresse und einen Schuss Tabasco unterrühren. Die Zitrone auspressen, den Saft ebenfalls unterrühren. Die Sauce mit Salz und Pfeffer abschmecken und zugedeckt bis zum Servieren kalt stellen.

HÄUTEN UND SERVIEREN

7 Den Lachs mit der Folie vorsichtig aus dem Sud heben und abtropfen lassen, dann die Folie entfernen. Mit einem kleinen spitzen Messer die Haut rings um den Kopf und um den Schwanz sauber einschneiden.

8 **Die Haut zwischen diesen Schnitten** mithilfe eines kleinen Messers vorsichtig abziehen, Kopf und Schwanz dabei auslassen. Am Rücken entlangschaben, um die sichtbare Linie zu entfernen.

9 **Auch das dunklere Fleisch** auf den Seiten des Fischs sanft abschaben. Den Lachs vorsichtig auf eine Platte legen. Mit Zitrone und Brunnenkresse garnieren, die Sauce dazu servieren.

Indonesisches Rindfleischcurry

DIESE ÄUSSERST AROMATISCHE Spezialität wird in Indonesien mit dem Fleisch von Wasserbüffeln zubereitet. Man kann das Gericht gut zwei Tage im Voraus zubereiten, gekühlt aufbewahren und dann auf dem Herd erwärmen.

PERSONEN	ZUBEREITUNG	GARZEIT
6	40–50 MIN.	2–2½ STD.

Zutaten

FÜR DIE CURRYPASTE

2–3 cm Zimtstange

12 Gewürznelken

2 Stängel Zitronengras, grob gehackt

6 Schalotten, geviertelt

7–8 cm Ingwerwurzel, grob gehackt

6 Knoblauchzehen, geschält

6 rote Chilischoten, nach Belieben von den Samen befreit, fein gehackt

1 TL gemahlene Kurkuma

FÜR DAS CURRY

3 Dosen Kokosmilch (à 400 g)

4 Lorbeerblätter

1,5 kg Rindfleisch aus der Schulter, in 5 cm große Würfel geschnitten

1½ TL Salz

HERSTELLEN DER CURRYPASTE

1 Die Zimtstange in kleine Stücke brechen und zusammen mit den Gewürznelken im Mörser grob zerkleinern.

2 Zimt und Gewürznelken mit den übrigen Zutaten für die Currypaste in der Küchenmaschine zu einer groben Paste verarbeiten. Sollte die Paste sehr trocken und fest werden, etwa 4 EL von der Kokosmilch abnehmen und unterrühren.

ZUBEREITEN DES CURRYS

3 **Currypaste und Kokosmilch** in einem Wok gründlich miteinander verrühren und die Lorbeerblätter dazugeben. Bei hoher Temperatur zum Kochen bringen, gelegentlich umrühren.

4 **Die Temperatur** auf eine mittlere Stufe senken und die Sauce etwa 15 Min. unter gelegentlichem Rühren köcheln lassen. Dann das Fleisch dazugeben, salzen, umrühren und bei hoher Temperatur kurz aufkochen.

5 **Die Temperatur auf niedrigste Stufe reduzieren** und das Curry weitere 1½–2 Std. köcheln lassen, bis das Fleisch zart und die Sauce recht dickflüssig geworden ist. Gegen Ende der Garzeit häufiger umrühren, um zu verhindern, dass die Sauce ansetzt.

6 **Gegen Ende der Garzeit** sondert sich Fett von der Sauce ab, darin brät das Fleisch. Zum Schluss das oben schwimmende Fett abschöpfen. Das Curry sollte nun recht dickflüssig und reichhaltig sein. Probieren und, falls nötig, etwas salzen. Frisch gekochten Reis in tiefen Tellern anrichten, das Curry darüberlöffeln.

Ossobuco

EIN KLASSIKER AUS MAILAND, traditionell mit *gremolata* serviert, einer Mischung aus gehackter Petersilie, geriebener Zitronenschale und Knoblauch. Dazu gibt es einen Safranrisotto und frisch geriebenen Parmesan.

PERSONEN 4–6	**ZUBEREITUNG** 30–35 MIN.	**GARZEIT** 1½–2 STD.

Zutaten

FÜR DAS OSSOBUCO

1 Dose Tomatenstücke (400 g)

30 g Mehl

Salz und Pfeffer

2 kg Kalbshachse mit Knochen (in 4–6 Stücke gehackt)

2 EL neutrales Pflanzenöl

30 g Butter

1 Möhre, in dünne Scheiben geschnitten

2 Zwiebeln, fein gehackt

250 ml Weißwein

1 Knoblauchzehe, fein gehackt

abgeriebene Schale von 1 Bio-Orange

125 ml Hühner- oder Kalbsbrühe, nach Bedarf auch mehr

FÜR DIE GREMOLATA

1 kleines Bund glatte Petersilie, Blätter fein gehackt

abgeriebene Schale von 1 Bio-Zitrone

1 Knoblauchzehe, fein gehackt

VORBEREITEN DER ZUTATEN

1 Den Backofen auf 180 °C vorheizen. Die Dosentomaten in einem Sieb gründlich abtropfen lassen, dann grob hacken.

2 Das Mehl in einem großen Teller mit Salz und Pfeffer vermengen. Die Fleischstücke in dem gewürzten Mehl wenden und mit den Händen etwas andrücken.

SCHMOREN DES KALBFLEISCHS

3 Öl und Butter in einer Schmorpfanne erhitzen. Die Fleischstücke darin portionsweise rundum kräftig anbraten. Wenn sie schön braun sind, herausnehmen und beiseitestellen.

4 Das Fett aus der Pfanne bis auf 2 EL abschöpfen. Möhre und Zwiebeln dazugeben und unter gelegentlichem Rühren anbraten, bis sie weich sind. Den Wein angießen und auf die Hälfte einkochen. Tomaten, Knoblauch, Orangenschale, Salz und Pfeffer unterrühren. Das Kalbfleisch darauf verteilen.

5 Brühe angießen, Deckel auflegen und das Gericht im Ofen 1½–2 Std. schmoren, bis das Fleisch sehr weich ist. Falls nötig, etwas Brühe nachgießen. Die Sauce sollte sehr dickflüssig sein, gegebenenfalls einkochen.

ZUBEREITUNG DER GREMOLATA

6 Petersilie, Zitronenschale und Knoblauch in einem Schälchen vermengen. Das Fleisch mit Sauce übergießen und mit Gremolata bestreut servieren.

Koreanischer Feuertopf

EINE SPEZIALITÄT AUS KOREA, die sich perfekt für ein Essen mit Gästen eignet, denn das Fleisch wird bei Tisch gegrillt. Das dazu servierte *kimchi,* scharf eingelegter Chinakohl, muss vier Tage im Voraus zubereitet werden.

PERSONEN	ZUBEREITUNG	GARZEIT
4	50 MIN. + WARTEZEIT	10 MIN.

Zutaten

FÜR DAS KIMCHI

½ kleiner Chinakohl (etwa 250 g)

100 g Salz

1 TL Cayennepfeffer

2 EL Fischsauce

1 TL Zucker

4 Knoblauchzehen, fein gehackt

4 Frühlingszwiebeln, gehackt

2–3 cm Ingwerwurzel, fein gehackt

175 g Daikon (weißer Rettich), in 3 mm feine Streifen geschnitten

FÜR DAS Fleisch

625 g Rindersteak am Stück

1 EL Sesamsamen

4 Frühlingszwiebeln, gehackt

3 Knoblauchzehen, fein gehackt

2 TL Reiswein

3 EL Sojasauce

2 EL Zucker

1 EL Sesamöl aus gerösteten Samen

¼ TL frisch gemahlener schwarzer Pfeffer

Öl für die Grillplatte

gekochter Reis als Beilage

ZUBEREITEN DES KIMCHI

2 **Den Cayennepfeffer** mit Fischsauce, Zucker und dem restlichen Salz verquirlen. Knoblauch, Frühlingszwiebeln, Ingwer und Rettich dazugeben. Alles gründlich vermengen, bis sich die Mischung rot gefärbt hat.

1 **Den Chinakohl waschen.** ¼ TL von dem abgemessenen Salz abnehmen, den Rest in einer großen Schüssel in 1 l Wasser auflösen. Den Kohl hineinlegen und mit einem Teller in passender Größe beschweren. 8–10 Std. ziehen lassen.

3 **Den Chinakohl abgießen,** abspülen und ausdrücken. Rettichmischung zwischen die Kohlblätter geben, das Ganze in ein ausreichend großes Einmachglas füllen, die restliche Rettichmischung darüberlöffeln. Im geschlossenen Gefäß an einem kühlen Ort mindestens 3 Tage gären lassen. Das Glas dabei täglich öffnen, um die entstehenden Gase entweichen zu lassen und den Kohl in die Flüssigkeit zu drücken. Nach 3 Tagen ein Kohlblatt probieren. Wenn es ausreichend sauer ist, den Kohl in 2–3 cm breite Streifen schneiden und bis zum Servieren gekühlt aufbewahren.

VORBEREITEN, MARINIEREN UND GRILLEN

4 Das Fleisch in einen Gefrierbeutel geben und etwa 1 Std. tiefkühlen. Eine Pfanne bei mittlerer Temperatur erhitzen. Die Sesamsamen darin unter Rühren 1–2 Min. goldbraun rösten. In einer Gewürzmühle mahlen oder im Mörser grob zerstoßen, aber nicht zu einer Paste verarbeiten.

5 Aus Sesam, Frühlingszwiebeln, Knoblauch, Reiswein, 2 EL Wasser, Sojasauce, Zucker, Sesamöl und Pfeffer in einer Schüssel eine Marinade anrühren.

6 Das angefrorene Rindfleisch quer zur Faser in 5 mm dicke Streifen schneiden und überlappend auf einer großen Platte anrichten. Gleichmäßig mit der Marinade beträufeln. Mit Frischhaltefolie bedeckt etwa 1 Std. bei Zimmertemperatur marinieren.

7 Die Grillplatte eines Tischgrills mit etwas Öl einfetten und stark erhitzen. Das Essen damit beginnen, dass so viele Fleischstücke auf dem Grill angeordnet werden, wie nebeneinander Platz finden, allerdings sollte das Fleisch nicht allzu gedrängt liegen. Alternativ können die Gäste auch selbst Fleisch auf den Grill legen. Die Scheiben auf jeder Seite etwa 1 Min. grillen, bis das Fleisch außen schön gebräunt und knusprig, innen aber noch rosa ist.

8 Jeder Gast nimmt sich das Fleisch direkt vom Grill. Dazu werden Kimchi und frisch gekochter Reis serviert. (Der Geschmack des Kimchi mag zwar für die meisten Gäste ungewohnt sein, aber wer es einmal probiert hat, wird es lieben.) Das restliche Fleisch ebenso garen, dabei kann jeder in seinem eigenen Tempo vorgehen und je nach Appetit so viel Fleisch grillen, wie er oder sie essen möchte.

Schweinebraten mit Rosmarin

DIESES ITALIENISCHE REZEPT verbindet alle Vorzüge der mediterranen Küche: Der Braten ist würzig mit Rosmarin, Pfeffer und viel Knoblauch gewürzt, ganz einfach zu machen und schmeckt selbst kalt noch so lecker, dass Sie sich um die Reste keine Sorgen machen müssen. Achten Sie darauf, das magere Fleisch nicht zu lange im Ofen zu lassen, es trocknet sonst leicht aus.

PERSONEN	ZUBEREITUNG	GARZEIT
6-8	15-20 MIN.	1-1½ STD.

Zutaten

10 Knoblauchzehen, geschält

1 kleines Bund Rosmarin, Blätter abgezupft

2 TL schwarze Pfefferkörner

Salz

2 EL Olivenöl

1,5 kg ausgelöster Schweinerücken

ZUBEREITEN DER FÜLLUNG

1 Knoblauch, Rosmarin, Pfefferkörner und Salz in der Küchenmaschine oder im Mörser je nach Geschmack grob oder fein zerkleinern.

VORBEREITEN UND FÜLLEN DES BRATENS

2 Den Backofen auf 220 °C vorheizen. Einen Bräter mit Olivenöl einfetten. Einen tiefen waagerechten Schnitt fast durch die gesamte Breite des Fleischstücks machen. Die Hälfte der Füllung hineinstreichen, wieder zusammenklappen und das Fleisch in die ursprüngliche Form drücken.

BRATEN IM OFEN

3 Mit einzelnen Stücken Küchengarn das Fleisch im Abstand von 2–3 cm zusammenbinden. In den vorbereiteten Bräter setzen. Mit der restlichen Füllung bestreichen, mit Olivenöl beträufeln.

4 20–25 Min. braten, bis das Fleisch zu bräunen beginnt. Herausnehmen und mit 125 ml Wasser ablöschen.

5 Das Fleisch wenden und weitere 45–60 Min. braten. Zwischendurch noch weitere zwei- bis dreimal wenden, damit der Braten gleichmäßig bräunt. Sobald keine Flüssigkeit mehr im Bräter ist, Wasser nachgießen.

6 Garprobe: Der Braten ist gar, wenn ein für 30 Sek. hineingestochener Metallspieß beim Herausziehen sehr heiß ist. Das Fleisch auf einem Schneidebrett locker mit Alufolie bedeckt 10 Min. ruhen lassen.

FERTIGSTELLEN UND SERVIEREN

7 Einen Teil des Fetts aus dem Bräter entfernen. 100 ml Wasser angießen und unter Rühren auf dem Herd die Bratrückstände loskochen, dann abschmecken. Etwas voller wird der Geschmack der Bratensauce, wenn Sie das Wasser durch Hühnerbrühe ersetzen. Auch die Zugabe von Weißwein oder Madeira ist denkbar, in beiden Fällen muss der Alkohol aber vollständig verdampfen, um den Geschmack der Sauce nicht zu verderben. Probieren Sie die Bratensauce daher während des Kochens.

8 Die Fäden vorsichtig vom Braten entfernen, dabei darauf achten, dass er nicht auseinanderfällt. In etwa 1 cm dicke Scheiben aufschneiden. Die Scheiben auf einer vorgewärmten Platte oder vorgewärmten Tellern anrichten. Mit Sauce beträufeln. Gedämpftes grünes Gemüse, Lauch oder Dicke Bohnen sind die besten Beilagen zu diesem saftigen Braten.

Bouillabaisse

EINE TOLLE SUPPE FÜR EINE GROSSE RUNDE.

Mögen manche auch behaupten, eine richtige Bouillabaisse könne man nur in Südfrankreich machen – wir halten dagegen: Dieses Rezept ist so gut, dass es auch mit dem hier verfügbaren Fisch schmeckt.

PERSONEN 8-10	ZUBEREITUNG 50-55 MIN. + WARTEZEIT	GARZEIT 50-60 MIN.

Zutaten

FÜR DIE BOUILLABAISSE

1,5 kg gemischte weißfleischige Fische, ausgenommen und geschuppt, mit Gräten und Köpfen

1 kg gemischte Fettfische, ausgenommen und geschuppt, mit Gräten

2 große Prisen Safran

5-6 Knoblauchzehen

125 ml Olivenöl

1 Bio-Orange

2 Zwiebeln, fein geschnitten

2 Stangen Lauch, fein geschnitten

2 Stangen Staudensellerie, gewürfelt

1 Fenchelknolle, fein geschnitten

1 Dose Tomatenstücke (400 g)

10-12 Stängel Petersilie, Blätter gehackt

1 Bouquet garni aus 5-6 Stängeln Petersilie, 2-3 Zweigen Thymian, 1 Lorbeerblatt

Salz und Pfeffer

1 EL Tomatenmark

1 EL Pernod oder anderer Alkohol mit Anisgeschmack

FÜR DIE CROÛTONS

1 Baguette

Olivenöl zum Einpinseln

FÜR DIE ROUILLE

1 rote Chilischote, Samen entfernt

4 Knoblauchzehen, geschält

175 ml Mayonnaise

1 TL Tomatenmark

Cayennepfeffer (nach Belieben)

VORBEREITEN VON FISCH, MARINADE UND BRÜHE

1 Die Fische innen und außen waschen und trocken tupfen. Weißfleischige Fische und Fettfische getrennt in 5 cm große Stücke schneiden, Köpfe und Schwänze gründlich gewaschen für die Brühe beiseitelegen.

2 Die Hälfte des Safrans in einem Schälchen mit 2 EL kochendem Wasser 10 Min. einweichen. 2 Knoblauchzehen schälen und fein hacken, mit Safran samt Einweichflüssigkeit und 3 EL Olivenöl verrühren.

3 Die Fischstücke getrennt in zwei Schüsseln legen. Jeweils die Hälfte der Safranmarinade unterrühren und die Fischstücke zugedeckt 1-2 Std. im Kühlschrank ziehen lassen.

4 Für die Brühe Fischköpfe und -schwänze knapp mit Wasser bedeckt aufkochen, 20 Min. köcheln lassen, die Brühe abseihen.

ZUBEREITEN DER SUPPE

5 Mit einem Sparschäler einen breiten Streifen Orangenschale abschneiden. Die restlichen Knoblauchzehen schälen und grob hacken. Den restlichen Safran 10 Min. in 3-4 EL kochendem Wasser einweichen.

6 Das restliche Öl in einem Schmortopf erhitzen. Zwiebeln, Lauch, Sellerie und Fenchel darin unter Rühren 5-7 Min. anbraten. Tomaten, Orangenschale, Knoblauch und Petersilie dazugeben.

7 Das Bouquet garni an einen Henkel gebunden in den Topf hängen. Die Fischbrühe angießen, den Safran samt seiner Flüssigkeit dazugeben, mit Salz und Pfeffer würzen. 30-40 Min. köcheln lassen, bis die Suppe dickflüssig ist und einen milden Geschmack entwickelt hat, zwischendurch gelegentlich umrühren.

ZUBEREITEN VON CROÛTONS UND ROUILLE

8 **Den Backofen auf 180 °C vorheizen.** Das Baguette in 2 cm dicke Scheiben schneiden und auf einem Blech verteilen. Mit einem Backpinsel etwas Olivenöl auf die Scheiben streichen, dann wenden und auch auf der Rückseite einpinseln. Im heißen Ofen 10–12 Min. rösten, zwischendurch das Backblech drehen und häufiger nachsehen, ob alle Scheiben gleichmäßig bräunen und nichts anbrennt. Vorzeitig gebräunte Scheiben sofort herausnehmen.

9 **Für die Rouille** Chilischote, Knoblauch, Salz und Pfeffer in der Küchenmaschine fein zerkleinern. Mayonnaise und Tomatenmark dazugeben und zu einer glatten Masse verarbeiten. Abschmecken und nach Belieben mit Cayennepfeffer würzen, dabei aber bedenken, dass die Sauce zwar scharf, aber nicht zu feurig sein sollte. Zugedeckt bis zum Servieren kalt stellen.

FERTIGSTELLEN UND SERVIEREN

10 **Die Suppe wieder zum Kochen bringen.** Die Fettfische darin 7 Min. garen, dabei den Schmortopf von Zeit zu Zeit schwenken, damit nichts am Boden ansetzt, aber nicht umrühren, sonst zerfällt der Fisch.

11 **Die weißfleischigen Fische dazugeben,** dabei die zartesten Stücke obenauf legen, damit sie am sanftesten garen. Etwa 5–8 Min. köcheln, bis alle Fischstücke gar sind und sich leicht mit einer Gabel zerteilen lassen. Falls nötig etwas Wasser nachgießen; der Fisch sollte knapp bedeckt sein, gleichzeitig darf die Suppe aber nicht zu dünn und wässrig werden.

12 **Bouquet garni und Orangenschale herausnehmen,** Tomatenmark und Pernod unterrühren. Die Bouillabaisse abschmecken und sofort servieren: Die Brühe über die Croûtons schöpfen, Fischstücke und Rouille separat servieren.

Stubenküken mit Pilzsauce

PERFEKT FÜR EIN ROMANTISCHES ESSEN

zu zweit: Die aufgeschnittenen und flach gedrückten Vögelchen brutzeln zügig unter dem Grill. Das Aufschneiden klappt am besten mit einer Geflügelschere, zur Not tut es aber auch eine stabile Küchenschere. Falls Sie keine Stubenküken bekommen, können Sie stattdessen auch ein Hähnchen verwenden, Sie müssen es beim Grillen aber häufiger mit Butter bestreichen, damit es schön saftig bleibt. Dazu passt junger Blattspinat und knuspriges Baguette.

PERSONEN	ZUBEREITUNG	GARZEIT
2	30-40 MIN.	35-40 MIN.

Zutaten

FÜR DIE STUBENKÜKEN

2 Stubenküken

Öl für den Grillrost

30 g Butter

Salz und Pfeffer

1 EL Dijonsenf

15 g Semmelbrösel

FÜR DIE PILZSAUCE

60 g Butter

15 g Mehl

150 g Champignons, in Scheiben geschnitten

2 Schalotten, fein gehackt

1 Knoblauchzehe, fein gehackt

4 EL halbtrockener Weißwein

4 EL Weißweinessig

1½ EL Dijonsenf (nach Belieben)

375 ml Hühnerbrühe

VORBEREITEN DER STUBENKÜKEN

1 **Ein Stubenküken** mit der Brust nach unten auf die Arbeitsfläche legen. Mit der Geflügelschere zu beiden Seiten des Rückgrats entlangschneiden und den Knochen herauslösen. Danach lose Hautlappen und die Flügelspitzen abschneiden.

2 **Den Körper aufklappen,** das Gabelbein entfernen. Die Innenseite des Stubenkükens mit Küchenpapier abreiben.

3 **Umdrehen und mit dem Handballen** das Brustbein flach drücken. Die Unterschenkel Richtung Bauch biegen. Einen kleinen Schnitt in die Haut zwischen Keulen und Bauch machen, die Unterschenkel hindurchstecken und eng an den Körper drücken.

4 **Je einen Spieß** durch Flügel und Keulen stechen, um das Stubenküken in seiner flachen Position zu halten. Die Schritte 1 bis 4 für das zweite Küken wiederholen.

GRILLEN DER STUBENKÜKEN

5 **Den Backofengrill vorheizen.** Den Grillrost großzügig mit Öl einfetten. Die Butter in einem kleinen Topf zerlassen und die Stubenküken gleichmäßig damit einpinseln. Kräftig mit Salz und Pfeffer würzen. Den Rest der Butter zum Bestreichen während des Grillens bereithalten.

6 **Die Stubenküken mit der Haut nach oben** auf den Grillrost legen. In 7–8 cm Abstand von den Heizstäben etwa 15 Min. grillen, zwischendurch einmal mit Butter bestreichen. Wenden, die Unterseite der Stubenküken mit Butter bestreichen und weitere 10 Min. grillen.

7 **Nochmals wenden,** sodass die Brust wieder oben liegt. Mit Senf bestreichen, die Semmelbrösel darüberstreuen und nochmals 10 Min. grillen. Falls die Stubenküken zu schnell bräunen, aber noch nicht gar sind, das Gitter auf eine der unteren Schienen des Ofens versetzen.

ZUBEREITEN DER PILZSAUCE

8 **30 g Butter und das Mehl** mit einer Gabel verkneten. 15 g Butter in einem Topf zerlassen. Die Pilze darin unter gelegentlichem Rühren 3–5 Min. anbraten, bis sie leicht gebräunt sind.

9 **Die restlichen 15 g Butter** in einem zweiten Topf zerlassen. Schalotten und Knoblauch darin anschwitzen. Wein und Essig angießen und köcheln lassen, bis sie auf 2 EL eingekocht sind.

10 **Senf und Brühe unterrühren.** Die Pilze dazugeben und 5 Min. köcheln lassen. Die Mehlbutter in kleinen Portionen nach und nach unterrühren, bis die Sauce einen Löffelrücken überzieht. Abschmecken.

11 **Die Spieße aus den Stubenküken herausziehen.** Die Stubenküken auf vorgewärmten Tellern anrichten, etwas Sauce darüberlöffeln, den Rest separat servieren.

Forellen mit Orangen-Senf-Glasur

IM GANZEN GEGRILLTER FISCH ist ein Traum für Köche: Schnell gemacht und leicht serviert. Besonders gut eignen sich kleinere Fische. Man kann sie sowohl im Backofen als auch auf dem offenen Grill zubereiten, allerdings sollte man kein zu intensiv riechendes Feuerholz verwenden, damit der zarte Eigengeschmack der Forellen nicht überdeckt wird. Die Glasur kann man gut im Voraus zubereiten.

PERSONEN 6   **ZUBEREITUNG** 15–20 MIN.   **GARZEIT** 20–30 MIN.

Zutaten

FÜR DIE FORELLEN

6 Forellen (à etwa 375 g), durch die Kiemen ausgenommen

6–8 Stängel Estragon

3–4 EL Pflanzenöl für den Grillrost

3 milde weiße Zwiebeln, in 1 cm dicke Scheiben geschnitten

250 g Champignons

3 reife Tomaten, halbiert, Stielansätze entfernt

FÜR DIE GLASUR

4 EL Dijonsenf

2 TL Honig

Saft von 2 Orangen

4 EL neutrales Pflanzenöl

Salz und Pfeffer

VORBEREITEN DES FISCHS

1 **Überprüfen, ob die Forellen** wirklich durch die Kiemen ausgenommen wurden. Ist der Bauch aufgeschlitzt, kann sich der Fisch beim Grillen zusammenrollen. In diesem Fall die Bauchlappen vor dem Grillen mit einem Spieß zusammenstecken. Die Fische innen und außen waschen und trocken tupfen. In jede Seite drei bis vier diagonale, 1 cm tiefe Schlitze schneiden.

2 **Die Estragonblätter von den Stängeln zupfen,** in jeden Schlitz 1 Blatt stecken. Die Fische bis zum Grillen kühl aufbewahren.

ZUBEREITEN DER GLASUR

3 **Senf und Honig in einer Schüssel** sorgfältig verrühren. Den Orangensaft unterschlagen, bis alles gleichmäßig vermengt ist. Weiter mit dem Schneebesen oder Quirl schlagen und dabei langsam das Öl einfließen lassen, bis die Flüssigkeit leicht emulgiert. Mit Salz und Pfeffer würzen. Zum Abschmecken nach Belieben noch Senf, Honig oder Orangensaft dazugeben, bis die Aromen perfekt im Gleichgewicht sind. Bei der Zugabe von Senf allerdings bedenken, dass zu viel Schärfe den zarten Geschmack der Forellen überdeckt.

GRILLEN VON GEMÜSE UND FISCH

4 **Den Grill vorheizen.** Den Grillrost großzügig mit Öl einfetten. Zwiebelscheiben und Champignons darauf anordnen, mit etwas Glasur bestreichen und würzen. Mit 7–8 cm Abstand von der Hitzequelle grillen, zwischendurch wenden und nochmals mit Glasur bestreichen. Die Champignons brauchen etwa 3 Min., die Zwiebeln 5–7 Min. Vom Rost nehmen und warm halten.

5 **Die Tomaten** mit der Haut zur Hitzequelle zeigend 5–7 Min. grillen, bis sie warm und leicht gebräunt sind. Nicht wenden. Ebenfalls vom Rost nehmen und warm halten.

6 **Die Fische,** je nach Größe portionsweise, auf den Rost legen. Mit Glasur bestreichen, mit Salz und Pfeffer würzen. 4–7 Min. grillen, bis sie gebräunt sind, dann vorsichtig wenden und erneut mit Glasur bestreichen.

FERTIGSTELLEN UND SERVIEREN

7 Je nach Größe und Temperatur 4–7 Min. weitergrillen, bis sich das Fleisch beim Einstechen mit einer Gabel blättrig teilt und auch nahe der Mittelgräte nicht mehr glasig ist. Die Faustregel für die Garzeit lautet: Pro 2,5 cm Fleisch an der dicksten Stelle müssen 10 Min. Gesamtgarzeit veranschlagt werden. Falls die Forellen auf einem offenen Grill zubereitet werden, dürfen sie nicht zu nahe an der Hitzequelle und zu heiß gegrillt werden, sonst verkohlt die Haut, bevor das Fleisch gar ist.

8 Die fertig gegrillten Fische mit dem Grillgemüse auf vorgewärmten Tellern anrichten, etwas von der restlichen Glasur darüberträufeln und sofort servieren.

 VARIANTE: Gegrillte Kabeljausteaks mit Kräuterbutter

Fisch aus Aquakultur schont die gefährdeten Wildbestände.

1 Statt der Glasur Kräuterbutter zubereiten: 1 Schalotte und die Blätter von 8–10 Stängeln Petersilie hacken. 75 g weiche Butter mit Schalotten, Petersilie, Saft von ½ Zitrone, Salz und Pfeffer verrühren. Auf ein Stück Backpapier streichen, zu einer Rolle formen, die Enden zusammendrehen und kalt stellen.

2 Sechs Kabeljausteaks waschen und trocken tupfen. Mit 3–4 EL Olivenöl einpinseln, würzen und 3–5 Min. auf jeder Seite grillen. Nach dem Wenden nochmals mit Öl einpinseln und würzen.

3 Die Kräuterbutter aufschneiden und zum Servieren auf die Steaks legen.

Knoblauchhähnchen

JE LÄNGER KNOBLAUCH GART, desto milder wird sein Geschmack. Hier verkocht er mit gehackten Tomaten und Rotweinessig sogar zu einer sämigen Sauce. Lassen Sie sich also nicht von der unglaublichen Menge an Knoblauch abschrecken: Ihre Gäste werden den verwegenen Geschmack dieses Gerichts lieben. Statt Rotweinessig können Sie auch Kräuteressig oder andere aromatische Sorten verwenden, jede bringt ihre besondere Note mit.

PERSONEN	ZUBEREITUNG	GARZEIT
4	15–20 MIN.	1–1¼ STD.

Zutaten

1 Hähnchen (etwa 1,5 kg), in 6 Teile zerlegt (s. S. 184), oder 6 Hähnchenteile

Salz und Pfeffer

1 EL neutrales Pflanzenöl

100 g Butter

15 ungeschälte Knoblauchzehen

250 ml Rotweinessig oder anderer Essig (hier kann die Menge variieren, bei Balsamico-Essig genügen 125 ml)

1 EL Tomatenmark

1 Bouquet garni aus 5–6 Stängeln Petersilie, 2–3 Zweigen Thymian, 1 Lorbeerblatt

2 Tomaten, grob gehackt

250 ml Hühnerbrühe

ANBRATEN VON FLEISCH UND KNOBLAUCH

1 **Das Fleisch mit Salz und Pfeffer würzen.** Das Öl und 15 g Butter in einer Schmorpfanne bei mittlerer Temperatur erhitzen, bis die Butter schäumt. Die Hähnchenkeulen mit der Hautseite nach unten hineinlegen und etwa 5 Min. anbraten, bis sie Farbe annehmen.

2 **Die Bruststücke dazugeben.** Weitere 10–15 Min. sanft braten, bis das Fleisch gut gebräunt ist. Wenden und die Unterseiten ebenfalls bräunen.

3 **Die ungeschälten Knoblauchzehen** dazugeben. Die Pfanne sanft schwenken, um den Knoblauch zwischen den Fleischstücken zu verteilen. In der geschlossenen Pfanne bei geringer Hitze 20 Min. garen.

SCHMOREN DES HÄHNCHENS

4 **Den Essig unterrühren** und ohne Deckel etwa 10 Min. köcheln lassen, bis die Flüssigkeit auf die Hälfte eingekocht ist. Das Tomatenmark dazugeben und mit einem Kochlöffel gut verrühren. Kurz köcheln lassen, damit das Tomatenmark seinen rohen Geschmack verliert, dabei weiter kräftig rühren, damit es nicht ansetzt. Bouquet garni und gehackte Tomaten ebenfalls in die Pfanne geben.

5 **Den Deckel wieder auflegen** und die Hähnchenteile weitere 5–10 Min. köcheln lassen, bis sie gar sind: Für die Garprobe eine Fleischgabel hineinstechen: der austretende Fleischsaft sollte klar sein. Sollten noch rötliche Spuren darin sein, einige weitere Minuten schmoren. Eventuell schon früher durchgegarte Teile herausnehmen und mit Alufolie bedeckt warm halten. Dabei den Backofen nicht zu stark heizen, denn vor allem das Brustfleisch wird rasch trocken.

ZUBEREITEN DER KNOBLAUCHSAUCE

6 **Die fertigen Hähnchenteile aus der Pfanne nehmen** und im schwach geheizten Backofen warm halten. Die Brühe in die Pfanne gießen und 3–5 Min. lebhaft einkochen, dabei kräftig mit einem Kochlöffel rühren, um die Röststoffe vom Pfannenboden zu lösen. Den gesamten Inhalt aus der Schmorpfanne durch ein Sieb in einen Topf streichen, dabei die Knoblauchzehen kräftig ausdrücken.

7 **Die restliche Butter würfeln.** Die Flüssigkeit im Topf kurz aufkochen, dann vom Herd nehmen und die Butter nach und nach kräftig mit dem Schneebesen unterschlagen. Falls die Sauce dadurch zu kalt wird, zwischendurch wieder erwärmen, aber nicht mehr kochen lassen, denn die Butter darf sich nicht völlig verflüssigen. Die Sauce wird allmählich dickflüssiger und beginnt zu glänzen. Zum Schluss abschmecken. Die Hähnchenteile auf vorgewärmten Tellern anrichten und großzügig mit der Sauce übergießen. Den Rest der Sauce separat servieren. Dazu passt gedämpfter Brokkoli.

 VARIANTE: Knoblauchperlhuhn mit Brombeeren

Die herben Beeren unterstreichen den Wildgeschmack.

1 Das Perlhuhn in 6 Teile zerlegen oder vom Geflügelhändler zerlegen lassen. Wie beschrieben anbraten, dann den Knoblauch dazugeben.

2 Den Rotweinessig weglassen, stattdessen 120 ml Sherryessig unterrühren. Wie beschrieben einkochen, dann das Bouquet garni dazugeben, Tomatenmark und Tomaten entfallen. Das Perlhuhn wie beschrieben schmoren, bis alle Teile gar sind, dann herausnehmen und warm halten.

3 Die Brühe angießen und wie beschrieben einkochen, dann durch ein Sieb streichen und die Knoblauchzehen ausdrücken. Die Butter unterschlagen. 120 g Brombeeren verlesen und nur bei Bedarf waschen. Die Beeren in der Sauce erhitzen. Zum Schluss abschmecken, nach Geschmack etwas Zucker zugeben. Die Sauce über das Fleisch gießen und servieren.

Herzhafte Seelenwärmer

Heimelige Gerichte, die
jeden Hunger stillen

Hochrippe mit Yorkshirepudding

DER TRADITIONELLE ENGLISCHE SONNTAGSBRATEN wird aus einem Stück Hochrippe zubereitet und mit lockeren Eierküchlein serviert. Um diesen saftigen Braten aufzuschneiden, setzt man ihn aufrecht auf ein Schneidebrett, hält ihn mit einer Fleischgabel und schneidet das Fleisch möglichst ohne Verlust von den Knochen, bevor man es auf der Seite liegend in Scheiben teilt.

PERSONEN 6–8   **ZUBEREITUNG** 25–30 MIN.   **GARZEIT** 1¼–2¼ STD.

300 ml Milch

eventuell Pflanzenöl

Zutaten

FÜR DEN YORKSHIREPUDDING

180 g Mehl

2 Eier, verquirlt

Salz und Pfeffer

FÜR BRATEN UND SAUCE

2 kg Rindfleisch von der Hochrippe am Knochen (2 Rippen)

1–2 EL Mehl

500 ml Rinderbrühe

VORBEREITEN DES YORKSHIREPUDDINGS

1 **Das Mehl in eine Teigschüssel sieben.** Eine Vertiefung in die Mitte drücken, die verquirlten Eier, etwas Salz und Pfeffer hineingeben.

2 **Langsam die Milch angießen** und mit dem Schneebesen unterrühren, sodass ein glatter Teig entsteht. 90 ml Wasser hinzufügen. Den Teig zugedeckt bei Zimmertemperatur mindestens 15 Min. quellen lassen.

ZUBEREITEN DES BRATENS

3 **Den Backofen auf 230 °C vorheizen.** Das Fleisch mit Salz und Pfeffer würzen, mit den Rippen nach oben in einen Bräter setzen und 15 Min. anbraten. Die Temperatur auf 180 °C reduzieren und den Braten weitere 50 Min. im Ofen lassen, wenn er innen blutig bleiben soll, nach 65 Min. ist er rosa. Zwischendurch häufig mit Bratensaft begießen.

4 **Für die Garprobe einen Metallspieß** in die Mitte des Bratens stechen und nach 30 Sek. mit einer raschen Bewegung herausziehen. Bei blutig gebratenem Fleisch fühlt er sich schwach lauwarm an (entspricht 52 °C auf dem Fleischthermometer), bei rosa gebratenem warm (60 °C auf dem Fleischthermometer).

5 **Das Fleisch herausnehmen** und locker mit Alufolie bedeckt warm halten, während Yorkshirepudding und Sauce zubereitet werden. Den Bräter etwas kippen, das Fett mit einem großen Löffel abschöpfen und beiseitestellen.

ZUBEREITEN VON YORKSHIREPUDDING UND SAUCE

6 Die Ofentemperatur auf 230°C erhöhen. Je 1 TL Bratenfett in zwölf gefettete kleine Auflaufförmchen oder in die Vertiefungen eines Muffin-blechs geben. Falls das Fett nicht ausreicht, mit Pflanzenöl weitermachen. Die Förmchen etwa 5 Min. kräftig im heißen Ofen vorheizen. Herausnehmen und jeweils zur Hälfte mit Teig füllen. Bei der Berührung mit dem heißen Fett zischt der Teig. 15–20 Min. backen, bis der Teig aufgegangen und goldbraun ist. Dabei den Backofen nicht öffnen, sonst fallen die Eierküchlein zusammen.

7 In der Zwischenzeit für die Bratensauce 1–2 EL Mehl zu dem Bratensatz im Bräter geben und unter Rühren 2–3 Min. dunkel anrösten. Mit der Rin-derbrühe ablösen und zum Kochen bringen. Unter Rühren 2 Min. köcheln lassen. Die Sauce durch ein Sieb gießen und abschmecken.

8 Den Braten aufschneiden (siehe Einleitungstext) und mit Yorkshire-pudding und eventuell einer Gemüsebeilage auf vorgewärmten Tellern anrichten. Die Bratensauce separat servieren.

 VARIANTE: Rinderbraten Pebronata

Ein Rezept aus Korsika mit einer fruchtigen Tomaten-Paprika-Sauce.

1 Das Hochrippenstück wie beschrieben braten. 1 Zwiebel, 4 Knoblauch-zehen, Blätter von 3 Zweigen Thymian und 3 Stängeln Petersilie hacken. 3 rote Paprikaschoten grillen, häuten, Scheidewände und Samen entfernen.

2 In einem Topf 2 EL Olivenöl erhitzen. Zwiebeln, Knoblauch und Kräuter darin anbraten. 2 Dosen Tomatenstücke (à 400 g) unterrühren und 25 Min. köcheln lassen. In einem zweiten Topf 2 EL Öl erhitzen. Paprika, 1 Lorbeer-blatt und 4 Wacholderbeeren darin 10 Min. sanft garen. 2 EL Mehl darüber-streuen und anschwitzen, die Tomaten unterrühren, 10 Min. köcheln und eindicken lassen, dann 250 ml Rotwein dazugeben.

3 Das Fleisch mit Alufolie bedeckt ruhen lassen. Fett aus dem Bräter abschöp-fen, den Bratensatz unter Rühren mit weiteren 250 ml Rotwein loskochen. Durch ein Sieb zur Pebronata-Sauce gießen, umrühren und abschmecken.

Chili con carne

IN DER ORIGINALVERSION dieses Tex-Mex-Klassikers werden die Bohnen extra serviert – so auch in diesem Rezept. Wenn Sie mögen, können Sie sie aber auch unter das Fleisch mischen. So oder so ist Chili genau das richtige Essen für einen kalten Abend. Richtig texanisch schmeckt's mit Maisbrot (s. S. 386).

PERSONEN	ZUBEREITUNG	GARZEIT
6	35–40 MIN.	2½–3 STD.

Zutaten

3 Knoblauchzehen

2–4 getrocknete rote Chilischoten

3 EL neutrales Pflanzenöl

1,5 kg Rindfleisch zum Schmoren, 1 cm groß gewürfelt

3 Zwiebeln, gehackt

2 Dosen Tomatenstücke (à 400 g)

5–6 Stängel Oregano, Blätter gehackt, ersatzweise 1 EL getrockneter Oregano

2 EL Cayennepfeffer

1 EL Paprikapulver

2 TL gemahlener Kreuzkümmel

1–2 TL Tabasco

Salz und Pfeffer

1 EL Maismehl

2 Dosen rote Kidneybohnen (à 400 g)

ZERKLEINERN VON KNOBLAUCH UND CHILIS

1 **Die ungeschälten Knoblauchzehen** nacheinander unter die flache Klinge eines großen Messers legen. Mit der Faust daraufdrücken, dann die Schale ablösen und den Knoblauch fein hacken.

2 **Von den Chilischoten** die Stielansätze entfernen. Die Schoten längs aufschlitzen und die Samen herauskratzen. Den Rest fein hacken oder zerbröseln. Wer es besonders scharf mag, verwendet die Samen ganz oder teilweise mit.

ZUBEREITEN DES CHILI CON CARNE

3 **Die Hälfte des Öls** in einem Schmortopf erhitzen. Etwa ein Viertel des Fleischs darin bei hoher Temperatur unter Rühren kräftig anbraten, bis es gebräunt ist. Mit dem Schaumlöffel herausnehmen und auf einen Teller legen. Das restliche Fleisch in drei weiteren Portionen anbraten, falls nötig Öl dazugeben.

4 **Das gesamte Fleisch mit dem ausgetretenen Saft** zurück in den Schmortopf füllen. Zwiebeln, Knoblauch und Tomaten dazugeben und unter Rühren 8–10 Min. köcheln, bis die Zwiebeln knapp gar sind.

5 **500 ml Wasser angießen.** Chilischoten, Oregano, Cayennepfeffer, Paprika, Kreuzkümmel, Tabasco, Salz und Pfeffer unterrühren. Bis zum Siedepunkt erhitzen und zugedeckt 2–2½ Std. köcheln lassen, bis das Fleisch sehr weich geworden ist. Gelegentlich umrühren.

6 **Etwa 30 Min. vor Ende der Garzeit** das Maismehl unterrühren. Das Chili sollte jetzt sehr dickflüssig sein. Abschmecken und heiß mit den erwärmten Bohnen und frisch gekochtem Reis servieren.

Kräuterbrathähnchen

DAS KLASSISCHE, KNUSPRIGE BRATHÄHNCHEN, aromatisiert durch mediterrane Kräuter im Inneren. Manchmal sind die einfachsten Dinge eben die besten – vor allem, wenn man nicht an einem richtig guten Hähnchen spart! Je mehr Butter Sie zum Braten verwenden, desto gehaltvoller wird der Bratensaft. Dazu passen geröstete Kartoffelschnitze: außen knusprig und innen weich.

PERSONEN	ZUBEREITUNG	GARZEIT
4-6	20-30 MIN.	1-1¼ STD.

Zutaten

1 Hähnchen (etwa 2 kg)

Salz und Pfeffer

2-3 große Zweige Thymian

2-3 große Zweige Rosmarin

1 Lorbeerblatt

60-75 g Butter

500 ml Hühnerbrühe

VORBEREITEN DES HÄHNCHENS

1 Den Backofen auf 220 °C vorheizen. Das Hähnchen innen und außen abspülen und mit Küchenpapier trocken tupfen. Um später das Tranchieren zu vereinfachen, das Gabelbein entfernen. Das Hähnchen innen und außen mit Salz und Pfeffer würzen. Die Kräuter in die Bauchhöhle stecken.

2 Mit der Brust nach oben hinlegen, die Keulen nach hinten und unten drücken. Nahe der Kniegelenke einen langen Metallspieß durch Rumpf und beide Keulen stecken. Das Hähnchen umdrehen, Haut über die Halsöffnung ziehen, die Flügelspitzen darüberlegen und beides mit einem zweiten Spieß fixieren. Die Enden der Keulen mit einem Stück Küchengarn zusammenbinden.

BRATEN IM OFEN

3 Mit der Brust nach oben in einen Bräter legen. Die Butter in Scheiben auf der Brust verteilen. Im vorgeheizten Ofen 1-1¼ Std. braten, alle 10-15 Min. mit dem Bratensaft begießen.

4 Wenn die Brust braun geworden ist, das Hähnchen wenden, so bleibt das Brustfleisch schön saftig. Etwa 15 Min. vor Ende der Garzeit erneut wenden. Das fertig gebratene Hähnchen auf ein Schneidebrett legen und mit Alufolie bedeckt warm halten.

ZUBEREITEN DER BRATENSAUCE

5 Die Brühe in den Bräter gießen. Auf dem Herd unter Rühren die Bratrückstände lösen und kochen lassen, bis die Sauce genügend eingekocht und der Geschmack konzentriert ist. Abschmecken, durch ein Sieb gießen und warm zu dem tranchierten Hähnchen servieren.

Lamm mit Fenchelgemüse

IN EINEM PÄCKCHEN AUS BACKPAPIER gart das zarte Lammfleisch im eigenen Saft. So entsteht mit einem Minimum an Fett ein Maximum an Geschmack: Den goldbraunen Päckchen entströmt ein würziger Duft mit feinem Fenchelaroma.

PERSONEN	ZUBEREITUNG	GARZEIT
4	25-30 MIN.	35-40 MIN.

Zutaten

1 kg Fenchelknollen	3 EL Pastis (Anisbranntwein)
4 EL Olivenöl	Salz und Pfeffer
2 Knoblauchzehen, fein gehackt	4 ausgelöste Lammkoteletts, je 2-3 cm dick (à etwa 150 g)
1 Dose Tomatenstücke (400 g)	zerlassene Butter zum Einpinseln
	1 Ei

ZUBEREITEN DES FENCHELS

1 Von den Fenchelknollen die Wurzelscheibe und die harte äußere Schicht entfernen. Etwas Fenchelgrün zum Garnieren beiseitelegen. Die Knollen in feine Streifen schneiden.

2 In einer Pfanne die Hälfte des Öls erhitzen. Fenchel und Knoblauch 6-8 Min. darin anbraten, bis der Fenchel weich wird.

3 Drei Viertel der Tomaten, Pastis, Salz und Pfeffer dazugeben und unter gelegentlichem Rühren 20-25 Min. köcheln lassen, bis der Großteil der Flüssigkeit verdampft ist. Zum Schluss abschmecken.

VORBEREITEN DES FLEISCHS

4 In der Zwischenzeit die dünnen Enden von den Koteletts abtrennen, das Fleisch würzen. Das restliche Öl in einer zweiten Pfanne erhitzen und alle Fleischteile bei hoher Temperatur 1-2 Min. kräftig anbraten, bis sie schön gebräunt sind. Wenden und die Rückseiten ebenfalls anbraten.

VORBEREITEN DER PÄCKCHEN

5 Ein großes Stück Backpapier (etwa 30 x 37 cm) auf die Hälfte zusammenfalten. Einen Bogen aufzeichnen, der beim Auseinanderfalten ein Herz ergibt, das rings um ein Lammkotelett einen 7-8 cm breiten Rand lässt.

6 Das Herz mit einer Schere ausschneiden. Nach diesem Muster drei weitere Herzen zuschneiden. Auseinanderfalten und mit zerlassener Butter einpinseln, dabei einen 2-3 cm breiten Rand lassen. Das Ei aufschlagen und mit ½ TL Salz verquirlen. Die Ränder der Papierherzen damit bestreichen.

FÜLLEN UND GAREN DER PÄCKCHEN

7 Den Backofen auf 190 °C vorheizen. Ein Bett aus Fenchelgemüse auf jeweils eine Hälfte der Papierherzen löffeln.

8 Je 1 Lammkotelett samt dem dünnen Ende auf das Fenchelgemüse legen. Etwas von den zurückbehaltenen Tomatenstücken darüberlöffeln und je 1 Stück Fenchel darauflegen.

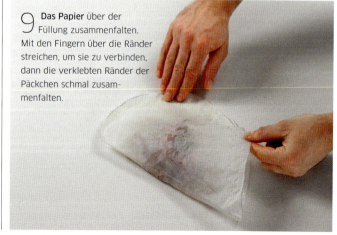

9 Das Papier über der Füllung zusammenfalten. Mit den Fingern über die Ränder streichen, um sie zu verbinden, dann die verklebten Ränder der Päckchen schmal zusammenfalten.

10 **Die Enden der Päckchen** zusammendrehen. Die fertigen Päckchen auf einem Backblech 10–15 Min. in den heißen Ofen schieben, bis sie braun und aufgebläht sind. Sofort servieren und bei Tisch öffnen.

VARIANTE: Lamm mit Lauchgemüse

Ein wenig süßlich und mit mediterranen Kräutern gewürzt.

1 Den Fenchel durch 500 g Lauch ersetzen. Wurzelscheibe und harte, grüne Blätter entfernen. Die Stangen längs aufschlitzen, sorgfältig waschen, gründlich abtropfen lassen und in Ringe schneiden.

2 Vier kleinere Zweige Rosmarin oder Thymian zurücklegen. Die Blätter von 3–5 weiteren Zweigen abstreifen und fein hacken. Das Öl in einer Pfanne erhitzen. Lauch, Knoblauch, alle Tomaten, 125 ml trockenen Weißwein, Salz und Pfeffer dazugeben. Wie beschrieben garen, den Pastis jedoch weglassen. Die gehackten Kräuter zum Schluss unterrühren.

3 Das Fleisch anbraten, die Päckchen füllen, zusätzlich je 1 Rosmarin- oder Thymianzweig auf das Fleisch legen. Wie beschrieben braten und servieren.

Nasi goreng

EIN KLASSIKER DER INDONESISCHEN KÜCHE
und viel mehr als nur eine Resteverwertung für
übrig gebliebenen Reis. Nasi goreng ist wunderbar
leicht und sehr vielseitig. Für eine vegetarische Version zum Beispiel ersetzt man Hähnchenfleisch und
Garnelen durch Tofu und gemischtes Gemüse. Ein
weiterer Vorteil: Wenn Reis und Chili-Zwiebel-Paste
schon am Vortag zubereitet werden, ist das Essen in
Windeseile gekocht.

PERSONEN 4	**ZUBEREITUNG** 40–45 MIN. + WARTEZEIT	**GARZEIT** 10–15 MIN.

Zutaten

250 g Langkornreis	3 EL Öl
1 Zwiebel, fein gehackt	125 g rohe, geschälte Garnelen
1 Knoblauchzehe, grob gehackt	1 Hähnchenbrustfilet (etwa 175 g), in sehr feine Streifen geschnitten
1 TL Garnelenpaste	2 Frühlingszwiebeln, schräg in feine Ringe geschnitten
1 TL Chiliflocken	2 EL süße Sojasauce, ersatzweise 2 EL dunkle Sojasauce, mit etwa 1 EL braunem Zucker verrührt
2 Eier	Salz

ZUBEREITEN DES REISES

1 **Den Reis in einer großen Schüssel mit kaltem Wasser bedecken.** Mit den Fingern rühren, bis das Wasser milchig-weiß getrübt ist. Abschütten und den Vorgang noch ein- bis zweimal wiederholen, bis das Wasser recht klar bleibt. Den Reis in einem Sieb abtropfen lassen.

2 **Den abgetropften Reis** in einem Topf mit 500 ml Wasser bedecken. Bei hoher Temperatur zum Kochen bringen. Umrühren, einen Deckel auf-legen und den Reis bei geringer Temperatur etwa 15 Min. köcheln lassen, bis er das Wasser aufgenommen hat.

3 **Vom Herd nehmen und mit geschlossenem Deckel** noch weitere 15 Min. quellen lassen, dann mit einer Gabel auflockern. Den Reis gleichmäßig auf einem Backblech verteilen, sodass der Dampf entweicht und der Reis rasch auf Raumtemperatur abkühlt.

ZUBEREITEN DER CHILI-ZWIEBEL-PASTE

4 **Die gehackte Zwiebel im Mörser zerstoßen.** Knoblauch, Garnelenpaste und Chiliflocken dazugeben und alles zu einer groben Paste verarbeiten. Alternativ kann man die Paste in der Küchenmaschine zubereiten.

ZUBEREITEN DER OMELETTSTREIFEN

5 **Die Eier verquirlen.** Einen Wok bei mittlerer Temperatur erhitzen. Boden und Wände mit 1 EL Öl benetzen. Nochmals gründlich erhitzen, dann die Eiermasse hineingießen.

6 **Den Wok rasch schwenken,** sodass sich die Eiermasse gleichmäßig darin verteilt. 1–2 Min. braten, bis das Omelett in der Mitte gestockt und an den Rändern knusprig ist. Wenden und auf der anderen Seite ebenfalls 15–30 Sek. braten. Auf ein Schneidebrett gleiten und etwas abkühlen lassen. Dann locker aufrollen und in 1 cm breite Streifen schneiden.

VORBEREITEN DER GARNELEN

7 **Garnelen am Rücken** mit einem spitzen Messer aufschlitzen, die dunklen Darmfäden entfernen. Garnelen abspülen und trocken tupfen.

PFANNENRÜHREN VON FLEISCH UND GARNELEN

8 **Den Wok** bei mittlerer Temperatur erhitzen. Boden und Wand mit 1 EL Öl benetzen. Erhitzen, dann die Chili-Zwiebel-Paste einrühren und etwa 30 Sek. anbraten, bis sie aromatisch duftet.

9 **Die Temperatur** auf höchste Stufe schalten und das Hähnchenfleisch 2–3 Min. pfan-nenrühren, bis es weiß ist.

10 **Die Garnelen dazugeben** und weitere 1–2 Min. pfannenrühren. Fleisch und Garnelen aus dem Wok in eine Schüssel heben und warm halten.

PFANNENRÜHREN VON REIS UND GEMÜSE

11 **Die Temperatur auf eine mittlere Stufe senken.** Das restliche Öl im Wok erhitzen. Den abgekühlten Reis pfannenrühren, bis die einzelnen Reiskörner nicht mehr aneinander haften. Dabei den Reis unentwegt, aber sanft mit einem flachen Löffel oder einer Wokkelle bewegen, sodass er nicht anbrennt, aber auch nicht zerdrückt wird. Einen Deckel auflegen und etwa 3 Min. garen, dabei ein- bis zweimal umrühren, damit der Reis am Wokboden nicht braun wird.

12 **Frühlingszwiebeln, Sojasauce und etwas Salz dazugeben** und nochmals etwa 1 Min. pfannenrühren, bis sich die Würze gut im Reis verteilt hat. Omelett, Hähnchenstreifen und Garnelen zurück in den Wok geben und bei hoher Temperatur 2–3 Min. pfannenrühren, bis alles wirklich dampfend heiß und gründlich vermengt ist. Die Zutaten beim Pfannenrühren sorgfältig, aber möglichst sachte bewegen, damit sie nicht bräunen oder anbrennen, aber auch nicht zerdrückt werden. Abschmecken, nach Bedarf noch etwas Sojasauce dazugeben. Das Nasi goreng sollte intensiv gewürzt und durch die Chiliflocken auch recht scharf sein. Sofort servieren.

Fish and Chips

DIE DOPPELT FRITTIERTEN KARTOFFELN sind innen luftig und außen knusprig und der leichte Hefe-Bier-Teig umhüllt den Fisch extra kross und lecker. Traditionell gehört zu diesem Klassiker der englischen Küche Sauce tartare, am besten selbst gemacht mit diesem unübertroffenen Rezept.

PERSONEN	ZUBEREITUNG	GARZEIT
4	45–50 MIN. + TEIGRUHE	20–25 MIN.

Zutaten

FÜR DIE SAUCE TARTARE

125 ml Mayonnaise

1 hart gekochtes Ei, grob gehackt

1 TL abgetropfte Kapern

2 Essiggurken, grob gehackt

1 kleine Schalotte, fein gehackt

2–3 Stängel Petersilie, Blätter gehackt

2–3 Stängel Kerbel oder Estragon, Blätter gehackt

FÜR FISCH UND POMMES FRITES

6 Kartoffeln (etwa 750 g)

Pflanzenfett zum Frittieren

30 g Mehl

Salz und Pfeffer

4 Kabeljaufilets (à etwa 180 g)

1 Zitrone, geachtelt

FÜR DEN AUSBACKTEIG

1½ TL Trockenhefe oder 10 g frische Hefe

150 g Mehl

1 EL neutrales Pflanzenöl

175 ml helles Bier

1 Eiweiß

ZUBEREITEN DER SAUCE TARTARE

1 Die Mayonnaise mit Ei, Kapern, Gürkchen, Schalotten und Kräuter verrühren und abschmecken. Bis zum Servieren zugedeckt kalt stellen.

VORBEREITEN VON KARTOFFELN UND TEIG

2 Die Kartoffeln schälen, Seiten und Enden begradigen. Die Kartoffeln der Länge nach in 1 cm breite Stifte schneiden. Für 30 Min. in kaltes Wasser legen, um ihnen Stärke zu entziehen, damit sie knuspriger werden. In der Zwischenzeit die Hefe mit 4 EL warmem Wasser anrühren und etwa 5 Min. ruhen lassen.

3 Das Mehl und 1 Prise Salz in eine Teigschüssel sieben. Eine Vertiefung in die Mitte drücken. Die Hefe, Öl und zwei Drittel des Biers hineingießen und zu einem glatten Teig verarbeiten. Das restliche Bier rasch unterrühren. Den Teig an einem warmen Ort etwa 30–35 Min. gehen lassen, bis er dick und schaumig geworden ist und die Hefe sichtbar arbeitet.

VORFRITTIEREN DER POMMES FRITES

4 Während der Teig geht, das Fett in einer Fritteuse auf 180 °C erhitzen. Die gewässerten Kartoffeln abgießen und sorgfältig mit Küchenpapier trocken tupfen.

5 Zunächst den leeren Frittierkorb im heißen Fett erhitzen, damit beim Frittieren später nichts anhaftet. Herausheben, die Kartoffelstifte hineingeben und vorsichtig ins Fett absenken. 5–7 Min. frittieren, bis die Kartoffeln knapp gar und nur ganz leicht gebräunt sind. Über der Fritteuse abtropfen lassen, dann auf einer mit Küchenpapier ausgelegten Platte verteilen.

FRITTIEREN DES FISCHS

6 Den Backofen schwach vorheizen. Das Fett in der Fritteuse auf 190 °C erhitzen. Das Mehl auf einen Teller geben und mit Salz und Pfeffer würzen. Die Fischfilets sorgfältig im Mehl wenden, sodass sie gleichmäßig überzogen sind.

7 Das Eiweiß in einer Schüssel steif schlagen, bis sich beim Herausziehen des Handrührgeräts feste Spitzen bilden. Den Eischnee mit einem Kochlöffel vorsichtig unter den Ausbackteig heben.

8 **Mit einer Fleischgabel** die Fischfilets nacheinander durch den Teig ziehen, sodass sie rundum eingehüllt sind. Herausheben und überschüssigen Teig 5 Sek. über der Schüssel abtropfen lassen.

9 **Danach die Filets** sofort in die Fritteuse geben und je nach Dicke 6-8 Min. goldbraun und knusprig frittieren.

FERTIGSTELLEN

10 **Den frittierten Fisch** auf einem mit Küchenpapier ausgelegten Backblech abtropfen lassen, locker mit Alufolie bedecken, damit er nicht austrocknet, und im Ofen warm halten.

11 **Die vorgegarten Pommes frites** zurück in den Frittierkorb geben und weitere 1-2 Min. frittieren, bis sie sehr heiß und schön braun geworden sind. Überschüssiges Fett auf Küchenpapier abtropfen lassen.

12 **Fischstücke und Pommes frites** auf vier vorgewärmte Teller verteilen. Die Pommes frites mit etwas Salz bestreuen. Die Teller mit den Zitronenspalten garnieren und sofort mit Sauce tartare servieren.

Pizza mit Zwiebeln und Gorgonzola

ZWIEBELN UND GORGONZOLA sind eine leckere Kombination, besonders auf diesem knusprigen, mit Maismehl zubereiteten Pizzaboden. Die roten Zwiebeln werden vorab langsam mit etwas Rotwein zu einer Art Chutney verarbeitet.

ERGIBT
6 PIZZAS

ZUBEREITUNG
40-45 MIN.
+ TEIGRUHE

BACKZEIT
15-20 MIN.

Zutaten

FÜR DEN TEIG

1½ TL Trockenhefe
oder 10 g frische Hefe

250 g Mehl (Type 550) sowie Mehl
zum Bestreuen

75 g Maismehl sowie Maismehl zum
Bestreuen

1 TL Salz

4 EL Olivenöl

FÜR DEN BELAG

2 EL Olivenöl

750 g rote Zwiebeln,
in feine Scheiben geschnitten

2 TL Zucker

Salz und Pfeffer

4 EL Rotwein

5-7 Stängel Oregano, Blätter fein
gehackt

175 g Gorgonzola

Salbeiblätter zum Garnieren
(nach Belieben)

ZUBEREITEN DES TEIGS

1 Die Hefe in einem Schälchen in 4 EL warmem Wasser auflösen. Etwa 5 Min. stehen lassen, zwischendurch einmal umrühren.

2 Das Mehl mit Maismehl und Salz auf die Arbeitsfläche häufen. Eine große Vertiefung in die Mitte drücken, 150 ml handwarmes Wasser, die Hälfte des Öls und die aufgelöste Hefe hineingießen.

3 Die flüssigen Zutaten mit den Fingerspitzen verrühren, dann mit der Hand nach und nach das Mehl einarbeiten, sodass ein glatter Teig entsteht. Er sollte weich und leicht klebrig sein.

4 Teig und Hände bemehlen und mit dem Kneten beginnen: Eine Hand hält den Teig in Position, der Ballen der anderen schiebt ihn vom Körper weg, danach wird er zusammengeklappt und um 90 Grad gedreht. Auf diese Weise 5-7 Min. kneten, bis der Teig glatt und elastisch ist und sich zu einer Kugel formen lässt. Sollte er während des Knetens an der Arbeitsfläche kleben bleiben, noch etwas Mehl zugeben.

5 Eine Schüssel mit dem restlichen Öl auspinseln. Den Teig darin einmal wenden, sodass er leicht mit Öl überzogen ist. Mit einem feuchten Tuch oder Frischhaltefolie bedeckt 1-1½ Std. an einem warmen Platz auf die doppelte Größe aufgehen lassen. Wenn die Spur eines sanft hineingedrückten Fingers sichtbar bleibt, ist er genügend aufgegangen.

ZUBEREITEN DER ZWIEBELN

6 Das Öl in einer Pfanne erhitzen. Zwiebeln, Zucker, Salz und Pfeffer dazugeben. Bei mittlerer Temperatur unter häufigem Rühren 5-7 Min. anbraten, bis die Zwiebeln weich und leicht gebräunt sind.

7 Den Wein angießen und köcheln lassen, bis er verdampft ist. Die Temperatur verringern und ein passend zugeschnittenes Stück Alufolie auf die Zwiebeln drücken. Dann die Pfanne mit einem Deckel schließen.

8 Auf kleinster Flamme unter gelegentlichem Rühren weitere 15–20 Min. garen, bis die Zwiebeln so weich sind, dass sie mit einem Löffel zerdrückt werden können. Abkühlen lassen, dann den Oregano unterrühren.

BELEGEN UND BACKEN DER PIZZAS

9 Den Backofen auf 230 °C vorheizen. Zwei Backbleche auf getrennten Schienen in der unteren Hälfte des Ofens erhitzen. Aus Alufolie sechs etwa 25 cm große Quadrate zuschneiden und dünn mit Maismehl bestreuen.

10 Den Teig auf einer bemehlten Arbeitsfläche kurz durchkneten, um die Luft herauszudrücken. Zugedeckt nochmals 5 Min. ruhen lassen.

11 Mit den Händen den Teig zu einer etwa 5 cm dicken Rolle formen. Die Rolle in der Mitte teilen und jede Hälfte in drei gleich große Stücke schneiden. Die Stücke zu Kugeln formen.

12 Die Teigkugeln nacheinander zu Kreisen mit knapp 20 cm Durchmesser flach drücken und jeden auf ein Stück Alufolie legen. Die Ränder der Pizzaböden nach Belieben etwas hochdrücken, damit sie dicker werden. Die Zwiebelmasse und danach den Gorgonzola auf den Böden verteilen.

13 Den belegten Teig an einem warmen Ort nochmals etwa 15 Min. gehen lassen, bis er sich sichtbar aufgebläht hat. Die Pizzas auf den Folienstücken 15–20 Min. backen, bis sie leicht gebräunt und knusprig sind. Nach 7 Min. die Position der Bleche im Ofen vertauschen, damit die Pizzas gleichmäßig bräunen. Die restlichen Pizzas ebenso backen.

14 Frisch aus dem Ofen servieren. Nach Belieben die Teigränder mit Olivenöl bestreichen und die Pizzas mit Salbeiblättern garnieren.

Fleischpastete

EIN GOLDBRAUNER TEIGMANTEL umhüllt die üppige, saftige Füllung dieser Pastete. Kalt mit Senf und grünem Salat serviert, ist sie der Höhepunkt eines jeden Picknicks. Im Kühlschrank hält sie sich problemlos drei Tage.

PERSONEN 8-10	ZUBEREITUNG 50-60 MIN. + WARTEZEIT	BACKZEIT 1½ STD.

Zutaten

FÜR DEN TEIG

500 g Mehl sowie Mehl zum Bestreuen

2 TL Salz

75 g Butter

75 g Schmalz

FÜR DIE FÜLLUNG

750 g Hähnchenbrustfilet

375 g mageres Schweinefleisch

½ Bio-Zitrone

9 Eier

1 TL getrockneter Thymian

1 TL getrockneter Salbei

frisch geriebene Muskatnuss

Salz und Pfeffer

375 g magerer Kochschinken

Butter für die Form

ZUBEREITEN DES TEIGS

1 Mehl und Salz in eine Schüssel sieben. In die Mitte eine Vertiefung drücken. Butter und Schmalz hineingeben und mit einem Messer in kleine Stücke hacken. Danach Mehl und Fett mit den Fingern krümelig verreiben.

2 Erneut eine Vertiefung in die Mitte drücken. 150 ml Wasser hineingießen und rasch mit dem Messer unter die Krümelmasse mischen. Wenn die Mischung zu trocken erscheint, weitere 1-2 EL Wasser dazugeben. Mit den Fingern zu einem weichen, aber nicht klebrigen Teig verarbeiten.

3 Auf einer bemehlten Arbeitsfläche 5-10 Sek. kneten. Zu einer Kugel geformt und in Frischhaltefolie gewickelt 30 Min. kalt stellen.

ZUBEREITEN DER FÜLLUNG

4 Die Hälfte der Hähnchenbrustfilets und das Schweinefleisch zuerst würfeln, dann durch das feine Blatt des Fleischwolfs drehen oder in der Küchenmaschine nicht allzu fein zerkleinern. In eine große Schüssel füllen.

5 Die Schale der halben Zitrone in die Schüssel reiben. 2 Eier mit einer Gabel verquirlen und zusammen mit Thymian, Salbei, Muskat, Salz und Pfeffer dazugeben. Gründlich durchmischen, bis sich der Fleischteig von der Schüssel löst. Zum Abschmecken etwas Teig in einer Pfanne anbraten. Falls nötig mit Salz und Pfeffer nachwürzen. Das restliche Hähnchenfleisch und den Schinken in 2 cm große Würfel schneiden und untermengen.

AUSLEGEN DER BACKFORM

6 Rand und Boden einer 20-23 cm großen Springform mit Butter einfetten. Drei Viertel des Teigs abschneiden und zu einer Kugel formen, den Rest wieder einwickeln. Die Teigkugel auf einer bemehlten Arbeitsfläche zu einem etwa 5 mm dicken Kreis ausrollen, der groß genug ist, um Boden und Rand der Form zu bedecken und noch etwas überhängt.

7 Den Teig locker über das Nudelholz legen und in die Form gleiten lassen, dabei sollte er nicht in Form gezogen werden, sonst schrumpft er beim Backen. Sorgfältig an Boden und Rand der Form festdrücken, sodass möglichst keine Falten im Teig sind. Überhängenden Teig bis auf 1 cm mit einer Küchenschere abschneiden und zum restlichen Teig geben.

FÜLLEN UND BACKEN DER PASTETE

8 6 Eier in kaltem Wasser aufsetzen. Zum Kochen bringen und 10 Min. garen, dann mit kaltem Wasser abschrecken und abkühlen lassen. Die abgekühlten Eier pellen. Den Backofen auf 200 °C vorheizen.

9 Die Hälfte des Fleischteigs in der Form verteilen. Die Eier darauflegen und sanft hineindrücken. Mit der restlichen Füllung bedecken und wieder etwas andrücken, sodass der Fleischteig die Eier vollständig umschließt. Den Teigrand darüberschlagen. Das verbleibende Ei mit einer Prise Salz verquirlen, den Teigrand damit einpinseln.

10 Den restlichen Teig zu einem etwa 5 mm dicken Deckel ausrollen. Die Springform daraufstellen und den Teig rundherum abschneiden. Den Teigdeckel auf die Füllung legen und am Rand gut festdrücken.

11 Mit einem spitzen Messer ein Loch in die Mitte der Pastete stechen. Ein Stück Alufolie zu einem Abzugsrohr formen und hineinstecken, damit während des Backens Dampf entweichen kann. Die Teigreste zu Verzierungen verarbeiten. Deckel und Dekorationen mit Ei einpinseln. Die Pastete etwa 1 Std. backen, bis sie hellbraun ist. Die Temperatur auf 180 °C verringern und die Pastete weitere 30 Min. backen. Abkühlen lassen und 3–4 Std. kalt stellen. Aus der Form nehmen und bei Raumtemperatur servieren.

Lammbraten mit weißen Bohnen

EINE IM GANZEN GEBRATENE LAMMKEULE ist unschlagbar geschmackvoll und saftig. Bei diesem Rezept aus der Bretagne wird sie mit den dort angebauten kleinen weißen Bohnen serviert. Die getrockneten Bohnen unbedingt rechtzeitig einweichen.

PERSONEN 6-8

ZUBEREITUNG 35-40 MIN. + WARTEZEIT

GARZEIT 1½-2 STD.

Zutaten

FÜR DIE BOHNEN

500 g getrocknete weiße Bohnen

1 Zwiebel

2 Gewürznelken

1 Möhre, geviertelt

1 Bouquet garni (s. S. 324))

2-3 Stängel Petersilie (nach Belieben)

FÜR DEN BRATEN

gut 2,5 kg ausgelöste Lammkeule

2 Knoblauchzehen

1 Zwiebel, geviertelt

1 Möhre, geviertelt

3 EL Olivenöl

2-3 Zweige Rosmarin, Blätter gehackt

Salz und Pfeffer

125 ml Weißwein

250 ml Lammbrühe oder Wasser

EINWEICHEN UND **KOCHEN** DER BOHNEN

1 Die weißen Bohnen in einer Schüssel mit kaltem Wasser bedecken und über Nacht einweichen.

2 Die Zwiebel schälen und mit den Nelken spicken. Die Bohnen abgießen und mit Zwiebel, Möhre und Bouquet garni in einen Schmortopf geben. So viel kaltes Wasser angießen, dass es mindestens 2-3 cm über den Bohnen steht. Zum Kochen bringen, dann einen Deckel auflegen und die Bohnen bei milder Hitze 1½-2 Std. köcheln lassen. Zwischendurch den Schaum abschöpfen und, falls nötig, heißes Wasser angießen.

3 Nach der Hälfte der Garzeit würzen. Zum Schluss sollten die Bohnen weich sein, aber nicht zerfallen. Zwiebel, Möhre und Bouquet garni herausnehmen und wegwerfen.

ZUBEREITEN DES BRATENS

4 Den Backofen auf 230°C vorheizen. Das Fleisch von Fett und Sehnen befreien. Den Knoblauch schälen, jede Zehe in vier bis fünf feine Stifte schneiden. Das Fleisch mit einem kleinen, spitzen Messer einstechen und die Knoblauchstifte hineinstecken.

5 Zwiebel und Möhre in einen Bräter geben, das Fleisch darauflegen und mit dem Olivenöl beträufeln. Mit Rosmarin, Salz und Pfeffer bestreuen. Im heißen Ofen 10–15 Min. braten, bis das Fleisch angebräunt ist.

6 Die Ofentemperatur auf 180°C verringern. Das Fleisch weitere 1–1¼ Std. braten, dabei häufig mit dem Bratensaft bestreichen. Für die Garprobe einen Metallspieß für 30 Sek. in die Mitte stechen. Er ist nach raschem Herausziehen bei einem blutigen Braten kaum erwärmt und bei rosa gebratenem Fleisch leicht erwärmt (Fleischthermometer 52°C bzw. 60°C).

FERTIGSTELLEN UND SERVIEREN

7 Den Lammbraten auf einer vorgewärmten Platte locker mit Alufolie bedeckt 10–15 Min. ruhen lassen. Dadurch verteilt sich der Saft im Fleisch. Überschüssiges Fett aus dem Bräter löffeln, Möhre und Zwiebel aber darin lassen.

8 Den Wein in den Bräter gießen und auf dem Herd auf die Hälfte einkochen. Die Brühe dazugeben und unter Rühren den Bratensatz loskochen. Nach 5–10 Min. ist eine würzige, konzentrierte Bratensauce entstanden. Bei milder Hitze warm halten.

9 Die Bohnen falls nötig aufwärmen. Nach Belieben die Petersilie fein hacken und über die Bohnen streuen. Das Fleisch in dünne Scheiben aufschneiden und auf vorgewärmten Tellern anrichten. Jeweils eine Portion Bohnen dazugeben. Die Sauce separat reichen.

Zitronenhähnchen mit Parmesan

WUNDERBAR AROMATISCH sind diese ganz schnell und simpel im geschlossenen Topf gebratenen Hähnchen mit ihrer cremig-säuerlichen Sauce. Kleinere Hähnchen sind besonders zart und saftig. Dazu gibt es knackig gekochtes Gemüse. Praktisch: Die Hähnchen können vorab gegart werden und in ihrem Bratensaft einen Tag im Kühlschrank warten. Vor dem Servieren muss man sie dann nur 20 Minuten bei 180°C im vorgeheizten Ofen aufwärmen und die Sauce zubereiten.

PERSONEN	ZUBEREITUNG	GARZEIT
4	15-20 MIN.	45-55 MIN.

Zutaten

FÜR DIE HÄHNCHEN

2 Hähnchen (à etwa 1 kg)

Salz und Pfeffer

2 Bio-Zitronen

50 g Butter

FÜR DIE SAUCE

125 ml Hühnerbrühe

125 g Sahne

1 TL Speisestärke

30 g Parmesan, gerieben

DRESSIEREN DER HÄHNCHEN

1 **Die Hähnchen innen und außen abspülen** und mit Küchenpapier trocken tupfen, danach mit Salz und Pfeffer würzen. Mit einem kleinen Messer das Gabelbein herausschneiden. Ein Hähnchen auf den Rücken legen und die Keulen nach hinten herunterdrücken. Mit einer Dressiernadel Küchengarn am Kniegelenk hinein- und durch den Vogel hindurchstechen, sodass die Nadel am gegenüberliegenden Kniegelenk wieder herauskommt.

2 **Das Hähnchen auf die Brust legen,** etwas Haut über die Halsöffnung ziehen und die Flügelenden darüberlegen. Die Nadel nun durch einen Flügel, die Halshaut und unter dem Rückgrat hindurchstechen. Die Nadel durch den zweiten Flügel wieder nach außen führen.

3 **Den Vogel auf die Seite legen,** die beiden Enden des Dressierfadens zusammenziehen und fest verknoten. Danach das Hähnchen wieder auf den Rücken legen, den Bürzel in die Bauchhöhle schieben, etwas Haut darüberziehen und mit Nadel und Küchengarn befestigen.

4 **Die Enden der beiden Keulen überkreuzen** und mit Küchengarn zusammenbinden. Die Enden sorgfältig verknoten. Das zweite Hähnchen ebenso dressieren.

BRATEN DER HÄHNCHEN

5 **Den Backofen auf 190°C vorheizen.** Mit einem Sparschäler die Schale von den Zitronen ablösen. Danach die bittere weiße Innenhaut weitgehend wegschneiden, die Hälfte der Schalenstücke in feine Streifen schneiden.

6 **In einem großen Schmortopf** die Butter zerlassen. Eines der Hähnchen rundum 5-10 Min. anbraten. Auf eine Platte legen, während das zweite Hähnchen angebraten wird, danach zurück in den Schmortopf geben. Mit den Zitronenschalenstreifen (Zesten) bestreuen, die Schalenstücke auf den Topfboden legen. Zugedeckt in den heißen Ofen stellen. Die Hähnchen gelegentlich wenden, damit sie gleichmäßig garen.

7 **Nach 30-40 Min.** mit einer Fleischgabel anheben und gründlich abtropfen lassen. Der herauslaufende Bratensaft sollte klar sein. Die Hähnchen auf einer Platte mit Alufolie bedeckt warm halten.

8 Überschüssiges Fett aus dem Schmortopf abschöpfen und wegwerfen. Die Schalenstücke entfernen.

ZUBEREITEN DER SAUCE

9 Die Brühe in den Schmortopf gießen. Auf dem Herd unter Rühren die Bratrückstände loskochen. Etwa 5 Min. einkochen lassen, dann durch ein Sieb in einen kleinen Topf gießen. Die Sahne mit einem Schneebesen einrühren und bis zum Siedepunkt erhitzen.

10 Die Stärke mit 1 EL Wasser anrühren. Mit dem Schneebesen so viel von dieser Mischung unter die Sauce rühren, wie nötig ist, um sie etwas zu binden. Sie sollte einen Löffelrücken leicht überziehen. Den Topf vom Herd ziehen und den Parmesan unterrühren. Abschmecken und bis zum Servieren warm halten.

TRANCHIEREN UND SERVIEREN

11 Die Dressierfäden entfernen. Die Hähnchen auf ein Schneidebrett legen. Mit einem dünnen, scharfen Messer das Fleisch am Brustbein entlang lockern, dann mit der Geflügelschere seitlich entlang von Brustbein und Rückgrat schneiden, um die Vögel zu halbieren. Jede Hälfte auf einem vorgewärmten Teller anrichten, die Sauce darüberlöffeln.

Pikante Speck-Tomaten-Penne

ROTE CHILISCHOTEN BRINGEN FEUER in dieses Gericht. Abgesehen von Pastasaucen wie dieser finden sie in der italienischen Küche aber wenig Verwendung. Sie können die Sauce zwei Tage im Voraus zubereiten und im Kühlschrank aufbewahren, dann geht es vor dem Essen ganz schnell.

PERSONEN	ZUBEREITUNG	GARZEIT
6	35–40 MIN.	30–40 MIN.

Zutaten

125 g durchwachsener Speck, gewürfelt

375 g Champignons, in Scheiben geschnitten

2 Knoblauchzehen, fein gehackt

1 rote Chilischote, nach Entfernen der Samen fein gewürfelt

5–7 Stängel Oregano, Blätter fein gehackt

2 Dosen Tomatenstücke (à 400 g)

Salz und Pfeffer

500 g Penne rigate

30 g Butter

60 g Parmesan, gerieben

ZUBEREITEN DER SAUCE

1 **Den Speck** in einer Schmorpfanne bei milder Hitze unter gelegentlichem Rühren 5–7 Min. anbraten, bis er leicht gebräunt ist. Das ausgelassene Fett bis auf 3 EL abschöpfen. Die Temperatur erhöhen und die Champignons unter Rühren 3–5 Min. garen, bis sie weich sind und der größte Teil der Flüssigkeit verdampft ist.

2 **Knoblauch, Chili, Oregano, Tomaten,** Salz und Pfeffer dazugeben. Einen Deckel auflegen und die Sauce unter gelegentlichem Rühren 25–30 Min. köcheln lassen, bis sie dick und sämig ist. Falls nötig, zum Schluss noch einige Minuten ohne Deckel einkochen lassen. Probieren und abschmecken.

KOCHEN DER PENNE

3 **Einen großen Topf mit Wasser füllen.** Zum Kochen bringen und 1 EL Salz dazugeben. Die Penne darin kochen, bis sie gar, aber noch bissfest (al dente) sind. Die Garzeit beträgt etwa 5–8 Min., Genaueres ist meist auf der Packung angegeben. In einem Sieb abtropfen lassen.

FERTIGSTELLEN UND SERVIEREN

4 **Die Nudeln in eine vorgewärmte Schüssel füllen.** Die Butter dazugeben und gründlich mit den heißen Nudeln vermischen. Die Sauce und die Hälfte des Parmesans unterrühren. Mit etwas Parmesan bestreut sofort auftragen, den restlichen Käse separat servieren.

Schweinekoteletts mit Senfsauce

EIN WUNDERBAR WOHLTUENDES ESSEN, ganz besonders zusammen mit Kartoffelpüree oder buttrigen Bandnudeln. Benutzen Sie eine Pfanne, in der die Koteletts dicht beieinanderliegen, sonst reicht die Flüssigkeit nicht und sie trocknen aus. Die Sauce steht und fällt mit der Qualität des Senfs.

PERSONEN 4 | ZUBEREITUNG 10-15 MIN. | GARZEIT 20-25 MIN.

Zutaten

4 Schweinekoteletts (à etwa 175 g)

Pfeffer

125 g durchwachsener Speck, gewürfelt

30 g Butter

1 EL Mehl

250 ml trockener Weißwein

250 ml Hühnerbrühe oder Wasser

1 Bouquet garni aus 5-6 Stängeln Petersilie, 2-3 Zweigen Thymian, 1 Lorbeerblatt

4 EL Crème fraîche

etwa 1 EL Dijonsenf (nach Geschmack mehr oder weniger)

5-7 Stängel Petersilie, Blätter fein gehackt

ANBRATEN DER KOTELETTS

1 **Überschüssiges Fett** von den Koteletts abschneiden, das Fleisch mit Pfeffer würzen. Den Speck in einer Pfanne unter gelegentlichem Rühren 3-5 Min. knusprig anbraten und auslassen. Mit einem Schaumlöffel herausheben und auf Küchenpapier abtropfen lassen.

2 **Das ausgelassene Fett** bis auf 1 EL abgießen. Im restlichen Fett die Butter erhitzen, bis sie schäumt. Die Koteletts darin bei mittlerer Temperatur etwa 5 Min. auf jeder Seite anbraten, dann beiseitestellen.

FERTIGGAREN DER KOTELETTS

3 **Die Pfanne kurz vom Herd ziehen** und etwas abkühlen lassen. Das Mehl einstreuen und unter Rühren 2-3 Min. bei milder Hitze anschwitzen. Wein und Brühe oder Wasser mit dem Schneebesen unterrühren. Bouquet garni und Pfeffer dazugeben und alles zum Kochen bringen. Koteletts und Speck zurück in die Pfanne geben, zudecken und unter gelegentlichem Rühren 5-10 Min. köcheln lassen, bis das Fleisch gar ist.

FERTIGSTELLEN UND SERVIEREN

4 **Die Koteletts auf einer Platte warm halten.** Die Crème fraîche in die Pfanne geben und aufkochen lassen. Das Fleisch samt Bratensaft hinzufügen und 2-3 Min. sanft erhitzen, sodass sich die Aromen verbinden.

5 **Die Koteletts auf einer vorgewärmten Platte anrichten.** Die Sauce mit Senf abschmecken und über das Fleisch gießen. Mit Petersilie bestreuen.

Fisherman's Pie

DER HERZHAFTE, MIT KARTOFFELPÜREE ÜBERBACKENE AUFLAUF ist ein britisches Lieblingsessen und genau das Richtige für einen kalten Winterabend mit Gästen – zumal man alles bis auf das Überbacken wunderbar schon am Vortag erledigen kann.

PERSONEN	ZUBEREITUNG	GARZEIT
6	35–45 MIN.	20–30 MIN.

Zutaten

FÜR DAS KARTOFFELPÜREE

625 g mehligkochende Kartoffeln

Salz und Pfeffer

4 EL Milch

60 g Butter

FÜR FISCH UND SAUCE

1 kleine Zwiebel

1 l Milch

10 Pfefferkörner

2 Lorbeerblätter

750 g Schellfischfilet

100 g Butter sowie Butter für die Form

60 g Mehl

5–7 Stängel Petersilie, Blätter gehackt

3 Eier, hart gekocht

125 g gekochte, geschälte Garnelen

ZUBEREITEN DES KARTOFFELPÜREES

1 Kartoffeln waschen, schälen und in Stücke schneiden. Einen Topf zur Hälfte mit Wasser füllen. Kartoffeln mit Salz dazugeben und 15–20 Min. kochen. Gründlich abtropfen lassen, dann zerstampfen.

2 In einem kleinen Topf 4 EL Milch erhitzen. Butter, Salz und Pfeffer unterrühren. Die heiße Mischung über die Kartoffeln gießen. Kräftig durchrühren, bis die Masse luftig wird. Abschmecken und beiseitestellen.

ZUBEREITEN DES FISCHS

3 Die Zwiebel schälen und vierteln. Mit Milch, Pfefferkörnern und Lorbeerblättern in eine Schmorpfanne geben.

4 Kurz aufkochen, dann vom Herd nehmen und in der geschlossenen Pfanne an einem warmen Platz etwa 10 Min. ziehen lassen.

5 Die Fischfilets mit einem scharfen Messer quer in Stücke schneiden. In die Milch einlegen, zugedeckt aufkochen und je nach Dicke der Filets 5–10 Min. gar ziehen lassen, bis sich das Fleisch beim Einstechen mit einer Gabel blättrig zerteilen lässt.

6 Mit einem Schaumlöffel herausheben, den Sud aufbewahren. Den Fisch zum Abkühlen auf einer großen Platte verteilen. Mit einer Gabel zerkleinern.

ZUBEREITEN DER SAUCE

7 Die Butter bei mittlerer Temperatur in einem Topf zerlassen. Das Mehl einrühren und 30–60 Sek. anschwitzen, bis es schäumt. Den Topf vom Herd ziehen. Den Garsud durch ein Sieb hineingießen.

8 Mit dem Schneebesen verquirlen, dann unter ständigem Rühren wieder erhitzen und köcheln lassen, bis die Sauce bindet. Mit Salz und Pfeffer abschmecken und nochmals 2 Min. köcheln lassen. Die Petersilie einrühren.

EINSCHICHTEN UND ÜBERBACKEN

9 Den Backofen auf 180 °C vorheizen. Eine 2 l fassende Auflaufform mit Butter ausfetten. Die gekochten Eier grob hacken. Ein Drittel der Sauce in die Form gießen.

10 Den Schellfisch gleichmäßig darauf verteilen. Mit der restlichen Sauce begießen, die Garnelen gleichmäßig auf der Oberfläche verteilen und die gehackten Eier darüberstreuen.

11 Das Kartoffelpüree so darüberstreichen, dass die Fischmasse völlig bedeckt ist. Mit einer Gabel ein Wellenmuster in die Oberfläche ziehen. Im vorgeheizten Ofen 20–30 Min. überbacken, bis das Püree leicht gebräunt ist und die Sauce an den Rändern Blasen wirft. Den Auflauf direkt aus der Form servieren.

 VARIANTE: Kleine Fisch-Crumbles

Statt mit Kartoffelpüree sind diese Pies mit knusprigen Streuseln überbacken.

1 Fisch und Sauce wie beschrieben zubereiten, statt des Kartoffelpürees aber einen Streuselteig machen. Dazu 150 g Mehl in eine Schüssel sieben und 100 g Butter in kleinen Stücken hineinschneiden. Mehl und Butter mit den Fingerspitzen möglichst locker zu feinen Streuseln verreiben, dabei sicherstellen, dass zum Schluss keine größeren Butterstücke mehr vorhanden sind.

2 Die Blätter von 3–5 zusätzlichen Stängeln Petersilie hacken. Die Petersilie zusammen mit 40 g Haferflocken, etwa 1 EL geriebenem Parmesan (nach Belieben), Salz und Pfeffer behutsam unter die Streusel mengen. Der Teig soll locker bleiben, dennoch müssen die Geschmackszutaten gleichmäßig verteilt sein.

3 Sechs Souffléförmchen mit Butter ausfetten. Die vorbereiteten Zutaten wie beschrieben hineinschichten. Gleichmäßig mit den Streuseln bedecken und 20–25 Min. im Ofen backen. Falls nötig, danach zusätzlich 1–2 Min. unter den heißen Grill stellen, bis die Oberfläche goldbraun und knusprig ist und die Sauce an den Rändern Blasen wirft. Dabei aber aufpassen, dass die Streusel nicht zu dunkel werden.

Wirsing mit Maronenfüllung

WENN DAS KEIN DEFTIGES WINTERESSEN IST!

Das Füllen des Wirsings ist einfacher als es aussieht und die fruchtige Tomaten-Champignon-Sauce macht den Genuss perfekt.

PERSONEN	ZUBEREITUNG	GARZEIT
6	35–40 MIN.	50–60 MIN.

Zutaten

FÜR DEN WIRSING

1 Wirsing (knapp 1,5 kg)

Salz und Pfeffer

125 g mageres Schweinefleisch

1 Zwiebel

2 Scheiben trockenes Weißbrot

60 g Butter

2 Stangen Staudensellerie, in feine Scheiben geschnitten

500 g vorgegarte, ungesüßte Maronen (vakuumverpackt oder aus der Dose), gehackt

10 Stängel Petersilie, Blätter gehackt

10–12 Salbeiblätter, fein gehackt

abgeriebene Schale von 1 Bio-Zitrone

2 Eier, verquirlt

FÜR DIE SAUCE

2 EL neutrales Pflanzenöl

1 kleine Zwiebel, fein gehackt

500 g Tomaten, gehackt

1 EL Tomatenmark

1 Knoblauchzehe, fein gehackt

1 Bouquet garni (s. S. 347)

1 Prise Zucker

125 g Champignons, in Scheiben geschnitten

VORBEREITEN DES WIRSINGS

1 Das äußerste Wirsingblatt am Strunk abschneiden und vorsichtig ablösen, ohne dass es einreißt. Auf diese Weise die zehn größten Blätter abnehmen. Die Blätter gründlich in kaltem Wasser waschen, um Erde oder Sand zu entfernen.

2 In einem großen Topf Wasser zum Kochen bringen. Salz dazugeben, dann die abgelösten Wirsingblätter 1 Min. darin blanchieren. Mit einem Schaumlöffel herausheben und in eine vorbereitete Schüssel mit kaltem Wasser legen, damit der Garprozess gestoppt wird.

3 Den restlichen Wirsing putzen, den Strunk unten abschneiden und den gesamten Kohlkopf 3–4 Min. im Salzwasser kochen. Danach ebenfalls herausnehmen und in kaltem Wasser abschrecken. Sobald er kalt genug ist, mit dem Strunk nach oben in einem Sieb gründlich abtropfen lassen.

4 Die abgekühlten Blätter ebenfalls abtropfen lassen und vorsichtig mit Küchenpapier trocken tupfen. Die dicke Blattrippe in der Mitte der Blätter mit einem scharfen Messer flach schneiden. Den Wirsingkopf durch den Strunk hindurch halbieren. Den Strunk aus jeder Hälfte keilförmig herausschneiden, den Rest in nicht allzu feine Streifen schneiden.

ZUBEREITEN DER FÜLLUNG

5 Schweinefleisch und Zwiebel grob würfeln, dann durch den Fleischwolf drehen oder in der Küchenmaschine fein zerkleinern.

6 Die Kruste vom Weißbrot abschneiden, den Rest in der Küchenmaschine zu feinen Bröseln verarbeiten. Die Butter in einer Pfanne erhitzen. Die Wirsingstreifen darin in 7–10 Min. garen, dann in eine große Schüssel füllen.

7 Hackfleisch und Zwiebel zusammen mit dem Sellerie ebenfalls in der Pfanne anbraten, dabei immer wieder umrühren, bis das Fleisch nach 5–7 Min. krümelig und gebräunt ist.

8 Den Inhalt der Pfanne zusammen mit Semmelbröseln, Maronen, Kräutern, Zitronenschale, Salz und Pfeffer zum Wirsing in die Schüssel geben. Gründlich vermengen und abschmecken. Die verquirlten Eier unterziehen.

FÜLLEN UND GAREN DES WIRSINGS

9 Eine große Schüssel mit einem feuchten Küchentuch auslegen. Darüber 9 der Wirsingblätter so verteilen, dass sie sich überlappen und etwa 5 cm über den Rand der Schüssel hängen. Das letzte Blatt zur Verstärkung in den Boden der Schüssel legen. Die Füllung hineinlöffeln und sanft andrücken.

10 Die überhängenden Enden der Wirsingblätter über die Füllung schlagen, sodass sie vollständig umschlossen ist.

ZUBEREITEN DER SAUCE

11 **Das Küchentuch** über den Wirsing ziehen und mit einem Stück Garn zusammenbinden. Der gefüllte Wirsing liegt jetzt wie ein fester Ball im Küchentuch.

12 **In einem großen Topf** Wasser zum Kochen bringen. Den Wirsing hineintauchen, mit einem hitzebeständigen Teller beschweren und 50–60 Min. köcheln lassen, bis sich ein für 30 Sek. hineingestochener Metallspieß beim Herausziehen heiß anfühlt.

13 **Die Hälfte des Öls** in einer Pfanne erhitzen. Die Zwiebel darin unter Rühren 2–3 Min. anschwitzen. Tomaten, Tomatenmark, Knoblauch, Bouquet garni, Salz, Pfeffer sowie Zucker dazugeben und unter gelegentlichem Rühren 8–10 Min. kochen, bis die Mischung recht dickflüssig ist.

14 **Durch ein Sieb** in eine Schüssel streichen. Die Pfanne auswischen, das restliche Öl erhitzen. Die Pilze darin braten. Die Tomatenmischung unterrühren, die Sauce abschmecken.

15 **Den Wirsing aus dem Topf heben** und abtropfen lassen. Auswickeln und auf einer vorgewärmten Platte anrichten. Zum Servieren in Spalten schneiden, die Sauce separat reichen.

Rigatoni mit Hackbällchen

EIN LIEBLINGSESSEN FÜR DIE GANZE FAMILIE. Statt Rigatoni können Sie auch andere kurze Nudelsorten wie Penne, Tortiglioni oder Makkaroni verwenden. Das Praktische an diesem Rezept ist, dass man das Gericht schon am Vortag zubereiten kann. Schieben Sie es einfach 20 Minuten vor dem Essen in den auf 190 °C vorgeheizten Backofen – fertig!

PERSONEN	ZUBEREITUNG	GARZEIT
4–6	45–50 MIN.	30–40 MIN.

Zutaten

FÜR SAUCE UND PASTA

2 Dosen Tomatenstücke (à 400 g)

3 Knoblauchzehen, fein gehackt

1 Bund Basilikum, Blätter gehackt

Salz und Pfeffer

400 g Rigatoni

FÜR DIE HACKBÄLLCHEN

500 g mageres Hackfleisch vom Rind

125 g Parmesan, gerieben

3–5 Stängel glatte Petersilie, Blätter gehackt

Saft von ½ Zitrone

1 Ei

3 EL Olivenöl sowie Öl für die Form

Basilikum zum Garnieren

ZUBEREITEN DER TOMATENSAUCE

1 **Die Tomaten in einer Pfanne** mit zwei Dritteln von Knoblauch und Basilikum sowie etwas Salz bei mittlerer Temperatur 10–12 Min. unter Rühren etwas einkochen, dann pürieren und beiseitestellen. Die Pfanne ausreiben.

ZUBEREITEN DER HACKBÄLLCHEN

2 **Das Hackfleisch in einer Schüssel** gründlich mit einem Viertel des Parmesans, der Petersilie, dem restlichen Knoblauch, Zitronensaft, Salz, Pfeffer und dem Ei vermengen, dazu die Hände benutzen.

3 **Zum Abschmecken** eine kleine Menge Fleischteig in 1 EL heißem Öl rundum anbraten und probieren. Den Teig, falls nötig, nachwürzen und mit angefeuchteten Händen zu etwa 2 cm großen Bällchen formen.

4 **Das restliche Öl in der Pfanne erhitzen.** Die Fleischbällchen darin mit genügend Abstand zueinander 2–4 Min. rundum kräftig anbraten. Je nach Größe der Pfanne portionsweise arbeiten. Danach sollten die Bällchen außen gebräunt, innen aber noch rosa sein. Mit einem Schaumlöffel herausheben und beiseitestellen.

ZUBEREITEN DER PASTA UND ÜBERBACKEN

5 Den Backofen auf 190 °C vorheizen. Eine 2 l fassende Auflaufform mit etwas Olivenöl ausfetten.

6 In einem großen Topf Wasser zum Kochen bringen. 1 EL Salz dazugeben und die Pasta darin 8–10 Min. nach Packungsanweisung bissfest (al dente) kochen. Gelegentlich umrühren, damit die Nudeln nicht ankleben.

7 In ein Sieb abgießen, mit heißem Wasser abspülen und gründlich abtropfen lassen. In den Topf zurückgeben und vorsichtig mit der Tomatensauce verrühren, bis die Nudeln von Sauce überzogen sind.

8 Etwa ein Drittel der Nudeln in die vorbereitete Form füllen und glatt streichen. Die Hälfte der Fleischbällchen darauf verteilen und ein Drittel des restlichen Parmesans darüberstreuen. Mit der Hälfte der verbleibenden Nudeln bedecken, darauf die restlichen Fleischbällchen anordnen und mit der Hälfte des restlichen Parmesans bestreuen.

9 Die letzte Schicht bilden die übrigen Nudeln und der restliche Parmesan. 30–40 Min. überbacken, bis die Oberfläche gebräunt ist und die Zutaten sehr heiß sind. 15 Min. ruhen lassen, sodass sich die Aromen entfalten. Nach Belieben mit in Streifen geschnittenem Basilikum garnieren.

 VARIANTE: Überbackene Ziti mit Mozzarella und Oliven

Das schmeckt nicht nur Vegetariern.

1 Die Tomatensauce wie beschrieben zubereiten, statt des Basilikums aber 8 sehr fein gehackte Sardellenfilets mitgaren, die sich völlig in der Sauce auflösen. Die Hackbällchen und der Parmesan entfallen. Stattdessen 200 g in Öl eingelegte schwarze Oliven entsteinen und 250 g Mozzarella in kleine Würfel schneiden. Die Auflaufform wie beschrieben ausfetten.

2 400 g Ziti (lange Röhrennudeln, hierzulande fälschlicherweise oft als Makkaroni bezeichnet) in Stücke brechen. Nach Packungsangabe kochen, gründlich abtropfen lassen und mit der Sauce vermengen. Wie beschrieben in die Form schichten, dabei Hackbällchen durch Oliven und Parmesan durch Mozzarella ersetzen.

3 Wie beschrieben 20–25 Min. überbacken, bis die Nudeln sehr heiß sind, die Sauce Blasen wirft und der Käse an der Oberfläche geschmolzen und gebräunt ist. Aus dem Ofen nehmen und vor dem Servieren 15 Min. ruhen lassen, dann auf vorgewärmten Tellern anrichten. Der süßliche Mozzarella gleicht die würzige Note von Sardellen und Oliven aus.

Amerikanischer Hackbraten

SO LIEBT MAN HACKBRATEN IN AMERIKA. Dort gehören Stampfkartoffeln und selbst gemachter Ketchup oder Cranberrysauce unbedingt dazu – aber eingemachte Preiselbeeren aus dem Glas tun es auch. Den Hackbraten kann man gut schon bis zu zwei Tage im Voraus zubereiten und dann 20 Minuten im auf 180 °C vorgeheizten Backofen aufwärmen. Er schmeckt aber auch kalt ausgezeichnet.

PERSONEN 4-6	**ZUBEREITUNG** 25-30 MIN.	**GARZEIT** 1-1¼ STD.

Zutaten

175 g Spinat

Salz und Pfeffer

375 g durchwachsener Speck in feinen Scheiben

2 Eier

6 Scheiben trockenes Weißbrot

750 g Hackfleisch vom Rind

250 g Hackfleisch vom Kalb

1 große Zwiebel, fein gehackt

4 Knoblauchzehen, fein gehackt

3-4 Zweige Thymian, Blätter abgestreift

3-4 Zweige Rosmarin, Blätter gehackt

1 EL Worcestersauce

Butter für die Form

VORBEREITEN DER ZUTATEN

1 Den Spinat von harten Stängeln und Blattrippen befreien. In reichlich Wasser gründlich waschen, abtropfen lassen und nochmals waschen, bis Sand und Erde vollständig entfernt sind. Einen großen Topf zur Hälfte mit Wasser füllen. Das Wasser zum Kochen bringen, salzen und den Spinat 2-3 Min. darin blanchieren, bis er knapp gar ist. Keinesfalls zu lange kochen, sonst verliert er Farbe und Geschmack.

2 In ein Sieb abgießen und kalt abschrecken, um den Garprozess zu stoppen und die intensiv grüne Farbe zu erhalten. Gründlich abtropfen lassen, dann mit den Händen ausdrücken und fein hacken.

3 Vier schöne Speckscheiben zum Belegen des Hackbratens beiseitelegen, den Rest in feine Streifen schneiden. Die Eier in einer kleinen Schüssel leicht verquirlen. Die Rinde vom Brot abschneiden, den Rest in der Küchenmaschine zu Semmelbröseln verarbeiten. Die Semmelbrösel in eine Schüssel geben, die groß genug ist, um alle Zutaten aufzunehmen.

ZUBEREITEN DES HACKBRATENS

4 Den Backofen auf 180 °C vorheizen. Hackfleisch, Spinat, Zwiebel, Knoblauch, Thymian, Rosmarin, Worcestersauce, Salz und Pfeffer zu den Semmelbröseln geben und alles gründlich vermengen.

5 Die verquirlten Eier dazugeben und locker unterheben. Zum Abschmecken eine kleine Portion Fleischteig in einer Pfanne rundum anbraten. Probieren und den Teig, falls nötig, nachwürzen.

6 In eine gebutterte Kastenform füllen (etwa 23 x 13 x 7,5 cm). Den Fleischteig sanft hineindrücken. Die Oberfläche mit einem Kochlöffel glätten und mit den beiseitegelegten Speckscheiben bedecken.

 7 **Im Ofen 1–1¼ Std. braten.** Für die Garprobe einen Metallspieß in die Mitte stechen und nach 30 Sek. herausziehen. Er sollte sich heiß anfühlen. Den Hackbraten aus dem Ofen nehmen und 10 Min. in der Form ruhen lassen. Mit einem Messer zwischen Fleisch und Form entlangfahren, den Braten aus der Form stürzen und in Scheiben schneiden.

VARIANTE: Hackbraten mit Aprikosen

Durch die Früchte leicht süßlich, aber dennoch sehr herzhaft.

1 150 g getrocknete Aprikosen mindestens 15 Min. in heißem Wasser einweichen. Drei Viertel der Aprikosen grob hacken, die anderen halbieren.

2 Die Zutaten wie für den Hackbraten beschrieben vorbereiten, dabei Spinat und Speck weglassen und das Hackfleisch vom Rind durch Hackfleisch vom Schwein ersetzen.

3 Die Hälfte des Fleischteigs in der Kastenform verteilen, die gehackten Aprikosen daraufstreuen. Das restliche Fleisch in die Form drücken und mit den Aprikosenhälften belegen. Wie beschrieben im Ofen backen. Falls die Aprikosen zu dunkel werden, die Oberfläche locker mit Alufolie bedecken.

Überbackene Spinatgnocchi

DIE SCHMECKEN IMMER! Die eigentümliche Form der lockeren Gnocchi sorgt dafür, dass sie gleichmäßig garen und die fruchtige Tomatensauce gut aufnehmen. Die Sauce kann man schon einen Tag im Voraus zubereiten. Kurz vor dem Überbacken holt man sie nur noch aus dem Kühlschrank, wärmt sie auf und rührt die Crème fraîche unter.

PERSONEN 6–8	ZUBEREITUNG 50–55 MIN.	GARZEIT 30–40 MIN.

Zutaten

FÜR DIE SAUCE

50 g Butter

1 kleine Zwiebel, fein gehackt

1 Möhre, fein gehackt

1 Stange Staudensellerie, fein gehackt

2 Dosen Tomatenstücke (à 400 g)

Salz und Pfeffer

250 g Crème fraîche

frisch geriebene Muskatnuss

FÜR DIE GNOCCHI

1 kg mehligkochende Kartoffeln

250 g frischer Spinat oder
150 g aufgetauter TK-Spinat

125 g Mehl sowie Mehl zum Bestreuen

2 Eigelb

Butter für die Form

ZUBEREITEN DER SAUCE

1 Die Butter in einer Pfanne zerlassen. Zwiebel, Möhre und Sellerie darin bei mittlerer Temperatur 7–10 Min. anschwitzen.

2 Die Tomaten mitsamt ihrem Saft, Salz und Pfeffer dazugeben. Gelegentlich umrühren und 25–35 Min. köcheln lassen, dann in der Küchenmaschine fein pürieren. Die Pfanne auswischen.

ZUBEREITEN DER GNOCCHI

3 Die Kartoffeln schälen und in Stücke schneiden. In einen Topf mit kaltem Salzwasser geben, einen Deckel auflegen und das Wasser zum Kochen bringen. 15–20 Min. köcheln lassen, bis die Kartoffeln weich sind.

4 Abgießen und trocknen lassen. Falls sie zu feucht erscheinen, auf einem Backblech verteilen und bei geringer Temperatur 5–10 Min. im Ofen trocknen, dabei die Ofentür nicht schließen. In einem Topf gründlich zerstampfen oder durch die Kartoffelpresse drücken.

5 Falls frischer Spinat verwendet wird, harte Stängel und Blattrippen entfernen, die Blätter waschen. In einem Topf Salzwasser zum Kochen bringen, den Spinat darin 1–2 Min. blanchieren, dann in ein Sieb abgießen, mit kaltem Wasser abschrecken und abtropfen lassen.

6 Den frisch gegarten oder aufgetauten Spinat mit den Händen fest ausdrücken, dann in der Küchenmaschine pürieren oder mit einem scharfen Messer sehr fein hacken.

7 Spinat, Mehl, Eigelbe, Salz und Pfeffer zu den Kartoffeln geben und alles gründlich vermengen. Abschmecken, dann auf einer leicht bemehlten Arbeitsfläche locker zu einer Teigkugel zusammenkneten. Falls nötig noch etwas Mehl dazugeben.

8 Um die Festigkeit des Teigs zu überprüfen, einen 2 cm großen Teigball in schwach köchelndes Wasser geben und herausnehmen, sobald er an die Oberfläche steigt. Sollte er auseinanderfallen, noch etwas Mehl unter den Teig kneten und erneut versuchen.

FORMEN UND KOCHEN DER GNOCCHI

9 Den Teig in zwölf Portionen teilen. Die Hände leicht bemehlen und jede Portion zu einer 1 cm dicken Rolle formen. Die Rollen in 2 cm lange Stücke schneiden. Ein Backblech mit etwas Mehl bestreuen. In einer Hand eine Gabel halten, die Teigstücke mit dem Daumen der anderen Hand über die Zinken drücken und auf das Blech fallen lassen.

10 Den Backofen auf 220 °C vorheizen. Eine Auflaufform ausfetten. Einen großen Topf mit Salzwasser zum Kochen bringen. Ein Viertel der Gnocchi hineingeben und unter gelegentlichem Rühren 1–2 Min. kochen, bis sie an die Oberfläche steigen.

11 Mit dem Schaumlöffel herausheben und kurz auf Küchenpapier abtropfen lassen, dann in die Auflaufform füllen. Die restlichen Gnocchi genauso garen.

ÜBERBACKEN UND SERVIEREN

12 Die Sauce wieder erhitzen, bis sie dampft, aber noch nicht kocht. Vom Herd ziehen, die Crème fraîche unterrühren und danach nicht mehr erhitzen, sonst könnte die Sauce gerinnen. Mit Salz, Pfeffer und Muskat abschmecken, nach Belieben auch mit einer Prise Zucker.

13 Die Sauce gleichmäßig auf den Gnocchi verteilen, sodass sie auch unter die Klößchen läuft. Das verhindert, dass die Gnocchi beim Überbacken am Boden der Form ansetzen. Im vorgeheizten Ofen etwa 5-7 Min. überbacken, bis das Gericht sehr heiß ist und die Oberfläche beginnt, braun zu werden. Zum Überprüfen der Temperatur einen Metallspieß in die Mitte der Form stechen. Die Spitze sollte beim Herausziehen sehr heiß sein.

14 Sofort auf vorgewärmten Tellern anrichten und nach Belieben mit gehackter Petersilie bestreuen. Man kann die Spinatgnocchi aber auch direkt in der Form auf den Tisch bringen.

American Style Pizza

DIESE PIZZA mit ihrem dicken, knusprigen Boden und dem üppigen Belag aus deftiger Salsiccia und zart schmelzendem Mozzarella entstand im Chicago der 1940er-Jahre. Falls Sie vor dem Essen nicht genügend Zeit haben, können Sie den Teig schon am Vorabend kneten und über Nacht im Kühlschrank gehen lassen.

PERSONEN	ZUBEREITUNG	BACKZEIT
4–6	35–40 MIN. + TEIGRUHE	20–25 MIN.

Zutaten

FÜR DEN TEIG

2½ TL Trockenhefe oder 15 g frische Hefe

500 g Mehl (Type 550) sowie Mehl zum Bestreuen

2 TL Salz

3 EL Olivenöl sowie Öl zum Einfetten

2–3 EL Maisgrieß

FÜR DEN BELAG

375 g milde Salsiccia (italienische Bratwürstchen)

1 EL Olivenöl

3 Knoblauchzehen, fein gehackt

2 Dosen Tomatenstücke (à 400 g)

Salz und Pfeffer

7–10 Stängel glatte Petersilie, Blätter gehackt

175 g Mozzarella

ZUBEREITEN DES TEIGS

1 **Die Hefe in eine kleine Schale geben.** In 4 EL lauwarmem Wasser auflösen und 5 Min. stehen lassen.

2 **Mehl und Salz auf die Arbeitsfläche häufen.** Eine große Vertiefung in die Mitte drücken. Die aufgelöste Hefe mit 300 ml handwarmem Wasser und dem Öl hineingießen. Die flüssigen Zutaten zunächst mit den Fingerspitzen verrühren, dann nach und nach das Mehl einarbeiten.

3 **Fortfahren,** bis Mehl und flüssige Zutaten sich zu einem glatten Teig verbunden haben. Er sollte weich und leicht klebrig sein.

4 **Teig und Hände leicht bemehlen** und mit dem Kneten beginnen: Den Teig jeweils mit einer Hand in Position halten und mit dem Ballen der anderen Hand wegschieben, wieder zusammenfalten, dann von der Arbeitsfläche lösen, um 90 Grad drehen und auf diese Weise 5–7 Min. weiterkneten, bis der Teig sehr glatt und elastisch ist und sich zu einer Kugel formen lässt. Falls er kleben bleibt, die Arbeitsfläche bemehlen.

5 **Eine Schüssel mit Öl ausstreichen.** Die Teigkugel kurz darin wenden, sodass sie leicht mit Öl überzogen ist. Mit einem feuchten Küchentuch bedeckt an einem warmen Platz 1–1½ Std. gehen lassen, bis sich der Umfang verdoppelt hat.

ZUBEREITEN DES BELAGS

6 **Die Würstchen seitlich aufschlitzen,** das Fleisch herausdrücken, die Pelle wegwerfen. Das Öl in einer Pfanne erhitzen. Das Wurstfleisch darin bei mittlerer bis hoher Temperatur 5–7 Min. braten und mit einem Kochlöffel bröselig zerteilen. Die Temperatur reduzieren, das Fleisch aus der Pfanne heben. Das Fett bis auf 1 EL abgießen.

7 **Den Knoblauch unter Rühren etwa 30 Sek. anbraten,** bis er duftet. Das Fleisch wieder dazugeben. Tomaten, Salz und Pfeffer unterrühren. 1 EL Petersilie beiseitelegen, den Rest ebenfalls unterrühren.

8 **Unter gelegentlichem Rühren** 10–15 Min. einkochen lassen. Vom Herd nehmen, abschmecken und vollständig abkühlen lassen. Den Mozzarella in kleine Stücke schneiden oder zupfen.

FERTIGSTELLEN UND BACKEN DER PIZZA

9 **Eine Pizzaform** mit 35 cm Durchmesser (oder zwei Formen à 23 cm) mit Öl auspinseln. Den Maisgrieß hineinstreuen, dabei die Form schwenken, sodass Boden und Wände bedeckt sind. Danach umdrehen und überschüssigen Grieß herausklopfen.

10 **Den Teig 15–20 Sek. kneten,** um die Luft herauszudrücken. Zugedeckt nochmals 5 Min. ruhen lassen, anschließend locker zu einer Kugel formen. Auf die Größe der Form ausrollen, dann den Teig locker über das Nudelholz legen und in die Form gleiten lassen.

11 **Den Teig an Boden und Wand** mit den Händen andrücken, sodass sich ein 2–3 cm hoher Rand bildet. Mit einem trockenen Tuch bedeckt noch einmal 20 Min. gehen lassen.

12 **Backofen** und ein Blech auf 230 °C vorheizen. Den Belag auf dem Teig verstreichen, dabei einen Rand frei lassen. Mozzarella und restliche Petersilie auf die Pizza streuen. 20–25 Min. backen, bis der Teig knusprig und der Käse geschmolzen ist.

Orientalische Teigtaschen

KNUSPRIGER HEFETEIG mit einer würzigen Füllung aus Lammfleisch – Snacks wie diesen findet man häufig im Mittleren Osten. In Spanien und Südamerika heißen solche Teigtaschen *empanadas*. Die Füllung kann man nach Belieben abwandeln und problemlos schon am Vortag zubereiten.

ERGIBT
12 TEIG-
TASCHEN

ZUBEREITUNG
50-55 MIN.
+ TEIGRUHE

BACKZEIT
10-15 MIN.

Zutaten

FÜR DEN TEIG

1 TL Trockenhefe
oder 6 g frische Hefe

2 TL Olivenöl sowie Öl zum Einfetten

1 TL Salz

60 g Vollkornmehl

250 g Mehl (Type 550) sowie Mehl
zum Bestreuen

FÜR DIE FÜLLUNG

2 EL Olivenöl

375 g Hackfleisch vom Lamm

Salz und Pfeffer

3 große Knoblauchzehen, fein gehackt

1 cm Ingwerwurzel, fein gehackt

1 Zwiebel, fein gehackt

½ TL gemahlener Koriander

¼ TL gemahlener Kreuzkümmel

¼ TL gemahlene Kurkuma

1 große Prise Cayennepfeffer

2 Tomaten, gehäutet, nach Entfernen
der Samen gehackt

5–7 Stängel Koriander, Blätter gehackt

ZUBEREITEN DES TEIGS

1 **Die Hefe in eine kleine Schale geben.** In 4 EL lauwarmem Wasser auflösen und 5 Min. stehen lassen.

2 **In einer großen Schüssel Hefe,** 250 ml handwarmes Wasser, 2 TL Öl und Salz verrühren. Das Vollkornmehl und die Hälfte des Weißmehls untermengen. Das restliche Mehl nach und nach dazugeben: Jeweils etwa 3 EL einrühren, bis sich der Teig von der Schüssel löst. Auf eine bemehlte Arbeitsfläche geben und mit dem Kneten beginnen.

3 **Den Teig mit einer Hand in Position halten** und mit dem Ballen der anderen kräftig wegschieben. Dann von der Arbeitsfläche lösen, auf die Hälfte zusammenfalten und um 90 Grad drehen. Auf diese Weise weiterkneten, bis der Teig glatt und elastisch ist und zurückspringt, wenn man einen Finger hineindrückt. Falls er kleben bleibt, die Arbeitsfläche bemehlen.

4 **Eine Schüssel mit Öl auspinseln.** Die Teigkugel kurz darin wenden, sodass sie rundum leicht mit Öl überzogen ist. Mit einem feuchten Tuch bedeckt an einem warmen Platz in 1–1½ Std. gehen lassen, bis sich der Umfang verdoppelt hat.

ZUBEREITEN DER FÜLLUNG

5 **In einer Pfanne das Öl erhitzen.** Das Fleisch dazugeben, würzen und bei mittlerer bis hoher Temperatur unter Rühren braten, bis es gleichmäßig gebräunt ist. Herausnehmen, die Temperatur etwas reduzieren und überschüssiges Fett abgießen.

6 **Knoblauch und Ingwer in der Pfanne 30 Sek. anbraten,** bis sie duften. Die Zwiebel dazugeben und weich braten. Mit den Gewürzen und Tomaten auch das Hackfleisch wieder zugeben. Die Flüssigkeit etwa 10 Min. einkochen lassen. Die Pfanne vom Herd ziehen, das Koriandergrün unterrühren und abschmecken. Vollständig abkühlen lassen und nach Bedarf nachwürzen.

FORMEN DER TEIGTASCHEN

7 **Zwei Backbleche mit** Öl einfetten. Den Teig auf einer bemehlten Arbeitsfläche 15–20 Sek. kneten, um die Luft herauszudrücken. Danach zugedeckt nochmals 5 Min. ruhen lassen.

8 **Den Teig halbieren.** Jede Hälfte zu einer etwa 5 cm dicken Rolle formen und in sechs gleich große Stücke schneiden.

BACKEN UND SERVIEREN

9 Jedes Teigstück zu einer Kugel formen und zu einem 10 cm großen Kreis ausrollen. Etwas Füllung in die Mitte löffeln, dabei einen 2–3 cm breiten Rand frei lassen. Den Teig von drei Seiten her über die Mitte zusammenführen.

10 Die Ränder mit den Fingern fest zusammendrücken. Die fertigen Teigtaschen auf die vorbereiteten Bleche legen.

11 Mit einem trockenen Tuch bedeckt an einem warmen Ort nochmals etwa 20 Min. gehen lassen. Die Zeit kann je nach Raumtemperatur und Luftfeuchtigkeit variieren. Daher nicht ungeduldig werden und in jedem Fall erst backen, wenn die Teigtaschen deutlich aufgegangen sind. In der Zwischenzeit den Backofen auf 230 °C vorheizen.

12 Im vorgeheizten Ofen etwa 10–15 Min. backen, bis die Teigtaschen am Boden goldbraun geworden sind und hohl klingen, wenn man sachte dagegenklopft. Frisch aus dem Ofen servieren. Dazu passt ein Dip aus Naturjoghurt.

Kalbsrouladen mit Spinatfüllung

DIE KÖSTLICHE FÜLLUNG AUS SPINAT, Parmesan und Walnüssen verrät die italienische Herkunft dieses Rezepts. Statt Kalbfleisch kann man auch Rind-, Schweine-, Hähnchen- oder Putenfleisch verwenden. Die Rouladen lassen sich sehr gut auf Vorrat zubereiten und einfrieren.

PERSONEN	ZUBEREITUNG	GARZEIT
4	45-50 MIN.	30-40 MIN.

Zutaten

FÜR DIE FÜLLUNG

500 g frischer Spinat oder
300 g aufgetauter TK-Spinat

2 EL Olivenöl

4 Knoblauchzehen, fein gehackt

50 g Walnusskerne, gehackt

30 g Parmesan, gerieben

Salz und Pfeffer

1 Prise frisch geriebene Muskatnuss

FÜR FLEISCH UND SAUCE

8 kleine Kalbsschnitzel (à etwa 80 g)

2 EL Olivenöl

1 Zwiebel, in feine Scheiben geschnitten

4 Knoblauchzehen, fein gehackt

1 Möhre, in feine Scheiben geschnitten

2 Stangen Staudensellerie, in feine Scheiben geschnitten

250 ml trockener Weißwein

250 ml Hühnerbrühe

ZUBEREITEN DER FÜLLUNG

1 Frischen Spinat putzen, waschen und in kochendem Wasser 1-2 Min. blanchieren, dann abtropfen lassen. Den gegarten oder aufgetauten Spinat gründlich ausdrücken und anschließend fein hacken.

2 Das Öl in einer Pfanne erhitzen. Den Spinat darin rühren, bis alle Flüssigkeit vollständig verdampft ist. Vom Herd nehmen, Knoblauch, Walnüsse, Parmesan, Salz, Pfeffer und Muskat unterrühren, danach abschmecken.

ZUBEREITEN DER ROULADEN

3 **Das Fleisch,** falls nötig, zwischen zwei Lagen Backpapier mit einem Nudelholz auf 3 mm Stärke flach klopfen. Dann die Schnitzel auf die Arbeitsfläche legen, mit Salz und Pfeffer würzen und jedes mit einem Achtel der Füllung bestreichen.

4 **Das Fleisch aufrollen,** dabei die Ränder nach innen einschlagen. Jede Roulade mit Küchengarn zusammenbinden oder mit einem Zahnstocher feststecken.

SCHMOREN UND SERVIEREN

5 Das Olivenöl in einer Schmorpfanne erhitzen. Die Rouladen darin bei hoher Temperatur 2-3 Min. kräftig anbraten, bis sie rundum schön gebräunt sind. Herausnehmen und beiseitestellen.

6 Zwiebel und Knoblauch in der Pfanne anschwitzen. Möhre und Sellerie dazugeben und bei verringerter Temperatur etwa 8-10 Min. braten. Den Wein angießen, aufkochen und auf die Hälfte reduzieren.

7 Rouladen und Brühe dazugeben. In der geschlossenen Pfanne 30-40 Min. schmoren. Die Sauce durch ein Sieb gießen, auf 175 ml einkochen und abschmecken. Das Fleisch aufschneiden, mit Gemüse und Sauce anrichten.

Garnelenrisotto

WEICH UND CREMIG, aber dennoch mit ein wenig Biss – so muss ein Risotto sein. Damit das gelingt, heißt es rühren, rühren und nochmals rühren, denn dadurch löst sich die Stärke aus den Reiskörnern und bindet die Garflüssigkeit. Der zweite wichtige Punkt: den fertigen Risotto sofort servieren.

PERSONEN	ZUBEREITUNG	GARZEIT
4-6	15-20 MIN	25-30 MIN

Zutaten

500 g kleine oder mittelgroße Garnelen

3 EL Olivenöl

2 Knoblauchzehen, fein gehackt

1 kleines Bund glatte Petersilie, Blätter gehackt

Salz und Pfeffer

4 EL trockener Weißwein

1 l Fisch- oder Hühnerbrühe

1 Zwiebel, fein gehackt

400 g Arborioreis

ZUBEREITEN DER GARFLÜSSIGKEIT

1 Die Garnelen am Rücken vorsichtig aufschlitzen und die dunklen Darmfäden entfernen. In einem Topf 1 EL Öl erhitzen, die geschälten Garnelen, Knoblauch, Petersilie, Salz und Pfeffer dazugeben.

2 Unter Rühren 1-2 Min. anbraten, bis sich die Garnelen rosa verfärben. Den Wein unterrühren. Die Garnelen aus dem Topf heben und beiseitestellen, die Flüssigkeit noch 2-3 Min. köcheln lassen, dann die Brühe und 250 ml Wasser dazugießen. Die Flüssigkeit bis zum Siedepunkt erhitzen und auf dieser Temperatur halten.

ZUBEREITEN DES RISOTTOS

3 In einem großen Topf 1 EL Öl erhitzen. Die Zwiebel 2-3 Min. unter Rühren darin anschwitzen. Den Reis dazugeben und rühren, bis er ölig glänzt. Mit einer Suppenkelle gerade so viel von der heißen Flüssigkeit dazugeben, dass der Reis bedeckt ist.

4 Unablässig rühren, bis der Reis die Flüssigkeit aufgenommen hat. Dann wieder etwas Flüssigkeit dazugeben und weiterrühren. Auf diese Weise fortfahren, bis der Reis gar, aber noch bissfest (al dente) ist, das dauert etwa 25 Min.

FERTIGSTELLEN UND SERVIEREN

5 Die Garnelen und das restliche Öl unterrühren. Mit Salz und Pfeffer abschmecken (vermutlich ist nur wenig Salz nötig). In vorgewärmte tiefe Teller füllen und sofort servieren.

Schinken mit Backpflaumen

DURCH DIE BACKPFLAUMEN BEKOMMT DIESES GERICHT aus dem Chablis eine weiche, süßliche Note. Beim für die Sauce benötigten Weißwein bietet sich natürlich ein Gewächs aus der Region an, in jedem Fall sollte er trocken und fruchtig sein. Dazu passt dampfendes Kartoffelpüree.

PERSONEN	ZUBEREITUNG	GARZEIT
6	40–45 MIN.	20–25 MIN.

Zutaten

FÜR DEN ESSIGKARAMELL

100 g Zucker

125 ml Rotweinessig

FÜR DIE SAUCE

135 g entsteinte Backpflaumen

4 EL Marc de Bourgogne oder Weinbrand

50 g Butter

4 Schalotten, fein gehackt

2 EL Mehl

250 ml trockener Weißwein

250 ml Hühner- oder Rinderbrühe

½ TL schwarze Pfefferkörner, grob zerstoßen

Salz

125 g Crème fraîche

zerlassene Butter für die Form

6 Scheiben Kochschinken (à etwa 165 g)

ZUBEREITEN DES ESSIGKARAMELLS

1 Den Zucker mit **125 ml Wasser** bei milder Hitze in einem schweren Topf schmelzen. Die Temperatur erhöhen und ohne zu rühren kochen lassen, bis sich der Sirup am Rand golden färbt.

2 Die Temperatur wieder verringern. Weiterkochen, bis der Sirup karamellbraun geworden ist, dann vom Herd ziehen und warten, bis er keine Blasen mehr wirft.

3 Langsam den Essig angießen, dabei einen Schritt zurücktreten, da sich viel heißer Dampf entwickelt und der Sirup spritzen kann. Unter gelegentlichem Rühren weitere 5–8 Min. köcheln lassen, bis sich der Karamell im Essig gelöst hat und der Sirup auf die Hälfte eingekocht ist. Danach vom Herd nehmen und beiseitestellen.

ZUBEREITEN DER SAUCE

4 Die Backpflaumen halbieren und in einem kleinen Topf mit dem Marc de Bourgogne oder Weinbrand 5–8 Min. sanft erwärmen, bis sie aufgeweicht sind. Falls nötig, etwas Wasser hinzugeben. Mit einem Schaumlöffel herausheben und ebenso wie die Flüssigkeit beiseitestellen.

5 Die Butter in einem mittelgroßen Topf zerlassen. Die Schalotten darin unter gelegentlichem Rühren 3–5 Min. anschwitzen. Das Mehl einstreuen und unter ständigem Rühren 30–60 Sek. ebenfalls anschwitzen. Vom Herd ziehen und etwas abkühlen lassen.

6 Den Weißwein zugeben und kräftig mit dem Schneebesen unterrühren, dann zurück auf den Herd stellen und 1 Min. köcheln lassen. Brühe, Einweichflüssigkeit der Backpflaumen, Pfefferkörner und Salz dazugeben. Weiterhin kräftig mit dem Schneebesen rühren und 10–12 Min. köcheln lassen, bis die Sauce dicklich wird und einen Löffelrücken leicht überzieht.

7 Den Essigkaramell unterrühren und die Sauce nochmals 5–10 Min. unter Rühren köcheln lassen, bis sie wieder einen Löffelrücken überzieht. Dabei vermeiden, dass der Karamell dunkler wird. Die Crème fraîche unterrühren. Einige Backpflaumen zum Garnieren beiseitelegen, den Rest in die Sauce geben. Zum Schluss abschmecken.

GAREN DES SCHINKENS

8 Den Backofen auf 180 °C vorheizen. Eine ofenfeste Form mit zerlassener Butter auspinseln. Die Schinkenscheiben leicht überlappend in der Auflaufform anordnen.

9 Die Weinsauce so darübergießen, dass der Schinken vollständig bedeckt ist, das schützt ihn vor dem Austrocknen und Verbrennen. Die Form für 20–25 Min. in den vorgeheizten Ofen schieben, bis das Fleisch auch innen heiß ist und die Sauce Blasen wirft. Dabei von Zeit zu Zeit nachsehen, ob die Oberfläche beginnt fleckig oder dunkel zu werden. In diesem Fall locker mit Alufolie abdecken, damit der milde, süßliche Geschmack des Gerichts nicht durch angebrannte Stellen verdorben wird.

10 Mit den beiseitegelegten Backpflaumen garnieren und direkt aus dem Ofen in der Auflaufform servieren. Als Beilage eignen sich Stampf oder Petersilienkartoffeln. Aber auch ein mit etwas Dijonsenf abgeschmecktes Kartoffelpüree bietet sich an – seine milde Schärfe ist eine hervorragende Ergänzung zum süßlichen Grundton der Weinsauce, die den Schinken umgibt.

Ländliche Terrine

SO EINEN HERZHAFTEN HAPPEN hat man gerne im Kühlschrank, wenn unerwartet Besuch auftaucht oder einen der Hunger packt. Bis zu fünf Tage ist die würzige Terrine haltbar – und ihr Geschmack wird dabei immer besser.

PERSONEN
8-10

ZUBEREITUNG
35-40 MIN.
+ WARTEZEIT

GARZEIT
1¼-1½ STD.

Zutaten

1 dicke Scheibe gekochter Schinken (etwa 125 g)

2 EL Weinbrand

Salz und Pfeffer

15 g Butter

1 Zwiebel, sehr fein gehackt

2 Knoblauchzehen, fein gehackt

2-3 Zweige Thymian, Blätter abgezupft

125 g Hühnerleber, geputzt und gehackt

625 g Hackfleisch vom Schwein, zur Hälfte mager, zur Hälfte fett

250 g Hackfleisch vom Kalb

¼ TL gemahlenes Piment

1 Prise frisch geriebene Muskatnuss

1 Prise gemahlene Gewürznelken

2 Eier, verquirlt

250 g durchwachsener Speck in dünnen Scheiben

1 Lorbeerblatt

50 g Mehl

Essiggurken zum Servieren

knuspriges Brot als Beilage

MARINIEREN DES SCHINKENS

1 **Den gekochten Schinken** in lange, etwa 1 cm breite Streifen schneiden. Die Streifen in einer Schüssel mit Weinbrand, Salz und Pfeffer vermengen und 1 Std. ziehen lassen. In der Zwischenzeit mit der Zubereitung des Fleischteigs beginnen.

ZUBEREITEN DES FLEISCHTEIGS

2 **Die Butter in einer Pfanne zerlassen.** Die Zwiebel darin unter gelegentlichem Rühren 3-5 Min. anbraten, bis sie weich und gebräunt ist. In eine Schüssel füllen und abkühlen lassen.

3 **Knoblauch, Thymian, Hühnerleber,** Hackfleisch, Piment, Muskat, Nelken, Salz und Pfeffer zu der Zwiebel geben und alles gut vermengen. Die Eier zusammen mit der Schinkenmarinade zum Fleisch geben.

4 **Den Fleischteig 1-2 Min. kräftig rühren,** bis er sich von der Schüssel löst. Die Pfanne mit Küchenpapier ausreiben. Etwas Fleischteig darin rundum anbraten. Probieren und, falls nötig, mit den verwendeten Gewürzen, Salz und Pfeffer nachwürzen.

ZUBEREITEN UND GAREN DER TERRINE

5 **Den Backofen auf 180 °C vorheizen.** Ein Drittel des Specks beiseitelegen, mit den anderen Scheiben Boden und Längsseiten einer Terrinenform (30 x 7,5 x 7,5 cm) quer auslegen und über den Rand hängen lassen.

6 **Die Hälfte des Fleischteigs in die Form löffeln,** die Schinkenstreifen längs verteilen und mit dem restlichen Fleischteig bedecken. Die über den Rand der Form hängenden Speckscheiben über den Fleischteig schlagen, mit dem beiseitegelegten Speck und dem Lorbeerblatt bedecken.

7 **Den Deckel der Terrine auflegen.** Das Mehl mit 2-3 EL Wasser verrühren. Diese Paste mit dem Zeigefinger in den Spalt zwischen Terrine und Deckel streichen, um ihn zu verschließen.

8 Die Terrine in einen Bräter setzen. Bis zur halben Höhe der Terrine kochendes Wasser in den Bräter füllen. Das Wasser auf dem Herd erneut zum Kochen bringen, dann den Bräter vorsichtig in den Ofen stellen.

9 Im vorgeheizten Ofen 1¼–1½ Std. garen, bis ein für 30 Sek. in die Mitte eingestochener Metallspieß beim Herausziehen heiß ist. Die Terrine aus dem Wasserbad heben und lauwarm werden lassen. Den Deckel abnehmen, das Fleisch mit Folie und einem passenden Brett bedecken und mit 500 g Gewicht beschweren. Mindestens 24 Std. kalt stellen.

FERTIGSTELLEN UND SERVIEREN

10 Gewicht, Brett und Folie abnehmen. An der Oberfläche sichtbares Fett mit einem Löffel abkratzen. Die Klinge eines spitzen Messers in heißes Wasser tauchen und damit zwischen Fleisch und Form entlangfahren.

11 Die Form mit beiden Händen halten und vorsichtig stürzen. Die Terrine in etwa 1 cm dicke Scheiben schneiden, auf einer Platte anrichten und mit Essiggurken und Brot servieren.

 VARIANTE: Wildterrine

Ein tolles Rezept für Reh, Fasan oder Kaninchen.

1 Schinken, Kalbfleisch und Essiggurken aus dem Hauptrezept entfallen. Statt des Schinkens ein 125 g schweres Stück Rehfleisch in etwa 1 cm breite Streifen schneiden. 3 Wacholderbeeren zerstoßen. Rehfleisch, Wacholder, Weinbrand, Salz und Pfeffer vermengen und wie beschrieben marinieren.

2 Den Fleischteig wie beschrieben zubereiten, dabei das Hackfleisch vom Kalb durch gehacktes Rehfleisch ersetzen und zusätzlich 60 g gehackte Pistazienkerne untermengen. Sie geben der Terrine hübsche grüne Sprenkel und etwas Biss. Wie beschrieben etwas Fleischteig anbraten und abschmecken, je nach Geschmack auch noch mehr Pistazien dazugeben.

3 Die Terrinenform auslegen und füllen, wobei statt der Schinkenstreifen nun das marinierte Rehfleisch verwendet wird. Die Form schließen und wie im Hauptrezept im Wasserbad garen, danach mit einem Gewicht beschwert kalt stellen, stürzen und servieren.

Pie mit Rindfleisch und Pilzen

UNTER GOLDBRAUNEM TEIG garen Fleisch und Pilze. Das Rezept für den Blätterteig sollten Sie sich merken: schnell und einfach – und obendrein vielseitig verwendbar. Wenn Sie ganz wenig Zeit haben, können Sie auch fertigen Blätterteig verwenden.

PERSONEN
4–6

ZUBEREITUNG
3–3½ STD.
+ TEIGRUHE

BACKZEIT
25–35 MIN.

Zutaten

FÜR DEN BLITZ-BLÄTTERTEIG

250 g Mehl sowie Mehl zum Bestreuen

Salz und Pfeffer

180 g Butter

1 Ei

FÜR DIE FÜLLUNG

500 g gemischte Wildpilze, in Scheiben geschnitten, ersatzweise 75 g getrocknete Wildpilze

35 g Mehl

1 kg Rindfleisch zum Schmoren, in 2–3 cm große Würfel geschnitten

900 ml Rinderbrühe oder Wasser

4 Schalotten, fein gehackt

6 Stängel glatte Petersilie, Blätter fein gehackt

ZUBEREITEN DES BLITZ-BLÄTTERTEIGS

1 **Das Mehl mit ½ TL Salz in eine Schüssel sieben**. Ein Drittel der Butter hinzugeben. Mit den Fingerspitzen Mehl und Butter zu groben Krümeln verreiben. Eine Vertiefung in die Mitte drücken und 100 ml Wasser hineingießen. Alles locker zu einem Teig verarbeiten, eine Kugel formen, in Frischhaltefolie einwickeln und 15 Min. kalt stellen.

2 **Den Teig** auf einer bemehlten Arbeitsfläche zu einem etwa 15 x 40 cm großen Rechteck ausrollen. Die restliche Butter in kleine Würfel schneiden und auf zwei Dritteln des Teigstücks verteilen. Das frei bleibende Stück über die Hälfte des mit Butterwürfeln bedeckten schlagen.

3 **Den Teig mit beiden Händen** nochmals auf die Hälfte zusammenfalten, sodass die Butterstücke völlig von Teig umschlossen sind. Die Ränder mit dem Nudelholz fest zusammendrücken, damit die Butter beim Ausrollen nicht seitlich entweichen kann. In Folie gewickelt nochmals 15 Min. kalt stellen.

4 **Den Teig wieder ausrollen**, bis ein etwa 15 x 45 cm großes Rechteck mit sauberen Ecken entstanden ist. Dabei möglichst rasch arbeiten und den Teig auf der bemehlten Arbeitsfläche hin und her bewegen, damit er nicht kleben bleibt. Danach die Drittel wieder zu einem Quadrat zusammenfalten. Der offene Teigrand liegt nun direkt vor Ihnen.

5 **Den Teig um 90 Grad drehen**, sodass der offene Rand auf der rechten Seite liegt. Diesen Rand wieder mit dem Nudelholz verschließen. Damit ist die erste »Tour« beendet. Wieder mit Schritt 4 beginnen und den Teig noch einmal längs ausrollen, falten und in Folie eingeschlagen 15 Min. kühlen. Danach in zwei weiteren »Touren« ausrollen und nochmals 15 Min. kühlen.

ZUBEREITEN DER FÜLLUNG

6 Den Backofen auf 180°C vorheizen. Getrocknete Pilze etwa 30 Min. in warmem Wasser einweichen, danach gründlich abtropfen lassen. Größere Pilze in Scheiben schneiden, danach genauso verwenden wie frische Pilze.

7 Das Mehl mit Salz und Pfeffer würzen. Die Fleischwürfel im Mehl wenden, überschüssiges Mehl abklopfen, danach das Fleisch in einen Schmortopf legen. Die Brühe angießen, Pilze und Schalotten dazugeben und alle Zutaten gründlich vermengen. Auf dem Herd zum Kochen bringen, dabei ständig rühren, damit die Zutaten sich gleichmäßig erwärmen und nichts am Boden ansetzt.

8 Den Deckel des Schmortopfs auflegen und den Topf in den vorgeheizten Ofen stellen. Das Fleisch 2–2¼ Std. garen und gelegentlich umrühren, bis die Sauce etwa die Konsistenz von flüssiger Sahne hat und das Fleisch so mürbe ist, dass es sich mit den Fingern zerdrücken lässt. Während dieser Zeit sollte das Fleisch immer knapp mit Flüssigkeit bedeckt sein, falls nötig, Brühe oder Wasser nachgießen.

9 Zum Schluss die Petersilie unterrühren, mit Salz und Pfeffer würzen. Dann in eine 2 l fassende Pieform (möglichst mit Abzug) füllen und vollständig abkühlen lassen. Die Ofentemperatur auf 220°C erhöhen.

FERTIGSTELLEN UND BACKEN

10 Die Arbeitsfläche leicht bemehlen. Drei Viertel des gekühlten Blätterteigs 2–3 cm größer als die Pieform ausrollen. Den Rand ringsum sauber abschneiden, sodass ein Streifen entsteht, der gut auf den flachen Rand der Form passt.

11 Mit einem Backpinsel den Rand der Form mit etwas Wasser befeuchten. Den langen Teigstreifen darauflegen und andrücken. Das Ei mit ½ TL Salz verquirlen. Den Teigrand mit Ei einpinseln.

12 Das große Teigstück locker über das Nudelholz legen und als Deckel auf die Form gleiten lassen. Den Rand des Deckels mit den Fingerspitzen sorgfältig gegen den mit Ei bepinselten Teigstreifen drücken. Überstehenden Teig sauber abschneiden.

13 Den Deckel mit dem restlichen Ei bestreichen. In die Mitte eine Öffnung schneiden, sodass beim Backen Dampf durch den Abzug entweichen kann. Sofern die Form keinen Abzug hat, aus Alufolie ein Rohr formen (s. S. 341). Die Teigreste nach Belieben zu Verzierungen verarbeiten.

14 Die Pie 15 Min. kalt stellen, dann 25–35 Min. im vorgeheizten Ofen backen, bis der Teig goldbraun und luftig ist. Locker mit Alufolie bedecken, falls die Pie zu schnell bräunt. Heiß in der Form servieren.

Jakobsmuscheln mit Kräuterkartoffeln

MANCHMAL MUSS MAN SICH EINFACH etwas Besonderes gönnen. Jakobsmuscheln haben ihren Preis, dafür sind sie aber auch wunderbar saftig, zart und stecken voller feinsalziger Aromen. Umso behutsamer muss man sie braten: genau auf den Punkt, denn zu lange gegart werden sie zäh und gummiartig. Auf das richtige Timing kommt es also an: Alles muss perfekt vorbereitet sein, damit die Jakobsmuscheln noch brutzelnd aus der Pfanne auf den Teller kommen.

PERSONEN	ZUBEREITUNG	GARZEIT
6	20–25 MIN.	25–30 MIN.

Zutaten

FÜR DIE KARTOFFELN

500 g Kartoffeln

Salz und Pfeffer

4–6 Stängel Petersilie

4–6 Stängel Estragon

60 g Butter

abgeriebene Schale von 1 Bio-Zitrone

75 ml Milch

FÜR DIE JAKOBSMUSCHELN

500 g große ausgelöste Jakobsmuscheln, ohne Corail (Rogen)

30 g Mehl

30 g Butter

2 EL Öl

Zitronen und Rucola zum Garnieren

ZUBEREITEN DER KRÄUTERKARTOFFELN

1 **Die Kartoffeln schälen** und in Stücke schneiden. In kaltem Salzwasser aufsetzen und im geschlossenen Topf 15–20 Min. kochen, bis sie weich sind.

2 **Die Petersilien- und Estragonblätter** von den Stängeln streifen.

3 **Butter, Kräuter und Zitronenschale** in der Küchenmaschine zu einer feinen Paste verarbeiten.

4 **Die gekochten Kartoffeln abgießen** und zurück in den Topf geben. Bei milder Hitze grob zerstampfen und dabei mit der Kräuterbutter vermengen. Mit Salz und Pfeffer würzen und die Milch zugießen, aber noch nicht unterrühren. Im schwach vorgeheizten Ofen warm halten.

GAREN DER JAKOBSMUSCHELN

5 Die feste, halbmondförmige Haut, die die Jakobsmuscheln umgibt, abschneiden. Das Mehl auf einem Teller verteilen und würzen. Die Muscheln darin wenden, überschüssiges Mehl abklopfen.

6 Butter und Öl in einer Pfanne erhitzen. Die Jakobsmuscheln darin 2–3 Min. auf beiden Seiten anbraten, bis sie braun und knusprig sind.

FERTIGSTELLEN UND SERVIEREN

7 In der Zwischenzeit die Milch unter die Kartoffeln rühren, falls nötig noch 2–3 TL Milch dazugeben. Mit den fertig gegarten Muscheln auf vorgewärmten Tellern anrichten. Den Saft einer halben Zitrone in die Pfanne gießen, umrühren und über die Muscheln träufeln. Mit Rucola und Zitronenspalten garnieren und sofort servieren.

 VARIANTE: Pochierte Jakobsmuscheln in Cidresauce

Stilvoll in der Schale überbacken und serviert.

1 Für die Kräuterbutter statt Zitrone 2 Knoblauchzehen verwenden. Die Kartoffeln wie beschrieben zubereiten. Die Kartoffelmasse aus einem Spritzbeutel mit gezackter Tülle um 6 gesäuberte Muschelschalen herumspritzen.

2 In einen Topf 2 gehackte Schalotten, den Saft von 2 Zitronen, je 125 ml Cidre (Apfelwein) und Weißwein sowie 250 ml Wasser geben. Die geputzten Muscheln darin bis an den Siedepunkt erhitzen und 30 Sek. garziehen lassen, dann herausnehmen und warm halten. Den Cidresud auf 250 ml einkochen. Mit dem Schneebesen zuerst 2 EL Mehl, danach 2 mit 120 ml Sahne verquirlte Eigelbe einrühren. Die Muscheln in diese Sauce geben, auf die Schalen verteilen und 3 Min. unter dem vorgeheizten Grill gratinieren.

Quiche Lorraine

DIE MUTTER ALLER QUICHES. Das berühmte Rezept aus Lothringen ist ein typisches Beispiel dafür, wie gehaltvoll die traditionelle Küche Frankreichs sein kann. Puristen verwenden für den Belag nur Eier, Rahm und Speck, doch der in diesem Rezept zusätzlich enthaltene Gruyère bringt ein Plus an Geschmack und Textur. Servieren Sie die Quiche Lorraine warm oder bei Raumtemperatur – solange sie noch richtig heiß ist, bleibt der Belag zu flüssig.

PERSONEN
4–6

ZUBEREITUNG
45–50 MIN.
+ TEIGRUHE

BACKZEIT
30–35 MIN.

Zutaten

FÜR DEN TEIG

180 g Mehl sowie Mehl zum Bestreuen

1 Eigelb

½ TL Salz

90 g weiche Butter sowie Butter für die Form

FÜR DEN BELAG

250 g durchwachsener Speck, gewürfelt

500 g Sahne

frisch geriebene Muskatnuss

Salz und Pfeffer

1 Eigelb und 3 Eier

75 g Gruyère, gerieben

ZUBEREITEN DES MÜRBETEIGS

1 Das Mehl auf die Arbeitsfläche sieben. Eine Vertiefung in die Mitte drücken, Eigelb, Salz und 3 EL kaltes Wasser hineingeben. Die Butter in Stückchen ebenfalls zugeben. Zuerst die Zutaten in der Mulde mit den Fingerspitzen vermengen.

2 Nach und nach das Mehl einarbeiten, bis sich die Zutaten zu groben Krümeln verbinden, dabei zügig arbeiten und den Teig so wenig wie möglich bearbeiten, damit der Boden später locker und zart wird. Sanft zu einer Kugel zusammendrücken. Falls der Teig dafür zu trocken ist, mit etwas Wasser besprenkeln.

3 Die Arbeitsfläche dünn mit Mehl bestreuen, dann den Teig kurz kneten: Die Teigkugel mit dem Handballen locker flach drücken, dann wieder zusammenfassen und erneut wegschieben, bis der Teig glatt ist und sich in einem Stück von der Arbeitsfläche löst. Das sollte nicht länger als 1–2 Min. dauern, denn zu lange bearbeiteter Mürbeteig wird beim Backen hart. Die Teigkugel in Frischhaltefolie gewickelt mindestens 30 Min. kalt stellen, bis sie fest ist. Man kann den Mürbeteig auch bis zu zwei Tage im Voraus zubereiten und im Kühlschrank aufbewahren.

AUSLEGEN DER FORM

4 Eine 24 cm große Tarteform mit Butter ausfetten. Die Arbeitsfläche dünn mit Mehl bestreuen und den Teig darauf zu einem etwa 30 cm großen Kreis ausrollen. Locker über das Nudelholz legen und so in die Form gleiten lassen, dass der Teig ringsum am Rand etwas übersteht. Dabei den Teig nicht in Form pressen oder ziehen.

5 Den Teigrand mit einer Hand vorsichtig etwas anheben, mit dem Zeigefinger der anderen Hand an den Formrand drücken. Die Form weiterdrehen und auf diese Weise den Teig ringsum andrücken. Mit dem Nudelholz über den Rand rollen, um überstehenden Teig abzutrennen.

6 Den Teig mit Zeigefinger und Daumen am Rand der Form etwas hochdrücken. Den Boden mit einer Gabel einstechen, damit er beim Backen keine Blasen wirft, dann nochmals 15 Min. kalt stellen.

BLINDBACKEN DES TEIGBODENS

7 Den Backofen und ein Blech auf 200 °C vorheizen. Eine doppelte Schicht Alufolie auf den Teig legen und gut andrücken, die Alufolie sollte am Rand der Form etwa 4 cm überstehen, falls nötig, abschneiden. Getrocknete Hülsenfrüchte oder Backgewichte in die Form füllen, um die Folie beim Backen zu beschweren.

8 Auf dem heißen Blech etwa 10 Min. backen, bis der Teig fest geworden ist und der Rand Farbe annimmt. Herausnehmen und etwas abkühlen lassen, dann Folie und Hülsenfrüchte vorsichtig entfernen.

9 **Die Ofentemperatur auf 190 °C senken.** Den Teig weitere 5–8 Min. backen, bis auch der Boden leicht gebräunt ist. Herausnehmen und etwas abkühlen lassen, den Ofen nicht abschalten.

ZUBEREITEN DES BELAGS UND BACKEN

10 **Den Speck 3–4 Min. in einer Pfanne anbraten**, bis er leicht gebräunt ist. Mit einem Schaumlöffel herausheben und auf Küchenpapier abtropfen lassen. In einer Schüssel Sahne, Muskat, Salz und Pfeffer mit Eigelb und Eiern gründlich verquirlen.

11 **Speck und Käse gleichmäßig auf den Teigboden streuen.** Die Form auf das heiße Blech stellen. Die Eiermasse nochmals durchrühren und dann vorsichtig über Speck und Käse gießen. Die Quiche 30–35 Min. backen, bis sie leicht gebräunt ist und die Eiermasse stockt.

12 **Die Quiche zunächst in der Form** auf einem Kuchengitter etwas abkühlen lassen. Dann auf eine kleinere Schüssel stellen, damit sich der Rand der Kuchenform löst und abgenommen werden kann. Die Quiche auf ein Brett oder eine Platte setzen. Nach Belieben lauwarm oder bei Raumtemperatur servieren.

Paglia e fieno

GRÜNE UND WEISSE BANDNUDELN heißen in Italien *paglia e fieno,* Stroh und Heu. Pasta selbst zu machen, ist genau die richtige Beschäftigung für einen verregneten Nachmittag. Und viel einfacher, als Sie vielleicht meinen – vor allem, wenn Sie eine Nudelmaschine besitzen.

PERSONEN	ZUBEREITUNG	GARZEIT
6	55–60 MIN. + TEIGRUHE	15–20 MIN.

Zutaten

FÜR DIE WEISSEN BANDNUDELN

150 g Mehl (Type 550) sowie Mehl zum Bestreuen

2 Eier

FÜR DIE SPINAT-BANDNUDELN

2 EL aufgetauter TK-Spinat

2 Eier

220 g Mehl (Type 550),

FÜR DIE SAUCE

60 g Butter

1 kleine Zwiebel, fein gehackt

250 g Champignons, in Scheiben geschnitten

Salz und Pfeffer

125 g gekochter Schinken, in Streifen geschnitten

100 g frische Erbsen oder aufgetaute TK-Erbsen, in kochendem Wasser kurz gegart

250 g Sahne

frisch geriebene Muskatnuss

60 g Parmesan, frisch gerieben

ZUBEREITEN DER BEIDEN NUDELTEIGE

1 **Für die weiße Pasta** das Mehl kegelförmig auf die Arbeitsfläche sieben. Eine Vertiefung in die Mitte drücken. Die Eier mit einer Gabel leicht verquirlen und mit ½ TL Salz in die Vertiefung geben.

2 **Nach und nach das Mehl einarbeiten,** bis sich alles verbindet. Falls der Teig klebrig ist, noch etwas Mehl hinzugeben. Eventuell ein Palettmesser zu Hilfe nehmen, um an der Arbeitsfläche haftenden Teig abzukratzen. Der Teig kann zu Beginn etwas spröde wirken, das ändert sich, sobald das Mehl durch die Eier quillt.

3 **Die Arbeitsfläche dünn mit Mehl bestreuen.** Den Teig mit dem Handballen gründlich verkneten. Mit einer umgedrehten Schüssel bedecken und 1 Std. ruhen lassen. In der Zwischenzeit den grünen Teig zubereiten.

4 **Für die grüne Pasta** den Spinat gründlich ausdrücken und fein hacken. Den Teig wie beschrieben zubereiten, den Spinat zusammen mit den Eiern und ½ TL Salz zum Mehl geben. Ebenfalls 1 Std. zugedeckt ruhen lassen.

5 **Beide Teige in je drei oder vier Portionen teilen.** Die Nudelmaschine auf den breitesten Walzenabstand einstellen.

ZUBEREITEN DER BANDNUDELN

6 **Eine Teigportion zu einem Rechteck formen,** mit etwas Mehl bestreuen und durch die Maschine laufen lassen. Danach in Dritteln wieder zu einem Quadrat zusammenfalten und nochmals durch die Maschine laufen lassen. Falls der Teig klebt, zwischendurch mit Mehl bestäuben und noch sieben- bis zehnmal durch die Walzen laufen lassen, bis er ganz glatt und elastisch geworden ist.

7 **Die Walzen** eine Stufe enger einstellen und den Teig wieder hindurchlaufen lassen. Nun den Abstand bei jedem weiteren Durchlauf um eine Stufe verringern, bis der Teig so dünn wie möglich ausgerollt ist. Falls nötig zwischendurch mit Mehl bestreuen. Zum Schluss sollte der Teig seidig glatt sein und an den Rändern nicht mehr einreißen.

8 **Die fertige Teigbahn** 5–10 Min. über einem sauberen Besenstiel hängend trocknen, bis der Teig ledrig aussieht. In der Zwischenzeit die restlichen Teigportionen ausrollen und trocknen lassen. Alle Teigbahnen in etwa 30 cm lange Stücke schneiden.

ZUBEREITEN DER SAUCE

10 Die Hälfte der Butter in einer großen Pfanne erhitzen. Die Zwiebel darin unter gelegentlichem Rühren 3–5 Min. anschwitzen. Champignons, Salz und Pfeffer dazugeben und weitere 5–7 Min. braten, bis die Flüssigkeit der Pilze vollständig verdampft ist.

11 Schinken, Erbsen und Sahne dazugeben, alles verrühren und zum Kochen bringen. 1–2 Min. köcheln lassen, bis die Sauce etwas dickflüssiger geworden ist. Mit Muskat, Salz und Pfeffer abschmecken.

KOCHEN DER NUDELN UND SERVIEREN

12 In einem großen Topf Wasser mit 1 EL Salz zum Kochen bringen. Die Nudeln darin 1–2 Min. bissfest garen, dabei gelegentlich umrühren. In ein Sieb abgießen und gründlich abtropfen lassen.

13 Die restliche Butter im Topf zerlassen, die Nudeln dazugeben und bei mittlerer Hitze kurz verrühren. Mit der Sauce vermischen und 1–2 Min. rühren, bis die Nudeln sehr heiß sind. Vom Herd ziehen und einen Teil des Parmesans unterrühren. In vorgewärmten tiefen Tellern anrichten und mit dem restlichen Parmesan servieren.

9 Mit der Schneidevorrichtung der Nudelmaschine die Teigblätter zu Bandnudeln verarbeiten. Die Nudeln dabei sofort auffangen, mit etwas Mehl bestreut zu lockeren Nestern aufwickeln und 1–2 Std. trocknen lassen.

Seezunge à la bonne femme

FEINE SEEZUNGENFILETS in sahniger Sauce – ganz bodenständig und doch eines der leckersten Fischgerichte überhaupt. Aus den Gräten der filetierten Seezunge wird eine Brühe hergestellt, die als Grundlage für die cremige helle Sauce dient.

PERSONEN	ZUBEREITUNG	GARZEIT
4	30–35 MIN.	25–30 MIN.

Zutaten

FÜR DIE FISCHBRÜHE

Köpfe und Gräten von 2 Seezungen

1 Zwiebel, in Scheiben geschnitten

3–5 Stängel Petersilie

1 TL Pfefferkörner

250 ml Weißwein
oder Saft von 1 Zitrone

FÜR DEN FISCH

250 g Champignons

15 g Butter plus Butter für die Form

Salz und Pfeffer

2 Schalotten, fein gehackt

2 Seezungen (à etwa 1 kg), filetiert,
Köpfe und Gräten für die Brühe

FÜR DIE SAUCE

30 g Butter

2 EL Mehl

3 EL Crème fraîche

3 Eigelb

Saft von ½ Zitrone

ZUBEREITEN DER FISCHBRÜHE

1 **Fischköpfe und Gräten** mit kaltem Wasser abspülen und mit einem schweren Messer in große Stücke hacken. In einem mittelgroßen Topf mit der Zwiebel, 500 ml Wasser, Petersilie, Pfefferkörnern und Wein aufsetzen.

2 **Zum Kochen bringen** und etwa 20 Min. köcheln lassen, gelegentlich den aufsteigenden Schaum mit einem breiten, flachen Löffel abschöpfen. Durch ein Sieb in einen sauberen Topf abgießen. Nicht würzen.

POCHIEREN DER SEEZUNGE

3 **Den Backofen auf 180 °C vorheizen.** Champignons in Scheiben schneiden. Butter in einer Pfanne zerlassen. Champignons, Salz, Pfeffer und 3–4 EL Wasser dazugeben. Mit gebutterter Alufolie bedeckt 5 Min. dünsten.

4 **Die Schalotten in einer gebutterten ofenfesten Form verteilen.** Die Fischfilets mit der Hautseite nach innen zusammenklappen und daraufsetzen. Würzen und so viel Fischbrühe angießen, dass sie zur Hälfte bedeckt sind. Mit gebutterter Alufolie bedecken und 15–18 Min. im Ofen garziehen lassen, bis der Fisch sich beim Einstechen mit einer Gabel blättrig teilt. Auf Küchenpapier abtropfen lassen, dann warm halten. Den Sud für die Sauce aufheben.

ZUBEREITEN DER SAUCE

5 **Den Garsud mit den Schalotten** zur restlichen Fischbrühe gießen und alles auf 375 ml einkochen. In einem zweiten Topf die Butter zerlassen. Das Mehl mit dem Schneebesen einrühren und 1–2 Min. anschwitzen, bis es schäumt. Den Topf vom Herd ziehen und etwas abkühlen lassen.

6 **Die eingekochte Flüssigkeit** durch ein Sieb zur Mehlschwitze gießen. Unter ständigem Rühren erhitzen und kochen lassen, bis die Sauce bindet. Die Temperatur verringern, die Sauce 5 Min. köcheln lassen. Den Topf vom Herd nehmen, die Pilze samt Garflüssigkeit unterrühren. Crème fraîche und Eigelbe in einer kleinen Schüssel verquirlen.

7 **Etwas heiße Sauce** zu der Eigelbmischung gießen und mit dem Schneebesen verquirlen. Dann die Eigelbmischung unter die Sauce rühren.

 **8** Unter Rühren 2–3 Min. sanft erhitzen, bis die Sauce so weit bindet, dass sie einen Löffelrücken überzieht. Dabei aber keinesfalls kochen, sonst gerinnt sie. Vom Herd nehmen und mit Zitronensaft, Salz und Pfeffer abschmecken. Den Grill vorheizen. Je 2 Filets auf ofenfesten Tellern anrichten und mit Sauce übergießen. 1–2 Min. unter dem heißen Grill bräunen und sofort mit Zitronen-Kräuter-Reis servieren.

 ## VARIANTE: Seezunge mit Champignons und Tomaten

Leicht und mit säuerlich-frischer Note.

1 Zwei Tomaten häuten, Samen entfernen, Fleisch fein hacken. Brühe und Champignons wie beschrieben zubereiten. Fisch wie angegeben pochieren, dabei die Tomaten zusammen mit den Schalotten in die Form geben.

2 Die Blätter von 10–12 Stängeln Petersilie abzupfen und fein hacken. Bei der Zubereitung der Sauce den Fischsud nicht mit der restlichen Brühe, sondern mit 125 ml Weißwein mischen. Wie beschrieben einkochen, dann aber ohne Abseihen zur Mehlschwitze gießen. Sobald die Sauce bindet, 1½ EL Tomatenmark unterrühren.

3 Zusammen mit den gedünsteten Pilzen die gehackte Petersilie in die Sauce geben. Wie beschrieben anrichten und unter dem Grill bräunen.

Brot backen

Große Laibe, kleine
Brötchen – alles ganz
köstlich und viel ein-
facher als man denkt

Kastenweißbrot

EIN GRUNDREZEPT für Anfänger und erfahrene Bäcker gleichermaßen. Der Vorteig ist das Geheimnis: er sorgt für eine optimale Struktur, für eine lockere Krume und eine glatte Kruste. Weißbrot schmeckt frisch am allerbesten, eignet sich aber auch gut zum Einfrieren. Praktisch: Den Teig kann man fertig zubereitet auch über Nacht im Kühlschrank gehen lassen.

ERGIBT	ZUBEREITUNG	BACKZEIT
2 LAIBE	35–40 MIN. + TEIGRUHE	35–40 MIN.

Zutaten

FÜR DEN VORTEIG

2½ TL Trockenhefe
oder 15 g frische Hefe

125 g Weizenmehl (Type 550)

FÜR DIE BROTE

500 ml Milch sowie Milch zum Bestreichen

750 g Weizenmehl (Type 550) sowie Mehl zum Bestreuen

1 EL Salz

zerlassene Butter zum Einfetten

ZUBEREITEN DES VORTEIGS

1 Von 250 ml handwarmem Wasser 4 EL abnehmen und in ein Schälchen geben. Die Hefe hineinstreuen oder -bröckeln und 5 Min. stehen lassen, bis sie sich aufgelöst hat, zwischendurch einmal umrühren. Die Hefe mit dem restlichen Wasser in eine Schüssel geben. Das Mehl hineinstreuen und 30–60 Sek. kräftig rühren.

2 Etwa 2 EL Mehl darüberstreuen, sodass ein Großteil der Oberfläche bedeckt ist. Die Schüssel mit einem feuchten Tuch bedecken und den Vorteig an einem warmen Platz so lange gehen lassen, bis Bläschen durch das Mehl dringen. Das dauert je nach Temperatur und Luftfeuchtigkeit zwischen 30 und 60 Min. Selbst erfahrene Bäcker haben Mühe, diese Zeit richtig einzuschätzen, denn auch das Mehl ist von Paket zu Paket unterschiedlich.

ZUBEREITEN DES TEIGS

3 In der Zwischenzeit die Milch bis zum Siedepunkt erhitzen und danach abkühlen lassen, bis sie nur noch handwarm ist. Sobald der Vorteig fertig ist, die Milch mit den Fingern unterrühren. Danach die Hälfte des Mehls und das Salz dazugeben und wieder gründlich mit der Hand vermengen. Das restliche Mehl nach und nach in Portionen zu je 6 EL einarbeiten. Nur so lange Mehl zugeben, bis sich der Teig als Kugel von der Schüssel löst. Er sollte weich und leicht klebrig sein, vielleicht brauchen Sie nicht das ganze Mehl.

KNETEN UND GEHEN LASSEN

4 **Den Teig** auf eine bemehlte Arbeitsfläche geben. Teig und Hände bemehlen und mit dem Kneten beginnen: Den Teig mit einer Hand in Position halten und mit der anderen wegschieben.

5 **Den Teig von der Arbeitsfläche lösen,** wieder zusammenklappen und um 90 Grad drehen. Auf diese Weise 8–10 Min. weiterkneten, bis der Teig glatt und elastisch ist und eine Kugel bildet. Die Arbeitsfläche zwischendurch mit Mehl bestreuen, falls der Teig kleben bleibt.

6 **Die Teigschüssel auswaschen** und mit zerlassener Butter einfetten. Den Teig hineingeben und einmal darin wenden, sodass er leicht mit Butter überzogen ist. Die Schüssel mit einem feuchten Tuch bedecken und den Teig an einem warmen Platz 1–1½ Std. gehen lassen, bis er seinen Umfang verdoppelt hat.

FORMEN DER BROTE

7 Zwei kleine Kastenformen (20 x 10 x 5 cm) mit zerlassener Butter fetten. Den Teig auf einer leicht bemehlten Arbeitsfläche 15–20 Sek. kneten, um die Luft herauszudrücken. Danach abgedeckt etwa 5 Min. ruhen lassen.

8 Den Teig in zwei Hälften schneiden. Eine Portion abdecken, während die andere geformt wird. Die Hände leicht bemehlen und den Teig zu einem etwa 30 x 20 cm großen Rechteck formen. Von der längeren Seite her aufrollen. Die Enden der Rolle so über die Naht schlagen, dass die Rolle der Länge nach in die Kastenform passt.

9 Mit der Naht nach unten in die Form gleiten lassen. Den zweiten Laib genauso formen. Mit trockenen Tüchern bedeckt nochmals an einem warmen Ort etwa 45 Min. gehen lassen, bis der Teig die Formen ausfüllt.

BESTREICHEN UND BACKEN

10 Den Backofen auf 220 °C vorheizen. Die Laibe mit Milch einpinseln und der Länge nach mit einem scharfen Messer etwa 1 cm tief einritzen. 20 Min. backen, dann die Temperatur auf 190 °C verringern und die Brote weitere 15–20 Min. backen, bis sie schön braun sind.

11 Aus den Formen lösen und mit den Fingerknöcheln gegen die Böden klopfen. Das Geräusch sollte hohl klingen. Die Kruste muss knusprig sein. Die Brote vor dem Anschneiden vollständig auskühlen lassen.

 VARIANTE: Süßes Zimtbrot

In jeder aufgeschnittenen Scheibe erscheint ein Zimtwirbel.

1 Den Teig wie beschrieben zubereiten, kneten und gehen lassen. Zwei Kastenformen sehr gründlich mit zerlassener Butter ausfetten. In einem Schälchen 1 EL gemahlenen Zimt mit 100 g Zucker vermengen. 2 TL dieser Mischung abnehmen und zum Bestreichen der Oberfläche beiseitestellen. 50 g Butter in einem kleinen Topf zerlassen und abkühlen lassen.

2 Aus dem aufgegangenen Teig wie beschrieben die Luft herausdrücken. Den Teig ruhen lassen und dann in zwei Hälften schneiden. Eine Hälfte abdecken, die andere zu einem 30 x 20 cm großen Rechteck ausrollen. Mit etwas zerlassener Butter einpinseln und gleichmäßig mit der Hälfte des Zimtzuckers bestreuen, dadurch entstehen das gesamte Brot durchziehende Zimtwirbel. Das Rechteck von der kürzeren Seite her aufrollen, die Enden der Rolle und die Nahtstelle zusammendrücken, um sie zu verschließen. Die Rolle mit der Naht nach unten in eine der beiden Formen gleiten lassen, dann den zweiten Laib ebenso formen.

3 Beide Laibe wie beschrieben abdecken und gehen lassen, dabei die Zeit aber nicht überschreiten. Den Backofen auf 220 °C vorheizen. Beide Laibe gleichmäßig mit zerlassener Butter bestreichen und mit dem restlichen Zimtzucker bestreuen. Wie im Hauptrezept angegeben backen. Warm oder getoastet und mit Butter bestrichen servieren.

Vollkornbrot

VOLLKORNMEHL AUS DER STEINMÜHLE ist ein Naturprodukt, das je nach Beschaffenheit des Getreides leicht unterschiedliche Backeigenschaften aufweisen kann. Eine kleine Portion weißes Mehl macht den Teig lockerer. Er lässt sich sehr gut formen, darum kann man statt der normalen Laibe auch einmal eine so ausgefallene Form wie die hier abgebildete ausprobieren. Am besten schmeckt das Vollkornbrot frisch gebacken, es lässt sich aber auch gut einfrieren.

ERGIBT 2 LAIBE	**ZUBEREITUNG** 35–40 MIN. + TEIGRUHE	**BACKZEIT** 40–45 MIN.

Zutaten

60 g Butter

3 EL Honig

1 EL Trockenhefe oder 20 g frische Hefe

1 EL Salz

125 g Mehl (Type 550) sowie Mehl zum Bestreuen

625 g Vollkornweizenmehl (vorzugsweise auf Naturstein gemahlen)

zerlassene Butter zum Einfetten

ZUBEREITEN DES TEIGS

1 Die Butter in einem kleinen Topf zerlassen. 4 EL von 500 ml handwarmem Wasser abnehmen und in einer kleinen Schüssel gründlich mit 1 EL Honig verrühren. Die Hefe hineinstreuen oder -bröckeln. Etwa 5 Min. stehen lassen, bis die Hefe sich aufgelöst hat, dabei einmal umrühren.

2 Zerlassene Butter, restlichen Honig, restliches Wasser, aufgelöste Hefe und Salz in eine Schüssel geben. Das weiße Mehl und die Hälfte des Vollkornmehls dazugeben und mit der Hand untermengen.

3 Das restliche Vollkornmehl nach und nach dazugeben: Jeweils 6 EL gründlich untermengen, bis sich der Teig als Kugel von der Schüssel löst. Er sollte weich und leicht klebrig sein.

4 Den Teig auf eine bemehlte Arbeitsfläche geben. Mit etwas weißem Mehl bestreuen und mit dem Kneten beginnen: Den Teig mit einer Hand in Position halten und mit dem Ballen der anderen wegschieben. Dann zusammenklappen, um 90 Grad drehen, und auf diese Weise 8–10 Min. weiterkneten, bis er sehr glatt und elastisch ist und eine Kugel bildet. Die Arbeitsfläche zwischendurch mit Mehl bestreuen, falls der Teig kleben bleibt.

5 Die Teigschüssel auswaschen und mit zerlassener Butter einfetten. Den Teig hineingeben und einmal darin wenden, sodass er leicht mit Butter überzogen ist. Mit einem feuchten Tuch bedecken und an einem warmen Platz 1–1½ Std. gehen lassen, bis sich das Volumen verdoppelt hat.

FORMEN UND BACKEN DER BROTE

6 **Sobald der Teig** aufgegangen ist, ein Backblech mit zerlassener Butter einfetten. Den Teig kurz mit dem Handballen auf einer bemehlten Arbeitsfläche durchkneten, um die Luft herauszudrücken, danach abgedeckt etwa 5 Min. ruhen lassen.

7 **Den Teig** in drei gleich große Stücke schneiden, eine dieser Portionen nochmals halbieren. Ein großes und ein kleines Stück zudecken, die anderen beiden formen: Das große Stück bildet eine lockere Kugel, deren Seiten immer wieder zur Mitte gezogen und zusammengedrückt werden, bis ein fester runder Ball entstanden ist. Diesen Ball mit der glatten Seite nach oben auf das Blech setzen.

8 **Das kleinere Teigstück genauso bearbeiten** und auf das größere setzen. Mit einem Finger von oben ein Loch durch die Mitte beider Bälle bis zum Blech hinunter stechen. Dann den Finger drehen, um das Loch noch etwas zu vergrößern. Die beiden restlichen Teigstücke auf dieselbe Weise zu einem zweiten Brot formen und mit ausreichend Abstand zum ersten auf das Blech setzen.

9 Mit einem Tuch bedecken und an einem warmen Ort etwa 45 Min. nochmals das Volumen verdoppeln lassen. In der Zwischenzeit den Backofen auf 190 °C vorheizen. Die Brote darin 40–45 Min. backen, bis sie schön gebräunt sind und hohl klingen, wenn man auf ihren Boden klopft. Auf einem Kuchengitter auskühlen lassen.

VARIANTE: Vollkornbrot mit Bulgur

Dank Hartweizenschrot schön körnig und nussig.

1 125 g Bulgur in einer Schüssel mit Wasser bedecken und 30 Min. einweichen, dann abgießen und gründlich ausdrücken. Wie beschrieben Butter zerlassen und Hefe auflösen. Bulgur in einer Schüssel mit Honigwasser, Butter, Hefe und Salz vermengen. Weißes Mehl und Vollkornmehl unterrühren, dann wie beschrieben kneten und gehen lassen.

2 Den Backofen auf 150 °C vorheizen. Zwei neue Blumentöpfe aus Ton mit je 750 ml Fassungsvermögen auswaschen, 5 Min. wässern, dann im Ofen trocknen. Diesen Vorgang noch zweimal wiederholen. Den aufgegangenen Teig wie beschrieben kurz durchkneten und ruhen lassen, dann in zwei Portionen teilen. Jede Hälfte zu einer Kugel formen und in einen Blumentopf füllen. An einem warmen Ort etwa 45 Min. gehen lassen, bis der Teig die Töpfe ausfüllt.

3 Den Backofen auf 190 °C vorheizen. Die Brote wie beschrieben backen. Abkühlen lassen und nach Belieben im Topf servieren.

Sauerteigbrot

EIN SELBST GEMACHTER SAUERTEIG braucht zwar drei bis fünf Tage Vorlauf, doch Sie werden mit einem wunderbar festen, leicht säuerlichen Brot ganz ohne chemische Zusätze belohnt. Nicht ohne Grund sind viele Hobbybäcker so besessen davon, den perfekten Sauerteig hinzubekommen!

ERGIBT 2 LAIBE	ZUBEREITUNG 45-50 MIN. + TEIGRUHE	BACKZEIT 40-45 MIN.

Zutaten

FÜR DEN SAUERTEIGANSATZ

1 EL Trockenhefe oder 20 g frische Hefe

250 g Weizenmehl (Type 550)

FÜR DEN VORTEIG

250 g Weizenmehl (Type 550 oder 1050) sowie Mehl zum Bestreuen

FÜR DAS BROT

½ TL Trockenhefe oder 5 g frische Hefe

375 g Weizenmehl (Type 550 oder 1050) sowie Mehl zum Bestreuen

1 EL Salz

neutrales Pflanzenöl zum Einfetten

Maisgrieß zum Bestreuen der Backbleche

ZUBEREITEN DES SAUERTEIGANSATZES

1 Der Ansatz für Sauerteig ist innerhalb von 3-5 Tagen fertig. Danach wird er im Kühlschrank aufbewahrt. Sobald er aber eher übel als sauer riecht oder Schimmel ansetzt, muss er weggeworfen werden.

2 In ein größeres Glas mit Schraubdeckel 500 ml handwarmes Wasser füllen. Die Hefe hineinstreuen und 5 Min. stehen lassen, dazwischen einmal umrühren. Das Mehl unterrühren, den Deckel auflegen und an einem warmen Ort 24 Std. gären lassen, bis der Teigansatz schäumt und sauer riecht.

3 2-4 Tage lang täglich einmal umrühren und das Glas wieder verschließen. Danach verwenden oder gekühlt lagern. Der Rest des Ansatzes dient jeweils als Grundlage für den nächsten Sauerteig: 250 ml verwenden, den Rest mit 125 g Mehl und 250 ml Wasser zu einem neuen Ansatz verrühren.

ZUBEREITEN DES VORTEIGS

4 In eine Schüssel 250 ml warmes Wasser gießen. 250 ml Sauerteigansatz und das Mehl zugeben und alles 30-60 Sek. kräftig mit der Hand vermengen. 3 EL Mehl darüberstreuen, mit einem feuchten Tuch bedecken und 5-8 Std. oder über Nacht an einem warmen Platz stehen lassen.

ZUBEREITEN DES TEIGS

5 Die Hefe in 4 EL handwarmes Wasser geben und 5 Min. stehen lassen, dann mit dem Vorteig vermengen. Die Hälfte des Mehls und das Salz, danach das restliche Mehl in einzelnen Portionen zu 60 g untermengen.

6 Den Teig auf einer bemehlten Arbeitsfläche mit Mehl bestäuben und 8-10 Min. kneten, bis er sehr glatt und elastisch ist und sich zu einer Kugel formt. Falls nötig, zwischendurch die Arbeitsfläche bemehlen.

7 Die Teigschüssel auswaschen und mit Öl einfetten. Den Teig darin wenden, sodass er überzogen ist. Mit einem feuchten Tuch bedeckt an einem warmen Ort 1-1½ Std. zu doppelter Größe aufgehen lassen.

FORMEN UND BACKEN

8 Zwei 20 cm große Schüsseln mit Baumwolltüchern auslegen und großzügig Mehl hineinstreuen. Auf einer bemehlten Arbeitsfläche den Teig kurz durchkneten, zudecken und 5 Min. ruhen lassen.

9 Den Teig in zwei Portionen teilen. Die Hälften zu Kugeln geformt in die Schüsseln geben. Mit trockenen Tüchern bedecken und an einem warmen Ort etwa 1 Std. gehen lassen, bis der Teig die Schüsseln ausfüllt.

10 **Den Backofen** auf 200 °C vorheizen. Am Boden oder auf der untersten Schiene des Ofens einen Bräter erhitzen. Ein Blech mit Maisgrieß bestreuen, die Laibe darauflegen. Die Oberflächen der Brote mit einem sehr scharfen Messer dreimal kreuzweise einritzen.

11 **In den heißen Ofen schieben.** Einige Eiswürfel in den heißen Bräter werfen, dann 20 Min. backen. Danach die Temperatur auf 190 °C reduzieren und die Brote weitere 20–25 Min. backen, bis sie schön gebräunt und knusprig sind. Wenn man auf ihre Böden klopft, sollte es hohl klingen. Auf einem Kuchengitter abkühlen lassen.

Maisbrot

DAS AMERIKANISCHE CORNBREAD wird in einer gusseisernen Pfanne gebacken. Unter einer leicht knusprigen Kruste ist es mit saftigen Maiskörnern gespickt. Zum Servieren schneidet man es wie einen Kuchen auf. Eine tolle Beilage zu Braten, Schinken oder, typisch amerikanisch, zu Southern Fried Chicken (s. S. 248).

PERSONEN 8	**ZUBEREITUNG** 15–20 MIN.	**BACKZEIT** 20–25 MIN.

Zutaten

2 Maiskolben oder 200 g aufgetaute und abgetropfte TK-Maiskörner

60 g Butter sowie Butter für die Form und zum Beträufeln

150 g Maismehl

125 g Weizenmehl (Type 550)

50 g Zucker

1 EL Backpulver

1 TL Salz

2 Eier

250 ml Milch

ZUBEREITEN DES TEIGS

1 Den Backofen auf 220 °C vorheizen. Bei Verwendung von frischem Mais die Kolben senkrecht auf ein Schneidebrett stellen und die Körner ringsherum mit einem scharfen Messer von oben nach unten abschneiden, möglichst ohne sie dabei zu beschädigen.

2 Die Maiskörner in eine Schüssel geben. Die Kolben darüberhalten und mit dem Messerrücken das noch am Kolben hängende Innere der Körner herausschaben.

3 Die Butter in einem kleinen Topf zerlassen. Eine 23 cm große ofenfeste gusseiserne Pfanne mit Butter ausfetten.

4 Maismehl, Mehl, Zucker, Backpulver und Salz in eine Schüssel sieben. Eine Vertiefung in die Mitte drücken und die Maiskörner hineingeben. Eier, zerlassene Butter und Milch in einer weiteren Schüssel gründlich verquirlen. Drei Viertel dieser Mischung in die Vertiefung im Mehl gießen und vorsichtig beginnen zu rühren.

FERTIGSTELLEN DES TEIGS UND BACKEN

5 Die trockenen Zutaten nach und nach einarbeiten. Die restliche Milchmischung dazugeben und alles rasch zu einem glatten Teig verrühren. Zu langes Rühren macht das Maisbrot schwer.

6 Den Teig in die Pfanne gießen und die Oberfläche großzügig mit zerlassener Butter beträufeln. 20–25 Min. im Ofen backen, bis sich das Maisbrot an den Rändern von der Pfanne löst und ein in die Mitte eingestochener Metallspieß sauber wieder herauskommt. Auf einem Kuchengitter kurz ausdampfen lassen, dann warm servieren.

Sesamgrissini

DIE ITALIENISCHEN GEBÄCKSTANGEN werden traditionell auf die Länge eines ausgestreckten Armes gezogen – aber wer hat schon einen so großen Backofen zu Hause? Sesamsamen sind in der sizilianischen Küche äußerst beliebt. Sie machen die Grissini noch knuspriger und geben ihnen zusätzlichen Geschmack.

ERGIBT	ZUBEREITUNG	BACKZEIT
32 STÜCK	40-45 MIN. + TEIGRUHE	15-18 MIN.

Zutaten

2½ TL Trockenhefe oder 15 g frische Hefe

425 g Weizenmehl (Type 550) sowie Mehl zum Bestreuen

1 EL Zucker

2 TL Salz

2 EL Olivenöl sowie Öl zum Bestreichen und für die Backbleche

50 g Sesamsamen

ZUBEREITEN DES TEIGS

1 **Von 300 ml handwarmem Wasser 4 EL abnehmen** und in ein Schälchen geben. Die Hefe hineinstreuen oder -bröckeln und etwa 5 Min. stehen lassen, bis sie sich aufgelöst hat. Zwischendurch einmal umrühren. Mehl, Zucker und Salz auf die Arbeitsfläche häufen. Eine Vertiefung in die Mitte drücken. Hefe, restliches Wasser und Öl hineingießen.

2 **Das Mehl nach und nach mit den Fingerspitzen einrühren** und alles zu einem glatten, weichen und leicht klebrigen Teig verbinden. Mit bemehlten Händen 5–7 Min. kneten, bis der Teig sehr glatt ist und sich zu einer Kugel formen lässt.

3 **Mit einem feuchten Tuch bedecken** und etwa 5 Min. ruhen lassen. Hände und Arbeitsfläche erneut großzügig mit Mehl bestreuen und den Teig zuerst zu einem Rechteck formen, dann gleichmäßig dick auf 40 x 15 cm ausrollen. Die Oberfläche mit etwas Öl einpinseln.

4 **Wieder mit einem feuchten Tuch bedecken** und 1–1½ Std. gehen lassen, bis sich das Volumen verdoppelt hat. (Die genaue Zeit hängt von der Raumtemperatur ab.) In der Zwischenzeit den Backofen auf 220 °C vorheizen.

SCHNEIDEN UND BACKEN

5 **Zwei Backbleche mit Öl bestreichen.** Den Teig vorsichtig anheben, damit er nicht an der Arbeitsfläche kleben bleibt. Mit etwas Wasser einpinseln, dann Sesam daraufstreuen und sanft andrücken. Mit einem scharfen Messer quer in 32 je etwa 1 cm dicke Streifen schneiden.

6 **Die Teigstreifen auf die Breite** des Blechs ausziehen und so verteilen, dass sie von einem Ende zum anderen reichen. Zwischen den einzelnen Streifen jeweils 2 cm Abstand lassen. 15–18 Min. goldbraun und knusprig backen. Auf einem Kuchengitter vollständig abkühlen lassen.

Mehrkornbrot

EIN BROT MIT BISS dank Haferflocken, Weizenkleie und Sonnenblumenkernen. Buttermilch macht es saftig und geschmeidig. Anstelle der Sonnenblumenkerne kann man auch andere Saaten oder eine Mischung verwenden. Für das ultimative Frühstücksbrot ersetzen Sie die Weizenkleie durch fein zerstoßene Getreideflocken. Wie fast alle Hefebrote schmeckt auch dieses frisch am besten, aber gut eingepackt hält es sich einige Tage. Und auch getoastet schmeckt es sehr gut.

2 Die Buttermilch in einen Topf gießen. Nur so lange erwärmen, bis sie handwarm ist (wird sie zu heiß, gerinnt sie). Die Hefe in 4 EL handwarmes Wasser streuen oder bröckeln und 2 Min. stehen lassen. Kurz umrühren, dann nochmals 2–3 Min. stehen lassen, bis sie sich vollständig aufgelöst hat.

ERGIBT 2 LAIBE	**ZUBEREITUNG** 45–50 MIN. + TEIGRUHE	**BACKZEIT** 40–45 MIN.

Zutaten

75 g Sonnenblumenkerne

425 ml Buttermilch

2½ TL Trockenhefe oder 15 g frische Hefe

50 g Haferflocken

50 g Weizenkleie

75 g grobes Maismehl sowie Maismehl für die Backbleche

50 g brauner Zucker

1 EL Salz

250 g Vollkornweizenmehl

250 g Weizenmehl (Type 550) sowie Mehl zum Bestreuen

zerlassene Butter zum Einfetten

1 Eiweiß

3 Sonnenblumenkerne, Haferflocken, Weizenkleie, Maismehl, braunen Zucker und Salz in eine Schüssel geben. Die aufgelöste Hefe und die warme Buttermilch dazugießen und alles mit der Hand vermengen. Vollkornmehl und die Hälfte des weißen Mehls dazugeben und ebenfalls mit der Hand untermengen.

ZUBEREITEN DES TEIGS

1 Den Backofen auf 180 °C vorheizen. Die Sonnenblumenkerne auf einem Backblech verteilen und 5–7 Min. im heißen Ofen rösten, bis sie leicht gebräunt sind. Zwischendurch gelegentlich bewegen, damit sie gleichmäßig rösten. Abkühlen lassen und grob hacken.

4 Portionsweise jeweils 3 EL von dem restlichen Mehl dazugeben und gründlich untermengen, bis sich der Teig als Kugel von der Schüssel löst. Er sollte weich und leicht klebrig sein.

KNETEN UND GEHEN LASSEN

5 **Den Teig auf eine bemehlte Arbeitsfläche geben.** Teig und Hände mit Mehl bestäuben. Den Teig mit einer Hand in Position halten und mit dem Ballen der anderen wegschieben, dann von der Arbeitsfläche lösen, zusammenklappen und um 90 Grad drehen. Auf diese Weise 8–10 Min. kneten, bis der Teig sehr glatt und elastisch ist. Falls nötig, die Arbeitsfläche zwischendurch mit Mehl bestreuen.

6 **Die Teigschüssel auswaschen** und mit zerlassener Butter einfetten. Den Teig darin wenden, sodass er leicht mit Butter überzogen ist. Mit einem feuchten Tuch bedeckt an einem warmen Ort 1½–2 Std. gehen lassen, bis er sein Volumen verdoppelt hat.

FORMEN UND BACKEN

7 **Ein Backblech mit Maismehl bestreuen.** Den Teig auf einer leicht bemehlten Arbeitsfläche kurz durchkneten, um die Luft herauszudrücken. Danach zugedeckt noch etwa 5 Min. ruhen lassen.

8 **Den Teig mit einem scharfen Messer in zwei Hälften schneiden.** Mit bemehlten Händen jede Hälfte zu einem etwa 40 x 10 cm großen Rechteck mit runden Ecken formen. Jedes Rechteck auf die Hälfte zusammenfalten und leicht zusammendrücken. Die fertigen Laibe auf das Backblech legen.

9 **Mit trockenen Tüchern bedecken** und an einem warmen Ort noch einmal etwa 1 Std. gehen lassen, bis sich der Umfang der Laibe etwa verdoppelt hat. Je nach Temperatur, Luftfeuchtigkeit und Beschaffenheit des verwendeten Mehls kann es auch langsamer oder schneller gehen. In der Zwischenzeit den Backofen auf 190 °C vorheizen und das Eiweiß verquirlen. Die fertig aufgegangenen Brotlaibe mit dem Eiweiß einpinseln.

10 **Im heißen Ofen 40–45 Min. backen,** bis die Brote schön gebräunt sind, eine knusprige Kruste haben und hohl klingen, wenn man auf ihren Boden klopft. Aus dem Ofen nehmen und auf einem Kuchengitter vollständig abkühlen lassen. Ein leckeres Brot zum Frühstück, zum Beispiel zu Rührei mit Schinken oder einfach mit Butter und Marmelade bestrichen.

Baguette

DAS BEKANNTESTE FRANZÖSISCHE BROT – und so etwas wie der Inbegriff französischer Esskultur. Damit es außen kross und innen luftig wird, muss der Teig dreimal gehen. Der Unterschied zu gekauften Baguettes ist so groß, dass Sie vielleicht schon bald ein spezielles Baguetteblech kaufen werden. Wir erklären Ihnen hier, wie man es benutzt – aber mit dem Backen können Sie auch ohne beginnen!

ERGIBT
3 BROTE

ZUBEREITUNG
40-45 MIN.
+ TEIGRUHE

BACKZEIT
25-30 MIN.

Zutaten

2½ TL Trockenhefe oder
15 g frische Hefe

500 g Weizenmehl (Type 550) sowie
Mehl zum Bestreuen

2 TL Salz

zerlassene Butter zum Einfetten

ZUBEREITEN DES TEIGS

1 **Von 425 ml warmem Wasser 4 EL abnehmen** und in ein Schälchen geben. Die Hefe hineinstreuen oder -bröckeln und etwa 5 Min. stehen lassen, bis sie sich aufgelöst hat. Zwischendurch einmal umrühren. Mehl und Salz auf die Arbeitsfläche häufen. Eine große Vertiefung in die Mitte drücken, die Hefe und das restliche Wasser hineingießen und mit den Fingern verrühren.

2 **Nach und nach das Mehl einarbeiten,** bis ein glatter, weicher und leicht klebriger Teig entsteht. Etwas zusätzliches Mehl darüberstreuen und mit dem Kneten beginnen: Den Teig mit einer Hand halten und mit dem Ballen der anderen wegschieben. Dann von der Arbeitsfläche lösen, zusammenklappen und um 90 Grad drehen. Auf diese Weise 5-7 Min. kneten.

3 **Eine Schüssel mit zerlassener Butter einfetten.** Den Teig darin wenden, sodass er leicht mit Butter überzogen ist. Mit einem feuchten Tuch bedecken und an einem warmen Ort 2-2½ Std. gehen lassen, bis sich sein Umfang verdreifacht hat. Auf einer bemehlten Arbeitsfläche kurz kneten, um die Luft herauszudrücken, dann wieder in die Schüssel geben und zugedeckt noch einmal 1-1½ Std. auf das doppelte Volumen aufgehen lassen.

4 **Falls Sie häufig Baguette machen,** lohnt sich der Kauf eines speziellen Blechs. Anderenfalls benutzen Sie ein normales Backblech, legen ein Tuch darauf und bestreuen es großzügig mit Mehl. Zum Gehenlassen formen Sie zwischen den einzelnen Baguettes eine Falte in das Tuch. Zum Backen rollen Sie die Baguettes dann vom Tuch auf das Blech.

FORMEN UND BACKEN

5 **Baguetteblech oder Tuch mit Mehl bestreuen.** Den Teig auf einer bemehlten Arbeitsfläche kurz kneten, um die Luft herauszudrücken. Danach zugedeckt noch etwa 5 Min. ruhen lassen. Mit einem scharfen Messer in drei gleich große Stücke schneiden.

6 **Zwei Teigstücke mit dem Tuch bedecken,** während das dritte geformt wird. Die Hände dünn bemehlen und das Teigstück zu einem etwa 20 x 10 cm großen Rechteck zurechtdrücken. Von der langen Seite her zu einer Rolle formen, dabei den Teig mit den Fingern fest zusammenschieben. Anschließend mit den Handflächen hin und her rollen, bis eine Länge von etwa 40 cm erreicht ist.

7 **Die fertigen Stangen in das Blech** bzw. auf das Tuch legen. Mit einem trockenen Tuch bedeckt an einem warmen Ort nochmals etwa 1 Std. gehen lassen, bis sich der Umfang verdoppelt hat. In der Zwischenzeit den Backofen auf 220°C vorheizen. Am Boden oder auf der untersten Schiene des Ofens einen Bräter einschieben. Mit einem scharfen Messer in jedes Baguette drei diagonale, etwa 5 mm tiefe Schlitze schneiden.

8 **Das Blech in den heißen Ofen schieben.** Zehn bis fünfzehn Eiswürfel in den Bräter werfen. Die Baguettes 25–30 Min. backen, bis sie schön gebräunt und knusprig sind und hohl klingen, wenn man auf ihren Boden klopft. Vollständig abkühlen lassen.

Focaccia mit Rosmarin

DIE EINFACHEN DINGE SIND OFT DIE BESTEN. Das gilt auch für dieses italienische Brot, das von Region zu Region ein bisschen anders schmeckt: Es kann süß oder herzhaft sein, wird meist gebacken, aber manchmal auch gebraten. Der Teig ist für einen Hefeteig äußerst gutmütig, man kann ihn nach dem Kneten sogar über Nacht im Kühlschrank gehen lassen. Danach wird er nur noch in die Form gegeben, auf Raumtemperatur gebracht und dann wie beschrieben gebacken.

PERSONEN
6–8

ZUBEREITUNG
30–35 MIN.
+ TEIGRUHE

BACKZEIT
15–20 MIN.

Zutaten

5–7 Zweige Rosmarin, Blätter abgezupft

1 EL Trockenhefe oder 20 g frische Hefe

425 g Weizenmehl (Type 550) sowie Mehl zum Bestreuen

2 TL Salz

¼ TL frisch gemahlener schwarzer Pfeffer

100 ml Olivenöl sowie Öl zum Einfetten

ZUBEREITEN DES TEIGS

1 **Zwei Drittel des Rosmarins fein hacken,** den Rest zum Bestreuen beiseitelegen. Von 300 ml handwarmem Wasser 4 EL abnehmen und in ein Schälchen geben. Die Hefe hineinstreuen oder -bröckeln und etwa 5 Min. stehen lassen, bis sie sich aufgelöst hat. Zwischendurch einmal umrühren.

2 **Das Mehl mit dem Salz auf die Arbeitsfläche häufen.** Eine große Vertiefung in die Mitte drücken. Gehackten Rosmarin, aufgelöste Hefe, Pfeffer und 4 EL Öl hineingeben, dann das restliche Wasser hineingießen. Die Zutaten in der Vertiefung mit den Fingerspitzen gründlich verrühren.

3 **Nach und nach das Mehl einarbeiten,** bis sich alle Zutaten zu einem glatten, weichen und leicht klebrigen Teig verbinden. Dabei kein zusätzliches Mehl verwenden, der Teig soll leicht feucht sein. Teig und Hände mit etwas Mehl bestreuen und den Teig 5–7 Min. bearbeiten, indem er immer wieder angehoben und mit dem Handballen auf die Arbeitsfläche gedrückt wird, bis er glatt und elastisch ist und sich zu einer Kugel formen lässt. Alternativ kann man auch die Knethaken des Handrührgeräts oder die Küchenmaschine verwenden.

4 **Eine Teigschüssel mit Olivenöl auspinseln.** Den Teig darin wenden, sodass er leicht mit Öl überzogen ist. Die Schüssel mit einem feuchten Tuch bedecken und den Teig an einem warmen Ort 1–1½ Std. gehen lassen, bis sich sein Volumen verdoppelt hat. Man kann den Teig auch mit Frischhaltefolie bedeckt über Nacht im Kühlschrank gehen lassen, wobei die Folie ihn davor bewahrt, starke Gerüche anderer Lebensmittel anzunehmen. Noch besser ist es, alle stark riechenden Lebensmittel vorher herauszunehmen.

FORMEN UND BACKEN

5 **Eine etwa 40 × 20 cm große Backform** großzügig mit Olivenöl auspinseln. Den Teig auf einer leicht bemehlten Arbeitsfläche kurz durchkneten, um die Luft herauszudrücken. Zugedeckt etwa 5 Min. ruhen lassen.

6 **Den Teig in die Form geben** und mit den Händen hineindrücken, sodass er sie gleichmäßig ausfüllt. Mit einem trockenen Tuch bedeckt an einem warmen Ort nochmals 35–45 Min. gehen lassen, bis der Teig wieder luftig ist. In der Zwischenzeit den Backofen auf 200 °C vorheizen. Die Oberfläche des Teigs mit dem restlichen Olivenöl einpinseln und mit dem restlichen Rosmarin bestreuen.

7 Mit den Fingerspitzen **tiefe Dellen** in den Teig drücken. 15–20 Min. backen, bis die Focaccia unten knusprig und oben leicht gebräunt ist. Auf einem Kuchengitter etwas abkühlen lassen, dann in Stücke schneiden oder brechen und noch warm servieren.

 VARIANTE: Focaccia mit Salbei

1 Rosmarin und Pfeffer weglassen. Die Blätter von 3–5 Zweigen Salbei fein hacken. (Nicht mehr Salbei verwenden, sein Geschmack ist sehr intensiv und kann leicht alle anderen Aromen überdecken.) Die Zutaten für den Teig wie beschrieben vermengen, dabei den Salbei statt des Rosmarins in die Vertiefung im Mehl geben. Den Teig kneten und gehen lassen. Ein Backblech gleichmäßig mit Olivenöl einfetten.

2 Nach dem Gehenlassen wie beschrieben den Teig kurz durchkneten und noch einige Minuten ruhen lassen. Danach mit einem Nudelholz oder den Händen zu einem etwa 35 cm großen, flachen Oval formen und auf das Backblech legen.

3 Mit einem sehr scharfen Messer den Teig in Form von Blattrippen aufschlitzen. Die Schlitze mit den Fingern etwas auseinanderziehen. Wenn das Messer nicht scharf genug ist, wird der Teig verzogen und kann nicht mehr gut aufgehen. Wie beschrieben gehen lassen, dann mit 1 EL aromatischem Olivenöl bestreichen und wie angegeben backen. Passt besonders gut zu Schweinebraten mit Kräutern oder luftgetrocknetem Schinken.

Roggenmischbrot

EIN KNUSPRIGER LAIB, herzhaft mit Kümmelsamen und Bier aromatisiert. Das Roggenmehl ist
dunkel und ballaststoffreich, es enthält aber vergleichsweise wenig Gluten. Deshalb versetzt man es
in der Regel mit Sauerteig. In diesem Rezept haben
wir es mit hellem Weizenmehl gemischt, das mehr
Kleberweiß enthält, sehr quellfähig ist und den
Teig lockert. Wem das lange Kneten von Hand zu
anstrengend ist, kann es natürlich auch mit dem
Knethaken der Küchenmaschine erledigen.

ERGIBT	ZUBEREITUNG	BACKZEIT
1 LAIB	35–40 MIN. + TEIGRUHE	50–55 MIN.

Zutaten

2½ TL Trockenhefe oder
15 g frische Hefe

1 EL dunkler Zuckerrohrsirup,
ersatzweiße Rübensirup

2 EL neutrales Pflanzenöl

1 EL Kümmelsamen

2 TL Salz

250 ml helles Bier

250 g Roggenmehl

175 g Weizenmehl (Type 550) sowie
Mehl zum Bestreuen

Maisgrieß für das Backblech

1 Eiweiß

ZUBEREITEN DES TEIGS

1 Die Hefe in ein Schälchen mit 4 EL handwarmem Wasser streuen oder bröckeln und etwa 5 Min. stehen lassen, bis sie sich aufgelöst hat. Zwischendurch einmal umrühren. Hefe, Sirup, 1 EL Öl, zwei Drittel des Kümmels und Salz in eine Schüssel geben. Bier und Roggenmehl dazugeben und alles gründlich mit den Fingerspitzen vermengen.

2 Das Weizenmehl nach und nach in Portionen von 60 g daruntermischen, bis der Teig sich als Kugel vom Schüsselrand löst. Er sollte weich und leicht klebrig sein. Auf eine bemehlte Arbeitsfläche geben, mit etwas Mehl bestreuen und 8–10 Min. kneten, bis der Teig glatt und elastisch ist.

3 Die Teigschüssel auswaschen und mit dem restlichen Öl auspinseln. Den gekneteten Teig darin wenden, sodass er leicht mit Öl überzogen ist. Die Schüssel mit einem feuchten Tuch abdecken und den Teig an einem warmen Platz 1½–2 Std. gehen lassen, bis sich der Umfang verdoppelt hat.

FORMEN UND BACKEN

4 Das Backblech mit Maisgrieß bestreuen. Den Teig kurz kneten, um die Luft herauszudrücken, danach zugedeckt etwa 5 Min. ruhen lassen. Mit bemehlten Händen zu einem etwa 25 cm langen ovalen Laib formen.

5 Den Teig auf der Arbeitsfläche sanft vor- und zurückrollen, dabei mehr Druck auf die beiden Enden ausüben, damit sie sich etwas verjüngen. Den Laib auf das Blech legen und mit einem trockenen Tuch bedeckt an einem warmen Platz nochmals etwa 45 Min. gehen lassen, bis sich der Umfang wieder verdoppelt hat. In der Zwischenzeit den Backofen auf 190 °C vorheizen.

 VARIANTE: Hufeisenbrot

1 Den Kümmel weglassen, den Teig ansonsten wie beschrieben zubereiten, kneten und gehen lassen. Das Blech mit Maisgrieß bestreuen. Den Teig wie angegeben kurz durchkneten, 5 Min. ruhen lassen und dann mit bemehlten Händen zu einem 25 x 20 cm großen Rechteck formen.

2 Das Rechteck von der langen Seite her aufrollen und dabei fest zusammendrücken. Mit den Handflächen zu einer etwa 50 cm langen, gleichmäßig dicken Rolle formen und wie ein Hufeisen auf das Backblech legen.

3 Mit einem trockenen Tuch bedecken und nochmals gehen lassen. Den Backofen auf 190 °C vorheizen. Das Brot wie beschrieben mit verquirltem Eiweiß bestreichen. Die Oberfläche etwa 5 mm tief einschneiden, dabei der Form des Hufeisens folgen. Danach wie angegeben backen und vollständig auskühlen lassen.

6 Das Eiweiß verquirlen und das Brot damit bestreichen. Die restlichen Kümmelsamen aufstreuen und etwas andrücken.

7 Die Oberfläche diagonal dreimal etwa 5 mm tief einritzen. Das Brot 50–55 Min. backen, bis es schön braun und knusprig ist. Wenn man gegen den Boden klopft, sollte das Geräusch hohl klingen. Das Brot auf einem Kuchengitter vollständig auskühlen lassen.

Sonntagsbrötchen

DER MIT EIERN VERFEINERTE HEFETEIG lässt sich leicht zu Brötchen, Knoten, Schnecken und Zöpfen formen, die sich zusammen sehr hübsch im Brotkorb ausnehmen. Sie können den Teig auch formen, einfrieren und dann am Morgen nur noch auftauen und backen.

ERGIBT 16 STÜCK	**ZUBEREITUNG** 45–55 MIN. + TEIGRUHE	**BACKZEIT** 15–18 MIN.

Zutaten

FÜR DEN TEIG

150 ml Milch

60 g Butter sowie mehr zum Einfetten

2 EL Zucker

2½ TL Trockenhefe oder 15 g frische Hefe

2 Eier

2 TL Salz

550 g Weizenmehl (Type 550) sowie Mehl zum Bestreuen

ZUM VERZIEREN

1 Eigelb

Mohn, Sonnenblumenkerne oder Sesam (nach Belieben)

ZUBEREITEN DES TEIGS

1 **Die Milch bis zum Siedepunkt erhitzen.** Vom Herd ziehen, 4 EL abnehmen und in einem Schälchen abkühlen lassen, bis sie nur noch handwarm ist. In der Zwischenzeit die Butter in kleine Stücke schneiden. Butter und Zucker zur restlichen Milch im Topf geben. Gelegentlich umrühren, bis die Butter geschmolzen ist. Diese Mischung ebenfalls handwarm abkühlen lassen.

2 **Die Hefe in die 4 EL Milch streuen oder bröckeln.** Etwa 5 Min. stehen lassen, bis sie sich aufgelöst hat, zwischendurch einmal umrühren. In einer Schüssel die Eier verquirlen. Milch, Salz und aufgelöste Hefe dazugeben.

3 **Die Hälfte des Mehls mit den Fingerspitzen untermengen.** Das restliche Mehl nach und nach in Portionen zu 3 EL untermischen, aber nur so viel Mehl zugeben, bis der Teig sich als Kugel vom Schüsselrand löst. Er sollte weich und leicht klebrig sein.

4 **Den Teig auf eine bemehlte Arbeitsfläche geben,** mit etwas Mehl bestäuben und 5–7 Min. kneten, bis er sehr glatt und elastisch ist. Falls nötig, zwischendurch noch etwas Mehl auf die Arbeitsfläche streuen.

5 **Die Schüssel auswaschen** und mit zerlassener Butter einpinseln. Den Teig darin wenden, sodass er leicht mit Butter überzogen ist. Mit einem feuchten Tuch bedeckt an einem warmen Platz 1½–2 Std. aufgehen lassen, bis sich der Umfang verdoppelt hat.

6 **Zwei Backbleche mit zerlassener Butter einfetten.** Den Teig kurz durchkneten, um die Luft herauszudrücken, danach zugedeckt etwa 5 Min. ruhen lassen. In zwei Hälften schneiden, jede Hälfte zu einer etwa 5 cm dicken Rolle formen und in acht gleich große Stücke schneiden.

FORMEN DER BRÖTCHEN

7 **Für einfache Brötchen** jeweils ein Teigstück unter der Handfläche in kreisförmigen Bewegungen zu einer glatten Kugel formen.

8 **Für Knoten** jeweils ein Teigstück zu einer Schlange rollen, dann zu einer Acht formen und die Teigenden durch die Öffnungen stecken.

9 **Für Zöpfe** jeweils ein Teigstück zu einer langen Schlange rollen, in der Mitte zusammenlegen und verdrehen. Auf das Blech legen, die Teigenden nach unten drücken.

10 Für Schnecken jeweils ein Teigstück zu einer langen Schlange formen und spiralförmig aufrollen. Das äußere Ende unter die Schnecke schlagen. Die Brötchen mit ausreichend Abstand auf den Blechen verteilen und mit trockenen Tüchern bedeckt an einem warmen Platz etwa 30 Min. aufgehen lassen, bis sich der Umfang verdoppelt hat.

BACKEN UND SERVIEREN

11 In der Zwischenzeit den Backofen auf 220 °C vorheizen und das Eigelb mit 1 EL Wasser verquirlen. Die aufgegangenen Brötchen damit bestreichen und nach Belieben mit Mohn, Sonnenblumenkernen oder Sesam bestreuen. 15–18 Min. goldbraun backen, ohne die Backofentür zu öffnen, zwischendurch aber nachsehen, ob sie nicht zu dunkel werden.

12 Für die Garprobe ein Brötchen herausnehmen und auf den Boden klopfen. Wenn es durchgebacken ist, klingt es hohl. Die Brötchen auf einem Kuchengitter gründlich ausdampfen lassen, dann am besten warm mit Butter und Marmelade servieren. Das Rezept eignet sich auch gut für verschiedene würzige Partybrötchen: Experimentieren Sie zum Beispiel mit grünem oder rotem Pesto, Tomatenmark oder Sardellenpaste, die sie vor dem Aufrollen der Schnecken auf den Teig streichen.

Zwiebel-Walnuss-Kranz

DIE HERZHAFTEN AROMEN von knusprig gebratenen Zwiebeln und gerösteten Walnüssen machen diesen Kranz aus einfachem Hefeteig zum idealen Begleiter einer reichhaltigen Käseplatte und eines guten Rotweins – ein schlichter und doch sehr edler Imbiss. Auch dieses Brot können Sie gut vorab backen und einfrieren.

ERGIBT	ZUBEREITUNG	BACKZEIT
1 KRANZ	40–45 MIN. + TEIGRUHE	45–50 MIN.

Zutaten

425 ml Milch sowie Milch zum Bestreichen

2½ TL Trockenhefe oder 15 g frische Hefe

2 EL Öl sowie Öl zum Einfetten

3 TL Salz

500 g Weizenmehl (Type 550) sowie Mehl zum Bestreuen

1 große Zwiebel, fein gehackt

Pfeffer

60 g Walnusskerne

ZUBEREITEN DES TEIGS

1 **Die Milch bis zum Siedepunkt erhitzen.** Vom Herd ziehen, 4 EL abnehmen und in einem Schälchen abkühlen lassen, bis sie nur noch handwarm ist. Die Hefe hineinstreuen oder -bröckeln. Etwa 5 Min. stehen lassen, bis sie sich aufgelöst hat, zwischendurch einmal umrühren.

2 **Die aufgelöste Hefe,** die restliche Milch, 1 EL Öl und 2 TL Salz in eine Schüssel füllen. Die Hälfte des Mehls dazugeben und mit den Fingerspitzen untermengen. Das restliche Mehl nach und nach in Portionen zu 3 EL daruntermischen. Nur so viel Mehl zugeben, bis der Teig sich als Kugel vom Schüsselrand löst. Er sollte weich und leicht klebrig sein.

3 **Auf eine bemehlte Arbeitsfläche geben,** mit etwas Mehl bestäuben und 5–7 Min. kneten, bis der Teig glatt und elastisch ist. Falls nötig, zwischendurch noch etwas Mehl auf die Arbeitsfläche streuen.

4 **Die Teigschüssel auswaschen** und mit Öl auspinseln. Den Teig darin wenden, sodass er leicht überzogen ist. Mit einem feuchten Tuch bedeckt an einem warmen Platz 1½–2 Std. aufgehen lassen, bis sich der Umfang verdoppelt hat. Den Backofen auf 180 °C vorheizen.

VORBEREITEN VON ZWIEBELN UND WALNÜSSEN

5 **In einer Pfanne 1 EL Öl erhitzen.** Die Zwiebel mit 1 TL Salz und Pfeffer 5–7 Min. darin braten, bis sie hellbraun und weich ist, dann abkühlen lassen. Die Walnusskerne auf einem Backblech verteilen und 8–10 Min. im Ofen rösten. Abkühlen lassen und grob hacken.

FORMEN UND BACKEN

6 **Ein Backblech mit Öl einfetten.** Den Teig kurz durchkneten, um die Luft herauszudrücken, danach zugedeckt etwa 5 Min. ruhen lassen. Zwiebel und Walnusskerne unterkneten, bis sie gleichmäßig im Teig verteilt sind. Wieder zudecken und nochmals etwa 5 Min. ruhen lassen.

7 **Den Teig zu einer lockeren Kugel formen.** Die Seiten mehrfach über die Mitte ziehen und hineindrücken, dann ein Stück weiterdrehen und wieder hineindrücken, bis die Kugel fest und rund ist. Umdrehen und mit zwei Fingern ein Loch in die Mitte stechen. Dieses Loch vergrößern, bis der Kranz einen Durchmesser von 25–30 cm hat.

8 **Den Kranz auf das Blech legen,** mit einem trockenen Tuch bedecken und an einem warmen Ort nochmals etwa 45 Min. gehen lassen, bis sich der Umfang verdoppelt hat. In der Zwischenzeit den Backofen auf 200 °C vorheizen. Den Kranz mit etwas Milch bestreichen und die Oberfläche mit einer Küchenschere zickzackförmig einschneiden.

9 **Im vorgeheizten Ofen** 45–50 Min. backen, bis der Kranz schön braun und knusprig ist. Für die Garprobe auf den Boden klopfen: das Geräusch muss hohl klingen. Auf einem Kuchengitter vollständig abkühlen lassen.

Hefekranz mit Pestofüllung

SCHÖN ANZUSEHEN: Der durch das beigemischte Roggenmehl etwas herzhaftere Teig wird mit einer Füllung aufgerollt und dann angeschnitten, sodass das Pesto sichtbar ist und aromatisch duftet. Nach Belieben kann man den Kranz am Vortag backen, gut in Folie verpacken und zum Servieren aufwärmen.

ERGIBT 1 KRANZ

ZUBEREITUNG 35–40 MIN. + TEIGRUHE

BACKZEIT 30–35 MIN.

Zutaten

FÜR DEN TEIG

2½ TL Trockenhefe oder 15 g frische Hefe

125 g Roggenmehl

300 g Weizenmehl (Type 550 oder 1050) sowie Mehl zum Bestreuen

2 TL Salz

Öl zum Einfetten

FÜR DIE FÜLLUNG

1 großes Bund Basilikum, Blätter abgezupft

3 Knoblauchzehen, geschält

3 EL Olivenöl

30 g Pinienkerne, grob gehackt

60 g Parmesan, frisch gerieben

frisch gemahlener schwarzer Pfeffer

ZUBEREITEN DES TEIGS

1 Von 300 ml handwarmem Wasser 4 EL abnehmen und in ein Schälchen geben. Die Hefe hineinstreuen oder -bröckeln und etwa 5 Min. stehen lassen, bis sie sich aufgelöst hat. Zwischendurch einmal umrühren.

2 Roggenmehl, die Hälfte des Weizenmehls und Salz in eine Schüssel oder das Rührgefäß der Küchenmaschine geben. Die aufgelöste Hefe mit dem restlichen Wasser verrühren und dazugeben. Mit den Fingerspitzen oder in der Küchenmaschine vermengen. Das restliche Mehl nach und nach in Portionen von 3 EL daruntermischen, bis der Teig sich als Kugel vom Schüsselrand löst. Er sollte weich und leicht klebrig sein.

3 Weitere 60 Sek. bearbeiten, bis der Teig glatt und elastisch ist. Auf eine leicht bemehlte Arbeitsfläche geben und zu einer Kugel formen. Eine große Schüssel mit Öl auspinseln. Den Teig darin wenden, sodass er leicht mit Öl überzogen ist. Mit einem feuchten Tuch bedeckt an einem warmen Platz 1½–2 Std. gehen lassen, bis sich der Umfang verdoppelt hat.

ZUBEREITEN DER FÜLLUNG

4 Basilikumblätter und Knoblauch in der Küchenmaschine grob hacken, dann bei laufendem Gerät langsam das Öl dazugeben. In eine Schüssel umfüllen. Pinienkerne, Parmesan und Pfeffer unterrühren, abschmecken.

FORMEN UND BACKEN

5 Ein Backblech mit Öl einfetten. Den Teig kurz durchkneten, um die Luft herauszudrücken, danach zugedeckt etwa 5 Min. ruhen lassen. Flach drücken und zu einem etwa 40 x 30 cm großen Rechteck ausrollen.

6 Die Füllung gleichmäßig aufstreichen, dabei einen 1 cm breiten Rand frei lassen. Das Rechteck von der langen Seite her fest aufrollen. Die Naht gut andrücken, die Enden der Rolle jedoch offen lassen.

7 Mit der Naht nach unten auf das Blech legen. Die Rolle zu einem Kranz formen, die Enden sauber verbinden. Ringsum im Abstand von etwa 5 cm mit einem scharfen Messer einschneiden. Die eingeschnittenen Scheiben etwas auseinanderziehen, kippen und schräg auf das Blech drücken. Mit einem trockenen Tuch bedeckt an einem warmen Platz nochmals etwa 45 Min. auf die doppelte Größe aufgehen lassen. Den Backofen auf 220 °C vorheizen.

8 Die Oberfläche mit Öl einpinseln. 10 Min. backen, dann die Temperatur auf 190 °C senken und den Kranz weitere 20-25 Min. backen, bis er schön gebräunt ist. Auf einem Kuchengitter etwas abkühlen lassen.

 VARIANTE: Hefeschnecke mit Tomaten

Mit dem Aroma von sonnengetrockneten Tomaten und Pinienkernen.

1 Den Teig wie beschrieben zubereiten und gehen lassen. In der Zwischenzeit 75 g getrocknete, in Öl eingelegte Tomaten abtropfen lassen, dabei 2 EL Öl auffangen. Tomaten und Pinienkerne hacken. 2 geschälte Knoblauchzehen und die Blätter von 5 Stängeln Basilikum fein hacken.

2 Tomaten, Pinienkerne, Knoblauch, Basilikum und geriebenen Parmesan in einer kleinen Schüssel vermengen. 1 EL von dem aufbewahrten Öl und reichlich schwarzen Pfeffer unterrühren. Mit dem restlichen Öl eine 20 cm große Springform einfetten. 1-2 EL Maisgrieß hineinstreuen, dann umdrehen und überschüssigen Grieß herausklopfen.

3 Wie beschrieben den Teig nochmals kurz durchkneten, ruhen lassen, dann zu einem Rechteck ausrollen, füllen und aufrollen. Mit der Naht nach unten die Teigrolle zu einer Schnecke formen, das Ende unterschlagen. In die Backform legen und wie beschrieben nochmals gehen lassen. Mit Öl bestreichen, dann zunächst 10 Min. bei 220 °C und danach 25-30 Min. bei 190 °C backen. Aus der Form nehmen und abkühlen lassen.

Irisches Natronbrot

Fast so leicht und locker wie ein Kuchen und dabei dank Natron mühelos zubereitet, ganz ohne Kneten. Vollkornmehl kann man gut in einer Haushaltsmühle selbst mahlen. Das ist kein großer Aufwand, aber Sie werden den Unterschied schmecken. Genießen Sie dieses Brot frisch aus dem Ofen mit guter Butter, einem schönen reifen Käse oder Marmelade.

ERGIBT 1 LAIB

ZUBEREITUNG 10–15 MIN.

BACKZEIT 35–40 MIN.

Zutaten

zerlassene Butter für das Blech

500 g Vollkornweizenmehl sowie Mehl zum Bestreuen

1½ TL Natron

1½ TL Salz

500 ml Buttermilch, nach Bedarf etwas mehr

ZUBEREITEN DES TEIGS

1 **Den Backofen auf 200 °C vorheizen.** Ein Backblech mit zerlassener Butter einfetten. Mehl, Natron und Salz in eine Schüssel sieben, die Kleie aus dem Sieb (die bei selbst gemahlenem Getreide zurückbleibt) ebenfalls in die Schüssel geben. Mit den Fingerspitzen die trockenen Zutaten vermengen. In die Mitte eine Vertiefung drücken.

2 **Die Buttermilch langsam** und gleichmäßig hineingießen und mit den Fingern zügig unter das Mehl mengen, sodass ein weicher, leicht klebriger Teig entsteht. Den Teig nicht zu lange bearbeiten, sonst wird er beim Backen schwer. Falls er zu trocken erscheint, noch etwas Buttermilch oder Wasser zugeben.

FORMEN UND BACKEN

3 **Auf einer leicht bemehlten Arbeitsfläche** rasch zu einem runden Laib formen. Auf das Blech legen und auf etwa 5 cm Höhe flach drücken.

4 **Mit einem sehr scharfen Messer** ein etwa 1 cm tiefes Kreuz in die Oberfläche ritzen. Diese traditionelle Verzierung lässt während des Backens den Dampf aus dem Brot entweichen.

5 **Im vorgeheizten Ofen 35–40 Min. backen,** bis das Brot schön braun ist und ein hohles Geräusch von sich gibt, wenn man gegen den Boden klopft. Auf einem Kuchengitter etwas abkühlen lassen.

6 **Das Brot in Scheiben oder Spalten schneiden** und warm mit Butter servieren. Natronbrot ist die traditionelle irische Beilage zu Suppe und Eintopf, schmeckt aber getoastet auch sehr gut zum Frühstück.

Buttermilch-Scones

DAS DUFTET NACH ENGLISCHER TEATIME:
Lockere, dampfend heiße Scones, die zart nach Buttermilch schmecken. Sie sind ganz einfach und schnell gemacht und doch unwiderstehlich. Dazu gibt es natürlich Tee, außerdem Butter, Marmelade und *clotted cream,* einen dicken, gelben Rahm mit feinen Klümpchen.

ERGIBT	ZUBEREITUNG	BACKZEIT
8-10 STÜCK	15-20 MIN.	12-15 MIN.

Zutaten

250 g Weizenmehl (Type 550)	60 g Butter sowie Butter für das Blech
2 TL Backpulver	175 ml Buttermilch
½ TL Salz	
2 EL Zucker	

ZUBEREITEN DES TEIGS

1 **Den Backofen auf 220 °C vorheizen.** Mehl, Backpulver und Salz in eine Schüssel sieben, den Zucker unterrühren. Die Butter dazugeben und mit zwei Messern rasch unter die übrigen Zutaten hacken, damit sie möglichst kalt bleibt.

2 **Mit den Fingerspitzen zügig zu feinen Krümeln verreiben,** dabei immer wieder anheben und in die Schüssel zurückfallen lassen, damit die Mischung möglichst locker und die Butter nicht zu weich wird. Die Buttermilch langsam in eine Vertiefung in der Mitte gießen.

3 **Die Buttermilch mit einer Gabel unterrühren,** den Teig aber nicht zu lange bearbeiten, sonst werden die Scones hart und schwer. Falls der Teig zu trocken erscheint, etwas mehr Buttermilch zugeben.

4 **Nur so lange rühren, bis sich die Krümel zu einem Teig verbinden.** Je rascher das gelingt, desto lockerer werden die Scones.

FORMEN UND BACKEN

5 **Den Teig einige Sekunden** auf einer bemehlten Arbeitsfläche zusammenkneten. Er soll aber nicht glatt werden. Je gröber er bleibt, desto lockerer gelingen die Scones. Den Teig mit den Fingern zu einem 1 cm dicken Kreis flach drücken. Daraus etwa 7 cm große Kreise ausstechen. Die Reste des Teigs wieder zusammendrücken und weitere Kreise ausstechen, bis der Teig aufgebraucht ist.

6 **Die Scones mit 5 cm Abstand** auf einem gefetteten Backblech anordnen. 12–15 Min. backen, bis sie leicht gebräunt und aufgegangen sind. In einem Brotkorb anrichten und heiß servieren.

Pita

EGAL OB ALS BEILAGE ODER GEFÜLLT mit Gyros oder Döner: Das Fladenbrot aus dem Nahen Osten ist uns längst vertraut, an jeder Straßenecke kann man Pita kaufen. Am allerbesten schmeckt es aber ganz frisch aus dem eigenen Ofen. Kreuzkümmel gibt dem Teig seinen charakteristischen Geschmack, aber auch ohne dieses Gewürz sind die luftigen, schnell gemachten Brote ein Genuss.

 ERGIBT 6 FLADEN

 ZUBEREITUNG 20–30 MIN. + TEIGRUHE

 BACKZEIT 5 MIN.

Zutaten

1 TL Trockenhefe oder 6 g frische Hefe

2 TL Olivenöl sowie Öl für die Schüssel

1 TL Salz

60 g Weizenvollkornmehl

250 g Weizenmehl (Type 550) sowie Mehl zum Bestreuen

2 TL Kreuzkümmelsamen

ZUBEREITEN DES TEIGS

1 Von 250 ml warmem Wasser 4 EL abnehmen und in ein Schälchen geben. Die Hefe hineinstreuen oder -bröckeln und etwa 5 Min. stehen lassen, bis sie sich aufgelöst hat. Zwischendurch einmal umrühren.

2 Die aufgelöste Hefe mit dem restlichen Wasser, Öl und Salz in eine Schüssel geben. Das Vollkornmehl, die Hälfte des weißen Mehls und den Kreuzkümmel gründlich mit der Hand untermengen.

3 Das restliche Mehl nach und nach in Portionen zu 3 EL einarbeiten, bis der Teig sich als Kugel vom Schüsselrand löst. Er sollte weich und leicht klebrig sein. Auf eine bemehlte Arbeitsfläche geben, mit etwas Mehl bestreuen und 8–10 Min. kneten, bis er glatt und elastisch ist.

4 Die Teigschüssel auswaschen und mit Öl einpinseln. Den gekneteten Teig darin wenden, sodass er leicht mit Öl überzogen ist. Die Schüssel mit einem feuchten Tuch bedecken und den Teig an einem warmen Platz 1–1½ Std. aufgehen lassen, bis sich der Umfang verdoppelt hat.

FORMEN UND BACKEN

5 Zwei Bleche großzügig mit Mehl bestreuen. Den Teig kurz durchkneten, um die Luft herauszudrücken, danach zugedeckt 5 Min. ruhen lassen. Anschließend zu einer Rolle mit etwa 5 cm Durchmesser formen und in sechs gleich große Stücke schneiden.

6 Die Teigstücke zudecken, eines herausnehmen und zu einer Kugel formen, dann zu einem knapp 20 cm großen Kreis ausrollen. Den Teigfladen auf ein Backblech legen und die übrigen Teigstücke ausrollen. Mit trockenen Tüchern bedeckt an einem warmen Platz nochmals etwa 20 Min. gehen lassen, bis der Teig luftig ist. In der Zwischenzeit den Backofen auf höchster Stufe vorheizen.

7 Ein weiteres Backblech im Ofen erhitzen. Die Fladen mit einem Palettmesser vorsichtig von einem der Bleche lösen und sofort auf das heiße Blech gleiten lassen. Etwa 5 Min. backen, bis sie aufgegangen und an der Oberseite stellenweise gebräunt, aber noch nicht goldbraun oder knusprig sind. Im Zweifelsfall lieber zu kurz als zu lange backen, denn zu knusprige Pitas lassen sich nicht mehr füllen.

8 Die fertig gebackenen Pitabrote auf Kuchengitter legen und die Oberseiten mit etwas Wasser einpinseln, damit die dünnen Fladen beim Abkühlen nicht austrocknen. Die übrigen Brote ebenso backen und befeuchten, dann das Mehl vom Boden abklopfen. Die Pitas noch warm servieren: Nach Belieben aufbrechen und mit Salat, Fleisch und Sauce füllen.

Kartoffelbrot mit Schnittlauch

DIE WEICHE KRUSTE UND DAS SAFTIGE INNERE sind die Markenzeichen dieses amerikanischen Brotes: *monkey bread* heißt das Gebäck mit gestampften Kartoffeln in den USA. Am besten schmeckt es frisch aus dem Ofen, aber Sie können den Teig schon am Vortag zubereiten und über Nacht im Kühlschrank gehen lassen.

ERGIBT
1 LAIB

ZUBEREITUNG
50-55 MIN.
+ TEIGRUHE

BACKZEIT
40-45 MIN.

Zutaten

250 g Kartoffeln

2½ TL Trockenhefe oder
15 g frische Hefe

120 g Butter

1 großes Bund Schnittlauch, gehackt

2 EL Zucker

2 TL Salz

425 g Weizenmehl (Type 550)
sowie Mehl zum Bestreuen

zerlassene Butter zum Einfetten

ZUBEREITEN DES TEIGS

1 **Die Kartoffeln schälen** und in Stücke schneiden. In einem großen Topf mit viel kaltem Wasser aufsetzen und zugedeckt zum Kochen bringen. 15–20 Min. köcheln lassen, bis die Kartoffeln gar sind. Zur Probe eine Messerspitze hineinstechen.

2 **Abgießen und dabei 250 ml Kochflüssigkeit auffangen.** Die Kartoffeln gründlich zerstampfen, bis keine Klümpchen mehr vorhanden sind. Kochflüssigkeit und Kartoffeln abkühlen lassen. Die Hefe in ein Schälchen mit 4 EL handwarmem Wasser streuen oder bröckeln und etwa 5 Min. stehen lassen, bis sie sich aufgelöst hat. Zwischendurch einmal umrühren.

3 **Die Hälfte der Butter zerlassen.** Zusammen mit der abgemessenen Kochflüssigkeit, Kartoffeln und Hefe in eine Schüssel füllen. Schnittlauch, Zucker und Salz dazugeben und alles gründlich mit der Hand vermengen.

4 **Die Hälfte des Mehls dazugeben** und sorgfältig mit der Hand untermengen. Das restliche Mehl nach und nach in Portionen zu 3 EL untermischen, aber nur so lange, bis sich der Teig als Kugel vom Schüsselrand löst. Er sollte weich und leicht klebrig sein.

KNETEN UND GEHEN LASSEN

5 **Den Teig auf eine bemehlte Arbeitsfläche geben** und mit etwas Mehl bestäuben. Mit bemehlten Händen 5–7 Min. kneten, bis der Teig glatt und elastisch ist und sich zu einer Kugel formt. Falls er an der Arbeitsfläche kleben bleibt, noch etwas Mehl dazugeben.

6 **Die Teigschüssel auswaschen** und mit zerlassener Butter auspinseln. Den gekneteten Teig darin wenden, sodass er leicht mit Fett überzogen ist. Die Schüssel mit einem feuchten Tuch bedecken und den Teig an einem warmen Platz 1–1½ Std. aufgehen lassen, bis sich der Umfang verdoppelt hat.

FORMEN UND BACKEN

7 **Eine etwa 1,5 l fassende Kranzform** mit zerlassener Butter ausfetten. Die restlichen 60 g Butter ebenfalls zerlassen und in einen Suppenteller gießen. Den Teig kurz kneten, um die Luft herauszudrücken, dann zugedeckt etwa 5 Min. ruhen lassen. Mit bemehlten Händen etwa 30 hühnereigroße Teigstücke abzupfen.

8 **Die Teigstücke** zwischen den Handflächen zu glatten Bällen rollen. Jeweils einige Teigbälle mithilfe eines Löffels in der zerlassenen Butter wenden, dann in die Backform geben.

9 **Sobald alle Teigbälle eingefettet in der Form liegen,** mit einem trockenen Tuch bedecken und an einem warmen Platz nochmals 40 Min. gehen lassen, bis der Teig die Form ausfüllt. In der Zwischenzeit den Backofen auf 190 °C vorheizen.

10 **Das Brot 40–45 Min. backen,** bis die Oberfläche goldbraun ist und die Ränder beginnen, sich von der Form zu lösen. Auf einem Kuchengitter etwas abkühlen lassen, dann vorsichtig aus der Form stürzen. Die noch warmen Brotstücke mit den Fingern auseinanderpflücken und sofort servieren. Schmeckt toll zu Brathähnchen.

 VARIANTE: Kartoffelbrot mit Sauerrahm und Dill

1 Die Blätter von 5–7 Stängeln Dill abzupfen und grob hacken. Wie beschrieben die Kartoffeln kochen und den Teig zubereiten, dabei 60 g Butter verwenden und den Dill anstelle des Schnittlauchs zugeben. Kneten und gehen lassen wie im Hauptrezept.

2 Eine Kranzform mit zerlassener Butter einfetten. Den Teig wie beschrieben kurz durchkneten, ruhen lassen, dann in zwei Hälften schneiden. Jede Hälfte zu einer etwa 5 cm dicken Rolle formen und in vier Stücke schneiden. Die Arbeitsfläche mit etwas Mehl bestreuen und ein Teigstück zu einer glatten Kugel rollen.

3 Die Kugel in die Kranzform legen, die Oberfläche mit Sauerrahm bestreichen. Nach und nach den restlichen Teig ebenfalls zu Kugeln formen, in die Form legen und bestreichen. In der Form nochmals wie beschrieben gehen lassen. Den Ofen auf 190 °C vorheizen. Das Brot darin wie angegeben backen, dann wie im Hauptrezept aus der Form stürzen und servieren.

Gugelhupf mit Speck und Walnüssen

DIE HERZHAFTE VARIANTE des berühmten elsässischen Napfkuchens aus Hefeteig: Statt Mandeln und Rosinen sind hier Walnüsse, Speckwürfel und Kräuter die Geschmacksgeber. Umso mehr sollten Sie gerade bei Nüssen und Speck auf wirklich gute Qualität achten. Vollständig abgekühlt kann man den Gugelhupf auch gut einfrieren.

ERGIBT
1 GUGELHUPF

ZUBEREITUNG
45–50 MIN.
+ TEIGRUHE

BACKZEIT
45–50 MIN.

Zutaten

150 ml Milch	500 g Weizenmehl (Type 550)
150 g Butter	1 TL Salz
1 EL Zucker	zerlassene Butter für die Form
1 EL Trockenhefe oder 20 g frische Hefe	60 g Walnusskerne
3 Eier	125 g durchwachsener Speck, gewürfelt
	3–5 Salbeiblätter, gehackt
	3–5 Zweige Thymian, Blätter gehackt

ZUBEREITEN DES TEIGS

1 **Die Milch bis zum Siedepunkt erhitzen.** 4 EL davon abnehmen und in einem Schälchen abkühlen lassen. Die in Stücke geschnittene Butter und den Zucker zur restlichen Milch geben und rühren, bis sich beides aufgelöst hat. Abkühlen lassen, bis die Flüssigkeit nur noch lauwarm ist.

3 **Die flüssigen Zutaten** mit den Fingerspitzen verrühren, dann nach und nach das Mehl einarbeiten, bis ein glatter Teig entsteht. Die Hand wie eine Kelle formen und den Teig damit aus der Schüssel heben und wieder hineinfallen lassen, bis er nach 5–7 Min. sehr elastisch geworden ist.

2 **Die Hefe in die 4 EL Milch streuen** und etwa 5 Min. stehen lassen, bis sie sich aufgelöst hat. Zwischendurch einmal umrühren. Die Eier verquirlen. Mehl und Salz in eine Schüssel sieben. Eine Vertiefung in die Mitte des Mehls drücken. Hefe, Eier und Milch langsam hineingießen.

4 **Kein zusätzliches Mehl einarbeiten,** der Teig sollte sehr klebrig sein. Die Schüssel mit einem feuchten Tuch bedecken und den Teig an einem warmen Platz 1–1½ Std. gehen lassen, bis sich sein Volumen verdoppelt hat.

VORBEREITEN DER ANDEREN ZUTATEN

5 Eine 1 l fassende Gugelhupf- oder Kranzform mit zerlassener Butter ausfetten. Die Form etwa 10 Min. tiefkühlen, bis die Butter hart geworden ist, dann nochmals mit Butter auspinseln. 5 Walnusskerne zum Dekorieren beiseitelegen, den Rest grob hacken.

6 Den Speck in einer Pfanne 3–4 Min. unter gelegentlichem Rühren anbraten, bis er leicht gebräunt ist. Auf Küchenpapier abtropfen lassen.

FERTIGSTELLEN UND BACKEN

7 Den Teig nochmals kurz mit der Hand bearbeiten, um die Luft herauszudrücken. Kräuter, Nüsse und Speck gründlich untermengen. Die beiseitegelegten Walnüsse mit der gewölbten Seite nach unten in die Form legen.

8 Den Teig gleichmäßig in der Form verteilen. Mit einem trockenen Tuch bedeckt nochmals 30–40 Min. an einem warmen Platz gehen lassen, bis der Teig bis zum Rand der Form aufgestiegen ist. Die benötigte Zeit hängt stark von Temperatur und Luftfeuchtigkeit ab. Auch je nach Mehl kann es länger dauern, bis der Teig das erforderliche Volumen erreicht hat. Sobald das geschehen ist, den Backofen auf 190 °C vorheizen.

9 Den Gugelhupf 45–50 Min. backen, bis er luftig und schön braun geworden ist und sich an den Rändern von der Form zu lösen beginnt. Zwischendurch immer wieder nachsehen, ob die Oberfläche nicht zu dunkel wird, falls nötig, locker mit Alufolie abdecken.

10 Nach dem Backen etwas ausdampfen lassen, dann auf ein Kuchengitter stürzen und vollständig abkühlen lassen. Zu einem Glas Wein oder als Beilage zu Suppen oder einfachen Salaten servieren.

Kleine Brioches

LOCKER, BUTTRIG UND RICHTIG FRANZÖSISCH –
Brioches sind genau das Richtige für ein besonderes
Frühstück oder zum Nachmittagskaffee. Ob Sie die
goldgelb glänzende Oberfläche mit den traditionellen Knöpfen verzieren oder nicht, bleibt Ihnen
überlassen. In jedem Fall aber brauchen Sie die
typischen Backformen. Den Teig können Sie schon
am Vorabend zubereiten und über Nacht im Kühlschrank gehen lassen, dann geht das Formen und
Backen am kommenden Morgen ganz fix.

ERGIBT
10 STÜCK

ZUBEREITUNG
45–50 MIN.
+ TEIGRUHE

BACKZEIT
15–20 MIN.

Zutaten

FÜR DEN TEIG

2½ TL Trockenhefe oder
15 g frische Hefe

5 Eier

375 g Weizenmehl (Type 550) sowie
Mehl zum Bestreuen

2 EL Zucker

1½ TL Salz

175 g weiche Butter, gewürfelt, sowie
zerlassene Butter zum Einfetten

ZUM BESTREICHEN

1 Ei

½ TL Salz

ZUBEREITEN DES TEIGS

1 Die Hefe in ein Schälchen mit 4 EL handwarmem Wasser streuen oder bröckeln und etwa 5 Min. stehen lassen, bis sie sich aufgelöst hat. Zwischendurch einmal umrühren. In einer Schüssel die Eier mit einer Gabel verquirlen.

2 Mehl, Zucker und Salz auf die Arbeitsfläche sieben. Eine große Vertiefung in die Mitte drücken, Hefe und Eier hineingießen. Die flüssigen Zutaten mit den Fingerspitzen gründlich vermischen.

3 Nach und nach mit der Hand das Mehl einarbeiten, sodass ein glatter Teig entsteht, der weich und leicht klebrig sein sollte. Mit etwas Mehl bestreuen und in der Schüssel bearbeiten: Den Teig etwa 8–10 Min. immer wieder anheben und in die Schüssel fallen lassen, bis er sehr elastisch und ledrig ist. Nur wenn der Teig allzu klebrig ist, sparsam etwas mehr Mehl einarbeiten. Der Teig ist zu Beginn ziemlich klebrig und wird durch die Bearbeitung allmählich glatter.

4 Eine Schüssel mit zerlassener Butter auspinseln. Den Teig hineinlegen und darin wenden, sodass seine Oberfläche mit Butter überzogen ist.

5 Die Schüssel mit einem feuchten Tuch bedecken und den Teig an einem warmen Platz 1–1½ Std. gehen lassen, bis sich sein Umfang verdoppelt hat. Alternativ kann man ihn bis zu 8 Std. oder über Nacht in den Kühlschrank stellen. Auch dort geht er auf, aber sehr viel langsamer als bei Zimmertemperatur.

6 Zehn etwa 7 cm große Briocheformen mit zerlassener Butter ausfetten und auf ein Backblech setzen. Den Teig kurz durchkneten, um die Luft herauszudrücken, danach zugedeckt noch etwa 5 Min. ruhen lassen.

7 Die weichen Butterwürfel unter den Teig kneten, den Teig dabei mit beiden Händen kneifen und zusammendrücken. Auf der bemehlten Arbeitsfläche nochmals 3–5 Min. kneten, bis er wieder glatt ist, danach zugedeckt wieder 5 Min. ruhen lassen.

FORMEN UND BACKEN

8 Den Teig halbieren. Jede Hälfte zu einer etwa 5 cm dicken Rolle formen und in fünf gleich große Stücke schneiden. Die Arbeitsfläche mit etwas Mehl bestreuen, die einzelnen Teigstücke darauf unter der Handfläche zu glatten Kugeln rollen.

9 Etwa ein Viertel jeder Teigkugel zwischen Daumen und Zeigefinger zusammendrücken, sodass eine kleinere Kugel entsteht, die nur noch an einer Stelle an der großen hängt. Die Brioche an ihrem »Köpfchen« fassen, in die Backform absenken und mit sanftem Druck das untere Teigstück hineinpressen und -schieben.

10 Den Zeigefinger zwei- bis dreimal rings um das »Köpfchen« in die Brioche hineindrücken. Die fertig geformten Brioches mit einem trockenen Tuch bedeckt etwa 30 Min. an einem warmen Platz gehen lassen, bis der Teig luftig und aufgegangen ist. In der Zwischenzeit den Backofen auf 220 °C vorheizen.

11 Das Ei leicht mit dem Salz verquirlen, die Brioches damit einpinseln. 15–20 Min. im heißen Ofen backen, bis sie goldbraun und aufgegangen sind. Eine Brioche aus der Form nehmen und umdrehen: Sie ist durchgebacken, wenn es beim Klopfen auf den Boden hohl klingt. Die Brioches etwas ausdampfen lassen, dann aus den Formen nehmen und zum vollständigen Auskühlen auf ein Kuchengitter stellen.

Skandinavisches Weihnachtsbrot

GENAU WIE CHRISTSTOLLEN ODER PANETTONE braucht auch dieses skandinavische Weihnachtsbrot, das *yule brød,* ein wenig Vorlauf: Es wird bis zu einen Monat vor dem Fest gebacken. Gut verpackt hat es dann genügend Zeit, um bis Weihnachten sein Aroma zu entfalten. Man kann es auch in einer Blechdose aufbewahren.

ERGIBT
1 LAIB

ZUBEREITUNG
50-55 MIN.
+ TEIGRUHE

BACKZEIT
60-65 MIN.

Zutaten

1 Teebeutel »English Breakfast Tea«

90 g Korinthen

90 g Sultaninen

50 g Orangeat

2½ TL Trockenhefe oder
15 g frische Hefe

2 Eier

530 g Weizenmehl (Type 550) sowie
Mehl zum Bestreuen

½ TL gemahlener Zimt

½ TL gemahlene Gewürznelken

3 EL Zucker

1 TL Salz

125 g weiche Butter sowie zerlassene
Butter zum Einfetten

2 EL brauner Zucker

ZUBEREITEN DES TEIGS

1 300 ml Wasser zum Kochen bringen. Vom Herd nehmen und den Teebeutel 5 Min. darin ziehen lassen. Korinthen und Sultaninen in einer Schüssel mit dem Tee übergießen, den Teebeutel wegwerfen. Die Trockenfrüchte 10–15 Min. einweichen, dann abgießen, den Tee auffangen. Das Orangeat hacken und zusammen mit Sultaninen und Korinthen beiseitestellen.

2 Die Hefe in ein Schälchen mit 4 EL handwarmem Wasser streuen oder bröckeln und etwa 5 Min. stehen lassen, bis sie sich aufgelöst hat. Zwischendurch einmal umrühren. In einer zweiten Schale die Eier mit einer Gabel verquirlen.

3 Mehl, Zimt und Nelken in eine Schüssel sieben, Zucker und Salz dazugeben. Eine Vertiefung in die Mitte drücken. Tee, Eier und Hefe hineingießen und mit den Fingerspitzen gründlich verrühren.

4 Mit der Hand nach und nach das Mehl einarbeiten, sodass ein weicher, leicht klebriger Teig entsteht. Auf einer bemehlten Arbeitsfläche 5–7 Min. kneten, bis er sehr glatt und elastisch ist und eine Kugel bildet.

5 Die Teigschüssel auswaschen und mit zerlassener Butter auspinseln. Den gekneteten Teig darin wenden, sodass er leicht mit Fett überzogen ist. Die Schüssel mit einem feuchten Tuch bedecken und den Teig an einem warmen Platz 1–1½ Std. gehen lassen, bis sich der Umfang verdoppelt hat.

FERTIGSTELLEN UND FORMEN DES TEIGS

6 Eine Kastenform (23 x 12 x 7,5 cm) mit zerlassener Butter ausfetten. Den Teig kurz durchkneten, um die Luft herauszudrücken, danach zugedeckt etwa 5 Min. ruhen lassen. Die weiche Butter einarbeiten, dabei den Teig mit beiden Händen kräftig kneifen und zusammendrucken. Auf einer bemehlten Arbeitsfläche 3–5 Min. kneten, bis er wieder glatt ist, dann zugedeckt nochmals etwa 5 Min. ruhen lassen.

7 Sultaninen, Korinthen und Orangeat gleichmäßig unter den Teig kneten. Danach zugedeckt nochmals 5 Min. ruhen lassen. Hände und Arbeitsfläche leicht bemehlen und den Teig zu einem etwa 25 x 20 cm großen Rechteck formen. Von der langen Seite her aufrollen und fest zusammendrücken.

8 Diesen Zylinder so lange rollen, bis er etwa 45 cm lang ist. Die beiden Enden über der Naht zur Mitte hin zusammenlegen, sodass das Teigstück in die Form passt. Mit der Naht nach unten hineinlegen, mit einem trockenen Tuch bedecken und an einem warmen Platz etwa 45 Min. gehen lassen, bis der Teig die Form ausfüllt.

9 Den braunen Zucker je nach Größe der Körner in einem Gefrierbeutel mit dem Nudelholz zerkleinern. Den Backofen auf 200°C vorheizen. Die Oberfläche des Brots mit Wasser einpinseln und gleichmäßig mit Zucker bestreuen.

BACKEN UND VERPACKEN

10 Auf der mittleren Schiene des Ofens etwa 15 Min. backen, bis das Brot aufgeht und beginnt braun zu werden. Dann die Temperatur auf 180°C senken und das Brot 45–50 Min. weiterbacken, bis ein in die Mitte eingestochener Metallspieß sauber wieder herauskommt. Durch die geschlossene Ofentür häufig nachsehen, ob die Oberfläche des Weihnachtsbrotes während dieser langen Backzeit vorzeitig dunkel wird. In diesem Fall locker mit Alufolie abdecken, damit es nicht verbrennt. Gegebenenfalls kann eine auf die unterste Schiene gestellte ofenfeste Schale mit Wasser verhindern, dass das Brot zu trocken wird.

11 Aus der Form stürzen und einmal fest gegen den Boden des Brotes klopfen. Das Geräusch sollte hohl klingen und die Kruste muss sich bei leichtem Druck knusprig anfühlen. Auf einem Kuchengitter vollständig abkühlen lassen, dann in je eine Lage Backpapier und Frischhaltefolie wickeln und in einem luftdichten Behälter lagern. Zum Frühstück nach Belieben toasten und mit Butter bestreichen. Als herzhaften Imbiss oder im Rahmen eines festlichen Menüs nach dem Hauptgang mit einem würzigen, reifen Käse, am besten einem Blauschimmelkäse, servieren.

Schokoladenbrot

MAL ETWAS ANDERES: Ein Brot zum Dessert. Probieren Sie das Schokoladenbrot mit Mascarpone bestrichen und begleitet von einem Glas Rotwein. Ihre Gäste werden begeistert sein. Das Rezept stammt aus Italien und ist entfernt mit dem berühmten Panettone verwandt. Damit es so köstlich schmeckt, wie es klingt, sollten Sie eine hochwertige Schokolade verwenden.

| ERGIBT 1 LAIB | ZUBEREITUNG 35–40 MIN. + TEIGRUHE | BACKZEIT 45–50 MIN. |

Zutaten

2½ TL Trockenhefe oder 15 g frische Hefe

15 g weiche Butter sowie zerlassene Butter zum Einfetten

30 g Kakao

500 g Weizenmehl (Type 550) sowie Mehl zum Bestreuen

2 TL Salz

60 g Zucker sowie Zucker zum Bestreuen

125 g dunkle Schokolade

ZUBEREITEN DES TEIGS

1 Von 375 ml warmem Wasser 4 EL abnehmen und in ein Schälchen geben. Die Hefe hineinstreuen und etwa 5 Min. stehen lassen, bis sie sich aufgelöst hat. Zwischendurch einmal umrühren. Hefe, Butter und Kakao in die Rührschüssel der Küchenmaschine geben. Das restliche Wasser dazugießen und die Zutaten auf niedrigster Stufe mit dem Handrührer vermengen.

2 Die Hälfte des Mehls, Salz und Zucker dazugeben und unterrühren. Das restliche Mehl nach und nach in Portionen zu 3 EL untermischen. Nur so viel Mehl zugeben, bis der Teig sich als Kugel vom Schüsselrand löst. Er sollte weich und leicht klebrig sein.

3 Den Knethaken einsetzen und den Teig auf mittlerer Stufe 3–5 Min. kneten, bis er sehr glatt und elastisch ist. Falls nötig während des Knetens noch etwas Mehl zugeben. Wenn der Teig zu stark am Haken emporsteigt, das Gerät ausschalten und den Teig abstreifen.

4 Den fertig gekneteten Teig vom Haken lösen und zu einer Kugel formen. Eine Schüssel mit zerlassener Butter auspinseln. Den Teig darin wenden, sodass er leicht mit Fett überzogen ist. Die Schüssel mit einem feuchten Tuch bedecken und den Teig an einem warmen Platz 1–1½ Std. gehen lassen, bis sich der Umfang verdoppelt hat.

FERTIGSTELLEN DES TEIGS

5 Eine 1,5 l fassende Soufflèform mit zerlassener Butter ausfetten. Die Schokolade in Stücke brechen, dann grob hacken und kalt stellen, damit sie beim Kneten des Teigs nicht schmilzt.

6 Den aufgegangenen Teig kurz mit der Hand auf einer leicht bemehlten Arbeitsfläche durchkneten, um die Luft herauszudrücken, danach zugedeckt etwa 5 Min. ruhen lassen. Die Schokolade gleichmäßig unterkneten und den Teig nochmals etwa 5 Min. zugedeckt ruhen lassen. Mit den Händen locker zusammenschieben, dann die Seiten zur Mitte ziehen und hineindrücken, sodass eine feste Kugel entsteht.

7 Die Teigkugel mit der Naht nach unten vorsichtig in die Form legen. Mit einem trockenen Tuch bedecken und an einem warmen Platz nochmals etwa 45 Min. gehen lassen, bis der Teig die Form knapp ausfüllt. In der Zwischenzeit den Backofen auf 220°C vorheizen.

BACKEN DES BROTES

8 Die Oberfläche mit Wasser einpinseln und mit etwas Zucker bestreuen. Das Brot 20 Min. backen, dann die Temperatur auf 190°C verringern und weitere 25–30 Min. backen, bis die Oberfläche schön gebräunt ist. Aus der Form lösen und auf den Boden klopfen. Wenn das Brot durchgebacken ist, klingt es hohl und die Kruste fühlt sich knusprig an. Vorsichtig auf ein Kuchengitter legen und vollständig abkühlen lassen.

 VARIANTE: Schoko-Orangen-Brötchen

Geriebene Orangenschale gibt ihnen ein wunderbares Aroma.

1 Die Schalen von 2 unbehandelten Orangen reiben, ohne dass die bittere weiße Haut mitgerieben wird. Den Teig wie beschrieben zubereiten, die Orangenschale zusammen mit der Butter anstelle des Kakaos dazugeben. Wie angegeben kneten und gehen lassen, auch die Schokolade wie in Schritt 5 des Hauptrezepts vorbereiten. Zwei Backbleche mit zerlassener Butter einfetten.

2 Den Teig wie in Schritt 6 kurz kneten und ruhen lassen, dann die Schokolade unterkneten und den Teig erneut ruhen lassen. Halbieren und jede Hälfte zu einer 5 cm dicken Rolle formen und in vier Stücke schneiden. Die Arbeitsfläche dünn mit Mehl bestreuen und die Teigstücke darauf zu glatten Kugeln rollen. Die fertigen Teigkugeln auf den Backblechen verteilen, mit einem trockenen Tuch bedecken und an einem warmen Platz etwa 30 Min. gehen lassen, bis sich der Umfang verdoppelt hat.

3 Den Backofen auf 220°C vorheizen. Die Brötchen wie beschrieben mit Wasser bestreichen und mit Zucker bestreuen. 15 Min. backen, bis sie Farbe annehmen, dann die Temperatur auf 190°C verringern und etwa 15–20 Min. weiterbacken, bis die Brötchen schön gebräunt sind und hohl klingen, wenn man auf den Boden klopft. Falls sie zu schnell dunkel werden, locker mit Alufolie abdecken, damit sie nicht verbrennen. Ergibt 8 Brötchen.

Kuchen, Pies und Tartes

Süße Leckereien zum
Kaffee oder als Dessert

Brombeer-Apfel-Pie

EINE BELIEBTE KOMBINATION, nicht nur weil Äpfel und Brombeeren gleichzeitig reif sind. Traditionell werden für dieses Rezept Kochäpfel wie zum Beispiel ein säuerlicher Boskop verwendet, aber wir nehmen süße Tafeläpfel. Die Pie kommt frisch aus dem Ofen und noch warm mit Schlagsahne auf den Tisch. Den Mürbeteig kann man bis zu zwei Tage im Voraus zubereiten und in Frischhaltefolie verpackt im Kühlschrank aufbewahren.

PERSONEN 4–6	**ZUBEREITUNG** 35–40 MIN. + TEIGRUHE	**BACKZEIT** 50–60 MIN.

Zutaten

FÜR DEN TEIG

220 g Mehl sowie Mehl zum Bestreuen

1½ EL Zucker (nach Belieben)

¼ TL Salz

110 g kalte Butter

FÜR DIE FÜLLUNG

500 g Brombeeren

1 Zitrone

875 g Äpfel

150 g Zucker

ZUBEREITEN DES TEIGS

1 Mehl mit Zucker (nach Belieben) und Salz in eine Schüssel sieben. Die Butter würfeln und dann mit zwei Messern rasch unter das Mehl hacken. Das ist empfehlenswert, weil die Butter sich erwärmt und weich wird, wenn man den Teig zu lange mit den Händen bearbeitet.

2 Zum Schluss Mehl und Butter mit den Fingerspitzen zu Krümeln verreiben, dabei möglichst zügig arbeiten und den Teig locker handhaben, sodass viel Luft hineinkommt und er sich möglichst wenig erwärmt. Nach und nach 3–4 EL kaltes Wasser darübersprenkeln und mit einer Gabel untermengen. Sobald die Teigbrösel sich zu feuchten Klumpen zusammenballen, kein weiteres Wasser mehr zugeben. Zu viel Wasser macht den Teig klebrig und er wird nach dem Backen hart.

3 Weiter mit der Gabel bearbeiten, bis alles gründlich vermengt und feucht ist, dann den Teig rasch zu einer Kugel zusammendrücken. Dabei wieder vermeiden, dass die warmen Hände den Teig anwärmen. In Frischhaltefolie gewickelt in den Kühlschrank stellen, bis der Teig fest geworden ist. Das dauert mindestens 30 Min., man kann den fertigen Mürbeteig aber bis zu drei Tage gekühlt aufbewahren.

VORBEREITEN DER FÜLLUNG

4 **Die Brombeeren verlesen** und nur waschen, wenn sie schmutzig sind. Die Zitrone auspressen. Die Äpfel mit einem Sparschäler schälen, Stiel und Blütenansatz herausschneiden.

5 **Die Äpfel halbieren,** die Kerngehäuse mit einem kleinen Messer oder einem Kugelausstecher herauslösen, sodass alle harten und holzigen Teile entfernt sind.

6 **Die Apfelhälften** mit der Schnittseite auf ein Schneidebrett legen. Längs halbieren und quer in sechs gleich große Stücke schneiden. Die Apfelstücke in einer Schüssel mit dem Zitronensaft beträufeln. 2 EL von dem abgewogenen Zucker abnehmen und unterrühren.

7 **Die Brombeeren vorsichtig** unter die
Äpfel mengen. Die Füllung probie-
ren und nach Geschmack nachsüßen.
Wie viel Zucker benötigt wird,
hängt davon ab, wie süß die
Äpfel sind.

ZUBEREITEN DER PIE

8 Eine Pie- oder Auflaufform mit 1 l Fassungsvermögen bereitstellen. Den
Teig auf einer bemehlten Arbeitsfläche passend zur Auflaufform, jedoch
7–8 cm größer ausrollen und zurechtschneiden. Die Teigreste beiseitelegen.

9 Die Form umgekehrt auf den Teig stellen. Einen 2 cm breiten Streifen vom
Rand her abschneiden, sodass das Teigstück nun noch 4 cm größer ist als
die Form. Einen Pie-Abzug aus Keramik (oder ein zusammengerolltes Stück
Alufolie) in die Mitte der Form stellen und das Obst drum herum häufen.

10 Den Rand der Form mit kaltem Wasser einpinseln. Den abgeschnittenen Teigstreifen fest andrücken und ebenfalls mit Wasser einpinseln.

11 Das große Teigstück über das Nudelholz legen und locker auf die Füllung gleiten lassen. Den Rand ringsum gegen den schmalen Teigstreifen drücken, sodass die Pie fest verschlossen ist. Mit der Spitze eines kleinen
Messers oberhalb des Abzugs ein Loch in den Teig schneiden, damit beim
Backen Dampf entweichen kann. Überstehenden Teig sauber abschneiden
und mit den anderen Teigresten zu Verzierungen verarbeiten.

BACKEN UND SERVIEREN

12 Etwa 15 Min. kühlen. Den Backofen auf 190 °C vorheizen. Die Pie
50–60 Min. backen, bis der Teig goldbraun und knusprig ist und die
Äpfel sich beim Einstechen mit einem Metallspieß weich anfühlen. Mit dem
restlichen Zucker bestreuen und heiß oder warm mit Schlagsahne servieren.

Zitronen-Baiser-Kuchen

EINE KÜHLE, SÄUERLICHE ZITRONENCREME, verborgen unter knusprig-süßem, ofenwarmem Baiser – wer könnte da widerstehen? Mürbeteig und Zitronencreme können schon am Vortag zubereitet werden, dann geht das Überbacken ganz schnell.

PERSONEN 6-8	ZUBEREITUNG 45-50 MIN. + TEIGRUHE	BACKZEIT 30-35 MIN.

Zutaten

FÜR DEN TEIG

200 g Mehl sowie Mehl zum Bestreuen

¼ TL Salz

100 g Butter sowie Butter für die Form

1½ EL Zucker (nach Belieben)

FÜR DIE ZITRONENCREME

5 Bio-Zitronen

3 Eigelb

2 Eier

125 g Butter

150 g Zucker

FÜR DAS BAISER

100 g Zucker

3 Eiweiß

ZUBEREITEN DES TEIGS UND BLINDBACKEN

1 Mehl und Salz in eine Schüssel sieben. Die Butter mit zwei Messern unterhacken und anschließend mit den Fingerspitzen krümelig verreiben. Mit einer Gabel nach Belieben den Zucker, dann nach und nach 3-4 EL kaltes Wasser untermengen, bis die Brösel aneinanderhaften. Schnell zu einer Kugel zusammendrücken und in Frischhaltefolie gewickelt 30 Min. kühlen.

2 Eine etwa 23 cm große runde Tarteform mit Butter ausfetten. Den Teig auf einer bemehlten Arbeitsfläche etwa 5 cm größer als die Form ausrollen und mithilfe des Nudelholzes in die Form gleiten lassen. Den Teigrand vorsichtig anheben und den Teig sorgfältig an den Boden und am unteren Rand der Form andrücken, mögliche Risse im Teigboden schließen.

3 Den Rand des Teigs mit der Schere so abschneiden, dass er ringsum etwa 1 cm übersteht, dann den Rand nach innen umschlagen, sodass der Teigrand dicker wird. Diesen Teigrand mit dem Daumen ringsum fest an den gewellten Rand der Form drücken.

4 Den Teigboden mit einer Gabel mehrfach einstechen, damit er beim Backen keine Blasen wirft. Etwa 15 Min. kalt stellen, bis der Teig wieder fest ist. In der Zwischenzeit den Backofen und ein Blech auf 200 °C vorheizen. Eine doppelte Lage Alufolie auf den Teig legen. Die Form zur Hälfte mit getrockneten Hülsenfrüchten oder Backgewichten füllen. Auf dem heißen Blech etwa 15 Min. backen, bis der Rand zu bräunen beginnt.

5 Alufolie und Hülsenfrüchte herausnehmen. Die Temperatur auf 190 °C verringern und den Boden weitere 5-10 Min. backen. Auf einem Kuchengitter abkühlen lassen, bevor die Zitronencreme hineingegeben wird. Den Ofen nicht abschalten und das Blech darin lassen.

ZUBEREITEN DER ZITRONENCREME

6 Die Schale von 2 Zitronen fein auf ein Stück Backpapier reiben. Alle Zitronen halbieren und auspressen, den Saft durch ein Sieb in einen Messbecher gießen. Es werden etwa 250 ml Saft benötigt. Die Eigelbe gründlich mit den ganzen Eiern verquirlen. Die Butter in kleine Stücke schneiden.

7 Zucker, Zitronenschale und Butter in einen Topf geben, den Zitronensaft dazugießen. Bei niedriger Temperatur und unter ständigem Schlagen mit dem Schneebesen etwa 2-3 Min. erhitzen, bis sich Butter und Zucker aufgelöst haben. Vom Herd nehmen und gründlich mit den Eiern verquirlen.

8 Zurück auf den Herd stellen und sanft erhitzen, bis die Creme langsam bindet, ohne zu stocken. Dabei unablässig mit einem Kochlöffel rühren. Nach etwa 4-6 Min. sollte die Creme den Löffelrücken überziehen.

9 Durch ein Sieb in eine Schüssel gießen und abkühlen lassen. Danach auf dem vorgebackenen Boden verteilen und auf dem heißen Blech 10–12 Min. backen, bis die Creme fest wird. Auf einem Kuchengitter abkühlen lassen, dann kalt stellen, damit sich die Creme weiter verfestigt.

ZUBEREITEN DES BAISERS UND ÜBERBACKEN

10 Den Zucker in 75 ml Wasser auflösen und erhitzen, dann ohne zu rühren kochen, bis ein in den Sirup gehaltenes Zuckerthermometer 120 °C anzeigt. Alternativ gibt man einen Löffel Sirup in Eiswasser. Er sollte sich mit den Fingern zu einem festen, leicht klebrigen Ball formen lassen.

11 In der Zwischenzeit das Eiweiß steif schlagen. Die Geschwindigkeit des Rührgeräts erst erhöhen, wenn das Eiweiß schon schaumig und weiß geworden ist. Weiterschlagen, bis der Eischnee sehr fest ist und beim Herausziehen der Quirle steife Spitzen bildet.

12 Nach und nach den heißen Sirup unter ständigem Schlagen mit dem Rührgerät oder Schneebesen langsam zum Eischnee gießen. Dabei darauf achten, den Sirup direkt in den Eischnee und nicht an den Schüsselrand zu gießen, wo er festkleben würde. Weitere 5 Min. schlagen, bis das Baiser kalt und steif ist.

13 Den Backofengrill vorheizen. Das Baiser mit einem Palettmesser glatt oder in Wirbeln auf die Creme streichen. Mit 7–8 cm Abstand zur Hitzequelle 1–2 Min. backen, bis das Baiser goldbraun ist. Den Kuchen warm servieren und mit einem in heißes Wasser getauchten Messer aufschneiden.

Rhabarber-Erdbeer-Pie

SÄUERLICHER RHABARBER, SÜSSE ERDBEEREN und rundherum knuspriger Mürbeteig: Viel mehr braucht es nicht für diesen köstlichen Frühlingsboten. Am besten schmeckt er ganz frisch aus dem Ofen, noch warm serviert mit sahnigem Vanilleeis. Warten Sie am besten bis zum Ende des Frühjahrs, wenn sowohl Rhabarber als auch Erdbeeren am aromatischsten sind.

PERSONEN 6–8

ZUBEREITUNG 30–35 MIN. + TEIGRUHE

BACKZEIT 50–55 MIN.

Zutaten

FÜR DEN TEIG

330 g Mehl sowie Mehl zum Bestreuen

½ TL Salz

165 g Butter sowie Butter für die Form

2 EL Zucker (nach Belieben)

FÜR DIE FÜLLUNG

375 g Erdbeeren

1 Bio-Orange

1 kg Rhabarber, geputzt, geschält und in Stücke geschnitten

250 g Zucker, je nach Säuregehalt des Rhabarbers auch mehr

¼ TL Salz

30 g Mehl

20 g Butter in Flöckchen

FÜR DIE GLASUR

1 EL Milch

1 EL Zucker

ZUBEREITEN DES TEIGS

1 **Mehl und Salz in eine Schüssel sieben.** Die Butter mit zwei Messern unterhacken und anschließend alles mit den Fingerspitzen zu lockeren Krümeln verreiben. Nach Belieben den Zucker, dann nach und nach 6–7 EL kaltes Wasser mit einer Gabel untermengen, bis sich die Brösel zusammenballen. Rasch zu einer Kugel formen und in Frischhaltefolie gewickelt 30 Min. kühlen.

2 **Eine 23 cm große runde Pieform** mit Butter ausfetten. Zwei Drittel des Teigs auf einer bemehlten Arbeitsfläche etwa 5 cm größer als die Form ausrollen und mithilfe des Nudelholzes hineingleiten lassen. Den Teigrand vorsichtig anheben und den Teig sorgfältig an Boden und Wand der Form andrücken.

3 **Über den Rand der Form stehenden Teig** mit einer Küchenschere abschneiden und beiseitelegen. Den Teig in der Form nochmals etwa 15 Min. kühlen, bis er fest geworden ist.

ZUBEREITEN DER FÜLLUNG

4 **Die Erdbeeren putzen** und nach Möglichkeit nicht waschen. Je nach Größe halbieren oder vierteln. Die Orangenschale auf dem mittleren Blatt der Reibe auf ein Stück Backpapier reiben.

5 **Rhabarber mit Orangenschale,** Zucker, Salz und Mehl in einer Schüssel verrühren. Die Erdbeeren vorsichtig unterheben. Die Obstmischung in die ausgelegte Backform füllen, mit Butterflöckchen bestreuen.

DEKORIEREN UND BACKEN

7 Die Teigreste nach Belieben zu Dekorationen verarbeiten und die Oberfläche damit verzieren. Den Teigdeckel mehrfach mit einem kleinen Messer einstechen, damit beim Backen Dampf entweichen kann und der Teig nicht zu stark durchweicht. Falls gewünscht, den Teigrand kräuseln: Dazu einen Zeigefinger nach außen zeigend auf den Rand legen und den Teig mit Zeigefinger und Daumen der anderen Hand nach innen schieben. Auf diese Weise den Rand ringsum formen.

8 Den Teigdeckel mit Milch einpinseln und gleichmäßig mit Zucker bestreuen. Vor dem Backen nochmals etwa 15 Min. kühlen, bis der Teig fest geworden ist. In dieser Zeit den Backofen und ein in die Mitte geschobenes Blech auf 220 °C vorheizen.

9 Den Kuchen auf dem heißen Blech backen, dadurch hat er von unten direkten Kontakt zu einer Hitzequelle und sein Boden wird trotz der saftigen Füllung so knusprig wie nur möglich. Nach etwa 20 Min. die Ofentemperatur auf 180 °C senken. Weitere 30–35 Min. backen, bis sich die Früchte beim Einstechen mit einem Spieß weich anfühlen. Sollte der Teigdeckel während dieser Zeit so schnell bräunen, dass er zu verbrennen droht, bevor das Obst gar ist, wird er locker mit Alufolie abgedeckt. Den fertig gebackenen Kuchen am besten noch lauwarm in der Form servieren. In großzügig bemessene Stücke schneiden und nach Belieben mit Eiscreme oder Schlagsahne servieren.

6 Den Teigrand mit kaltem Wasser einpinseln. Den restlichen Teig etwas größer als die Form ausrollen und auf die Füllung gleiten lassen. Die Ränder zusammendrücken, überstehenden Teig sauber abschneiden.

Birnentarte mit Walnussboden

BEI DIESER SPEZIALITÄT AUS ZENTRALFRANKREICH stecken die Birnenspalten zwischen zwei knusprigen Schichten Walnussmürbeteig – einem Teig also, den man gut schon im Voraus zubereiten kann. Den Kuchen serviert man warm mit Crème fraîche oder Schlagsahne.

PERSONEN 6-8	ZUBEREITUNG 35-40 MIN. + TEIGRUHE	BACKZEIT 35-40 MIN.

Zutaten

FÜR DEN TEIG

50 g Walnusskerne

135 g Zucker

250 g Mehl sowie Mehl zum Bestreuen

1 Ei

150 g weiche Butter sowie Butter für die Form

½ TL Salz

1 TL gemahlener Zimt

FÜR DIE FÜLLUNG

1 Zitrone

875 g Birnen

½ TL frisch gemahlener schwarzer Pfeffer

1 EL Zucker

ZUBEREITEN DES TEIGS

1 Die Walnusskerne mit der Hälfte des Zuckers im Mixer fein zerkleinern. Das Mehl auf die Arbeitsfläche sieben, die gemahlenen Nusskerne dazugeben und eine große Vertiefung in die Mitte drücken.

2 Das Ei, den restlichen Zucker, Butter, Salz und Zimt in die Vertiefung geben und mit den Fingerspitzen sorgfältig vermengen. Dann mit den Fingern nach und nach das Mehl einarbeiten, bis sich grobe Krümel bilden.

3 Den Teig sanft zu einer Kugel zusammendrücken. Er sollte recht weich, aber nicht allzu klebrig sein. Falls nötig, etwas mehr Mehl zugeben. Die Arbeitsfläche mit etwas Mehl bestreuen. Den Teig darauf 1-2 Min. kneten, bis er glatt ist und sich leicht von der Arbeitsfläche löst. Zu einer Kugel geformt in Frischhaltefolie wickeln und 1 Std. kühl stellen.

AUSLEGEN DER FORM

4 Eine 23 cm große Tarteform mit Butter ausfetten. Die Arbeitsfläche mit etwas Mehl bestreuen, zwei Drittel des Teigs darauf zu einem etwa 28 cm großen Kreis ausrollen. Den restlichen Teig wieder verpacken und kühl stellen. Den ausgerollten Teig locker über das Nudelholz legen und in die Form gleiten lassen.

5 Den Teig sanft am Boden der Form andrücken. Mit dem Nudelholz über den Rand der Form rollen, um überstehenden Teig abzutrennen. Mit den Daumen den Teig am Rand der Form nach oben drücken. In der Form nochmals 1 Std. kalt stellen, bis der Teig sehr fest ist.

VORBEREITEN DER BIRNEN

6 Die Zitrone auspressen. Die Birnen schälen. Stiel und Blütenansatz mit der Spitze eines scharfen Messers entfernen.

7 Die Birnen längs vierteln, Kerngehäuse und alle holzigen Stellen mit einem scharfen, kleinen Messer gründlich, aber vorsichtig herausschneiden, um die weichen Birnen nicht zu beschädigen.

8 Die Birnen in einer Schüssel gründlich mit Pfeffer und Zitronensaft vermengen. Das verhindert, dass sich die Birnen braun verfärben.

FERTIGSTELLEN UND BACKEN

9 Überschüssigen Zitronensaft abtropfen lassen, die Birnenspalten gleichmäßig und mit der Rundung nach oben auf dem Teigboden anordnen. Den restlichen Teig zu einem etwa 25 cm großen Kreis ausrollen. Mithilfe eines Glases einen 5 cm großen Kreis aus der Mitte ausstechen. So bäckt der Teig knuspriger und die verheißungsvolle Füllung wird sichtbar.

10 Den Teig locker über das Nudelholz legen und vorsichtig auf die Birnen gleiten lassen. Überstehenden Teig am Rand der Form entlang mit einem kleinen, scharfen Messer abschneiden. Die Teigränder mit den Zinken einer Gabel zusammendrücken, sodass sie fest verschlossen sind.

11 Die Oberfläche mit Wasser einpinseln und gleichmäßig mit dem Zucker bestreuen. Den Kuchen etwa 15 Min. kalt stellen, bis der Teig wieder fest geworden ist. In dieser Zeit den Backofen und ein Blech auf 190 °C vorheizen. Den Kuchen zum Backen auf das Blech stellen, damit der Teigboden sofort beginnt zu garen. Etwa 35-40 Min. backen, bis der Teig braun und knusprig ist und die Birnen sich beim Hineinstechen mit einem Metallspieß weich anfühlen. Sollte die Oberfläche zu schnell bräunen, bevor die Birnen gar sind, den Kuchen locker mit Alufolie abdecken.

Linzer Torte

EIN BUTTRIGER TEIG mit gemahlenen Mandeln und eine frisch gemachte Himbeerfüllung: So fein kann keine fertig gekaufte Linzer Torte sein. Am besten schmeckt der Kuchen, wenn man ihn schon ein bis zwei Tage im Voraus bäckt und dann luftdicht verpackt durchziehen lässt. Der Puderzucker wird erst kurz vor dem Servieren darübergestreut, sonst weicht er den Teig auf.

PERSONEN
6-8

ZUBEREITUNG
30-35 MIN.
+ TEIGRUHE

BACKZEIT
40-45 MIN.

Zutaten

FÜR DEN TEIG

1 Bio-Zitrone

175 g Mandelkerne, blanchiert und enthäutet

125 g Mehl sowie Mehl zum Bestreuen

½ TL gemahlener Zimt

1 Prise gemahlene Gewürznelken

125 g weiche Butter sowie Butter für die Form

1 Ei

100 g Zucker

¼ TL Salz

FÜR DEN BELAG

375 g Himbeeren

125 g Zucker

1-2 EL Puderzucker

ZUBEREITEN DES TEIGS

1 **Die Schale der Zitrone** auf ein Stück Backpapier reiben. Dann die Zitrone halbieren und etwa 1½ EL Saft auspressen. Die Mandeln mit der Hälfte des Mehls in die Küchenmaschine geben und fein mahlen. (Das Mehl verhindert, dass das Fett der Mandeln die Maschine verklebt.)

2 **Das restliche Mehl** mit Zimt und Nelken auf die Arbeitsfläche sieben. Die Mehl-Mandel-Mischung untermengen, dann eine Vertiefung in die Mitte drücken. Die Butter zusammen mit Ei, Zucker, Salz, Zitronensaft und -abrieb in die Vertiefung geben.

3 **Die Zutaten in der Vertiefung** mit den Fingerspitzen sorgfältig vermengen, dann nach und nach das Mehl einarbeiten, bis sich grobe Krümel bilden. Den Teig zu einer Kugel zusammendrücken, falls er zu klebrig ist, etwas zusätzliches Mehl einarbeiten.

4 **Auf der bemehlten Arbeitsfläche** 1-2 Min. kneten, indem der Teig mit dem Handballen weggeschoben und wieder zusammengenommen wird. Am Schluss sollte der Teig glatt sein und sich in einem Stück von der Fläche lösen. In Frischhaltefolie gewickelt 1-2 Std. kühl stellen, bis er fest geworden ist.

ZUBEREITEN DER HIMBEERKONFITÜRE

5 **Die Himbeeren verlesen** und nur falls nötig waschen. Zucker und Himbeeren in einen Topf geben, erhitzen und unter Rühren in 10–12 Min. zu einer dicken Konfitüre einkochen. Zum Abkühlen beiseitestellen.

6 **Die Hälfte der Himbeermasse mit einem Kochlöffel** durch ein Sieb streichen, um einen Teil der Kerne zu entfernen, danach wieder mit der restlichen Konfitüre vermengen.

BELEGEN UND BACKEN

7 **Eine 23 cm große Kuchenform** mit Butter ausfetten. Die Arbeitsfläche mit etwas Mehl bestreuen. Zwei Drittel des Teigs zu einem etwa 28 cm großen Kreis ausrollen, den restlichen Teig wieder in die Folie wickeln.

8 **Den Teig locker über das Nudelholz legen** und in die Form gleiten lassen. Den Boden andrücken. Mit dem Nudelholz über den Rand der Form rollen, um überhängenden Teig abzutrennen. Mit den Daumen den Teig am Rand der Form nach oben drücken.

9 **Die Himbeerkonfitüre auf dem Teigboden verstreichen.** Den restlichen Teig zu einem etwa 15 x 30 cm großen Rechteck ausrollen und mit einem gezackten Teigrädchen in 1 cm breite Streifen schneiden. Die Hälfte der Streifen mit etwa 2 cm Abstand zueinander auf die Füllung legen. Dann die Form um 45 Grad drehen und die andere Hälfte der Streifen diagonal darüberlegen. Die überhängenden Teile der Teigstreifen abschneiden.

10 **Die Teigreste dünn ausrollen.** Mit dem Teigrädchen mehrere 1 cm breite Streifen zuschneiden. Den Teigrand in der Form mit kaltem Wasser einpinseln und die neu geschnittenen Teigstreifen darauf festdrücken. Die Linzer Torte in der Form nochmals etwa 15 Min. kühlen, bis der Teig wieder fest ist. In dieser Zeit den Backofen und ein Blech auf 190 °C vorheizen.

11 **Auf dem Blech 15 Min. backen,** bis der Teig zu bräunen beginnt. Die Temperatur auf 180 °C senken und den Kuchen weitere 25–30 Min backen, bis der Teig goldbraun ist und sich am Rand von der Form löst.

12 **Auf einem Kuchengitter etwas abkühlen lassen.** Den Rand der Form lockern und abnehmen, dann den Kuchen vom Boden der Form auf das Kuchengitter gleiten und vollständig auskühlen lassen. Etwa 30 Min. vor dem Servieren mit Puderzucker bestäuben.

Pflaumenkuchen mit Rahmguss

AUF EINEM LOCKEREN HEFETEIG backen die Pflaumen in einem feinen Guss aus Rahm, Zucker und Eigelb, der sich perfekt mit den saftigen Früchten verbindet. Wie viel Zucker Sie brauchen, hängt ganz von den Früchten ab. Auch mit Aprikosen oder Renekloden gelingt der Kuchen wunderbar.

PERSONEN
8–10

ZUBEREITUNG
35–40 MIN.
+ TEIGRUHE

BACKZEIT
50–55 MIN.

Zutaten

FÜR DEN TEIG

1½ TL Trockenhefe oder
10 g frische Hefe

375 g Mehl sowie Mehl zum Bestreuen

2 EL Zucker

1 TL Salz

3 Eier

125 g weiche Butter

zerlassene Butter zum Bestreichen

FÜR DEN BELAG

850 g Pflaumen oder Zwetschgen

2 EL Semmelbrösel

2 Eigelb

100 g Zucker

60 g Sahne

ZUBEREITEN DES TEIGS

1 Die Hefe in ein Schälchen mit 60 ml handwarmem Wasser streuen oder bröckeln und etwa 5 Min. stehen lassen, bis sie sich aufgelöst hat. Das Mehl auf die Arbeitsfläche sieben. Eine Vertiefung in die Mitte drücken und Zucker, Salz, Hefe und Eier hineingeben.

2 Die Zutaten in der Vertiefung mit den Fingerspitzen gründlich verrühren. Nach und nach das Mehl einarbeiten, sodass ein weicher Teig entsteht. Falls er sehr klebrig ist, noch etwas Mehl dazugeben. Auf einer bemehlten Arbeitsfläche 10 Min. kneten, bis er elastisch ist. Nach Bedarf Mehl zugeben, damit sich der Teig leicht von der Arbeitsfläche löst.

3 Die Butter durch Kneifen und Drücken in den Teig einarbeiten. Danach kneten, bis der Teig glatt ist. Zu einer Kugel formen, in eine mit zerlassener Butter ausgestrichene Schüssel legen und mit einem Tuch bedeckt 1½–2 Std. auf den doppelten Umfang aufgehen lassen. Alternativ kann man ihn auch über Nacht im Kühlschrank gehen lassen.

4 Eine 28 cm große Tarteform mit zerlassener Butter ausfetten. Den Teig kurz durchkneten, um die Luft herauszudrücken. Auf der bemehlten Arbeitsfläche zu einem etwa 32 cm großen Kreis ausrollen. Locker über das Nudelholz legen und in die Form gleiten lassen.

5 Den Teig mit einer Hand anheben, mit der anderen Hand sorgfältig an Boden und Rand der Form drücken. Danach überhängenden Teig mit dem Formrand bündig abschneiden. Die Semmelbrösel gleichmäßig auf dem Teigboden verteilen. Den Backofen und ein Blech auf 220 °C vorheizen.

BELEGEN UND BACKEN

6 Die Pflaumen entsteinen, vierteln und mit der Schnittseite nach oben kreisförmig auf dem Teig anordnen. Den Kuchen bei Raumtemperatur nochmals 30–45 Min. gehen lassen, bis der Rand luftig ist. Eigelbe und die Hälfte des Zuckers in einer Schüssel mit der Sahne verquirlen.

7 Die Pflaumen mit dem restlichen Zucker bestreuen. Die Backform auf das heiße Blech setzen. Den Kuchen 5 Min. backen, dann die Temperatur auf 180 °C verringern.

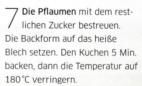

8 Den Rahmguss über das Obst schöpfen, den Kuchen zurück in den Ofen stellen und weitere 45–50 Min. backen, bis der Teig gebräunt ist, der Guss fest und die Pflaumen gar. Auf einem Kuchengitter abkühlen lassen. Warm oder bei Raumtemperatur servieren.

 VARIANTE: Heidelbeerkuchen

Pflaumen, Aprikosen, Heidelbeeren – ein Rezept für alle.

1 Den Hefeteig wie beschrieben zubereiten. 500 g Heidelbeeren verlesen und nur waschen, wenn es wirklich nötig ist. Je trockener die Beeren sind, desto geringer ist die Gefahr, dass der Teigboden durchweicht. Gewaschene Heidelbeeren sanft und sorgfältig trocken tupfen. Wie beschrieben die Form mit dem Teig auslegen und mit dem Obst belegen. Für den Rahmguss 60 g Zucker mit 4 Eigelben und 125 g Sahne verrühren.

2 Die Heidelbeeren mit 2 EL Zucker bestreuen. Den Kuchen wie angegeben 5 Min. backen, dann den Rahmguss über die Beeren gießen und 45–50 Min. bei reduzierter Temperatur weiterbacken. Während dieser Zeit regelmäßig nachsehen, ob die Oberfläche zu dunkel wird. Nach Bedarf locker mit Alufolie abdecken.

3 Kurz vor dem Servieren 1–2 EL Puderzucker über die Beeren sieben. Den Heidelbeerkuchen in Stücke schneiden und warm oder bei Raumtemperatur servieren.

Zitronentarte

REZEPTE FÜR TARTE AU CITRON gibt es viele in Frankreich – dieses stammt aus dem berühmten Pariser Restaurant *Maxim's*. Seine Besonderheit sind die kandierten Zitronenscheiben, die Sie ein bis zwei Tage im Voraus zubereiten sollten, damit sie ihr volles Aroma entfalten.

PERSONEN 8	ZUBEREITUNG 40–45 MIN. + TEIGRUHE	BACKZEIT 40–45 MIN.

Zutaten

FÜR DIE ZITRONENSCHEIBEN

2 Bio-Zitronen

250 g Zucker

FÜR DEN TEIG

200 g Mehl sowie Mehl zum Bestreuen

100 g weiche Butter sowie Butter für die Form

60 g Zucker

½ Päckchen Vanillezucker

¼ TL Salz

2 Eigelb

FÜR DIE CREME

1 Bio-Orange

3 Bio-Zitronen

3 Eier und 1 Eigelb

150 g Zucker

KANDIEREN DER ZITRONENSCHEIBEN

1 **Die Enden der Zitronen abschneiden.** Die Früchte in 3 mm dicke Scheiben schneiden, die Kerne herauslösen und ebenso wie die kleinen Endstücke wegwerfen.

2 **Wasser zum Kochen bringen.** Die Zitronenscheiben darin in etwa 3 Min. blanchieren. Mit einem Schaumlöffel herausheben und abtropfen lassen. Drei Stücke Küchengarn an einem runden, flachen Sieb oder Kuchengitter befestigen. Den Zucker mit 500 ml Wasser in einen ausreichend großen Topf geben und zum Auflösen erhitzen. Die Zitronen auf das Sieb legen und in den Sirup absenken.

3 **Mit einem passend zugeschnittenen** Stück Backpapier bedecken. Sirup und Zitronen langsam erhitzen (das dauert etwa 10 Min.) und dann 1 Std. köcheln lassen. Falls nötig, zwischendurch Wasser nachfüllen, sodass die Zitronen immer bedeckt sind. Im Sirup abkühlen lassen und danach noch weitere 24 Std. mit dem Backpapier bedeckt bei Raumtemperatur ziehen lassen.

ZUBEREITEN DES TEIGS

4 **Das Mehl auf die Arbeitsfläche sieben** und eine Vertiefung in die Mitte drücken. Butter, Zucker, Vanillezucker, Salz und Eigelb in die Vertiefung geben und mit den Fingerspitzen gründlich vermengen. Nach und nach das Mehl einarbeiten, bis sich grobe Krümel bilden.

5 **Die Krümel zu einer Kugel zusammendrücken.** Sollte der Teig zu klebrig sein, etwas Mehl hinzufügen. Auf der leicht bemehlten Arbeitsfläche 1–2 Min. kneten. In Frischhaltefolie gewickelt 30 Min. kühl stellen.

BLINDBACKEN DES TEIGBODENS

6 **Eine 25 cm große Tarteform** mit herausnehmbarem Boden mit Butter ausfetten. Den Teig auf der bemehlten Arbeitsfläche zu einem 30 cm großen Kreis ausrollen und locker über das Nudelholz legen.

7 Den Teig in die Form gleiten lassen und sanft andrücken. Mit dem Nudelholz über den Rand der Form rollen, um überhängenden Teig abzutrennen. Den Teig am Rand der Form mit den Daumen etwas nach oben drücken. Nochmals etwa 15 Min. in der Form kühlen, bis er wieder fest ist.

8 Den Backofen und ein Blech auf 200 °C vorheizen. Eine doppelte Lage Alufolie über den Teig breiten und mit getrockneten Hülsenfrüchten oder Backgewichten beschweren. 10 Min. auf dem Blech backen, dann die Folie entfernen, die Temperatur auf 190 °C senken und weitere 5 Min. backen.

ZUBEREITEN DER CREME UND **FERTIGSTELLEN**

9 Die Schale der Zitrusfrüchte abreiben, den Saft auspressen. Beides in einer Schüssel mit Eiern, Eigelb und Zucker verquirlen, auf den Teigboden gießen und 25–30 Min. backen, bis die Creme fest ist.

10 Auf einem Kuchengitter etwas ausdampfen lassen, dann den Rand der Form abnehmen. Die Zitronenscheiben abtropfen lassen und mit einem Palettmesser auf der Creme anordnen.

 VARIANTE: Limetten-Kardamom-Tarte

Eine aufregend exotische Versuchung.

1 Statt der 5 Zitronen 4 Bio-Limetten und 1 Bio-Zitrone verwenden. Den Teigboden wie beschrieben zubereiten und blindbacken. 1 Limette schälen und die Schale in sehr feine Streifen schneiden. Die Streifen in einem kleinen Topf mit kochendem Wasser 2–3 Min. blanchieren. In ein Sieb abgießen, mit kaltem Wasser abspülen und gründlich abtropfen lassen.

2 Die Schale von 2 weiteren Limetten und 1 Zitrone abreiben, dann alle Zitrusfrüchte auspressen. Das sollte 175 ml Saft ergeben. Mit diesen Zutaten und den im Hauptrezept angegebenen Eiern und dem Zucker die Creme wie beschrieben zubereiten, zum Schluss 150 g Sahne und ½ TL gemahlenen Kardamom unterrühren.

3 Wie im Hauptrezept backen und abkühlen lassen. Die blanchierten Streifen von der Limettenschale ringsum auf den Rand der Creme streuen. Die Tarte mit Schlagsahne oder Crème fraîche servieren.

Schokotarte mit Knusperboden

ZARTSCHMELZENDE SCHOKOLADE auf einem knusprigen Mandelteig, wie man ihn angeblich schon im England des 18. Jahrhunderts zu schätzen wusste. Die hübsche Dekoration aus weißer Schokolade verleiht der Oberfläche der Tarte zarten Biss. Wem das zu süß erscheint, der kann sie aber auch einfach weglassen.

PERSONEN	ZUBEREITUNG	BACKZEIT
8	30–35 MIN. + TEIGRUHE	25–30 MIN.

Zutaten

FÜR DEN TEIG

175 g Mandelkerne, blanchiert und enthäutet

60 g Zucker

1 Eiweiß

Butter für die Form

Mehl zum Bestreuen

FÜR DEN BELAG

270 g dunkle Schokolade

375 g Schlagsahne

2 Eier und 1 Eigelb

60 g weiße Schokolade

ZUBEREITEN DES TEIGBODENS

1 **Die Mandeln mit dem Zucker** in der Küchenmaschine fein zerkleinern. Das Eiweiß in einer Schüssel schaumig rühren. Zucker und Mandeln dazugeben und mit einem Kochlöffel unterrühren. Den Teig zu einer Kugel formen und in Frischhaltefolie gewickelt etwa 30 Min. kalt stellen, bis er fest ist.

2 **Eine 25 cm große Tarteform mit herausnehmbarem Boden** mit Butter ausfetten. Die Arbeitsfläche mit etwas Mehl bestreuen. Den Teig darauf mit einem Nudelholz vorsichtig flach klopfen.

3 **Den Teig in die Form legen** und mit einem in kaltes Wasser getauchten Löffelrücken oder dem Handballen gleichmäßig an Boden und Wänden der Form andrücken. In der Form nochmals etwa 15 Min. kühlen, bis der Teig wieder fest ist. Den Backofen und ein Blech auf 180 °C vorheizen.

4 **Die Form auf das Blech stellen.** Den Boden 8–10 Min. backen, bis der Teig leicht gebräunt ist. Dann auf einem Kuchengitter in der Form abkühlen lassen. Den Backofen nicht abschalten.

ZUBEREITEN DES BELAGS

5 **Die Schokolade** hacken und in eine Schüssel geben. Die Sahne bis zum Siedepunkt erhitzen und über die Schokolade gießen. Mit dem Schneebesen verrühren, bis die Schokolade vollständig geschmolzen ist. Abkühlen lassen. Eier und Eigelb in einer zweiten Schüssel gründlich verquirlen.

6 **Die lauwarme Schokoladenmischung** unter die Eier rühren. Diese Masse vorsichtig auf den abgekühlten Teigboden gießen. Auf dem Blech 15–20 Min. backen, bis der Belag am Rand fest wird, in der Mitte aber noch weich ist. Die Tarte auf einem Kuchengitter etwas abkühlen lassen, dann vorsichtig den Rand der Form abnehmen. Die weiße Schokolade im Wasserbad schmelzen (s. S. 472) und die Tarte damit verzieren.

Normannischer Apfelkuchen

AUS DER NORMANDIE, wo es die besten Äpfel Frankreichs gibt, soll auch dieses Rezept stammen. Unter den mit Aprikosenkonfitüre glasierten Äpfeln verbirgt sich eine köstliche, weiche Schicht aus in Butter gedünsteten Apfelstücken. Servieren Sie den ofenfrischen Kuchen mit einem Klecks Crème fraîche.

PERSONEN 6-8	ZUBEREITUNG 40-45 MIN. + TEIGRUHE	BACKZEIT 30-40 MIN.

Zutaten

FÜR DEN TEIG

175 g Mehl sowie Mehl zum Bestreuen

90 g Butter sowie Butter für die Form

60 g Zucker

½ Päckchen Vanillezucker

¼ TL Salz

2 Eigelb

FÜR DEN BELAG

1,5 kg Kochäpfel

30 g Butter

1 Päckchen Vanillezucker

60 g Zucker

Saft von ½ Zitrone

FÜR DIE GLASUR

4 EL Aprikosenkonfitüre

ZUBEREITEN VON TEIG UND APFELKOMPOTT

1 **Den Mürbeteig** wie auf S. 430 zubereiten. Zwei Drittel der Äpfel schälen, die Kerngehäuse herausschneiden, das Fruchtfleisch würfeln.

2 **Die Butter in einer Pfanne zerlassen.** Äpfel, Vanillezucker und Zucker bis auf 2 EL dazugeben und unter Rühren 10–15 Min. köcheln lassen, bis die Äpfel fast zerfallen sind. Mit Zucker abschmecken und abkühlen lassen. Die restlichen Äpfel schälen, in feine Scheiben schneiden und in Zitronensaft wenden.

AUSLEGEN DER FORM

3 **Eine 25 cm große Tarteform** mit herausnehmbaren Boden mit Butter ausfetten. Den Teig auf einer bemehlten Arbeitsfläche zu einem 30 cm großen Kreis ausrollen. Locker über das Nudelholz legen, in die Form gleiten lassen, andrücken und überstehenden Teig abtrennen.

4 **Den Teig am Rand der Form** etwas nach oben drücken. In der Form nochmals etwa 15 Min. kühlen, bis er wieder fest ist. Den Backofen und ein Blech auf 200 °C vorheizen.

BELEGEN UND BACKEN

5 **Die abgekühlte Apfelmasse** auf dem Teig verstreichen. Die Apfelscheiben kreisförmig darauf anordnen. Mit den restlichen 2 EL Zucker bestreuen.

6 **Auf dem Blech 15–20 Min. backen,** dann die Temperatur auf 180 °C senken. Den Kuchen weitere 15–20 Min. backen, bis die Äpfel gar sind und der Teigrand goldbraun ist. Etwas abkühlen lassen, aus der Form nehmen.

7 **Den Kuchen vollständig abkühlen lassen.** Die Konfitüre mit 1–2 EL Wasser erwärmen, durch ein Sieb streichen und auf Äpfel und Teig pinseln.

Pfirsich-Pie

DIESE UNWIDERSTEHLICHE PIE ist zu Recht ein Klassiker der amerikanischen Küche: Saftige, süße Pfirsiche unter einem Gitter aus knusprigem Teig, warm serviert mit einer Kugel Vanilleeis – bei diesem Sommerdessert werden alle nach einer zweiten Portion verlangen. Verwenden Sie für die Pie nur wirklich reife Pfirsiche mit viel Aroma, besser sie sind etwas zu weich als noch hart. Die Pfirsich-Pie schmeckt frisch gebacken am allerbesten, wenn sie länger steht, weicht der Teig auf.

PERSONEN
8

ZUBEREITUNG
40–45 MIN.
+ TEIGRUHE

BACKZEIT
40–45 MIN.

Zutaten

FÜR DEN TEIG

250 g Mehl

1/2 TL Salz

125 g Butter sowie Butter für die Form

FÜR DEN BELAG

4–5 reife Pfirsiche

30 g Mehl

150 g Zucker

Salz

1–2 EL Zitronensaft (nach Belieben)

ZUM BESTREICHEN

1 Ei

½ TL Salz

ZUBEREITEN DES TEIGS

1 **Mehl und Salz** in eine Schüssel sieben. Dazu das Sieb in einigem Abstand über der Schüssel halten und mit der freien Hand kräftig dagegen klopfen, sodass das Mehl hindurchfällt.

2 **Die Butter dazugeben** und mit einem Teigmischer untermengen. Durch den Teigmischer wird der Kontakt mit den Händen vermieden und der Teig bleibt kühl. Ersatzweise das Fett mittels zweier Messer unter das Mehl hacken, bis die Mischung grobe Krümel bildet.

3 **Mit 3 EL Wasser besprenkeln** und den Teig weiterbearbeiten, bis er sich zu einer Kugel verbindet. Sollte er zu trocken sein, noch etwas Wasser untermengen. Zum Schluss 30 Sek. locker verkneten.

4 **Den Teig rasch zu einer Kugel formen.** In Frischhaltefolie verpackt etwa 30 Min. kühlen, bis er fest geworden ist.

AUSLEGEN DER FORM

5 Den Backofen und ein Blech auf 200 °C vorheizen. Zwei Drittel des Teigs zu einem Kreis ausrollen, der etwa 5 cm größer ist als eine 23 cm große Pieform. Den Teig in die gebutterte Form legen und sorgfältig andrücken. Etwa 15 Min. in der Form kühlen, bis der Teig wieder fest geworden ist.

ZUBEREITEN DES BELAGS

6 Die Pfirsiche 10 Sek. in kochendes Wasser tauchen, dann in eine Schüssel mit kaltem Wasser legen. Enthäuten, halbieren und entsteinen. Die Früchte in 1 cm dicke Scheiben schneiden und in eine Schüssel füllen.

7 Pfirsiche mit Mehl, Zucker, 1 Prise Salz bestreuen und nach Belieben mit Zitronensaft beträufeln. Vorsichtig vermischen und auf dem Teig verteilen.

VERZIEREN UND BACKEN

8 Den restlichen Teig zu einem Rechteck ausrollen. Acht 1 cm breite Teigstreifen zuschneiden und über den Pfirsichen zu einem Gitter flechten. Aus den Resten Blätter schneiden, die Blattrippen mit dem Messer einkerben.

9 Ei und Salz verquirlen. Das Teiggitter und die Blätter damit einpinseln. Die Pie 40–45 Min. backen, bis der Teig goldbraun ist und der Saft Blasen wirft. Warm mit Vanilleeis servieren.

 VARIANTE: Kirsch-Pie

Der Superstar unter den amerikanischen Pies.

1 Wie beschrieben den Teig zubereiten und die Form auslegen. 500 g Kirschen entsteinen. Die Kirschen mit etwa 200 g Zucker verrühren, je nach Süße der Kirschen braucht man etwas mehr oder weniger. 50 g Mehl zum Andicken des Belags sowie nach Belieben $\frac{1}{4}$ TL Mandelextrakt dazugeben. Alles gründlich verrühren, bis die Kirschen vollständig mit Mehl und Zucker überzogen sind. Die Kirschen gleichmäßig auf dem Teig verteilen, sodass der Boden nicht mehr sichtbar ist.

2 Die Teigstreifen mit einem gezackten Teigrädchen schneiden und wie im Hauptrezept beschrieben sorgfältig zu einem hübschen Gitter über den Früchten flechten. Zwei weitere Streifen zuschneiden und den Rand der Form damit belegen, sodass die Enden des Gitters darunter verborgen sind. Diese Teigstreifen fest andrücken, damit sie sich sowohl mit dem darunterliegenden Teigrand als auch mit den Streifen des Gitters verbinden.

3 Den Teigrand möglichst gleichmäßig mit den Fingerspitzen einkneifen, um ihn sauber zu kräuseln (s. S. 423). Wie beschrieben mit verquirltem Ei bestreichen und backen. Wenn das Teiggitter zu dunkel wird, die Oberfläche locker mit Alufolie abdecken.

4 Die Pie auf Raumtemperatur abgekühlt oder sogar kalt servieren, mit Vanilleeis oder einem üppigen Klecks Crème fraîche garnieren.

Birnentarte mit Mandelcreme

SOLCHE FEINEN KUCHEN dürfen in keiner französischen Patisserie fehlen, die etwas auf sich hält. Die fein geschnittenen Birnen werden wie Blütenblätter auf der Mandelcreme angeordnet. Verwenden Sie für dieses Rezept nur ausgereifte Früchte.

PERSONEN	ZUBEREITUNG	BACKZEIT
6-8	40-45 MIN. + TEIGRUHE	40-45 MIN.

Zutaten

FÜR DEN TEIG

175 g Mehl sowie Mehl zum Bestreuen

2 Eigelb

60 g Zucker

1 Prise Salz

75 g weiche Butter sowie Butter für die Form

½ Päckchen Vanillezucker

FÜR DIE MANDELCREME

125 g Mandelkerne, blanchiert und gehäutet

125 g weiche Butter

100 g Zucker

1 Ei und 1 Eigelb

1 EL Kirschwasser

2 EL Mehl

FÜR DEN BELAG

1 Zitrone

3-4 reife Birnen

FÜR DIE GLASUR

150 g Aprikosenkonfitüre

2-3 EL Kirschwasser oder Wasser

ZUBEREITEN DES TEIGS

1 **Das Mehl auf die Arbeitsfläche sieben** und eine Vertiefung in die Mitte drücken. Eigelbe, Zucker, Salz, Butter und Vanillezucker hineingeben. Die Zutaten in der Vertiefung mit den Fingerspitzen gründlich vermengen.

2 **Mit den Fingern nach und nach das Mehl einarbeiten,** sodass grobe Krümel entstehen. Die Arbeitsfläche mit etwas Mehl bestreuen. Den Teig 1-2 Min. kneten, dann in Frischhaltefolie wickeln und 30 Min. kalt stellen.

AUSLEGEN DER FORM

3 **Eine 23-25 cm große Tarteform mit Butter ausfetten.** Den Teig auf einer leicht bemehlten Arbeitsfläche etwa 5 cm größer als die Form ausrollen, dann locker über das Nudelholz legen und in die Form gleiten lassen.

4 **Den Teig vorsichtig in die Form drücken,** dabei den Rand mit den Daumen in die Rillen hinein und bis an die Kante der Form hochdrücken. Überstehenden Teig sauber abschneiden.

5 **Den Teigboden mit einer Gabel einstechen,** damit er beim Backen keine Blasen wirft. In der Form nochmals mindestens 15 Min. kühlen, bis der Teig wieder fest geworden ist.

ZUBEREITEN DER MANDELCREME

6 **Die Mandeln** portionsweise in der Küchenmaschine fein zerkleinern. Vorsicht: Bei zu heftigem oder dauerhaftem Mahlen wird das Fett der Mandeln ausgeschieden und sie verkleben zu einer dicken Paste.

7 **Die Butter mit dem Handrührgerät** oder einem Kochlöffel schaumig rühren. Den Zucker dazugeben und weitere 2-3 Min. schlagen, bis die Mischung locker und luftig ist.

8 **Ei und Eigelb** einzeln dazugeben und jeweils gründlich mit der Masse vermischen. Das Kirschwasser dazugießen, dann mit einem Teigschaber rasch die gemahlenen Mandeln und das Mehl unterheben, bis alles gründlich vermengt, die Creme aber noch locker ist.

VORBEREITEN DER BIRNEN

9 **Die Zitrone halbieren.** Die Birnen schälen und rundum mit den Schnittflächen der Zitrone abreiben, damit sie sich nicht verfärben. Die Birnen längs halbieren, die Kerngehäuse sauber herausschneiden und die Schnittflächen ebenfalls mit Zitrone abreiben.

10 **Die Birnen mit der Schnittfläche** auf ein Schneidebrett legen und mit einem feinen Messer der Länge nach in dünne Scheiben schneiden.

BELEGEN UND **BACKEN**

11 **Den Backofen auf 200 °C vorheizen,** dabei ein Blech im unteren Teil des Ofens mit erhitzen. Die Mandelcreme mit einem Palettmesser gleichmäßig auf dem Teigboden verstreichen.

12 **Die Birnenscheiben wie Blütenblätter** kreisförmig darauf anrichten. Die Kuchenform auf das heiße Blech setzen, die Tarte 12–15 Min. backen, dann weitere 25–30 Min. bei 180 °C.

13 **In der Zwischenzeit die Konfitüre** mit Kirschwasser oder Wasser erwärmen, durch ein Sieb streichen und erneut erwärmen. Die Tarte aus der Form nehmen und damit überziehen. Bei Raumtemperatur servieren.

Feigen-Glühwein-Tarte

FRISCHE FEIGEN mit ihrem tiefroten, weichen Fruchtfleisch sollte man auf ganz schlichte Weise zubereiten, um ihre Beschaffenheit und ihren feinen Geschmack nicht zu verfälschen. Für diese Tarte werden sie kurz in einem Glühweinsirup pochiert. Statt der echten Vanilleschote können Sie auch einen halben Teelöffel Vanillezucker oder getrocknete, gemahlene Vanille verwenden. Frische Feigen gibt es im Spätsommer.

PERSONEN	ZUBEREITUNG	BACKZEIT
6–8	25–30 MIN. + TEIGRUHE	15–20 MIN.

Zutaten

FÜR DEN TEIG

125 g Mehl sowie Mehl zum Bestreuen

50 g Maismehl

75 g weiche Butter sowie Butter für die Form

1 Ei, verquirlt

50 g Zucker

¼ TL Salz

FÜR DIE CREME

250 ml Milch

½ Vanilleschote

3 Eigelb

FÜR DEN BELAG

500 g violette Feigen

1 Bio-Orange

1 Bio-Zitrone

1 Muskatnuss

100 g Zucker

5 cm Zimtstange

2 Gewürznelken

1 TL schwarze Pfefferkörner

500 ml trockener Rotwein

3 EL Zucker

2 EL Mehl

10 g Butter

100 g Sahne

ZUBEREITEN DES TEIGBODENS

1 **Das Mehl auf die Arbeitsfläche sieben.** Das Maismehl dazugeben und eine Vertiefung in die Mitte drücken. Butter, Ei, Zucker und Salz in die Vertiefung geben und alles mit den Fingerspitzen gründlich vermengen.

2 **Das Mehl nach und nach mit den Fingern einarbeiten,** bis sich grobe Krümel bilden. Zu einer Kugel zusammendrücken. Falls der Teig zu klebrig ist, etwas zusätzliches Mehl unterkneten.

3 **Die Arbeitsfläche dünn mit Mehl bestreuen.** Den Teig 1–2 Min. kneten, bis er sich in einem Stück ablöst. Zu einer Kugel geformt in Frischhaltefolie wickeln und 30 Min. kühlen, bis er fest geworden ist. Den Backofen auf 190 °C vorheizen. Eine 25 cm große Tarteform mit Butter ausfetten. Den Teig zu einem etwa 28 cm großen Kreis ausrollen und in die Form gleiten lassen.

4 **Den Teig sanft in die Form drücken.** Überstehenden Teig nach innen umschlagen und andrücken. Nochmals etwa 15 Min. kühlen. Im heißen Ofen 15–20 Min. blindbacken (s. S. 372), bis der Boden goldbraun ist. Vorsichtig auf ein Kuchengitter gleiten lassen, den Rand der Form lockern und den Teigboden abkühlen lassen.

ZUBEREITEN DER CREME

5 **Die Milch mit der aufgeschlitzten Vanilleschote zum Kochen bringen.** Vom Herd nehmen und zugedeckt 10–15 Min. ziehen lassen. Eigelb und Zucker schaumig rühren. Mit dem Mehl vermischen. Nach und nach die heiße Milch unterrühren. Die glatt gerührte Masse bei mittlerer Hitze unter ständigem Rühren mit dem Schneebesen zum Kochen bringen, bis sie bindet.

6 **Die Temperatur reduzieren** und die Creme unter ständigem Rühren weitere 2 Min. köcheln lassen. Vom Herd ziehen, die Vanilleschote herausnehmen, die Creme in eine Schüssel füllen. Die Butter auf der Oberfläche der Creme verteilen, damit sich keine Haut bildet. 30 Min. kühl stellen.

7 **Die Sahne in einer gekühlten Schüssel steif schlagen** und zugedeckt kühl stellen. Dann vorsichtig, aber gründlich unter die kalte Creme heben. Die Schüssel mit Frischhaltefolie bedecken und nochmals kalt stellen. In der Zwischenzeit die Feigen pochieren.

ZUBEREITEN VON GLÜHWEINSIRUP UND FEIGEN

8 **Jede Feige zwei- bis dreimal mit den Zinken einer Gabel einstechen,** damit die Flüssigkeit in die Früchte eindringen kann. Orange und Zitrone schälen, die Muskatnuss in einen Gefrierbeutel geben und mit dem Nudelholz zerstoßen.

9 **Zitrusschale und Muskat** mit Zucker und
Gewürzen in einen Topf geben und den
Wein angießen. Unter Rühren bis zum Siedepunkt erhitzen, sodass sich der Zucker
auflöst. Die Feigen dazugeben und im
geschlossenen Topf 3–5 Min. pochieren, bis sie gar sind.

10 **Die Feigen** mit einem
Schaumlöffel heraus-
heben, zum Abtropfen und
Abkühlen beiseitestellen.
Den Glühwein auf etwa
125 ml einkochen, dann
abseihen und abkühlen
lassen. Die Stiele von
den Feigen abschnei-
den, die Früchte halbie-
ren. Die Hälften nochmals
aufschneiden, aber nicht ganz
durchtrennen. Den Teigboden auf
eine Kuchenplatte legen und mit
der Creme bestreichen. Die Feigen
kreisförmig darauf anordnen. Mit
1–2 EL Glühweinsirup beträufeln.
Den restlichen Sirup kurz vor dem
Servieren darüberlöffeln.

Knusprige Aprikosentaschen

FILOTEIG IST VIELSEITIG VERWENDBAR und ganz einfach zu verarbeiten. Hier erhält er zunächst eine Füllung aus frischen Aprikosen, würzig mit Zimt, Muskat und Nelken gedünstet. Dann wird er zu Dreiecken gefaltet. Bis Schritt 7 können Sie alles bis zu zwei Tage im Voraus zubereiten und im Kühlschrank aufbewahren – oder auch einfrieren. Kurz vor dem Servieren werden die Aprikosentaschen dann frisch gebacken. Türkischer Yufkateig eignet sich für das Gebäck genauso gut wie die griechischen Filoblätter.

ERGIBT	ZUBEREITUNG	BACKZEIT
24 STÜCK	35–40 MIN.	12–15 MIN.

Zutaten

500 g Aprikosen	1 Prise frisch geriebene Muskatnuss
1 Bio-Zitrone	1 Prise gemahlene Gewürznelken
200 g Zucker	225 g Filo- oder Yufka-Teigblätter
1 TL gemahlener Zimt	175 g Butter

ZUBEREITEN DER APRIKOSENFÜLLUNG

1 Die Aprikosen um den Kern herum in zwei Hälften schneiden. Die Hälften mit einer raschen Bewegung gegeneinander drehen, um sie vom Kern zu lösen. Die Kerne wegwerfen. Jede Aprikosenhälfte in vier bis fünf Stücke schneiden. Die Zitronenschale auf einen Teller reiben.

2 Aprikosen, Zitronenabrieb, drei Viertel des Zuckers und Gewürze in einem Topf mit 2 EL Wasser verrühren. 20–25 Min. unter gelegentlichem Rühren sanft dünsten, bis die Mischung die Konsistenz von Konfitüre hat. In einer Schüssel abkühlen lassen.

VORBEREITEN DES TEIGS

3 Den Backofen auf 200 °C vorheizen. Ein sauberes Geschirrtuch ausbreiten und mit etwas Wasser besprenkeln. Den Teig auspacken, die Teigblätter übereinander auf das Tuch legen und längs in zwei Hälften schneiden. Mit einem zweiten feuchten Tuch bedecken.

4 Die Butter in einem kleinen Topf zerlassen. Ein halbes Teigblatt vom Stapel nehmen und längs auf die Arbeitsfläche legen. Die linke Hälfte des Teigblatts mit etwas zerlassener Butter einpinseln, die rechte Hälfte darüberschlagen und ebenfalls mit Butter bestreichen.

FÜLLEN, ZUSAMMENFALTEN UND BACKEN

5 1–2 TL der abgekühlten Füllung 2–3 cm vom unteren Rand entfernt auf den Teigstreifen geben. Nicht zu viel Füllung verwenden, sonst platzen die Teigtaschen beim Backen auf. Eine Teigecke bis zum gegenüberliegenden Rand dreieckig über die Füllung schlagen.

6 Den Teig in weiteren Dreiecken um die Füllung herum falten. Dabei sicherstellen, dass die Ecken so sauber gefaltet sind, dass nichts herauslaufen kann. Mit der Naht nach unten auf ein gefettetes Backblech legen und mit einem feuchten Tuch bedecken.

7 Die restlichen Teigstreifen ebenso füllen und zusammenfalten. Auf einem Backblech verteilen und sorgfältig mit dem feuchten Tuch bedecken.

8 Die Oberfläche mit Butter bestreichen und mit dem restlichen Zucker bestreuen. Die Teigtaschen im vorgeheizten Ofen 12–15 Min. backen, bis sie goldbraun und knusprig geworden sind. Auf einem Kuchengitter etwas abkühlen lassen, dann warm oder bei Raumtemperatur servieren.

VARIANTE: Filotaschen mit Beeren

Ein tolles Rezept für den Hochsommer, wenn Beeren günstig sind.

1 250 g Erdbeeren und 175 g Himbeeren putzen und verlesen. Nur waschen, wenn es unbedingt nötig ist. Die Beeren sollten möglichst trocken sein, damit die Füllung den Teig nicht aufweicht. Die Erdbeeren je nach Größe halbieren oder vierteln. Alle Beeren in einer Schüssel mit 60 g Zucker bestreuen und vorsichtig vermengen.

2 Den Teig wie beschrieben vorbereiten. Jeden Streifen mit knapp 1 EL Beeren füllen, keinesfalls zu viele Beeren hineinfüllen, sonst platzen die Teigtaschen beim Backen auf. Die Teigtaschen wie beschrieben mit zerlassener Butter bestreichen, mit Zucker bestreuen und backen.

3 Die Teigtaschen nach Belieben mit ganzen Himbeeren und Minzeblättchen garniert anrichten.

Tarte Tatin

DIESES BERÜHMTE FRANZÖSISCHE REZEPT ist nach den Schwestern Tatin benannt, zwei verarmten Damen aus der Sologne, die ihren Lebensunterhalt damit bestritten, den Lieblingskuchen ihres Vaters zu verkaufen. Die Äpfel garen zunächst in Karamell, werden dann mit Teig bedeckt, und zum Schluss stürzt man den Kuchen. Servieren Sie die Tarte Tatin warm mit kalter Crème fraîche. Deren frisch säuerlicher Geschmack bildet ein gutes Gegengewicht zu dem dicken, süßen Karamell.

PERSONEN 8	ZUBEREITUNG 45-50 MIN. + TEIGRUHE	BACKZEIT 20-25 MIN.

Zutaten

FÜR DEN TEIG

175 g Mehl sowie Mehl zum Bestreuen

2 Eigelb

1½ EL Zucker

1 Prise Salz

75 g weiche Butter

FÜR DEN BELAG

14–16 Äpfel (insgesamt etwa 2,5 kg)

1 Zitrone

125 g Butter

200 g Zucker

Schlagsahne zum Servieren

ZUBEREITEN DES TEIGS

1 **Das Mehl auf die Arbeitsfläche sieben** und in die Mitte eine Vertiefung drücken. Zunächst Eigelbe, Zucker und Salz in die Vertiefung geben, dann Butter und 1 EL Wasser. Diese Zutaten mit den Fingerspitzen gründlich vermengen.

2 **Das Mehl nach und nach einarbeiten,** bis grobe Krümel entstehen. Sollte der Teig zu trocken erscheinen, etwas mehr Wasser zufügen. Den Teig zu einer Kugel zusammendrücken. Die Arbeitsfläche dünn bemehlen und den Teig 1–2 Min. kneten, bis er glatt ist und sich in einem Stück von der Arbeitsfläche löst. In Frischhaltefolie verpackt 30 Min. kühl stellen, bis er fest geworden ist.

VORBEREITEN DER ÄPFEL

3 **Die Äpfel schälen,** dann halbieren und die Kerngehäuse herausschneiden. Die Zitrone halbieren und die Äpfel mit den Schnittflächen abreiben, damit sie sich nicht verfärben.

KARAMELLISIEREN DER ÄPFEL UND BACKEN

4 **Die Butter in einer ofenfesten Pfanne** mit schwerem Boden zerlassen. Den Zucker dazugeben und unter gelegentlichem Rühren bei mittlerer Temperatur 3–5 Min. köcheln lassen, bis ein dunkler Karamell entstanden ist. Vom Herd nehmen und abkühlen lassen. Dann die Apfelhälften dicht an dicht kreisförmig in der Pfanne mit dem Karamell anordnen.

5 **Bei hoher Temperatur** 15–25 Min. karamellisieren, zwischendurch einmal wenden. Die Pfanne vom Herd nehmen und die Äpfel 10–15 Min. abkühlen lassen. In der Zwischenzeit den Backofen auf 190 °C vorheizen.

6 **Den Teig ausrollen,** sodass er 2–3 cm größer ist als die Pfanne. Auf die Äpfel gleiten lassen, die überhängenden Ränder nach innen zwischen Äpfel und Pfannenrand stecken. 20–25 Min. goldbraun backen. Abkühlen lassen, dann auf eine Platte stürzen. An der Pfanne haftende Äpfel in die Tarte einsetzen. Mit Karamell aus der Pfanne beträufeln, mit Crème fraîche servieren.

 VARIANTE: Tarte Tatin mit Birnen

Mit Birnen ist die Tarte mindestens genauso lecker.

1 12–14 Birnen (insgesamt 2,5 kg) schälen, halbieren und die Kerngehäuse herausschneiden. Für die Tarte Tatin sollten Sie nur Birnen verwenden, die zwar aromatisch, aber dennoch fest genug sind, um beim Karamellisieren und Backen nicht zu zerfallen. Die Birnenhälften wie beschrieben mit einer halbierten Zitrone abreiben.

2 Den Karamell wie im Hauptrezept zubereiten und die Birnen darin mit den Spitzen zur Mitte der Pfanne zeigend kreisförmig anordnen. Dann wie beschrieben karamellisieren. Die Birnen sondern beim Garen unter Umständen mehr Flüssigkeit ab als Äpfel, sie müssen dann entsprechend länger gekocht werden, bis die Flüssigkeit vollständig verdampft ist. Die notwendige Garzeit nicht abkürzen, die Früchte müssen vor dem Backen trocken sein, sonst dampfen sie in der Ofenhitze und weichen den Teig auf.

3 Den Teig wie beschrieben ausrollen, über die Birnen breiten und an den Rändern einschlagen. Dann die Tarte wie angegeben backen und stürzen. Warm servieren, dazu Crème fraîche und nach Belieben auch Zitronenspalten reichen, denn die Birnen-Tarte-Tatin ist noch süßer als das klassische Rezept mit Äpfeln.

Kirschstrudel

KEINE SORGE: DER HAUCHDÜNN AUSGEZOGENE STRUDELTEIG gelingt ganz einfach, wenn man ihn zuvor durch gründliches Kneten elastisch gemacht hat. Alles, was Sie dazu brauchen, ist eine ausreichend große Tischplatte und ein sauberes Tuch. Da der Teig schnell austrocknet, muss er sofort verarbeitet werden. Der Strudel schmeckt nicht nur frisch aus dem Ofen wunderbar, sondern auch noch aufgewärmt am nächsten Tag.

PERSONEN 6-8

ZUBEREITUNG 45–50 MIN. + TEIGRUHE

BACKZEIT 30-40 MIN.

Zutaten

FÜR DEN TEIG

250 g Mehl sowie Mehl zum Bestreuen

1 Ei

½ TL Zitronensaft

1 Prise Salz

125 g Butter

FÜR DIE FÜLLUNG

500 g Kirschen

1 Bio-Zitrone

75 g Walnusskerne

100 g brauner Zucker

1 TL gemahlener Zimt

Puderzucker zum Bestäuben

ZUBEREITEN DES STRUDELTEIGS

1 Das Mehl auf die Arbeitsfläche sieben und eine Vertiefung in die Mitte drücken. Das Ei in einer Schüssel mit 125 ml Wasser, Zitronensaft und Salz verquirlen und in die Vertiefung gießen. Mit den Fingerspitzen verrühren und dabei etwas von dem Mehl untermengen.

2 Das restliche Mehl nach und nach einarbeiten. Sanft kneten und nur so viel Mehl verwenden, dass sich der Teig zu einer recht weichen Kugel formt. 5–7 Min. mit dem Knethaken der Küchenmaschine oder von Hand kneten, dabei den Teig immer wieder aufnehmen und auf die Arbeitsfläche werfen, bis er glatt und glänzend geworden ist. Zu einer Kugel geformt mit einer Schüssel bedecken und 30 Min. ruhen lassen.

VORBEREITEN DER FÜLLUNG

3 Die Kirschen entsteinen. Die Zitronenschale auf einen Teller reiben. Die Walnusskerne grob hacken, am besten von Hand – so werden sie zwar nicht ganz gleichmäßig, aber anders als im Mixer auch nicht zu fein.

AUSZIEHEN, FÜLLEN UND BACKEN

4 Eine große Arbeitsfläche mit einem sauberen Tuch bedecken und Mehl darüberstreuen. Den Teig darauf zu einem möglichst dünnen Rechteck ausrollen, dann mit einem feuchten Tuch bedeckt 15 Min. ruhen lassen. Den Backofen und ein Blech auf 190 °C vorheizen. Die Butter zerlassen.

5 Die Hände mit Mehl einreiben und unter den Teig gleiten lassen. Den Teig von der Mitte her vorsichtig mit beiden Händen nach außen ziehen, bis er sehr dünn und durchsichtig ist. Danach die gesamte Fläche rasch mit etwa drei Viertel der zerlassenen Butter bestreichen.

6 Die entsteinten Kirschen, Nusskerne, Zucker, Zitronenabrieb und Zimt gleichmäßig auf den Teig streuen. Die verdickten Ränder mit den Fingern nach außen ziehen und abzwicken.

7 **Den Strudel mithilfe des Tuchs aufrollen,** mit der Naht nach unten halbmondförmig auf ein Stück Backpapier setzen, dann auf das heiße Blech legen. Mit restlicher Butter bestreichen und 30–40 Min. goldbraun backen. Mit Puderzucker bestäuben und mit Sahne oder Vanillesauce servieren.

 VARIANTE: Strudel mit Trockenfrüchten

Eine gute Alternative für die Wintermonate.

1 500 g Trockenfrüchte (Aprikosen, Pflaumen, Datteln, Rosinen, Feigen) grob hacken. Vorhandene Kerne und Stiele entfernen. In einem Topf mit 125 ml braunem Rum oder Wasser übergießen und unter gelegentlichem Rühren etwa 5 Min. erwärmen. Vom Herd nehmen und vollständig abkühlen lassen. Die Früchte sollen gut durchweicht sein.

2 Sorgfältig abtropfen lassen, die Einweichflüssigkeit nicht auffangen. Den Strudelteig wie beschrieben zubereiten, ausziehen und mit zerlassener Butter bestreichen.

3 Die Trockenfrüchte gleichmäßig auf den Teig streuen, danach wie beschrieben mit gehackten Walnusskernen, Zucker und Zimt besprenkeln, den Zitronenabrieb aber weglassen oder nach Belieben durch die geriebene Schale einer Bio-Orange ersetzen.

4 Den Strudel wie im Hauptrezept gezeigt aufrollen, mit Butter bestreichen und backen, danach mit Schlagsahne servieren.

Drei-Nüsse-Kuchen

DIE AMERIKANISCHE PECAN PIE stand Pate bei diesem Rezept mit Walnüssen, Haselnüssen und Mandeln. Sie können es nach Belieben mit anderen Nüssen variieren. Noch leckerer schmeckt der Kuchen mit einem Löffel Schlagsahne.

PERSONEN 6-8	**ZUBEREITUNG** 35-40 MIN. + TEIGRUHE	**BACKZEIT** 60-65 MIN.

Zutaten

FÜR DEN TEIG

300 g Mehl sowie Mehl zum Bestreuen

½ TL Salz

150 g kalte Butter sowie Butter für die Form

FÜR DEN BELAG

60 g Walnusskerne

60 g Mandelkerne, blanchiert und enthäutet

60 g Haselnusskerne

60 g Butter

4 Eier

300 g brauner Zucker

1 Päckchen Vanillezucker

¼ TL Salz

1 EL Milch

ZUBEREITEN DES TEIGS

1 Mehl und Salz in eine Schüssel sieben. Die Butter mit zwei Messern unterhacken. Die Zutaten mit den Fingerspitzen zu groben Krümeln verreiben und immer wieder aus der Schüssel heben, damit sie möglichst locker werden. Esslöffelweise 6–7 EL kaltes Wasser darübersprenkeln und leicht mit einer Gabel untermengen.

2 Wenn die Krümel feucht genug sind, sodass sie aneinanderhaften, den Teig locker zu einer Kugel zusammendrücken und in Frischhaltefolie gewickelt etwa 30 Min. kühl stellen, bis er fest geworden ist. Eine 23 cm große runde oder eine 20 cm große quadratische Backform mit Butter ausfetten. Den Backofen und ein Blech auf 200 °C vorheizen.

AUSROLLEN UND BLINDBACKEN DES BODENS

3 Die Arbeitsfläche mit etwas Mehl bestreuen. Den Teig etwa 5 cm größer als die Form ausrollen, locker über das Nudelholz legen und in die Form gleiten lassen. Boden und Rand sorgfältig andrücken.

4 Mit einem Messer den Teigrand in der Form gleichmäßig auf 4 cm Höhe zurückschneiden. Den Teigboden mit einer Gabel mehrfach einstechen, damit er beim Backen keine Blasen wirft. Den Teig in der Form nochmals etwa 15 Min. kühlen, bis er wieder fest geworden ist.

5 Eine doppelte Lage Alufolie über den Teig breiten und sorgfältig an den Rand drücken. Die Form mit getrockneten Hülsenfrüchten oder Backgewichten füllen. Auf dem heißen Blech etwa 10 Min. backen, bis der Boden fest ist. Die Folie abnehmen und den Teig weitere 5 Min. backen. Auf einem Kuchengitter abkühlen lassen. Die Ofentemperatur auf 180 °C senken.

ZUBEREITEN DES BELAGS

6 Je ein Drittel von Walnüssen und Mandeln beiseitelegen. Den Rest auf einem Backblech verteilen und unter gelegentlichem Rühren 8–10 Min. im Ofen rösten. Herausnehmen und anschließend die Haselnüsse 12–15 Min. rösten. Herausnehmen und noch heiß mit einem Tuch abreiben, um die Häute zu entfernen. Die Nüsse abkühlen lassen, den Backofen nicht ausschalten.

7 Die gerösteten Nüsse grob hacken. Die Butter in einem kleinen Topf schmelzen und etwas abkühlen lassen. Die Eier in eine Schüssel aufschlagen und mit dem Zucker verquirlen. Vanillezucker, Salz und die zerlassene Butter dazugeben und alles gründlich verrühren.

8 Die gerösteten, gehackten Nüsse mit einem Kochlöffel unter die übrigen Zutaten rühren. Diese Mischung auf den Teigboden gießen und gleichmäßig verstreichen.

BACKEN UND SERVIEREN

9 Die Backform auf das heiße Blech setzen und den Kuchen 8–10 Min. backen, bis der Belag fest wird. Aus dem Ofen nehmen und den nicht vom Belag bedeckten Teigrand zügig mit der Milch bestreichen. Die beiseitegelegten Nüsse auf dem Belag verteilen, dann weitere 35–40 Min. backen, bis ein in die Mitte des Belags gestochener Metallspieß sauber wieder herauskommt. Während dieser Zeit darauf achten, dass der Belag nicht zu dunkel wird, denn verbrannte Nüsse verleihen dem Kuchen einen bitteren Geschmack. Falls nötig locker mit einem Stück Alufolie bedecken.

10 Auf einem Kuchengitter weitgehend abkühlen lassen, dann das Kuchengitter auf die Form legen und den Kuchen vorsichtig stürzen. Dabei nicht hektisch oder gewaltsam vorgehen, sonst lösen sich womöglich Teile der feuchten Nussmasse vom Kuchen.

11 Den Kuchen auf eine Servierplatte stürzen. Noch leicht warm oder bei Raumtemperatur servieren. Nach Belieben mit einem Löffel Schlagsahne oder einer Kugel Vanilleeis reichen.

Englische Weihnachtstarte

DIE TRADITIONELLE MINCEMEAT TART enthält neben vielen Trockenfrüchten auch frische Äpfel und Trauben. Wem die Whiskybutter zu üppig ist, serviert einfach Schlagsahne dazu.

PERSONEN	ZUBEREITUNG	BACKZEIT
8	40–45 MIN. + TEIGRUHE	40–45 MIN.

Zutaten

FÜR DEN TEIG

350 g Mehl sowie Mehl zum Bestreuen

1½ EL Zucker

½ TL Salz

150 g Butter sowie Butter für die Form

1 Ei

½ TL Salz

FÜR DAS MINCEMEAT

1 säuerlicher Apfel

1 Bio-Zitrone

200 g kernlose Trauben

1 EL Orangeat

20 g Mandelblättchen

je ¼ TL gemahlener Zimt, Muskat und Piment

je 100 g Rosinen und Sultaninen

100 g brauner Zucker

3 EL Whisky

FÜR DIE WHISKYBUTTER

125 g Butter

100 g Puderzucker

60 ml Whisky

ZUBEREITEN DES TEIGBODENS

1 Den Teig zubereiten, wie für die Brombeer-Apfel-Pie (s. S. 418) beschrieben. Eine 25 cm große Springform mit Butter ausfetten. Zwei Drittel des Teigs auf einer leicht bemehlten Arbeitsfläche zu einem 30 cm großen Kreis ausrollen, in die Form gleiten lassen und vorsichtig andrücken.

2 Mit dem Nudelholz über den Rand der Form rollen, um den überhängenden Teig sauber abzutrennen. Den Teigrand mit den Daumen etwas nach oben drücken. Den Teig in der Form nochmals etwa 15 Min. kühlen.

BELEGEN UND BACKEN

3 Den Apfel schälen, das Kerngehäuse herausschneiden, das Fruchtfleisch würfeln. Die Schale der Zitrone abreiben, den Saft auspressen. Die Trauben halbieren. Sämtliche Zutaten für das Mincemeat gründlich vermengen und auf dem Teigboden verteilen.

4 Den restlichen Teig ausrollen und in 14 x 2 cm große Streifen schneiden. Die Streifen über dem Belag zu einem Gitter flechten. Die Enden mit etwas Wasser bestreichen und am Teigrand andrücken. Ei und Salz leicht verquirlen und das Teiggitter damit einpinseln.

5 Nochmals 15 Min. kühlen. Inzwischen den Backofen und ein Blech auf 180 °C vorheizen. Die Tarte 40–45 Min. auf dem heißen Blech backen, bis sie leicht gebräunt ist. Etwas abkühlen lassen, dann aus der Form lösen.

ZUBEREITEN DER WHISKYBUTTER

6 Die Butter mit dem Handrührgerät schaumig rühren. Den Zucker dazugeben und weitere 2–3 Min. schlagen, bis die Masse locker und luftig ist. Den Whisky esslöffelweise unterschlagen. 1–2 Std. kühlen, bis die Butter fest ist, dann mit der Tarte servieren.

Luftige Birnentorteletts

DER SPEKTAKULÄRE HEISS-KALT-KONTRAST macht diese Torteletts aus Blätterteig, saftigen Birnen, Sahnecreme und Karamell so köstlich – egal ob als Dessert oder zum Kaffee. Die Zubereitung samt den dekorativ aufgeschnittenen Birnen ist ganz einfach, nur das Timing muss stimmen.

PERSONEN 8	ZUBEREITUNG 35–40 MIN + TEIGRUHE	BACKZEIT 30–40 MIN

Zutaten

FÜR DIE TORTELETTS

500 g fertiger Butterblätterteig

1 Ei, mit ½ TL Salz verquirlt

4 Birnen

Saft von 1 Zitrone

50 g Zucker

FÜR DIE KARAMELLSAUCE

150 g Zucker

125 g Sahne

FÜR DIE SCHLAGSAHNE

125 g Sahne

1–2 TL Puderzucker

½ Päckchen Vanillezucker

ZUBEREITEN DER TORTELETTS

1 **Zwei Bleche mit kaltem Wasser** besprenkeln. Den Blätterteig ausrollen und in acht Rauten schneiden. Die Teigstücke auf die Bleche legen und mit verquirltem Ei bestreichen. Jede Raute am Rand ringsum mit der Messerspitze einritzen. 15 Min. kalt stellen.

2 **Den Backofen** auf 220 °C vorheizen. Die Teigstücke etwa 15 Min. backen, bis sie Farbe annehmen. Bei 190 °C weitere 20–25 Min. backen, bis sie goldbraun und aufgegangen sind. Auf einem Kuchengitter abkühlen lassen. Die Teigdeckel herausschneiden, nicht durchgebackenen Teig im Inneren entfernen.

ZUBEREITEN VON KARAMELL UND SCHLAGSAHNE

3 **In einen Topf 125 ml Wasser geben,** den Zucker darin auflösen. Ohne Umrühren kochen lassen, bis der Karamell goldgelb ist. Die Temperatur senken. Den Topf vom Herd nehmen und vorsichtig (Spritzer!) die Sahne dazugeben. Sanft erwärmen, um den Karamell aufzulösen. Abkühlen lassen.

4 **Die Sahne in einer Schüssel steif schlagen,** bis sie weiche Spitzen bildet. Puderzucker und Vanillezucker dazugeben und die Sahne sehr steif schlagen. Kalt stellen.

ZUBEREITEN DER BIRNEN UND ANRICHTEN

5 **Ein Backblech einfetten.** Den Backofengrill vorheizen. Die Birnen schälen, halbieren, die Kerngehäuse herausschneiden, das Fruchtfleisch fächerartig fein auf-, aber nicht ganz durchschneiden. Die Scheiben mit den Fingern etwas auseinanderziehen, auf das Blech legen, mit Zitronensaft einpinseln und mit dem Zucker bestreuen. Grillen, bis der Zucker karamellisiert ist.

6 **Die Blätterteigteilchen auf Teller setzen.** Etwas Schlagsahne hineinlöffeln und je 1 heiße Birnenhälfte daraufsetzen. Mit Karamellsauce beträufeln, mit den Teigdeckeln teilweise bedecken und sofort servieren.

Mississippi Mud Pie

MIT FLUSSSCHLAMM HAT DIESES BELIEBTE AMERIKANISCHE DESSERT nur den Namen gemein: bröseliger Schokoteigboden, darauf selbst gemachtes Kaffee-Eis und eine dicke, heiße Schoko-Karamell-Sauce. Wer es eilig hat, verwendet einfach fertiges Mokkaeis.

PERSONEN
6-8

ZUBEREITUNG
45-50 MIN.
+ WARTEZEIT

BACKZEIT
15-20 MIN.

Zutaten

FÜR DAS KAFFEE-EIS

600 ml Milch

3 EL Instantkaffeegranulat

135 g Zucker

8 Eigelb

2 EL Speisestärke

250 g Sahne

FÜR DEN TEIG

125 g Butter sowie Butter für die Form

250 g dunkle, knusprige Schokokekse

3 EL Zucker

FÜR DIE SAUCE

60 g Mandelkerne, blanchiert und enthäutet

150 g Sahne

60 g Butter

100 g Zucker

135 g brauner Zucker

90 g Kakaopulver

1 Prise Salz

1 EL brauner Rum (nach Belieben)

Schlagsahne zum Garnieren

ZUBEREITEN DER KAFFEECREME UND DES BODENS

1 **Die Milch mit dem Kaffee unter Rühren erhitzen,** bis sich das Granulat auflöst. Ein Viertel der Flüssigkeit beiseitestellen. Den Zucker unter den Rest rühren. Eigelbe und Stärke verquirlen, die gesüßte Kaffeemilch unterschlagen.

2 **Diese Mischung bei mittlerer Temperatur** unter ständigem Rühren erhitzen, bis sie eindickt und einen Löffelrücken überzieht. Ein über den Löffel gestrichener Finger sollte eine deutliche Spur hinterlassen. Dann sofort von der Kochstelle ziehen, sonst gerinnt die Creme.

3 **Die beiseitegestellte Kaffeemilch unterrühren.** Die Creme durch ein Sieb in eine kalte Schüssel gießen und zum Abkühlen sofort mit Frischhaltefolie bedecken. Den Backofen und ein Blech auf 180 °C vorheizen.

4 **Die Butter für den Boden zerlassen.** Eine 23 cm große Form mit Butter ausfetten. Die Kekse in der Küchenmaschine zu groben Bröseln zerkleinern. Zusammen mit der zerlassenen Butter und dem Zucker in einer Schüssel zu einer homogenen Masse verarbeiten.

5 **Die Bröselmischung gleichmäßig in die Form drücken** und an den Wänden hochziehen. Etwa 15 Min. kühlen, bis der Teig fest ist. Die Backform auf das heiße Blech stellen und 15 Min. backen. Auf einem Kuchengitter abkühlen lassen, dabei wird der Teigboden fest.

ZUBEREITEN DER SAUCE

6 **Die Mandeln grob hacken** und auf dem heißen Backblech verteilen. 10–12 Min. rösten und gelegentlich bewegen, bis sie leicht gebräunt sind. Vorsicht, sie werden schnell zu dunkel.

7 **Sahne und Butter erhitzen,** bis die Butter schmilzt und die Flüssigkeit zu kochen beginnt. Weißen und braunen Zucker unter Rühren darin auflösen. Das Kakaopulver sieben und zusammen mit dem Salz in die Sauce rühren. Die Sauce wieder zum Kochen bringen.

8 Die Sauce sanft köcheln lassen, dabei mit dem Schneebesen rühren, bis sich der Kakao aufgelöst hat. Den Rum einrühren. 125 ml der Sauce in einer Schüssel mit der Hälfte der Mandeln verrühren und abkühlen lassen. Restliche Sauce und Mandeln beiseitestellen.

EINFRIEREN VON EISCREME UND PIE

9 Falls sich auf der Kaffeecreme eine Haut gebildet hat, mit dem Schneebesen glatt rühren. Die Creme in der Eismaschine anfrieren, bis sie dicklich ist. Zwei große Schüsseln im Gefriergerät kühlen.

10 Die Sahne in einer der Schüsseln halb steif schlagen. Zu der Kaffeecreme in die Eismaschine geben und gefrieren lassen. In die zweite kalte Schüssel füllen und mit der Schoko-Mandel-Sauce vermengen.

11 Diese Mischung auf dem Teigboden verteilen und mit einem Metalllöffel wirbelartig aufrühren. Für mindestens 1–2 Std. und höchstens 3 Tage einfrieren.

FERTIGSTELLEN UND SERVIEREN

12 Falls die Pie länger als 12 Std. eingefroren war, etwa 1 Std. im Kühlschrank antauen. Die restliche Sauce erwärmen. Die Pie auf einer Platte mit Schlagsahne und den restlichen Mandeln garnieren.

13 Mit etwas heißer Sauce beträufeln. In Stücke schneiden und mit der restlichen Schokoladensauce und Schlagsahne nach Belieben anrichten.

Apfeljalousie

GENAU WIE BEI DER JALOUSIE vor dem Fenster kann man auch bei diesem Kuchen zwischen den zarten Blätterteiglamellen hindurchsehen. Darunter verbergen sich säuerliche Äpfel, die auch nach dem Backen noch etwas Biss haben und fein mit Ingwer gewürzt sind. Der Blätterteig ist selbst gemacht – ein kleiner Aufwand, der sich aber lohnt. Da der Teig kalt gehalten werden muss, gelingt er am besten auf einem Backbrett aus Marmor.

PERSONEN	ZUBEREITUNG	BACKZEIT
6–8	1¼–1½ STD. + TEIGRUHE	30–40 MIN.

Zutaten

FÜR DEN TEIG

250 g Mehl sowie Mehl zum Bestreuen

250 g Butter

1 TL Salz

1 TL Zitronensaft

FÜR DIE FÜLLUNG

1 kg säuerliche Äpfel

2–3 cm Ingwerwurzel

15 g Butter

100 g Zucker

1 Eiweiß

ZUBEREITEN DES BLÄTTERTEIGS

1 **Das Mehl** auf eine Arbeitsfläche sieben. Eine Vertiefung in die Mitte drücken. 30 g Butter in Flöckchen schneiden und mit Salz, Zitronensaft sowie 125 ml Wasser hineingeben. Nach und nach mit dem Mehl verreiben, bis grobe Krümel entstehen. Sollte der Teig zu trocken erscheinen, etwas mehr Wasser einarbeiten.

2 **Den Teig mehrfach durchschneiden** und wenden, bis er sich zu einer lockeren, leicht feuchten Kugel verbindet. Ab diesem Punkt sollte er nur noch so wenig wie möglich mit der Hand bearbeitet werden. In Frischhaltefolie gewickelt 15 Min. kühlen. Die restliche Butter mit etwas Mehl bestreuen und mit dem Nudelholz klopfen, zusammenlegen und weiterklopfen, bis sie weich und geschmeidig ist und etwa die gleiche Beschaffenheit hat wie der Teig.

3 **Die Butter** zu einem 12–13 cm großen Quadrat formen. Den gekühlten Teig auf der bemehlten Arbeitsfläche zu einem 25 cm großen, in der Mitte leicht verdickten Quadrat ausrollen. Die Butter diagonal in die Mitte legen. Die Ecken des Teigs wie bei einem Briefumschlag darüberlegen und zum Verschließen zusammendrücken. Die Arbeitsfläche bemehlen, den Teig wenden und mit dem Nudelholz flach klopfen.

4 **Zu einem Rechteck** von 15 x 45 cm ausrollen. Das obere Drittel zur Mitte hin falten, das untere darüberschlagen und den Teig um 90 Grad drehen, sodass die offene Seite rechts liegt. Diese Naht etwas zusammendrücken. Damit ist die erste »Tour« beendet. Nach einer zweiten Tour in Frischhaltefolie wickeln und 15 Min. kalt stellen. Diese Schritte noch zweimal wiederholen, das ergibt sechs Touren.

ZUBEREITEN DER FÜLLUNG

5 **Äpfel schälen,** Kerngehäuse herausschneiden, Fruchtfleisch würfeln. Den Ingwer schälen und fein hacken. Die Butter in einer großen Pfanne zerlassen. Äpfel, Ingwer und den Zucker bis auf 2 EL dazugeben. Unter häufigem Rühren 15–20 Min. garen, bis die Äpfel weich und karamellisiert, aber nicht zu Mus zerfallen sind. Mit Zucker abschmecken und abkühlen lassen.

FORMEN UND BACKEN

6 **Ein Backblech mit kaltem Wasser** besprenkeln. Die Arbeitsfläche mit etwas Mehl bestreuen, den Teig darauf zu einem Rechteck ausrollen und sauber auf etwa 28 x 32 cm zuschneiden. Der Länge nach in der Mitte durchschneiden. Eine Hälfte locker längs zusammenfalten und quer zur Falte mit einem scharfen Messer im Abstand von 5 mm die Lamellen einschneiden. Dabei nicht bis an die Teigränder schneiden und nicht zu fest drücken, sonst lässt sich der Teig nicht mehr auseinanderfalten.

7 **Das andere Teigstück auf das Blech legen** und leicht andrücken. Die Apfelmischung gleichmäßig darauf verteilen, dabei ringsum einen 2 cm breiten Rand frei lassen. Diesen Rand mit kaltem Wasser einpinseln. Das Teigstück mit den Lamellen darauflegen.

8 **Die Ränder fest mit den Fingerspitzen zusammendrücken** und ringsum mit einem scharfen Messer sauber zurechtschneiden. In dichten Abständen mit dem Rücken eines kleinen Messers einkerben. Den Kuchen 15 Min. kalt stellen. In der Zwischenzeit den Backofen auf 220 °C vorheizen. Die Apfeljalousie 20–25 Min. backen, bis der Teig schön aufgegangen und goldgelb ist. Während der Backzeit das Eiweiß schaumig schlagen.

9 **Die heiße Jalousie mit dem Eiweiß bestreichen,** mit den restlichen 2 EL Zucker bestreuen. Weitere 10–15 Min backen, bis der Zucker kross und der Teig goldbraun ist. Auf einem Kuchengitter abkühlen lassen. In sechs bis acht Stücke schneiden und warm oder auf Zimmertemperatur abgekühlt servieren.

Eierpunsch-Tarte

DER EGGNOG, EIN AMERIKANISCHER KLASSIKER, verwandelt sich hier in einen cremigen, mit Rum verfeinerten Kuchen. Der Boden besteht zum Großteil aus knusprigen, nach Bittermandel schmeckenden Amaretti, man kann aber auch andere Kekse verwenden.

PERSONEN 6-8

ZUBEREITUNG 40-45 MIN. + WARTEZEIT

BACKZEIT 10-15 MIN.

Zutaten

FÜR DEN TEIG

250 g Amaretti

125 g zerlassene Butter sowie Butter für die Form

FÜR DEN BELAG

500 ml Milch

1 Vanilleschote

50 g Zucker

4 Eigelb

2 EL Speisestärke

125 g Sahne

7 g gemahlene Gelatine

60 ml brauner Rum (nach Belieben mehr)

frisch geriebene Muskatnuss

ZUBEREITEN DES TEIGBODENS

1 Den Backofen und ein Blech auf 180 °C vorheizen. Eine 23 cm große Spring- oder Pieform ausfetten. Die Kekse fein zerbröseln und mit der zerlassenen Butter vermengen. Den Boden der Form und den Rand bis in 2-3 cm Höhe mit dem Teig bedecken. Kühlen, bis er fest geworden ist. Dann 10-15 Min. auf dem heißen Blech backen. Auf einem Kuchengitter abkühlen lassen.

ZUBEREITEN DER EIERPUNSCH-CREME

2 Die Milch in einen Topf gießen. Die Vanilleschote aufschlitzen und dazugeben. Bis zum Siede-punkt erhitzen, dann vom Herd nehmen, einen Deckel auflegen und an einem warmen Platz 10-15 Min. ziehen lassen. Die Vanilleschote herausnehmen, abspülen und trocknen, falls man sie wiederverwenden will.

3 Ein Viertel der Milch abnehmen und bei-seitestellen. Den Zucker zur restlichen heißen Milch geben und rühren, bis er sich aufgelöst hat.

4 Eigelbe und Stärke in einer Schüssel ver-quirlen. Die gesüßte heiße Milch dazu-gießen und unterrühren. Die Mischung zurück in den Topf geben, unablässig mit einem Kochlöffel rühren und bei mittlerer Temperatur erhitzen. Nur so lange kochen, bis die Creme eindickt, einen Löffelrücken überzieht und ein über den Löffel gestrichener Finger eine klare Spur hinterlässt. Vorsicht: Zu lange gekocht, kann die Creme gerinnen.

5 **Vom Herd nehmen** und die beiseitegestellte Milch unterrühren. Die Creme durch ein Sieb in eine kalte Schüssel gießen. Die Oberfläche mit Frischhaltefolie bedecken, damit sich keine Haut bildet. Die Creme abkühlen lassen, bis sie nur noch lauwarm ist.

6 **Die Sahne in einer Schüssel halb steif schlagen,** dann kalt stellen. Die Gelatine in einem kleinen Topf in den Rum streuen und 5 Min. quellen lassen. Bei milder Hitze unter Rühren erwärmen, bis sie sich auflöst.

7 **Die aufgelöste Gelatine unter die lauwarme Creme rühren.** Mit Rum abschmecken. Die Schüssel mit der Creme in eine größere, zur Hälfte mit Eiswasser gefüllte Schüssel stellen und gelegentlich rühren, bis die Creme beginnt fest zu werden.

8 **Sofort aus dem Eiswasser nehmen,** sobald die Creme fest wird. Kurz aufschlagen, um sie zu lockern, dann die Schlagsahne vorsichtig unterheben.

FERTIGSTELLEN DES KUCHENS

9 **Die Eierpunsch-Creme auf den Teigboden gießen** und mit einem Palettmesser glatt streichen. 2–3 Std. kalt stellen, bis der Belag fest geworden ist. Etwas Muskatnuss über den Belag reiben, dann kühl servieren.

Pistazien-Ricotta-Schnitten

FERTIG GEKAUFTER FILO- ODER YUFKA-TEIG
ist vielseitig verwendbar und lässt sich trotz seiner
scheinbaren Zerbrechlichkeit ganz einfach handhaben. Hier füllen wir ihn schichtweise mit cremigem Ricotta, Rosinen und gehackten Pistazienkernen. Im Kühlschrank halten sich die Schnitten zwei
Tage, vor dem Servieren sollte man sie aber auf
Raumtemperatur bringen.

PERSONEN 6–8	**ZUBEREITUNG** 35–40 MIN.	**BACKZEIT** 45–50 MIN.

Zutaten

FÜR DIE FÜLLUNG

1 EL Butter

100 g ungesalzene Pistazienkerne

3 EL brauner Zucker

3 EL Zucker

2 Bio-Zitronen

1 Ei

175 g Ricotta

75 g Sauerrahm

1 Päckchen Vanillezucker

2 EL Honig

2 TL Mehl

1 Prise Salz

50 g Rosinen

FÜR DEN TEIG

500 g Filo- oder Yufka-Teigblätter

125 g Butter sowie Butter für die Form

ZUM BESTREUEN

1 TL gemahlener Zimt

1 EL Puderzucker

ZUBEREITEN DER FÜLLUNG

1 Die Butter in einem Topf zerlassen.
Die Pistazien in der Küchenmaschine
grob hacken. Braunen und weißen
Zucker dazugeben und nochmals
mixen, bis die Pistazien fein
gehackt sind. Bei laufendem
Gerät langsam die zerlassene
Butter hineingießen, sodass
die Mischung grob bröselig
wird.

2 Die Schale der beiden
Zitronen fein abrei-
ben, auch die an der
Reibe haftenden Reste
abbürsten, auffangen
und beiseitestellen.
In einer mittelgro-
ßen Schüssel das
Ei verquirlen
und den Ricotta
dazugeben.

3 Ei und Ricotta mit dem Handrührgerät oder Schneebesen
glatt rühren. Nur wenn die
Mischung wirklich homogen
ist, lässt sie sich leicht
verarbeiten.

4 Sauerrahm, Zitronenabrieb,
Vanillezucker, Honig,
Mehl und Salz dazu-
geben und nochmals
2–3 Min. verquirlen,
bis die Mischung
locker und luftig
ist. Zum Schluss
die Rosinen unter-
rühren.

SCHICHTEN UND BACKEN

5 Den Backofen und ein Blech auf 180 °C vorheizen. Eine 20 cm große quadratische Kuchenform mit einer doppelten Lage Alufolie so auslegen, dass reichlich Folie über die Ränder hängt. Die überhängende Folie zu Griffen zusammenrollen, die Folie in der Form mit zerlassener Butter einpinseln.

6 Ein sauberes Geschirrtuch mit etwas Wasser besprenkeln. Die Teigblätter darauf entfalten und zu 20 x 40 cm großen Rechtecken zuschneiden. Mit einem zweiten feuchten Tuch bedecken, damit der Teig nicht austrocknet.

7 Eines der Teigblätter auf ein drittes feuchtes Tuch legen und mit zerlassener Butter einpinseln, dann so in die Backform legen, dass auf zwei Seiten gleich viel Teig über den Rand der Form hängt.

8 Ein zweites Teigstück einfetten und sauber auf Kante über das erste in die Form legen. Das dritte und vierte Teigstück einfetten und quer zu den ersten beiden in die Form hineindrücken, sodass nun auch auf den anderen beiden Seiten der Form Teig überhängt. Die restlichen Teigstücke zu Quadraten halbieren und wieder mit dem feuchten Tuch bedecken.

9 Die Hälfte der Ricottamasse gleichmäßig in die Form streichen. Drei Teigquadrate mit Butter einpinseln und jeweils mit der gebutterten Seite oben übereinander auf die Ricottamasse legen. 2 EL von der Pistazienmasse abnehmen, die Hälfte der restlichen Masse auf die Teigquadrate streichen.

10 Drei weitere Teigquadrate mit Butter einpinseln und darüberschichten. Darüber kommen noch eine Schicht Ricottamasse, drei gebutterte Teigblätter, eine Schicht Pistazienmasse und drei weitere Teigblätter. Die vier über den Rand hängenden Teigstücke darüberschlagen und die Oberfläche wiederum mit zerlassener Butter einpinseln.

11 Den beim Zuschneiden übrig gebliebenen Teig in 5 cm breite Streifen schneiden, locker aufrollen und auf der Oberfläche verteilen. Zimt und Zucker in einem Schälchen vermengen. Den Kuchen mit der restlichen zerlassenen Butter beträufeln, dann gleichmäßig mit dem Zimtzucker und der restlichen Pistazienmasse bestreuen. Auf dem heißen Blech etwa 45–50 Min. backen, bis der Teig goldbraun und blättrig geworden ist. In der Form kurz ausdampfen lassen, dann mithilfe der Folie herausheben und auf einem Kuchengitter auf Raumtemperatur abkühlen lassen. Zum Servieren in Quadrate schneiden und mit Honig beträufeln.

Clafoutis

EIN BERÜHMTES REZEPT AUS DEM LIMOUSIN, bei dem frische Sauerkirschen in einem lockeren Eierkuchenteig gebacken werden. Traditionell entsteint man die Kirschen vor dem Backen nicht, das verleiht dem Clafoutis ein feines Bittermandelaroma, kann beim Essen aber etwas lästig sein. Den Clafoutis isst man warm mit einem Klecks kühler Crème fraîche, die – genau wie die Sauerkirschen – ein Gegengewicht zu der süßen Eiermasse bildet. Zu schade, dass nur im Frühsommer Kirschenzeit ist, aber vielleicht versuchen Sie das Rezept ja auch einmal mit anderen Früchten.

| PERSONEN 6–8 | ZUBEREITUNG 20–25 MIN. | BACKZEIT 30–35 MIN. |

Zutaten

Butter für die Form

100 g Zucker sowie Zucker für die Form

600 g Sauerkirschen

50 g Mehl

1 Prise Salz

150 ml Milch

75 g Sahne

4 Eier und 2 Eigelb

3 EL Kirschwasser

2 EL Puderzucker

VORBEREITEN VON BACKFORM UND KIRSCHEN

1 **Eine 2 l fassende Auflaufform** mit Butter ausfetten. Etwas Zucker hineinstreuen und die Form schwenken, um Seiten und Wände gleichmäßig zu überziehen. Dann die Form umdrehen und nicht anhaftenden Zucker wieder herausschütteln.

2 **Die Kirschen waschen, die Stiele entfernen.** Nach Belieben mit einem spitzen Messer oder einem speziellen Entsteiner die Kerne entfernen. Die Kirschen gleichmäßig auf dem Boden der vorbereiteten Form verteilen.

ZUBEREITEN DES TEIGS

3 **Mehl und Salz** in eine Schüssel sieben, dabei das Sieb möglichst hoch halten, um das Mehl zu belüften. In der Mitte der Schüssel Platz für die flüssigen Zutaten schaffen.

4 **Milch und Sahne** hineingießen. Mit dem Schneebesen kräftig verquirlen und nach und nach das Mehl unterrühren, bis alle Klümpchen verschwunden sind.

5 **Eier, Eigelbe und Zucker dazugeben** und kräftig mit den übrigen Zutaten verquirlen, bis die Masse glatt ist.

BACKEN UND SERVIEREN

6 Den Backofen auf 180 °C vorheizen. Erst unmittelbar vor dem Backen die Masse über die Kirschen gießen, sie sollte sie nicht ganz bedecken. Mit Kirschwasser beträufeln.

7 Im heißen Ofen 30–35 Min. backen, bis der Clafoutis aufgegangen ist, sich goldbraun färbt und vom Rand der Form löst. Sollte die Oberfläche schon vor Ende der Backzeit zu dunkel werden, locker mit Alufolie bedecken. Den Clafoutis warm oder bei Raumtemperatur servieren und erst kurz zuvor mit Puderzucker bestäuben. Dazu eine Schüssel gekühlte Crème fraîche oder Schlagsahne reichen.

 VARIANTE: Clafoutis mit Pflaumen

Mit Pflaumen oder Zwetschgen kann man noch Clafoutis backen, wenn Kirschen schon nicht mehr im Angebot sind.

1 Wie im Hauptrezept beschrieben die Form vorbereiten und den Teig anrühren.

2 600 g kleinere Pflaumen aufschneiden. Die Hälften mit einer raschen Handbewegung gegeneinander drehen, den Stein herauslösen.

3 Die Pflaumen mit der Schnittseite nach oben in die Form legen, die Masse darübergießen und den Clafoutis wie beschrieben backen und servieren.

Schoko-Orangen-Tarte

AUF DEM MIT ORANGE aromatisierten knusprigen Teigboden ruht ein zartschmelzender Belag aus gemahlenen Haselnüssen, Schokolade und kandierter Orangenschale – ein besonderes Rezept für besondere Anlässe.

PERSONEN 6-8	**ZUBEREITUNG** 45-50 MIN. + TEIGRUHE	**BACKZEIT** 35-40 MIN.

Zutaten

FÜR DEN TEIG

150 g Mehl sowie Mehl zum Bestreuen

75 g weiche Butter sowie Butter für die Form

50 g Zucker

¼ TL Salz

abgeriebene Schale von 1 Bio-Orange

1 Ei

FÜR DEN BELAG

2 Bio-Orangen

125 g Haselnusskerne

150 g Zucker

60 g dunkle Schokolade

150 g weiche Butter

2 TL Mehl

2 Eigelb und 1 Ei

FÜR DIE GLASUR

125 g dunkle Schokolade

75 g Butter

2 TL Grand Marnier

ZUBEREITEN DES TEIGS

1 Das Mehl auf die Arbeitsfläche sieben und eine Vertiefung in die Mitte drücken. Butter, Zucker, Salz, die abgeriebene Orangenschale und das Ei in die Vertiefung geben.

2 Die Zutaten in der Vertiefung mit den Fingerspitzen gründlich vermengen, dann nach und nach das Mehl einarbeiten, bis der Teig grob krümelig ist. Sollte er zu klebrig sein, noch etwas Mehl zugeben.

3 Auf der leicht bemehlten Arbeitsfläche 1-2 Min. kneten, bis der Teig glatt ist und sich in einem Stück von der Arbeitsfläche löst. In Frischhaltefolie gewickelt etwa 30 Min. kühlen, bis er fest geworden ist.

AUSLEGEN DER FORM

4 Eine 23 cm große Springform mit Butter ausfetten. Den Teig auf der leicht bemehlten Arbeitsfläche zu einem etwa 28 cm großen Kreis ausrollen, in die Form gleiten lassen und vorsichtig andrücken.

5 Mit dem Nudelholz über den Rand der Form rollen, um überstehenden Teig sauber abzutrennen. Den Teig am Rand mit den Daumen etwas hochdrücken, den Boden mit einer Gabel einstechen, damit er beim Backen keine Blasen wirft. In der Form nochmals 15 Min. kühlen.

ZUBEREITEN DES BELAGS UND BACKEN

6 Die Orangenschale mit einem Zestenreißer abziehen oder mit einem Gemüseschäler abschneiden und in sehr feine Streifen schneiden. 2 Min. in kochendem Wasser blanchieren, dann in einem Sieb abtropfen lassen.

7 Den Backofen auf 180 °C vorheizen. Die Haselnusskerne auf einem Blech verteilen und etwa 15 Min. rösten (gehackte Nüsse nur etwa 6 Min.). Gelegentlich auf dem Blech bewegen, damit sie gleichmäßig bräunen. Ganze Nusskerne noch heiß mit einem Tuch abreiben, um die Häutchen zu entfernen, dann abkühlen lassen. Den Ofen nicht ausschalten.

8 Ein Drittel des Zuckers mit 60 ml Wasser erhitzen. Den Topf ein- oder zweimal schwenken, sodass sich der Zucker besser auflöst. Die Orangenzesten dazugeben und 8-10 Min. köcheln, bis das Wasser verdampft ist und die Zesten durchscheinend und weich sind. Mit einer Gabel auf Backpapier legen und etwas abkühlen lassen. Zwei Drittel grob hacken.

9 Ein Backblech in den Ofen schieben. Die Schokolade klein schneiden, dann fein hacken (nach Belieben in der Küchenmaschine). Die Haselnusskerne mit dem restlichen Zucker in der Küchenmaschine fein zerkleinern.

10 Die Butter schaumig rühren, das Mehl und die Haselnussmischung dazugeben und 2-3 Min. verquirlen, bis die Masse locker und luftig ist. Die Eigelbe und das Ei nacheinander dazugeben, dazwischen kräftig schlagen. Die Schokolade und die gehackte kandierte Orangenschale untermengen. Diese Masse auf dem Teigboden verstreichen. Auf dem heißen Blech 35-40 Min. backen, bis ein in die Mitte gestochener Metallspieß sauber wieder herauskommt. Auf einem Kuchengitter abkühlen lassen.

ZUBEREITEN DER GLASUR

11 Während die Tarte abkühlt, die Schokolade für die Glasur in Stücke hacken. In einer Schüssel auf einem Topf mit heißem Wasser schmelzen, dabei sicherstellen, dass die Schüssel das Wasser nicht berührt. Gelegentlich umrühren, bis die Schokolade flüssig ist.

12 Die Butter würfeln und in zwei bis drei Portionen unter die warme Schokolade rühren. Zügig, aber nicht zu kräftig bearbeiten, sonst setzt sich das Fett ab.

13 Den Grand Marnier unterrühren. Die Glasur abkühlen lassen, bis sie nur noch lauwarm ist. Den Rand der Springform abnehmen. Die Glasur auf die Tarte gießen und gleichmäßig verstreichen. Die Tarte auf eine Kuchenplatte gleiten lassen und mit den restlichen kandierten Orangenzesten garnieren.

Kürbis-Pie

IN IHREM 1796 ERSCHIENENEN BUCH, dem ältesten Kochbuch Amerikas, süßte Miss Amelia Simmons, die dieses Rezept erfand, die Kürbisfüllung noch mit dunkler Melasse. Dem heutigem Geschmack entspricht eher die hier verwendete, mildere Mischung aus Weißzucker und Zuckerrohrsirup. Die Kürbis-Pie sollte man unbedingt frisch gebacken servieren, aber den Teigboden und auch die Kürbismasse können Sie schon bis zu zwei Tage im Voraus zubereiten und im Kühlschrank aufbewahren.

PERSONEN	ZUBEREITUNG	BACKZEIT
6	45–50 MIN. + TEIGRUHE	60–75 MIN.

Zutaten

FÜR DEN TEIG

220 g Mehl sowie Mehl zum Bestreuen

¼ TL Salz

1½ EL Zucker (nach Belieben)

110 g Butter sowie Butter für die Form

FÜR DEN BELAG

etwa 1,25 kg Kürbis

2 Eier

175 g Crème double

50 g Zucker

60 ml dunkler Zuckerrohrsirup

½ TL gemahlener Ingwer

½ TL frisch geriebene Muskatnuss

¼ TL gemahlene Muskatblüte

ZUBEREITEN DES TEIGS

1 Das Mehl in die Küchenmaschine geben und etwa 5 Sek. mit Salz und dem nach Belieben zu verwendenden Zucker vermischen. Die Butter in kleine Stücke schneiden und dazugeben. Stoßweise etwa 10–15 Sek. mixen, bis die Mischung grob krümelig ist.

2 Bei laufendem Gerät nach und nach 3–4 EL kaltes Wasser zugeben, bis die Mischung beginnt, sich zu einer Kugel zusammenzuballen. Dabei vorsichtig vorgehen, denn zu viel zugegebenes Wasser kann nicht mehr entfernt, zusätzliches aber leicht hinzugefügt werden. Den Teig aus der Schüssel nehmen und locker zu einer Kugel zusammendrücken, ihn aber so wenig wie möglich bearbeiten, sonst besteht die Gefahr, dass er später beim Backen hart wird. Sorgfältig in Frischhaltefolie gewickelt etwa 30 Min. kühlen, bis der Teig fest geworden ist.

GAREN DES KÜRBISSES

3 Den Kürbis waschen, aufschneiden, die Samen entfernen. Das Fruchtfleisch mit der Schale in Spalten schneiden. Die Kürbisstücke in einen Topf geben und bis zu einem Viertel ihrer Höhe Wasser angießen. Im geschlossenen Topf auf kleiner Flamme 25–30 Min. garen, bis sie weich sind.

4 Mit einem Schaumlöffel herausheben und in einem Sieb abtropfen lassen. Die Kochflüssigkeit wegschütten. Das Fruchtfleisch mit einem Löffel in eine Schüssel schaben, die Schalen wegwerfen.

5 Das Fruchtfleisch glatt pürieren, dann durch ein Sieb streichen, sodass alle faserigen Teile entfernt werden. Benötigt werden etwa 375 g Kürbismus.

ZUBEREITEN DES TEIGBODENS

6 Eine 23 cm große Pieform mit Butter ausfetten. Den Teig auf einer bemehlten Arbeitsfläche kreisförmig etwa 5 cm größer als die Form ausrollen und vorsichtig in die Form gleiten lassen.

7 Den Teig vorsichtig andrücken, überstehende Teile mit einem Messer abschneiden, zusammenfügen und kalt stellen. Den Teigrand zwischen Daumen und Zeigefinger zusammendrücken, sodass er nach oben steht. Mit einer Schere ringsum im Abstand von 1 cm schräg einschneiden.

8 Mit den Fingerspitzen abwechselnd jeweils eine Teigspitze nach innen und die nächste nach außen hinunterdrücken. Den Boden mit einer Gabel einstechen. Den Teig in der Form nochmals etwa 15 Min. kühlen. In dieser Zeit den Backofen und ein Blech auf 200 °C vorheizen.

9 Eine doppelte Lage Alufolie über den Teig breiten, dann die Form zur Hälfte mit getrockneten Hülsenfrüchten oder Backgewichten füllen. Die Teigreste ausrollen und drei Ahornblätter ausschneiden. Mit dem Messerrücken Blattrippen hineinkerben, dann auf einem Teller kalt stellen.

10 Die Form auf das heiße Blech stellen und den Teig etwa 10 Min. backen, bis der Rand zu bräunen beginnt. Folie und Hülsenfrüchte herausnehmen, dann den Teig bei 180 °C weitere 5 Min. backen, bis auch der Boden leicht gebräunt ist.

ZUBEREITEN DES BELAGS UND BACKEN

11 Die Eier verquirlen. Crème double und Eier zum Kürbismus geben und mit dem Handrührgerät oder Schneebesen gründlich untermengen. Zucker, Sirup und Gewürze dazugeben und alles gründlich vermischen. Auf den Teigboden gießen und die Pie auf dem heißen Blech 20 Min. backen.

12 Die zu Ahornblättern geformten Teigstücke auf das Blech legen und während der letzten 25–30 Min. Backzeit mitbacken. Am Ende dieser Zeit sollte der Belag fest sein und ein in die Mitte eingestochener Metallspieß sauber wieder herauskommen. Pie und Blätter auf Kuchengittern abkühlen lassen. Die Teigblätter auf dem Belag anrichten und die Pie bei Raumtemperatur servieren. Dazu passt halb steif geschlagene Sahne.

Einfacher Apfelkuchen

FESTE SPEISEÄPFEL, die nicht so leicht zerfallen, eignen sich am besten für diesen saftigen Kuchen. Er ist in Windeseile zusammengerührt und schmeckt ganz frisch und noch ofenwarm am allerbesten. Man kann ihn luftdicht verpackt aber auch gut zwei Tage lang aufheben – oder zu einem Picknick im Grünen mitnehmen.

PERSONEN 8	ZUBEREITUNG 20-25 MIN.	BACKZEIT 1¼-1½ STD.

Zutaten

175 g weiche Butter sowie Butter für die Form

175 g Mehl sowie Mehl für die Form

½ TL Salz

1 TL Backpulver

1 Bio-Zitrone

625 g Äpfel

200 g Zucker

2 Eier

4 EL Milch

FÜR DIE GLASUR

60 g Zucker

VORBEREITEN DER ZUTATEN

1 Den Backofen auf 180 °C vorheizen. Eine 23-25 cm große Springform mit Butter ausfetten. Etwas Mehl darüberstäuben und den Überschuss wieder aus der Form klopfen. Das abgewogene Mehl mit Salz und Backpulver sieben. Die Zitronenschale fein abreiben.

2 Die Äpfel schälen und halbieren, die Kerngehäuse entfernen. Die Früchte längs in feine Scheiben schneiden. Die Scheiben mit dem Saft der Zitrone vermischen, damit sie nicht braun werden.

ZUBEREITEN DER RÜHRMASSE UND **BACKEN**

3 Die Butter mit dem Handrührgerät in einer Schüssel cremig rühren. Zucker und Zitronenabrieb hineingeben und mit der Butter zu einer lockeren Masse verquirlen. Die Eier einzeln zufügen und jeweils gründlich unterschlagen. Die Milch ebenfalls nach und nach zugeben und rühren, bis die Masse glatt ist.

4 Die Mehlmischung darübersieben und unterziehen. Die Hälfte der Apfelscheiben unterrühren. Die Masse in die vorbereitete Springform füllen und glatt streichen. Die restlichen Apfelscheiben kreisförmig auf der Oberfläche anrichten. Im vorgeheizten Ofen 1¼-1½ Std. backen.

ZUBEREITEN DER GLASUR UND **FERTIGSTELLEN**

5 In der Zwischenzeit für die Glasur 4 EL Wasser mit dem Zucker in einem kleinen Topf auf kleiner Flamme erhitzen, bis sich der Zucker aufgelöst hat. 2 Min. ohne zu rühren köcheln, dann abkühlen lassen.

6 Der Kuchen ist gar, wenn er sich an den Rändern etwas von der Form löst und ein in die Mitte eingestochener Spieß sauber wieder herauskommt. Dennoch sollte er saftig sein. Die Glasur über den dampfend heißen Kuchen streichen. In der Form abkühlen lassen, dann den Rand abnehmen und den Kuchen auf eine Platte gleiten lassen.

Walnusskuchen mit Karamellguss

EIN TYPISCH ITALIENISCHES REZEPT: ganz schlicht und doch sehr raffiniert. Unter der knackigen Karamelloberfläche verbirgt sich ein lockerer, mit Walnüssen, Zitronenschale und Grappa aromatisierter Rührteig. Dieser Kuchen schmeckt sogar noch besser, wenn Sie ihn bis zu zwei Tage im Voraus zubereiten und luftdicht verpacken. Der Karamell kommt dann erst kurz vor dem Servieren dazu.

PERSONEN	ZUBEREITUNG	BACKZEIT
8	25–30 MIN.	1–1¼ STD.

Zutaten

1 Bio-Zitrone

2 Scheiben Weißbrot

175 g Walnusskerne

4 Eier

125 g weiche Butter sowie Butter für die Form

135 g Zucker

2 EL Grappa oder Rum

FÜR DEN KARAMELL

100 g Zucker

ZUBEREITEN DES KUCHENS

1 Den Backofen auf 180 °C vorheizen. Eine 23 cm große Backform mit Butter ausfetten, den Boden mit Backpapier auslegen und das Papier ebenfalls einfetten. Die Zitronenschale abreiben. Das Brot 5–7 Min. im Ofen rösten, bis es sehr trocken, aber nicht gebräunt ist.

2 Acht Walnusskerne für die Garnitur hacken und beiseitestellen. Das Brot in der Küchenmaschine zu feinen Bröseln verarbeiten. Die restlichen Walnusskerne dazugeben und recht fein mahlen.

3 Die Eier trennen. Die Butter mit dem Handrührgerät cremig rühren. Zwei Drittel des Zuckers dazugeben und mit der Butter locker aufschlagen. Zitronenabrieb, Grappa und Semmelbrösel einrühren.

4 Die Eiweiße steif schlagen, den restlichen Zucker einrieseln lassen und weiterschlagen, bis der Eischnee glänzt. Einen Löffel Eischnee unter die Walnussmischung rühren, dann die Walnussmischung unter den restlichen Eischnee heben. Die Masse in die Form streichen und 1–1¼ Std. backen, bis ein eingestochener Spieß sauber herauskommt. Abkühlen lassen und stürzen.

ZUBEREITEN DES KARAMELLS

5 Den Zucker mit 4 EL Wasser auf kleiner Flamme erhitzen, bis sich der Zucker aufgelöst hat. Ohne zu rühren kochen, bis sich der Sirup goldbraun färbt. Vorsicht: Beim Umrühren kann der Zucker kristallisieren. Die Temperatur senken, den Topf ein- oder zweimal schwenken, damit der Zucker sich gleichmäßig färbt.

6 Weiterkochen, bis der Karamell tiefbraun und aromatisch ist, bei zu langem Kochen verbrennt er. Den Boden des Topfes kurz in eine Schüssel mit kaltem Wasser tauchen, um den Kochprozess zu stoppen. Den warmen Karamell über den Kuchen gießen und mit einem Palettmesser rasch verstreichen. Die gehackten Nüsse sofort darüberstreuen.

Zitronen-Heidelbeer-Muffins

DIESE FEDERLEICHTEN MUFFINS werden mit einer Extraportion Zitronenglasur überzogen und ofenwarm serviert. Damit sie genauso schön locker und luftig gelingen, darf man die Masse nur gerade so lange rühren, bis die feuchten Zutaten mit den trockenen vermengt sind.

ERGIBT 12 MUFFINS	**ZUBEREITUNG** 20–25 MIN.	**BACKZEIT** 15–20 MIN.

Zutaten

60 g Butter	1 Ei
280 g Mehl (Type 550)	1 Bio-Zitrone, Schale abgerieben, Saft ausgepresst
1 EL Backpulver	1 Päckchen Vanillezucker
½ TL Salz	250 ml Milch
100 g Zucker	225 g Heidelbeeren

ZUBEREITEN DER MASSE

2 Das Ei in einer zweiten Schüssel verquirlen. Zerlassene Butter, Zitronenabrieb, Vanillezucker und Milch dazugeben und schaumig rühren. Diese Mischung in einem langsamen, gleichmäßigen Strahl in die Vertiefung im Mehl gießen.

1 Den Backofen auf 220 °C vorheizen. Die Butter zerlassen. Das Mehl mit Backpulver und Salz in eine Schüssel sieben. Von dem abgewogenen Zucker 2 EL abnehmen und beiseitestellen. Den Rest unter das Mehl rühren. Eine Vertiefung in die Mitte drücken.

3 Das Mehl mit einem Teigschaber nach und nach unter die flüssigen Zutaten rühren, bis die Masse glatt ist. Die Heidelbeeren vorsichtig untermengen, ohne sie zu zerdrücken. Die Masse keinesfalls zu lange bearbeiten, sonst werden die Muffins hart.

BACKEN UND GLASIEREN

4 Zwölf Papierförmchen in ein Muffinblech setzen. Die Masse mit dem Löffel gleichmäßig auf die Förmchen verteilen. Etwa 15–20 Min. backen, bis ein in die Mitte eines Muffins eingestochener Metallspieß sauber wieder herauskommt. Vorsichtshalber bereits nach 12 Min. nachsehen, die Ofentür aber nicht zu häufig öffnen, sonst backen die Muffins nicht gleichmäßig. Auf einem Kuchengitter ausdampfen lassen.

5 Den restlichen Zucker mit dem Zitronensaft verrühren. Die noch warmen Muffins mit der Spitze in diese Mischung tauchen, dann zum weiteren Abkühlen wieder richtig herum auf das Kuchengitter setzen. So nehmen sie den Zitronenguss am besten auf. Noch warm mit etwas Puderzucker bestäubt servieren.

 VARIANTE: Zitronen-Mohn-Muffins

Die Mohnsamen geben den Muffins angenehmen Biss.

1 Den Backofen auf 220°C vorheizen. Neun Papierförmchen in die Muffinform setzen. Die Butter wie beschrieben zerlassen.

2 Mehl, Backpulver und Salz in die Teigschüssel sieben, den Zucker unterrühren. In einer zweiten Schüssel das Ei verquirlen. Zerlassene Butter, Vanillezucker und Milch dazugeben und wie angegeben schaumig rühren. Zum Schluss 2 EL Mohnsamen, Zitronenabrieb und -saft unterrühren.

3 Feuchte und trockene Zutaten wie beschrieben vermischen, die Heidelbeeren weglassen. Die Masse in die Förmchen füllen, mit 2 TL Zucker bestreuen und wie beschrieben backen. Ergibt 9 Muffins.

Festliche Schokoladentorte

DIE MACHT JEDEN TORTENFREUND GLÜCKLICH: Saftiger Schokoladenteig, lockere Vanillesahne und darüber eine dicke, glänzende Schokosauce und feine Schokoladenspäne. Das Beste daran ist, dass man dieses Prachtstück auch als Anfänger mühelos hinbekommt. Wegen der Schlagsahne ist die Torte nicht lange haltbar. Sie sollte gekühlt aufbewahrt – oder gleich aufgegessen werden!

PERSONEN	ZUBEREITUNG	BACKZEIT
12	15 MIN.	30-35 MIN.

Zutaten

FÜR DIE TORTENBÖDEN

300 g Mehl

2 TL Backpulver

4 EL Kakao

1 gehäufter TL Natron

300 g weiche Butter sowie Butter für die Formen

300 g brauner Zucker

5 große Eier

1 Päckchen Vanillezucker

4 EL Milch

FÜR SCHOKOLADENSPÄNE, FÜLLUNG UND SAUCE

175 g dunkle Schokolade

500 g Schlagsahne

1 EL Butter

1 EL Vanillezucker

ZUBEREITEN DER TORTENBÖDEN

1 Den Backofen auf 180 °C vorheizen. Drei 20 cm große runde Backformen mit Butter ausfetten und mit Backpapier auslegen.

2 Mehl, Backpulver, Kakao und Natron in eine Schüssel sieben. Butter und Zucker in einer zweiten Schüssel mit dem Rührgerät cremig rühren.

3 Mehl-Kakao-Mischung, Eier, Vanillezucker und Milch dazugeben und etwa 1 Min. mit dem Handrührgerät zu einer homogenen, luftigen Masse verarbeiten. Diese Masse gleichmäßig auf die drei Formen verteilen und mit einem Löffelrücken glatt streichen. Nacheinander 30-35 Min. im heißen Ofen backen, bis die Tortenböden zurückfedern, wenn man mit einem Finger leicht auf ihre Mitte drückt. In den Formen 5 Min. ausdampfen lassen, dann auf Kuchengitter stürzen und vollständig abkühlen lassen.

VORBEREITEN DER SCHOKOLADENSPÄNE

4 Von der Schokolade 50 g abnehmen und beiseitelegen, die restliche Schokolade in Stücke brechen und in eine hitzebeständige Schüssel geben. Die Schüssel auf einen Topf mit köchelndem Wasser setzen und sicherstellen, dass das Wasser den Boden der Schüssel nicht berührt. Rühren, bis die Schokolade geschmolzen und glatt ist. Auf ein Backblech oder – noch besser – auf eine Marmorplatte gießen, verstreichen und an einem kühlen Platz fest werden lassen.

FERTIGSTELLEN DER TORTE

5 Die Schokolade, sobald sie fest geworden ist, mit einem schräg gehaltenen scharfen Messer oder einem Sparschäler in langen Streifen abziehen. Falls die Zeit drängt, kann man die Schokoladenspäne auch direkt von der Tafel hobeln.

6 Von der Sahne 150 g abnehmen und in eine hitzebeständige Schüssel gießen. Die beiseitegestellte Schokolade in Stücke brechen und dazugeben. Unter ständigem Rühren über heißem Wasser schmelzen, wie in Schritt 4 beschrieben. Vom Herd nehmen, sobald Schokolade und Sahne sich zu einer glatten, glänzenden Sauce verbunden haben. Die Butter unterrühren, bis sie geschmolzen ist. Die Sauce abkühlen lassen.

7 Die restliche Sahne mit dem Vanillezucker steif schlagen. Auf zwei der Tortenböden streichen, die Tortenböden übereinanderstapeln und mit dem dritten abschließen.

8 Die abgekühlte Schokosauce auf der Oberfläche verstreichen und etwas über den Rand laufen lassen. Die Torte mit Schokospänen bestreut servieren.

Schoko-Orangen-Kuchen

DIE SELBST KANDIERTE ORANGENSCHALE ist das Besondere an diesem Rührkuchen: Sie ist hier nicht nur eine attraktive Dekoration, fein gehackt verleiht sie auch dem Kuchen selbst ein tolles Aroma. Man muss allerdings 24 Std. für das Kandieren einplanen. Luftdicht verpackt hält er sich bis zu einer Woche und wird dabei immer besser.

PERSONEN 6-8	**ZUBEREITUNG** 2 STD. + TEIGRUHE	**BACKZEIT** 50-60 MIN.

Zutaten

FÜR DIE ORANGENSCHALE

2 Bio-Orangen

200 g Zucker

FÜR DEN KUCHEN

125 g Mehl

3 EL Kakao

1 TL Backpulver

1 Prise Salz

175 g weiche Butter sowie Butter für die Form

200 g Zucker

3 Eier

FÜR DEN ZUCKERGUSS

60 g Puderzucker

2-3 TL Orangensaft (gepresst aus den Früchten zum Kandieren)

KANDIEREN DER ORANGENSCHALE

1 **Die Orangen** fest auf der Arbeitsfläche hin- und herrollen, um die Schalen zu lockern. Mit einem kleinen Messer die Schale in Vierteln einritzen und mit den Händen abziehen.

2 **Die Schale mit einem scharfen Messer** in 5 mm breite Streifen schneiden. Eine der Orangen halbieren und den Saft für den Zuckerguss auspressen.

3 **Den Zucker mit 250 ml Wasser erhitzen,** umrühren, bis er sich aufgelöst hat. Die Orangenschale dazugeben. Ein passend zugeschnittenes Stück Backpapier in den Topf legen und mit einem Teller auf die Orangenschalen drücken. Etwa 1 Std. köcheln lassen, bis die Schalen weich sind. 24 Std. bei Raumtemperatur ziehen lassen, dann 3-5 Std. abtropfen lassen.

ZUBEREITEN DES KUCHENS

4 **Etwas Orangenschale zum Dekorieren beiseitelegen, den Rest fein** hacken. Den Backofen auf 180°C vorheizen. Eine Kastenform ausbuttern und mit Backpapier auslegen. Mehl, Kakao, Backpulver und Salz in eine Schüssel sieben.

5 **Die Butter mit dem Handrührgerät cremig rühren. Den Zucker hinzu-** fügen und weitere 2-3 Min. rühren, bis die Masse leicht und luftig ist. Die Eier einzeln in die Schüssel geben und jeweils gründlich unterschlagen. Die gehackte Orangenschale unterrühren.

6 **Die Mehl-Kakao-Mischung zügig einrühren.** Die fertige Masse in die vorbereitete Form füllen. Die Form auf die Arbeitsfläche aufstoßen, um die Masse gleichmäßig zu verteilen und eingeschlossene Luftblasen zu entfernen. 50-60 Min. backen, bis sich der Teig an den Rändern von der Form löst und ein in die Mitte eingestochener Spieß sauber wieder herauskommt.

FERTIGSTELLEN DES KUCHENS

7 Den Kuchen aus dem Ofen nehmen und aus der Form auf ein Kuchengitter stürzen. Das Backpapier vorsichtig abziehen. Das Gitter mitsamt dem Kuchen auf ein Backblech setzen, um später den herabtropfenden Zuckerguss aufzufangen. Den Kuchen vollständig abkühlen lassen.

8 Den Puderzucker in eine kleine Schüssel sieben und nur so viel Orangensaft unterrühren, bis eine weiche Paste entsteht. Falls der Guss zu dünn gerät, etwas zusätzlichen Puderzucker unterrühren, falls er zu dick ist, etwas mehr Orangensaft. Die Schüssel auf einen Topf mit heißem, nicht kochendem Wasser stellen und den Guss so weit erwärmen, dass er gut vom Löffel tropft. Gleichmäßig über die Oberfläche des Kuchens träufeln und mit der beiseitegestellten kandierten Orangenschale bestreuen. Etwa 1 Std. trocknen lassen, bis der Guss fest geworden ist. Den Kuchen in dicke Scheiben geschnitten servieren.

 VARIANTE: Orangen-Marmorkuchen

Marmorkuchen mit verlockendem Orangenaroma.

1 Die kandierte Orangenschale wie beschrieben zubereiten und die gesamte Menge fein hacken. Mehl, Backpulver und Salz sieben und auf zwei Schüsseln aufteilen. In eine der Schüsseln 3 EL Kakao sieben.

2 Die Eiermasse wie in Schritt 5 beschrieben zubereiten und halbieren. In die eine Hälfte das Mehl, in die andere die Mehl-Kakao-Mischung einrühren.

3 Die helle Rührmasse in die vorbereitete Kastenform gießen, die dunkle darüberstreichen. Mit einem Messer spiralförmig durch beide Massen ziehen, aber nicht zu stark vermengen, sonst geht der Marmoreffekt verloren.

4 Den Kuchen wie im Hauptrezept beschrieben backen und mit Orangenzuckerguss glasieren.

Marmorierter Käsekuchen

EIN AMERIKANISCHES LIEBLINGSREZEPT: ein knuspriger Boden, der ganz schnell gemacht ist, und darauf ein dichter, saftiger Belag aus einer mit Vanille und Schokolade aromatisierten Frischkäsemasse. Die perfekte Mischung aus Marmor- und Käsekuchen ist ein grandioses Finale für ein Essen mit Freunden. Gut verpackt hält sich der Kuchen im Kühlschrank problemlos drei Tage. Der Belag besteht nur aus wenigen Zutaten, ihre Qualität ist für den Geschmack entscheidend.

PERSONEN 8–10	ZUBEREITUNG 35–40 MIN. + WARTEZEIT	BACKZEIT 50–60 MIN.

Zutaten

FÜR DEN BODEN

75 g Butter sowie Butter für die Form

150 g Vollkornkekse

FÜR DEN BELAG

150 g dunkle Schokolade

500 g Frischkäse (Doppelrahmstufe)

150 g Zucker

1 Päckchen Vanillezucker

2 Eier

ZUBEREITEN DES BODENS

1 Eine 20 cm große Springform großzügig mit Butter ausfetten und kalt stellen. Die Kekse in der Küchenmaschine oder mit dem Nudelholz fein zerkrümeln und in eine Schüssel geben. Die Butter in einem kleinen Topf zerlassen und zu den Keksbröseln geben.

2 Mit einem Kochlöffel gründlich verrühren, bis die Krümel mit der Butter befeuchtet sind. Diese Mischung gleichmäßig an Boden und Wände der Form drücken und 30–60 Min. kalt stellen, bis sie fest geworden ist.

ZUBEREITEN DES BELAGS

3 Den Backofen auf 180 °C vorheizen. Die Schokolade mit einem scharfen Messer in Stücke hacken oder in der Küchenmaschine zerkleinern. In einer hitzebeständigen Schussel schmelzen, die auf einem Topf mit köchelndem Wasser steht, dieses aber nicht berühren. Während des Schmelzens möglichst wenig rühren. Die glatte Schokolade abkühlen lassen.

4 Den Frischkäse mit dem Handrührgerät oder einem Kochlöffel 2–3 Min. glatt rühren. Zucker und Vanillezucker dazugeben und untermengen. Die Eier einzeln dazugeben, zwischendurch die Masse gründlich verquirlen.

FERTIGSTELLEN DES KUCHENS

5 Die Hälfte der Käsemasse auf den Teigboden gießen, sie sollte höchstens bis zur halben Höhe des Teigrandes reichen. Die Oberfläche nicht glatt streichen, das unterstreicht den Marmoreffekt.

6 Die abgekühlte Schokolade unter die restliche Käsemasse rühren. Vorsicht: Ist die Schokolade noch zu heiß, bringt sie die Eier in der Masse zum Stocken.

7 Die Schokoladenmasse ringförmig auf die helle Masse löffeln, dabei ist sauberes Arbeiten nicht so wichtig.

8 Mit einem Messer spiralförmig durch die beiden Massen ziehen, sie aber nicht zu stark vermengen, sonst geht der Marmoreffekt verloren. Den Kuchen 50-60 Min. im heißen Ofen backen, bis der Belag an den Rändern fest, in der Mitte aber noch weich ist. Den Ofen abschalten und den Kuchen darin auskühlen lassen. Dann mindestens 4 Std. kalt stellen. Den Rand der Springform abnehmen, den Kuchen auf eine Platte gleiten lassen.

 VARIANTE: Schoko-Käsekuchen

Dieses Rezept können Sie ganz nach Wunsch mit dunkler oder mit weißer Schokolade zubereiten.

1 Den Boden wie beschrieben zubereiten. 300 g dunkle oder 250 g weiße Schokolade wie im Hauptrezept schmelzen, dabei sicherstellen, dass der Boden der Schüssel das Wasser nicht berührt, sonst könnte die Schokolade zu heiß werden.

2 Die Frischkäsemasse wie im Hauptrezept anrühren, dabei aber nur 100 g Zucker verwenden und die Masse nicht teilen. Die gesamte abgekühlte Schokolade nach den Eiern unterrühren.

3 Diese Masse auf den vorbereiteten Boden gießen, glatt streichen und wie angegeben backen und abkühlen lassen. Mit frischen Himbeeren servieren.

Umwerfende Desserts

Für jede Jahreszeit und
für jede Gelegenheit

Trüffeltorte mit Grand Marnier

EIN FEINER SCHOKOLADENBISKUIT, mit Grand Marnier getränkt, cremige Trüffelmasse und dazu saftige, ebenfalls mit Grand Marnier aromatisierte Orangenfilets. Wichtig: Mindestens sechs Stunden zum Kühlen einplanen.

PERSONEN	ZUBEREITUNG	BACKZEIT
10–12	35–40 MIN. + WARTEZEIT	30 MIN.

Zutaten

FÜR DEN KUCHEN

60 g Butter sowie Butter für die Form

100 g Mehl sowie Mehl für die Form

30 g Kakao

1 Prise Salz

4 Eier

135 g Zucker

4–5 EL Grand Marnier

FÜR DIE TRÜFFELMASSE

375 g dunkle Schokolade

375 g Sahne

3 EL Grand Marnier

ZUM DEKORIEREN

6 Bio-Orangen

3 EL Grand Marnier

3 EL Kakao

ZUBEREITEN DES TEIGS

1 **Den Backofen auf 190 °C vorheizen.** Eine 25 cm große runde Kuchenform mit Butter ausfetten, den Boden mit Backpapier auslegen und ebenfalls buttern. 2–3 EL Mehl in die Form streuen und schwenken, sodass Boden und Wände bemehlt sind, überschüssiges Mehl wieder herausklopfen.

2 **Die Butter zerlassen und abkühlen lassen.** Mehl, Kakao und Salz in eine Schüssel sieben. Die Eier in einer zweiten Schüssel kurz mit dem elektrischen Handrührgerät verquirlen. Den Zucker dazugeben und beides auf höchster Stufe etwa 5 Min. schaumig schlagen.

3 **Ein Drittel der Mehl-Kakao-Mischung dazugeben** und möglichst locker unterheben. Danach das zweite Drittel ebenso sachte untermischen. Das letzte Drittel gemeinsam mit der abgekühlten flüssigen Butter dazugeben und behutsam, aber rasch unterziehen.

4 **Die Masse in die vorbereitete Form gießen.** Die Form sachte gegen die Arbeitsfläche stoßen, damit sich die Masse gleichmäßig verteilt und eingeschlossene Luftblasen herausgedrückt werden. Etwa 30 Min. im vorgeheizten Ofen backen, bis der Teig aufgegangen und die Oberfläche fest geworden ist. Auf ein Kuchengitter stürzen, das Backpapier abziehen und den Kuchen abkühlen lassen.

ZUSCHNEIDEN DER TORTE

5 **Den Boden einer 23 cm großen Springform** auf den abgekühlten Kuchen legen und diesen sauber auf die Größe zuschneiden. Die Springform dünn mit Butter ausfetten und den Boden vorsichtig hineinsetzen. Mit 4–5 EL Grand Marnier beträufeln und beiseitestellen.

ZUBEREITEN DER TRÜFFELMASSE

6 **Die Schokolade mit** einem scharfen Messer oder in der Küchenmaschine zerkleinern und in eine große Schüssel geben. Die Sahne bis zum Siedepunkt erhitzen und über die Schokolade gießen. Rühren, bis die Schokolade geschmolzen ist. Falls nötig, die Schüssel auf einen Topf mit köchelndem Wasser setzen.

7 **3 EL Grand Marnier** zu der abgekühlten Schokoladenmasse geben. Die Masse 5–10 Min. mit dem Rührgerät aufschlagen, aber wirklich nur so lange, bis sie luftig ist. Zu lange geschlagen, wird die Masse sehr steif und lässt sich nicht mehr gut verstreichen.

8 Die Trüffelmasse mit Teigschaber oder Kochlöffel auf dem Kuchen verstreichen, die Oberfläche glätten. Mit Frischhaltefolie bedeckt mindestens 6 Std. kalt stellen, bis sie fest geworden ist.

FERTIGSTELLEN DER DEKORATION

9 Die Schale von 3 Orangen fein abreiben und auf einem Stück Backpapier auffangen. Dabei darauf achten, dass die bittere weiße Haut zurückbleibt. Orangenabrieb bis zur Verwendung im Kühlschrank aufbewahren.

10 Alle Orangen oben und unten flach schneiden. Die Früchte aufrecht auf ein Schneidebrett stellen und die Schale samt der weißen Haut großzügig abschneiden. Nun die Orangen über eine Schüssel halten und die Fruchtsegmente vorsichtig zwischen den dünnen Trennhäuten herausschneiden. Die Filets in die Schüssel legen, den Rest der Früchte gründlich ausdrücken, um so viel Saft wie möglich aufzufangen. Mit Grand Marnier beträufeln, bis zum Servieren kalt stellen.

11 Die Torte kurz vor dem Servieren aus dem Kühlschrank nehmen. Den Rand der Springform vorsichtig lockern und abnehmen. Den Kuchen mithilfe eines Palettmessers vom Boden der Form lösen und auf ein Kuchengitter gleiten lassen, darunter ein Backblech platzieren. Die Oberfläche mit Kakao besieben, dazu nach Belieben eine Schablone verwenden, anschließend den Orangenabrieb aufstreuen. Die Torte mit den filetierten Orangen servieren.

Gefüllte Erdbeertörtchen

EIN DREAM-TEAM: frische Erdbeeren und Sahne. Die fruchtige Erdbeersauce bildet einen schönen Kontrast zur süßen, sahnigen Füllung und dem gehaltvollen Teig. Ganz frisch aus dem Ofen schmecken die Törtchen am besten.

PERSONEN	ZUBEREITUNG	BACKZEIT
6	15-20 MIN.	12-15 MIN.

Zutaten

FÜR DEN TEIG

250 g Mehl sowie Mehl zum Bestreuen

1 EL Backpulver

½ TL Salz

50 g Zucker

60 g Butter, gewürfelt, sowie Butter für das Blech

175 g Sahne

FÜR DIE ERDBEERSAUCE

500 g Erdbeeren

2-3 EL Puderzucker

2 EL Kirschwasser (nach Belieben)

FÜR DIE ERDBEEREN

500 g Erdbeeren

50 g Zucker

FÜR DIE SCHLAGSAHNE

250 g Sahne

2-3 EL Zucker

1 Päckchen Vanillezucker

ZUBEREITEN DES TEIGS

1 **Den Backofen auf 220°C vorheizen.** Das Mehl mit Backpulver, Salz und Zucker in eine Schüssel sieben.

2 **Die Butter mit zwei Messern unter das Mehl hacken.** Mit den Fingern fein krümelig verreiben. Die Sahne zügig unterrühren. Falls der Teig zu trocken erscheint, etwas zusätzliche Sahne oder Wasser untermengen.

BACKEN DER TEIGBÖDEN

3 **Den noch krümeligen Teig** zu einer Kugel zusammendrücken. Er sollte möglichst locker gehandhabt werden, sonst wird er beim Backen hart.

4 **Den Teig** auf einer bemehlten Arbeitsfläche nur einige Sekunden locker verkneten, bis die Zutaten gleichmäßig vermengt und keine größeren Klumpen mehr zu sehen sind. Dennoch bleibt der Teig eher grob. Zu einem 1 cm dicken Kreis flach drücken.

5 **Mit einem Förmchen** oder einem Glas 8 cm große Kreise ausstechen und mit ausreichend Abstand zueinander auf ein gebuttertes Backblech setzen. Die Teigreste zusammenfassen und weitere Kreise ausstechen, insgesamt sechs Stück.

6 **Die Teigstücke** 12-15 Min. backen, bis sie leicht gebräunt und etwas aufgegangen sind. Auf einem Kuchengitter abkühlen lassen.

ZUBEREITEN DER FRUCHTSAUCE

7 Die Erdbeeren putzen und nur waschen, wenn es nötig ist. In der Küchenmaschine pürieren, mit dem Puderzucker und nach Belieben mit Kirschwasser verrühren. Die Sauce sollte recht dickflüssig sein.

ZUBEREITEN VON ERDBEEREN UND SAHNE

8 Die Erdbeeren putzen. 6 kleinere Erdbeeren beiseitelegen, den Rest in Scheiben schneiden, mit Zucker bestreuen und 5–10 Min. ziehen lassen. Die beiseitegelegten Erdbeeren ebenfalls in Scheiben schneiden.

9 Die Sahne in eine gekühlte Schüssel gießen. Die Schüssel, falls die Küche sehr warm ist, in Eiswasser stellen und die Sahne darin aufschlagen. Zucker und Vanillezucker dazugeben und steif schlagen.

ZUSAMMENSETZEN DER TÖRTCHEN

10 Die abgekühlten Teigböden mit einem Brotmesser aufschneiden. Die gezuckerten Erdbeeren auf die unteren Hälften löffeln, mit Sahne überziehen, die Teigdeckel auflegen. Zum Schluss mit Erdbeerscheiben und Sauce verzieren.

 VARIANTE: Zitronenküchlein mit Heidelbeeren

Frischer Zitronenteig trifft Heidelbeerfüllung.

1 Den Teig wie im Hauptrezept zubereiten, zusätzlich aber zusammen mit der Butter den Saft und die abgeriebene Schale von 1 Bio-Zitrone einarbeiten. Den Teig auch hier möglichst locker handhaben, damit die Küchlein nicht hart werden.

2 Die Teigstücke wie beschrieben ausstechen, aus den Teigresten Miniküchlein ausstechen. Wie im Hauptrezept backen und abkühlen lassen.

3 500 g feste, dicke Heidelbeeren verlesen, nach Möglichkeit nicht waschen. Sehr weiche Beeren herausnehmen. Nur zuckern, wenn die Heidelbeeren recht sauer sind. Dazu einige Heidelbeeren kosten und ganz nach eigenem Geschmack verfahren.

4 Die fertigen Teigböden wie beschrieben aufschneiden und zusammensetzen, auch hier kommt die Sahne über die Früchte. Die Deckel mit essbaren Blüten oder Kräuterblättchen dekorieren. Gut eignet sich Zitronenverbene, aber auch kleine Blättchen von Zitronenthymian oder frische Zitronenmelisse passen hier wunderbar.

Crème brulée mit Zimt und Orange

DIE KLASSISCHE CRÈME BRULÉE, mit den feinen Aromen von Zimt und Orange intensiviert. Doch genau wie beim Originalrezept verbirgt sich auch hier die feine Creme unter einer knusprigen Karamellkruste. Die Creme kann bis zu acht Stunden im Voraus zubereitet und gut gekühlt aufbewahrt werden. Dann muss man sie kurz vor dem Servieren nur noch karamellisieren.

PERSONEN 8	**ZUBEREITUNG** 15-20 MIN. + KÜHLEN	**GARZEIT** 30-35 MIN.

1 kg Sahne
8 Eigelb
200 g Zucker

Zutaten

1 Bio-Orange
1 Zimtstange

ZUBEREITEN DER CREME

1 **Den Backofen** auf 190 °C vorheizen. Die Orangenschale fein abreiben. Die Zimtstange in zwei Hälften brechen und in einem Topf auf kleiner Flamme 40-60 Sek. anrösten, bis sie duftet. Den Topf wieder etwas abkühlen lassen, dann Sahne und Orangenabrieb dazugeben. Bis zum Siedepunkt erhitzen, vom Herd nehmen und 10-15 Min. ziehen lassen. Zimtstange entfernen.

2 **Die Eigelbe** in einer Schüssel mit einem Drittel des Zuckers verquirlen. Die Sahne langsam dazugießen und dabei unablässig mit Schneebesen oder Handrührgerät schlagen, bis die Zutaten gleichmäßig vermengt sind. Vorsicht: Wenn das Rühren unterbrochen wird, können die Eigelbe stocken und die Creme zum Gerinnen bringen.

STOCKENLASSEN DER CREME

3 **Die Creme durch ein Sieb in eine ofenfeste Form gießen.** Ein Küchentuch zusammengefaltet in einen Bräter legen, die Form daraufstellen.

4 **So viel heißes Wasser in den Bräter gießen,** dass es bis auf halbe Höhe der Form reicht. Den Bräter auf dem Herd erhitzen, bis das Wasser kocht, dann vorsichtig in den heißen Backofen stellen.

5 **Die Creme 30-35 Min. garen,** bis sie gestockt ist. An der Oberfläche sollte sich eine Haut gebildet haben, die darunterliegende Creme beim sachten Hin- und Herschwenken der Form fast fest wirken. Aus dem Wasser nehmen, auf Raumtemperatur abkühlen lassen und 3-8 Std. kalt stellen.

KARAMELLISIEREN DER OBERFLÄCHE

6 **Den restlichen Zucker** gleichmäßig auf die Creme streuen. Mit einem Gasbrenner oder einem speziellen Crème-brulée-Eisen den Zucker schmelzen und karamellisieren. Die Crème brulée einige Augenblicke abkühlen lassen, dann sofort servieren.

Tiramisu

FÜR DIESES BELIEBTE DOLCE gibt es viele verschiedene Rezepte, richtig authentisch schmeckt es aber nur mit gutem italienischem Espresso. Man kann Tiramisu übrigens schon einen Tag im Voraus zubereiten und gut gekühlt aufbewahren.

PERSONEN	ZUBEREITUNG	GARZEIT
8–10	35–40 MIN + WARTEZEIT	KEINE

Zutaten

FÜR DIE MASCARPONECREME

6 Eigelb

60 g Zucker

500 g Mascarpone

1 TL Vanilleextrakt oder 1 Päckchen Vanillezucker

FÜR DAS TIRAMISU

150 ml Espresso

4 EL Kaffeelikör

4 EL Weinbrand

32 Löffelbiskuits

1 EL Kakao

1 EL gemahlener Kaffee

Puderzucker (nach Belieben)

ZUBEREITEN DER MASCARPONECREME

1 **Eigelbe und Zucker** in einer hitzebeständigen Schüssel mit dem Handrührgerät verquirlen. Die Schüssel auf einen Topf mit heißem, aber nicht kochendem Wasser setzen, ohne dass der Schüsselboden das Wasser berührt. 3–5 Min. weiterrühren, bis die Masse blass und dickflüssig geworden ist.

2 **Die Schüssel vom Topf nehmen** und die Masse weitere 1–2 Min. schlagen, bis sie sich wieder etwas abgekühlt hat. Vollständig auskühlen lassen. In der Zwischenzeit Mascarpone und Vanille in einer zweiten Schüssel mit einem Teigschaber glatt rühren. Die Eigelb-Zucker-Masse unterheben.

FERTIGSTELLEN DES TIRAMISUS

3 **Espresso, Kaffeelikör und Weinbrand** in einem tiefen Teller vermischen. Etwa ein Drittel der Biskuits kurz darin wenden und den Boden einer großen Schüssel oder Auflaufform damit auslegen. Dann mit 2 EL der Kaffeemischung beträufeln.

4 **Ein Drittel der Mascarponecreme** darüberstreichen, sodass die Biskuits vollständig bedeckt sind. Die verbliebenen Biskuits in zwei weiteren Durchgängen ebenfalls in der Kaffeemischung wenden, beträufeln und mit Creme bedecken. Die oberste Schicht besteht aus Mascarponecreme.

5 **Die Oberfläche mit einem großen Löffel** glatt streichen. Das Tiramisu mindestens 6 Std. kalt stellen. Kakao und Kaffee mischen und kurz vor dem Servieren darübersieben, nach Belieben mit Puderzucker dekorieren.

Pawlowa mit exotischen Früchten

EIN RIESIGES BAISER, außen zart knusprig, innen weich und mit Schlagsahne und frischen Früchten gefüllt: Dieses himmlische Dessert wurde für die berühmte russische Ballerina Anna Pawlowa erfunden – um die Urheberschaft streiten sich Australien und Neuseeland. Die Mengen in unserem Rezept ergeben eine sehr üppige Torte, aber keine Sorge: Es wird nichts übrig bleiben! Das Baiser können Sie schon vorab zubereiten, eine Woche luftdicht verpackt aufbewahren oder noch länger einfrieren.

PERSONEN 6-8

ZUBEREITUNG 25-30 MIN.

BACKZEIT 2-2½ STD.

Zutaten

FÜR DAS BAISER

6 Eiweiß

350 g Zucker

1 EL Speisestärke

1 TL Weißweinessig

2 EL gehackte Pistazienkerne, zum Garnieren

FÜR DAS OBST

3 Mangos (à etwa 300 g)

5 Kiwis

1 Ananas (etwa 750 g)

50 g Zucker

2 EL Kirschwasser

FÜR DIE SCHLAGSAHNE

375 g Sahne

40-60 g Zucker oder Puderzucker

1 Päckchen Vanillezucker

ZUBEREITEN DES BAISERS

1 **Ein Backblech mit Backpapier auslegen.** Darauf mithilfe einer Kuchenform einen 20 cm großen Kreis zeichnen. Den Backofen auf 130 °C vorheizen. Die Eiweiße steif schlagen. 75 g Zucker dazugeben und nochmals etwa 20 Sek. schlagen, bis die Masse glänzt. Stärke und restlichen Zucker in die Schüssel sieben, zusammen mit dem Essig vorsichtig unterziehen.

2 **Die Baisermasse auf das Backpapier häufen,** dabei innerhalb des aufgezeichneten Kreises bleiben. Mit dem Rücken eines großen Löffels gleichmäßig auf dem Kreis verstreichen, in die Mitte eine große Vertiefung drücken. Im vorgeheizten Ofen 2-2½ Std. backen, bis das Baiser fest und zart gebräunt ist. Sollte es schon vorzeitig bräunen, die Temperatur senken und das Baiser locker mit Alufolie bedecken.

3 **Das Baiser abkühlen lassen,** bis es nur noch lauwarm ist. Dann mithilfe von zwei großen Palettmessern vom Blech heben und auf einem Kuchengitter vollständig abkühlen lassen. Das Backpapier abziehen. Beim Abkühlen wird das Äußere knusprig, das Innere bleibt weich.

ZERKLEINERN DER MANGOS

4 **Mit dieser Methode** lassen sich Mangos ganz einfach würfeln: Die Früchte zu beiden Seiten des Kern und knapp an ihm vorbei längs durchschneiden. Das den Kern umgebende Fruchtfleisch abschneiden, den Kern wegwerfen.

5 **Das Fruchtfleisch** der Mangohälften mit einem spitzen Messer kreuzweise einschneiden, die Schalen aber intakt lassen. Die Abstände zwischen den Schnitten sollten möglichst gleichmäßig sein.

6 **Die Schale** der Mangohälften nun mit den Fingern nach oben drücken, sodass das Fruchtfleisch nach außen gestülpt wird. Die Mangowürfel stehen nun wie die Stacheln eines Igels ab und können mühelos von der Schale geschnitten werden.

ZUBEREITEN DER FÜLLUNG

7 Die Sahne in eine gekühlte Schüssel gießen und aufschlagen. Sobald sie weiche Spitzen bildet, Zucker und Vanillezucker dazugeben und weiterschlagen, bis die Sahne sehr steif ist.

8 Die Enden der Kiwis mit einem kleinen Messer abtrennen. Die Früchte auf ein Schneidebrett stellen, die Schalen ringsum von oben nach unten in Streifen abschneiden. Das Fruchtfleisch in Scheiben schneiden.

9 Boden und Blätter der Ananas samt Ansatz gerade abschneiden. Die Frucht auf ein Schneidebrett stellen, die Schale ringsum von oben nach unten abschneiden, dabei der Rundung der Frucht folgen. Längs vierteln, den Strunk jeweils herausschneiden, das Fruchtfleisch sauber würfeln.

10 Das Obst mit Zucker und Kirschwasser in eine große Schüssel geben. Sehr vorsichtig mit einem Kochlöffel vermengen, damit sich die Fruchtstücke gleichmäßig verteilen, die Früchte jedoch nicht zerdrückt werden. Achtung: Ein nicht gründlich gereinigter Kochlöffel könnte das Dessert durch an ihm haftenden Knoblauchgeschmack verderben.

FÜLLEN UND SERVIEREN DES SAHNEBAISERS

11 Das ausgekühlte Baiser auf eine Platte legen. Die Schlagsahne in die Vertiefung löffeln und verteilen, das gemischte Obst möglichst gleichmäßig darauf anrichten. Mit gehackten Pistazienkernen bestreuen und sofort servieren, denn die Sahne weicht das Baiser mit der Zeit auf.

Kühles Zitronensoufflé

EIN TOLLER ABSCHLUSS für ein stilvolles Menü ist dieses Dessert mit seiner perfekten Balance zwischen süß und fein säuerlich. Anders als ein echtes Soufflé wird es nicht gebacken, sondern gekühlt. Kaufen Sie dafür reife, saftige Zitronen. Man erkennt sie daran, dass sie sich für ihre Größe vergleichsweise schwer anfühlen.

PERSONEN	ZUBEREITUNG	GARZEIT
8	35–40 MIN. + WARTEZEIT	15–20 MIN.

250 g Zucker

250 g Sahne

FÜR DIE KANDIERTE SCHALE

2 EL Zucker

Zutaten

FÜR DAS SOUFFLÉ

10 g gemahlene Gelatine

4 große Bio-Zitronen

4 Eier und 2 Eiweiß

FÜR DIE SCHLAGSAHNE

125 g Sahne

1–2 EL Zucker

½ Päckchen Vanillezucker

VORBEREITEN DER SOUFFLÉFORM

1 **Ein Stück Alufolie zurechtschneiden,** das 5 cm länger ist als der Umfang der 1 l fassenden Souffléform. Die Folie längs auf die Hälfte zusammenfalten und als Manschette um die Form herumwickeln. Die Folie muss ein gutes Stück über den Rand der Form hinausstehen. Mit Klebeband befestigen.

ZUBEREITEN DER SOUFFLÉMASSE

2 **In einen kleinen Topf** 75 ml Wasser füllen. Die Gelatine hineinstreuen und 5 Min. quellen lassen. Dazwischen einmal umrühren.

3 **Die Schale von 3 Zitronen fein** abreiben. Die Schale der vierten Zitrone in Streifen abschneiden und zum Kandieren beiseitelegen. Den Saft aller 4 Zitronen auspressen, das sollte 150 ml ergeben. Die ganzen Eier trennen. Die Eigelbe in einem Topf mit Zitronenabrieb und -saft sowie zwei Dritteln des Zuckers verquirlen.

4 **Unter Rühren erhitzen.** In eine große Schüssel geben und mit dem elektrischen Handrührgerät 5–7 Min. locker und dickflüssig aufschlagen, bis die Masse sich wie ein Band von den Besen des Rührgeräts zieht, wenn diese aus der Schüssel gehoben werden.

5 **Die Gelatine 1–2 Min.** bei milder Hitze erwärmen und verflüssigen, dabei kurz umrühren. Die aufgelöste Gelatine zu der Zitronenmasse geben und weiterrühren, bis die Masse wieder kalt ist.

FERTIGSTELLEN UND **KÜHLEN** DES SOUFFLÉS

6 Die Sahne in einer Schüssel halb steif schlagen, danach kalt stellen. Den restlichen Zucker mit 125 ml Wasser erhitzen, bis er sich aufgelöst hat. Diesen Sirup ohne zu rühren kochen, bis ein in den Sirup getauchtes Zuckerthermometer 120 °C anzeigt oder eine kleine Menge Sirup beim Erkalten zwischen Zeigefinger und Daumen eine feste, formbare Kugel bildet.

7 Während der Sirup kocht, die 6 Eiweiße in einer Schüssel sehr steif schlagen. Den heißen Sirup langsam bei laufendem Rührgerät unter den Eischnee schlagen.

8 Weitere 5 Min. schlagen, bis die Eischneemasse kühl und steif geworden ist. Die Schüssel mit der Zitronenmasse in eine größere, mit Eiswasser gefüllte Schüssel setzen. Die Zitronenmasse darin sanft rühren, bis sie beginnt zu gelieren. Aus dem Eiswasser nehmen und nacheinander die gekühlte Schlagsahne und den Eischnee in zwei Portionen unterheben.

9 Die fertige Soufflémasse in die Form füllen. Sie sollte etwa 2 cm über dem Rand der Form, aber noch deutlich unterhalb des Randes der Manschette stehen. Mindestens 2 Std. kühlen, bis die Masse fest geworden ist.

KANDIEREN DER ZITRONENSCHALEN

10 Die beiseitegelegte Zitronenschale in sehr feine Streifen schneiden. Wasser in einem kleinen Topf zum Kochen bringen, die Schale darin 2 Min. köcheln lassen, dann abseihen. Im selben Topf den Zucker mit 2 EL Wasser erwärmen und auflösen. Die Schalenstreifen dazugeben und 8–10 Min. köcheln lassen, bis alle Flüssigkeit verdampft ist. Mit einer Gabel herausnehmen, vorsichtig trennen und auf Backpapier abkühlen lassen.

GARNIEREN UND **SERVIEREN**

11 Die Sahne in einer gekühlten Schüssel aufschlagen. Mit Zucker und Vanillezucker steif schlagen und in eine Servierschüssel geben.

12 Das Soufflé 30 Min. vor dem Servieren aus dem Kühlschrank nehmen, damit es etwas weicher wird. Mit der kandierten Zitronenschale bestreuen. Die Manschette aus Alufolie vorsichtig abnehmen, damit der sichtbare Rand des Soufflés nicht beschädigt wird und den Eindruck erweckt, das Soufflé sei tatsächlich aufgegangen. Mit der Schlagsahne servieren.

Schokoladeneis

SELBST GEMACHTES EIS ist immer noch das allerbeste! Köstlich schmecken dazu feine Katzenzungenkekse oder eine farbenfrohe Früchtemischung. Vor allem Erdbeeren oder Pfirsiche sind eine leckere Ergänzung. Das Eis kann schon zwei Wochen im Voraus zubereitet werden, sollte dann aber vor dem Servieren im Kühlschrank etwas antauen, damit es schön cremig ist.

PERSONEN 6-8	
ZUBEREITUNG 15-20 MIN. + WARTEZEIT	
GARZEIT 10-15 MIN.	

Zutaten

250 g dunkle Schokolade

600 ml Milch

125 g Zucker

8 Eigelb

2 EL Speisestärke

250 g Sahne

1 Tafel Schokolade (100 g) für Schokospäne oder fertige Schokostreusel zum Verzieren (nach Belieben)

ZUBEREITEN DER EISMASSE

1 Die Schokolade zerkleinern und mit einem scharfen Messer oder in der Küchenmaschine hacken. Die Milch in einen Topf gießen. Die Schokolade bei milder Hitze darin schmelzen. Beständig rühren, damit nichts am Topfboden ansetzt.

2 Den Zucker dazugeben und unter Rühren vollständig auflösen. In einer Schüssel die Eigelbe mit der Stärke verquirlen. Drei Viertel der Schokoladenmilch langsam dazugießen und mit dem Schneebesen glatt rühren. Die restliche Schokoladenmilch in einen Krug füllen und beiseitestellen.

BINDEN DER EISMASSE

3 Die Schoko-Eier-Masse zurück in den Topf gießen. Bei mittlerer Temperatur unter ständigem Rühren erhitzen, bis die Creme bindet und den Löffelrücken überzieht. Die beiseitegestellte Schokoladenmilch unterrühren, die Masse durch ein Sieb in eine kalte Schüssel gießen und abkühlen lassen. Zwischendurch umrühren, sobald sich eine Haut bildet.

EINFRIEREN DER EISCREME

4 Die Eismasse in den Rührbehälter der Eismaschine gießen und nach Gebrauchsanweisung anfrieren. In der Zwischenzeit zwei große Schüsseln im Gefriergerät kühlen. Die Sahne in einer der Schüsseln steif schlagen.

5 Die Schlagsahne zu der halb gefrorenen Eismasse geben und diese vollständig gefrieren lassen. Das fertige Eis in die zweite Schüssel füllen und zugedeckt mindestens 4 Std. im Gefriergerät tiefkühlen.

6 Für die Schokospäne (falls verwendet) mit einem Sparschäler Späne von der zimmerwarmen Schokolade hobeln. Zum Servieren das Eis portionieren und mit Schokospänen oder -streuseln verzieren.

Brombeercreme

EINE FEINE VANILLECREME ist die Grundlage für dieses Dessert mit frischen Brombeeren und Schlagsahne. Die Creme macht ein bisschen Arbeit, dafür sind die Brombeeren schnell püriert. Auch andere säuerliche Früchte sind gut geeignet.

PERSONEN	ZUBEREITUNG	GARZEIT
8	20-25 MIN. + WARTEZEIT	15-20 MIN.

Zutaten

FÜR DIE BROMBEEREN

500 g Brombeeren

60-75 g Zucker

250 g Sahne

Minzeblättchen zum Verzieren

FÜR DIE CREME

375 ml Milch

1 Vanilleschote oder 2 Päckchen Vanillezucker

5 Eigelb

60 g Zucker

30 g Mehl

1 kleines Stück Butter

ZUBEREITEN DES BROMBEERPÜREES

1 Die Brombeeren putzen und verlesen, 8 Brombeeren für die Verzierung beiseitelegen. Die anderen zusammen mit 4 EL Wasser erhitzen und bei mittlerer Temperatur 8-10 Min. weich dünsten. In der Küchenmaschine grob pürieren.

2 Das Püree durch ein Sieb streichen, um die Samen zu entfernen. In einem Messbecher 375 ml Püree abmessen. Den Zucker unterrühren, abkühlen und ruhen lassen, damit sich die Aromen entfalten.

ZUBEREITEN DER CREME

3 Die Milch mit der aufgeschlitzten Vanilleschote (falls verwendet) kurz aufkochen, dann vom Herd nehmen und zugedeckt 10-15 Min. ziehen lassen. In einer Schüssel Eigelbe, Zucker und Mehl verquirlen. Die heiße Vanillemilch dazugießen und gründlich mit der Eiermasse vermischen.

4 Diese Mischung zurück in den Topf gießen und bei milder Hitze unter ständigem Schlagen mit dem Schneebesen 2-3 Min. köcheln lassen, bis Mehl und Eigelbe die Creme gebunden haben. Ab diesem Zeitpunkt weitere 2 Min. köcheln lassen. In eine Schüssel füllen, die Vanilleschote herausnehmen beziehungsweise den Vanillezucker unterrühren. Mit einer Gabel das Butterstück über die Oberfläche der Creme streichen, damit sich keine Haut bildet. Abkühlen lassen.

FERTIGSTELLEN UND SERVIEREN

5 In einer gekühlten Schüssel die Sahne steif schlagen. Das Brombeerpüree zu der erkalteten Vanillecreme geben und gründlich unterrühren.

6 Die Schlagsahne vorsichtig unterheben. Probieren und, falls nötig, noch etwas Zucker hinzufügen. In Dessertgläser füllen und zugedeckt mindestens 2 Std. kalt stellen. Mit Brombeeren und Minze verziert servieren.

Karamellisierte Mangotorteletts

DIE WELTBERÜHMTE TARTE TATIN (S. S. 442) stand hier Pate, doch diese Version mit saftig süßen, Mangoscheiben ist mindestens genauso lecker. Die Torteletts werden ofenfrisch serviert.

PERSONEN 6	ZUBEREITUNG 40–45 MIN. + TEIGRUHE	BACKZEIT 20–25 MIN.

60 g Zucker
¼ TL Salz

Zutaten

FÜR DEN TEIG

100 g Butter
2 Eigelb
½ Päckchen Vanillezucker
200 g Mehl

FÜR DEN BELAG

200 g Zucker
1,5 kg Mangos
Saft von ½ Limette, nach Belieben auch mehr oder weniger
1–2 EL Puderzucker (nach Belieben)

ZUBEREITEN DES TEIGS

1 Die Butter in kleine Stücke schneiden. Eigelbe und Vanillezucker verquirlen. Mehl, Zucker und Salz etwa 5 Sek. in der Küchenmaschine vermengen. Butter dazugeben und stoßweise mixen, bis sich grobe Krümel bilden.

2 Eigelbe dazugeben und weitermixen, bis der Teig Erbsen ähnelt. Falls er zu trocken ist, 1–2 EL Wasser einarbeiten. Auf der bemehlten Arbeitsfläche mit dem Handballen glatt kneten. 30 Min. kalt stellen, bis der Teig fest ist.

ZUBEREITEN DES KARAMELLS

3 Den Zucker mit 125 ml Wasser sanft erhitzen und gelegentlich rühren, bis er sich aufgelöst hat. Dann ohne zu rühren kochen, bis sich der Sirup an den Rändern goldbraun verfärbt. Vorsicht: Wenn Sie während dieser Zeit doch rühren, kann der Zucker auskristallisieren.

4 Die Temperatur reduzieren und den Sirup weiterkochen, bis er schön braun, aber nicht zu dunkel geworden ist. Den Topf zwischendurch ein- bis zweimal schwenken, damit der Karamell gleichmäßig bräunt.

5 Den Topf vom Herd nehmen und seinen Boden sofort in kaltes Wasser tauchen, um den Garprozess zu stoppen. Dabei einen Schritt zurücktreten, um sich vor heißen Karamellspritzern zu schützen.

6 Den Karamell in sechs kleine Backformen mit 10 cm Durchmesser gießen. Die Formen rasch schwenken, um den heißen Karamell gleichmäßig darin zu verteilen. Abkühlen lassen.

VORBEREITEN DER MANGOS

7 Mit einem kleinen Messer die Mangos schälen, dabei so wenig Fruchtfleisch wie möglich entfernen. Das Fruchtfleisch längs knapp neben dem
Kern zu beiden Seiten in zwei langen Stücken abschneiden. Das Fruchtfleisch
rings um die Kerne für die Fruchtsauce ablösen und in einer Schüssel sammeln, die Kerne wegwerfen.

8 Die Mangostücke diagonal in je drei Scheiben schneiden. Je etwa drei
Scheiben dicht nebeneinander mit der Schnittseite oben in die Förmchen
legen. Das restliche Fruchtfleisch ebenfalls für die Fruchtsauce sammeln.

ZUBEREITEN UND BACKEN DER TORTELETTS

9 Den Backofen auf 200 °C vorheizen. Den Teig mit bemehlten Händen zu
einer etwa 30 cm langen Rolle formen und in sechs gleich große Stücke
schneiden. Die Teigstücke zu Kugeln formen.

10 Die Teigkugeln zu 12 cm großen Kreisen ausrollen. Die Teigstücke
über die Mangos legen, die Ränder ringsum zwischen Form und
Mangostücke schieben. Nochmals 15 Min. kühlen, bis der Teig wieder fest ist,
dann 20–25 Min. im vorgeheizten Ofen backen.

ZUBEREITEN DER FRUCHTSAUCE, ANRICHTEN

11 Die beiseitegelegten Fruchtstücke in der Küchenmaschine glatt
pürieren. In einer Schüssel mit dem Limettensaft verrühren. Probieren
und, falls nötig, mit Puderzucker süßen oder mit zusätzlichem Limettensaft
säuern. Die fertige Fruchtsauce kalt stellen.

12 Die Torteletts aus dem Ofen nehmen, wenn der Teig goldbraun und
knusprig ist. 2–3 Min. ausdampfen lassen, dann je einen Dessertteller
umgekehrt auf die Förmchen legen und die Torteletts darauf stürzen. In den
Formen haftende Mangostücke mit einem Palettmesser lösen und vorsichtig
wieder einsetzen. Sofort mit der Fruchtsauce servieren.

Ricottakuchen

KÄSEKUCHEN ITALIENISCH: zitroniger Mürbeteig, darauf ein aromatischer Belag aus Ricotta, Orangeat und Mandeln. Je frischer der Ricotta, desto besser gelingt der Kuchen.

PERSONEN	ZUBEREITUNG	BACKZEIT
8–10	35–40 MIN. + WARTEZEIT	1–1¼ STD.

Zutaten

FÜR DEN TEIG

175 g weiche Butter sowie Butter für die Form

250 g Mehl sowie Mehl zum Bestreuen

1 Bio-Zitrone

50 g Zucker

2 Eigelb

1 ganzes Ei

FÜR DEN BELAG

1 Bio-Orange

2 EL Orangeat

1,25 kg Ricotta

100 g Zucker

1 EL Mehl

Salz

1 Päckchen Vanillezucker

50 g Sultaninen

30 g Mandelstifte

4 Eigelb

ZUBEREITEN DES TEIGS

1 Die Butter falls nötig mit einem Nudelholz zwischen zwei Blättern Backpapier weich klopfen. Das Mehl auf die Arbeitsfläche sieben und eine große Vertiefung in die Mitte drücken. Die Schale der Zitrone hineinreiben. Butter, Zucker, Eigelbe und 1 Prise Salz dazugeben.

2 Die Zutaten in der Vertiefung mit den Fingerspitzen vermengen. Nach und nach das Mehl einarbeiten. Den Teig zu einer Kugel zusammenfassen, die Arbeitsfläche mit etwas Mehl bestreuen und den Teig 1–2 Min. kneten, bis er glatt ist und sich gut von der Arbeitsfläche löst. In Frischhaltefolie gewickelt etwa 30 Min. kühlen, bis der Teig fest ist.

AUSLEGEN DER FORM

3 Boden und Rand einer etwa 23 cm großen Springform mit Butter einfetten. Die Arbeitsfläche mit etwas Mehl bestreuen und darauf drei Viertel des Teigs zu einem 35–37 cm großen Kreis ausrollen. Den Teig locker über das Nudelholz legen und in die Form gleiten lassen.

4 Den Teig am Boden und am Rand der Form vorsichtig andrücken, dann am Rand leicht nach oben schieben. Den über die Kante der Form stehenden Teig sauber mit einer Küchenschere abtrennen. Den Teig in der Form sowie die Teigreste nochmals 15 Min. kühlen. In der Zwischenzeit den Belag zubereiten.

ZUBEREITEN DES BELAGS

5 Die Orangenschale auf einen kleinen Teller reiben. Das Orangeat fein hacken.

6 Den Ricotta in eine große Schüssel geben und mit Zucker, Mehl und ½ TL Salz glatt rühren. Alle Zutaten sollten gründlich vermischt und die Masse frei von Klümpchen sein.

7 Orangenabrieb, Orangeat, Vanillezucker, Sultaninen, Mandeln und Eigelbe dazugeben. Kräftig rühren, bis alle Zutaten gründlich vermengt sind.

8 Die Ricottamasse auf den gekühlten Teigboden löffeln. Die Form mehrfach sachte auf die Arbeitsfläche stoßen, damit sich die Masse gleichmäßig verteilt und eingeschlossene Luftblasen herausgedrückt werden. Die Oberfläche mit einem Kochlöffel glatt streichen.

VERZIEREN UND BACKEN

9 Den restlichen Teig auf einer leicht bemehlten Arbeitsfläche zu einem 25 cm großen Kreis ausrollen. Mit einem scharfen Messer etwa 1 cm breite Streifen abschneiden. Die Streifen auf dem Kuchen zu einem Gitter flechten.

10 Das ganze Ei mit ½ TL Salz verquirlen. Die Enden des Teiggitters damit einpinseln und fest auf den Teigrand drücken. Das Teiggitter ebenfalls mit Ei bepinseln. Den Kuchen nochmals 15–30 Min. kühlen, bis der Teig wieder fest geworden ist. Den Backofen und ein Blech auf der untersten Schiene auf 180 °C vorheizen.

11 Den Kuchen auf das Blech stellen und backen, bis die Oberfläche fest und goldbraun geworden ist. Das dauert etwa 1–1¼ Std. In der Form etwas abkühlen lassen, dann den Rand der Springform lösen, den Kuchen vorsichtig auf eine Platte gleiten lassen. Vollständig auskühlen lassen und bei Raumtemperatur servieren.

 VARIANTE: Ricotta-kuchen mit Schokolade

Ein Rezept aus Assisi.

1 Den Teig aus 175 g Mehl, 2 Eigelben, 50 g Zucker und 125 g weicher Butter wie im Hauptrezept zubereiten, den Zitronenabrieb weglassen. Den Teig kühlen, ausrollen und eine 33 x 23 x 5 cm große Backform damit auslegen.

2 125 g Schokolade fein hacken. Den Belag wie beschrieben zubereiten, dabei Orangeat, Sultaninen und Mandeln durch Schokolade und Orangenabrieb ersetzen. In die Form füllen, kühlen und 35–40 Min. bei 180 °C im vorgeheizten Ofen backen. In der Form abkühlen lassen.

3 Weitere 30 g Schokolade hacken und in einer Schüssel auf einem Topf mit heißem Wasser schmelzen. Mit ½ TL Pflanzenöl glatt rühren. Eine Gabel hineintauchen und damit die flüssige Schokolade über den Kuchen träufeln.

Milchreis mit Rotweinpfirsichen

CREMIGER, LAUWARMER MILCHREIS mit kühlen, in Rotwein und Zucker eingelegten Pfirsichen – das ergibt ein wunderbares Sommerdessert. Beides kann man ganz nebenher oder auch schon am Vortag zubereiten und dann im Kühlschrank aufbewahren. Um den Milchreis wieder etwas anzuwärmen, stellt man ihn eine Weile in den warmen Ofen.

PERSONEN 4-6	ZUBEREITUNG 15-20 MIN. + WARTEZEIT	GARZEIT 3 STD.

Zutaten

FÜR DIE PFIRSICHE

4 reife Pfirsiche

etwa 60 g Zucker

etwa 250 ml trockener Rotwein

FÜR DEN MILCHREIS

65 g Rundkornreis

1 l Milch

5 cm Zimtstange

50 g Zucker

1 Prise Salz

VORBEREITEN DER PFIRSICHE

1 Die Pfirsiche 10 Sek. in kochendes Wasser tauchen, dann in einer Schüssel mit kaltem Wasser abschrecken. Dadurch lässt sich die Haut in Schritt 2 leichter abziehen. Sehr reife Pfirsiche kann man auch häuten, ohne sie zu blanchieren.

2 Mit einem kleinen Messer die Pfirsiche entlang der Kerbe, die sie meist auf einer Seite haben, in zwei Hälften schneiden. Die Hälften mit einer raschen Bewegung gegeneinander drehen. Den Stein herauslösen, die Haut vorsichtig abziehen.

EINLEGEN DER PFIRSICHE IN ROTWEIN

3 Jede Pfirsichhälfte in zwei Spalten schneiden und in eine Schüssel aus Glas oder Keramik legen. Mit dem Zucker bestreuen. Je nach Süße der Früchte braucht man mehr oder weniger Zucker.

4 Mit dem Rotwein übergießen, sodass die Früchte vollständig bedeckt sind. Die Schüssel mit einem Teller bedecken. Mindestens 2 Std. und maximal 24 Std. im Kühlschrank ziehen lassen. Die Flüssigkeit durch ein Sieb in einen Topf abgießen, erhitzen und 2 Min. köcheln lassen, bis sie sirupartig ist. Danach wieder unter die Pfirsiche rühren.

ZUBEREITEN DES MILCHREISES

5 Den Backofen auf 150 °C vorheizen. In einer ofenfesten Schüssel Reis, Milch, Zimt, Zucker und Salz verrühren. 3 Std. im Ofen garen, alle 30 Min. vorsichtig umrühren.

6 Aus dem Ofen nehmen, einen Löffel am Rand der Schüssel zum Boden führen und von unten her aufrühren, dann 1 Std. abkühlen lassen. Die Zimtstange herausnehmen, den Reis mit den Pfirsichen servieren.

Amerikanischer Käsekuchen

KÄSEKUCHEN EINMAL GANZ ANDERS: Der Boden besteht aus knusprigen Vollkornkeksen. Der üppige Belag aus cremigem Frischkäse und Sauerrahm enthält kleine Stückchen kandierten Ingwers, die während des Backens nach unten sinken.

PERSONEN 8-10	ZUBEREITUNG 40-45 MIN + WARTEZEIT	BACKZEIT 50-60 MIN

Zutaten

FÜR DEN BODEN

150 g Vollkornkekse

75 g Butter sowie Butter für die Form

FÜR DEN BELAG

500 g Frischkäse (Doppelrahmstufe), auf Raumtemperatur gebracht

125 g in Sirup eingelegter, kandierter Ingwer, abgetropft, außerdem 3 EL von dem aufgefangenen Sirup

1 Bio-Zitrone

250 g Sauerrahm

150 g Zucker

1 Päckchen Vanillezucker

4 Eier

ZUM VERZIEREN

150 g Sahne

ZUBEREITEN DES BODENS

1 Boden und Rand einer 20 cm großen Springform großzügig buttern, dann kühlen, bis die Butter fest ist. Die Kekse in der Küchenmaschine oder in einem Gefrierbeutel mit dem Nudelholz zu Krümeln zerkleinern.

2 Die Butter zerlassen. In einer Schüssel gründlich mit den Kekskrümeln verrühren. Diese Mischung auf dem Boden und bis zu 4 cm Höhe am Rand der Springform andrücken. 30-60 Min. kühlen, bis der Boden fest ist. In der Zwischenzeit den Belag zubereiten.

ZUBEREITEN DES BELAGS

3 Den Frischkäse mit einem Kochlöffel glatt rühren. Den Ingwer hacken, 2 EL davon zum Verzieren beiseitestellen. Die Zitronenschale fein abreiben, 2 EL Saft auspressen.

4 Gehackten Ingwer, Sirup, Zitronenabrieb und -saft, Sauerrahm, Zucker und Vanillezucker zum Frischkäse geben und alles zu einer glatten Masse verrühren. Die Eier nacheinander dazugeben, dazwischen jeweils kräftig rühren.

BACKEN UND VERZIEREN

5 Den Backofen und ein Blech auf 180 °C vorheizen. Die Frischkäsemasse auf den Boden in der Form gießen und gleichmäßig darin verstreichen.

6 Den Kuchen 50-60 Min. backen, dann den Ofen abschalten und den Kuchen noch 1½ Std. darin lassen. Anschließend 4 Std. kalt stellen.

7 Die Sahne halb steif schlagen. Mit einem Messer zwischen Kuchen und Formrand entlangfahren und den Rand abnehmen. Die Sahne auf der Oberfläche des Kuchens verstreichen, mit gehacktem Ingwer bestreuen.

Schokoladen-Walnuss-Torte

EIN MEHLFREIER KUCHEN allerfeinster Machart: Die Rührmasse besteht aus Butter, gemahlenen Walnüssen und Schokolade, aufgelockert durch Eischnee. Langsam bei geringer Hitze gebacken, wird daraus ein wunderbar saftiger Kuchengenuss.

PERSONEN 8	4 Eier
ZUBEREITUNG 20-25 MIN. + WARTEZEIT	200 g Zucker
BACKZEIT 60-70 MIN.	

Zutaten

FÜR DEN KUCHEN	FÜR DIE SAHNEHAUBE (nach Belieben)
125 g weiche Butter	250 g Sahne
30 g Mehl für die Form	1 EL Zucker
220 g dunkle Schokolade	½ Päckchen Vanillezucker
220 g Walnusskerne	150 g dunkle Schokolade
	30 g Walnusskerne, gehackt

VORBEREITEN DER FORM

1 30 g der abgewogenen Butter zerlassen und eine 23 cm große Springform damit ausfetten. Den Boden mit dafür zugeschnittenem Backpapier auslegen, das Papier ebenfalls einfetten. Das Mehl hineinstreuen und durch Schütteln der Form verteilen, überschüssiges Mehl herausklopfen.

ZUBEREITEN DER RÜHRMASSE

2 Den Backofen auf 150 °C vorheizen. Die Hälfte der Schokolade hacken und mit der Hälfte der Nüsse in der Küchenmaschine fein zerkleinern. Mit der anderen Hälfte von Schokolade und Nüssen ebenso verfahren. Die Eier trennen. Die restliche Butter cremig rühren. Drei Viertel des Zuckers dazugeben und 2-3 Min. weiterrühren.

3 Die Eigelbe nacheinander dazugeben und jeweils gründlich unter die Masse schlagen. Die Schokoladen-Nuss-Mischung einrühren.

4 Die Eiweiße steif schlagen. Den restlichen Zucker hineinrieseln lassen und weiterschlagen, bis die Masse glänzt. Zu der Schoko-Nuss-Masse geben und sanft unterheben.

BACKEN DER TORTE

5 Die Rührmasse in die vorbereitete Form füllen und glatt streichen. Etwa 60-70 Min. backen. Sie ist durchgebacken, wenn ein die Mitte eingestochener Spieß sauber wieder herauskommt.

6 In der Form vollständig abkühlen lassen, dann den Rand der Springform lockern und vorsichtig abnehmen. Da die Torte sehr empfindlich ist, am besten auf dem Boden der Backform servieren.

7 Nach Belieben können Sie die Torte nun servieren, eventuell mit Puderzucker oder Kakaopulver bestäubt. Dazu Crème fraîche oder halbsteif geschlagene Sahne servieren. Noch dekorativer wird sie jedoch durch die folgenden beiden Arbeitsschritte.

VERZIEREN DER TORTE

8 Eine Schüssel in eine größere mit Eiswasser setzen und die Sahne darin aufschlagen. Zucker und Vanillezucker hineinrieseln lassen und weiterschlagen, bis die Sahne steif ist. Abschmecken und, falls nötig, mit etwas zusätzlichem Zucker süßen.

9 Die Sahne mit einem Palettmesser auf die Torte streichen. Auf einer Kuchenplatte etwa 1 Std. kühlen. Die Schokolade hacken und in einer hitzebeständigen Schüssel auf einem Topf mit heißem Wasser schmelzen. Dabei darf der Boden der Schüssel das Wasser nicht berühren. In der Zwischenzeit die Walnüsse hacken. Aus Backpapier einen Spritzbeutel formen und die flüssige Schokolade auf die Sahne träufeln. Die Torte mit Walnüssen bestreuen.

 VARIANTE: Schoko-Mandel-Torte

Die Mandeln geben dieser Variante zarten Biss.

1 Walnüsse durch ganze blanchierte Mandeln ersetzen. Die Mandeln vor dem Mahlen rösten, dann die Rührmasse wie im Hauptrezept zubereiten und backen.

2 Die Sahne weglassen, stattdessen zum Verzieren vier bis fünf 2 cm breite Streifen aus dünnem Karton schneiden und auf den Kuchen legen. Puderzucker darübersieben, Kartonstreifen vorsichtig abnehmen und ausschütteln.

3 Die Kartonstreifen diagonal zum Puderzuckermuster erneut auf den Kuchen legen und Kakao darübersieben. Wiederum vorsichtig abnehmen und ausschütteln.

Schneeeier

EIN UNSTERBLICHES DESSERT aus Frankreich: Inseln aus pochiertem Eischnee, die in einer zarten Vanillesauce schwimmen, bedeckt mit gerösteten Mandeln und Karamell. Daher heißen die Schneeeier auch *îles flottantes,* schwimmende Inseln. Statt der echten Vanilleschote können Sie auch Vanilleextrakt verwenden. Synthetische Aromen sollte man jedoch meiden. Sie schmecken künstlich und gar nicht wie echte Vanille.

PERSONEN
8

ZUBEREITUNG
35–40 MIN.

GARZEIT
45–50 MIN.

Zutaten

FÜR DIE VANILLESAUCE

750 ml Milch

1 Vanilleschote

100 g Zucker

8 Eigelb

2 EL Speisestärke

FÜR DIE SCHNEEEIER

8 Eiweiß

1 Prise Salz

400 g Zucker

ZUM VERZIEREN

50 g gehobelte Mandeln

200 g Zucker

ZUBEREITEN VON VANILLESAUCE UND MANDELN

1 Die Milch in einen Topf gießen. Die Vanilleschote längs aufschlitzen und dazugeben. Die Milch bis zum Siedepunkt erhitzen, dann vom Herd nehmen und zugedeckt an einem warmen Ort 10–15 Min. ziehen lassen.

2 Ein Viertel der Vanillemilch beiseitestellen. Den Zucker in der übrigen Milch unter Rühren auflösen. In einer Schüssel die Eigelbe mit der Stärke verquirlen. Mit dem Schneebesen die gesüßte Vanillemilch unterrühren.

3 Diese Mischung wieder in den Topf gießen und bei mittlerer Temperatur unter ständigem Rühren erhitzen, bis sie bindet und einen Löffelrücken deckend überzieht.

4 Den Topf vom Herd nehmen und die beiseitegestellte Milch unterrühren. Die Sauce durch ein Sieb in eine Schüssel gießen. Die Vanilleschote abspülen und trocknen, falls sie wiederverwendet werden soll. Die Schüssel sorgfältig mit Frischhaltefolie bedecken, die Sauce abkühlen lassen, dann kalt stellen.

5 Den Backofen auf 180 °C vorheizen. Die Mandelblättchen auf einem Backblech verteilen und 10–12 Min. im Ofen rösten, zwischendurch wenden, bis sie leicht gebräunt sind. Herausnehmen und beiseitestellen.

ZUBEREITEN DER SCHNEEEIER

6 Die Eiweiße mit Salz in einer Schüssel steif schlagen. 3–4 EL Zucker hineinrieseln lassen und etwa 30 Sek. weiterschlagen, bis die Masse glänzt. Den übrigen Zucker nach und nach unter ständigem Schlagen hinzufügen.

7 In einem großen, breiten Topf Wasser zu einem schwachen Köcheln bringen. Einen Dessertlöffel ins Wasser tauchen und damit eine Portion Eischneemasse abstechen. Durch Gegeneinanderdrehen mit einem zweiten Löffel zu einem eiförmigen Klößchen formen.

8 Das Klößchen ins köchelnde Wasser gleiten lassen und je nach Größe des Topfes rasch noch sechs bis sieben weitere formen. Mit ausreichend Abstand zueinander 5–7 Min. pochieren, bis sie fest und aufgegangen sind.

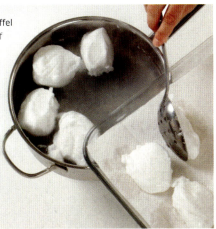

9 Mit einem Schaumlöffel herausheben und auf Küchenpapier abtropfen lassen. Die übrige Eischneemasse ebenso verarbeiten. Beim Abkühlen fallen die Klößchen wieder etwas zusammen.

VERZIEREN UND SERVIEREN

10 Die kalte Vanillesauce in eine große Schale gießen. Die Schneeeier mit einem Schaumlöffel in die Sauce gleiten lassen. Für den Karamell den Zucker mit 125 ml Wasser in einem kleinen Topf erhitzen. Gelegentlich rühren, bis sich der Zucker aufgelöst hat. Dann ohne zu rühren etwa 8-10 Min. kochen, bis der Sirup sich am Rand golden färbt, dabei aufmerksam überwachen, denn Karamell kann leicht verbrennen.

11 Die Temperatur verringern und weiterkochen, bis der Karamell hellbraun geworden ist, dabei von Zeit zu Zeit die Pfanne schwenken, damit er gleichmäßig bräunt. Sobald der Karamell fertig ist, den Boden des Topfes in kaltes Wasser tauchen, um den Garprozess zu stoppen. Den Karamell vorsichtig auf die Schneeeier träufeln, die gerösteten Mandeln darüberstreuen und sofort servieren.

Amaretti-Pfirsiche

EBENSO LECKER WIE EINFACH ZUZUBEREITEN.
Die kleinen italienischen Kekse haben einen zarten Bittermandelgeschmack, der perfekt zu den süßen, saftigen Pfirsichen passt. Warten Sie auf die Pfirsichsaison, denn dieses Dessert steht und fällt mit der Reife und Qualität der Früchte.

PERSONEN	ZUBEREITUNG	GARZEIT
6	15-20 MIN.	1-1¼ STD.

1 Eigelb	
Butter für die Form	

Zutaten

FÜR DIE PFIRSICHE

7 Pfirsiche (à etwa 150 g)

8-10 Amaretti

60 g Zucker

FÜR DIE AMARETTOSAHNE

125 g Sahne

1-2 EL Zucker

1-2 EL Amaretto (Mandellikör)

VORBEREITEN DER FÜLLUNG

1. Wasser in einem kleinen Topf zum Kochen bringen. Für die Füllung 1 Pfirsich etwa 10 Sek. in das heiße Wasser tauchen und anschließend in einen Topf mit Eiswasser geben. Herausnehmen und mit einem kleinen Messer entlang der Einkerbung in zwei Hälften schneiden.

2. Die beiden Hälften gegeneinander drehen, um sie vom Kern zu lösen. Kern entfernen und die Schale von beiden Hälften mit einem kleinen Messer abziehen. Schale und Kern wegwerfen.

ZUBEREITEN DER FÜLLUNG

3. Den Backofen auf 180 °C vorheizen. Die Amaretti in einen Gefrierbeutel geben und mit einem Nudelholz zerstoßen, die Krümel in eine Schüssel füllen. Den geschälten, entsteinten Pfirsich in der Küchenmaschine pürieren.

4. Das Pfirsichpüree in die Schüssel mit den Amaretti-Krümeln füllen. Zucker und Eigelb dazugeben und alles gründlich vermengen.

FÜLLEN UND BACKEN DER PFIRSICHE

5. Eine ofenfeste Form mit Butter einfetten. Die restlichen 6 Pfirsiche halbieren und entsteinen, aber nicht enthäuten. Falls nötig etwas Fruchtfleisch aus der Mitte der Früchte entfernen, sodass eine ausreichend große Vertiefung für die Füllung entsteht. Pfirsiche mit der Schnittseite nach oben in die Form setzen.

6. Die Füllung auf die Pfirsichhälften verteilen. 1-1¼ Std. backen, bis die Früchte gar sind. In der Zwischenzeit die Sahne mit Zucker und Amaretto steif schlagen. Die heißen Pfirsiche auf Desserttellern anrichten und mit Garflüssigkeit aus der Form beträufeln. Heiß oder kalt mit der Sahne servieren.

Windbeutel mit Schokoladensauce

WER WÜRDE DA NICHT SCHWACH WERDEN: knusprige kleine Kugeln aus Brandteig, gefüllt mit Eis und mit heißer Schokoladensauce übergossen. Die Windbeutel kann man bis zu drei Tage luftdicht verpackt aufbewahren und dann erst füllen.

PERSONEN 8	ZUBEREITUNG 25-30 MIN.	BACKZEIT 25-30 MIN.

Zutaten

FÜR DIE EISCREME

¾ Menge des Rezepts für Schokoladen-eis (s. S. 486) oder 750 ml gekauftes Schokoladeneis

FÜR DEN TEIG

75 g Butter sowie Butter für das Blech

½ TL Salz

100 g Mehl, gesiebt

3-4 Eier

ZUM BESTREICHEN

1 Ei

½ TL Salz

FÜR DIE SAUCE

375 g dunkle Schokolade

250 g Sahne

2 EL Cognac (nach Belieben)

ZUBEREITEN DES BRANDTEIGS

1 Den Backofen auf 200 °C vorheizen. Ein Backblech mit Butter einfetten. Die abgewogene Butter würfeln und mit 175 ml Wasser und dem Salz in einem Topf zerlassen. Bis zum Siedepunkt erhitzen, dann das gesamte Mehl dazugeben und kräftig rühren, bis die Masse glatt ist. Auf kleiner Flamme weiter-rühren, bis der Teig trocken ist, dann vom Herd nehmen.

2 Drei der Eier einzeln dazu-geben und jeweils kräftig unterrühren. Das vierte Ei nach Bedarf in einer Schüssel verquirlen und nur so viel davon unter die Masse rühren, dass sie weich genug ist. Einen Spritzbeutel mit dem Brandteig füllen und etwa 30 Kugeln von 2-3 cm Durchmesser mit ausreichend Abstand zueinander auf das Backblech spritzen.

BESTREICHEN UND BACKEN

3 Das Ei mit dem Salz verquirlen, kurz ziehen lassen und die Windbeutel damit einpinseln. Jede Teigkugel mit den Zinken einer Gabel kreuzweise leicht flach drücken, sodass ein Gittermuster entsteht.

4 Im vorgeheizten Ofen 25-30 Min. backen, bis die Windbeutel schön auf-gegangen und goldbraun sind. Auf ein Kuchengitter legen und mit einem scharfen Messer aufschlitzen, damit Dampf entweichen kann. Abkühlen lassen. In der Zwischenzeit die Eiscreme im Kühlschrank antauen lassen.

ZUBEREITEN DER SAUCE, FÜLLEN, SERVIEREN

5 Die Schokolade hacken und mit der Sahne in einen mittelgroßen Topf mit schwerem Boden geben. Sanft erwärmen und mit einem Kochlöffel rühren, bis die Schokolade geschmolzen ist.

6 Nach Belieben den Cognac unterrühren. Die Sauce warm halten. Jeden Windbeutel mit einer Kugel Eis füllen. In einer flachen Schale anrichten, mit der warmen Sauce begießen und sofort servieren.

Aprikosen-Haselnuss-Eis

SIMPLES VANILLEEIS VERWANDELT SICH mit Haselnüssen und getrockneten Aprikosen in eine besondere Köstlichkeit. Den letzten Pfiff bekommt das Rezept durch Nusslikör oder Aprikosenbrand. Wenn das Eis länger als zwölf Stunden eingefroren war, sollte man es vor dem Servieren 30 Minuten im Kühlschrank weich werden lassen.

PERSONEN	ZUBEREITUNG	GARZEIT
6	2½–3 STD. + WARTEZEIT	25–30 MIN.

Zutaten

90 g getrocknete Aprikosen

175 ml Haselnusslikör

125 g Haselnusskerne

600 ml Milch

1 Vanilleschote oder
1 Päckchen Vanillezucker

135 g Zucker

8 Eigelb

2 EL Speisestärke

250 g Sahne

VORBEREITEN VON APRIKOSEN UND HASELNÜSSEN

1 **Die Aprikosen** in einer Schüssel mit kochendem Wasser bedecken. 10–15 Min. einweichen, dann abgießen und in ein Schraubglas geben. Mit dem Likör übergießen, das Glas verschließen und die Früchte mindestens 2 Std. marinieren. Abtropfen lassen und den Likör auffangen. Die Aprikosen pürieren und beiseitestellen.

2 **Das Rösten verleiht den Nusskernen** Aroma und Biss. Zugleich lockert sich das Häutchen und kann leichter entfernt werden. Den Backofen auf 180 °C vorheizen. Die Nusskerne auf einem Blech verteilen und 12–15 Min. rösten, zwischendurch bewegen, bis sie leicht gebräunt sind. Die noch heißen Nusskerne mit einem sauberen Küchentuch abreiben. Abkühlen lassen.

3 **Die Nusskerne** mit einem schweren Messer grob hacken. Die Hälfte zum Garnieren beiseitelegen. Falls das Eis längere Zeit vor dem Servieren zubereitet wird, Likör und beiseitegelegte Nusskerne in luftdichten Behältern aufbewahren.

ZUBEREITEN DER EISMASSE

4 **Die Milch in einen schweren Topf gießen.** Die Vanilleschote, falls verwendet, längs aufschlitzen und dazugeben. Die Milch bis zum Siedepunkt erhitzen, dann vom Herd nehmen und zugedeckt an einem warmen Platz 10–15 Min. ziehen lassen. Ein Viertel der Vanillemilch abnehmen und beiseitestellen. Den Zucker unter die übrige Milch rühren und auflösen.

5 **Eigelbe und Stärke in einer Schüssel verquirlen.** Die gesüßte Milch dazugießen und alles mit dem Schneebesen glatt rühren. Zurück in den Topf füllen, bei mittlerer Temperatur unter ständigem Rühren erhitzen und so lange kochen, bis die Mischung bindet und den Löffelrücken überzieht. Ein über den Löffel gezogener Finger sollte eine deutliche Spur hinterlassen.

6 **Den Topf vom Herd ziehen,** die beiseitegestellte Milch unterrühren und die Masse durch ein Sieb in eine Schüssel gießen. Falls statt der Schote Vanillezucker verwendet wird, jetzt hinzugeben. Mit Frischhaltefolie bedeckt abkühlen lassen. Die Vanilleschote nach Belieben abspülen und trocknen.

EINFRIEREN DER EISCREME

7 Die Eismasse mit dem Schneebesen aufschlagen, falls sich beim Abkühlen eine Haut an der Oberfläche gebildet hat. In das Rührgefäß der Eismaschine geben und im laufenden Gerät anfrieren. In der Zwischenzeit zwei Schüsseln im Gefriergerät kühlen. Die Sahne in einer der Schüsseln schlagen, bis sie weiche Spitzen bildet, aber nicht zu steif ist.

8 Die Hälfte der gehackten Nusskerne und das Aprikosenpüree gründlich unter die halb gefrorene, noch weiche Eismasse rühren. Die Sahne unterheben, die Masse wieder in die Eismaschine geben und vollständig gefrieren lassen. In die zweite gekühlte Schüssel füllen, sorgfältig zudecken und im Gefriergerät aufbewahren. Vor dem Servieren, falls nötig, im Kühlschrank etwas antauen lassen, sodass die Eiscreme weicher wird. In Dessertschalen anrichten, den beiseitegestellten Likör darüberträufeln, mit den restlichen gehackten Haselnusskernen bestreuen und sofort servieren.

 VARIANTE: Eiscreme mit Backpflaumen und Armagnac

Ein festliches Dessert für die Wintermonate.

1 Aprikosen, Haselnusslikör und Haselnüsse entfallen. 150 g entsteinte Backpflaumen in 175 ml Armagnac einweichen wie für Aprikosen und Likör beschrieben. Abgießen, den Armagnac auffangen, die Pflaumen pürieren.

2 Die Eismasse wie im Hauptrezept zubereiten und in der Eismaschine anfrieren. Das Backpflaumenpüree statt Aprikosen und Nüssen zu der halb gefrorenen Masse geben und gründlich damit verrühren. Danach die Schlagsahne unterheben und die Masse vollständig gefrieren lassen.

3 Wie beschrieben antauen, anrichten und mit dem beiseitegestellten Armagnac beträufeln. Nach Belieben mit einigen entsteinten und gehackten Backpflaumen garnieren und sofort servieren.

Beerentarte mit Haselnussboden

ITALIENISCHE OBSTKUCHEN bestehen meist nur aus einem knusprigen Teigboden und frischen Früchten. Bei diesem Rezept wird der Boden mit gemahlenen Haselnüssen zubereitet und die Beeren sind auf fein mit Marsala abgeschmeckte Schlagsahne gebettet.

PERSONEN	ZUBEREITUNG	BACKZEIT
6-8	35-40 MIN. + TEIGRUHE	30-35 MIN.

Zutaten

FÜR DEN TEIG

125 g Haselnusskerne

75 g Zucker

125 g Mehl sowie Mehl zum Bestreuen

125 g Butter sowie Butter für die Form

1 Ei

FÜR DEN BELAG

250 g Sahne

3-4 EL Puderzucker sowie Puderzucker zum Bestäuben

2 EL Marsala (italienischer Süßwein)

125 g Himbeeren

300 g Erdbeeren

ZUBEREITEN DES MÜRBETEIGS

1 **Die Haselnusskerne rösten** und die Häute in einem Küchentuch abreiben (s. S. 500). Einige Nüsse grob hacken und zum Garnieren beiseitelegen, die übrigen mit dem Zucker in der Küchenmaschine fein vermahlen. Die Maschine dabei stoßweise und nicht zu lange betätigen, sonst wird das in den Nüssen enthaltene Fett ausgeschieden und anstatt eines lockeren Pulvers entsteht eine feste Paste. Das Mehl auf die Arbeitsfläche sieben, die Nuss-Zucker-Mischung daraufhäufen, in die Mitte eine Vertiefung drücken.

2 **Die Butter in kleine Stücke schneiden** und mit dem Ei in die Vertiefung geben. Diese beiden Zutaten mit den Fingerspitzen vermengen, dann nach und nach die Haselnussmischung und das Mehl einarbeiten. Mit den Fingern zu groben Krümeln verreiben. Sobald sie aneinanderhaften, den Teig locker zu einer Kugel zusammendrücken.

3 **Etwas Mehl auf die Arbeitsfläche streuen** und den Teig kneten: Die Kugel mit dem Handballen wegschieben und wieder zusammenfassen, bis der Teig sich leicht von der Arbeitsfläche löst. In Frischhaltefolie gewickelt mindestens 30 Min. kalt stellen, bis er fest geworden ist.

BACKEN DES TEIGBODENS

4 **Den Backofen auf 180 °C vorheizen.** Eine 23-25 cm große Tarteform mit gewelltem Rand mit Butter ausfetten. Den Teig mit einem Löffelrücken oder den Fingern hineindrücken, sodass die Form gleichmäßig damit ausgekleidet ist. Mindestens 15 Min. kühlen, bis der Teig wieder fest geworden ist. 30-35 Min. im vorgeheizten Ofen backen, bis der Boden goldbraun ist. Abkühlen lassen, dann den Rand der Form abnehmen.

BELEGEN DES KUCHENS

5 **Die Sahne** in einer gekühlten Schüssel aufschlagen, bis sie weiche Spitzen bildet. Puderzucker und Marsala dazugeben und weiterschlagen, bis die Marsalasahne steif ist.

6 **Die Himbeeren verlesen.** Die Erdbeeren putzen und die Früchte nur waschen, wenn es nötig ist. Je nach Größe mit einem kleinen Messer halbieren oder vierteln.

7 **Zwei Drittel der Sahne** mit einem Palettmesser gleichmäßig auf dem Kuchenboden verstreichen. Zuvor sicherstellen, dass der Boden wirklich vollständig abgekühlt ist.

8 **Den Großteil der Beeren** gleichmäßig auf der Sahne anordnen. Die restliche Marsalasahne darüberlöffeln, dann die übrigen Beeren und die beiseitegelegten Haselnusssplitter verteilen. Die Tarte kalt stellen, kurz vor dem Servieren mit etwas Puderzucker bestäuben.

Kleine Himbeersoufflés

EIN HEISSES, LUFTIGES SOUFFLÉ ist eigentlich eine simple Sache: Saftige, aromatische Himbeeren pürieren, gesüßten Eischnee unterheben, backen – fertig. Dazu servieren wir eine cremige, mit Kirschwasser aromatisierte Sauce.

PERSONEN 6	**ZUBEREITUNG** 20–25 MIN.	**BACKZEIT** 10–12 MIN.

Zutaten

FÜR DIE SAUCE

375 ml Milch

50 g Zucker

5 Eigelb

1 EL Speisestärke

2–3 EL Kirschwasser

FÜR DIE SOUFFLÉS

Butter und Zucker für die Förmchen

500 g Himbeeren

100 g Zucker

5 Eiweiß

2–3 EL Puderzucker zum Bestreuen

ZUBEREITEN DER SAUCE

1 **Die Milch** in einem Topf mit schwerem Boden bei mittlerer Temperatur bis zum Siedepunkt erhitzen. Ein Viertel abnehmen und beiseitestellen. Den Zucker in der restlichen Milch unter Rühren auflösen. In einer Schüssel Eigelbe und Stärke verquirlen. Die gesüßte Milch dazugießen und alles mit dem Schneebesen glatt rühren.

2 **Diese Mischung** zurück in den Topf geben und unter ständigem Rühren zum Kochen bringen, bis sie bindet und einen Löffelrücken überzieht. Ein über den Löffel gestrichener Finger sollte eine deutliche Spur hinterlassen. Vom Herd ziehen, die beiseitegestellte Milch unterrühren. Durch ein Sieb in eine kalte Schüssel gießen und abkühlen lassen. Sollte sich eine Haut bilden, mit dem Schneebesen durchrühren. Das Kirschwasser unterrühren. Zugedeckt bis zum Servieren kalt stellen.

ZUBEREITEN DER SOUFFLÉS

3 Sechs Souffléförmchen mit Butter ausfetten. Etwas Zucker hineinstreuen und die Förmchen schütteln, damit er sich gleichmäßig darin verteilt. Den Backofen auf 190°C vorheizen. Die Himbeeren mit der Hälfte der abgewogenen Zuckermenge pürieren. Abschmecken, und falls, nötig nachzuckern.

4 Das Himbeerpüree mit einer kleinen Kelle durch ein Sieb streichen, um die Samenkörnchen zu entfernen. Die Eiweiße steif schlagen. Den restlichen Zucker zugeben und weitere 20 Sek. schlagen, bis die Masse glänzt.

5 Ein Viertel des Eischnees unter die pürierten Himbeeren rühren. Diese Mischung unter die übrigen Eischnee heben und beides locker vermengen, bis die Masse gleichmäßig gefärbt ist.

6 Die Soufflémasse auf die Förmchen verteilen. Auf ein Backblech stellen und im vorgeheizten Ofen 10–12 Min. backen, bis die Soufflés aufgegangen und an der Oberfläche leicht gebräunt sind. Mit Puderzucker bestreuen und sofort mit der kalten Sauce servieren.

Gratiniertes Beerensabayon

EIN SABAYON – ODER EINE ZABAIONE – ist eine schaumige Creme aus Eigelb, Zucker und Alkohol. Hier wird sie unter dem Grill gratiniert. Gute Dienste leistet dabei auch ein Crème-brulée-Brenner. Feiner kann man aromatische Beeren kaum servieren.

PERSONEN 4 | ZUBEREITUNG 15–20 MIN. | GARZEIT 1–2 MIN.

Zutaten

375 g gemischte, reife Beeren (etwa Erdbeeren, Himbeeren, Heidelbeeren, Brombeeren)

1 Bio-Zitrone

3 Eigelb

50 g Zucker

90 ml Grand Marnier oder Marsala (italienischer Süßwein)

VORBEREITEN DER BEEREN

1 Die Beeren verlesen und nur waschen, wenn es unbedingt nötig ist. Blättchen und Stiele entfernen, größere Beeren halbieren oder vierteln. Auf vier Gratinförmchen oder ofenfeste Dessertteller verteilen und in den Kühlschrank stellen.

ZUBEREITEN DES SABAYONS

2 Den Backofengrill vorheizen. Die Schale der halben Zitrone abreiben. Eigelbe, Zucker und Grand Marnier in einer großen, hitzebeständigen Schüssel verquirlen. Auf einen zur Hälfte mit heißem, nicht kochendem Wasser gefüllten Topf setzen (der Boden der Schüssel sollte das Wasser nicht berühren) und mit dem Schneebesen kräftig schlagen.

3 5–8 Min. unablässig weiterschlagen, bis die Masse schaumig und dickflüssig genug ist, um beim Herablaufen vom Rührbesen eine bandförmige Spur zu zeichnen. Die Schüssel vom Topf nehmen. Den Zitronenabrieb dazugeben und weitere 1–2 Min. schlagen, bis das Sabayon leicht abgekühlt ist.

GRATINIEREN UND SERVIEREN

4 Die Gratinförmchen auf ein Backblech stellen. Das Sabayon über die Beeren löffeln. Etwa 15 cm von den Heizstäben entfernt 1–2 Min. gratinieren, bis das Sabayon goldbraun ist und die Beeren warm sind.

5 Die heißen Förmchen vorsichtig auf Teller stellen und sofort servieren, die Förmchen sollten von der Hitze noch knistern. Alternativ kann man das Sabayon auch mit einem Gasbrenner gratinieren.

Chocolate Decadence

DIESES AMERIKANISCHE REZEPT ist so etwas wie eine gebackene Mousse au Chocolat: Neben viel geschmolzener Schokolade enthält der Kuchen Butter und Zucker, Eier und einen Löffel Mehl. Ist die Schokolade richtig hochwertig, wird daraus eine dichte, gehaltvolle Köstlichkeit. Eine fruchtige Sauce aus frischen Himbeeren bildet dazu das perfekte Gegengewicht. Der Kuchen ist luftdicht verpackt bis zu einer Woche haltbar.

PERSONEN	ZUBEREITUNG	BACKZEIT
8	30–40 MIN. + WARTEZEIT	20 MIN.

Zutaten

FÜR DEN KUCHEN

150 g Butter sowie Butter für die Form

1 EL Mehl sowie Mehl für die Form

500 g dunkle Schokolade

6 Eier

2 EL Zucker

FÜR DIE HIMBEERSAUCE

750 g Himbeeren sowie Himbeeren zum Garnieren

2–3 EL Puderzucker

ZUM SERVIEREN

Crème fraîche oder Schlagsahne

ZUBEREITEN DES KUCHENS

1 Den Backofen auf 200 °C vorheizen. Eine 23 cm große Springform ausfetten und den Boden mit Backpapier auslegen. 2–3 EL Mehl hineinstreuen und durch Schwenken in der Form verteilen. Die Schokolade hacken, die Butter würfeln. Beides in eine hitzebeständige Schüssel geben und auf einen Topf mit heißem, aber nicht kochendem Wasser setzen. Unter Rühren schmelzen, dann von der Kochstelle nehmen und unter gelegentlichem Rühren abkühlen lassen.

2 **Die Eier trennen.** Die Eigelbe mit einem Kochlöffel kräftig unter die Schokolade rühren, bis alles gleichmäßig vermengt ist. Zuvor muss die Schokolade abgekühlt sein, sonst stocken die Eigelbe durch die Hitze, anstatt sich mit der Schokolade zu mischen.

3 **Die Eiweiße** sehr steif schlagen. Den Zucker dazugeben und weitere 20 Sek. schlagen, bis der Eischnee glänzt.

4 **Das Mehl** unter die Schokolade rühren. Den Eischnee in drei Portionen locker unterheben. Den Teig in die Backform füllen und die Form einige Male auf die Arbeitsfläche aufstoßen, um Luftblasen zu entfernen. Den Kuchen etwa 20 Min. backen, bis die Oberfläche knusprig, das Innere aber noch weich ist. In der Form auf einem Gitter auskühlen lassen und danach 2 Std. kalt stellen. Aus der Form nehmen und das Backpapier abziehen.

ZUBEREITUNG DER FRUCHTSAUCE

5 **Die Himbeeren putzen** und nur waschen, wenn es nötig ist. Mit dem Pürierstab oder in der Küchenmaschine pürieren. Den Puderzucker dazugeben und untermixen, je nach Geschmack und Süße der Beeren mehr oder weniger Puderzucker verwenden.

6 **Die pürierten Himbeeren durch ein Sieb streichen**, um die Samenkörner zu entfernen. Falls die Sauce im Voraus zubereitet wird, gut zugedeckt im Kühlschrank lagern. Rechtzeitig wieder herausnehmen, um sie zum Servieren auf Raumtemperatur zu bringen.

ANRICHTEN UND SERVIEREN

7 **Den Kuchen mit einem scharfen Brotmesser in Stücke schneiden.** Das Messer nach jedem Schnitt in heißes Wasser tauchen, um das Schneiden zu erleichtern. Je ein Kuchenstück auf einen Dessertteller setzen und etwas Himbeersauce um die Spitzen löffeln.

8 **Zum Garnieren nach Belieben** ein kleines Messer in flüssige Sahne tauchen und etwas Sahne in einem Bogen über die Fruchtsauce träufeln. Dann das Messer quer durch die Sahne ziehen, sodass ein Federmuster entsteht. Mit einigen Himbeeren garnieren. Crème fraîche oder Schlagsahne dazu servieren.

 VARIANTE: Chocolate Decadence mit Maracujasauce

Exotisch und farbenfroh.

1 Den Kuchen wie im Hauptrezept beschrieben zubereiten. Die Himbeeren weglassen und stattdessen folgende Sauce herstellen:

2 18–20 Maracujas halbieren. Das Innere mit dem orangefarbenen Fruchtfleisch und den schwarzen Samenkörnchen in eine Schüssel löffeln. (Beim Kauf nur zu Früchten mit runzeliger Schale greifen, sie sind am reifsten und liefern das aromatischste, saftigste Fruchtfleisch.) Die knackigen Samenkörnchen nach Belieben darin lassen oder das Fruchtfleisch durch ein Sieb streichen und die Samen entfernen. 30–40 g Puderzucker mit dem Schneebesen unter das Maracujamark schlagen, abschmecken und nach Belieben nachzuckern. Bis zum Servieren kalt stellen.

3 Den Kuchen wie beschrieben aufschneiden und mit der Maracujasauce anrichten. Je einen Klecks Schlagsahne oder Crème fraîche neben die Kuchenstücke setzen.

4 Eine weitere Variante besteht darin, das Fruchtfleisch von zwei reifen Mangos zu pürieren und mit Puderzucker gesüßt zur Chocolate Decadence zu servieren.

Crêpes Suzette

EINS DER BEKANNTESTEN DESSERTS weltweit: dünne Crêpes, mit Orangenbutter bestrichen und mit einem guten Schuss Grand Marnier flambiert. Wer bei seinen Gästen Eindruck machen will, flambiert sie erst am Tisch. Die Crêpes kann man bis zu drei Tage im Voraus zubereiten und zwischen Lagen aus Backpapier in einem Gefrierbeutel im Kühlschrank aufbewahren.

PERSONEN	ZUBEREITUNG	GARZEIT
6-8	40-50 MIN. + TEIGRUHE	45-60 MIN.

Zutaten

FÜR DIE CRÊPES

90 g Butter

175 g Mehl

1 EL Zucker

½ TL Salz

4 Eier

etwa 375 ml Milch

FÜR DIE ORANGENBUTTER

175 g weiche Butter

30 g Puderzucker

3 große Bio-Orangen

1 EL Grand Marnier (nach Belieben)

ZUM FLAMBIEREN

75 ml Weinbrand

75 ml Grand Marnier

ZUBEREITEN DER CRÊPESMASSE

1 **Die Butter in einem kleinen Topf zerlassen,** dann vom Herd ziehen und abkühlen lassen. Das ist wichtig, denn sonst lässt die heiße Butter die Eier stocken und der Teig gerinnt.

2 **Das Mehl in eine Schüssel sieben,** dabei das Sieb möglichst hoch halten, um das Mehl gut zu belüften. Zucker und Salz gründlich unterrühren. Eine Vertiefung in die Mitte drücken. Die Eier aufschlagen, in die Vertiefung geben und darin verquirlen. Weiterquirlen und die Hälfte der Milch in einem dünnen, gleichmäßigen Strahl zu den Eiern gießen, dabei nach und nach auch etwas Mehl untermengen.

3 **Nach und nach die zerlassene, abgekühlte Butter dazugießen** und mit den übrigen Zutaten verquirlen. Dabei auch das restliche Mehl untermengen und die Masse schlagen, bis sie völlig glatt ist. Nur so viel von der übrigen Milch unterrühren, dass der Teig die Beschaffenheit von flüssiger Sahne bekommt. Die Schüssel mit Frischhaltefolie bedecken und den Teig bei Raumtemperatur mindestens 30 Min. quellen lassen.

ZUBEREITEN DER ORANGENBUTTER

4 **Butter und Puderzucker** in einer Schüssel mit einem Kochlöffel cremig rühren. Bis die Masse glatt, locker und luftig ist, kann es bis zu 5 Min. dauern.

5 **Die Schale von 2 Orangen** fein abreiben. Die Schale der dritten Orange mit einem Sparschäler abnehmen und beiseitestellen. Von allen Orangen die weiße Haut sorgfältig entfernen. Die Fruchtsegmente vorsichtig zwischen den dünnen Trennhäuten herausschneiden, den Saft auffangen. Orangenabrieb, 2 EL Saft und Grand Marnier unter die Butter schlagen.

6 **Die Orangenschale** in möglichst feine Streifen schneiden. In einem kleinen Topf kaltes Wasser zum Kochen bringen. Die Schalenstreifen 2 Min. blanchieren. In ein Sieb abgießen, abspülen, gründlich abtropfen lassen und zum Dekorieren beiseitestellen.

BACKEN DER CRÊPES

7 Falls die Crêpesmasse beim Quellen zu dickflüssig geworden ist, etwas zusätzliche Milch oder Wasser unterrühren, sodass sie wieder die Konsistenz von flüssiger Sahne bekommt. Die restliche zerlassene Butter in einer Pfanne sanft erhitzen, dann in eine kleine Schüssel abgießen, sodass in der Pfanne nur ein dünner Fettfilm zurückbleibt.

8 Die Pfanne wieder erhitzen. Zum Testen der Temperatur einen Tropfen Crêpesmasse hineingeben. Die Pfanne ist heiß genug, wenn die Masse lebhaft spritzt.

9 Die Crêpesmasse kurz umrühren, dann eine kleine Menge (2–3 EL) in die Pfanne gießen und die Pfanne sofort kreisförmig schwenken, damit sich die Masse gleichmäßig dünn über den gesamten Pfannenboden verteilt. Wurde zu viel Masse verwendet, wird die Crêpe zu dick, zu wenig Masse ergibt löchrige Crêpes. Bei mittlerer Hitze etwa 1 Min. braten, bis die Crêpe auf der Unterseite gebräunt und auf der Oberseite fest geworden ist.

10 Die Ränder der Crêpe vorsichtig mit einem Palettmesser lösen, dann die ganze Crêpe mit den Fingern oder einem Palettmesser rasch wenden. Auf dieser Seite weitere 30–60 Sek. braten, bis sie ebenfalls schön braun ist. Mit der zuerst gebratenen Seite nach oben auf einen Teller gleiten lassen. Mit der übrigen Masse auf dieselbe Weise weitere Crêpes braten, zwischendurch die Pfanne mit etwas zerlassener Butter fetten.

KARAMELLISIEREN UND **FLAMBIEREN**

11 Jede Crêpe mit Orangenbutter bestreichen und die Crêpes auf einem zweiten Teller wieder übereinanderstapeln. Die Pfanne bei mittlerer Temperatur nochmals erhitzen.

12 Eine Crêpe mit der gebutterten Seite unten etwa 1 Min. anbraten, bis sie sehr heiß und leicht karamellisiert ist. Mit einem Palettmesser auf die Hälfte zusammenklappen, dann vierteln. Herausnehmen und auf einen Teller legen. Die übrigen gebutterten Crêpes ebenso karamellisieren, zusammenklappen und überlappend auf den Teller legen.

13 Mehrere Crêpes in einer großen, heißen Pfanne anordnen, je nach Größe der Pfanne müssen die Crêpes in zwei oder mehr Durchgängen flambiert und warm gehalten werden. Weinbrand und Grand Marnier in einem kleinen Topf erhitzen und über die Crêpes in der Pfanne gießen.

14 Ein brennendes Streichholz an die Seite der Pfanne halten, um den Alkohol zu entzünden. Den brennenden Alkohol mit einem langstieligen Löffel über die Crêpes träufeln, bis er erlischt, das dauert 2–3 Min. Vorsicht: Während des Flambierens vor allem mit Gesicht, Haaren und Kleidung ausreichend Abstand zur Pfanne halten. Die flambierten Crêpes auf gewärmten Tellern anrichten, die Flüssigkeit aus der Pfanne darübertäufeln. Mit dem filetierten Fruchtfleisch der Orangen und den Schalenstreifen garnieren und sofort servieren.

Apfel-Marzipan-Küchlein

EINE ELEGANTE NACHSPEISE, deren Zubereitung fast enttäuschend einfach ist: Fein ausgerollter, knusprig gebackener Blätterteig, darauf eine hauchdünne Schicht Marzipan und zart karamellisierte Apfelscheiben, mehr braucht es nicht. Die perfekte Ergänzung zu den frisch aus dem Ofen servierten Küchlein wäre eine Kugel selbst gemachtes Apfel-Calvados-Sorbet (s. S. 515).

PERSONEN 8	**ZUBEREITUNG** 25–30 MIN.	**BACKZEIT** 20–30 MIN.

Zutaten

Mehl zum Bestreuen

500 g Blätterteig

200 g Marzipan

1 Zitrone

8 kleine, säuerliche Tafeläpfel

50 g Zucker

VORBEREITEN DER TEIGBÖDEN

1 **Die Arbeitsfläche** dünn mit Mehl bestreuen. Die Hälfte des Teigs zu einem 35 cm großen, etwa 3 mm dicken Quadrat ausrollen. Mithilfe eines Tellers vier 15 cm große Kreise ausschneiden. Zwei Bleche mit Wasser besprenkeln. Die Kreise auf eines der Bleche setzen und mit einer Gabel einstechen, dabei die Ränder aussparen. Die zweite Hälfte des Teigs ebenso verarbeiten. Die Teigkreise 15 Min. kalt stellen.

2 **Das Marzipan** in 8 Portionen teilen und zu Kugeln formen. Die Marzipankugeln einzeln zwischen zwei Stücken Backpapier zu etwa 12 cm großen Kreisen ausrollen und auf die Teigkreise legen, sodass ein 1 cm breiter Rand frei bleibt. Bis zum Backen kalt stellen.

VORBEREITEN DER ÄPFEL

3 **Den Saft der halben Zitrone** in eine kleine Schüssel pressen. Die Äpfel schälen und halbieren, die Kerngehäuse herausschneiden. Die Früchte rundum mit der zweiten Zitronenhälfte abreiben, damit sie nicht braun werden. In feine Scheiben schneiden und sofort mit Zitronensaft bepinseln.

BELEGEN UND BACKEN

4 **Den Backofen auf 220 °C vorheizen.** Die Apfelscheiben leicht überlappend auf den Teigstücken anordnen, sodass das Marzipan vollständig bedeckt ist, dabei aber einen schmalen Rand Blätterteig frei lassen.

5 **Im vorgeheizten Ofen 15–20 Min. backen,** bis die Teigränder aufgegangen und hellbraun geworden sind. Die Küchlein herausnehmen und die Äpfel gleichmäßig mit Zucker bestreuen.

6 **Weitere 5–10 Min. backen,** bis der Zucker auf den Äpfeln karamellisiert ist und die Ränder goldbraun gefärbt hat. Die Äpfel sollten sich beim Einstechen mit einer Messerspitze weich anfühlen. Die Küchlein auf vorgewärmten Desserttellern anrichten und sofort servieren.

Grapefruitgranita mit Mandelkeksen

EIN ERFRISCHENDER ABSCHLUSS für ein großes Menü. Anders als Sorbet ist die sizilianische Granita nicht glatt, sondern leicht körnig wie harschiger Schnee. Dazu passen Mandelkekse, wie sie in Italien traditionell zu Allerseelen gebacken werden.

PERSONEN	ZUBEREITUNG	GARZEIT
4	15-20 MIN. + WARTEZEIT	35-40 MIN

Zutaten

FÜR DIE GRANITA

3 Bio-Grapefruits

½ Zitrone

etwa 50 g Zucker

FÜR DIE MANDELKEKSE

90 g Mehl sowie Mehl für das Blech

15 g Butter sowie Butter für das Blech

abgeriebene Schale von 1 Bio-Zitrone

150 g gemahlene Mandelkerne

125 g Zucker

1 EL Weinbrand

1 Ei

12-15 ganze Mandelkerne, blanchiert und enthäutet

ZUBEREITEN DER GRANITA

1 Von 1 Grapefruit die Schale dünn abschneiden und beiseitestellen. Den Saft aus allen 3 Grapefruits und der Zitrone auspressen und durch ein Sieb in eine Schüssel gießen. Die Hälfte des Zuckers dazugeben und unter Rühren im Saft auflösen. Probieren und nach Geschmack nachzuckern.

2 Die Granita nun 45-60 Min. tiefkühlen, bis sich an der Oberfläche Eiskristalle bilden. Mit einem Schneebesen kräftig umrühren, dann wieder einfrieren. Während der folgenden 4-5 Std. stündlich etwa einmal durchrühren, bis die Granita ihre typische weiche, leicht körnige Konsistenz erreicht hat.

ZUBEREITEN DER KEKSE

3 Den Backofen auf 180 °C vorheizen. Ein Backblech mit Butter einfetten und mit etwas Mehl bestreuen. Das Mehl in eine Schüssel sieben. Butter, Zitronenabrieb, gemahlene Mandeln, Zucker und Weinbrand dazugeben. Das Ei leicht verquirlen und mit den übrigen Zutaten zu einem Teig verarbeiten.

4 Mit angefeuchteten Händen 2-3 cm große Teigkugeln formen. Mit 2-3 cm Abstand auf das Blech setzen. Je 1 Mandelkern in die Kugeln drücken. 15-20 Min. backen, bis die Kekse hellbraun sind. Auf ein Kuchengitter legen.

GARNIEREN UND SERVIEREN

5 Die Grapefruitschale in feine Streifen schneiden. Den restlichen Zucker mit 2 EL Wasser in einem kleinen Topf erhitzen. Die Grapefruitschale 12-15 Min. darin köcheln lassen, bis die Flüssigkeit verdampft und die Schalenstreifen glasig kandiert sind. Auf Backpapier verteilt abkühlen lassen.

6 Die Granita in vier gekühlte Gläser löffeln. Mit den kandierten Schalenstreifen garnieren und sofort mit den Mandelkeksen servieren.

Haselnuss-Baiser-Torte

EINE SPEZIALITÄT AUS DAX, einem Städtchen im Südwesten Frankreichs, daher auch ihr Name *dacquoise*. Zwischen den luftig-knusprigen Haselnuss- oder Mandelbaisers verbirgt sich eine fein mit Kirschwasser, Aprikosenlikör oder Kaffee abgeschmeckte Buttercreme.

PERSONEN
6–8

ZUBEREITUNG
50–60 MIN.
+ WARTEZEIT

BACKZEIT
40–50 MIN.

Zutaten

FÜR DIE BAISERBÖDEN

zerlassene Butter und Mehl für die Backbleche

250 g Haselnusskerne

300 g Zucker

2 EL Speisestärke

6 Eiweiß

Puderzucker zum Verzieren

FÜR DIE BUTTERCREME

100 g Puderzucker

4 Eigelb

250 g weiche Butter

2 EL Kirschwasser, nach Geschmack auch mehr

ZUBEREITEN DER BAISERBÖDEN

1 Den Backofen auf 180 °C vorheizen. Drei Backbleche mit zerlassener Butter einfetten und mit Backpapier auslegen. Das Papier wiederum einfetten, mit Mehl bestreuen und überschüssiges Mehl abklopfen. Mithilfe einer Backform auf das Papier einen 20 cm großen Kreis zeichnen.

2 Die Nüsse 12–15 Min. im heißen Ofen rösten, dann häuten (s. S. 500). Ein Drittel der Nüsse hacken und zum Garnieren beiseitelegen. Die übrigen Nüsse mit der Hälfte des Zuckers stoßweise in der Küchenmaschine fein mahlen, jedoch nicht zu lange bearbeiten, sonst wird das in den Nüssen enthaltene Fett ausgeschieden und statt eines Pulvers entsteht eine Paste. In eine Schüssel geben und die Stärke unterrühren.

3 Die Eiweiße in einer Schüssel steif schlagen. Den restlichen Zucker hineinstreuen und weiterschlagen, bis die Masse glänzt. Die Haselnussmischung möglichst locker in drei Portionen unterheben.

BACKEN DER BAISERBÖDEN

4 Den Backofen auf 130 °C vorheizen. Die Baisermasse zu gleichen Teilen auf die drei vorgezeichneten Kreise auf dem Backpapier verteilen. Mit dem Palettmesser innerhalb der Markierungen zu gleichmäßig dicken, glatten Scheiben verstreichen. 40–50 Min. backen, bis die Baiserböden leicht gebräunt sind und eine trockene Oberfläche haben. Dabei die Bleche von Zeit zu Zeit drehen, damit die Böden gleichmäßig bräunen. Herausnehmen und das Backpapier vorsichtig abziehen, dann die Böden auf Kuchengittern vollständig auskühlen lassen.

ZUBEREITEN DER BUTTERCREME

5 In einem Topf 150 ml Wasser mit dem Zucker erhitzen, bis er sich aufgelöst hat. Diesen Sirup nicht umrühren und kochen, bis ein Zuckerthermometer 115 °C anzeigt oder sich ein mit einem Teelöffel herausgenommener Tropfen Sirup nach einigen Sekunden Abkühlen in kaltem Wasser zwischen Zeigefinger und Daumen zu einer weichen Kugel formen lässt.

6 In der Zwischenzeit die Eigelbe verquirlen. Den noch heißen Sirup langsam in einem dünnen Strahl zu den Eigelben gießen, dabei unablässig mit Schneebesen oder Rührgerät schlagen. Weitere 5 Min. schlagen, bis die Mischung abgekühlt ist und eine dicke, schaumige Masse bildet.

7 Die Butter mit dem Handrührgerät oder Kochlöffel cremig rühren. Nach und nach zur Eier-Zucker-Masse geben und kräftig unterschlagen. Dabei ist es wichtig, dass die Masse wirklich abgekühlt ist, sonst schmilzt die Butter. Das Kirschwasser einarbeiten, die Buttercreme abschmecken und nach Belieben mit etwas zusätzlichem Kirschwasser aromatisieren.

ZUSAMMENSETZEN DER TORTE

8 Ein Stück Pappe in passender Größe zuschneiden und mit etwas Butter-creme bestreichen. Das am wenigsten schöne der Baisers darauflegen und leicht andrücken, sodass es haften bleibt. Um die Arbeitsfläche zu erhö-hen, kann man die Pappe mit dem Baiser auf eine umgedrehte Kuchenform stellen.

9 Die Hälfte der restlichen Buttercreme auf das Baiser löffeln und mit dem Palettmesser gleichmäßig verstreichen. Ein zweites Baiser sauber auf Kante darauflegen und mit der verbliebenen Buttercreme bestreichen. Den Abschluss bildet das dritte, ansehnlichste Baiser.

VERZIEREN UND KALT STELLEN

10 Die beiseitegelegten gehackten Haselnusskerne auf das oberste Baiser streuen. Üppig mit Puderzucker besieben. Die Torte vor dem Servieren mindestens 1 Std. kalt stellen, bis die Buttercreme fest geworden ist. Auf einer Kuchenplatte anrichten.

 VARIANTE: Mandel-Baiser-Torte

Die klassische Version der *dacquoise* enthält mit Armagnac, Cognac oder Kaffee aromatisierte Buttercreme und Mandelbaiser.

1 Die Baisermasse wie im Hauptrezept beschrieben zubereiten, dabei die Haselnüsse durch 150 g geröstete und gemahlene Mandelkerne ersetzen. Die Baiserböden wie angegeben formen und backen.

2 Auch die Buttercreme wie beschrieben zubereiten, das Kirschwasser aber durch Armagnac, Cognac oder Kaffee ersetzen. Für letztere Variante 2 EL löslichen Kaffee in 2 EL heißem Wasser auflösen, abkühlen lassen und unter die Buttercreme schlagen.

3 Zum Verzieren 100 g gehobelte Mandelkerne im Ofen rösten, bis sie gebräunt, aber nicht zu dunkel sind. Die Torte wie beschrieben zusammen-setzen und kühlen. Anstelle von gehackten Haselnüssen mit den gerösteten Mandeln verzieren. Bei Verwendung von Kaffeebuttercreme nach Belieben auch einige mit Schokolade überzogene Kaffeebohnen darüberstreuen.

Sorbet-Trio

EIN KÜHLER GENUSS FÜR HEISSE TAGE. Dieses Trio schafft geschmacklich und optisch einen perfekten Dreiklang – vor allem, wenn man es mit ganzen Früchten serviert. Mit entsprechend erhöhten Mengen können Sie nach dem gleichen Rezept auch ein einziges Sorbet herstellen. Im Gefriergerät hält sich das Sorbet eine Woche. Es sollte vor dem Servieren aber 30 Minuten im Kühlschrank angetaut werden, denn nur so entfaltet es seine geschmeidige Konsistenz und das volle Aroma.

PERSONEN 8	**ZUBEREITUNG** 40–50 MIN. + WARTEZEIT	**GARZEIT** 15–20 MIN.

Zutaten

FÜR DEN SIRUP

300 g Zucker

FÜR DIE SORBETS

400 g Himbeeren

3 Zitronen

750 g reife Birnen

2 EL Williamsgeist (nach Belieben)

625 g reife Pfirsiche

ZUBEREITEN DES SIRUPS

1 Den Zucker mit 375 ml Wasser erhitzen, bis er sich aufgelöst hat. Ohne zu rühren 2–3 Min. kochen, bis der Sirup klar ist. In einen hitzebeständigen Messbecher gießen und vollständig abkühlen lassen.

ZUBEREITEN DES HIMBEERSORBETS

2 Die Himbeeren putzen und nur waschen, wenn es unbedingt nötig ist. In der Küchenmaschine pürieren, dann durch ein Sieb in eine Schüssel streichen, um die Samenkörnchen zu entfernen. Das sollte 175 ml Püree ergeben.

3 Die Zitronen auspressen. Es werden 125 ml Saft benötigt. Die ausgepressten Hälften beiseitelegen. 4 EL Wasser, 2 EL Zitronensaft und ein Drittel des Sirups zu den Himbeeren geben. Mit Zucker und Zitronensaft abschmecken. Kalt stellen, dann erneut abschmecken. Die Aromen müssen kräftig sein, damit sie nach dem Gefrieren noch gut zur Geltung kommen.

4 Die Sorbetmasse in die Eismaschine gießen und darin nach Gebrauchsanweisung gefrieren. In der Zwischenzeit ein Gefäß im Gefriergerät kühlen. Das fertige Sorbet hineinfüllen und fest verschlossen mindestens 4 Std. tiefkühlen.

ZUBEREITEN DES BIRNENSORBETS

5 Die Hälfte des restlichen Sirups in einen kleinen Topf gießen. 2 EL Zitronensaft dazugeben. Die Birnen schälen, vierteln, Stiele, Blütenböden und Kerngehäuse herausschneiden, die Früchte rundum mit den beiseitegelegten Zitronenhälften abreiben, damit sich das Obst nicht verfärbt.

6 Das Fruchtfleisch würfeln und sofort zum Sirup in den Topf geben. Erhitzen und je nach Reifegrad der Früchte 5–10 Min. köcheln lassen, bis es weich und glasig geworden ist. Das Fruchtfleisch mit dem Sirup in der Küchenmaschine pürieren, dabei portionsweise arbeiten, denn ist das Mixgefäß zu voll, spritzt das heiße Püree heraus und man kann sich verbrennen.

7 Das Püree durch ein Sieb in eine Schüssel streichen. Es sollten knapp 500 ml sein. Den Alkohol unterrühren und mit Zucker und Zitronensaft abschmecken. In die Eismaschine gießen und wie für das Himbeersorbet beschrieben gefrieren.

ZUBEREITEN DES PFIRSICHSORBETS

8 Die Pfirsiche je nach Reifegrad 10-20 Sek. in kochendes Wasser tauchen, danach mit einem Schaumlöffel herausheben und sofort in kaltes Wasser gleiten lassen. Die Früchte halbieren und die Kerne herauslösen. Die Haut abziehen.

9 Das Fruchtfleisch würfeln und zusammen mit dem restlichen Sirup und Zitronensaft in der Küchenmaschine glatt pürieren. Es werden knapp 500 ml Fruchtpüree benötigt. Mit Zitronensaft und Zucker abschmecken und wie beim Himbeersorbet beschrieben einfrieren.

10 Alle Sorbets vor dem Servieren 30 Min. im Kühlschrank antauen lassen, damit die Konsistenz angenehm glatt ist und sich die Aromen entfalten können. Mit einem Eisportionierer oder Esslöffeln portionieren und in Schälchen anrichten. Nach Belieben mit frischen Früchten garniert servieren.

 VARIANTE: Apfel-Calvados-Sorbet

Ein Favorit für die Wintermonate.

1 Den Sirup wie im Hauptrezept beschrieben aus 200 g Zucker und 250 ml Wasser herstellen. ½ Zitrone auspressen.

2 1,5 kg säuerliche Äpfel schälen und vierteln, die Kerngehäuse herausschneiden. Das Fruchtfleisch mit der Schnittfläche der Zitrone abreiben, damit es sich nicht verfärbt, dann genauso verarbeiten, wie für das Birnensorbet beschrieben, den Birnengeist aber durch 2 EL Calvados ersetzen. Danach wie beschrieben einfrieren.

3 Das Sorbet in kleine Kugeln portioniert in flachen Gläsern oder Schalen anrichten. Nach Belieben mit etwas Calvados beträufeln und mit knusprigen Keksen servieren. Die Menge reicht für 6 Personen.

Mousse mit Nuss

GERÖSTETE HASELNÜSSE und Whisky verleihen dieser Version der klassischen Mousse au Chocolat besonderen Biss und Pfiff. Je nach Geschmack muss es aber kein Whisky sein, auch Rum, Weinbrand oder Grand Marnier harmonieren ausnehmend gut mit dunkler Schokolade – finden Sie einfach Ihr persönliches Lieblingsrezept.

PERSONEN	ZUBEREITUNG	GARZEIT
6	20–25 MIN + WARTEZEIT	20–25 MIN.

Zutaten

FÜR DIE MOUSSE	
60 g Haselnusskerne	3 Eier
250 g dunkle Schokolade	2 EL Whisky
15 g Butter	50 g Zucker

FÜR DIE WHISKYSAHNE (nach Belieben)
125 g Sahne
1 EL Zucker
2 EL Whisky

RÖSTEN UND MAHLEN DER NÜSSE

1 **Den Backofen auf 180 °C vorheizen.** Die Nüsse auf einem Blech rösten, bis sie leicht gebräunt sind. Noch heiß mit einem Tuch abreiben, um die Häutchen zu entfernen. Einige Nüsse beiseitelegen, den Rest fein mahlen.

ZUBEREITEN DER SCHOKOMASSE

2 **Die Schokolade** in Stücke brechen. Mit einem scharfen Messer oder in der Küchenmaschine hacken, dann mit 65 ml Wasser in einen Topf mit schwerem Boden geben. Unter Rühren 3–5 Min. sanft erwärmen, bis die Schokolade geschmolzen und glatt ist.

3 **Vom Herd nehmen** und die Butter unterrühren. Die Eier trennen. Die Eigelbe nacheinander unter die Schokolade mischen. Bei milder Hitze 4 Min. schlagen. Vom Herd nehmen, gemahlene Nüsse und Whisky unterrühren und abkühlen lassen, bis die Masse nur noch lauwarm ist.

FERTIGSTELLEN DER MOUSSE

4 **In der Zwischenzeit den Zucker in 60 ml Wasser erhitzen,** bis er sich aufgelöst hat. Ohne zu rühren kochen, bis ein Zuckerthermometer 120 °C anzeigt oder etwas Sirup sich beim Abkühlen zu einem biegsamen Ball formt.

5 **Die Eiweiße steif schlagen.** Den Sirup nach und nach unterschlagen, bis die Masse kühl und steif ist. Ein Viertel unter die Schokolade rühren, dann den Rest unterheben. Die Mousse in Gläser füllen, 1 Std. kalt stellen.

ZUBEREITEN DER WHISKYSAHNE

6 **Die Sahne halb steif schlagen,** Zucker und Whisky unterrühren. Die Mousse mit den restlichen Nüssen garnieren und mit der Sahne servieren.

Birne Helene

DIESE LECKEREI AUS POCHIERTEN BIRNEN, Vanilleeis und heißer Schokoladensauce entstand 1864 in Paris und wurde nach der gerade uraufgeführten Offenbachschen Operette *La belle Hélène* benannt. Mit fertig gekaufter Eiscreme gelingt es, wenn es sein muss, auch ganz schnell.

PERSONEN	ZUBEREITUNG	GARZEIT
6	30–35 MIN. + EINFRIEREN	25–35 MIN.

Zutaten

FÜR DAS VANILLEEIS

1 Vanilleschote

600 ml Milch

150 g Zucker

8 Eigelb

2 EL Speisestärke

250 g Sahne

FÜR DIE BIRNEN

2 Bio-Zitronen

6 feste Birnen

1 Vanilleschote

150 g Zucker

FÜR DIE SCHOKOLADENSAUCE

250 g dunkle Schokolade, gehackt

1 EL Weinbrand

ZUBEREITEN DER EISCREME

1 Die Vanilleschote aufschlitzen und kurz in der Milch aufkochen, dann vom Herd nehmen und 10–15 Min. ziehen lassen. Ein Viertel der Milch beiseitestellen. Den Zucker in der restlichen Milch auflösen.

2 Die Eigelbe mit der Stärke verquirlen. Die gesüßte Milch dazugeben. Bei mittlerer Temperatur rühren, bis die Masse bindet. Beiseitegestellte Milch unterrühren. Abkühlen lassen. In der Eismaschine anfrieren. Halb steif geschlagene Sahne unterheben und mindestens 4 Std. gefrieren lassen.

VORBEREITEN DER BIRNEN

3 Eine Zitrone halbieren. Die Birnen schälen, die Stiele daran lassen. Mit Zitrone abreiben. Die Kerngehäuse von unten her herausschneiden.

POCHIEREN DER BIRNEN

4 Für den Sirup 750 ml Wasser, Saft und Schale der zweiten Zitrone, Vanilleschote und Zucker in einem Topf erhitzen, der groß genug ist, um alle 6 Birnen nebeneinander aufzunehmen. Kurz aufkochen lassen, dann vom Herd nehmen und die Birnen vorsichtig einlegen. Falls sie nicht von Sirup bedeckt sind, etwas heißes Wasser angießen.

5 Ein Stück Backpapier in der Größe des Topfes zuschneiden. Das Papier anfeuchten und auf die Birnen legen, sodass sie untergetaucht bleiben. Je nach Größe und Reife der Früchte auf kleinster Flamme 25–35 Min. köcheln lassen, bis sich die Früchte mit einem kleinen Messer leicht einstechen lassen. Im Sirup abkühlen lassen.

ANRICHTEN DES DESSERTS

6 Die Schokolade mit 125 ml Wasser bei milder Hitze schmelzen. Den Weinbrand unterrühren. Warm über die Birnen gießen, mit Eis anrichten.

Grand-Marnier-Soufflé

LOCKER, LUFTIG UND GOLDBRAUN: Dieses spektakuläre Gebäck ist ein wirklich würdiger Abschluss für ein besonderes Menü. Wie alle Soufflés serviert man es direkt aus dem Ofen, innen weich und schaumig, außen zart knusprig. Zu dieser gehaltvollen warmen Süßspeise gehört unbedingt das kühlende Gegengewicht eines frischen Kompotts aus filetierten Orangen. Für eine alkoholfreie Version ersetzen Sie den Grand Marnier einfach durch frisch gepressten Orangensaft.

PERSONEN	ZUBEREITUNG	BACKZEIT
6	30–35 MIN.	20–25 MIN.

Zutaten

FÜR DAS SOUFFLÉ

375 ml Milch

4 Eigelb

150 g Zucker

50 g Mehl

75 ml Grand Marnier

Butter für die Form

6 Eiweiß

Puderzucker zum Bestreuen

FÜR DAS ORANGENKOMPOTT

4 Bio-Orangen

2 EL Orangenmarmelade

1 EL Grand Marnier

ZUBEREITEN DES ORANGENKOMPOTTS

1 Die Schale von 1 Orange mit dem Sparschäler abnehmen, dabei darauf achten, die bittere weiße Haut nicht mit abzuschneiden. Die Schale in möglichst feine Streifen schneiden. Die Streifen 2 Min. in kochendem Wasser blanchieren. In ein Sieb abgießen, mit kaltem Wasser abspülen und abtropfen lassen. Die Schale der zweiten Orange fein in eine Schüssel abreiben und für das Soufflé beiseitestellen.

2 Alle 4 Orangen filetieren: Ober- und Unterseiten flach schneiden, die Früchte aufrecht auf ein Schneidebrett setzen und die Schale von oben nach unten mitsamt der weißen Haut großzügig abschneiden, dabei der Rundung der Früchte folgen. Dann die Orangen über eine Schüssel halten, um den Saft aufzufangen. Das Fruchtfleisch zwischen den Trennhäuten vorsichtig herausschneiden und in die Schüssel legen. Die blanchierten Schalenstreifen dazugeben.

3 Den Saft aus der Schüssel mit der Marmelade in einen Topf geben. Unter gelegentlichem Rühren erwärmen, bis sich die Marmelade aufgelöst hat. Etwas abkühlen lassen, dann mit dem Grand Marnier unter Fruchtfleisch und Schalenstreifen rühren. Bis zum Servieren zugedeckt kalt stellen.

ZUBEREITEN DER GRUNDMASSE

4 **Die Milch** bis zum Siedepunkt erhitzen. In der Zwischenzeit die Eigelbe mit zwei Dritteln des Zuckers 2–3 Min. aufschlagen, bis die Masse dickflüssig, hell und sehr luftig ist.

5 **Das Mehl** mit dem Schneebesen unterrühren. Dann nach und nach die heiße Milch dazugeben und kräftig schlagen, bis die Mischung glatt ist. Das unablässige Rühren verhindert, dass die heiße Milch die Eigelbe gart und zum Stocken bringt.

6 **Diese Mischung** zurück in den Topf geben und unter ständigem Schlagen mit dem Schneebesen zum Kochen bringen, bis sie bindet. Sollten sich Klümpchen bilden, den Topf sofort vom Herd nehmen und die Masse so lange schlagen, bis sie wieder glatt ist. Auf kleiner Flamme weitere 2 Min. unter ständigem Rühren köcheln lassen. Vom Herd nehmen. Orangenabrieb und Grand Marnier mit dem Schneebesen einrühren.

BACKEN DES SOUFFLÉS

7 Den Backofen auf 200 °C vorheizen. Eine Souffléform mit 1,5 l Fassungsvermögen großzügig mit Butter ausfetten. Die Grundmasse, falls sie nicht mehr heiß ist, etwas aufwärmen. Die Eiweiße in einer Schüssel steif schlagen. Den restlichen Zucker hineinstreuen und nochmals etwa 20 Sek. schlagen, bis die Masse glänzt. Den Eischnee unter die Grundmasse heben.

8 Die Soufflémasse in die Form gießen. Die Form einige Male auf die Arbeitsfläche stoßen, damit Luftblasen entweichen. Die Masse sollte die Form bis etwa 1 cm unter den Rand ausfüllen. Die Oberfläche glatt streichen. Mit dem Daumen am Rand entlangfahren, sodass eine kleine Einbuchtung entsteht. Das Soufflé 20-25 Min. backen, bis es aufgegangen und goldbraun, innen aber noch so weich ist, dass es auf Bewegungen reagiert.

9 Mit Puderzucker bestäuben und sofort servieren, da das Soufflé beim Abkühlen wieder in sich zusammensinkt. Dazu das frische Orangenkompott reichen.

 VARIANTE: Kaffeesoufflé

Ein klassisches Rezept, hier im Stil von türkischem Kaffee mit Kardamomsahne verfeinert.

1 Das Orangenkompott weglassen. 375 g Sahne mit 2 leicht zerdrückten Kardamomkapseln bis zum Siedepunkt erhitzen. Vom Herd nehmen und 10-15 Min. ziehen lassen, dann abseihen und zugedeckt kalt stellen.

2 Für die Grundmasse 30 g grob gemahlenen Kaffee zur Milch geben, erhitzen und zugedeckt 10-15 Min. ziehen lassen, dann abseihen. Eigelbe, Zucker, Mehl und Kaffeemilch wie in Schritt 4-6 beschrieben verquirlen und kochen. Den Orangenabrieb weglassen, Grand Marnier durch Kaffeelikör ersetzen.

3 Das Soufflé wie beschrieben fertigstellen und backen. Herausnehmen und sofort statt Puderzucker Kakaopulver darübersieben. Dazu die flüssige Kardamomsahne servieren.

Eisparfait aus dreierlei Schokolade

EIN REZEPT VON MAURICE FERRE, dem ehemaligen Süßspeisenchef des berühmten Restaurants *Maxim's* in Paris. Die köstliche gefrorene Terrine wird mit einer feinen Minzsauce serviert. Für das Parfait benötigt man hochwertige Schokolade. Die weiße Schokolade sollte nur Kakaobutter und keine anderen Fette enthalten.

ERGIBT	ZUBEREITUNG	GARZEIT
12–16 SCHEIBEN	35–40 MIN. + WARTEZEIT	20–25 MIN.

Zutaten

FÜR DAS PARFAIT

neutrales Pflanzenöl für die Form

125 g dunkle Schokolade

9 EL Sahne

6 Eier

150 g Butter

3 EL Zucker

150 g weiße Schokolade

150 g Milchschokolade

FÜR DIE MINZSAUCE

1 Bund Minze

500 ml Milch

60 g Zucker

6 Eigelb

1½ EL Speisestärke

ZUBEREITEN DER DUNKLEN SCHOKOSCHICHT

1 Seiten und Boden einer 30 x 7,5 x 7,5 cm großen Terrine mit Öl einpinseln. Zwei Stücke Backpapier in der Größe der Terrine zuschneiden. Mit einem den Boden bedecken, das andere beiseitelegen.

2 Die dunkle Schokolade in Stücke schneiden, dann mit einem scharfen Messer oder in der Küchenmaschine hacken. Eine hitzebeständige Schüssel so auf einen Topf mit heißem Wasser setzen, dass ihr Boden das Wasser nicht berührt. Die Schokolade darin schmelzen.

3 In einem kleinen Topf 3 EL Sahne bis zum Siedepunkt erhitzen und mit der Schokolade verquirlen. 2 Eier trennen. Die Eigelbe nacheinander mit der Schokolade verquirlen, dazwischen gründlich rühren.

4 Ein Drittel der Butter würfeln und nach und nach mit dem Schneebesen unter die Schokolade rühren, sodass die Butter langsam darin schmilzt.

5 Die 2 Eiweiße in einer separaten Schüssel steif schlagen. 1 EL Zucker in den Eischnee streuen und weiterschlagen, bis er glänzt. Den Eischnee möglichst locker unter die Schokoladenmischung heben, am besten in zwei Portionen.

ZUBEREITEN DER TERRINE

6 Die dunkle Schokoladenmasse in die Terrine gießen. Mit einem Teigschaber bis in die Ecken drücken und die Oberfläche glatt streichen. 30–40 Min. tiefkühlen, während die beiden oberen Schichten zubereitet werden.

7 Mit der weißen Schokolade wie für die dunkle Schicht beschrieben eine weitere Schokoladenmasse zubereiten. Auf die gefrorene dunkle Schicht gießen, verstreichen und ebenfalls 30–40 Min. tiefkühlen.

8 Die Milchschokolade mit den restlichen Zutaten wiederum wie beschrieben zu einer dritten Schicht verarbeiten. In die Terrine auf die weiße Schicht gießen und glatt streichen.

9 Das beiseitegelegte Stück Backpapier
auf die Milchschokoladenschicht legen
und vorsichtig andrücken, sodass es die
gesamte Oberfläche der Schokoladenmasse bedeckt. Das Parfait mindestens 6 Std. tiefkühlen, bis es fest
geworden ist.

ZUBEREITEN DER MINZSAUCE

10 Die Minze waschen, die Enden der Stängel abschneiden. Einige Blättchen beiseitelegen, den Rest mit dem Nudelholz etwas zerdrücken.
Die Milch bis zum Siedepunkt erhitzen. Die zerdrückte Minze dazugeben und
zugedeckt an einem warmen Ort 10–15 Min. ziehen lassen.

11 Die Milch durch ein Sieb in einen Messbecher gießen, die Minze wegwerfen. Den Zucker unterrühren und in der Milch auflösen. Eigelbe
und Stärke in einer Schüssel verquirlen. Die Minzemilch bis auf etwa 125 ml
dazugeben und glatt rühren, dann zurück in den Topf gießen.

12 Bei mittlerer Temperatur unter ständigem Rühren erhitzen, bis die
Sauce eindickt und den Rücken des Kochlöffels überzieht. Die beiseitegestellte Milch unterrühren, dann die Sauce durch ein Sieb in eine
gekühlte Schüssel gießen und abkühlen lassen.

STÜRZEN UND SERVIEREN

13 Den Boden der Terrine 10–15 Sek. in heißes Wasser tauchen. Das
obere Backpapier abziehen. Das Parfait auf eine Servierplatte stürzen.
Terrine und zweites Backpapier abnehmen. Das Parfait in Scheiben schneiden, mit Minzeblättchen und Sauce garniert servieren.

Mangosorbet

DER MASSSTAB FÜR EIN GUTES SORBET ist seine Konsistenz: Damit es perfekt gelingt, müssen die Eiskristalle während des Einfrierens immer wieder durch Rühren aufgebrochen werden, am besten in einer Eismaschine. Auch vollreife und aromatische Früchte sind wichtig, denn beim Einfrieren schwächen sich alle Aromen ab.

PERSONEN	ZUBEREITUNG	GARZEIT
6	25–30 MIN. + WARTEZEIT	2–3 MIN.

Zutaten

etwa 100 g Zucker

3 Mangos (à etwa 450 g)

Saft von 1 Zitrone

Saft von 1 Orange

Schale von 1 Bio-Limette, mit dem Sparschäler dünn abgeschält, zum Verzieren

ZUBEREITEN DES SIRUPS

1 In einem kleinen Topf den Zucker mit 125 ml Wasser erhitzen, bis er sich aufgelöst hat. Den Sirup 2–3 Min. kochen lassen, bis er klar ist. Zum Abkühlen beiseitestellen.

ZUBEREITEN DER SORBETMASSE

2 Die Mangos schälen und von beiden Seiten her knapp am Kern vorbei längs durchschneiden (s. S. 482). Das verbleibende Fruchtfleisch von den Kernen schneiden.

3 Das gesamte Fruchtfleisch würfeln (s. S. 482) und portionsweise in der Küchenmaschine pürieren. Das Püree sollte so glatt wie möglich sein.

4 Bei laufendem Gerät den Sirup und die Zitrussäfte zum Püree gießen. Mit Zucker abschmecken, dabei bedenken, dass der Geschmack sich beim Einfrieren abschwächt.

EINFRIEREN DES SORBETS

5 Die Sorbetmasse in die Eismaschine gießen. Nach Bedienungsanleitung gefrieren lassen. In der Zwischenzeit eine Schüssel im Gefriergerät kühlen.

6 Das Sorbet in die gekühlte Schüssel füllen. Zugedeckt mindestens 4 Std. tiefkühlen. Falls nötig, vor dem Servieren im Kühlschrank etwas weicher werden lassen. Portionieren, in Gläser füllen und mit etwas Limettenschale garniert sofort servieren.

Schokoladensoufflé

DANK DER SCHOKOLADE gelingt dieses köstliche Soufflé ganz ohne Mehl. Das Innere sollte weich und cremig bleiben, damit es einen schönen Kontrast zu der knusprigen Oberfläche bildet. Deshalb darf man das Soufflé nicht zu lange backen. Und zwischendurch niemals die Backofentür öffnen, sonst sinkt es sofort in sich zusammen!

PERSONEN	ZUBEREITUNG	BACKZEIT
4	20–25 MIN.	15–18 MIN.

Zutaten

zerlassene Butter für die Förmchen	2 EL Weinbrand
125 g dunkle Schokolade	½ Päckchen Vanillezucker
125 g Sahne	3 EL Zucker
3 Eier und 2 Eiweiß	2–3 EL Puderzucker (nach Belieben)

ZUBEREITEN DER SCHOKOLADENMASSE

1 **Vier Souffléförmchen** mit zerlassener Butter ausfetten. Den Backofen auf 220 °C vorheizen. Die Schokolade in Stücke schneiden. Mit einem scharfen Messer oder in der Küchenmaschine hacken. Mit der Sahne in einen Topf geben und bei milder Hitze unter ständigem Rühren schmelzen.

2 **Sollte die Mischung** zu dünn erscheinen, noch etwas köcheln lassen. Den Topf vom Herd ziehen. Die Eier trennen. Die Eigelbe einzeln mit der etwas abgekühlten Schokolade verquirlen, dazwischen gründlich umrühren.

FERTIGSTELLEN DER SOUFFLÉMASSE

3 **Die Schokoladenmischung bei milder Hitze** etwa 4 Min. mit dem Schneebesen rühren. Vom Herd nehmen, Weinbrand und Vanillezucker unterrühren.

4 **Die 5 Eiweiße steif schlagen.** Den Zucker hineinstreuen und weitere 20 Sek. schlagen, bis der Eischnee glänzt. Möglichst locker unter die Schokoladenmischung heben.

BACKEN UND SERVIEREN

5 **Die Soufflémasse auf die Förmchen verteilen.** Vorsichtig in den Ofen stellen und etwa 10 Min. backen, bis die Soufflés schön aufgegangen sind.

6 **Die Soufflés aus dem Ofen nehmen** und nach Belieben mit Puderzucker bestäuben. Sofort servieren, denn beim Abkühlen fallen die Soufflés rasch zusammen. Falls gewünscht, knusprige Kekse dazu anbieten.

Amaretto-Schoko-Eisbombe

EINE EISBOMBE IST IMMER FESTLICH, schon wegen ihrer besonderen Form und der kontrastierenden Füllung. Hier umhüllt das Eis eine Creme aus Amaretti und Schokolade. Ein perfektes Dessert für ein Essen mit Gästen, denn die Eisbombe muss vorab zubereitet werden. Eine spezielle Form ist dafür nicht unbedingt erforderlich. Vor dem Servieren wird nur noch rasch die Schokoladensauce erwärmt und die Eisbombe gestürzt.

PERSONEN 8–10	**ZUBEREITUNG** 40–60 MIN. + WARTEZEIT	**GARZEIT** 20–25 MIN.

Zutaten

FÜR DIE EISCREME

600 ml Milch

125 g Zucker

8 Eigelb

2 EL Speisestärke

3 EL Amaretto (Mandellikör)

250 g Sahne

FÜR DIE FÜLLUNG

100 g Zucker

4 Eigelb

125 g Sahne

125 g dunkle Schokolade

100 g Amaretti sowie Amaretti zum Servieren

FÜR DIE SAUCE

250 g dunkle Schokolade

ZUBEREITEN DER EISCREME

1 **Die Milch bis zum Siedepunkt erhitzen.** Ein Viertel der Menge abnehmen und beiseitestellen. In der restlichen Milch den Zucker unter Rühren auflösen. In einer Schüssel Eigelbe und Stärke gründlich verquirlen, sodass die Mischung glatt ist und keine Klümpchen enthält.

2 **Die gesüßte Milch langsam zu der Eigelbmischung gießen** und gleichmäßig damit verquirlen. Bei mittlerer Temperatur unter ständigem Rühren erhitzen, bis die Mischung bindet und den Löffelrücken überzieht. Ein über den Löffel gezogener Finger sollte eine deutliche Spur hinterlassen.

3 **Vom Herd nehmen und die beiseitegestellte Milch unterrühren.** Durch ein Sieb in eine Schüssel gießen und vollständig abkühlen lassen. Den Amaretto mit dem Schneebesen unterrühren. Die Masse in die Eismaschine geben und nach Bedienungsanleitung anfrieren, bis sie dickflüssig ist.

ZUBEREITEN DER EISBOMBENHÜLLE

4 **Eine Eisbombenform** aus Edelstahl oder eine Metallschüssel mit 2 l Fassungsvermögen im Gefriergerät kühlen. Die Sahne in einer kalten Schüssel halb steif schlagen, unter die halb gefrorene Eismasse ziehen und zurück in die Eismaschine geben, bis die Eiscreme fest, aber noch streichfähig ist. Durch die Sahne wird sie cremiger.

5 **Die Form aus** dem Gefriergerät nehmen. Die Eiscreme hineingeben und in einer gut 4 cm dicken Schicht gleichmäßig in der Form verstreichen.

6 **In die Mitte** der Form eine gleichmäßige Vertiefung drücken, dabei darauf achten, dass die Mulde wirklich in der Mitte liegt, sodass später jede Portion gleich viel Füllung enthält. Die Form verschließen und für 30–60 Min. ins Gefriergerät stellen, bis die Eiscreme fest ist. In der Zwischenzeit die Füllung zubereiten.

ZUBEREITEN DER FÜLLUNG UND EINFRIEREN

7 Den Zucker unter gelegentlichem Rühren in 125 ml Wasser erhitzen, bis er sich aufgelöst hat. Ohne zu rühren kochen, bis ein Zuckerthermometer 115 °C anzeigt oder sich eine kleine Menge Sirup nach einigen Sekunden Abkühlzeit zwischen Daumen und Zeigefinger zu einem weichen Ball verfestigt.

8 In einer großen Schüssel die Eigelbe verquirlen, während der Sirup kocht. Den heißen Sirup langsam dazugießen, dabei 5 Min. lang unablässig mit Schneebesen oder Handrührgerät schlagen, bis die Masse abgekühlt, sehr dickflüssig und hell ist.

9 Die Sahne in einer gekühlten Schüssel halb steif schlagen und unter die Eigelb-Sirup-Masse heben. Dazu muss die Masse gründlich abgekühlt sein. Die Schokolade reiben. 7-8 Amaretti in einen Gefrierbeutel geben und mit dem Nudelholz grob zerkrümeln. Die restlichen Kekse zum Garnieren beiseitelegen.

10 Geriebene Schokolade und zerkrümelte Kekse zur Füllung geben und unterheben. Die Eisbombe aus dem Gefriergerät nehmen und die Füllung hineinlöffeln. Die Oberfläche mit einem Palettmesser glatt streichen, mit Backpapier bedecken. Die Form mit ihrem Deckel oder Frischhaltefolie verschließen. Die Eisbombe mindestens 8 Std. tiefkühlen, bis sie vollständig durchgefroren ist.

ZUBEREITEN DER SCHOKOLADENSAUCE

11 Die Schokolade in Stücke schneiden. Mit einem scharfen Messer oder in der Küchenmaschine hacken. Mit 175 ml Wasser in einem kleinen Topf bei schwacher Temperatur erhitzen, bis eine glatte Sauce entstanden ist. Dabei darauf achten, dass die Schokolade nicht am Boden des Topfs ansetzt. Bis zum Servieren warm halten.

STÜRZEN UND SERVIEREN

12 Den Deckel oder die Folie von der Form abnehmen. Die Form für 30-60 Sek. in eine Schüssel mit Wasser tauchen, dadurch löst sich die Eisbombe besser. Aus dem Wasser nehmen und trocken reiben. Mit einem kleinen Messer am inneren Rand der Form entlangfahren. Das Backpapier abziehen. Eine gekühlte Servierplatte umgekehrt auf die Form drücken und beides zusammen wenden. Ein feuchtes Tuch einen Moment lang um die Form wickeln, dann die Form anheben. Nun sollte die Eisbombe auf die Platte gleiten. Bis zum Servieren gegebenenfalls ins Eisfach stellen.

13 Die Eisbombe mit den zerkrümelten beiseitegelegten Amaretti garnieren. Nach Belieben auch gehobelte Schokolade darüberstreuen. Sofort servieren, bei Tisch aufschneiden und die warme Schokoladensauce darübergießen.

Schoko-Birnen-Torteletts

KNUSPRIG, CREMIG, FRUCHTIG und wunderbar rund im Geschmack sind diese kleinen Leckerbissen mit reifen, saftigen Birnen. Den Mürbeteig kann man schon zwei Tage im Voraus zubereiten und gut verpackt im Kühlschrank lagern. Backen sollte man die Torteletts aber erst im letzten Moment.

ERGIBT	ZUBEREITUNG	BACKZEIT
8 STÜCK	30–35 MIN. + TEIGRUHE	25–30 MIN.

Zutaten

FÜR DEN TEIG

175 g Mehl sowie Mehl zum Bestreuen

60 g Zucker

½ TL Salz

½ Päckchen Vanillezucker

90 g weiche Butter

2 Eigelb

zerlassene Butter für die Förmchen

FÜR DEN BELAG

150 g dunkle Schokolade

2 reife Birnen

1–2 EL Zucker

FÜR DIE CREME

1 Ei

125 g Sahne

1 EL Williamsgeist

2 **Die Eigelbe dazugeben** und unter die Zutaten in der Vertiefung mengen. Das Mehl mit einem Palettmesser über die anderen Zutaten schieben und mit den Fingern untermengen, sodass sich grobe Krümel bilden. Den Teig zu einer Kugel zusammendrücken. Die Arbeitsfläche mit etwas Mehl bestreuen.

3 **Den Teig** 1–2 Min. mit dem Handballen kneten, bis er glatt ist und sich leicht von der Arbeitsfläche löst. Zu einer Kugel zusammengedrückt in Frischhaltefolie wickeln und etwa 30 Min. kalt stellen, bis er fest geworden ist. Gerade Mürbeteige mit Zucker müssen vor dem Ausrollen gründlich gekühlt werden.

ZUBEREITEN DES MÜRBETEIGS

1 **Das Mehl** auf die Arbeitsfläche sieben. Eine Vertiefung in die Mitte drücken. Zucker, Salz, Vanillezucker und Butter hineingeben und mit den Fingerspitzen gründlich vermengen.

AUSKLEIDEN DER FÖRMCHEN

4 **Acht Tortelettförmchen** mit 10 cm Durchmesser mit zerlassener Butter ausfetten. Vier Förmchen so im Quadrat aufstellen, dass sich ihre Ränder beinahe berühren. Die Arbeitsfläche mit etwas Mehl bestreuen. Den Teig halbieren und eine Hälfte zu einem etwa 3 mm dicken Quadrat ausrollen. Den ausgerollten Teig locker über das Nudelholz legen und so über die Förmchen gleiten lassen, dass diese vollständig bedeckt sind.

5 **Ein kleines Stück vom Teig abnehmen,** zu einer Kugel formen, in Mehl tauchen und den ausgerollten Teig damit in die Förmchen drücken. Mit dem Nudelholz über die Förmchen rollen, um den Teig sauber an ihren Rändern abzutrennen. Die übrigen Förmchen ebenso auskleiden.

BELEGEN UND BACKEN

6 **Den Backofen auf 220 °C vorheizen** und auf einer unteren Schiene ein Blech einschieben. Die Schokolade in Stücke schneiden und mit einem scharfen Messer oder in der Küchenmaschine fein hacken. Die gehackte Schokolade gleichmäßig auf die acht Teigböden streuen.

7 Für die Creme Ei, Sahne und nach Belieben den Alkohol gründlich verquirlen. Soll die Creme besonders fein werden, streicht man sie zusätzlich durch ein Sieb. Je 2–3 EL davon über die Schokolade in den Förmchen löffeln.

8 Die Birnen schälen, halbieren und die Kerngehäuse herausschneiden. Die Birnenhälften mit einem kleinen Messer in sehr feine Scheiben schneiden. Die Scheiben überlappend auf den Torteletts anrichten und leicht in die Creme hineindrücken, sodass die Creme an den Rändern und zwischen den Scheiben etwas nach oben steigt. Die Oberflächen gleichmäßig mit etwas Zucker bestreuen.

9 Die Förmchen auf das heiße Blech stellen und die Torteletts 10 Min. bei 220 °C backen, dann die Temperatur auf 180 °C reduzieren. Weitere 15–20 Min. backen, bis der Mürbeteig goldbraun und knusprig und die Creme fest geworden ist.

10 Die fertigen Torteletts etwas abkühlen lassen. Sobald man die Förmchen anfassen kann, die Torteletts vorsichtig herauslösen und zum Servieren auf Desserttellern anrichten.

 VARIANTE: Schoko-Apfel-Torteletts

Mit karamellisierten Äpfeln und mit einem Hauch Zimt.

1 Den Mürbeteig wie im Hauptrezept beschrieben zubereiten und die Förmchen damit auslegen. 3 Äpfel (à etwa 150 g) schälen, die Kerngehäuse herausschneiden und das Fruchtfleisch würfeln. Nun müssen die Äpfel sofort gegart werden, damit sie sich nicht verfärben.

2 Etwa 2 EL Butter in einem großen Topf erhitzen. Die Äpfel dazugeben und mit 1–2 EL Zucker und 1 TL gemahlenem Zimt bestreuen. Unter gelegentlichem Rühren 3–5 Min. anbraten, bis die Äpfel etwas weicher geworden und karamellisiert sind. Je kräftiger die Äpfel dabei gefärbt werden, desto aromatischer schmecken sie.

3 Die Teigböden wie beschrieben mit gehackter Schokolade bestreuen. Die Creme wie angegeben zubereiten, dabei nach Belieben Calvados statt Williamsgeist verwenden. Die Creme auf die Schokolade löffeln, die Äpfel auf der Creme verteilen und leicht hineindrücken. Wie im Hauptrezept backen. Durch das heiße Blech wird der Teigboden besonders knusprig.

Mandelgelee mit Fruchtsalat

DIE FEINEN WÜRFEL ähneln auf den ersten Blick Tofu, bestehen aber tatsächlich aus gelierter Mandelmilch – zusammen mit dem tropischen Obstsalat ein wunderbar leichtes Finale. Wichtig: Ein Topf mit schwerem Boden, in dem die Milch nicht anbrennt, und eine rechteckige Form.

PERSONEN	ZUBEREITUNG	GARZEIT
8	40 MIN. + WARTEZEIT	15 MIN.

Zutaten

FÜR DAS MANDELGELEE

600 ml Milch

60 g Zucker

2 EL gemahlene Gelatine

1 TL Mandelextrakt

FÜR DEN SIRUP

60 g Zucker

FÜR DEN FRUCHTSALAT

4 reife Maracujas

500 g Litschis

1 kleine Mango

ZUBEREITEN DER MANDELMILCH

1 **Milch und Zucker** in einem Topf mit schwerem Boden bei mittlerer Temperatur unter gelegentlichem Rühren langsam zum Kochen bringen. Die Gelatine in einem kleinen Topf in 2 EL Wasser streuen und etwa 5 Min. quellen lassen. Auf kleinster Flamme erwärmen, dabei gelegentlich umrühren, bis sich die Gelatine aufgelöst hat.

2 **Die Milch vom Herd nehmen.** Gelatine und Mandelextrakt einrühren. Die Mischung in eine 20 cm große quadratische Form gießen. Auf Raumtemperatur abkühlen lassen, dann mit Frischhaltefolie bedecken und 3–4 Std. kalt stellen, bis die Mandelmilch fest geworden ist.

ZUBEREITEN DES SIRUPS

3 **In einem kleinen Topf den Zucker** mit 125 ml Wasser erhitzen, dabei gelegentlich umrühren, bis er sich aufgelöst hat. 1 Min. köcheln lassen, dann vom Herd ziehen und abkühlen lassen.

ZUBEREITEN DES FRUCHTSALATS

4 **Die Maracujas halbieren,** das Fruchtfleisch in eine Schüssel löffeln. Die Litschis schälen, das Fruchtfleisch aufschlitzen, die Kerne herauslösen. Die Mango schälen und würfeln (s. S. 482). Litschis und Mangowürfel zu dem Maracujamark geben, mit dem Sirup vermengen und die Früchte zugedeckt mindestens 1 Std. kalt stellen.

ANRICHTEN DES DESSERTS

5 **Die fest gewordene Mandelmilch** in der Form in Würfel schneiden. Mit dem Messer innen am Rand der Form entlangfahren, die Würfel vorsichtig mit einem Palettmesser herausheben. Das gekühlte Obst in Dessertschalen löffeln, die Würfel darauf verteilen, mit etwas Sirup beträufeln.

Schokoladen-Mokka-Sorbet

FÜR EIN SORBET ÜBERRASCHEND CREMIG, obwohl es natürlich ohne Milch oder Sahne zubereitet wird – dafür sollte es aber eine wirklich hochwertige Schokolade sein, denn sie allein sorgt für den Geschmack. Eine schöne Dekoration dafür sind mit Schokolade überzogene Kaffeebohnen. Das Sorbet hält sich im Gefrierfach etwa eine Woche, hat frisch aber die beste Konsistenz.

 PERSONEN 6-8

 ZUBEREITUNG 25-30 MIN. + WARTEZEIT

 GARZEIT 15-20 MIN.

Zutaten

100 g dunkle Schokolade

2-3 EL Instant-Kaffeepulver

300 g Zucker

ZUBEREITEN DER SORBETMASSE

1 **Die Schokolade** in Stücke schneiden. Mit einem scharfen Messer oder in der Küchenmaschine hacken. 375 ml Wasser in einen mittelgroßen Topf mit schwerem Boden gießen. Schokolade und Kaffeepulver dazugeben und unter Rühren so lange erhitzen, bis die Schokolade geschmolzen und glatt ist.

2 **Den Zucker** und weitere 375 ml Wasser dazugeben und wiederum unter Rühren erhitzen, bis sich der Zucker aufgelöst hat. 8-10 Min. unter Rühren schwach köcheln lassen, bis die Masse ganz leicht eingekocht ist. Vom Herd nehmen und vollständig abkühlen lassen.

GEFRIEREN UND SERVIEREN

3 **Die Sorbetmasse in die Eismaschine gießen** und nach Bedienungsanleitung zu einem weichen Sorbet gefrieren. In der Zwischenzeit einen ausreichend großen Gefrierbehälter im Eisfach kühlen.

4 **Das Sorbet in den Behälter füllen** und mindestens 4 Std. im Gefriergerät tiefkühlen. Die benötigte Zeit ist stark von der Kühlleistung des Geräts abhängig.

5 **War das Sorbet vor dem Servieren** länger als 12 Std. eingefroren, muss man es 15-20 Min. im Kühlschrank antauen lassen. Dadurch wird es weicher und cremiger und sein Geschmack entfaltet sich besser.

6 **In gekühlten Dessertschalen** oder -gläsern anrichten. Zum Portionieren zwei Metalllöffel in kaltes Wasser tauchen. Mit einem Löffel eine großzügige Menge Sorbet aus dem Behälter nehmen, dann die Löffel gegeneinander drehen, um gleichmäßige Ovale zu formen.

Haselnusstorte mit Erdbeeren

DREI FEINE HASELNUSSBÖDEN, dazwischen Erdbeeren, Schlagsahne und eine erfrischende Fruchtsauce – wer wäre nicht beeindruckt von diesem köstlichen Prachtstück! Die Teigböden können schon im Voraus gebacken und dann luftdicht verpackt bis zu zwei Tage gelagert oder tiefgekühlt werden. Die Torte maximal vier Stunden vor dem Servieren zusammensetzen und kalt stellen.

PERSONEN	ZUBEREITUNG	BACKZEIT
8	40-45 MIN. + TEIGRUHE	15-18 MIN.

Zutaten

FÜR DEN TEIG

250 g Haselnusskerne

135 g Zucker

125 g Mehl sowie Mehl zum Bestäuben

½ TL Salz

150 g weiche Butter sowie Butter für das Blech

1 Eigelb

FÜR DIE FRUCHTSAUCE

500 g Erdbeeren

2-3 EL Puderzucker

1-2 EL Kirschwasser (nach Belieben)

FÜR DIE SCHLAGSAHNE

375 g Sahne

1½ EL Zucker

1 Päckchen Vanillezucker

ERDBEEREN UND DEKORATION

750 g Erdbeeren

frische Minzeblätter (nach Belieben)

ZUBEREITEN DER TORTENBÖDEN

1 Den Backofen auf 180 °C vorheizen. Die Haselnusskerne auf einem Blech verteilen und 8-10 Min. im heißen Ofen rösten, bis sie leicht gebräunt sind. Zwischendurch auf dem Blech bewegen, damit sie gleichmäßig rösten. Herausnehmen und noch heiß mit einem Küchentuch abreiben, um die Häutchen zu entfernen. Abkühlen lassen, dann mit dem Zucker in der Küchenmaschine fein mahlen.

2 Die Nuss-Zucker-Mischung auf die Arbeitsfläche häufen. Mehl und Salz darübersieben. Eine Vertiefung in die Mitte drücken, gewürfelte Butter und Eigelb hineingeben und mit den Fingerspitzen vermengen.

3 Nach und nach die trockenen Zutaten einarbeiten, bis alles gründlich vermengt und weich ist. Den Teig zu einer Kugel zusammendrücken und auf der leicht bemehlten Arbeitsfläche sanft kneten, bis er glatt ist.

4 Den Teig zu einer Kugel geformt in Frischhaltefolie wickeln und mindestens 30 Min. kalt stellen, bis er fest geworden ist. Mürbeteig mit Zucker und Nüssen ist besonders empfindlich und muss ausreichend gekühlt werden, sonst lässt er sich nicht gut verarbeiten.

5 Den Backofen auf 220 °C vorheizen. Den Teig in drei Portionen teilen. Jede Portion mit dem Handballen oder einem großen Löffel zu etwa 20 cm großen Kreis flach drücken. Zwei Teigkreise mit 2-3 cm Abstand zueinander auf ein gefettetes Blech legen, den dritten auf einem zweiten Blech platzieren.

6 Im heißen Ofen 15-18 Min. backen, bis die Teigränder beginnen, braun zu werden. Herausnehmen und die Ränder noch heiß um einen Topfdeckel oder eine umgedrehte Backform herum mit einem sehr scharfen Messer sauber begradigen.

7 Einen der Böden ebenfalls noch heiß in acht Kuchenstücke schneiden. Ist der Teig schon abgekühlt, könnte er beim Schneiden brechen. Kuchenstücke und Böden auf dem Blech ausdampfen lassen, bis sie lauwarm sind, dann auf Kuchengittern vollständig abkühlen lassen.

ZUBEREITEN VON FRUCHTSAUCE UND SAHNE

8 Für die Fruchtsauce die Erdbeeren putzen und in der Küchenmaschine pürieren. Mit Puderzucker und nach Belieben mit Kirschwasser abschmecken. Das Püree durch ein Sieb streichen.

9 Die Erdbeeren für die Torte ebenfalls putzen und nur waschen, wenn es unbedingt nötig ist. 8 kleinere Beeren zum Dekorieren beiseitelegen, den Rest je nach Größe halbieren oder vierteln.

10 Die Sahne in einer gekühlten Schüssel halb steif schlagen. Zucker und Vanillezucker hineinstreuen und weiterschlagen, bis die Sahne feste Spitzen bildet und der Rührbesen eine deutliche Spur hineinzieht.

ZUSAMMENSETZEN DER TORTE

11 Einen Tortenboden vorsichtig auf eine Kuchenplatte legen. Mit einem Viertel der Schlagsahne bestreichen und die Hälfte der Erdbeeren säuberlich darauf anrichten, denn das Erscheinungsbild der Torte ist wichtig.

12 Die Erdbeeren mit Sahne bedecken, die Sahne locker mit einem Teigschaber verstreichen, ohne dabei die Früchte zu verschieben oder zu zerdrücken.

13 Den zweiten Tortenboden vorsichtig vom Kuchengitter auf die Torte gleiten lassen. Achtung: Der Teig ist sehr empfindlich! Mit der Hälfte der verbliebenen Sahne bestreichen.

14 Die restlichen Erdbeeren darauflegen, mit der restlichen Sahne bestreichen. Die Teigstücke leicht angeschrägt in die Sahne drücken. Jedes Stück mit einer Erdbeere und nach Belieben einem Minzeblatt verzieren. Zum Servieren aufschneiden und mit Fruchtsauce beträufeln.

Schoko-Maronen-Rolle

GENAU DAS RICHTIGE FÜR DIE WEIHNACHTSZEIT:
Luftiger Schokobiskuit, gefüllt mit einer Creme aus
Esskastanienpüree und Schlagsahne. Die Rolle hält
sich im Kühlschrank zwei Tage, sollte aber erst vor
dem Servieren verziert werden – je nach Geschmack
nur mit etwas Kakaopulver oder so üppig wie hier.

PERSONEN
8–10

ZUBEREITUNG
50–55 MIN.

BACKZEIT
5–7 MIN.

Zutaten

FÜR DEN BISKUIT

zerlassene Butter für das Blech

30 g Kakaopulver

60 g Mehl

1 Prise Salz

5 Eier

150 g Zucker

FÜR DIE FÜLLUNG

175 g Sahne

125 g Maronenpüree (Fertigprodukt)

2 EL brauner Rum

30 g dunkle Schokolade

Zucker (nach Belieben)

FÜR DEN RUMSIRUP

25 g Zucker

2 EL brauner Rum

ZUM VERZIEREN
(nach Belieben)

1 TL Kakaopulver

8–10 kandierte Maronen

100 g dunkle Schokolade

ZUBEREITEN DER BISKUITMASSE

1 Den Backofen auf 220 °C vorheizen. Ein etwa 30 x 37 cm großes Backblech mit zerlassener Butter einfetten, Backpapier darauflegen und ebenfalls mit Butter einfetten. Kakao, Mehl und Salz in eine Schüssel sieben.

2 Die Eier trennen. Die Eigelbe mit zwei Dritteln des Zuckers 3–5 Min. aufschlagen, bis die Masse hell ist und beim Anheben des Quirls bandförmig
vom Rührbesen läuft.

3 Die Eiweiße sehr steif schlagen. Den restlichen Zucker hineinstreuen und
noch etwa 20 Sek. mit dem Handrührgerät oder Schneebesen weiterschlagen, bis der Eischnee glänzt.

4 Etwa ein Drittel der Kakao-Mehl-Mischung auf die Eigelb-Zucker-
Mischung sieben und zusammen mit einem Drittel des Eischnees so
locker wie möglich unterheben. Die restliche Kakao-Mehl-Mischung
sowie den verbliebenen Eischnee in zwei weiteren Portionen ebenso unterziehen.

BACKEN UND AUFROLLEN DES BISKUITS

5 Die Biskuitmasse auf das vorbereitete Blech gießen.
Die Masse gleichmäßig bis zum Rand des Blechs
verstreichen. Auf einer der unteren Schienen des Ofens
5–7 Min. backen, bis der Biskuit aufgegangen ist und eine
feste Oberfläche hat. Vorsicht: Zu lange gebacken,
lässt er sich nicht mehr aufrollen.

6 Ein sauberes Geschirrtuch anfeuchten. Den Biskuit aus dem
Ofen nehmen und sofort mit dem Tuch bedecken. Ein zweites
Backblech darüberlegen und beide Bleche mit einer raschen Bewe-
gung wenden. Auf die Arbeitsfläche stellen und das heiße obere
Blech abnehmen.

7 Das Backpapier an zwei Ecken fassen und vorsichtig abziehen, ohne dass der zarte Biskuit dabei reißt. Einfacher geht es,
wenn man zügig arbeitet. Nun den noch heißen Biskuit mit dem
Küchentuch von der kurzen Seite her rasch, aber sehr vorsichtig aufrollen. Zum Abkühlen
beiseitestellen.

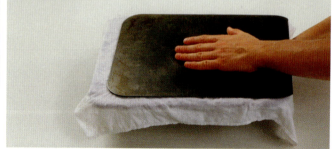

ZUBEREITEN DER FÜLLUNG

8 Die Sahne in einer gekühlten Schüssel halb steif schlagen. In einer zweiten Schüssel das Maronenpüree mit dem Rum verrühren. Die Schokolade grob hacken.

9 Eine hitzebeständige Schüssel auf einen Topf mit heißem Wasser setzen, ohne dass ihr Boden das Wasser berührt. Die Schokolade in der Schüssel schmelzen, dann mit einem Kochlöffel gründlich unter das Kastanienpüree rühren. Es dürfen keine Klümpchen mehr zu sehen sein.

FERTIGSTELLEN UND VERZIEREN

10 Die Schokoladenmischung abkühlen lassen, sonst zerläuft die Schlagsahne beim Unterheben. Zunächst etwa 2 EL Sahne unter die Schokoladenmischung rühren. Dann die Mischung locker unter die restliche Sahne heben. Falls nötig nachsüßen.

11 Für den Rumsirup den Zucker mit 60 ml Wasser erhitzen, bis er sich auflöst. 1 Min. köcheln lassen, dann den Rum unter den Sirup rühren und zum Abkühlen beiseitestellen.

12 Den Biskuit entrollen, das Tuch abnehmen. Dann locker wieder aufrollen und so auf einem Stück Backpapier entrollen, dass die glatte Seite unten liegt. Mit Rumsirup einpinseln, dann die Füllung gleichmäßig aufstreichen. Den Teig mithilfe des Backpapiers vorsichtig und so fest wie möglich aufrollen.

13 Beide Enden des Backpapiers über der Rolle zusammenbringen und fest zusammenfalten. Mithilfe des Papiers die Rolle vorsichtig zusammendrücken. Die beiden Enden der Rolle mit einem Brotmesser glatt schneiden. Die Rolle aus dem Papier auf eine Kuchenplatte gleiten lassen.

14 Mit Kakao bestäuben. Falls verwendet, die kandierten Maronen hacken und die Biskuitrolle damit verzieren. Die Schokolade wie in Schritt 9 beschrieben schmelzen, in einen Spritzbeutel mit kleiner Öffnung füllen und in beliebiger Form über die Rolle spritzen.

Kokosreis mit Mango

DAS BELIEBTE THAILÄNDISCHE DESSERT ist ganz einfach zuzubereiten: Der Reis gart im Dämpfkorb, danach wird er mit Kokosmilch vermengt und mit saftig-süßen Mangostreifen serviert. Wenn Sie es ganz authentisch mögen, dann kaufen Sie im Asialaden thailändischen Klebreis. Besonders köstlich: Etwas von dem dicken »Rahm« an der Oberfläche der Kokosmilch beiseitestellen und vor dem Servieren über den Reis löffeln.

PERSONEN	ZUBEREITUNG	GARZEIT
6	40 MIN. + EINWEICHEN	40-50 MIN.

Zutaten

400 g Milchreis oder Klebreis

100 g Zucker

½ TL Salz

300 ml Kokosmilch aus der Dose

3 große, reife Mangos (à etwa 300 g)

abgeriebene Schale von 1 Bio-Limette zum Garnieren

EINWEICHEN DES REISES

1 Den Reis in einer Schüssel mit kaltem Wasser bedecken. Zugedeckt mindestens 3 Std. oder über Nacht einweichen. In ein Sieb abgießen, gründlich mit kaltem Wasser abspülen und abtropfen lassen.

DÄMPFEN DES REISES

2 In einen Wok Wasser füllen, sodass es den Boden eines hineingestellten Dämpfkorbs beinahe berührt. Den Wok schließen und das Wasser zum Kochen bringen. Den Dämpfkorb mit zwei Lagen angefeuchtetem Musselin auslegen.

3 Den Reis in den Korb füllen und gleichmäßig darin verteilen. Den Dämpfkorb in den Wok stellen, Korb und Wok schließen. Die Temperatur auf eine mittlere Stufe senken und den Reis 40-50 Min. dämpfen. Je länger er eingeweicht wurde, desto schneller ist er gar.

FERTIGSTELLEN DES KOKOSREISES

4 Zucker, Salz und Kokosmilch in einem Topf verrühren. Langsam erhitzen, bis sich der Zucker aufgelöst hat. Vom Herd nehmen, den gedämpften Reis unterrühren und auf Raumtemperatur abkühlen lassen.

AUFSCHNEIDEN DER MANGOS UND SERVIEREN

5 Die Mangos schälen. Das Fruchtfleisch vorsichtig der Länge nach um den Kern der Frucht herum in etwa 5 mm dicke Spalten schneiden.

6 Den Kokosreis in eine Schüssel häufen. Die Mangoscheiben darauf anrichten. Mit abgeriebener Limettenschale garnieren und bei Raumtemperatur servieren.

Schoko-Magie

EIN TRAUM FÜR SCHOKOHOLICS: Viel dunkle Schokolade und ein aromatischer Hauch Kaffee in einem Kuchen, der eigentlich gar keiner ist, denn er enthält kein Gramm Mehl. Eher ähnelt dieses Dessert einer riesigen, zart auf der Zunge zergehenden Praline. Wer sich traut, nimmt einen Klecks Schlagsahne dazu.

PERSONEN	ZUBEREITUNG	GARZEIT
6-8	40-45 MIN. + WARTEZEIT	70 MIN.

Zutaten

FÜR DIE SCHOKOLADENBOMBE

250 g dunkle Schokolade

175 ml starker schwarzer Kaffee

250 g Butter sowie Butter für die Form

200 g Zucker

4 Eier

Kakaopulver zum Bestäuben

FÜR DIE SCHLAGSAHNE (nach Belieben)

375 g Sahne

1½ EL Zucker

¾ Päckchen Vanillezucker

ZUBEREITEN DER SCHOKOLADENMASSE

1 Eine Backform oder Soufflé-schüssel (1 l Fassungsvermögen) mit Butter ausfetten. Den Boden mit ebenfalls gefettetem Backpapier auslegen, die Form kalt stellen. Den Backofen auf 180 °C vorheizen. Die Schokolade fein hacken. Mit dem Kaffee in einem schweren Topf unter Rühren schmelzen. Butter und Zucker zugeben und ebenfalls schmelzen.

2 Unter ständigem Rühren bis zum Siedepunkt erhitzen, dann vom Herd ziehen und die Eier nacheinander gründlich mit dem Schneebesen unterziehen. Die Eier garen in der heißen Masse und machen sie dickflüssiger. Durch ein Sieb in die vorbereitete Form oder Schüssel gießen.

BACKEN UND STÜRZEN

3 70 Min. im vorgeheizten Ofen backen, bis sich eine schöne Kruste gebildet hat, dabei aber darauf achten, dass die Oberfläche nicht zu dunkel wird. Unter der Kruste sollte die Masse noch recht weich sein. Abkühlen lassen und zugedeckt mindestens 24 Std. kalt stellen.

4 Mit einem dünnen Messer am Innenrand der Form entlangfahren. Die Form kurz in warmes Wasser tauchen, dann abtrocknen.

5 Eine Platte umgekehrt auf die Form drücken, beides mit einer raschen Bewegung wenden und die Form abheben. Das Backpapier vorsichtig abziehen. Die Schokoladenbombe bis zum Servieren sorgfältig in Frischhaltefolie verpackt kalt stellen (bis zu 1 Woche) oder einfrieren.

SERVIEREN DES KUCHENS

6 Die Sahne, falls verwendet, in einer gekühlten Schüssel aufschlagen. Mit Zucker und Vanillezucker steif schlagen. Etwas Kakao über den Kuchen sieben. Dazu die Schlagsahne oder Crème fraîche reichen.

Norwegisches Omelett

VERBLÜFFEND UND SEHR EFFEKTVOLL: Bei diesem Dessert verbirgt sich unter einem ofenfrischen, leicht gebräunten und noch heißen Baiser kühles Vanilleeis. Der lockere Biskuitboden und das sorgfältig (und dennoch zügig!) um das Eis herumgestrichene Baiser wirken dabei wie eine Isolierschicht. Ein festliches Rezept für viele Gäste, das man aus naheliegenden Gründen direkt aus dem Backofen servieren – und sofort aufessen – muss.

PERSONEN	ZUBEREITUNG	BACKZEIT
8–10	45–50 MIN.	35–45 MIN.

Zutaten

FÜR DEN BISKUITBODEN

60 g Butter sowie Butter für die Form

125 g Mehl sowie Mehl für die Form

1 Prise Salz

4 Eier

135 g Zucker

1 Päckchen Vanillezucker

FÜR DEN BELAG

300 g Erdbeeren

2–3 EL Puderzucker

1,5 l Vanilleeis

FÜR DAS BAISER

450 g Zucker sowie Zucker zum Bestreuen

9 Eiweiß

ZUBEREITEN DES BISKUITBODENS

1 Den Backofen auf 180 °C vorheizen. Eine 20 cm große, quadratische Backform einfetten, den Boden mit Backpapier auslegen, ebenfalls einfetten. Die Form mit Mehl ausstreuen, den Überschuss herausklopfen.

2 Mehl und Salz sieben. Butter zerlassen und abkühlen lassen. Die Eier mit dem Handrührgerät kurz verquirlen. Zucker und Vanillezucker dazugeben, dann auf höchster Stufe etwa 5 Min. rühren, bis die Mischung hell und dickflüssig ist und bandförmig vom Rührbesen läuft.

3 Das Mehl in drei Portionen darübersieben und möglichst locker unterheben. Mit der letzten Portion die zerlassene, abgekühlte Butter einrühren. Die Masse in die Form gießen, die Form auf die Unterlage stoßen, um die Masse zu verteilen und Luftblasen herauszudrücken.

4 Im heißen Ofen 30–40 Min. backen, bis die Masse aufgegangen und ihre Oberfläche fest geworden ist. Mit einem Messer an der Innenseite der Form entlangfahren, den Biskuit auf ein Gitter stürzen, das Backpapier abziehen und den Boden abkühlen lassen.

ZUBEREITEN DER FRUCHTSAUCE

5 Die Erdbeeren putzen und nur waschen, wenn es nötig ist. In der Küchenmaschine pürieren und in einen Messbecher füllen. Mit Puderzucker abschmecken. Es werden etwa 375 ml Sauce benötigt.

ZUBEREITEN DER BAISERMASSE

6 Den Zucker mit 250 ml Wasser erhitzen, bis er sich aufgelöst hat. Den Sirup ohne zu rühren kochen, bis ein Zuckerthermometer 120 °C anzeigt, oder eine kleine Menge Sirup sich beim Abkühlen zwischen Daumen und Zeigefinger zu einer formbaren Kugel verfestigt.

7 In der Zwischenzeit die Eiweiße mit dem Handrührgerät steif schlagen. Bei laufendem Gerät langsam den heißen Sirup hineinlaufen lassen und weitere 5 Min. schlagen, bis die Masse kühl und steif ist.

VORBEREITEN DES NORWEGISCHEN OMELETTS

8 Eine längliche, hitzebeständige Platte leicht einfetten. Die Eiscreme antauen lassen, damit sie sich gut portionieren lässt. Mit dem Brotmesser von jeder Seite des Biskuitbodens einen 2,5 cm breiten Streifen abschneiden, sodass ein 15 cm großes Quadrat übrig bleibt. Dieses Quadrat waagerecht halbieren. Die beiden Stücke mit der Schnittseite nach oben nebeneinander auf die Platte legen, sodass ein Rechteck entsteht.

9 Den abgeschnittenen Teig in der Küchenmaschine zerkleinern. 250 ml Fruchtsauce dazugießen und kurz mit den Krümeln mixen.

ZUSAMMENSETZEN UND ÜBERBACKEN

10 Die restliche Fruchtsauce auf den Teig streichen. Die Eiscreme mit einem in warmem Wasser angefeuchteten Portionierer zügig zu Kugeln formen und in zwei Schichten auf dem Biskuitboden verteilen.

11 Oberfläche und Seiten der Eisschicht kurz mit einem Palettmesser glatt streichen. Dann sofort und rasch die Erdbeer-Krümel-Mischung darauf verteilen.

12 Die Baisermasse mit einem großen Löffel so rasch wie möglich rundherum verteilen. Das Eis sollte möglichst nicht schmelzen.

13 Mit dem Palettmesser verstreichen, sodass Oberfläche und Seiten vollständig bedeckt sind und die Eiscreme durch die Baiserschicht isoliert wird. Bis zu 2 Std. tiefkühlen. Den Backofen auf 220 °C vorheizen. Das Dessert mit Zucker bestreuen und 1 Min. stehen lassen, dann 3–5 Min. backen, bis das Baiser leicht gebräunt ist. Sofort servieren.

REGISTER

Dorling Kindersley dankt:

Fotografen: David Murray, William Reavell, William Shaw, Jon Whitaker

Prop Stylist: Liz Belton

Food Stylisten: Lizzie Harris, Sal Henley, Cara Hobday, Jane Lawrie, Phil Mundy, Jenny White

Art-Direktoren: Nicky Collings, Anne Fisher, Luis Peral

Löffelmaße

1 EL Mehl	10 g
1 EL Zucker	15 g
1 EL Salz	15 g
1 EL Stärke	10 g
1 EL Butter	10 g
1 EL Sahne	10 g
1 EL Crème fraîche	15 g
1 EL Kräuter	5 g
1 EL Senf	15 g
1 EL Tomatenmark	15 g
1 EL Honig	20 g
1 EL gemahlene Mandeln	5 g
1 EL gehackte Mandeln	10 g

Haltbarkeit in Kühlschrank und Gefriergerät (Richtwerte)

Lebensmittel	Kühlschrank	Gefriergerät (3-Sterne Fach)
Geflügel, Fisch, Fleisch, roh (kleine Stücke)	2-3 Tage	3-6 Monate
Rinder- und Geflügelhackfleisch, roh	1-2 Tage	3 Monate
Ganzer Braten, ganzes Geflügel, gegart	2-3 Tage	9 Monate
Geflügelteile, gegart	1-2 Tage	1 Monat (in Fond oder Sauce 6 Monate)
Brot	-	3 Monate
Eiscreme	-	1-2 Monate
Suppen und Eintöpfe	2-3 Tage	1-3 Monate
Schmorgerichte	2-3 Tage	2-4 Wochen

Fleisch im Backofen garen

Da alle Fleischstücke unterschiedlich sind, können die hier angegebenen Zeiten nur eine Orientierungshilfe sein. Bei Stücken, die weniger als 1,25 kg wiegen, muss man bei Ermittlung der Garzeit zusätzlich 500 g dazurechnen. Heizen Sie stets den Backofen vor und prüfen Sie die Kerntemperatur des gegarten Fleisches mit einem Fleischthermometer, das (nicht in der Nähe von Knochen) an der dicksten Stelle in das Fleisch geschoben wird. Und lassen Sie das Fleisch vor dem Tranchieren stets 15–30 Min. ruhen.

FLEISCH	OFEN-TEMPERATUR	GARZEIT	KERN-TEMPERATUR
Rindfleisch			
Rare (blutig)	180 °C	15 Min. pro 500 g	60 °C
Medium (rosa, halb durch)	180 °C	20 Min. pro 500 g	70 °C
Well-done (durch)	180 °C	25 Min. pro 500 g	80 °C
Kalbfleisch			
Well-done (durch)	180 °C	25 Min. pro 500 g	80 °C
Lamm			
Medium (rosa, halb durch)	180 °C	20 Min. pro 500 g	70 °C
Well-done (durch)	180 °C	25 Min. pro 500 g	85 °C

Geflügel im Backofen garen

Betrachten Sie die angegebenen Zeiten lediglich als Orientierungshilfe, da jedes Tier ein anderes Gewicht hat. Heizen Sie den Backofen vor und stellen Sie vor dem Servieren sicher, dass das Geflügel durchgegart ist. Prüfen Sie das Fleisch an der dicksten Stelle und vor allem nahe der Knochen – es sollte nicht mehr rosa sein.

GEFLÜGEL	OFENTEMPERATUR	GARZEIT
Stubenküken	190 °C	15 Min. pro 500 g + 15 Min.
Hähnchen	200 °C	20 Min. pro 500 g + 20 Min.
Ente	180 °C	20 Min. pro 500 g + 20 Min.
Gans	180 °C	20 Min. pro 500 g + 20 Min.
Fasan	200 °C	50 Min. Gesamtzeit
Pute 5-6 kg	190 °C	3½-4 Std. Gesamtzeit